JN063843

2024年度版

国公私立大学 医学部・歯学部 合格完全ガイド

TMPS医学館・編

産学社

はじめに

「自立心」を涵養して 生徒のポテンシャルを引き出す

医学部受験予備校には、単に学力を伸ばすことだけを考えている学校が多いです。しかし、TMPS医学館では受験生の内面に向き合い、自立心などの人間力を養うことを重要視しています。なぜなら、結果的にそれが学力一本槍で指導するよりも合格へつながりやすいからです。

自立心を持っていると、自発的に勉強するようになります。最初は生徒たちも多くが甘ったれで、ちょっとしたことで泣く生徒もいます。そういう状態で学科指導を無理やり進めても、生徒はついていけません。まずは自立心を鍛え、自分自身の精神と生活をコントロールできるようにならなければ、自発的な勉強が続かないのです。医学部受験は1年以上の長期戦で、小手先のテクニックだけでは通用しません。だからこそ、まず自立心を鍛え、学ぶ基礎を作ることが重要なのです。

そして、『この生徒はずいぶん成長したな』と感じるころには、医学部にもポンと合格するようになります。本来、子供はそれだけのポテンシャルを持っているものです。

医学部合格へ導く心構え5カ条

私が2006年にTMPS医学館を設立した際、それまでの30年以上にわたる講師経験や、数多くの大学の医学部入試問題作成、さらには大学の面接官としての経験を基に、医学部合格の5カ条を作りました。

1．過去の成績は悪い者ほど合格する
2．難しい問題を解けない者ほど合格する
3．くそ真面目じゃない者ほど合格する
4．友達をつくらない者ほど合格する
5．よく寝る者ほど合格する

多くのみなさんにとって信じられない事も多いと思いますが、経験とデータに裏付けられた事実です。一つずつ説明しましょう。

1．過去の成績は悪い者ほど合格する

成績が悪くても素直な生徒は、全部吸収できるから学力を上げやすいです。「自分はまだまだ」だという素直さが必要なのです。「無知の知」という言葉があるように、自分が知らない、できないということを知っている。それが本当に優秀な人です。例えば、以前「部活しかやってこなかったから何もできません」という生徒が入学しました。その子には、問題集などは一切買わせず、TMPS医学館のテキストだけをひたすら復習させました。入学時、その生徒の偏差値は40余りでしたが、1年後には65に上がり、無事に希望する医学部へ合格しました。自分の頭の悪さを自覚し、ひたすら愚直に勉強する生徒の伸びしろは大きいのです。

逆に、はじめから偏差値60くらいの生徒は、変なプライドがあります。「自分はできる」と思っているから、集団授業で少し難しい問題が出ると、自慢げに答える。そういう生徒は基礎がおろそかになるのでむしろ危ないのです。

2．難しい問題を解けない者ほど合格する

初・中級の問題こそ重要です。難問を解けなくても悲観する必要はありません。

大学入試の出題は、初級約２割、中級約６割、難問約２割という構成になっています。初・中級の割合が圧倒的に多いため、その部分を9割5分ほど解けないと医学部には受かりません。「初・中級は8割程度で、難問もたまに解ける」ではダメなのです。ここに大きな落とし穴があります。例えば、初・中級の問題が100問あるうちの80問が解けたら、何となく「できた」という気になってしまうでしょう。しかし、医学部には90～95問解けなければ受かりません。この10問の壁が非常に大きいのです。

実際、成績開示した生徒のデータを見ると、この10問、各科目にすると2～3問の差で何百人という受験生の合否が分かれています。

だから、難問は捨てるべきなのです。ところが、中途半端に勉強ができる人ほど難問を解きたがります。そして落ちます。偏差値60くらいでも多浪になる人は、そうした素直さがないのですね。いくら指摘しても、初級・中級を心のなかでバカにしているから、ひたむきに勉強できないのです。

講師がやらなくていい難問にチェックを入れると「これやらなくてもいいんだ。ラッキー」と言って、本当にやらない。そういう素直な生徒のほうが受かります。

3．くそ真面目じゃない者ほど合格する

勉強は、砂山をつくるように、積んでは崩れ、崩れては積むの繰り返しです。それにへこたれず、毎日砂を積み続ける努力をできる者が勝ちます。7～8割程度の適当さでいいから、毎日続ける持続力が必要です。

一方、家庭で「こうあるべき」という育て方をしていると、子どもは完璧主義になってしまいます。真面目に、完璧に、一つひとつをすべて理解しようとする生徒ほど、「自分はやればできる」と思っています。これが完璧主義の悪いクセです。勉強は一つひとつを完璧にこなすのではなく、総合的に取り組むべきなのです。膨大な量すべてを完璧にこなそうとすると、ある時点でピタッと止まって、やる気をなくしてしまいます。そういう生徒は講師のところへも素直に質問しに来られず、その後の成長もなかなか見込めません。

他にも、あまりにもくそ真面目に先生の板書をノートに写す生徒もいます。授業は参考書をつくるためではなく、頭に入れるためにあります。いくらノートが丁寧でも、その内容が頭に入らないと意味がありません。これも完璧主義の弊害です。ノートだって、単語の暗記だって、全部を完璧にできるわけがありません。完璧じゃなくて良いんです。でも、完璧主義の生徒だと、一つでもできない自分がイヤになり、予備校に来たくなくなってしまいます。

こうならないためにも、家庭での教育は非常に重要なのです。

4．友達をつくらない者ほど合格する

受験は自分との闘いで孤独なものです。心が弱い生徒は、不安を穴埋めするために友達を作ろうとします。しかし、友達とつるむのは、勉強にとっては大敵。友達とのおしゃべりで貴重な勉強時間を浪費してしまいます。女子生徒は派閥ができてグループで固まり、「あの人があんなこと言っ

た」と賛同する人としない人に分かれ、グループに入れないとすぐに予備校を辞めてしまいます。そんなところで仲良くする必要はまったくありません。できれば恋人もつくらないほうがいでしょう。特に男子生徒は、性に対して妄想を抱くので、勉強どころではなくなります。実際に、男子生徒の母親から「様子がおかしい」と相談され、聞いてみたら恋人ができていて、私は彼に「勉強か、彼女か」と選んでもらったことがあります。その生徒は「勉強します」と言って、その後無事に合格しました。受験勉強は、長い人生のうちでほんの数年間なので、恋愛はその期間だけ我慢して勉強に集中し、合格してから楽しく過ごしてほしいですね。

5．よく寝る者ほど合格する

昔は『4当5落』といって、4時間睡眠なら受かるし、5時間睡眠では落ちるといわれていました。しかし実は、きちんと6～8時間は寝ないと疲れが抜けなくて、頭が100％働きません。合格できない人は、たいてい夜更かししています。勉強しているならまだ良い方ですが、スマホをいじったり、ゲームをしたりして、何時間も起きている生徒が多いです。これでは合格は到底無理です。自立心を養い、セルフコントロールができるようにならないと医学部合格は無理でしょう。

自立心を育てる質問
「何のために医師になるのか？」

ところで、面接時に大学側が生徒に聞きたいのは何でしょうか。それは「その生徒が大学で何をしたいのか」です。多くの予備校では、面接対策としてお辞儀の仕方や部屋への入り方などを指導しています。これは本当にナンセンスです。ドアのノックの仕方で合否が分かれることはまずありません。

私は、自身が面接官を務めた経験から、そうした的はずれな指導はしていません。生徒には、「何のために医師になるのか？」をしっかり自問自答させるように指導しています。それこそが面接官の聞きたいことだからです。上記の「大学で何をしたいのか」は、その目的から逆算して考えるべきことです。

じつは、この「何のために医師になるのか？」という問いかけは非常に重要かつ効果的です。この問いを繰り返すことで、生徒は自分自身への理解が深まり、自信を持つことができ、人生の目標も明確になり、そのための勉強へのモチベーションも湧き、さらには面接対策にもなるという、一石二鳥どころか一石五鳥の効果があります。

では、具体的に何のために生徒は医師になるのでしょうか。「親が医者だから」はもちろん、単に「人を助けて喜ばれたいから」でもいけません。医師は人の生死に関わる仕事です。自己都合は当然として、お金や感謝など、患者からの見返りを期待して選ぶべきでもありません。医師は、時に人の「死」に直面することもある過酷な職業です。だからこそ、受験に臨む多感な時期に、強固な「自我」を形成することが必要です。

私は常に生徒たちに、「いきいきと生きよう」と伝えています。勉強、恋愛、家庭の問題……人生に起こるすべてのことを、全力で味わい尽くしてほしい。もちろん嬉しいことばかりではありません。悔しかったり、悲しかったり、むなしかったりすることもあるでしょう。でもそれでいいんです。それが生きている証拠です。人生に成功も失敗もないんです。すべての体験や感情が、豊かな大人になるための糧になります。そうした感情を味わい尽くし、自分自身を確立した「自立心のある大人」こそ、他人の痛みが分かる人間らしい医師になれると考えています。

実は、私が医学部予備校を設立したのも、こうした医師を育てたいと思ったことがきっかけでした。30年以上にわたる講師生活の中で、「君は何のために医師を目指すのか」と質問すると、たいてい「親が医師だから」という答えが返ってきます。これにはがっかりしました。「そんなことで職業を決めるなんて。それでも君たちは生きているのか！」と、必死に訴えました。でも、一般的な学校でできる指導には限界があった。生徒たちの意識を根本的に変えていくためには、自分の城が必要だと考えたのです。

生徒の親が医師ならば、私は「親の仕事をよく見てきなさい」と伝えます。開業医の場合には、子どもが親の仕事を見ようと思えば、いつでも見ることができるはずです。そして、生徒が見てきたそのままを面接の練習に使います。

親は、辛いことはたくさんあっても、一生懸命に我慢しています。その代わり、患者を治した時の喜びは尋常ではないはずです。それが自然に顔に出るから、時には辛く、又うれしそうな顔もしている。それを見逃すなと伝えます。それを見て「何てすごい仕事なんだろう」と認識してほしい。苦労して夜中でも飛んで行って、寝不足でも患者を診てくる。苦しさの連続の中に喜びが待っている。「だから自分も医師という仕事がしたい」と思ってほしいんです。自分一人でモチベーションを向上させることは、難しいことです。受験にも真剣に話せる人間関係は必要です。

ところが、親が医師の家庭では、家庭環境に悩む生徒も多いように感じます。子どもを見れば親が分かります。例えば、分からない問題があっても先生に質問しにくることができない子は、親が権威主義者で高圧的です。このような親のもとで育った生徒は追いつめられて萎縮しているケースが多いのです。こういった場合、予備校だけの努力で自立心を養うことが難しくなります。保護者と密に連絡を取り合い、生徒のコンディションの精神的改善に取り組むことが必要です。これまでに家庭訪問もたくさんしてきました。なかには、当初口をきいてくれないような親もいましたが、話し合ううちに分かってくれることも多いです。なぜなら、私とご両親の思いは同じだからです。それは「生徒を幸せにしたい」という愛情です。

学業成績を上げるには、こうしてしっかり生徒と向き合い、精神面のサポートをすることが非常に重要です。そうした上で、ようやく具体的な入試の対策と傾向に取り組むことが可能になります。本書は、その最後の仕上げとして、入試直前対策に活用していただくために制作しました。ぜひご活用いただければと思います。

TMPS医学館 代表取締役
長澤 潔志（ながさわ・きよし）

プロフィール
神奈川県出身。日本大学大学院修士課程修了。国立感染症研究所にて緑膿菌（病原菌）の研究に従事。アメリカン・ソサエティ・オブ・マイクロバイオロジーなどに研究論文を次々と発表する。その後、大学・専門学校・予備校などで教鞭をとり、教師歴は30年以上。現在、医学部専門予備校・TMPS医学館代表取締役として、その独特な教育法をもって、医学界に優秀な人材を送りこんでいる主な著書に『偏差値40からの医学部合格術』、『医学部一発合格！直前1カ月集中勉強法』（幻冬舎メディアコンサルティング）、『病態栄養学双書』（共著／第一出版）などがある。

CONTENTS

国公私立大学医学部・歯学部合格完全ガイド　2024年度版

Credit
●データ作成　株式会社ルートマップマガジン社
●サブDTP　株式会社西崎印刷（河岡 隆）
●カバーデザイン　中西啓一（Panix）

Chapter 1

2024 年度入試情報

2024年度〈私立医学部〉入試日程表　一般選抜

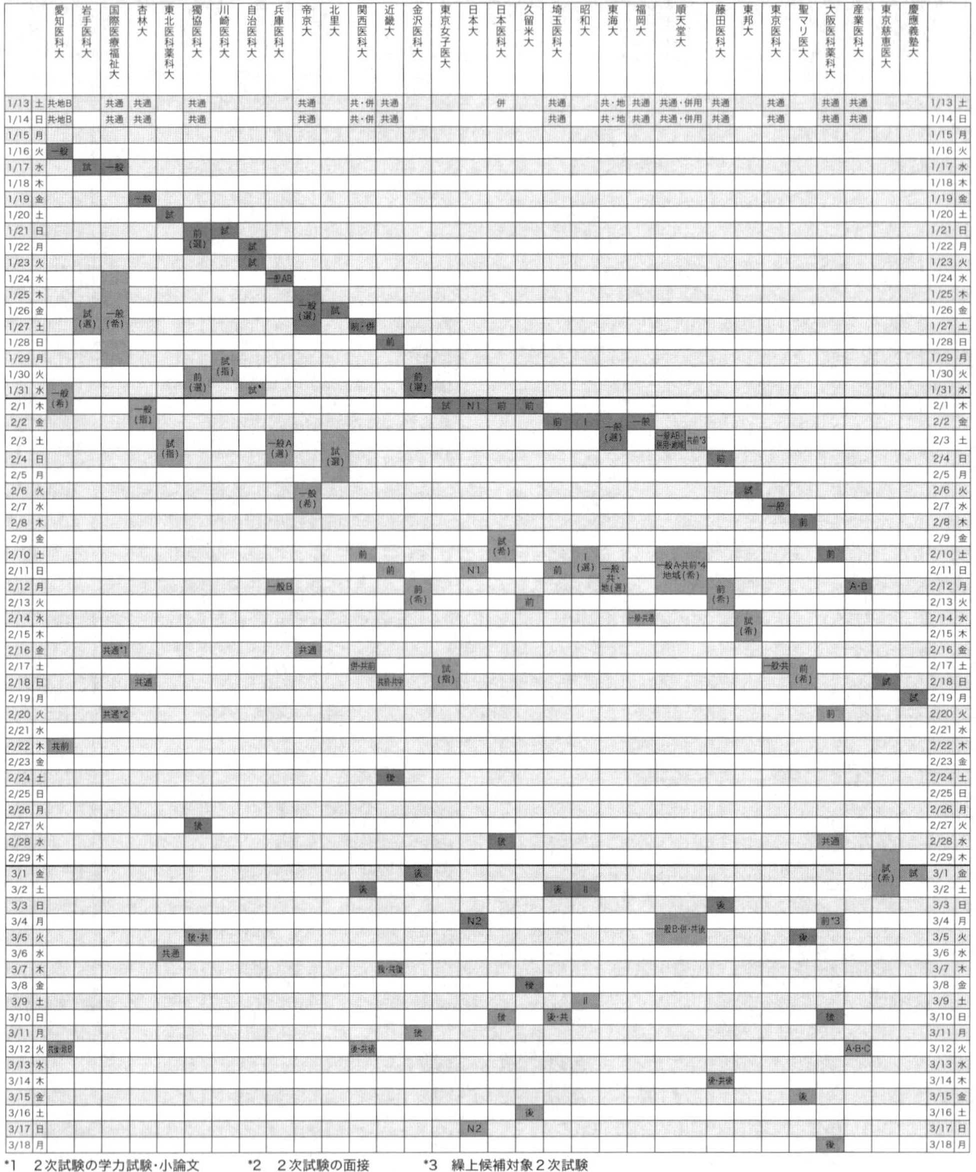

		愛知医科大	岩手医科大	国際医療福祉大	杏林大	東北医科薬科大	獨協医科大	川崎医科大	自治医科大	兵庫医科大	帝京大	北里大	関西医科大	近畿大	金沢医科大	東京女子医大	日本大	日本医科大	久留米大	埼玉医科大	昭和大	東海大	福岡大	順天堂大	藤田医科大	東邦大	東京医科大	聖マリ医大	大阪医科薬科大	産業医科大	東京慈恵医大	慶應義塾大		
1/13	土	共・地B		共通	共通		共通				共通		共・併	共通				併		共通		共・地	共通	共通・併用	共通		共通		共通	共通			1/13	土
1/14	日	共・地B		共通	共通		共通				共通		共・併	共通						共通		共・地	共通	共通・併用	共通		共通		共通	共通			1/14	日
1/15	月																																1/15	月
1/16	火	一般																															1/16	火
1/17	水		試	一般																													1/17	水
1/18	木																																1/18	木
1/19	金				一般																												1/19	金
1/20	土					試																											1/20	土
1/21	日						前(選)	試																									1/21	日
1/22	月								試																								1/22	月
1/23	火								試																								1/23	火
1/24	水			一般(希)						一般AB																							1/24	水
1/25	木										一般(選)																						1/25	木
1/26	金		試(選)									試																					1/26	金
1/27	土												前・併																				1/27	土
1/28	日													前																			1/28	日
1/29	月							試(指)																									1/29	月
1/30	火						前(選)								前(選)																		1/30	火
1/31	水	一般(希)							試*																								1/31	水
2/1	木				一般(指)											試	N1	前	前														2/1	木
2/2	金																			前	Ⅰ	一般(選)	一般										2/2	金
2/3	土					試(指)				一般A(選)		試(選)												一般AB・併用・地域 共前*3									2/3	土
2/4	日																								前								2/4	日
2/5	月																																2/5	月
2/6	火										一般(希)															試							2/6	火
2/7	水																										一般						2/7	水
2/8	木																											前					2/8	木
2/9	金																	試(希)															2/9	金
2/10	土												前								Ⅰ(選)			一般A・共前*4 地域(希)					前				2/10	土
2/11	日													前			N1			前		一般・共・地(選)											2/11	日
2/12	月									一般B					前(希)										前(希)					A・B			2/12	月
2/13	火																		前														2/13	火
2/14	水																						一般・共通			試(希)							2/14	水
2/15	木																																2/15	木
2/16	金			共通*1							共通																						2/16	金
2/17	土												併・共前			試(指)											一般・共	前(希)					2/17	土
2/18	日				共通									共前・共中																	試		2/18	日
2/19	月																															試	2/19	月
2/20	火			共通*2																									前				2/20	火
2/21	水																																2/21	水
2/22	木	共前																															2/22	木
2/23	金																																2/23	金
2/24	土													後																			2/24	土
2/25	日																																2/25	日
2/26	月																																2/26	月
2/27	火						後																										2/27	火
2/28	水																	後											共通				2/28	水
2/29	木																														試(希)		2/29	木
3/1	金														後																	試	3/1	金
3/2	土												後							後	Ⅱ												3/2	土
3/3	日																								後								3/3	日
3/4	月																N2							一般B・併・共後					前*3				3/4	月
3/5	火						後・共																					後					3/5	火
3/6	水					共通																											3/6	水
3/7	木													後・共後																			3/7	木
3/8	金																		後														3/8	金
3/9	土																				Ⅱ												3/9	土
3/10	日																	後		後・共									後				3/10	日
3/11	月														後																		3/11	月
3/12	火	共後・地B											後・共後																	A・B・C			3/12	火
3/13	水																																3/13	水
3/14	木																								後・共後								3/14	木
3/15	金																											後					3/15	金
3/16	土																		後														3/16	土
3/17	日																N2																3/17	日
3/18	月																												後				3/18	月

*1　2次試験の学力試験・小論文　　*2　2次試験の面接　　*3　繰上候補対象2次試験

大学入学共通テスト　1次試験日　2次試験日

試：試験日
一般：一般選抜試験日
前：前期試験日
後：後期試験日
Ⅰ：Ⅰ期試験日
Ⅱ：Ⅱ期試験日
併用：一般・共通テスト併用試験日
共通：大学入学共通テスト試験日
地域：地域枠試験日

(選)複数試験日より1日を受験生が自由選択できる。希望日にならない場合もある。
(指)複数試験日より1日を大学が指定する。
(希)複数試験日より1日を受験生が希望することができる。希望日にならない場合もある。

2024年度〈私立歯学部〉入試日程表　一般選抜

日付	曜	明海大	鶴見大	朝日大	奥羽大	神奈川歯科大	北海道医療大	昭和大	日本歯大（東京）	日本歯大（新潟）	岩手医科大	東京歯科大	松本歯科大	愛知学院大	日本大（歯）	福岡歯科大	日本大（松戸）	大阪歯科大	日付	曜
1/13	土	共通	共通	共通		共通	共通	共通	共通	共通	共通	共通	共通	共通	共通	共通	共通	共通	1/13	土
1/14	日	共通	共通	共通		共通	共通	共通	共通	共通	共通	共通	共通	共通	共通	共通	共通	共通	1/14	日
1/15	月																		1/15	月
1/16	火																		1/16	火
1/17	水										医前・医後								1/17	水
1/18	木																		1/18	木
1/19	金																		1/19	金
1/20	土																		1/20	土
1/21	日																		1/21	日
1/22	月																		1/22	月
1/23	火	A　共A・プA	1（選）																1/23	火
1/24	水			I A　プI 共I（選）															1/24	水
1/25	木			I B	一														1/25	木
1/26	金			I C															1/26	金
1/27	土					1（選）　共1（選）													1/27	土
1/28	日																		1/28	日
1/29	月						前A（選）												1/29	月
1/30	火																		1/30	火
1/31	水																		1/31	水
2/1	木	統一						I　共	前	前					一般N1		一般N1		2/1	木
2/2	金										前　共前　医前	I　共I	I（選）	前A（選）　プ（選）					2/2	金
2/3	土													共I	一般A	A　共I			2/3	土
2/4	日																一般A1	前　共前・プI	2/4	日
2/5	月																		2/5	月
2/6	火																		2/6	火
2/7	水																		2/7	水
2/8	木								共前	共前									2/8	木
2/9	金		共1																2/9	金
2/10	土																		2/10	土
2/11	日																		2/11	日
2/12	月					2　共2													2/12	月
2/13	火																		2/13	火
2/14	水																		2/14	水
2/15	木													中					2/15	木
2/16	金																		2/16	金
2/17	土																		2/17	土
2/18	日																		2/18	日
2/19	月																		2/19	月
2/20	火																		2/20	火
2/21	水				二														2/21	水
2/22	木		2（選）	II　プII・共II															2/22	木
2/23	金																		2/23	金
2/24	土																		2/24	土
2/25	日	B　共B・プB															一般A2		2/25	日
2/26	月																		2/26	月
2/27	火												II						2/27	火
2/28	水																		2/28	水
2/29	木																		2/29	木
3/1	金													共II					3/1	金
3/2	土															B　共2			3/2	土
3/3	日					3　共3		II	後　共後	後　共後								後　共後・プI	3/3	日
3/4	月														一般N2		一般N2		3/4	月
3/5	火																		3/5	火
3/6	水																		3/6	水
3/7	木						後							後					3/7	木
3/8	金																		3/8	金
3/9	土											II　共II							3/9	土
3/10	日																		3/10	日
3/11	月										後　共後　医後								3/11	月
3/12	火																		3/12	火
3/13	水		3　共2																3/13	水
3/14	木			III　プIII・共III															3/14	木
3/15	金				三														3/15	金
3/16	土	共通C																	3/16	土
3/17	日																		3/17	日
3/18	月																		3/18	月
3/19	火						後B						III						3/19	火
3/20	水					特別										共通3			3/20	水

大学入学共通テスト　（1次）試験日　2次試験日

(選) 複数試験日より1日を受験生が自由選択できる。希望日にならない場合もある。

一般：一般選抜試験日
前：前期試験日
中：中期試験日
後：後期試験日
I：I期試験日
II：II期試験日
III：III期試験日

A：A日程試験日
B：B日程試験日
C：C日程試験日
共通：大学入学共通テスト試験日
医：医学部入学試験利用選抜試験日

2024年度〈私立医学部〉入試日程表　学校推薦型・総合型選抜

日付	曜	獨協医科大	東海大※1	川崎医科大	帝京大	藤田医科大	東邦大	岩手医科大	東京女子医科大	金沢医科大	大阪医科薬科大※2	久留米大	埼玉医科大	北里大	近畿大	兵庫医科大	昭和大	聖マリアンナ医科大	愛知医科大	産業医科大	福岡大	東京医科大	関西医科大	日付	曜
9/15	金	総																						9/15	金
9/16	土																							9/16	土
9/17	日																							9/17	日
9/18	月																							9/18	月
9/19	火																							9/19	火
9/20	水																							9/20	水
9/21	木																							9/21	木
9/22	金																							9/22	金
9/23	土																							9/23	土
9/24	日																							9/24	日
9/25	月																							9/25	月
9/26	火																							9/26	火
9/27	水																							9/27	水
9/28	木																							9/28	木
9/29	金		展																					9/29	金
9/30	土	総																						9/30	土
10/1	日																							10/1	日
10/2	月																							10/2	月
10/3	火																							10/3	火
10/4	水																							10/4	水
10/5	木																							10/5	木
10/6	金																							10/6	金
10/7	土																							10/7	土
10/8	日																							10/8	日
10/9	月																							10/9	月
10/10	火		総①																					10/10	火
10/11	水	総																						10/11	水
10/12	木																							10/12	木
10/13	金																							10/13	金
10/14	土	総																						10/14	土
10/15	日																							10/15	日
10/16	月																							10/16	月
10/17	火																							10/17	火
10/18	水																							10/18	水
10/19	木																							10/19	木
10/20	金																							10/20	金
10/21	土																							10/21	土
10/22	日		総																					10/22	日
10/23	月																							10/23	月
10/24	火																							10/24	火
10/25	水																							10/25	水
10/26	木																							10/26	木
10/27	金																							10/27	金
10/28	土		展																	総				10/28	土
10/29	日																							10/29	日
10/30	月																							10/30	月
10/31	火															総								10/31	火
11/1	水	総	総																					11/1	水
11/2	木					総																		11/2	木
11/3	金																							11/3	金
11/4	土																							11/4	土
11/5	日																							11/5	日
11/6	月		展																					11/6	月
11/7	火	総 推		総	推															推				11/7	火
11/8	水						推・総		推		推	推												11/8	水
11/9	木														推	推					推			11/9	木
11/10	金							推・総						推・編			推		推					11/10	金
11/11	土	推		総						総			推											11/11	土
11/12	日				推	総																		11/12	日
11/13	月																							11/13	月
11/14	火			総														推						11/14	火
11/15	水	推																						11/15	水
11/16	木					総																		11/16	木
11/17	金	推					推・総															推		11/17	金
11/18	土			総				推・総	推	総	推	推												11/18	土
11/19	日		展			総			推				推	推・編	推	総・推								11/19	日
11/20	月																							11/20	月
11/21	火			総																				11/21	火
11/22	水					総				総														11/22	水
11/23	木																							11/23	木
11/24	金																							11/24	金
11/25	土																推	推	推	総				11/25	土
11/26	日																				推			11/26	日
11/27	月						推・総																推	11/27	月
11/28	火																							11/28	火
11/29	水			総		総									推									11/29	水
11/30	木																							11/30	木
12/1	金	推	展		推			推・総	推		推	推	推	推・編		総 推	推	推		総				12/1	金
12/2	土						推・総															推・全		12/2	土
12/3	日									総					推	総								12/3	日
12/4	月																							12/4	月
12/5	火																							12/5	火
12/6	水						推・総													推				12/6	水
12/7	木									総									推			推 全		12/7	木
12/8	金	推												推・編		総 推	推	推			推			12/8	金
12/9	土																							12/9	土
12/10	日																						推	12/10	日
12/11	月				推			推・総	推															12/11	月
12/12	火						推・総						推											12/12	火
12/13	水														推								推	12/13	水
12/14	木		展							総												推		12/14	木
12/15	金										推					総				推				12/15	金
12/16	土																					全	推	12/16	土
12/17	日																							12/17	日
12/18	月																							12/18	月
12/19	火											推							推					12/19	火
12/20	水		総②																		推			12/20	水
12/21	木														推					推				12/21	木
12/22	金																						推	12/22	金
12/23	土																							12/23	土

出願締切日　(1次)試験日　1次発表日　2次試験日　合格発表日　入学手続締切日

※1 東海大:「希望の星育成」選抜　1/13(土)・14(日)共通テスト
※2 大阪医科薬科大:「至誠仁術」入試（併願制）1/13(土)・14(日)共通テスト、3/12(火)2次試験

2024年度〈私立歯学部〉入試日程表　学校推薦型・総合型選抜

日付	曜	鶴見大※1	朝日大	明海大※2	日本大(松戸)※3	日本歯大(新潟)	北海道医療大※4	神奈川歯科大	愛知学院大	奥羽大	松本歯科大※5	昭和大	日本大(歯)	日本歯大(東京)	岩手医科大	東京歯科大	福岡歯科大※6	大阪歯科大
9/18	月	総1																
9/19	火																	
9/20	水																	
9/21	木																	
9/22	金																	
9/23	土																	
9/24	日																	
9/25	月																	
9/26	火																	
9/27	水	総1																
9/28	木																	
9/29	金																	
9/30	土				総1													
10/1	日																	
10/2	月								AO①									
10/3	火																	
10/4	水		信Ⅰ															
10/5	木																	
10/6	金																	
10/7	土																	
10/8	日																	
10/9	月																	
10/10	火																	
10/11	水																	
10/12	木						総Ⅰ					総						
10/13	金								AO									
10/14	土			総AO														
10/15	日		信Ⅰ															
10/16	月																	
10/17	火					総Ⅰ		総1										
10/18	水	総2																
10/19	木								AO②									
10/20	金																	
10/21	土			総AO	総1	総Ⅰ												
10/22	日						総Ⅰ	総1	AO									
10/23	月									総								
10/24	火																	
10/25	水										総Ⅰ							
10/26	木									総								
10/27	金																	
10/28	土										総Ⅰ	総						
10/29	日																	
10/30	月																	
10/31	火																	
11/1	水	総1	信Ⅰ	総AO	総1	総Ⅰ	総Ⅰ	総1	AO	総	総Ⅰ	総						
11/2	木								推									
11/3	金	総2	信Ⅱ・推Ⅰ															
11/4	土																	
11/5	日																	
11/6	月																	
11/7	火	総2																
11/8	水				総1							総						
11/9	木	総1											推					
11/10	金				推	総Ⅰ	総Ⅰ	総1	AO			推			推	推		
11/11	土		信Ⅱ・推Ⅰ						推									
11/12	日																	
11/13	月						推											
11/14	火		信Ⅰ					総2・推1										
11/15	水			総AO										推				
11/16	木	総2																
11/17	金										総Ⅰ							
11/18	土			総Ⅰ・指	推								推	推				
11/19	日						推	総2・推1							推	推		
11/20	月																	推
11/21	火																	
11/22	水					推					推						総1・推	
11/23	木																	
11/24	金																	
11/25	土			総Ⅰ・指		推						推					総1・推	
11/26	日																	推
11/27	月									推								
11/28	火										推							
11/29	水	総3															総1	
11/30	木																	
12/1	金		信Ⅱ・推Ⅰ	総Ⅰ・指	推	推	推	総2・推1	推		推	推	推	推	推	推	推	推
12/2	土																	
12/3	日		信Ⅲ・推Ⅱ															
12/4	月									推								
12/5	火																	
12/6	水									推								
12/7	木																	
12/8	金				推		推					推	推					推
12/9	土		信Ⅲ・推Ⅱ	総Ⅰ・指														
12/10	日	総3																
12/11	月			総Ⅱ				総2・推1							推	推	総1・推	
12/12	火		信Ⅱ・推Ⅰ			推		総3・推2	推					推				
12/13	水					総Ⅱ												
12/14	木	総3								推								
12/15	金		信Ⅲ・推Ⅱ								推							
12/16	土			総Ⅱ														
12/17	日					総Ⅱ		総3・推2										
12/18	月					総Ⅱ												
12/19	火																	
12/20	水							総3・推2										
12/21	木			総Ⅱ	総2													
12/22	金																	

出願締切日　（1次）試験日　1次発表日　2次試験日　合格発表日　入学手続締切日

※1 鶴見大：総合型4期 3/13(水)
※2 明海大：総合型Ⅲ期 3/16(土)
※3 日本大(松戸)：総合型2期 1/20(土)　総合型3期3/9(土)
※4 北海道医療大：総合型Ⅱ期 1/31(水)　総合型Ⅲ期 3/7(木)
※5 松本歯科大：総合型Ⅱ期 2/27(火)
※6 福岡歯科大：総合型2期 1/21(日)　総合型3期3/20(水・祝)

2024年度　学校推薦型・総合型選抜 実施大学一覧〈私立医学部〉

大学		募集人員	受験資格・制限			試験日		学科試験			その他			出身	専願	卒後
			現浪別	評定平均	その他	1次試験	2次試験	科目	時間	配点	小論文	面接	その他			
帝京大学	推薦(公募制)	15	現役	4.0以上		11月12日(日)		基礎能力適性検査(英語・数学・理科1科目)	英語50分 数学・理科100分	—	90分	10分程度	英語外部試験利用制度あり		●	
獨協医科大学	推薦(地域特別枠)	10	現役	4.0以上		11月11日(土)	11月17日(金)	①基礎適性(英語・数学)	各60分	—	①60分	②MMI(約5分×5室程度)		●	●	●
獨協医科大学	推薦(系列校)	10以内	現役	*1											●	
獨協医科大学	推薦(指定校制)	20	現役	*1		11月11日(土)		基礎適性(英語・数学)	各60分	—	60分	MMI(約5分×5室程度)			●	
獨協医科大学	推薦(指定校制(栃木県地域枠))	5以内	現役	*1										●	●	●
兵庫医科大学	推薦(一般公募制)	約15*2	現役	4.0以上		11月19日(日)		基礎適性検査(英語・数学・理科2科目)	英語60分 数学60分 理科80分	英語100点 数学100点 理科75点×2	60分 50点	個人面接・調査書 30点			●	
兵庫医科大学	推薦(地域指定制)	5以内	1浪まで	現役4.0以上 1浪4.3以上										●	●	
兵庫医科大学	総合型(一般枠)	約5	1浪まで	*3		11月19日(日)	12月3日(日)	①基礎適性検査(英語・数学・理科2科目)	英語60分 数学60分 理科80分	英語100点 数学100点 理科75点×2	①60分 50点	②プレゼンテーション試験50点 個人面接50点	①調査書・志望理由書 50点		●	
兵庫医科大学	総合型(卒業生枠)	3以内	1浪まで	*4											●	
東京医科大学	推薦(一般公募)	20以内	現役	4.0以上		12月2日(土)		基礎学力検査(数学・物理・化学・生物)	70分	100点	2課題 110分 36点	個人面接 24点	書類審査 12点		●	
東京医科大学	推薦(茨城県枠)	8以内	1浪まで	4.0以上										●	●	●
東京医科大学	推薦(新潟県枠)	2以内													●	●
東京医科大学	推薦(埼玉県枠)	3以内													●	●
東京医科大学	全国ブロック別推薦	6以内*5	1浪まで	4.0以上		12月2日(土)	12月16日(土)	①基礎学力検査(数学・物理・化学・生物)	70分	—	①2課題 110分 36点	②MMI32点	書類審査 12点	●	●	
大阪医科薬科大学	推薦(公募制)	10	現役	4.0以上	*6	11月18日(土)		基礎学力試験(数学ⅠAⅡB・理科2科目)	数学60分 理科90分	数学100点 理科150点	30分	段階評価			●	
大阪医科薬科大学	推薦(指定校制)	2	現役	*1											●	
大阪医科薬科大学	「至誠仁術」入試(併願制)	5	1浪まで			共通テスト	3月12日(火)			①700点	②	②				
聖マリアンナ医科大学	推薦(一般公募制)	約25	現役	3.8以上*7		11月25日(土)		基礎学力試験(英語・数学ⅠAⅡB・理科2科目)	英語60分 数学・理科90分	英語150点 数学・理科 200点	60分50点	面接Ⅰ(50点) 面接Ⅱ(50点)			●	
聖マリアンナ医科大学	推薦(神奈川県地域枠)	7												●	●	●
東海大学	希望の星育成	10	現役	3.8以上		10月22日(日)	共通テスト			②600点		①面接試験(20～30分程度) オブザベーション評価(120分程度)	①書類審査			
福岡大学	推薦(附属校)	最大8	現役	*1		11月26日(日)		英語・数学ⅠAⅡBⅢ	60分	各50点		グループ面接	調査書等の提出書類は面接の参考資料		●	
福岡大学	推薦(A方式)	23以内	1浪まで	3.7以上								グループ面接20点			●	
福岡大学	推薦(地域枠)	10	1浪まで	3.7以上								グループ面接50点		●	●	●
北里大学	推薦(指定校)	35	現役	*1		11月19日(日)		基礎学力検査	100分	—	80分	●			●	
北里大学	推薦(地域枠指定校)	16*8	現役	*1										● *9	●	●
昭和大学	推薦(特別協定校)	2	現役		*10	11月25日(土)		基礎学力試験(英語・数学Ⅰまたは現代文から1科目・物理基礎、化学基礎、生物基礎から2科目)	140分	—	●	●			●	
昭和大学	推薦(卒業生推薦)	7	現役		*11					英語50点 数学50点 理科100点	60分300点	約10分100点			●	
藤田医科大学	ふじた未来(高3一般枠)	12*12	現役			11月12日(日)	11月19日(日)	①英語・数学ⅠAⅡB	各90分	各100点	①50分 40点	②個人面接・グループディスカッション140点	②講義課題 60点		*14	●
藤田医科大学	ふじた未来(独創一理枠)		1浪まで	*13											●	●
産業医科大学	推薦	25以内*15	1浪まで	*16		12月6日(水)		総合問題	120分	—		約20分間			●	●
産業医科大学	総合型	10以内	2浪まで			11月25日(土)	共通テスト			②600点		①プレゼンテーション試験			●	●
東京女子医科大学	推薦(一般)	約23	1浪まで	4.1以上		11月18日(土) 11月19日(日)		思考力試験(文章、データ等を示して読解、分析、判断の能力を評価する)	80分	—	50分	個人面接 小グループ討論			●	
東京女子医科大学	推薦(至誠と愛)	約10			*17	11月18日(土)						個人面接			●	
日本大学	推薦(新潟県地域枠)	2以内	1浪まで	4.0以上		12月16日(土)		基礎学力試験(数学・英語)	各40分	120点		約20分×2回 120点			●	●
埼玉医科大学	推薦(一般公募)	14	1浪まで	4.0以上*18		11月19日(日)		適性検査Ⅰ(英語系分野) 適性検査Ⅰ(数学系分野) 適性検査Ⅰ(理科2科目)	英語30分 数学30分 理科60分	英語20点 数学20点 理科各20点	30分20点	●			●	
埼玉医科大学	推薦(埼玉県地域枠)	19*19	1浪まで	4.0以上*18											●	●
埼玉医科大学	推薦(指定校)	5	1浪まで	3.8以上*20											●	
埼玉医科大学	推薦(特別枠)	2	1浪まで		*21										●	
岩手医科大学	推薦(公募制)	12	1浪まで	4.0以上		11月18日(土)		基礎学力試験(英語・数学) 基礎学力試験(理科2科目)	80分 60分	各100点 各75点		①個人面接(15分程度) ②課題型面接(5分×2) 100点		●	●	
岩手医科大学	推薦(地域枠A・岩手県枠)	15	1浪まで	4.3以上										●	●	●
岩手医科大学	推薦(地域枠B・東北枠)	8	1浪まで	4.0以上										●	●	●
岩手医科大学	推薦(秋田県地域枠)	2	1浪まで	4.0以上										●	●	●
岩手医科大学	総合型	8名以内	2浪まで	3.8以上	*22	11月18日(土)		基礎学力試験(英語・数学) 基礎学力試験(理科2科目)	80分 60分	各100点 各75点		①個人面接(15分程度) ②課題型面接(5分×2) ①と②あわせて100点 ③地域医療面接(15分程度)50点			●	●
関西医科大学	推薦(特別枠)	10	1浪まで	4.0以上*23		12月10日(日)	12月16日(土)	①適性能力試験(数理的問題・英文問題を含む)	130分	—	①50分	②個別面接(段階評価)			●	●
関西医科大学	推薦(地域枠)	15*24	2浪まで	3.5以上											●	●
関西医科大学	推薦(一般枠)	10	1浪まで	3.5以上												
関西医科大学	特色	7	1浪まで		*25											

2024年度　学校推薦型・総合型選抜 実施大学一覧〈私立医学部〉

大学		募集人員	受験資格・制限			試験日		学科試験			その他			出身	専願	卒後
			現浪別	評定平均	その他	1次試験	2次試験	科目	時間	配点	小論文	面接	その他			
東邦大学	総合入試	約10	1浪まで	3.8以上*26		11月17日(金)	12月2日(土)	①適性試験・基礎学力	各60分	—		②約30分/1人			●	
東邦大学	同窓生子女入試	約5			*27										●	
東邦大学	推薦(千葉県)	3													●	●
東邦大学	推薦(新潟県)	6													●	●
東邦大学	推薦(付属校制)	約25	現役												●	
愛知医科大学	推薦(公募制)	約20*28	1浪まで	3.7以上*29		11月25日(土)		基礎学力試験(英語・数学)	各60分	各100点	60分(5段階評価)	個人面接(5段階評価)			●	
愛知医科大学	地域枠A	約5												●	●	●
近畿大学	推薦(一般公募)	25	1浪まで			11月19日(日)	12月3日(日)	①英語・数学・理科1科目	各60分	各100点	②40分(段階評価)	②個人面接10分程度(段階評価)				
久留米大学	一般推薦(A日程)	約8	1浪まで			11月18日(土)		基礎学力テスト(英語) 基礎学力テスト(数学)	各60分	各100点	60分50点	50点			●	
久留米大学	久留米大学特別枠推薦	約20	2浪まで												●	●
久留米大学	福岡県特別枠推薦	5	2浪まで											●	●	●
川崎医科大学	総合型(中国・四国地域枠)	約20	4浪まで		*30	11月11日(土)	11月18日(土)	①総合適性試験(英語・数学・理科2科目・国語・一般教養)	—	—	①	②		●	●	●
川崎医科大学	総合型(霧島市地域枠)	約1	4浪まで		*31									●	●	●
川崎医科大学	総合型(特定診療科専攻枠)	約4	4浪まで		*32										●	●
金沢医科大学	総合型(AO)	15			25歳以下*33	11月18日(土)	12月3日(日)	①基礎学力テスト(英語・数学ⅠA・物理基礎、化学基礎、生物基礎から2科目・一般問題)	100分	200点		②個人面接(約15分間)140点	②自己推薦書60点		●	●
金沢医科大学	総合型(卒業生)	8			25歳以下*33*34										●	●
金沢医科大学	総合型(研究医)	1			25歳以下*33										●	●
金沢医科大学	推薦(指定校・地域)	5	1浪まで		19歳以下*35									●	●	●

※項目の見方:出身(出願できる出身県が限定されている)、専願(合格したら入学しなければいけない)、卒後(卒業後の就労義務あり)

*1　別途高校に通知する
*2　関西学院高等部からの学校推薦型選抜(特別選抜)3名以内を含む
*3　医療従事者(本学で取得できる資格を有する者。ただし出願者の2親等以内の親族を除く)が推薦する者
*4　本学医学部同窓会(緑樹会)が推薦する者・両親および祖父母のうちいずれかが兵庫医科大学医学部の卒業生である者
*5　全国を6ブロックに分け各ブロック1名を定員とする。
*6　英語資格・検定試験のうち基準を満たすスコアを取得している者
*7　全体の評定平均値が3.8以上で、数学、理科、英語がそれぞれ4.0以上
*8　2023年度実績:山梨県2名・茨城県4名・神奈川県5名・埼玉県2名・新潟県3名
*9　山梨県・茨城県・神奈川県は卒業後の就労義務有
*10　特別協定校から推薦された者
*11　祖父母、もしくは両親のいずれかが昭和大学の卒業生である者
*12　独創一理枠出願者の中から、総合得点が補欠合格ライン以上の者を最大で3名まで合格とする
*13　本学卒業生の2親等以内の親族
*14　国公立大学医学科の総合型選抜・学校推薦型選抜または一般選抜前期日程に合格した場合に限り辞退を認める
*15　全国を3ブロックに分け、ブロック毎に10名以内で募集。
*16　現役:評定平均値4.3以上または　①国語・数学・理科・社会・英語と②数学・理科・英語の評定平均値4.3以上、既卒:現役と同じ条件または現役時の共テ得点率(5教科7科目)80%以上
*17　3 親等以内の親族に至誠会の会員または準会員がおり、至誠会の所定の手続きを経て、至誠会の推薦を受けた者
*18　評定平均値4.0以上で、数学、理科、外国語の平均値がそれぞれ4.0以上。
*19　評定平均値3.8以上で、数学、理科、外国語の平均値がそれぞれ3.8以上。
*20　2023年度実績:19名
*21　英検の好成績取得者、科学オリンピック等に参加し好成績を納めた者等(詳しくは募集要項をご覧ください)
*22　圭陵会正会員(本学の職員および志願者の2親等以内を除く)の推薦を得た者
*23　全体および6教科(国語、地理・歴史、公民、数学、理科、外国語)の評定平均値がともに4.0以上
*24　2023年度実績:大阪府5名・静岡県8名・新潟県2名
*25　英語型・国際型・科学型のいずれか
*26　全体の評定平均値が3.8以上で、数学、理科がそれぞれ4.0以上
*27　本学医学部の卒業生の血族2親等までの者
*28　国際バカロレア選抜若干名を含む
*29　全体の評定平均値が3.7以上かつ数学、理科、外国語のそれぞれの評定平均値が3.7以上。
*30　中国・四国地域で地域医療に関わるもの(保護者を除く)が推薦する者
*31　鹿児島県内で地域医療に関わるもの(保護者を除く)が推薦する者
*32　建学の理念、本学附属病院及び総合医療センターの病院理念に賛同する医療に関わるもの(保護者を除く)が推薦する者
*33　2023年4月1日現在25歳以下の者
*34　本学卒業生の子女である者
*35　2023年4月1日現在19歳以下の者

2024年度　編入学選抜　実施大学一覧〈私立医学部〉

大学		編入年次	募集人員	受験資格・制限				試験日		合格発表日		試験内容	
				大卒(見込)	短大・高等専学卒	大学在籍	その他	1次試験	2次試験	1次試験	2次試験	1次試験	2次試験
岩手医科大学	学士編入学	3年次	若干	●*1			*2	2月13日(火)	2月22日(木)	2月16日(金)	2月28日(水)	学科試験①②:生命科学全般(一般教養・細胞生物学・解剖学・生理学・生化学・病理学総論・細菌学・免疫学の履修範囲より出題) 小論文	面接
獨協医科大学	総合型	1年次	3以内	大学2年次までの課程修了者*3			*4	9月30日(土)	10月14日(土)	11月15日(水)	12月1日(金)	適性試験(科学的分析力・推理力・言語能力を評価する問題を出題) 小論文(英文の長文課題に基づいた客観的・論理的作文能力を評価)	面接試験(15分×4回)プレゼンテーション
北里大学	学士入学者	1年次後期	若干	●				11月19日(日)		12月1日(金)		基礎学力検査	小論文 面接
東海大学	展学のすすめ	1年次	10	●	●	2年以上在籍62単位以上修得(見込)*5	*6	10月28日(土)	11月19日(日)	11月6日(月)	12月1日(金)	英語100点小論文100点	個人面接240点
久留米大学	自己推薦型	1年次	約2	●			*7	11月18日(土)		12月1日(金)		基礎学力テスト(英語)100点 基礎学力テスト(数学)100点	小論文50点 面接50点

*1 2020年3月以降に歯学部を卒業し、歯科医師免許を有している者・または2024年3月31日までに卒業見込みの者。ただし、歯科医師国家試験に不合格となった場合は合格取消
*2 卒業後、本学附属病院および本学関連病院に通算6年以上(臨床研修期間2年含む)勤務し、岩手県の地域医療に従事することを確約できる者
*3 4年制以上の大学(外国の大学を含む)卒業又は卒業見込みの者、または4年制以上の大学(外国の大学を含む)に在籍し、2年次までの課程を修了している者(出願時の休学者(留学等による休学を除く)及び医学部医学科在籍者を除く)
*4 2024年4月1日現在で30歳未満の者
*5 2024年3月までに修得見込の者
*6 外国の大学卒業または外国の大学に2年以上在籍、2024年3月までに62単位以上修得(見込)の者
*7 4年制以上の大学(理系学部)を卒業後3年以内の者(学士)および卒業見込みの者。かつ、入学時満25歳以下の者。6年制大学(歯・薬・獣医学部)の場合は満27歳以下の者。

2024年度　帰国生選抜　実施大学一覧〈私立医学部〉

<table>
<tr><th rowspan="2">大学</th><th rowspan="2" colspan="2">試験区分</th><th rowspan="2">募集人員</th><th colspan="2">受験資格・制限</th><th colspan="2">選考方法</th></tr>
<tr><th>現浪別</th><th>評定平均</th><th>1次試験</th><th>2次試験</th></tr>
<tr><td>埼玉医科大学</td><td colspan="2">帰国生入試</td><td>若干</td><td>*1</td><td></td><td colspan="2">適性検査Ⅰ(英語系分野)・適性検査Ⅰ(理数系分野)・適性検査Ⅱ(小論文)・面接</td></tr>
<tr><td rowspan="4">国際医療福祉大学</td><td rowspan="2">留学生特別選抜</td><td>第1回</td><td rowspan="2">20</td><td rowspan="2">*2</td><td></td><td rowspan="2">英語・数学・理科2科目・小論文</td><td rowspan="2">個人面接*4</td></tr>
<tr><td>第2回</td><td></td></tr>
<tr><td rowspan="2">帰国生および外国人学校卒業生特別選抜</td><td>第1回</td><td rowspan="2">若干</td><td rowspan="2">*5</td><td></td><td rowspan="2">英語・数学・理科2科目・小論文</td><td rowspan="2">個人面接*7</td></tr>
<tr><td>第2回</td><td></td></tr>
<tr><td>杏林大学</td><td colspan="2">外国人留学生</td><td>1</td><td>*8</td><td></td><td>英語・数学・理科2科目(一般選抜と同様)</td><td>小論文・面接(一般選抜と同様)</td></tr>
<tr><td rowspan="3">順天堂大学</td><td rowspan="3">国際臨床医・研究医</td><td>外国人</td><td>5</td><td>*9</td><td></td><td>小論文・英作文・面接</td><td>日本留学試験(日本語・理科・数学)</td></tr>
<tr><td>帰国生</td><td>2</td><td>*10</td><td></td><td>小論文・英作文・面接</td><td>日本留学試験(日本語・理科・数学)または共通テスト(5教科7科目)</td></tr>
<tr><td>国際バカロレア</td><td>2</td><td>*11</td><td></td><td>小論文・英作文・面接</td><td>日本留学試験(日本語・理科・数学)または共通テスト(5教科7科目)</td></tr>
<tr><td>愛知医科大学</td><td colspan="2">国際バカロレア</td><td>若干</td><td>*12</td><td></td><td colspan="2">適性検査・面接(個人面接)</td></tr>
<tr><td>福岡大学</td><td colspan="2">留学生入試</td><td>若干</td><td>*13</td><td></td><td colspan="2">筆記試験(2020年度日本留学試験の指定科目・英語)・面接(健康診断)・小論文</td></tr>
</table>

*1　埼玉医科：①日本国籍を有する者他②文部科学大臣の認める大学受験資格を満たす者③日本の高校レベルに相当する海外の学校に卒業年次を含めて2年間以上在籍し卒業(見込)者④国際バカロレア資格(IBフルディプロマ)を2022年4月から2024年3月までに授与される者

*2　国際医療福祉(留学生)：①日本国籍を有しない者で、かつ日本国の永住許可を得ていないもの②外国において学校教育による12年の課程を修了(見込)者③入学時までに出入国管理及び難民認定法において「留学」の在留資格を取得(見込)者④英語での授業を受けるのに差し支えない程度の英語能力を有する者

*3　数学・理科・小論文は出願時に日本語または英語による出題のいずれかを選択できる。

*4　個人面接は出願時に日本語または英語による面接のいずれかを選択して受けることが可能(ただし日本語による面接にも一部、英語での質疑応答が含まれる)

*5　国際医療福祉(帰国生)：日本国籍を有する者または日本国の永住許可を得ている外国人で、日本の大学入学資格を有し、かつ次のいずれかの条件を満たすもの①海外の学校に最終学年を含む4年以上在学した卒業(見込)者②海外の大学または大学院に2年以上在学した卒業(見込)者③通算6年以上の海外在住経験(満6歳未満は含まない)④外国人学校に最終学年を含む2年以上在学した卒業(見込)者

*6　筆記試験はすべて英語で実施

*7　個人面接はすべて英語で実施

*8　杏林：①②のいずれかに該当する者①日本以外の国籍を有する者で、外国において学校教育における12年以上の課程を修了(見込)者、かつ当該国において大学入学資格を有する者またはこれと同等以上の学力を有する者②日本以外の国籍を有する者で外国における高等学校に対応する学校の課程(12年未満)を修了し、文部科学大臣が指定した「大学入学のための準備教育課程」を修了(見込)者

受験資格については一部を抜粋しています。詳しくは必ず募集要項で確認して下さい。

日程					
出願期間	試験日		合格発表日		手続締切日
	1次試験	2次試験	1次試験	2次試験	
2023年11月2日(木)～ 11月11日(土)必着	11 月 19 日(日)		12月1日(金)		12月12日(火)
2023年8月15日(火)～8月24日(木)必着	9月5日(火)	9月16日(土)	9月11日(月)	9月29日(金)	10月6日(金)
2023年11月1日(水)～11月9日(木)必着	11月25日(土)	12月9日(土)	12月4日(月)	12月15日(金)	12月22日(金)
2023年8月15日(火)～8月24日(木)必着	9月5日(火)	9月16日(土)	9月11日(月)	9月29日(金)	10月6日(金)
2023年11月1日(水)～11月9日(木)必着	11月25日(土)	12月9日(土)	12月4日(月)	12月15日(金)	12月22日(金)
2023年12月4日(月)～2024年1月5日(金)必着	1月19日(金)	2月1日(木) 2月2日(金) のうち指定日	1 月26日(金)	2月7日(水)	2月15日(木)
2023年9月4日(月)～9月22日(金)必着	10月17日(火) 10月18日(水)	日本留学試験	11月1日(水)	1月24日(水)	2月7日(水)
2023年9月4日(月)～9月22日(金)必着	10月17日(火) 10月18日(水)	日本留学試験 または 共通テスト	11月1日(水)	2月8日(木)	2月14日(水)
2023年9月4日(月)～9月22日(金)必着	10月17日(火) 10月18日(水)	日本留学試験 または 共通テスト	11月1日(水)	2月8日(木)	2月14日(水)
2023年11月1日(水)～11月10日(金)消印有効	11月25日(土)		12月7日(木)		12月19日(火)
2023年11月18日(土)～12月5日(火)必着	2月8日(木)		2月22日(木)		2月29日(木)

*9 順天堂(外国人):①AまたはBに該当する者(A:外国において学校教育12年に相当する課程修了(見込)者、B:外国において国際バカロレア資格またはドイツ・フランス・英国の大学入学資格取得者)②日本語能力試験でN1またはN2を取得③英語能力を示す資格・スコアについて基準を満たしていること

*10 順天堂(帰国生):①日本国籍を有する者または日本国の永住許可を得ている者　②AまたはBに該当する者(A:外国において学校教育12年に相当する課程修了(見込)者、B:外国において国際バカロレア資格またはドイツ・フランス・英国の大学入学資格取得者)②外国の学校に最終学年を含めて継続して在学し、その最終学校を修了③英語能力を示す資格・スコアについて基準を満たしていることること

*11 順天堂(国際バカレア):①次のいずれかに該当する者　(1)高校卒業(見込)者　(2)通常の課程による12年の学校教育修了(見込)者　(3)学校教育法施行規則第150条の規定により高校を卒業した者と同等以上の学力があると認められる(見込)者②国際バカロレア資格授与(見込)者③国際バカロレア資格のカリキュラムにおいて指定の科目を履修している者④英語能力を示す資格・スコアについて基準を満たしていること

*12 愛知医科:①国際バカロレア資格を2022年4月から2024年3月までに授与される者②2024年3月31日までに18歳に達する者③国際バカロレア資格の取得において所定の要件に該当する者

*13 福岡:①外国の国籍を有し、次のいずれかに該当する者(1)外国において学校教育における12年の課程修了(見込)者(2)外国において実施される大学入学資格検定に合格し2024年3月31日までに18歳に達する者(3)外国において高等学校に対応する学校の課程で文部科学大臣が別に指定するものの修了(見込)者(4)日本の文部科学大臣が指定する教育施設で大学入学のための準備教育課程修了(見込)者(5)スイス・ドイツ・フランス・英国の国際バカロレア資格または大学入学資格取得者(6)日本の高校卒業(見込)者で、日本の小学校、中学校、高校における在学期間が通算3年以内である者、②2023年度に実施される「日本留学試験」を受験した者で、日本語(読解、聴解・聴読解)の得点が200点以上の者

私立医学部
2024年度 入試動向 <総論>

Ⅰ.大学入学共通テスト

5 年連続で志願者減、追・再試験の受験者は過去最高

今年で3年目となる大学入学共通テスト(以下「共通テスト」)は2023年1月14日・15日に行われた。追・再試験はその2週間後に行われたが、追・再試験を受験した者の総数は過去最多の3,471人であった。これは新型コロナウイルスへの感染や濃厚接触で本試験を受けられなかった受験生が多くいたためと思われる。

全体の志願者数は512,581人、受験者数は474,051人と5年連続で減少となった。全教科欠席者数は38,530人と過去最高だった昨年度の41,984人から減少した。欠席率も7.52%とこちらも昨年度の7.92%から改善された。ただ、コロナ前の2019年度センター試験では欠席者数30,632人、欠席率は5.31%であった。「共通テストを無理して受験しない」という流れは続いていると言える。

◆ 過去3年間の大学入学共通テスト志願者数・受験者数

(人)

	2021	2022	2023
志願者数	535,245	530,367	512,581
受験者数	484,114	488,384	474,051

1 浪生の減少止まらず、全体の 1 割を切る

共通テストの志願者に占める現役の割合はじわじわと上昇を続けており、今年は85.2%と過去最高を記録した。中でも女子受験生における現役の占める割合は高く、9割を超えている。

志願者に占める高卒者(浪人)の割合が目立って減少したのは、新型コロナの感染が拡大した2021年度以降のことである。前年度まではかろうじて10万人を超えていた高卒者(浪人)が、2021年度では81,007人と2万人近く減少した。そのまま減少傾向は続いており、今年の高卒志願者は71,642人と7万人割れが目前に迫っている。

特に減少が目立つのは1浪である。今年は志願者全体に占める1浪生の割合が遂に1割を切った。以前なら「1年間がんばって浪人して志望校に合格しよう」と考えていた受験生が減り、現役で「入れる大学に入る」受験生の増加が考えられる。逆に2浪以上になると「なにがなんでも志望校に入る」という覚悟で受け続ける受験生が多いのか、2浪・3浪以上はこの3年間微減にとどまっている。その中にはコロナ禍でオンライン授業となり、とりあえず入れる大学に入りながら再受験する、いわゆる「仮面浪人」も含まれているのではないかと推測される。

◆ 過去3年間の大学入学共通テスト現浪別志願者数

(人)

	2021	2022	2023
現役生	449,795	449,369	436,873
1浪生	56,726	53,731	49,317
2浪生	9,795	9,527	9,124
3浪以上	14,486	13,527	13,201
高卒認定等	4,443	4,213	4,066

共通テストになってから2 度目の得点調整

今年の共通テストでは『理科②』の「物理」「化学」「生物」で得点調整が行われた。1月20日に発表された2回目の平均点中間集計では、「物理」63.39点、「化学」48.56点、「生物」39.74点、「地学」49.88点であった。「物理」と「生物」の平均点で20点以上の差が開いたことにより、「生物」で最大12点、「化学」で最大7点が加点されることになった。「地学」は受験者数1万人未満のため得点調整の対象とはならなかった。

『理科②』は2021年度の共通テストでも得点調整の対象となっている。この時の平均点は「生物」72.65点、「化学」51.06点、「物理」57.82点であり、「生物」と「化学」の平均点差が20点以上開いたため、化学で最大9点、物理で最大6点が加点された。さらに、2021年度は『公民』でも「倫理」と「政治・経済」の平均点差が20

点を超えたため得点調整が行われた。

センター試験時代の得点調整が2015年度と1998年度の2回であったことを考えると、共通テストになってから既に3回の得点調整が行われたことは、共通テストの問題作成における難しさがうかがえる。しかもセンター試験時代も含めると、これまでに5回行われた得点調整のうち3回が『理科②』、特に「生物」が絡んでいることから、理科の難易度をそろえること、とりわけ「生物」の問題作成には機微を要することがわかる。

また、『地理・歴史』『公民』も得点調整の対象となりやすく、5回のうち1回は『地理・歴史』、1回は『公民』の科目間で得点調整が行われている。

「あまり適正ではない」難易度とされた『数学Ⅰ・A』は平均点アップ

昨年、『数学Ⅰ・A』はセンター試験時代を通じて平均点が37.96点と過去最低となり、外部評価で「難易度はあまり適正ではない」とされた。それを受けて今年の平均点は55.65点と昨年より大きくアップした。バスケットボールのシュートなど日常の事象からも出題され、問題文の量も変わらず多いが、丁寧な誘導で文章も読みやすく解きやすかったと言えるだろう。『数学Ⅱ・B』の平均点も22年ぶりに6割を超え、受験生の得点を大きく押し上げる要因となった。

さらに、『地理・歴史』『公民』の中で最も受験者が多いのは『日本史B』だったが、今年は『日本史B』が137,017人に対し、『地理B』が139,012人と受験者数が逆転した。『地理B』は1科目選択者が圧倒的に多く、最近の理系受験生の増加と共に受験者数を伸ばしてきた。また「実学志向」「暗記嫌い」な最近の受験生の志向も少なからず影響していると思われる。

また、今年目立ったのが共通テストにおける3科目以下の受験者減少である。国公立7科目型以上の受験者が前年比98.6%なのに比べ、4～6科目受験者は前年比95.1%、3科目以下の受験者は前年比94.9%である。私立大専願者の「共テ離れ」が進んでいることがうかがわれる。

◆ 大学入学共通テストの過去2年間平均点

（点）

教科	科目名	2022	2023
英語	リーディング	61.80	53.81
	リスニング	59.45	62.35
数学①	数学Ⅰ	21.89	37.84
	数学Ⅰ・A	37.96	55.65
数学②	数学Ⅱ	34.41	37.65
	数学Ⅱ・B	43.06	61.48
理科①	物理基礎	60.80	56.38
	化学基礎	55.46	58.84
	生物基礎	47.80	49.32
	地学基礎	70.94	70.06
理科②	物理	60.72	63.39
	化学	47.63	54.01
	生物	48.81	48.46
	地学	52.72	49.85
国語	国語	58.75	52.87
地理歴史	世界史B	65.83	58.43
	日本史B	52.81	59.75
	地理B	58.99	60.46
公民	現代社会	60.84	59.46
	倫理	63.29	59.02
	政治・経済	56.77	50.96
	倫理,政治・経済	69.73	60.59

（注1）理科基礎・国語は100点満点に換算した点数
（注2）物理・化学・生物は得点調整後の点数

2024年度共通テストの志願者数は6年連続減少？

2023年10月5日の最終受付日時点で2024年度共通テスト出願数は465,469人と昨年の479,348人より13,879人少ない。現役生・既卒生ともに前年比3%程度減少しており、6年連続志願者減の可能性は高い。今年18歳になる子供が生まれた2005年は出生数が106万人と初めて110万人を割った年であり、翌年の2006年は109万人とわずかに回復している。その後、100万人台だった出生数は2016年に約98万人と初めて100万人を割ることになる。少子化が続く中で大学入試は今後も変化していくと思われる。

II．国公立大学全体の分析

国公立大学の志願者は前年とほぼ同じ

文部科学省の発表によると、2023年度の国公立大学一般選抜の確定志願者数は423,180人で、前年の428,656人に比べ5,476人減、前年比98.7％であった。共通テストの志願者数が512,581人と前年比96.6%だったのに比べると減少率は低く、共通テストの平均点アップや厳しい経済状況がその背景にあるものと考えられる。確定志願倍率は4.3倍であり昨年と同じであった。

日程別に見ると、最も募集人員の多い前期日程の志願者数は231,450人と昨年比1.1％減であった。中期日程の志願者数は31,663人であり昨年比0.9%増、後期日程は160,067人、前年比2％減であった。中期日程には岐阜薬科大学や山口東京理科大学の薬学部や、名古屋市立大学データサイエンス学部などの人気系統が含まれており、志願者増につながった。後期日程は廃止した大学もあって募集人員も262人減少し、志願倍率は昨年と同じ10.0倍だった。

◆ 過去3年間の国公立大学一般選抜志願者数

（人）

		2021	2022	2023
国立	前期	177,178	179,320	176,484
	後期	118,753	123,633	121,821
	合計	295,931	302,953	298,305
公立	前期	58,225	54,677	54,966
	後期	42,168	39,647	38,246
	中期	29,091	31,380	31,663
	合計	129,484	125,704	124,875
全体	前期	235,403	233,997	231,450
	後期	160,921	163,280	160,067
	中期	29,091	31,380	31,663
	合計	425,415	428,657	423,180

III．私立大学全体の分析

一般選抜の志願者数は 4 年連続で減少、受験生は理高文低

私立大学の確定志願者数は、文部科学省が発表する「入学者選抜実施状況」を待たなければならないが、大手予備校の調査結果を総合すると、2023年度の私立大学一般選抜の志願者数は前年より微減と思われる。確定すればこれで4年連続の減少となるが、減少率は共通テスト利用方式（以下「共テ利用」）よりも一般方式（以下「一般」）の方が大きく、私立専願層の減少が目立つ。

学部別では国公立と同じく理高文低の傾向が見られる。文系はコロナの影響を受けて国際系の志願者減が続く一方、経済・経営・商は前年並みで職業に直結しやすい学部の人気が高い。理系では理や農、情報系の人気が高く、医療系ではこのところ人気の薬が減少して一段落ついた形だ。情報系は学部・学科の新設が続いており、志願者数は増加しているが合格者数も増えており、倍率はむしろダウンしている。国は東京23区内の大学定員増を抑制しているが、例外として理工分野のデジタル系学部・学科に限って規制を緩和すると発表した。東京工業大学がいち早く来年からの定員40人増を届け出たが、今後は複数の私立大学からも定員増の要請があると見られる。

志願者数 No.1 は 10 年連続で近畿大学、早慶や MARCH は軒並み志願者増

私立大学の志願者数で最も多かったのは今年も近畿大学であった。情報学部新設で大幅に増加した昨年よりは減少したものの15万人を超える志願者を集め、これで10年連続1位となった。2位はコロナ禍で共テ利用の受験料免除などの施策を続ける千葉工業大学、3位は2年連続で志願者増の明治大学で、志願者数が10万人を超えているのはこの3大学だけである。

地区別に見ると、軒並み志願者数が減少している中で、比較的微減にとどまったのは首都圏、近畿、東海、九州地区といった都市圏の大学であり、コロナによる受験生の地元志向は一段落ついた形だ。早慶上智やMARCH、関関同立などの主要私大は軒並み志願者を伸ばしており、減少が目立つのは首都圏女子大のみである。先だって、恵泉女学園大学、神戸海星女子学院大学が2024年度より募集停止することが発表されたが、女子大にとっては冬の時代が続いている。

私立医学部
2024年度 入試動向

メルリックス学院医学部・歯学部受験情報センター・提供

Ⅰ．国公立大学医学部医学科の分析

志願者数は前期・後期日程合わせて2年連続増加

国公立大学医学部医学科一般選抜の志願状況は前期・後期日程合わせて23,509人と昨年の21,883人より1,626人増え、7.4％増となった。前期日程は15,960人で8.0％増、後期日程は7,549人で6.2％増と、それぞれの日程で志願者数は増加した。特に後期は、岐阜大学が後期日程を廃止した影響で募集人員が減り、志願倍率は昨年の17.43倍から大きく増加して21.51倍となった。志願者数が25,000人を割った2020年度以降、国公立医学部医学科の一般選抜志願者数は2万人台前半で推移している。

◆ 過去3年間の国公立大学医学部医学科志願者数

（人）

	2021	2022	2023
前期	15,087	14,773	15,960
後期	7,255	7,110	7,549
合計	21,883	21,883	23,509

地区別志願状況は北海道・東北・東海地方が大きく増加

国公立医学部医学科前期日程の志願動向を見ると、北海道・東北・東海地方が前年から大きく増加し、四国地方が大きく減少している。国公立大学全体では北関東・首都圏・東海・中国地方が微増で後は減少という結果であり、それに比べると、国公立医学部は全く違った動きを見せている。

国公立医学部の多くは二段階選抜を実施しているため、他学部に比べるとまず「足切りに合わない」ことが出願の際に何より重要になる。今年のように共通テストの平均点が上がったにも関わらず思ったように得点できなかった受験生は、各予備校が発表している予想ボーダーラインを睨み、足切りに合うことなく少しでも勝算の高い国公立医学部に出願しようと考えたようだ。その結果、一部の地方国公立医学部に出願が集中し、他学部とは異なる動きになったものと思われる。

◆ 国公立大学医学部医学科前期日程　地区別一般選抜志願状況

（人）

	2023	2022	前年比
北海道	926	773	119.8%
東北	1,919	1,570	122.2%
北関東	482	487	99.0%
首都圏	1,302	1,280	101.7%
北陸・甲信越	1,644	1,562	105.2%
東海	1,886	1,435	131.4%
近畿	2,016	2,055	98.1%
中国	2,146	2,017	106.4%
四国	1,072	1,318	81.3%
九州・沖縄	2,567	2,554	100.5%
合計	15,960	15,051	106.0%

2024年度入試の展望

このように国公立医学部医学科は極端に共通テストリサーチの結果が低く出た大学に受験生が集まる傾向がある。新課程移行前、現行課程では最後の共通テストとなる2024年度入試では、例年以上に共通テストリサーチの結果を見て慎重に動こうとする受験生が増えることが考えられる。リサーチの結果にいたずらに惑わされることなく、しっかりした二次力（記述力）をつけた上で進路指導の先生とよく相談して出願するのがいいだろう。

最後に2024年度国公立医学部医学科の主な入試変更点を上げておく。まず山形大学一般前期の学力検査で国語（現代文）が廃止される。また、奈良県立医科大学一般前期の学力検査が、これまで英語・数学・理科1科目を連続で行う「帝京方式」だったのが、小論文と面接のみになる。一般後期のみで90人と多くの受験生を募集する山梨大学は、これまで数学と理科2科目だった学力検査に英語が加わる。いずれも試験科目の大きな変更であり、自分にとって有利になるか不利になるかを見極めて受験校の候補に入れるかどうかを考えよう。

Ⅱ．私立大学医学部医学科の分析

志願者は5年ぶりに増加、前年から約3割増の共通テストがけん引

今年の私立医学部の志願者数は5年ぶりに増加し、昨年から4,374人増えて94,634人であった。一般形式の志願者数は80,972人と前年から1.4％増であったが、共テ利用は前年比32.9％増の13,433人と志願者増をけん引する役目を果たした。

センター試験から共通テストに変わってからセンター世代の共通テスト離れもあり、私立医学部の共

テ利用志願者数は減少した。だが、共通テストも導入から3年目となり、受験生に占める共テ世代の割合が増えるにつれて、一時は1万人を切った共テ利用の志願者も徐々に戻ってきた。センター最後の年である2020年度の私立医学部センター利用志願者数は13,377人だったが、2023年度の共テ利用志願者数は13,433人であり、センター利用時代の志願者を上回った。

◆ 過去3年間の私立医学部一般選抜志願者数の推移

（人）

	2021	2022	2023
志願者数	91,325	90,260	94,634

◆ 過去2年間の私立医学部志願者数

（人）

大学名	区分	2023年度	2022年度
岩手医科大学	一般	2,220	2,128
	地域枠C	80	71
	地域枠D		
東北医科薬科大学	一般	1,733	1,791
	共テ利用	73	49
自治医科大学	一般	1,923	2,179
獨協医科大学	一般	2,250	3,125
	共テ利用	553	511
	栃木県地域枠	219	318
埼玉医科大学	前期一般	1,764	2,544
	後期一般	1,321	1,566
	共テ利用	581	406
国際医療福祉大学	一般	3,027	3,009
	共テ利用（前期）	921	829
杏林大学	一般	2,933	2,649
	共テ利用	943	685
慶應義塾大学	一般	1,412	1,388
順天堂大学	一般A	2,180	1,893
	一般B	238	239
	共テ・一般独自併用	541	475
	前期共テ利用	705	628
	後期共テ利用	270	284
	地域枠選抜	311	184
昭和大学	選抜Ⅰ期	2,674	2,475
	選抜Ⅰ期（静岡県地域枠）	108	113
	選抜Ⅰ期（新潟県地域枠）	101	47
	選抜Ⅰ期（茨城県地域枠）	53	42
	選抜Ⅱ期	1,015	1,442
帝京大学	一般	6,902	6,390
	一般（福島県地域枠）	75	110
	一般（千葉県地域枠）	38	71
	一般（静岡県地域枠）	64	61
	一般（茨城県地域枠）	22	17
	共テ利用	626	581
東京医科大学	一般	2,537	2,173
	共テ利用	769	503
東京慈恵会医科大学	一般	1,860	1,860
東京女子医科大学	一般	917	681
東邦大学	一般	2,820	2,169
	一般（千葉県地域枠）	114	87
	一般（新潟県地域枠）	68	48
日本大学	一般N方式第1期	1,865	2,054
	一般N方式第1期（地域枠）	96	47
	一般N方式第2期	866	1,137
日本医科大学	一般前期	1,810	1,845
	一般後期	991	870
	一般（千葉県地域枠）	190	151
	一般（埼玉県地域枠）	121	95
	一般（静岡県地域枠）	136	134
	一般（東京都地域枠）	89	116
	一般（新潟県地域枠）	90	
	後期共テ国語	210	247
北里大学	一般	2,016	2,178
聖マリアンナ医科大学	一般前期	2,354	1,867
	一般後期	1,184	1,197
東海大学	一般	3,600	2,333
	共テ利用	657	445
	神奈川県地域枠	126	74
	静岡県地域枠	175	58
金沢医科大学	一般前期	3,490	3,914
	一般後期	1,295	1,326
愛知医科大学	一般	1,392	2,040
	共テ利用前期	809	603
	共テ利用後期	116	57
	地域枠B	47	41
藤田医科大学	一般前期	1,747	1,746
	一般前期（愛知県地域枠）		
	一般後期	581	605
	一般後期（愛知県地域枠）		
	共テ利用前期	702	500
	共テ利用後期	104	67
大阪医科薬科大学	一般前期（大阪府地域枠含む）	1,842	1,609
	一般後期	920	798
	共テ利用	675	461
関西医科大学	一般前期（地域枠含む）	2,224	1,755
	一般後期（地域枠含む）	468	486
	共テ利用（前期）	1,115	590
	共テ利用後期	135	77
	共テ・一般併用	931	485
近畿大学	一般前期	1,522	1,496
	一般前期（大阪府地域枠）	39	28
	一般前期（奈良県地域枠）	34	32
	一般前期（和歌山県地域枠）	18	31
	一般前期（静岡県地域枠）	73	77
	一般後期	686	534
	一般後期（静岡県地域枠）	102	95
	共テ方式前期	557	451
	共テ方式中期	213	201
	共テ方式後期	144	95
兵庫医科大学	一般A	1,664	1,478
	一般B	253	232
川崎医科大学	一般	1,284	1,351
	一般（岡山県地域枠）	53	73
	一般（静岡県地域枠）	60	70
	一般（長崎県地域枠）	38	36
久留米大学	一般前期	1,279	1,571
	一般後期	609	650
産業医科大学	一般	1,315	1,265
福岡大学	一般系統別	2,127	2,135
	共テ利用	434	484
	合計	94,634	90,214

私立医学部

メルリックス学院医学部・歯学部受験情報センター・提供

【学校推薦型・総合型選抜・編入学選抜】

私立医学部選抜試験は、大きく5種類に分けられる。

> ① 一般選抜(共通テスト利用選抜含む)
> ② 学校推薦型選抜
> ③ 総合型選抜
> ④ 編入学選抜
> ⑤ その他(帰国生・留学生選抜など)

このうち、一般選抜は大学ごとのページで詳細に紹介している。ここでは残りの選抜試験を見ていこう。

Ⅰ.学校推薦型選抜(旧推薦入試)と総合型選抜(旧AO入試)

私立医学部を受けるなら、まず「推薦・総合型」から

2023年度現在、学校推薦型選抜・総合型選抜(以下「推薦・総合型」)を実施している私立医学部は24校であり、私立医学部の入学定員3,690人のうち5分の1以上を推薦・総合型の募集人員が占める。その中には評定平均の規定がなかったり、25歳以下であれば誰でも受験できるものもある。私立医学部を受けるなら、まず「推薦・総合型」から考えてほしい。

医学部の難関校を狙うような学力上位層は、最初から共通テストと一般選抜で勝負しようと考えており、自分が通う高校の評定を気にしていない。出願資格に年齢や評定平均が課され、時には出身地の制限がある推薦・総合型は学力上位層が受けてこないという意味で、一般選抜よりもチャンスは大きいと考えてよい。ただし、医学部入試は他学部と異なり、指定校推薦であっても合格は保証されていない。6年間のカリキュラムを修得して医師国家試験に合格することがゴールとなる医学部は、学力が不足している受験生を無理に入学させることはない。

それでも、私立医学部の推薦・総合型は一般選抜に比べれば科目数や出題範囲が少ないため、上手く受験校を選ぶことによって学力に自信のない受験生でも合格することが可能になる。

試験科目も範囲もまちまちな私立医学部の推薦・総合型

私立医学部の推薦・総合型の試験科目を分類すると次の6つに分けられる。

> ① 一般選抜とはほとんど関係ない問題が出題される大学
> ② 英語・数学が出題される大学
> ③ 英語・数学・理科1科目が出題される大学
> ④ 英語・数学・理科2科目が出題される大学
> ⑤ 英語・数学・理科3科目が出題される大学
> ⑥ 共通テスト利用

この中で、①一般選抜とはほとんど関係ない問題が出題される大学とは、東邦大学や東京女子医科大学である。思考力試験という公務員試験で出題されるような数的処理が出される東京女子医科大学と、課題文や図・グラフの要約にパソコンを使った適性試験が出題される東邦大学は、英語や数学、理科といった一般選抜で出題される科目の仕上がりが不安な受験生でも合格の可能性がある。

また、昨年から導入された兵庫医科大学の総合型選抜は数学なしで受験できるのが特徴である。一般枠は医療従事者の推薦書が必要だが、推薦人はかかりつけ医や自分のことを知っている知り合いの医療従事者でよい。自分が医師にふさわしいことを推薦できる立場の人であれば、兵庫医科大学の関係者である必要はない。数学のない推薦・総合型は珍しいだけに、数学が苦手な受験生にとってはチャンスが大きいと考えてほしい。

新課程入試前年度の今年は併願可能な推薦・総合型に注目?

私立医学部の推薦・総合型はほとんどが専願(入学辞退できない)であるが、中には併願可能な入試もある。東海大学総合型(希望の星育成)や藤田医科大学のふじた未来入試、関西医科大学の一般枠推薦や特色選抜、近畿大学の一般公募推薦、大阪医科薬科大学の「至誠仁術」入試(併願)の5つがそれである。

この5つのうち4つが西日本の大学であることに注目したい。また、東海大学(希望の星育成)と大阪医科薬科大学「至誠仁術」入試は共通テスト利用になる。これは併願可能な私立医学部の推薦・総合型がそもそも国公立医学部の志望者の「すべりどめ」を想定したものであり、国公立医学部が多く国公立志向の強い西日本の受験生を多く対象としたものであることが関係しているといえよう。特に関西に4校ある私立医学部のうち3校が併願可能な推薦・総合型を行っているのは驚くべきことである。

厳密に言うと、ふじた未来入試はどこでも併願可で

はなく「国公立医学部医学科に合格した場合のみ入学辞退できる」とうたっている。今年は昨年の専願枠が廃止され、同窓生枠である独創一理枠が導入される。独創一理枠からの合格者は最大で3名までであり、募集人員12名のうち9名以上は高3一般枠からの合格者となる。試験科目は英語と数学のみであり、過去問は大学のホームページで公表されている。

ただ、併願可能な私立医学部の推薦・総合型は国公立医学部志望者との戦いになる。当然ながら専願の推薦・総合型よりも高い学力が要求されるため、試験科目や内容が自分に合っているかどうかを慎重に検討してから受験したい。

2024年度入試で大きな変更のある大学

昨年、聖マリアンナ医科大学の一般公募推薦は募集人員約25名のところ、受験者は24名であった。だが、合格者は11名であり全員合格とはならなかった。このように私立医学部では非常に珍しい「受験者数が募集人数を下回る」現象が起きた昨年の聖マリアンナ医科大学の推薦だが、2024年度入試は早速変更が発表された。これまで出題されてきた自然科学総合問題が基礎学力試験に変更となり、数学(Ⅰ・A・Ⅱ・B)と理科2科目から出題されるわかりやすい形式になる。このことにより、聖マリアンナ医科大学推薦の志願者は前年度の反動もあって増えるだろう。

今年から指定校推薦が廃止される東京女子医科大学は指定校推薦で募集していた10名分をそのまま一般公募推薦にプラスし、約33名の募集となる。指定校がなくなった高校の生徒達も一般公募推薦で受けてくることが予想されるが、6年間の学費が私立医学部の中で2番目に高い大学であることも影響し、それほど志願者数は劇的に増えないと予想される。

また、私立医学部の中で最も学費が高い川崎医科大学は総合適性試験の科目に変更がある。これまで理科3科目(物理・化学・生物)が課されていたが、2024年度入試より理科2科目選択に変更となる。少しでも受験生にとって受けやすくすることにより、志願者数を増やすのが狙いだ。

東京医科大学が導入する全国ブロック別選抜は、将来地域医療に従事することを希望する受験生を対象にしたものである。全国を6つのブロックに分けて1ブロックから1名ずつ選抜する形式だが、一般公募推薦や地域枠推薦と併願することができる。一般公募・地域枠で不合格となっても、ブロック別選抜で一次合格すれば二次試験のMMIに進むことができる。地域医療に興味がある受験生は併願しておいて損はないだろう。

この項を書いている時点で、日本大学医学部が新潟県地域枠のうち2名を推薦で募集すると発表があった。認可申請中だが認められれば日大医学部が初めて公募推薦を行うことになる。1浪までが受験でき評定平均4.0以上、試験科目は英語・数学・面接のみである。出身県は問わないため、将来新潟県の地域医療に貢献する気持ちのある受験生はぜひ検討してほしい。実施初年度の今年はチャンスだと考えられる。

Ⅱ. 編入学選抜

私立医学部の編入学選抜は年々、縮小傾向にある。1年次後期から解剖学などの専門科目が始まることの多い私立医学部は、編入生の入学年次を1年生の10月からとしており、再受験生にとってはメリットが薄い。そのために自然と縮小傾向になるようだ。

東海大学は編入学試験を2021年度で廃止する代わりに、特別選抜(展学のすすめ)という1年次入学の再受験生向けの試験を設けた。1次試験は英語と小論文であり、2年続けて200名ほどの志願者を集めている。また、北里大学が2023年度から今まで一般選抜と同時に行っていた学士編入学選抜を学校推薦型選抜と一緒に行うと発表した。学校推薦型選抜の問題は英語・数学・理科2科目と小論文だが、一般選抜に比べれば基本的な問題である。

今後は獨協医科大学の総合型選抜や東海大学(展学のすすめ)のように、再受験生を対象とした1年次入学試験が広がりを見せるかもしれない。東京医科大学は2025年度から学士選抜試験を募集人員2名で開始する。推薦と同日に実施し、試験内容も推薦と同様という北里大学の学士編入学選抜と同じような形式である。1年次4月の入学になるが、四年制大学の卒業(見込)者に受験者が限られ、初年度の授業料が免除されるため、再受験生の人気を集めそうである。

Ⅲ. その他の選抜試験

私立医学部の帰国生・留学生選抜試験は国公立医学部に比べると数は多くない。国際医療福祉大学は医学部設立時から留学生を20名募集しているが、他は若干名であるところがほとんどである。自分が受験資格を持っていると思われる受験生は早めに情報を調べ、各大学に問い合わせをして受験資格や試験内容を確認してから準備をして臨みたい。

地区別志願者数の内訳

私立医学部一般選抜の2023年度地区別志願者数を見ると、前年から最も増えた近畿で13,615人、前年比23.6%増、次が首都圏で54,486人、7.8%増であった。近畿は関西医科大学が学費を6年間で2100万円と大幅に下げ、志願者が前年の1.4倍となった影響が大きい。東海地区は愛知医科大学の1次試験日が聖マリアンナ医科大学と重なった結果、前年から648人減となったことが響いた。だが、それを除いた愛知医科大学・藤田医科大学を合わせた志願者数は共テ利用を中心に前年比13.5%増と好調であった。東京・大阪・名古屋の三大都市圏が堅調に志願者を伸ばしたのに対し、地方は全体的に志願者減という結果になった。

◆ 私立大学医学部　地区別一般選抜志願状況

（人）

	2023	2022	前年比
東北	4,106	4,039	101.7%
北関東	4,945	6,133	80.6%
首都圏	54,486	50,543	107.8%
北陸	4,785	5,240	91.3%
東海	5,498	5,659	97.2%
近畿	13,615	11,011	123.6%
中国	1,435	1,530	93.8%
九州	5,764	6,105	94.4%
合計	94,634	90,260	104.8%

東海大学と関西医科大学が大幅に志願者増

関西医科大学は学費減額の影響で前年から1.4倍の志願者数となったが、2023年度入試ではもう1つ大きく志願者を伸ばした大学がある。神奈川県にある東海大学である。東海大学の一般選抜は2019年度の志願者数4,961人から2022年度は2,333人と4年間で半分以下に急減した。数学の出題範囲から数Ⅲを除外した今年は前年から1.5倍以上の3,600人の志願者を集め、入試科目に変更のない共テ利用や地域枠などの入試方式も軒並み増加した。数学の変更が受験生にとっては「受けやすさ」につながったのはもちろん、1次試験日が重なっている私立医学部が5校から3校に減るなど、入試日程も味方した形だ。東海大学の一般選抜はもともと理科1科目選択であり、数Ⅲの除外により入試科目の負担が少ない私立医学部という印象を改めて受験生に植え付けたのも大きいと思われる。

一般前期で最も志願者数が少ないのは女子医大、次は……

このところ、私立医学部一般前期で最も志願者数が少ないのは6年間の学費が4534万円と私立医学部の中で2番目に高額で、女子のみしか受験できない東京女子医科大学である。2022年度の志願者数は681人と大きく減少したが、今年はその反動で917人と一昨年の945人とほぼ同数まで戻してきた。

東京女子医科大学の次に志願者数が少ないのは、ずっと川崎医科大学であった。私立医学部の中で最も6年間の学費が高く、岡山県にある本学キャンパスのみで1次試験を行うため、受験生にとっては受けにくい条件がそろっている。だが、2023年度入試では久留米大学一般前期の志願者数が1,279人、川崎医科大学の一般選抜が1,284人（地域枠を含まない）と、東京と本学キャンパスの2会場を持つ久留米大学がわずかに下回った。

地区別志願者数の項でも述べたが、地方の私立医学部志願者数は減少傾向にあり、都市部から離れていたり交通の便の良くないところは特に志願者が集まりにくい傾向にある。以前から、他の学部では「立地」が大学の人気度に大きく関わるとされ、実際に首都圏では郊外にキャンパスを移した私立大学が再び都心に移転する「都心回帰」現象が起きている。だが、医学部に関しては都市部の大学が人気を集める傾向はあったものの、受験生の立場からすれば「医師免許が取れればどこでもいい」というのが本音であった。ところが、ここに来て地方の医学部が志願者を減らし、都市部の医学部が志願者を増やす二極化が顕著になりつつある。

2024年度入試の展望

今後、医学部定員は徐々に削減の方向に向かうと思われるが、地方の医師不足を背景に地域枠は存続していくものと思われる。2024年度入試でも獨協医科大学がこれまでの栃木県地域枠だけでなく、埼玉県地域枠、茨城県地域枠、新潟県地域枠を新たに導入する予定だ。また、日本大学医学部が初めて一般公募推薦を新潟県地域枠で行う。申請が認可されれば募集人員2人で試験科目は英語・数学・小論文、試験日は12月16日である。

他に2024年度入試では、産業医科大学がこれまで共通テスト＋２次学力試験＋３次小論文・面接という形式で行っていた一般選抜を、A:これまで通り、B:学力試験＋小論文・面接、C:共テ＋小論文・面接の3区分で実施する。また、これまで行っていた推薦の他に、共テ利用の総合型選抜を新たに導入する。

新課程入試への移行を2025年度に控え、各大学とも優秀な受験生を確保するための入試改革に余念のない印象である。2025年度入試では既に慶應義塾大学が1次試験を2月9日に実施すると発表している。来年以降も様々な入試改革が行われると思われ、受験生の現役志向はますます強まるであろう。

私立歯学部
【学校推薦型・総合型（ＡＯ）・編入学選抜】

私立歯学部はすべての大学で学校推薦型選抜・総合型選抜（以下「推薦・総合型」）を実施している。出願資格に評定平均を課していない大学も多く、歯学部志望者はまず積極的に推薦・総合型を受験することを考えてほしい。

すべての私立歯学部が学校推薦型選抜・総合型選抜を実施している

私立歯学部は明海大学と鶴見大学を除く15大学で、一般公募制の推薦を行っている。明海大学と鶴見大学は公募推薦を行わない代わりに複数回の総合型選抜を実施し、受験生に門戸を開いている。鶴見大学はこれまで総合型と推薦の両方を複数回行っていたが、2024年度入試から全4回の総合型選抜に統一した。総合型の試験科目は「基礎学力試験」と呼ばれる和文英訳・数学ⅠA・物理基礎・化学基礎・生物基礎から2科目選択であり、小論文（または課題作文）と面接が課せられる。

残念ながら、ほとんどの推薦・総合型が専願（合格したら入学辞退できない）であるが、併願できる入試もわずかにある。明海大学の総合型選抜（自己推薦型）がそうであり、朝日大学の一般推薦もそうである。愛知学院大学も公募制推薦に専願Ａと併願Ｂの両方を設けている。そこに2023年度入試から西日本の雄、大阪歯科大学の推薦が併願できるようになり、初年度は109人と多くの志願者を集めた。合格者は62人でそのうち入学者は51人と11人が入学を辞退した。2024年度入試からは1浪生まで受験できるようになり、さらにチャンスが広がることになる。

昭和大学は推薦・総合型で2回チャンスがある

首都圏の人気校の中で、推薦・総合型で2回チャンスがあるのが昭和大学である。2年前から始まった総合型は1次試験が書類審査、2次試験が模擬授業とその理解度の確認（テスト）、個人面接であり、学力試験が課されない形式だ。昭和大学を第一志望とする受験生は、まず総合型を受験してダメなら推薦を受けるというパターンが多い。総合型は1浪までなら誰でも受けることができ、2024年度はさらに募集人員が増えて10人となる。見慣れない形式の試験だからといって避けることなく、積極的にチャレンジしてほしい。

他の東京歯科大学・日本歯科大学（東京）・日本大学（歯）はいずれも推薦のみ行っているが、それぞれ試験科目が異なる。東京歯科大学は一般選抜と同じ出題範囲の英語・数学・理科1科目が課せられるし、日本歯科大学は英語と小論文のみである。日本大学歯学部は適性試験と呼ばれる学力試験が行われるが、この3校はいずれも問題が公表されていない。どのような問題が出題されるかはメルリックスのように過去その大学に合格者を出している予備校がつかんでいる。もし受験を考えている人がいれば一度は相談してみると良いだろう。

私立歯学部は基本的に英語・数学・理科1科目が受験の基本となるが、推薦・総合型ではそのすべてを使わなくても受験できる大学もある。だが、歯学部に入学してからのことを考えても、できるだけ受験科目を絞り込むことなく勉強しておくことは将来のためにも役立つ。選択肢はなるべく幅広く持っておいて、入試直前にその大学に合わせた対策をするという形が最も行きたい大学に近づく方法であり、6年間ストレートで国家試験に合格するための早道だろう。

再受験生は編入学選抜の受験を考えてみよう

再受験生が私立歯学部を受験しようと思った場合、まずは年齢制限のない総合型や編入学選抜を考えてほしい。編入学選抜では理科を課す大学が多いが、これは2年次編入の場合、ある程度生物や化学の知識がないと勉強について行くのが難しいからだろう。その中では、日本歯科大学（東京）が英語と小論文のみで受験できるため、文系再受験生にとってはハードルが低い。試験が年1回しか行われないこともあり、毎年20人近い志願者を集める。

鶴見大学は以前から編入生を積極的に受け入れており、年6回募集を行っている。試験科目は小論文・面接のみであるが入学後の編入生は良い成績を修めていることがわかっている。まずは大学に話を聞いてみて、進学先のひとつとして検討してみると良いだろう。

また、北海道医療大学や奥羽大学のように3年次・4年次編入を実施する大学もある。これは歯学部を放校（自主退学）になった学生が別の歯学部に入り直すことを前提とした制度である。大学によっては歯学部から歯学部への編入を嫌うところもあるが、北海道医療大学や奥羽大学は学生のやる気さえあれば、積極的に受け入れる姿勢を見せている。

2024年度にねらい目となる推薦・総合型はどこか？

2024年度入試では日本大学松戸歯学部が総合型3期を3月に実施する。これまで1期を10月、2期を1月に実施しており、学力試験が英語・数学・国語（現代文）からの出題となるため、受験生に人気のある入試形式だが、3期が新しく導入されることにより、科目負担が少ない形での受験が可能だ。

また、2024年度は新課程に移行する前年度にあたるため、歯学部受験生としては「絶対に浪人したくない」というのが本音であろう。早めに合格を決めようと考える受験生が増え、推薦・総合型の志願者数も増えることがあるかもしれない。だが、前年度より志願者が増えたからといって慌てることはない。私立歯学部は推薦・総合型である程度の点数を取っていれば、募集人員を超えて合格を出すことがほとんどである。見た目の志願者数に惑わされず、落ち着いて自分が準備してきたことを試験会場で発揮することが重要である。

これは一般選抜でも同じことが言え、たとえ国公立歯学部志望者が保険をかけて私立歯学部の併願校を増やしても最終的に入学辞退すれば繰り上げ合格は回ってくる。新課程前年度ということで必要以上に昨年との違いに不安にならないようにしたい。

◆ 2024年度私立医学部主な入試変更点

	入試区分	2023	2024
岩手医科大学	一般選抜	面接：オンライン	面接：対面
獨協医科大学	学校推薦型選抜	系列校：10名以内	系列校：約10名
	総合型選抜	ワークショップ(2次試験)	プレゼンテーション(2次試験)※事前課題と当日課題
	一般選抜	57名	前期：52名、後期：10名
	一般選抜	1次試験：本学キャンパス・東京会場(五反田TOCビル)	前期1次試験：東京会場(五反田TOCビル)のみ、後期1次試験：栃木会場(JR宇都宮駅に直結するライトキューブ宇都宮)
	地域枠	栃木県地域枠：5名(一般・共テ利用)	栃木県地域枠：5名(一般前期)埼玉県地域枠：2名(一般前期)茨城県地域枠：2名(一般前期)新潟県地域枠：2名(一般前期)
	共テ利用	10名、英・数・理2科目、2次試験：一般2次試験と同日	5名、共テ：英・数・理2科目・国(近代以降の文章)2次試験：一般後期2次試験と同日
国際医療福祉大学	帰国生および外国人学校卒業生特別選抜	文部科学大臣の指定した在外施設に2年以上継続して在学した卒業(見込)者	文部科学大臣の指定した在外施設に最終学年を含む4学年以上在学した卒業(見込)者
杏林大学	一般選抜	数学60分	数学70分
	一般選抜	新潟県地域枠：3名	新潟県地域枠：4名
	共テ利用	英・数・理2科目	英または国(近代以降の文章)・数・理2科目
昭和大学	一般選抜	Ⅰ期1次試験：五反田TOCビル・TOC有明 Ⅱ期1次試験：五反田TOCビル	Ⅰ期1次試験：パシフィコ横浜ノースⅡ期1次試験：パシフィコ横浜ノース
東京医科大学	学校推薦型選抜		全国ブロック別推薦を開始(6名以内)
	一般選抜	79人	74人
東京慈恵会医科大学	一般選抜	1次試験：2/9(木)	1次試験：2/18(日)
東京女子医科大学	学校推薦型選抜		指定校推薦を廃止(約10名)、一般推薦約23名→約33名
	学校推薦型選抜・一般選抜		インターネット出願
東邦大学	学校推薦型選抜	新潟県地域枠推薦：約5名	新潟県地域枠推薦：約6名
日本大学	学校推薦型選抜		新潟県地域枠推薦2名を認可申請中
	一般N方式第1期・第2期	面接60点	面接30点
日本医科大学	共通テスト「国語」併用	後期で実施	・前期で「グローバル特別選抜」として実施 ・英語外部試験が出願要件に加わる(英検準1級以上)
	一般前期	1次試験：東京会場のみ	1次試験：福岡会場(駿台福岡校)新設
北里大学	一般選抜	1次試験会場：水道橋、相模原キャンパス	1次試験会場：横浜、相模原キャンパス
	学士入学者選抜	一般選抜と同日に実施	学校推薦型選抜と同日に実施
聖マリアンナ医科大学	学校推薦型選抜	出願資格：評定平均4.0以上	出願資格：評定平均3.8以上(数学・理科・外国語がそれぞれ4.0以上)
		自然科学総合問題(物理、化学、生物の融合問題)	基礎学力試験(数学Ⅰ・A・Ⅱ・B、理科2科目)
		神奈川県地域枠5名	神奈川県地域枠7名
金沢医科大学	総合型選抜(AO入試)	14人	15人
	学校推薦型選抜	6人	5人
	一般選抜	前期会場：東京(五反田TOCビル)、福岡(福岡国際会議場)後期(五反田TOCビル)	前期会場：東京(東京流通センター)、福岡(福岡ガーデンパレス)後期(東京流通センター)
藤田医科大学	ふじた未来入試	高3枠と専願枠合わせて12名	高3一般枠と独創一理枠合わせて12名
			専願枠廃止、独創一理枠：卒業生が2親等以内にいる1浪生までが出願できる。専願。
			数Ⅲが出題範囲から除外。数学Ⅰ・Ⅱ・A・B(数列・ベクトル)
	一般選抜	一般前期：1次試験1/19(木)、2次試験1/27(金)または1/28(土)	一般前期：1次試験2/4(日)、2次試験2/12(月・祝)または2/13(火)
大阪医科薬科大学	総合型選抜		「至誠仁術」入試(専願制)廃止(3名)
	学校推薦型選抜		公募制推薦入試(専願制)を開始(10名) ・現役のみ ・評定平均4.0以上 ・英語外部試験のスコアが基準を満たす者(おおむねB1レベル)
	一般選抜(前期・後期)	数学100分	数学90分
近畿大学	一般前期	数学：医学部独自問題	数学：全学部共通問題
兵庫医科大学	総合型選抜	一般枠：3名以内	一般枠：約5名
	総合型選抜	1次：書類審査、2次：基礎適性検査・小論文、3次：個人面接・プレゼンテーション試験	1次：基礎適性検査・小論文・書類審査、2次：個人面接・プレゼンテーション試験
	学校推薦型選抜	一般公募制：約13名	一般公募制：約15名
	総合型選抜学校推薦型選抜	英語：50分	英語：60分
	一般選抜	一般A：約71名	一般A：約67名
	一般選抜	1次試験会場：神戸・東京・福岡	1次試験会場：大阪(ATCホール)・東京・福岡
川崎医科大学	総合型選抜	総合適性試験：理科は物理・化学・生物の3科目	総合適性試験：理科は物理・化学・生物より2科目選択
久留米大学	学校推薦型選抜	出願資格：評定平均3.8以上、一般A日程：約10名	出願資格：評定平均に関する規定なし、一般A日程：約8名
	自己推薦型選抜		約2名。4年制以上の国内の大学(理系学部)を卒業後3年以内の者および卒業見込者。かつ、入学時満25歳以下の者。6年制大学(歯・薬学部)の場合は満27歳以下の者。
産業医科大学	総合型選抜		10名以内で開始 ・1浪まで ・一次：小論文および面接 ・二次：共テ3教科の得点80%以上
	学校推薦型選抜	・1校につき4名以内(内3名は現役生) ・評定平均4.3以上 ・面接：1人約30分間	・1校からの推薦人数に制限なし ・評定平均4.3以上または2023年度共テ5教科6科目で80%以上 ・面接：1人約20分間
	一般選抜	約80名	・一般A：約60名(共テ＋英・数・理2科目＋小・面) ・一般B：5名以内(英・数・理2科目＋小・面) ・一般C：5名以内(共テ＋小・面)
福岡大学	一般系統別	小論文60分	小論文50分

2023年度私立医学部　学校推薦型選抜・総合型選抜　入試結果

（単位：人　カッコ内は女子数）

岩手医科大学

入試区分	募集人員	2023年度				2022年度			
		志願者	受験者	合格者	入学者	志願者	受験者	合格者	入学者
公募推薦	12程度	32(11)	32(11)	10(3)	10(3)	57(20)	57(20)	15(4)	15(4)
地域枠Ａ推薦	15	29(17)	29(17)	15(8)	15(8)	27(13)	27(13)	15(8)	15(8)
地域枠Ｂ推薦	8	15(11)	15(11)	8(8)	8(8)	19(10)	19(10)	8(5)	8(5)
秋田県地域枠推薦	2	2(2)	2(2)	2(2)	2(2)	5(2)	5(2)	2(1)	2(1)
総合型選抜	8程度	32(8)	32(8)	10(2)	10(2)	35(11)	35(11)	6(3)	5(2)

獨協医科大学

入試区分		募集人員	2023年度				2022年度			
			志願者	受験者	合格者	入学者	志願者	受験者	合格者	入学者
地域特別枠推薦	1次	10	40(22)[*1]	40(22)[*1]	7(4)[*2]		33(18)[*6]	33(18)[*6]	5(2)[*2]	
	2次			7(4)[*2]	10(6)[*3]	10(6)[*3]		5(2)[*2]	10(6)[*7]	10(6)[*7]
指定校制推薦		20	54(24)	54(24)	20(11)	20(11)	52(24)	52(24)	22(10)	22(10)
指定校制推薦（栃木県）		5以内	14(4)[*4]	14(4)[*4]	5(1)[*5]	5(1)[*5]	17(7)[*8]	17(7)[*8]	5(2)[*9]	5(2)[*9]
系列校推薦		10以内	13(1)	13(1)	12(1)	12(1)	8(0)	8(0)	8(0)	8(0)

*1　内指定校制併願者25名（内女子15名）
*2　指定校制併願者を除く
*3　内指定校制併願者7名（内女子4名）
*4　内指定校制併願者11名（内女子2名）
*5　内指定校制併願者3名（内女子0名）
*6　内指定校制併願者25名（内女子15名）
*7　内指定校制併願者6名（内女子4名）
*8　内栃木県地域枠のみ2名（内女子1名）
*9　内栃木県地域枠のみ1名（内女子1名）

埼玉医科大学

入試区分	募集人員	2023年度				2022年度			
		志願者	受験者	合格者	入学者	志願者	受験者	合格者	入学者
指定校枠推薦	5	18(9)	18(9)	5(3)	5(3)	13(9)	13(9)	5(4)	5(4)
一般公募枠推薦	14	42(22)	42(22)	14(10)	14(10)	39(26)	38(26)	15(12)	15(12)
埼玉県地域枠推薦	19	42(27)	42(27)	19(14)	19(14)	34(21)	33(20)	19(13)	19(13)
特別枠推薦	2	3(2)	3(2)	1(1)	1(1)	2(1)	2(1)	0(0)	0(0)

昭和大学

入試区分	募集人員	2023年度				2022年度			
		志願者	受験者	合格者	入学者	志願者	受験者	合格者	入学者
特別協定校推薦	2	2(2)	2(2)	2(2)	-	2(1)	2(1)	2(1)	-
卒業生推薦	7	56(18)	55(18)	7(4)	-	43(16)	43(16)	5(3)	-

帝京大学

入試区分	募集人員	2023年度				2022年度			
		志願者	受験者	合格者	入学者	志願者	受験者	合格者	入学者
推薦	15	66	66	15	15	49	49	13	13

東京医科大学

入試区分	募集人員	2023年度				2022年度			
		志願者	受験者	合格者	入学者	志願者	受験者	合格者	入学者
一般公募推薦	20以内	98(55)	97(55)	20(14)	20(14)	87(46)	86(45)	20(10)	20(10)
茨城県地域枠推薦	8以内	23(12)	23(12)	8(3)	8(3)	29(10)	29(10)	8(3)	8(3)
新潟県地域枠推薦	3以内	15(6)	14(6)	3(1)	3(1)	8(5)	8(5)	2(1)	2(1)
埼玉県地域枠推薦	2以内	16(10)	16(10)	2(1)	2(1)				

2023年度私立医学部　学校推薦型選抜・総合型選抜　入試結果

東京女子医科大学

入試区分	募集人員	2023年度				2022年度			
		志願者	受験者	合格者	入学者	志願者	受験者	合格者	入学者
一般推薦	約23	59(59)	58(58)	30(30)	30(30)	28(28)	28(28)	23(23)	23(23)
至誠と愛推薦	約10	7(7)	7(7)	7(7)	7(7)	11(11)	11(11)	11(11)	11(11)
指定校推薦	約10	9(9)	9(9)	9(9)	9(9)	10(10)	10(10)	10(10)	10(10)

東邦大学

入試区分		募集人員	2023年度				2022年度			
			志願者	受験者	合格者	入学者	志願者	受験者	合格者	入学者
総合入試	1次	約10	89(53)	89(53)	57		69(38)	69(38)	57	
	2次				18(15)	18(15)			14(11)	14(11)
同窓生子女入試	1次	約5	47(17)	47(17)	23		55(28)	55(28)	44	
	2次				6(4)	6(4)			7(4)	7(4)
推薦(千葉県)	1次	約3	10(8)	10(8)	8					
	2次				3(2)	3(2)				
推薦(新潟県)	1次	約5	32(18)	31(18)	20		34(23)	33(23)	30	
	2次				5(3)	5(3)			3(1)	3(1)
推薦(付属校)		約25	*	*	*	-	*	*	*	16

日本大学

入試区分	募集人員	2023年度				2022年度			
		志願者	受験者	合格者	入学者	志願者	受験者	合格者	入学者
付属校推薦	10	10(7)	10(7)	10(7)	10(7)	10(7)	10(7)	10(7)	10(7)
校友子女	5	53(17)	49(14)	5(3)	4(3)	47(27)	37(21)	5(3)	5(3)

北里大学

入試区分	募集人員	2023年度				2022年度			
		志願者	受験者	合格者	入学者	志願者	受験者	合格者	入学者
指定校推薦	35	64(36)	64(36)	35(22)	35(22)	57(26)	57(26)	35(13)	35(13)
山梨県地域枠推薦	2	3(3)	3(3)	2(2)	2(2)	1	1	1	1
茨城県地域枠推薦	4	7(2)	7(2)	4(2)	4(2)	4	4	4	4
神奈川県地域枠推薦	5	15(9)	15(9)	5(4)	5(4)	7	7	5	5
埼玉県地域枠推薦	2	5(2)	5(2)	2(1)	2(1)				
新潟県地域枠推薦	3	10(5)	10(5)	3(2)	3(2)				

聖マリアンナ医科大学

入試区分	募集人員	2023年度				2022年度			
		志願者	受験者	合格者	入学者	志願者	受験者	合格者	入学者
指定校制推薦	約20					52(39)	52(39)	19(18)	-
一般公募制推薦	約25	24(15)*	24(15)*	11(6)	-	59(39)*	59(39)*	10(7)	-
神奈川県地域枠推薦	約5	6(4)*	6(4)*	5(3)	-	13(10)*	13(10)*	5(4)	-

*併願含む

東海大学

入試区分		募集人員	2023年度				2022年度			
			志願者	受験者	合格者	入学者	志願者	受験者	合格者	入学者
希望の星	1次	10	109	108	45		98(56)	98(56)	54	
	2次			37	15	6		44(26)	24(14)	18
付属校推薦		20	*	*	*	-	*	*	*	-

2023年度私立医学部　学校推薦型選抜・総合型選抜　入試結果

金沢医科大学

入試区分		募集人員	2023年度				2022年度			
			志願者	受験者	合格者	入学者	志願者	受験者	合格者	入学者
AO入試	1次	14	222(89)	220(89)	75(31)		221(86)	221(86)	92(40)	
	2次				18(5)	16(5)			22(15)	21(14)
卒業生子女入試	1次	8	37(13)	36(13)	17(7)		40(15)	40(15)	27(11)	
	2次				8(3)	8(3)			8(4)	8(4)
指定校・指定地域推薦	1次	6	8(4)	8(4)	3(1)		14(5)	14(5)	11(5)	
	2次				3(1)	3(1)			6(4)	6(4)
研究医枠	1次	1	10(4)	10(4)	6(3)		1(1)	1(1)	0(0)	
	2次				1(1)	1(1)				

愛知医科大学

入試区分	募集人員	2023年度				2022年度			
		志願者	受験者	合格者	入学者	志願者	受験者	合格者	入学者
公募制推薦	約20	79(42)	77(42)	20(15)	20(15)	96(50)	95	20(9)	20(9)
地域枠A	約5	12(7)	12(7)	4(1)	4(1)	12(7)	12(7)	2(1)	2(1)

藤田医科大学

入試区分		募集人員	2023年度				2022年度			
			志願者	受験者	合格者	入学者	志願者	受験者	合格者	入学者
ふじた未来（高3枠）	1次	12	96(42)	94(42)	40		95(54)	95(54)	33	
	2次				12(7)				12(11)	
	繰上				1(1)	-			0(0)	-
ふじた未来（専願枠）	1次		71(39)	71(39)	21		95(44)	95(44)	30	
	2次				3(1)				7(4)	
	繰上				1(1)	-			0(0)	-

大阪医科薬科大学

入試区分		募集人員	2023年度				2022年度			
			志願者	受験者	合格者	入学者	志願者	受験者	合格者	入学者
至誠仁術（専願制）	1次	3	9(4)	9(4)	4(2)		13(7)	13(7)	7(4)	
	2次			4(2)	3(2)			7(4)	3(3)	
	最終				1(0)	1(0)			0(0)	1(1)
至誠仁術（併願制）	1次	5	53(38)	53(38)	14(10)		68(38)	63(35)	28(19)	
	2次			3(3)	3(3)	1(1)		7(4)	3(2)	2(2)

関西医科大学

入試区分		募集人員	2023年度				2022年度			
			志願者	受験者	合格者	入学者	志願者	受験者	合格者	入学者
特別枠推薦	1次	10	60(38)	60(38)	15(9)		43(28)	41(26)	16(12)	
	2次			14(8)	10(6)	10(6)		15(11)	10(6)	10(6)
大阪府地域枠推薦	1次	5	31(15)	30(15)	8(5)		43(24)	43(24)	9(3)	
	2次			8(5)	5(2)	5(2)		9(3)	5(1)	5(1)
静岡県地域枠推薦	1次	8	46(23)	46(23)	12(4)		45(16)	45(16)	17(5)	
	2次			12(4)	8(3)	8(3)		17(5)	8(2)	8(2)
新潟県地域枠推薦	1次	2	11(7)	11(7)	3(3)		18(7)	18(7)	7(0)	
	2次			3(3)	2(2)	2(2)		7(0)	2(0)	2(0)
一般枠推薦	1次	10	348(207)	331(198)	17(6)		256(131)	237(120)	25(9)	
	2次			17(6)	16(6)	4(2)		25(9)	16(6)	4(3)

2023年度私立医学部　学校推薦型選抜・総合型選抜　入試結果

関西医科大学

入試区分		募集人員	2023年度				2022年度			
			志願者	受験者	合格者	入学者	志願者	受験者	合格者	入学者
特色入試	1次	7	68(47)	66(45)	12(8)		63(46)	58(44)	15(9)	
	2次			12(8)	11(8)	6(5)		15(9)	14(8)	7(3)

近畿大学

入試区分		募集人員	2023年度				2022年度			
			志願者	受験者	合格者	入学者	志願者	受験者	合格者	入学者
推薦	1次	25	681	677	77		608	605(286)	80	
	2次				55	-			60(30)	13

兵庫医科大学

入試区分		募集人員	2023年度				2022年度			
			志願者	受験者	合格者	入学者	志願者	受験者	合格者	入学者
総合型 (一般枠)	1次	3以内	41(24)	41(24)	41(24)					
	2次				3(2)	3(2)				
総合型 (卒業生子女枠)	1次	3以内	21(13)	21(13)	21(13)					
	2次				3(3)	3(3)				
一般公募制推薦		約12	43(23)	43(23)	17(9)	17(9)	55(35)	55(35)	14(9)	14(9)
地域指定制推薦		5以内	31(17)	31(17)	5(4)	5(4)	34(19)	34(19)	5(2)	5(2)

川崎医科大学

入試区分		募集人員	2023年度				2022年度			
			志願者	受験者	合格者	入学者	志願者	受験者	合格者	入学者
総合型選抜 (中国・四国)	1次	約20	56(18)	56(18)	31(12)		68(26)	68(26)	31(15)	
	2次				20(11)	20(11)			20(13)	20(13)
総合型選抜 (霧島市)	1次	約1	1(0)	1(0)	1(0)					
	2次				1(0)	1(0)				
総合型選抜 (特定診療科)	1次	約4	19(5)	19(5)	13(4)					
	2次				4(2)	4(2)				
附属高校推薦		約30	29(10)	29(10)	26(10)	26(10)	19(6)	19(6)	14(5)	14(5)

久留米大学

入試区分	募集人員	2023年度				2022年度			
		志願者	受験者	合格者	入学者	志願者	受験者	合格者	入学者
一般(A日程)推薦	約10	68(34)	68(34)	10(6)	—	81(35)	81(35)	10(7)	10(7)
地域指定制推薦	約20	107(50)	107(50)	20(9)	—	117(54)	117(54)	20(9)	20(9)
福岡県特別枠推薦	5	32(17)	32(17)	5(4)	—	49(23)	49(23)	5(2)	5(2)

産業医科大学

入試区分	募集人員	2023年度				2022年度			
		志願者	受験者	合格者	入学者	志願者	受験者	合格者	入学者
推薦	25以内	100(62)	100(62)	25(15)	25(15)	82(55)	82(55)	27(17)	27(17)

福岡大学

入試区分	募集人員	2023年度				2022年度			
		志願者	受験者	合格者	入学者	志願者	受験者	合格者	入学者
推薦A方式	40	134	131	29	29	114(43)	114(43)	25(7)	25(7)
地域枠推薦		38	38	10	10	40(20)	40(20)	10(7)	10(7)

2023年度私立医学部　編入学選抜　入試結果

岩手医科大学

入試区分		募集人員	2023年度				2022年度			
			志願者	受験者	合格者	入学者	志願者	受験者	合格者	入学者
学士編入	1次	若干	21(8)	21(8)	7(0)		16(7)	16(7)	9(5)	
	2次			7(0)	3(0)	3(0)		9(5)	4(3)	4(3)
転部	1次	若干	7(2)	7(2)	0(0)					
	2次			—	—	—				

獨協医科大学

入試区分		募集人員	2023年度				2022年度			
			志願者	受験者	合格者	入学者	志願者	受験者	合格者	入学者
総合型選抜	1次	3以内	13(7)	13(7)	4(2)		18(7)	17(6)	6(5)	
	2次			4(2)	1(1)	1(1)		6(5)	3(3)	3(3)

北里大学

入試区分		募集人員	2023年度				2022年度			
			志願者	受験者	合格者	入学者	志願者	受験者	合格者	入学者
学士編入	1次	若干	19	17	4		5(4)	5(4)	3(3)	
	2次				4	3			3(3)	3(3)(予定)

東海大学

入試区分		募集人員	2023年度				2022年度			
			志願者	受験者	合格者	入学者	志願者	受験者	合格者	入学者
展学	1次	10	199	192	28		226	213(107)	37	
	2次			27	10	–		35(20)	10(8)	7

2023年度私立医学部　帰国生選抜その他　入試結果

埼玉医科大学

入試区分	募集人員	2023年度				2022年度			
		志願者	受験者	合格者	入学者	志願者	受験者	合格者	入学者
帰国生	若干	2(1)	2(1)	1(0)	1(0)	0(0)	0(0)	0(0)	0(0)

国際医療福祉大学

入試区分		募集人員	2023年度				2022年度			
			志願者	受験者	合格者	入学者	志願者	受験者	合格者	入学者
帰国生	1次	若干	62	60	9		66	63	14	
	2次				3	-			5	-

順天堂大学

入試区分	募集人員	2023年度				2022年度			
		志願者	受験者	合格者	入学者	志願者	受験者	合格者	入学者
国際臨床医・研究医枠	11	64(31)	61(30)	13(6)	-	38(21)	35(19)	6(4)	-

愛知医科大学

入試区分	募集人員	2023年度				2022年度			
		志願者	受験者	合格者	入学者	志願者	受験者	合格者	入学者
国際バカロレア	若干	5(3)	5(3)	2(1)	1(0)	2(1)	2(1)	2(1)	1(1)

2023年度私立歯学部　学校推薦型選抜・総合型選抜　入試結果

（単位:人　カッコ内は女子数）

北海道医療大学

入試区分	募集人員	2023年度				2022年度			
		志願者	受験者	合格者	入学者	志願者	受験者	合格者	入学者
総合型	20	16	16	8	7	9(3)	9(3)	7(3)	7(3)
総合型（特別枠）						10(5)	10(5)	10(5)	9(4)
推薦（一般）	8	1	1	1	0	0(0)	0(0)	0(0)	0(0)
推薦（指定校特別）	8	7	7	7	6	5(1)	5(1)	5(1)	5(1)

岩手医科大学

入試区分	募集人員	2023年度				2022年度			
		志願者	受験者	合格者	入学者	志願者	受験者	合格者	入学者
公募制推薦	15	2(1)	2(1)	2(1)	2(1)	4(3)	4(3)	4(3)	4(3)
指定校制推薦		8(6)	8(6)	8(6)	8(6)	5(4)	5(4)	5(4)	5(4)

奥羽大学

入試区分	募集人員	2023年度				2022年度			
		志願者	受験者	合格者	入学者	志願者	受験者	合格者	入学者
推薦	10	3	3	3	-	3	3	3	-
総合型	5	2	2	2	-	2	2	2	-
同窓特別一期	3	2	2	2	-	2	2	2	-
同窓特別二期	2	0	0	0	-	1	1	1	-

明海大学

入試区分	募集人員	2023年度				2022年度			
		志願者	受験者	合格者	入学者	志願者	受験者	合格者	入学者
総合型（AO）	20	24(7)	24(7)	19(7)	18(7)	21(8)	21(8)	17(8)	17(8)
総合型（自己推薦型）Ⅰ期	15	10(2)	10(2)	8(2)	6(2)	8(4)	8(4)	5(3)	4(2)
総合型（自己推薦型）Ⅱ期		7(3)	7(3)	5(2)	4(1)	8(4)	8(4)	7(4)	5(4)
総合型（自己推薦型）Ⅲ期		5(1)	5(1)	2(1)	1(1)	6(1)	5(1)	3(1)	3(1)
推薦（指定校）	5	9(6)	9(6)	9(6)	9(6)	3(2)	3(2)	3(2)	3(2)

日本大学松戸歯学部

入試区分	募集人員	2023年度				2022年度			
		志願者	受験者	合格者	入学者	志願者	受験者	合格者	入学者
総合型1期	18	9	8	8	8	11	11	11	9
総合型2期	4	3	2	2	2	2	2	2	2
指定校制推薦	3	10	10	10	10	8	8	8	8
公募制推薦	3	2	2	2	2	1	1	1	1
付属推薦（基礎学力）	16	16	16	16	16	10	9	9	9
付属推薦（特別）	2	3	3	3	3	2	2	2	2
校友1期	9	2	2	1	1	12	12	11	11
校友2期	3	3	3	2	2	4	4	3	3

2023年度私立歯学部　学校推薦型選抜・総合型選抜　入試結果

昭和大学

入試区分		募集人員	2023年度				2022年度			
			志願者	受験者	合格者	入学者	志願者	受験者	合格者	入学者
総合型	1次	5	41(25)	41(25)	30(19)		30(16)	30(16)	16(10)	
	2次			29(18)	6(5)	-		16(10)	4(3)	-
推薦		27	41(24)	41(24)	22(13)	-	40(19)	40(19)	27(16)	-
卒業生推薦		5	14(7)	14(7)	10(5)	-	10(4)	10(4)	6(3)	-

東京歯科大学

入試区分	募集人員	2023年度				2022年度			
		志願者	受験者	合格者	入学者	志願者	受験者	合格者	入学者
推薦(指定校含む)	約50	102	102	64	—	147	147	64	-

日本大学歯学部

入試区分	募集人員	2023年度				2022年度			
		志願者	受験者	合格者	入学者	志願者	受験者	合格者	入学者
推薦(公募制)	7	12	12	9	—	12	12	12	—

日本歯科大学生命歯学部

入試区分	募集人員	2023年度				2022年度			
		志願者	受験者	合格者	入学者	志願者	受験者	合格者	入学者
推薦(指定校・公募)	約40	66(41)	66(41)	64(41)	63(40)	77(43)	77(43)	75(42)	75(42)

神奈川歯科大学

入試区分	募集人員	2023年度				2022年度			
		志願者	受験者	合格者	入学者	志願者	受験者	合格者	入学者
総合型1期	10	10	＊	8	8	6	6	5	5
総合型2期						1	1	1	1
総合型3期						1	1	1	1
推薦1期(公募・指定校)	10	7	＊	6	6	8	8	8	8
推薦2期(公募・指定校)						0	0	0	0
卒業生推薦1期	20	21	＊	19	18	5	5	5	5
卒業生推薦2期						1	1	1	1
卒業生推薦3期						1	1	1	0

鶴見大学

入試区分	募集人員	2023年度				2022年度			
		志願者	受験者	合格者	入学者	志願者	受験者	合格者	入学者
総合型1期	10	12	12	11	10	11	11	11	11
総合型2期	8	2	2	2	2	3	3	3	3
総合型3期	7	3	3	3	3	4	4	3	3
総合型4期	3	3	3	3	3				
推薦	18	6	6	6	6	6	6	6	6

2023年度私立歯学部　学校推薦型選抜・総合型選抜　入試結果

日本歯科大学新潟生命歯学部

入試区分	募集人員	2023年度				2022年度			
		志願者	受験者	合格者	入学者	志願者	受験者	合格者	入学者
総合型 I	約16	14(8)	14(8)	12(8)	10(7)	13(4)	13(4)	11(4)	11(4)
総合型 II		3(0)	3(0)	2(0)	2(0)	5(3)	5(3)	5(3)	4(2)
推薦	約10	9(3)	9(3)	9(3)	9(3)	10(5)	10(5)	10(5)	10(5)

松本歯科大学

入試区分	募集人員	2023年度				2022年度			
		志願者	受験者	合格者	入学者	志願者	受験者	合格者	入学者
総合型 I 期	10	12	12	12	12	9(4)	9(4)	8(4)	7(3)
総合型 II 期	3	2	2	2	1	4(1)	4(1)	4(1)	3(1)
総合型 III 期	2					2(0)	2(0)	1(0)	1(0)
推薦（公募制）	3	0	0	0	0	1(0)	1(0)	1(0)	1(0)
推薦（指定校）		0	0	0	0	1(1)	1(1)	1(1)	1(1)
校友子女	5	2	2	2	2	5(3)	5(3)	5(3)	2(1)

朝日大学

入試区分	募集人員	2023年度				2022年度			
		志願者	受験者	合格者	入学者	志願者	受験者	合格者	入学者
総合型（信長）I 期	7	29(11)	29(11)	29(11)	27(9)	22(5)	22(5)	18(3)	17(3)
総合型（信長）II 期	3	4(1)	4(1)	3(1)	3(1)	5(1)	5(1)	5(1)	5(1)
総合型（信長）III 期	2	2(0)	2(0)	2(0)	2(0)	2(1)	2(1)	1(1)	1(1)
総合型（特別選抜）I 期	若干	2(0)	2(0)	2(0)	0(0)				
総合型（特別選抜）II 期		4(1)	4(1)	0(0)	0(0)				
総合型（特別選抜）III 期		2(0)	2(0)	0(0)	0(0)				
総合型（特別選抜）IV 期		5(3)	5(3)	0(0)	0(0)				
指定校推薦	31	70(34)	66(33)	66(33)	50(24)	56(30)	56(30)	52(27)	36(17)
一般推薦 I 期（専願）									
一般推薦 I 期（併願）									
一般推薦 II 期（専願）									
一般推薦 II 期（併願）									

愛知学院大学

入試区分	募集人員	2023年度				2022年度			
		志願者	受験者	合格者	入学者	志願者	受験者	合格者	入学者
公募制推薦A	10	2	2	2	-	3	3	3	-
公募制推薦B	15	36	36	35	-	41	41	41	-
指定校制推薦	18	*	*	*	*	*	*	*	*
AO・高大接続型	8	1	1	1	-	4	3	3	-

大阪歯科大学

入試区分	募集人員	2023年度				2022年度			
		志願者	受験者	合格者	入学者	志願者	受験者	合格者	入学者
推薦（指定校含む）	約45	109	108	62	51(38)	87	87	57	57(33)

福岡歯科大学

入試区分	募集人員	2023年度				2022年度			
		志願者	受験者	合格者	入学者	志願者	受験者	合格者	入学者
総合型 I 期	約10	14(6)	13(6)	13(6)	13(6)	8(3)	8(3)	8(3)	8(3)
総合型 II 期	約15	6(3)	6(3)	6(3)	3(3)	14(7)	14(7)	14(7)	6(3)
総合型 III 期	約2	4(2)	3(1)	3(1)	3(1)	3(0)	3(0)	3(0)	3(0)
推薦	約15	4(1)	4(1)	4(1)	4(1)	9(5)	9(5)	9(5)	9(5)

2023年度私立歯学部　編入学選抜その他の受験結果

（単位:人　カッコ内は女子数）

北海道医療大学

入試区分	募集人員	2023年度				2022年度			
		志願者	受験者	合格者	入学者	志願者	受験者	合格者	入学者
社会人特別	若干	1	1	0	0	0	0	0	0

岩手医科大学

入試区分	募集人員	2023年度				2022年度			
		志願者	受験者	合格者	入学者	志願者	受験者	合格者	入学者
編入学前期	若干	3(1)	3(1)	3(1)	3(1)	1(0)	1(0)	1(0)	0(0)
編入学後期	若干	4(2)	4(2)	4(2)	3(2)	1(0)	1(0)	1(0)	0(0)

奥羽大学

入試区分	募集人員	2023年度				2022年度			
		志願者	受験者	合格者	入学者	志願者	受験者	合格者	入学者
社会人特別	若干	0	0	0	0	1	1	1	-

日本大学松戸歯学部

入試区分	募集人員	2023年度				2022年度			
		志願者	受験者	合格者	入学者	志願者	受験者	合格者	入学者
転部	若干	0	0	0	0				
編入学	若干	8	8	8	6	8	7	7	4

昭和大学

入試区分	募集人員	2023年度				2022年度			
		志願者	受験者	合格者	入学者	志願者	受験者	合格者	入学者
編入学	若干	6(2)	3(0)	2(0)	-	6(1)	5(0)	0(0)	-

東京歯科大学

入試区分	募集人員	2023年度				2022年度			
		志願者	受験者	合格者	入学者	志願者	受験者	合格者	入学者
編入学A	若干	13	10	5	-	14	14	5	-
編入学B	若干	6	6	1	-	3	3	1	-
学士等特別選抜A	若干	7	4	3	-	14	14	5	-
学士等特別選抜B	若干	1	1	0	-	3	3	1	-

日本歯科大学生命歯学部

入試区分	募集人員	2023年度				2022年度			
		志願者	受験者	合格者	入学者	志願者	受験者	合格者	入学者
編入前期	若干	17(10)	17(10)	12(7)	5(4)	11(3)	11(3)	4(1)	3(0)

2023年度私立歯学部　編入学選抜その他の受験結果

神奈川歯科大学

入試区分	募集人員	2023年度				2022年度			
		志願者	受験者	合格者	入学者	志願者	受験者	合格者	入学者
編入学1期	3	*	*	*	*	4	4	4	2
編入学2期						2	1	1	1
編入学3期						4	3	3	3

鶴見大学

入試区分	募集人員	2023年度				2022年度			
		志願者	受験者	合格者	入学者	志願者	受験者	合格者	入学者
社会人1期	若干	2	2	2	1	1	1	1	1
社会人2期	若干	0	0	0	0				
進路再発見1期	若干	0	0	0	0	2	1	1	1
進路再発見2期	若干	2	2	2	2				

日本歯科大学新潟生命歯学部

入試区分	募集人員	2023年度				2022年度			
		志願者	受験者	合格者	入学者	志願者	受験者	合格者	入学者
編入前期	若干	2(1)	2(1)	1(0)	1(0)	3(1)	3(1)	1(0)	1(0)
編入後期	若干	2(1)	2(1)	1(1)	1(1)	2(1)	2(1)	1(1)	1(1)

朝日大学

入試区分	募集人員	2023年度				2022年度			
		志願者	受験者	合格者	入学者	志願者	受験者	合格者	入学者
欠員補充Ⅰ期	若干	2(1)	2(1)	2(1)	2(1)	6(1)	6(1)	6(1)	6(1)
欠員補充Ⅱ期		3(2)	2(2)	2(2)	1(1)	4(2)	4(2)	3(1)	2(0)
欠員補充Ⅲ期		2(1)	2(1)	1(1)	1(1)				
欠員補充特別		6(3)	6(3)	6(3)	6(3)				
学士・社会人等	若干	2(1)	2(1)	2(1)	0(0)	1(0)	1(0)	1(0)	1(0)

2023年度私立歯学部　帰国生選抜その他の受験結果

（単位：人　カッコ内は女子数）

北海道医療大学

入試区分	募集人員	2023年度				2022年度			
		志願者	受験者	合格者	入学者	志願者	受験者	合格者	入学者
外国人	若干	6	6	2	2	9(1)	9(1)	7(1)	6(1)

明海大学

入試区分	募集人員	2023年度				2022年度			
		志願者	受験者	合格者	入学者	志願者	受験者	合格者	入学者
帰国生徒Ⅰ期	5	0	0	0	0	0(0)	0(0)	0(0)	0(0)
帰国生徒Ⅱ期		1(0)	1(0)	1(0)	1(0)	0(0)	0(0)	0(0)	0(0)
留学生Ⅰ期	5	5(2)	4(1)	3(0)	2(0)	0(0)	0(0)	0(0)	0(0)
留学生Ⅱ期		5(2)	4(2)	2(1)	2(1)	2(1)	1(1)	0(0)	0(0)

東京歯科大学

入試区分	募集人員	2023年度				2022年度			
		志願者	受験者	合格者	入学者	志願者	受験者	合格者	入学者
帰国子女･留学生	若干	9	9	2	−	10	7	2	−

神奈川歯科大学

入試区分	募集人員	2023年度				2022年度			
		志願者	受験者	合格者	入学者	志願者	受験者	合格者	入学者
帰国生1期	1	1	*	0	0	0	0	0	0
帰国生2期						0	0	0	0
留学生1期	2	8	*	7	6	0	0	0	0
留学生2期						2	2	2	1
留学生特別1期	若干	32	*	29	21	6	6	4	2
留学生特別2期						17	17	10	7

鶴見大学

入試区分	募集人員	2023年度				2022年度			
		志願者	受験者	合格者	入学者	志願者	受験者	合格者	入学者
留学生1期	3	2	2	2	1	2	2	1	1
留学生2期	3	2	2	2	1	1	1	1	1

松本歯科大学

入試区分	募集人員	2023年度				2022年度			
		志願者	受験者	合格者	入学者	志願者	受験者	合格者	入学者
留学生(A)	8	6	6	6	2	10(5)	9(4)	8(4)	7(3)
留学生(B)	8	8	8	8	6	9(5)	9(5)	9(5)	9(5)
留学生(C)	3	3	3	3	1	3(1)	3(1)	3(1)	3(1)
留学生(D)	2	4	4	4	1	1(0)	1(0)	1(0)	1(0)

朝日大学

入試区分	募集人員	2023年度				2022年度			
		志願者	受験者	合格者	入学者	志願者	受験者	合格者	入学者
帰国生徒	若干	0(0)	0(0)	0(0)	0(0)	0(0)	0(0)	0(0)	0(0)
外国人留学生	若干	0(0)	0(0)	0(0)	0(0)	0(0)	0(0)	0(0)	0(0)

大阪歯科大学

入試区分	募集人員	2023年度				2022年度			
		志願者	受験者	合格者	入学者	志願者	受験者	合格者	入学者
外国人留学生	若干	13	13	2	0(0)	7	7	1	1(1)

医学部ランキング①

【入試難易度ランキング】

順位	大学名	入試難易度*
1	慶應義塾大学	72.5
2	東京慈恵会医科大学	70.0
3	日本医科大学	69.0
3	順天堂大学	69.0
5	自治医科大学	68.5
5	東北医科薬科大学(A方式)	68.5
5	国際医療福祉大学	68.5
5	大阪医科薬科大学	68.5
5	関西医科大学	68.5
10	産業医科大学	67.5
11	昭和大学	66.5
11	東京医科大学	66.5
13	東邦大学	66.0
14	東北医科薬科大学(B方式)	65.5
14	藤田医科大学	65.5
16	日本大学	65.0
17	近畿大学	64.5
17	兵庫医科大学	64.5
19	杏林大学	64.0
19	帝京大学	64.0
19	東海大学	64.0
19	愛知医科大学	64.0
19	東北医科薬科大学(一般)	64.0
24	岩手医科大学	63.5
24	北里大学	63.5
24	聖マリアンナ医科大学	63.5
24	福岡大学	63.5
28	久留米大学	63.0
28	埼玉医科大学	63.0
28	金沢医科大学	63.0
31	獨協医科大学	62.5
32	川崎医科大学	62.0
32	東京女子医科大学	62.0

* 入試難易度は以下のデータを総合的に解析して算出している
(1) メルリックス学院内部生の模試結果と入試結果
(2) メルリックスが独自に入手した入試情報

【国家試験合格率ランキング】

順位	大学名	合格率(%)
1	順天堂大学	100.0%
2	自治医科大学	99.2%
2	国際医療福祉大学	99.2%
4	東北医科薬科大学	98.9%
5	産業医科大学	98.0%
6	兵庫医科大学	97.4%
7	日本医科大学	96.7%
7	愛知医科大学	96.7%
9	慶應義塾大学	96.6%
9	藤田医科大学	96.6%
11	東京慈恵会医科大学	96.4%
12	東京医科大学	95.9%
13	昭和大学	95.2%
14	北里大学	95.0%
15	近畿大学	93.9%
16	杏林大学	93.3%
17	獨協医科大学	93.0%
17	大阪医科薬科大学	93.0%
19	久留米大学	92.3%
20	埼玉医科大学	91.5%
21	関西医科大学	91.0%
22	川崎医科大学	89.7%
23	聖マリアンナ医科大学	89.1%
24	福岡大学	89.0%
25	金沢医科大学	88.5%
26	東邦大学	86.4%
27	岩手医科大学	85.9%
28	東京女子医科大学	84.8%
29	帝京大学	82.9%
30	日本大学	82.4%
31	東海大学	79.2%

【入学者現役比率ランキング】

順位	大学名	現役率(%)
1	東京慈恵会医科大学	54.3
2	東邦大学	52.5
3	東京女子医科大学	50.9
4	獨協医科大学	49.2
5	自治医科大学	48.8
6	国際医療福祉大学	46.7
7	日本医科大学	46.4
8	東京医科大学	42.6
9	東海大学	42.6
10	昭和大学	41.0
11	埼玉医科大学	40.0
12	兵庫医科大学	39.3
13	関西医科大学	37.8
14	日本大学	37.4
15	大阪医科薬科大学	36.6
16	聖マリアンナ医科大学	36.5
17	愛知医科大学	32.8
18	藤田医科大学	30.8
19	産業医科大学	30.5
20	岩手医科大学	29.2
21	福岡大学	25.5
22	川崎医科大学	25.4
23	杏林大学	24.6
24	近畿大学	24.3
25	金沢医科大学	13.5
	東北医科薬科大学	—
	慶應義塾大学	—
	順天堂大学	—
	帝京大学	—
	北里大学	—
	久留米大学	—

2024年度　共通テスト利用入試実施大学一覧〈私立医学部〉

大学名	試験区分	募集人員	英語			国語			数学					地理歴史					公民				
			リーディング	リスニング	科目数	国語	分野	科目数	数学I	数学I・A	数学II	数学II・B	科目数	世界史	日本史	地理	科目種類	科目数	倫理	政治経済	現代社会	倫＋政経	科目数
東北医科薬科大学	一般枠	5	●	●	1	●	[近代以降]	1		●		●	2										
			200			100			200														
獨協医科大学		5	●	●	1	●	[近代以降]	1		●		●	2										
			100			100			100														
埼玉医科大学		10	●	●	1	●	[近代以降]	1		●		●	2										
			150			100			100														
国際医療福祉大学		15	●	●	1	●		1		●		●	2	◇	◇	◇	B	(1)				◇	(1)
			200			200			200					(100)					(100)				
杏林大学		15	◇	◇	(1)	◇	[近代以降]	(1)		●		●	2										
			(200)			(200)			200														
順天堂大学	独自併用	12	●	●	1	●		1		●		●	2	◇	◇	◇	B	(1)	◇	◇	◇	◇	(1)
			200			200			200					(100)					(100)				
	前期	10	●	●	1	●		1		●		●	2	◇	◇	◇	B	(1)	◇	◇	◇	◇	(1)
			200			200			200					(100)					(100)				
	後期	5	●	●	1	●		1		●		●	2	◇	◇	◇	B	(1)	◇	◇	◇	◇	(1)
			200			200			200					(100)					(100)				
	地域枠	33	●	●	1	●		1		●		●	2	◇	◇	◇	B	(1)	◇	◇	◇	◇	(1)
			200			200			200					(100)					(100)				
帝京大学		10	●	(●)	1	◇	[近代以降]	(1)	◇	◇	◇	◇	(1)										
			100			(100)			(100)														
東京医科大学		10以内	●	●	1	●		1		●		●	2	◇	◇	◇	AB	(1)	◇	◇	◇	◇	(1)
			200			200			200					(100)					(100)				
日本医科大学	グローバル特別選抜(前期)	10				●		1															
						200																	
東海大学		10	●	●	1					●		●	2										
			200						200														
	神奈川県地域枠	5	●	●	1					●		●	2										
			200						200														
	静岡県地域枠	3	●	●	1					●		●	2										
			200						200														
愛知医科大学	前期	約15	●	●	1	●	[近代以降]	1		●		●	2										
			200			100			200														
	後期	約5	●	●	1	●		1		●		●	2	◇	◇	◇	AB	(1)	◇	◇	◇	◇	(1)
			200			200			200					(100)					(100)				
	地域枠B方式	約5	●	●	1	●	[近代以降]	1		●		●	2										
			200			100			200														
藤田医科大学	前期	10	●	●	1	●	[近代以降]	1		●		●	2										
			200			100			200														
	後期	5	●	●	1	●	[近代以降]	1		●		●	2										
			200			100			200														
大阪医科薬科大学		10	●	●	1	●	[近代以降]	1		●		●	2										
			200			100			200														
関西医科大学	前期	12	●	●	1	●	[近代以降]	1		●		●	2										
			100			100			100														
	併用	13	●	●	1	●	[近代以降]	1		●		●	2	◇	◇	◇	AB	(1)	◇	◇	◇	◇	(1)
			100			100			100					(100)					(100)				
	後期	5*	●	●	1					●		●	2										
			200						200														
近畿大学	前期	5	●	●	1					●		●	2										
			100						200														
	中期	3	●	●	1	◇	[近代以降]	(1)		◇			(1)										
			100			(100)			(100)														
	後期	2	●	●	1	◇	[近代以降]	(1)		◇			(1)										
			100			(100)			(100)														
産業医科大学	一般（A方式）	約60	●	●	1	●		1		●		●	2	◇	◇	◇	B	(1)	◇	◇	◇	◇	(1)
	一般（C方式）	5以内	60			60			60					(60)					(60)				
福岡大学		5	●	●	1	●	[近代以降]	1		●		●	2										
			200			100			200														

* 一般後期と合わせて10名

理科													2次試験			
①				②					科目数	満点	教科数	備考	試験日	内容		
物理基礎	化学基礎	生物基礎	地学基礎	物理	化学	生物	地学							小論文	面接	その他
				○	○	○		200	2	700	4	英(リスニング有)、数、理2科目、国(近代以降)	3月6日(水)		●	
				○	○	○		200	2	500	4	英(リスニング有)、数、理2科目、国(近代以降)	3月5日(火)	●	●	
				○	○	○		200	2	550	4	英(リスニング有)、数、理2科目、国(近代以降)	3月10日(日)	●	●	
				○	○	○		200	2	900	5	英(リスニング有)、数、理2科目、国、地歴公民から1科目	2月16日(金) 2月20日(火)	①	②	①学力試験(英語)
				○	○	○		200	2	600	3	英(リスニング有)または国(近代以降)、数、理2科目	2月18日(日)	●	●	
				○	○	○		200	2	900	5	英(リスニング有)、数、理2科目、国、地歴公民から1科目	①2月3日(土) ②3月4日(月) ・3月5日(火)	②	②	①英・理2科目 ②英作文
				○	○	○		200	2	900	5	英(リスニング有)、数、理2科目、国、地歴公民から1科目	①2月3日(土) ②2月10日(土)～2月12日(月)のうち1日	①	②	英作文
				○	○	○		200	2	900	5	英(リスニング有)、数、理2科目、国、地歴公民から1科目	3月4日(月)3月5日(火)	●	●	英作文
				○	○	○		200	2	900	5	英(リスニング有)、数、理2科目、国、地歴公民から1科目	①2月3日(土) ②2月10日(土)～ 2月12日(月)のうち1日	①	②	英作文
				◇	◇	◇		(100～200)	(1～2)	300	2～3	英、国・数・理から2科目、ただし数2科目選択不可	2月16日(金)	●	●	英語(長文読解)
				○	○	○		200	2	900	5	英(リスニング有)、数、理2科目、国、地歴公民から1科目	2月17日(土)	●	●	
										200	1	国	①2月1日(木) ②2月9日(金) または2月10日(土)	②	②	①英・数・理2科目
				○	○	○		200	2	600	3	英(リスニング有)、数、理2科目	2月11日(日・祝) または2月12日(月・休)	●	●	
				○	○	○		200	2	600	3	英(リスニング有)、数、理2科目	2月11日(日・祝) または2月12日(月・休)	●	●	
				○	○	○		200	2	600	3	英(リスニング有)、数、理2科目	2月11日(日・祝) または2月12日(月・休)	●	●	
				○	○	○		200	2	700	4	英(リスニング有)、数、理2科目、国(近代以降)	2月22日(木)		●	
				○	○	○		100	1	800	4	英(リスニング有)、数、理1科目、国(近代以降)、地歴公民から1科目	3月12日(火)		●	
				○	○	○		200	2	700	4	英(リスニング有)、数、理2科目、国(近代以降)	3月12日(火)		●	
				○	○	○		200	2	700	4	英(リスニング有)、数、理2科目、国(近代以降)	2月12日(月・祝) または2月13日(火)		●	
				○	○	○		200	2	700	4	英(リスニング有)、数、理2科目、国(近代以降)	3月14日(木)		●	記述式総合問題
				○	○	○		200	2	700	4	英(リスニング有)、数、理2科目、国(近代以降)	2月28日(水)	●	●	
				○	○	○		200	2	500	4	英(リスニング有)、数、理2科目、国(近代以降)	2月17日(土)		●	
				○	○	○		200	2	600	4	英(リスニング有)、数、理2科目、国(近代以降)、地歴公民から1科目	①1月27日(土) ②2月17日(土)	①	②	①英・数・理2科目
				○	○	○		200	2	600	4	英(リスニング有)、数、理2科目、国(近代以降)	3月12日(火)		●	
				○	○	○		200	2	500	3	英(リスニング有)、数、理2科目	2月18日(日)	●	●	
				○	○	○		200	2	400	3	英(リスニング有)、数ⅠA・国(近代以降)から1科目、理2科目	2月18日(日)	●	●	
				◇	◇	◇		(100～200)	(1～2)	300	2～3	英(リスニング有)、国(近代以降)・数ⅠA・理から2科目	3月7日(木)	●	●	
				○	○	○	○	60	1	300 900	5	英(リスニング有)、数、理1科目、国、地歴公民から1科目	大学紹介のページに掲載			
				○	○	○		200	2	700	4	英(リスニング有)、数、理2科目、国(近代以降)	2月14日(水)		●	

2024年度医学部入試の分析

【国公立大学編】

1. 旧帝国大学医学部

この辺りの受験者層は共通テストの難易度にもさほど影響はしない。但し、2022年度の名古屋大学のように前期倍率が1.4倍、後期が1.6倍であったように例年より倍率が大幅に下がる特異な例がある。但し、この年も難易度が下がったかというとそのようなことは決してない。名古屋大学の2022年度の共通テスト合格者平均得点率が85.2%だったのに対し、2023年度は87.1%　差が1.9%であることで証明されている。

他にも東京大学の2022年度の共通テスト合格者平均得点率が89.8%だったのに対し、2023年度は92.7%と差が2.9%。京都大学に関しても2022年度の共通テスト合格者平均得点率が88.1%だったのに対し、2023年度は90.9%、差が2.8%であった。

一方、北海道大学に関しては2022年度の共通テスト合格者平均得点率が82.6%だったのに対し、2003年度は87.4%、差が4.8%。九州大学に関しては2022年度の共通テスト合格者平均得点率が85.1%だったのに対し、2023年度は89.2%、差が4.1%である。

このように、旧帝国大学医学部の間でも多少、差があることは興味深いところであるが、いずれにせよ、盤石な学力が要求される点では異論のないところであるといえよう。

2. 旧六医大

次に国公立医学部を考える上で旧帝国大学医学部群の次に歴史のある医学部群である旧六医大を取り上げたい。大都市圏周辺国公立大学を除き、難易度も旧帝国大学群の次にランキングされる学校群だ。

旧六医大学校群においては、共通テストと個別試験の比率が1:2以上であり、個別問題も他理系学部と共通問題が使われる。二次試験の学力を十分に兼ね備えていて、共通テストは思うように得点できなかったが一発逆転を狙う受験生にとっては有効な選択肢となり得るといえよう。

この観点からすると広島大学も有効といえよう。一次試験と個別試験の比率が1:2であり、かつ、理科が得意な受験生にも理科が不得意な受験生にも有利な傾斜配点が用意されているので、該当する受験生は頭の片隅に置かれることをお勧めする。

3. 大都市周辺国公立大

こちらに関しては関東と関西で分けて考察することにする。

東京医科歯科大学、横浜市立大学、筑波大学、山梨大学(後期)は一次試験と個別試験の比率で個別試験の比率の方が圧倒的に高く、かつ個別試験の難易度も相当高い。受験生のレベルも旧六医大学校群の受験生と同レベルか凌駕するレベルといっても過言ではないであろう。

一方、関西圏に目を移すと神戸大学、大阪公立大学は一次試験と個別学力試験の比率が拮抗しており、個別試験の試験問題も標準的な出題のため高得点勝負となる。しっかりと共通テストのボーダーをクリアーするだけの基礎固めがしっかりできており、手堅く個別学力試験の得点もできる受験生に有利といえる。他方で、京都府立医科大学、滋賀医科大学、和歌山県立医科大学、福井大学は一次試験と個別学力試験の比率が拮抗しているとはいえ、個別試験の問題が旧帝国大学の問題と同レベルかそれ以上のレベルの出題も見られる。個別学力試験に自信がある受験生は一次試験の差を補えるチャンスも十分ある。2023年度合格者共通テスト平均得点率では京都府立大学、大阪公立大学、奈良県立医科大学が85%～86%。滋賀医科大学、和歌山県立医科大学に至っては80%～81%と5%程度の開きがある。

また、奈良県立医科大学に関しては2024年度入試から前期日程の個別試験が小論文入試となる。共通テストを手堅く得点し、社会の動向に関心があり、表現力の豊かな受験生が全国から集結するものと思われる。

最後に名古屋市立大学についても言及させて頂く。2023年度合格者共通テスト平均得点率が83.0%、一次試験と個別試験の比率が550:1200で圧倒的に個別試験重視型である。個別試験の問題も骨のある問題が多く、旧帝国大学群に拮抗する学力を有する受験生を求めているといえよう。

4. 地方国公立大学

まず、殆どの大学で共通テストと個別学力試験で前者の配点が高いことが特徴である。それ故、岐阜大学を代表とするように倍率も先に挙げた大学と比較しても高くなる特徴がある。共通テストのボーダープラスαの得点が一次試験で要求される。また、二段階選抜を実施するケースも多いので、足切り点が予想より上がることも想定して出願することが望ましい。

弘前大学は2025年度入試より個別学力試験を英語、数学に戻すと発表した。それに伴い、小論文を主体にした総合問題に勝負をかける受験生の出願が今年度は増えることも大いに予想されよう。

個別試験の問題は一部の大学を除き(福井大学、大分大学、宮崎大学等)、共通テスト程度の内容が理解されていれば解答できる問題が多いのも特徴といえる。旭川医科大学や札幌医科大学に代表されるように地域枠でかなりの枠を占めており、一般枠の定員が少なくなっている場合もあるので、その辺りも考慮に入れて出願されるべきである。

最後に、推薦地域枠についても言及させて頂く。評定平均が4.3以上有することが条件になるケースが多く、現役か一浪までという限定が殆どの場合付加されている。居住地域や出身高等学校が該当する地区に存在すれば小論文と共通テストで判定される入試形態である。共通テストの得点率が一般試験のボーダー得点より低いケースが多く、該当する方は是非、お考えになられることをお勧めする。

【私立大学編】

2023年度の私立大学医学部入試を振り返ると、地方と都会の格差が大きく出始めている点がまず挙げられる。また、学校推薦型選抜（推薦入試）と一般選抜（一般入試）との関連性が明確にでた点が特徴として現れた。それらの特徴を基に2024年度の私立医学部入試をどのように考えるかを考察したい。

1.地方と都会の格差

2023年度入試において、2022年度入試と比較して志願者数を減らした主な大学（前期日程）は以下の通りである。

獨協医科大学（前年比▲28.0%） 埼玉医科大学（前年比▲31.7%） 愛知医科大学（▲31.8%） 金沢医科大学（▲10.8%） 久留米大学（▲18.6%） 北里大学（▲7.4%）

2023年度入試において、2022年度入試と比較して志願者数を増やした主な大学（前期日程）は以下の通りである。

東海大学（前年比+154.3%） 東京女子医科大学（前年比+134.7%） 東邦大学（前年比+130.0%） 関西医科大学（前年比+126.7%） 東京医科大学（前年比+116.8%） 順天堂大学（+115.2%） 大阪医科薬科大学（前年比+114.5%）

上記の結果をご覧になられてもわかる通り、日程的な要因を差し引いても地方と都市部の大学格差が明確に現れる結果となった。

他にも岩手医科大学や北里大学のここ数年の繰り上がり人数が多いことにも地方と都市部の格差は顕著に現れている。複数の大学に合格した場合、交通の便が良いところがより選ばれる傾向にあり、北里大学は小田急相模大野駅からバスで30分ほどかかる点が、東京圏の受験生にとっては交通の便が良くないという印象につながっているのかもしれない。

逆に志願者数を増やした大学は東京圏、大阪圏に立地する大学が殆どである。関西医科大学や大阪医科薬科大学は学費を大きく下げた影響が結果に出る形となった。2008年度に順天堂大学が学費を900万円下げた時と同じ現象が生じたといえよう。東京女子医科大学は不祥事や学費を上げた影響が多少風化して一昨年並みの数字に戻った。東邦大学は試験日程を2月に移したことで志願者を増やす結果となった。

2.学校推薦型選抜（推薦入試）と一般選抜（一般入試）の関連性

一般選抜（一般入試）の動向を予想するのに学校推薦型選抜（推薦入試）の動向と大きな関連性が見られる。その一例を紹介しよう。

まず、久留米大学である。推薦の志願者数前年比（▲16.1%） 一般の志願者数（▲18.6%）であった。以下同様に、

川崎医科大学	総合型（中国・四国枠） 前年比（▲ 17.7%） 一般（▲ 6.3%）
愛知医科大学	推薦前年比（▲ 17.7%） 一般（▲ 31.7%）
東京女子医科大学	推薦前年比（+210.7%） 一般前年比（+134.7%）
東京医科大学	一般公募推薦前年比（+112.6%） 一般前年比（+116.8%）
東邦大学	総合型（AO 入試）前年比（+128.9%） 一般前年比（+130.0%）
関西医科大学	推薦（一般枠）前年比（+135.9%） 一般前年比（+126.7%）

これらの指標から一般選抜（一般入試）の出願を考える際に秋に行われる学校推薦型選抜（推薦入試）の出願数は非常に参考になるといえよう。

ただし、2023年度入試の聖マリアンナ医科大学のように指定校推薦が廃止され、一般公募推薦で出題される自然科学総合問題が敬遠されて志願者数が激減するケースもある。ただ、一般選抜（一般入試）では例年通り主に東京圏の受験生の人気を集め、入試日程の影響もあって志願者数を大幅に伸ばした例もある。様々な要因を複合的に考察する必要があるのは言うまでもない。

3.2024年度私立大学医学部入試に向けての戦略

2024年度の私立医学部入試日程を見る中でお伝えしたいことが多くあるが、紙面の関係で4つの点に絞りたい。更に詳細に戦略を組み立てられたい方は個別相談を申し込んで頂ければ幸いである。①獨協医科大学と川崎医科の一次が同一試験日　②2/1と2/2の前期試験どこに出願するか　③関西医科大学の二次試験日と大阪医科薬科大学の一次試験日が同一日程　④藤田医科大学と聖マリアンナ医科大学の一次試験日が2月に移動したことの影響。⑤東京慈恵医大の一次試験が慶應義塾大の前日にしたことへの影響。

まず、①に関しては川崎医科大学が単独での入試日程が続いていたこともあり、受験層が近い獨協医科大学と日程が同日になることで、関東圏からの志願者減少が一定数、出ることが予想される。

②の2/1と2/2の出願校選びに関しては日本大学と久留米大学のどちらを選択するかで悩む受験生がいそうだ。大手予備校から出されている合格者分布資料を参考にすると、この2校の難易度はこの数年、だいぶ拮抗してきている。確かに2023年度入試で志願者数が大きく減少した久留米大学の方が合格しやすさという点からいえば有利との見方もできる。しかし、日本大学の一次試験の全てがN方式となり、マークシートに強い受験生に有利になった点も見過ごせない。その意味では記述式の問題が入っても試験時間に余裕のある久留米大学か、マークシートに分があるなら日本大学を選択することになるだろう。一方、東京女子医科大学に関しては学費を大幅に上げてから2023年度入試では多少、戻したものの受験者層が一段と絞られた感がある。それはこの2年間、繰り上げ人数が36名、20名と少ないことからも顕著に現れている。

また、2/2の日程は昨年度も東海大学と福岡大学が同一日程で、前者が154.3%、後者が99.6%と福岡大学には東海大学が数Ⅲを出題範囲から除外した影響はほぼ出なかった。2024年度入試では埼玉医科大学と東海大学が同一日程になることから埼玉医科大学にどの程度影響が出るかが興味深い点である。

次に聖マリアンナ医科大学と藤田医科大学が2月に日程を移動した点については、特に聖マリアンナ医科大学には前期日程の後半に日程を移動したことで、序盤に実力を出し切れなかった受験生が再調整して一同、集結することになりそうである。今年も昨年以上に倍率の上昇が予想される。

最後に関西医科大学一般前期の二次試験と大阪医科薬科大学の前期一次試験が同一日程になり、上位層の動きにどのような影響がでるかも興味深い点でもある。

また、東京慈恵会医大が慶應義塾大の前日の入試日程を持ってきたことで、国公立大医学部と慶應義塾大を受験する層が東京慈恵会医大も受験するかという点も注目したい。この10年では両校の日程が前後することがなく国公立試験の二次試験日前に二校の入試日程が前後する関係で最上位層の動向も見ものである。

数学

2023年度入試を振り返って

2023年度の入学試験が行われている最中は「こんな新しい傾向の問題が出題された」、「昨年より難化(または易化)がみられる」など一喜一憂(?)をしていたような気がするが、時間が経って改めて入試問題を見ると全体として際立った特徴のない例年通りの試験が行われていたことに気が付く。もちろん大学ごとの特徴はあり、東海大のように出題範囲から数Ⅲを除外して明らかに易化した大学もある。またどの大学も過去とは異なる問題が出題されている。それでも例年の通りとは試験問題の水準(難問は除いて合格点に必要な部分について)が安定しているということを指している。

このことは大学の立場に立ってみると、もちろん平穏無事な入試に越したことはなく、また私立の医学部では数学一教科の出来によって逆転合格してしまうようなことを嫌いバランスの良い学力を身に付けた受験生を好む傾向がみられる。そこで、過去の蓄積されたデータからこのレベルの問題については平均点はこの程度になるというようなノウハウをもとに大学が希望する学力をもつ受験生をうまく集めるために平均点や最高点のコントロールをしようとしている(もしくはできている)と考えられる。つまり他の理科系の学部や研究機関の役割を強く担う国公立の医学部のように科学の基礎言語として数学をどれだけ身に付けたかを問う内容ではなく、どれだけしっかりと受験勉強をこなしてきたかを調べるために数学の試験を行っているようにも思える。(私立医学部では記述試験が少ないこともこれと関係あるかもしれない)

大学がどのような意図で問題を出題するか

数学は科目の性質から全くの新傾向の問題が出題されるとその出来は両極端に二分されてしまうのでこのタイプの問題は平均点のコントロールには向いていない(煮え切らないものの言い方で申し訳ないが出題はされる)。医学部の数学の試験は数学の問題の難易度を易問から難問まで、教科書程度(1～3)、入試基本程度(4, 5)、入試標準(6, 7)、発展(8, 9)、難問(10)のように細かく分けて、レベル1からレベル10までとしたとき、レベル3からレベル8までの問題を試験時間に対して過剰に出題することよって、学力に応じて段階的に点差が生じるように作られたものではないかと推察される。したがって、こちら側(受験生・予備校)の立場からすると数学の創造的な部分の育成より典型問題の攻略を目指すことが目標になる。すなわち医学部を志望し、この目標に向かって正しい努力をしてきた受験生を裏切らない問題であるともいえるだろう。

典型問題の攻略法

医学部を目指す受験生に対する数学のアドバイスとして、まずは数学が苦手な人に向けて、大問5題のうち3題完答すれば合格という試験とは異なり、制限時間内に細かな得点を重ねることが重要となるので、基本問題(レベル3)が出題されたときに取りこぼしてはいけない。出題範囲全体の教科書の章末問題程度の内容についてはやり残した項目を作らないようにするべきである。

典型問題というと、よく出題される⇒覚えよう　となるかもしれないが、数学は理解して消化する必要がある科目なので、難しいことからやろうとせず基礎的な事柄をしっかりと理解してから入試問題の演習に入ろう。参考書でも予備校のクラスのレベルでも上にあればよいというものではない。自分の現在の状態を把握して、それに合った負荷をかけて学力を上げていこう。また、途中の理解は大切であるが、典型問題の場合は記述部分での部分点などはほぼ期待できないので、解答を読んだりノートを見たりの学習ではなく、必ず最後の答えを出すことにこだわって問題を解いてほしい。反復することで、問題解法について俯瞰的な理解が深まり、計算過程の洗練も期待できるのでテキストや問題集は繰り返し解こう。

現行課程最後の年である2024年度入試

次に全体の受験生に向けて、大学の難易度ランキングについて自分の偏差値が志望校のランキングに達していたとしてもそれは数学でいうところの必要条件であり、実際に模擬試験でよい成績をとっても入試で失敗する例は多い。第一志望の学校でなくても、受験校については必ず過去問の演習によって傾向を調べよう。

2024度の入試は現行の教科書の教育課程最後の年となる。募集定員や受験者数が大幅に変化するわけではないので本来はいつも通りの試験が行われ、いつも通りの学力の受験生が合格していくはずである。だが、過去のケースから新課程に持ち越したくないという心理的な要因から志望校を下げたり、昨年までならもう一年受験勉強をして上位校を目指していたような受験生が今年合格した学校に入学を決めてしまうことが予想できる。この場合、昨年ならぎりぎりで合格していた受験生が最も割をくって不合格となる可能性が高くなり、受験生にとっては合格ラインが少し変わる波乱の入試になるかもしれない。

この本の大学ごとの傾向分析(私たちが入試の際、一喜一憂していた事柄)も参考にして、1点、2点に泣くことがないように正しい作戦を立てぜひ合格を勝ち取られたい。

2023年度入試対策　医学部　大学別数学分野

	数学Ⅰ				数学Ⅱ					数学Ⅲ				数学A			数学B			備考
	数と式	図形と計量	二次関数	データの分析	いろいろな式	図形と方程式	指数・対数関数	三角関数	微分・積分の考え	極限	微分法	積分法	平面上の曲線と複素数平面	場合の数と確率	整数の性質	図形の性質	数列	ベクトル	確率分布と統計的推測	
岩手医科大学	●	●	●	●	●	●	●	●	●	●	●	●	●	●	●	●	●	●		
東北医科薬科大学	●	●	●	●	●	●	●	●	●	●	●	●	●	●	●	●	●	●	●	
自治医科大学	●	●	●	●	●	●	●	●	●	●	●	●	●	●	●	●	●	●		
獨協医科大学	●	●	●	●	●	●	●	●	●	●	●	●	●	●	●	●	●	●		
埼玉医科大学	●	●	●	●	●	●	●	●	●	●	●	●	●	●	●	●	●	●		
国際医療福祉大学	●	●	●	●	●	●	●	●	●	●	●	●	●	●	●	●	●	●		
杏林大学	●	●	●	●	●	●	●	●	●	●	●	●	●	●	●	●	●	●		
慶應義塾大学	●	●	●	●	●	●	●	●	●	●	●	●	●	●	●	●	●	●		
順天堂大学	●	●	●	●	●	●	●	●	●	●	●	●	●	●	●	●	●	●		
昭和大学	●	●	●	●	●	●	●	●	●	●	●	●	●	●	●	●	●	●	●	
帝京大学	●	●	●	●	●	●	●	●	●					●	●	●	●	●		
東京医科大学	●	●	●	●	●	●	●	●	●	●	●	●	●	●	●	●	●	●		
東京慈恵会医科大学	●	●	●	●	●	●	●	●	●	●	●	●	●	●	●	●	●	●		
東京女子医科大学	●	●	●	●	●	●	●	●	●	●	●	●	●	●	●	●	●	●		
東邦大学	●	●	●	●	●	●	●	●	●	●	●	●	●	●	●	●	●	●		
日本大学	●	●	●	●	●	●	●	●	●	●	●	●	●	●	●	●	●	●		
日本医科大学	●	●	●	●	●	●	●	●	●	●	●	●	●	●	●	●	●	●		
北里大学	●	●	●		●	●	●	●	●	●	●	●	●	●	●	●	●	●		
聖マリアンナ医科大学	●	●	●	●	●	●	●	●	●	●	●	●	●	●	●	●	●	●		
東海大学	●	●	●	●	●	●	●	●	●					●	●	●	●	●		
金沢医科大学	●	●	●	●	●	●	●	●	●	●	●	●	●	●	●	●	●	●		後期は数Ⅰ・A・Ⅱ・B
愛知医科大学	●	●	●	●	●	●	●	●	●	●	●	●	●	●	●	●	●	●		
藤田医科大学	●	●	●	●	●	●	●	●	●	●	●	●	●	●	●	●	●	●		
大阪医科薬科大学	●	●	●	●	●	●	●	●	●	●	●	●	●	●	●	●	●	●		
関西医科大学	●	●	●	●	●	●	●	●	●	●	●	●	●	●	●	●	●	●		
近畿大学	●	●	●	●	●	●	●	●	●					●	●	●	●	●		
兵庫医科大学	●	●	●	●	●	●	●	●	●	●	●	●	●	●	●	●	●	●		
川崎医科大学	●	●	●	●	●	●	●	●	●	●	●	●	●	●	●	●	●	●		
久留米大学	●	●	●	●	●	●	●	●	●	●	●	●	●	●	●	●	●	●		
産業医科大学	●	●	●	●	●	●	●	●	●	●	●	●	●	●	●	●	●	●		
福岡大学	●	●	●	●	●	●	●	●	●	●	●	●	●	●	●	●	●	●		

大学側の公表に基づき作成。(2023年9月1日現在)　志望校については必ず2024年度入試要項を各自で取り寄せて確認すること。

英語

私立医学部の問題を見てみると各大学の特色があり、志望校合格のためには過去問演習を始めとした十分な対策が不可欠だ。しかし、①読解力、②文法・語法力の2つは医学部に関わらず大学入試全般に必要な力であり、この2本柱を確固たるものにすることで合格に限りなく近づけることは留意しておきたい。

また、その2本柱の基礎になるものとして語彙力の養成も必須である。語彙といっても、ただその単語の意味を覚えるだけではなく、各語が英文の中でどのように用いられているかといった語法の知識や、その同意語や派生語、そして発音・アクセントはもとより、辞書等を活用し様々な用例を踏まえた語彙力を身につける必要がある。最初は苦労するかもしれないが、それが習慣化したとき、語彙力のつき方がそれ以前と違うことに気づくだろう。

読解関連では、まずは志望大学の過去問をチェックし、どのようなテーマの長文が多く出題されているかや問いの特徴、試験時間に対して語数はどの程度か、記述式の問題の占める割合、といった点を確認したい。そして読解力の中でも特に力を入れたいのが、速読力の養成である。順天堂大や東邦大、獨協医科大、関西医科大、埼玉医科大などは読むべき分量が特に多くなっており、同じ文を何度も読み返しているようでは、試験時間内で全て解き切ることは難しい。直読直解で英語を英語のまま理解できるレベルを目指すことが望ましいだろう。

自治医科大、慶應大、東京慈恵会医科大、順天堂大、日本医科大、大阪医科薬科大、産業医科大などでは文法の単独問題としては出題されていないが、これらの大学においても文法・語法の知識が欠かせないのは言うまでもない。文法・語法の知識を駆使して、いかに正確にそして迅速に文構造を把握できるかで、読解のスピードは大きく差がつく。頻出の文法・語法問題を一通り習熟した後は、十分な精読演習を積むこと。精読を重ねることで、文構造を正確に速く掴むことができるようになり、延いては速読力に繋がる。文法の単独出題割合が減ってきている中、依然として語句整序問題を出題している大学が相当数存在することからも、文構造を正しく把握する能力の重要性が分かるだろう。

＜注目すべき大学の傾向＞

2021年度から導入された共通テストの影響を受け、私立医学部においても近年全般的に入試問題の難化傾向が見られる。具体的には、記述重視の設問及び読解問題の更なる長文化である。相当な文字数の記述が求められても決して白紙で提出せずに何らかの内容を答案上に表現する訓練が必要不可欠である。

私立医学部の中で記述式問題の比重が大きい大学としては、慶應大、日本医科大、聖マリアンナ医科大、藤田医科大、大阪医科薬科大、昭和大、産業医科大が挙げられる。その中でも慶應大は、和訳、英訳、内容説明、テーマ型英作文(あるテーマが与えられ、それに対する自身の意見を英語で述べる形式)など多岐に亘る記述式問題が出題され、その難易度は私立医学部の中では頭一つ抜けている。'23は「日本の若者の海外留学への意欲が先進国の中でも極めて低い理由」を約100語で述べるもの。因みに'22は「自分が慶應大学医学部の学生として認められるべきだと思う理由」を述べるかなりユニークな問題であった。それほど長くはないものの、きちんとした文章構成、標準以上の英作文力が求められるので決して容易とは言えない。過去問を参考に幅広い対策を練っておきたい。

また、順天堂大でもテーマ型英作文は毎年出題されている。語数指定はないが解答用紙のスペースを考慮すると250語前後で書き上げるのが望ましい。'23は「もし医学の道に進まなかったとしたら、他のどんな進路を選んでいたか」を述べるもの。因みに'22は「大量破壊兵器以外で、ある発明品を阻止できるならそれはどんなものでその理由は何か」、'21は「ヘルスケア関連以外で人間の生活をより良くするという点で世の中を変える力を手に入れたら何を変えるかとその理由」であった。

これまで和訳＋英作文のみの問題が固定化していた大阪医科薬科大だが、近年は内容・理由説明や代名詞の指すものを指摘した上での和訳なども見られる。確かな文法力に加え、高い記述力も備えておかないと点に結びつかない手強い問題となっている。

他にも、日本医科大、産業医科大、藤田医科大、聖マリアンナ医科大などは、長文中心の出題のなかで和訳や内容説明などの記述が課されるので、深い演習によりそれらへの対応力と、併せて論理的思考力を身につけることが不可欠だ。特に、藤田医科大では近年、大阪医科薬科大と双璧とでもいえそうな、長文中の日本語部分を英訳する問題が出題されるようになっており、全体の出来にも大きく影響しそうなので要注意だ。'17から医学部入試が始まった国際医療福祉大は、全てマーク式ではあるが、長文のウェイトが大きくなっており、高い読解力と問題処理能力が求められる。また長年マークのみであった東京医科大では、'20より記述説明問題が登場したが、'22から下線部和訳になった。どちらが出題されても対処できるよう十分な対策を行っておきたい。

＜対策＞

読解問題対策としては、客観問題中心の大学では内容把握演習が、記述を求める大学では和訳、簡潔な内容説明の演習が必須である。最初はできれば500語～700語程度の、あまり難度の高くない英文を題材に選び、そこから徐々に志望校のレベルに合わせて難しいものに移行していくとよい。既習教材は頻繁に取り出して何度も読み直すよう心がけたい。

長文のテーマについては医学系の英文に慣れておくことはもちろん必要だが、加えて言語・比較文化関連や人間関係(コミュニケーション、SNS)のような身近な話題や、気候変動、異常気象などの環境問題、エッセイやインタビュー形式のものなど、幅広く触れておくのが望ましい。トピックの背景知識の有無で英文の読みやすさが大きく変わることもあるので、日頃から新聞やニュースはチェックしておきたい。5類に引き下げられて以降マスコミで報じられる頻度は減ったものの新型コロナウイルスを始めとする感染症全般、近年取り上げられることの多い生活習慣病や再生医療、ロボットやAIの医療現場への導入などに関する知識を身につけておくと心強い。認知度のあまり高くない病気や、脳や身体のメカニズム関連の英文を見つけたらじっくり取り組んでみるのもよいし、また過去問には出典がわかるものもあるので、志望大学で扱われた記事元(ジャパンタイムズ、ナショナルジオグラフィックなど)の他の英文を読んでみることも大変有効であろう。

文法・語法力を高めるには、基本～標準レベルの総合演習書を一冊仕上げてから、実践的な過去問・類題演習に移行するのがよい。出題範囲は果てしなく広いように思えるかもしれないが、ポイントをおさえた効率的な勉強をすれば着実に力はついてくる。問題演習の際には、ただ漫然とではなく常に出題者目線で、解答するために「わかっているべきこと」を丁寧にチェックしながら取り組みたい。また、近年は会話文の出題がよく見られる。口語表現に強くなることも重要だが、獨協医科大、東海大などではやや長めの会話文の内容真偽問題が出題されており、話者の心理や場面把握にも留意したい。

2024年度入試対策 医学部 化学

難化傾向から妥当な学習が正しく評価されるように

私立医学部の化学は2010年代は難化傾向の一途をたどっていた。無理な問題量であったり、高校課程を超える問題もあったりして、受験生を困らせることも多かった。捨て問選択や部分点狙いなど、受験戦略を駆使し難問に対して何とか合格点を削り取る必要があった。

ところが2020年代に入り、難化傾向が収まりつつある。若干易化傾向があるとも言える。受験生に無理難題を強いるのではなく、妥当な学習が正しく評価される入試になってきた。着実に一歩一歩積み重ねる姿勢の受験生が有利になってきている。難問も出題されるが、その構成は化学の基礎的な考え方を深く掘り下げていくものが多い。複雑な論理を振りかざす必要はなくなってきた。堅実な受験生には、この傾向の変化を易化と捉えることもできたかもしれない。

しかし、化学の根本的な理解を軽視して上滑りした学習になってしまっている受験生には、むしろ限界を感じることが多くなっている。基礎の精度と理解度をストレートに問われる入試では、付け焼刃は通用しない。医学部が医学の基礎を緻密に学習する学域であることから、入試の化学も基礎を緻密に学習できているかを問うものとなってきた。このような難問排除の傾向は、必要とされる得点率を上げることに繋がっている。知識の穴があれば敗因となり、些細なミスでも合否を分ける原因となる。

また、環境問題や近年話題の化学的なトピックスなど、化学に対する興味を問う問題も散見される。教科書で学んだ事柄が実社会に展開されている事例について問う問題もある。学習を進める際には、表面的な理解に留まることなく具体的に掘り下げておく必要もある。

各大学の出題範囲を募集要項で確認することは忘れないでほしい。合成高分子化合物の分野は出題範囲から除外されていることもある。化学攻略のポイントは、基本に忠実に深く正しく理解し、各大学別の対応についてもしっかり理解しておくことである。

注目すべき大学の傾向

私立医学部は全体的に易化傾向にあるものの、関東御三家(慶應大・東京慈恵会医大・日本医科大)またはそれに類するレベルの大学では各大学の矜持を感じる出題もある。ただ、もちろんこういった大学の攻略への手掛かりも、教科書的な内容の深い理解と典型問題での修練が土台となっていく。その上で各大学の出題傾向を分析し過去問演習を行っていくことが重要である。大学ごとに受験生に求めている知識や考察力に若干違いがあるので、そのことが過去問を解いていく中で分かってくるであろう。

例えば、東邦大を取り上げてみよう。東京の伝統ある私立医学部で受験生の人気も高く、偏差値も高めである。しかし、化学の問題は難しくはない。全問題マーク形式。過去問を遡ると難しい問題の年もあるが、最近5年間は取り組みやすい。御三家と比較すると基本的な問題構成だ。そうなると要求されるスコアは高くなる。東邦大の全科目での正規合格者最低点は65%程度であるが、化学の目標点は7割程度となるだろう。

同様に受験生の人気が高い伝統ある東京の医学部に東京医科大がある。東邦大と同じく全問題マーク形式ではあるが、比較すると解きにくさがある。東邦大ほどの得点率は要求されないが、対策しておかないと総崩れになるおそれがある。同じような形式でも味わいが異なるものがあるので、大学ごとに要求されているものを過去問演習で見分けておきたい。

対策

医学部への化学にアプローチしていくためには、まずは教科書に従って、教科書およびそれに準拠する問題集を緻密に仕上げていくことである。どの大学を受験するとしても手始めに土台がしっかりしていなければ、何も出来上がってはいかない。これだけを繰り返すだけで合格に近づける大学すらある。

しかし多くの大学にはそれだけでは不十分である。更に受験用の問題集で定番の問題や発展的内容を身に着けて対処していきたい。このときには、本番を意識して時間管理も心掛けることも肝要だ。その際に、化学便覧などのカラーの資料集を傍らに置きながら学習することをお勧めする。文字だけを追って記憶していくよりも、カラー画像でイメージできた方が内容を頭に刻みやすい。解答集で答え合わせをする前に、資料集を使って正解を探してみることも良い学習に繋がる。

更に、国公立医学部で問われるような論述力や論理構成力を問う私立医学部もある。こういった大学を受験する生徒は、過去問や論述タイプの問題集も演習して、実力養成に心がけたい。どのタイプの大学を目指すとしてもまずは骨太の基礎力を築き上げること。医学部化学攻略の土台となる。私達の目指すものは、医学部への化学であることを心掛けたい。医学部という学域は、イノベーションを起こすようなものではなく、基礎を積み上げていくものである。当然に学力試験では日々の学習でどれだけ基礎を積み上げて、更に深めてきたのか、その度合いが試される。

一朝一夕に成し遂げられることではないが、一歩一歩着実に医学部の門まで進んでいただきたい。

2023年度 出題分野別比重

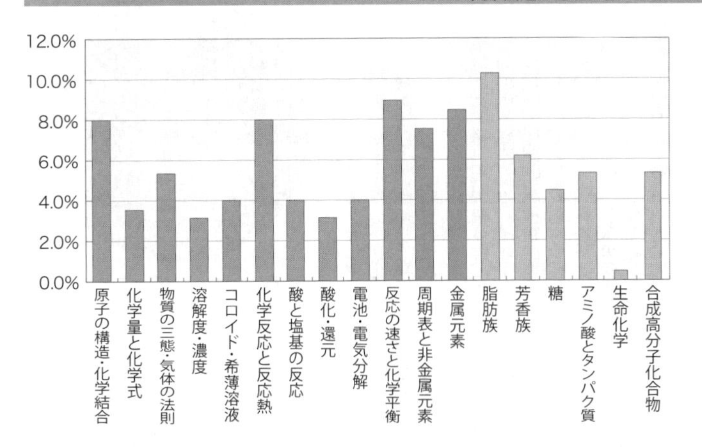

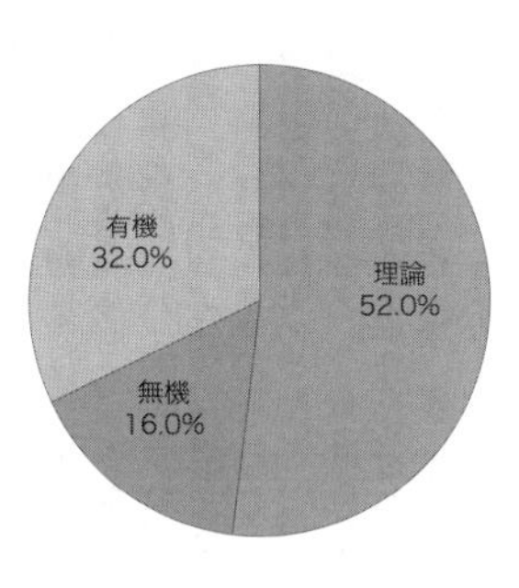

2024年度入試対策 医学部 生物

私立医学部の出題傾向

2023年度で出題頻度の高い3つの分野をみると、恒常性や免疫の分野が含まれる「体内環境」と神経伝達や感覚器官が含まれる「環境応答」、そしてDNAの複製や発現が含まれる「遺伝子」の分野であった。これら3つの分野は医学とのつながりが強く、私立医学部の入試問題として例年出題頻度の高い分野である。また遺伝子の分野はすべての分野の根底にある問題が含まれており、様々な分野との関わり合いで、今後も出題頻度は高いだろう。特に発生と遺伝子の関係が近年注目されており、発生の分野の出題も増加してきている。

他に知識として問われる機会が多かったのが、「生態系」と「進化・系統分類」の分野である。この分野は生物の総論的な意味合いがあり、他の分野との関わり合いが強く、大問中の部分として登場したり、正誤問題や小問などで出題される機会が多い。

また、「代謝」の分野も比較的出題頻度が高い。光合成と呼吸の回路が詳しく聞かれたり、電子伝達系とATP合成の関係性について計算を通して詳しく聞かれることが多い。

大学別の出題傾向

各大学を出題傾向から分類すると、①情報処理能力を主に問う大学、②問題解決能力を主に問う大学、③両者の出題バランスが良い大学の3つに分類できる。

①に分類される大学は自治医科大、国際医療福祉大、順天堂大、日本大、金沢医科大、川崎医科大に加え、獨協医科大、大阪医科薬科大、兵庫医科大、福岡大、帝京大、久留米大などがこれにあたる。これらの大学では入力した知識を正確に出力できることと、その出力の速度を求められている。限られた時間の中、診断や状況が刻一刻と変化する現場で、情報の入力と出力を素早く処理できることは医師にとって必要な能力であり、その能力の基礎ができているかが問われているように考えられる。

②に分類される大学は慶應大、東京慈恵会医科大である。これらの大学では未知の現象に対して与えられたデータや既存の知識を利用し、論理的回答・解決策を見つけられる能力が主に求められている。このタイプの出題は問題の難易度が高い傾向にある。それは知識を持ち合わせていることが前提となるからである。知識が備わっている上に、その知識をどれだけ活用できるかを問われている。1つの病気には典型的な症状はあるにしても、実際に現れる症状は人により様々である。与えられる情報と自分の持つ情報を統合して1つの判断を下す医師に必要な能力の1つを問われていると考えられる。

③に分類される大学は上記以外の大学であるが、③は①と②のバランスをうまくとっていることが特徴になる。例えば、正誤問題や小問集合などで①の能力を問い、実験考察問題で②の能力を問うなどである。難問を出題する大学もあるが多くが典型的・標準的な問題で構成されている。

対策

具体的な対策は各大学別の項で述べるが、まずは正確な知識をつけることである。次に知識を早く正確に出力できること。最後に知識と与えられるデータを利用して論理的思考力を養う訓練をすることである。論理的思考を養う訓練は様々な方法があり、様々に取り入れて訓練してもらいたいが、最もお勧めする方法は“他者”に伝わる文章を書けるようにする訓練である。“他者”に伝わる文章を書く効能は知識の整理だけでなく、論理的思考力を養う最善の方法である。

2023年度 出題分野別比重

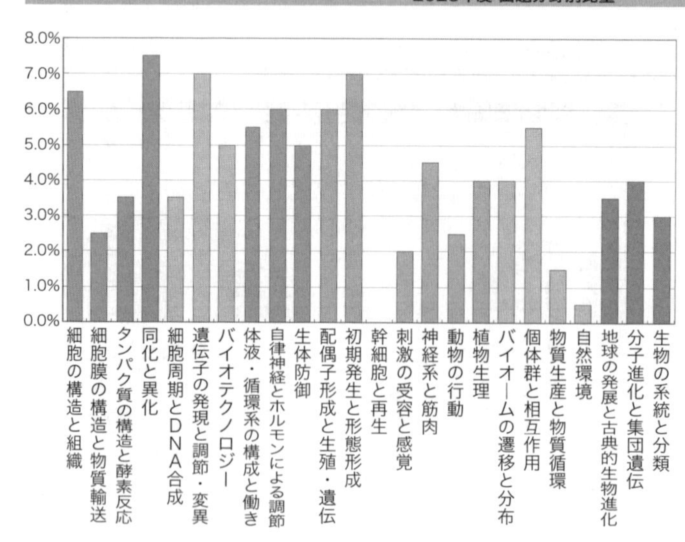

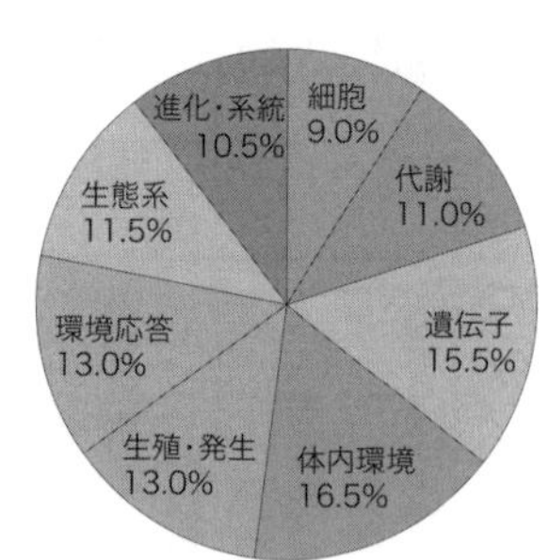

2024年度入試対策 医学部 物理

私立医学部の出題傾向

2023年度の私立大学医学部入試の出題分野別比重は、力学の分野が最も高く29.3%であり、次に電磁気の22.9%になっている。これは力学と電磁気だけで5割以上取れる事になる。波動は20.4%、熱力学は15.3%、原子は出題範囲外としている大学もあるが、12.1%となっている。出題状況を見ると、力学は全体的に出題され、モーメント・単振動・万有引力なども出題されている。電磁気では電磁誘導や荷電粒子の運動の出題が多く、コンデンサーと抵抗は様々な大問に含まれていることが多いので、実際の出題は多い。波動はほとんどが音波と光波で水面波などは少なく、熱力学は理想気体の状態変化が中心となっていて、気体分子運動論は例年より少なかった。また、原子の出題は2022年度と比べて増加している。

注目すべき大学の傾向

杏林大、東京医科大、聖マリアンナ医科大、藤田医科大、川崎医科大のように難度の高くなった大学もあるが、東海大、産業医科大などはやや難度が下がっている。標準的な問題が多いなかで、岩手医科大のマイケルソン干渉計、東北医科薬科大のおもりでばねをはさんだ問題、獨協医科大のダイオードを含む直流回路、埼玉医科大のおもりでゴムひもをはさんだ問題、慶應義塾大のフェルマーの原理、順天堂大のピストンで仕切られた気体の状態変化、東海大の単振動する導体棒での誘導起電力、関西医科大の反射面が斜めになっている反射型回折格子、川崎医科大のモンキーハンティング、産業医科大の2つの球を1本の糸でつなぎ釘にかけて静止させた問題などは、難度・計算量・見慣れないなどの理由で苦労した受験生が多かっただろう。描図問題や論述問題、物理の知識で解かせる問題もあるので、問題集だけではなく教科書や参考書にも目を通しておくことが必要になっている。

対策

易問から難問まで幅広く出題されるので、基本的な法則や原理、用語の意味などを完全にマスターする事が大切である。その際、公式を暗記するだけでなく、物理的な現象と併せて理解しておくことが必要である。特に私立大学医学部では、以前よりマーク式が増えたとはいえ、計算過程、現象の説明などの記述、グラフの作成、描画なども出題される。途中の過程を記述する大学もあるので、考え方や立式なども正確かつ簡潔に書く練習が必要である。2023年度は原子の出題が増加しているので、力学と電磁気を中心と考えるのは当然であるが、波動と熱力学と共に原子も、しっかり勉強することが必要である。また、個性的な出題をする大学もあるので、自分の受験校を中心に同レベルの大学の過去問等で研究しておくことも必要である。

2023年度 出題分野別比重

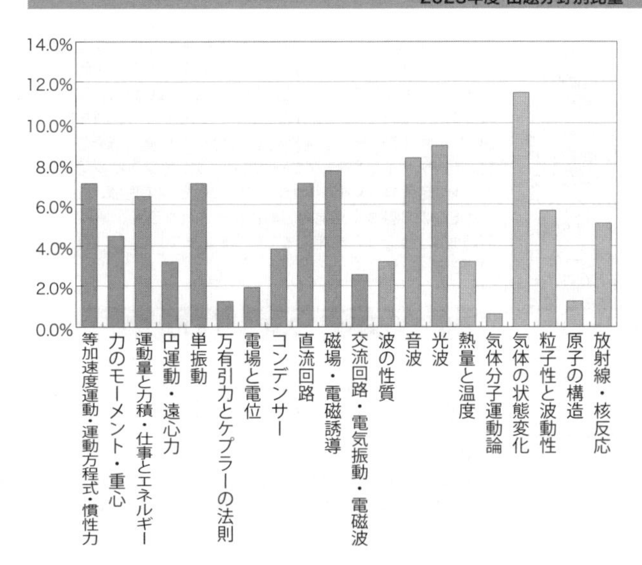

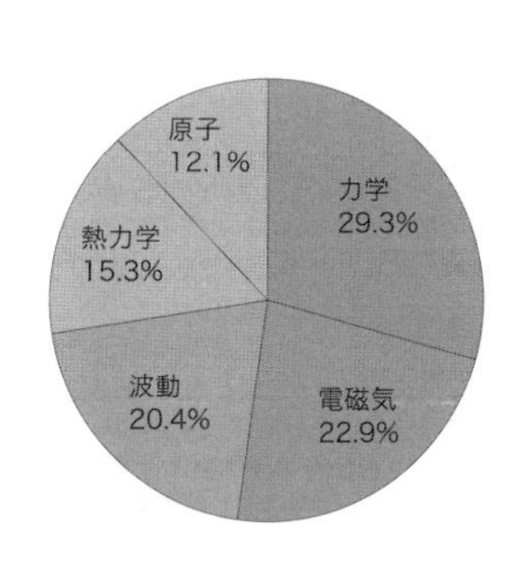

2024年度入試対策 医学部　小論文

私立医学部の小論文は、絵・写真型が続いている順天堂大を除き、資料文型・テーマ型が中心である。ただ、共通テスト導入やコロナ禍の影響で、大学によっては時間や文字数の変化、図表型の導入もみられる。その代表例である金沢医科大は、要約300字のみの出題から、要約200字、意見200字、設問には図表も付いている問題に変更になった。東海大は短い資料文もしくは絵・写真からよく出題されていたが、2023年度は2日共資料文型だった。また、聖マリアンナ医科大は、小問3問の資料文型から3日間全部違う形式になっていた。慶應義塾大では寺田寅彦の『科学者とあたま』が出題された。寺田寅彦はかつて現代文、小論文に頻出の物理学者であり随筆家であったが久しぶりの出題である。本ガイドブックを参考に、慶應義塾大の欄も含め他大学の著者も見て資料文を読んでおくと意外と他の大学で出題されることがある。中谷宇吉郎などもまた復活するかもしれない。

小論文という教科は設問要求に対する解答作成である。資料文は同じでも出題意図が違うので先に確認をしてから資料文を読む。練習時には300字程度で要約した上で、設問要求に従って論述すると、読解力・文章力がつく。要約が負担なら、大事なところに線を引き、合計300字程度になるようにマーカーを引いてみる。こういった練習は、テーマ型用の知識にも使うことができる。最近は「社会の中の医学・医療」を意識した文章や設問も多い。国民皆保険も医療費が増大して苦しい中、高額医療費の増加に対する考え方など社会資源の使い方も出題される。知識・情報は、①自治体や医師会の市民向け広報誌、厚労省のホームページ、②新聞各紙で同時に報じられたニュースなどの記事の最初に100字位程度のまとめがついていたら標題と共にノートに写して感想を書いてみる。③医学・医療の過去問（大学別の項参照）に関する小論文を書くのも良い。＊出題内容や新傾向は、後述の１．テーマについて」を参考にする）

1．テーマについて

＜論述に必要な知識対策と最近の傾向＞

テーマ型、資料文型、図表型等に必要な基礎知識や最近の出題傾向について述べたい。

A：特筆すべき最近の傾向

2023年度入試もまた、前述の聖マリアンナ医大を筆頭に形式、内容が変化した。国際医療福祉大では医療安全と研修制度の問題、聖マリアンナ医大は臓器移植、世界遺産などこの10年では珍しい話題。北里大では国公立に遅れてゲノム編集が出題された。また、小論文対策は、MMI面接（絵・写真、文章、図表などをその場で提示される）にも役立つので、書くだけではなく、その場で音声化すると一挙両得である。昭和大、東北薬科大はSDGsの流れか、女性医師に関連するテーマを出題された。また、AIなどは過去問（テーマ型）に、新たな状況を加えて出題することもある。資料文型・テーマ型ともに「医療と社会」に関する課題は重要である。保険医療制度、医学教育、多職種連携、地域包括ケアシステムや国民皆保険制度と医療費、働き方改革も出題されるだろう。以前よりも医師・医学生の資質を問う設問が増えている。

B：科学・医学・医療の基本用語や話題に対する知識や情報の説明

知識・情報は論述の助けとなる。以下の語句を簡単に説明してみよう。①基本用語：「パターナリズムとIC」「QOLとADL」「移植医療・再生医療・iPS細胞」「尊厳死・安楽死」「ゲノム編集・遺伝子治療」など。②身近な問題：「健康日本21（第3次）と健康寿命の延伸」「地域包括ケアシステムと多職種協働、多機関連携」「生活習慣病と予防医学」「緩和ケア」「高齢者のフレイルとサルコペニア」③新しい語句：（E参照）メルリックスの『医系小論文・面接用語集』も知識の補充に便利である。

C：高齢化、情報、教育、子供の生活と健康、女性と仕事、災害、国際化、環境などの知識や話題

テーマ型対策に広く浅く知識を入れておこう。今年は認知症基本法、改定道路交通法が施行される。このところ出題が続いているのは食品ロス、SDGs、ヤングケアラーなどの社会問題。

D：医学・医療を多方面から考え自己の医師像を明確にする

社会が求める医療・医師像対策は、冒頭やAで取り上げた資料、各大学の課題や筆者を参考にする。「医師と患者の関係」「医師像」「コミュニケーション」「チーム医療」といったテーマで書いてみると良いだろう。各大学のパンフレットを見ると、6年間の学修、医師教育、地域医療、卒後研修などが、わかりやすく書かれているので受験校以外も小論文便利帳となるのでページをめくってみよう。

E：医学・医療のニュースと新しい傾向の確認

本年の法関連事項は、日本では初めての「認知症基本法」、また「ゲノム医療法」「異種移植ガイドライン作成案」「改正外来生物法」などがある。また2024年からの「健康日本21（第3次）」が重要である。特に、第3次には初めて、若い女性のやせ、骨粗鬆症の検診率向上という女性に関する項目が入る。現代人が悩んでいる「睡眠」の出題も予想される。OECD参加国の中では一番睡眠時間が短い日本において、体内時計、スマホなどとの関係や、中高生の睡眠問題（昭和大歯学部既出）なども書けるようにしておく。2023年度年は卵・食物アレルギー、アトピーの研究記事が目についた。特にゲノム編集では、デザイナーズ・ベビー（北里大）ではなく、産学協同のアレルゲン低減卵を産むニワトリのゲノム編集が発表されている。また、ダイセロス博士のオプトジェネティクスは、ノーベル賞候補でもあり、精神科医として臨床と研究をしており、近年、大学が目指す臨床と研究の両立をはかるモデル的存在である、AMR対策、倫理的対象を人間以外の生き物も入れた国際疼痛学会と「慢性疼痛」。糖尿病の病名変更、救急医療と集中治療後症候群、マイナンバーカードの活用と課題、がん遺伝子の発見と現代医療の進歩、学校検診で遺伝病の発見。データサイエンス、グローバルヘルス、オンライン診療の質と安全、定番の「地域包括ケアシステム」と在宅医療、ICを補完するSDM（B参照）、敬老の日前に発表された高齢化率・29.1％、100歳以上が9万人を超えており、ますますACP（人生会議）も重要である。

2．形式について

テーマ型は、知識や情報、論述の構成力も必要である。長めのテーマ型や設問の場合は、指示をきちんと整理し、構想の段階で確認し、要求をすべて満たした答案を心がける。

対策

前述のように受験校の最新課題をこなし、さらに形式変更に対応するためにいくつかの形式の論述を実際にしておくこと。

面接

なぜ面接を行うのか？

医学部入試における面接試験は何のために行われるのか。これは、学力試験では計り得ない受験生の医師としての「資質」と、教員にとって自校に迎え入れるにふさわしい人材かを判断するためである。たとえ学力試験でトップであろうと面接試験で「医師に不適」、あるいは「自校の学生として受け入れがたい」と判断された場合は、学力試験の出来と関係なく落とされることがある。逆に、学力試験が下位の方だったとしても、面接の結果「ぜひ入学させたい」として合格することもある。

面接試験の難しい点は、はっきりと点数が出る学科試験と違い、面接官個人の判断に頼らざるを得ない点だ。そのため、ほとんどの大学では面接官を複数名配置しており、客観的な評価をするよう注意を払っている。それでも受験生には「正解のない試験」として曖昧に感じられるようだ。

医学部面接は4パターンある

(1) 個人面接

医学部における面接は大きく4つに分かれる。多くの大学で行われているのは、受験生一人に複数の面接官で行う個人面接である。個人面接では様々なことを聞かれるが、重要な質問は「あなたはなぜ医学部を志望するのか」という一点である。この質問では「なぜ医師でなければならないのか」という面接官の問いに答えなければならない。

まず考えなくてはならないことは、医学・医療に関心を持ったきっかけである。ここはあくまで「きっかけ」なのでそれほど厳密である必要はない。しかし、最終的にいろいろな職業の中から医師を選んだ理由と時期については、具体的でなければならないし、あいまいさを排除しなければならない。そしてその答えを聞いた面接官に「そうか、それで医師になりたいんだ」と納得してもらわなければならない。

面接におけるキーワードは常に「納得」だ。医師志望理由であれば、面接官が「なるほど、それで君は医師を目指しているんだ。頑張ってね」と納得してくれるかどうかである。

(2) グループ面接

何人かの受験生に対して複数の面接官が質問をするグループ面接という形式もある。これは個人面接でされる質問を複数の受験生に順番に答えさせるという点で、個人面接の延長にあると言えよう。ただし、何人かの受験生と一度にやると個々の差が際立つ。抜きん出る必要はないが差をつけられないように注意が必要である。

(3) グループ討論

何人かの受験生に1つのテーマを与え、それに対して自由に討論させるグループ討論も日本医科大学、金沢医科大学、福岡大学などで行われている。ここでの討論はたとえディベートの形式を取っていてもディベートではなく、勝ち負けと合否は関係がない。面接官はあくまでも協調性とゆるやかなリーダーシップを見ている。

(4)MMI

近年増加しているのが、MMI(Multiple Mini Interview)と呼ばれる新たな面接形式である。東邦大学がいち早く取り入れ、東京慈恵会医科大学、藤田医科大学、獨協医科大学推薦などで実施されている。最近は通常の個人面接の中で実施する大学も増えてきた。基本的には用意された1つのテーマを読んで、受験生が面接官に自分の考えを述べる形式である。受験生の答に対して面接官がさらに質問してくることもあり、一見、難しいように思えるが、医師としての資質を見られているということを押さえておけば、何を言っても間違いではない。変に答を作り込もうとせず、落ち着いて正直に自分の意見を述べることが大切だ。

就活と医学部入試の面接は違う

面接官を務めるのは医学部の教員であり、その多くが医師である。受験生は入学後も6年間しっかり勉強し、実習などで周囲と協調することができ、ストレートで医師国家試験に合格できる人材かどうかを見られていると考えればいい。

最近は就職活動の面接マナーを参考にしていると思われる面接指導も散見されるが、目上の人に対する最低限の挨拶やお辞儀などができていれば、医学部教員はそこまで細かいことは見ていない。就活ではなるべく「即戦力」となる人材が求められるが、医学部入試ではむしろ色のついていない人材が求められる。専門的な知識は入学してから学んでくれればいいと考えている医学部教員に対して、素直で積極性があり真摯に勉強に取り組む姿勢があることをアピールしたい。

最近は、高大接続改革の一環として「アドミッション・ポリシー」や、「建学の精神」「教育の理念」などを面接で聞くところが増えてきた。「アドミッション・ポリシー」とは、その大学の「入学者受け入れ方針」であり、大学がどのような学生を求めるかが示されている。必ずしもすべてを暗記していく必要はないが、事前に目を通して、自分がどの部分に当てはまるかは考えておく必要がある。

近年の医学部募集要項にはいくつかの大学で面接の配点が明記されるようになり、また「1科目でも基準に達しない科目がある場合は不合格とする」といった一文を入れる大学も目立つ。面接という場で医学部教員に「この受験生は医師に向いていない」と思われないような準備は欠かせない。

複数の医学部で不適切入試が指摘されて以来、医学部の面接官が女性や年齢の高い受験生に対して、あからさまに厳しい質問を投げかけることはほとんどなくなった。だが、聞かれなくなったということは、逆に言えば挽回するチャンスも少なくなったということだ。特に再受験生や多浪生は出願書類を記入する段階から、経歴欄をしっかりと埋め、入学してからの勉強や交友関係に不安はないことをアピールできるように準備しておきたい。

私立歯学部
2024年度 入試動向

Ⅰ. 国公立大学歯学部歯学科

前期日程の志願者数は5年ぶりに増加

国公立大学歯学部歯学科（以下歯学部）前期日程の志願者は1,769人と昨年の1,576人から12.2％増となった。今年から岡山大学が後期日程を廃止したが、後期日程全体の志願者数は870人と昨年の840人からわずかに増えた。2018年度から続いていた国公立歯学部の減少が5年ぶりに回復したことになる。受験生の実学志向による理高文低の流れと、共通テストの平均点上昇が志願者増を後押ししたと思われる。

さて、国公立歯学部の中で最も難関とされる東京医科歯科大学が2024年度中をめどに東京工業大学と合併し、新しく「東京科学大学」が誕生することとなった。当初は学部改変を行わず、2028年頃までに組織の改編や教育カリキュラムなどの見直しを図る。医工連携により研究力や国際競争力を高めることが狙いであり、10兆円ファンドからの支援を受けることのできる国際卓越研究大学にも申請を出していた（2023年9月、東北大学が候補に選定されたことが発表された）。東京医科歯科大学の難易度は既に高止まりしている感もあるが、この合併によりさらに受験生の注目を集めることは間違いない。臨床だけでなく研究にも興味がある歯学部受験生にとってはぜひ進学したい大学のひとつになるだろう。先だって慶應義塾大学と東京歯科大学の合併話が世間を騒がせたが、東京科学大学が誕生すれば他の歯学部とは違ったタイプの受験生を集めることになりそうだ。

◆ 過去3年間の国公立大学歯学部歯学科志願者数

（人）

	2021	2022	2023
前期	1,595	1,576	1,769
後期	909	840	875
合計	2,504	2,416	2,644

Ⅱ. 私立大学歯学部歯学科

志願者は前年から450人減、コロナ禍に入ってから6,000人台で推移

2023年度の私立歯学部志願者数は6,364人と昨年より450人減、6.6％減であった。国公立大学歯学部は5年ぶりに志願者数を回復したが、私立歯学部は昨年やや回復した志願者数が再び減少することとなった。共通テストになった2021年度以降、私立歯学部一般選抜の志願者数は6,000人台で推移している。2020年度までは志願者数が8,000人台だったが、コロナ禍に入ってから志願者数は伸び悩んでいる。

一般選抜の2023年度志願者数は4,579人と前年度の4,931人から6.9％減少、共テ利用選抜の2023年度志願者数は1,785人と前年度の1,883人から5.2％減少した。私立歯学部17大学のうち前年度より志願者が増えた大学は7大学に過ぎず、日本大学（歯）と鶴見大学を除き、いずれも地方の大学である。そのほとんどが前年度に落ち込んだ分の隔年現象であり、2年連続で志願者が増加したのは2022年度より一般N方式2期が新設された日本大学（歯）と共テ利用が好調な松本歯科大学の2校であった。

◆ 過去3年間の私立大学歯学部歯学科一般入試志願者数

（人）

	2021	2022	2023
志願者	6,654	6,814	6,364

2024年度の私立歯学部入試

めまぐるしく変わる他学部の入試に比べると、私立歯学部の入試はこのところあまり大きな変更はない。2期・3期や共テ利用・共テプラスの導入も一段落つき、難易度や志願者数は安定傾向にある。

2024年度入試では日本歯科大学（東京）（新潟）と昭和大学の試験日が一般前期・後期ともに重なることがわかっている。これまで首都圏の東京歯科大学、昭和大学、日本歯科大学（東京）、日本大学（歯）の一般前期試験日は重ならないように上手くばらけていた。特に2月1日の日本歯科大学（東京）を皮切りに、2日の東京歯科大学、3日の日本大学（歯）A方式、4日の日本大学（松戸歯）、そして5日の昭和大学と受験生にとって受けやすい入試日程が続いていた。

それが2024年度は日本歯科大学(東京)と昭和大学の試験日がバッティングすることにより、歯学部受験生はどちらを受けるか悩むことになるだろう。都心の飯田橋にキャンパスを構える日本歯科大学(生命歯)と、1年次は他学部と一緒に全寮制の昭和大学はそれぞれに特色がある。受験生にとっては悩みどころだ。

私立歯学部の難易度は何で決まる?

私立歯学部の受験校を決める時に、受験生の多くが悩むのが大学の難易度だ。各大手予備校がボーダーライン偏差値を公表してはいるものの、歯学部受験者は母数が少ないために本当はどのぐらいの学力で受かるかといった基準がなかなかわかりにくい。特に一般選抜の後期試験はデータが少ないせいかほとんど偏差値ランキングで扱われることがない。だが、実際の一般後期は医学部志望者の多くが併願先として受けてくるため、年によって難易度がかなり上下することも珍しくない。

私立医学部の難易度を決める三大要因は「学費・伝統・立地」だが、私立歯学部の場合「伝統・立地」は当てはまるものの、「学費」は難易度においてそれほど重要な要因にはならないようだ。私立歯学部17大学の中で最も学費が高い東京歯科大学(6年間3,190万円)はおそらく難易度としては最も高い。

では、国家試験合格率はどうだろう。私立歯学部の国家試験合格率23年連続1位を続ける東京歯科大学が最も入試難易度の高い大学であることから、学費よりも国試合格率の方が入試難易度には関係がありそうだ。それでも国試合格率の高い地方の歯学部よりも、都市部にある歯学部の方が難易度は高い傾向にある。日本歯科大学新潟生命歯学部や松本歯科大学は全体・新卒ともに、このところ高い合格率を誇っているが、入試の難易度が急に上がるといった傾向はそれほど見られない。北海道医療大学や岩手医科大学などにも同じことが言える。

これらのことから、私立歯学部の難易度を決定するのは、伝統・立地>国家試験合格率>学費の順になると言えそうだ。

特待制度や奨学金制度の活用

私立歯学部の中で最も安い学費の明海大学と朝日大学だが、2024年度からさらに1年次の授業料を50%減額して95万円とし、6年間で1793万円とする。私立歯学部の入学手続時納入金は300万円前後が多い中で、保護者の負担軽減を考えた大胆な改定である。さらに、日本歯科大学の新潟生命歯学部が新入生だけでなく在学生全員の学費減額に踏み切る。2024年度に入学する学生は6年間の学費が2,100万円とこれまでより1,000万円以上安くなる大胆な改定である。これは経済的状況が厳しい中で少しでも保護者の負担を減らすための改定であり、実質的には「学生全員への奨学金貸与」という形になる。

また、私立歯学部は特待生制度を設けている大学も多い。6年間の学費が国立大学と同水準になる北海道医療大学のS特待や、入学金50万円だけで6年間の学費が全額免除になる奥羽大学の特待生制度、推薦や総合型選抜の合格者も共通テストを受けることでチャレンジできる松本歯科大学の特待生制度など、学費負担を減らすための制度を設けている私立歯学部は多い。特に大阪歯科大学は2024年度から特待生制度が変更になり、対象者の6年間の学費が国立大学と同額になる。日本歯科大学新潟生命歯学部は学費の値下げに踏み切った上に特待生制度も継続しており、特待生に認定されれば6年間の学費が1,569万円になる。

神奈川歯科大学は一般1期の成績上位者25位まで、鶴見大学は一般1期の成績上位者30名までが学費減免の対象となる。福岡歯科大学は一般前期・後期と共テ利用前期・後期と成績上位者に幅広く学費減免制度を適用する。このように歯学部の特待生制度には一般選抜の成績上位者の学費を減免する「一般受験型」と、推薦・総合型で合格した受験生も一般選抜や共通テストを受けることで特待生制度にチャレンジできる「再チャレンジ型」の2つがある。大阪歯科大学のように推薦で1名、一般前期で2名と両方で特待生を出す大学もある。

歯学部は医学部のように地域枠制度がない代わりに、このように特待生・学費減免制度が充実している。特に推薦・総合型で合格した受験生にも入学前学習を課すだけでなく、一般選抜や共通テストを受験することによって合格してからも勉強を続け、入学してからの学習にスムーズに入っていけるようにとの配慮で特待生制度を設けている大学も少なくない。上手に利用して学費負担を減らすことも考えてほしい。

2024年度入試対策 歯学部 数学

私大歯学部における数学の試験範囲は、数学Ⅰ・Aまでの大学もあれば数学Ⅰ・Ⅱ・A・Bまでの大学もあり、数学Ⅰ・Ⅱや数学Ⅰ・Ⅱ・Aという大学もある。また、数学なしで受験できる大学もある。試験範囲は大学によって異なるので、まずは自分の受ける大学の試験範囲を早めに調べておこう。

私大歯学部における数学の問題の難易度は、全体的に教科書の章末問題から教科書傍用問題集の標準・発展問題レベルのものが中心。まずは教科書傍用問題集レベルのものをしっかりやっておくべきである。しかし私大歯学部でも上位の大学では、入試レベルでの典型問題やそれなりに考えさせる問題も出されており、またそのような難易度の問題をどれだけ解けるかが合否の分かれ目となってくる。上位の私大歯学部を受験するのであれば、中堅私大文系レベル問題集ぐらいまでしっかりとやっておくべきで、最上位の私大歯学部を受験するなら上位私大文系レベル問題集ぐらいまでしっかりとやっておいたほうがよい。

また、出題内容にはっきりした特徴や傾向のある大学が多く、同じようなテーマの問題を繰り返し出している大学もある。したがって、受験する大学の過去問は最新年度のものと同傾向の出題内容のものを数多く解いておくべきである。捨て問のような出題をする大学もあるので、そのような問題を選別する目を養うことにもつながるだろう。

まずは受験する大学の出題範囲・レベルに合わせた基礎固めを一通りし、過去問演習を中心に弱点補強を繰り返していくとよいだろう。また今年から東京歯科大学の出題範囲に「データの分析」が加わるので、受験生は留意しておきたい。

	数学Ⅰ				数学Ⅱ					数学Ⅲ				数学A			数学B			
	数と式	図形と計量	二次関数	データの分析	いろいろな式	図形と方程式	指数・対数関数	三角関数	微分・積分の考え	極限	微分法	積分法	平面上の曲線と複素数平面	場合の数と確率	整数の性質	図形の性質	数列	ベクトル	確率分布と統計的推測	備考
北海道医療大学	●	●	●	●	●	●	●	●	●					●	●	●	●	●	●	
岩手医科大学	●	●	●	●	●	●	●	●	●					●	●	●				
奥羽大学	●	●	●	●	●	●	●	●	●					●	●	●				旧課程との共通部分から出題
明海大学	●	●	●	●										●	●	●				
日本大学(松戸)	●	●	●	●	●	●	●	●	●											※下記参照
昭和大学	●	●	●		●	●	●	●	●					●	●	●	●	●		
東京歯科大学	●	●	●	●	●	●	●	●	●					●	●	●	●	●		2024年度より「データの分析」も試験範囲に含む
日本大学(歯)	●	●	●	●	●	●	●	●	●											※下記参照
日本歯科大学(歯)	●	●	●	●										●	●	●				
神奈川歯科大学	●	●	●	●	●	●	●	●	●											
鶴見大学	●	●	●	●	●	●	●	●	●											
日本歯科大学(新潟)	●	●	●	●										●	●	●				
松本歯科大学	●	●	●	●	●	●	●	●	●					●						
朝日大学	●	●	●	●	●	●	●	●	●					●	●	●				
愛知学院大学	●	●	●	●	●	●	●	●	●					●	●	●				
大阪歯科大学	●	●	●	●	●	●	●	●	●					●	●	●	●	●	●	
福岡歯科大学	●	●	●	●	●	●	●	●	●					●	●	●	●	●		

※【日大（松戸歯）（歯）】一般N方式は数Ⅰ・Ⅱ・A・B（確率分布と統計的な推測を除く）から出題。
大学側の公表に基づき作成。（2023年9月1日現在）志望校については必ず2024年度入試要項を各自で取り寄せて確認すること。

2024年度入試対策 歯学部 英語

各大学の出題傾向に大きな変化は見られず、医学部と比べると全体的に難度は抑えられていると言える。文法・語法、語彙力といった英語の基礎となる部分をしっかりと固め、発音・アクセント問題や記述式問題の有無など各大学の出題内容を把握し、傾向に見合った学習を進めることが望ましい。また、私立歯学部の入試問題には難問奇問を排した良問が多く見られるので、私立歯学部受験対策として、自分の受験する大学に限らず他大学の過去問も活用して演習をたくさん行うことをお勧めしたい。

日本歯科大、明海大、朝日大はオールマーク式。長文読解問題や文法問題（短文完成、語句整序）等が中心。日本歯科大は長文中の空所語句補充とやや長めの長文の内容真偽問題が定着しているので、過去問も参考にしながら類題演習をしておきたい。

昭和大、北海道医療大、日本大（松戸歯A個別方式）、大阪歯大、福岡歯大などでは和訳や内容説明が、岩手医科大、愛知学院大では英訳の記述問題が出題されている。日本語英語ともに実際に「書いて伝える」練習が不可欠だ。

東京歯科大は、日本語での説明と書き出しが与えられた短文英訳が出題されている。また、空所補充や語形変化、定義に当てはまる語を書かせる問題などが問われる。以前出題されていた英文和訳は姿を消しているが、復活の可能性も考慮して一応の対策は講じておくと安心だろう。東京歯科大の入試問題では、長文問題であっても文法・語法問題であっても、常にしっかりした基礎力と英語の文章を読む際の基本的なルールへの理解が問われている。

神奈川歯科大や松本歯科大では特徴的なテーマ型英作文がなくなり、前者は記述が語句整序のみとなり、後者では複数回の試験の中で、和訳や下線部などの具体的な内容説明、英問英答、下線部についての意見を英語で述べる、などが出題された。記述対策は1人では難しいところもあるが、特に英文を書く際はできる限り添削指導を仰ぎたい。

日本大（歯）、鶴見大、愛知学院大などでは記述式の語句補充問題が出題されるため、文法・語法を強化し、語彙力も高めておく必要がある。また、岩手医大、日本大（歯、および松戸歯）、日本歯大、愛知学院大、昭和大などでは会話文が出題されているので、頻出口語表現にできるだけなじんでおくとよいだろう。

2024年度入試対策 歯学部 化学

私立歯学部の入試で求められる能力はどんなものだろうか。それは、基礎の理解に基づいた地に足のついた学習をしてきていたのか、またそういった学習習慣があるのか。つまり、上滑りした内容の伴わない学習をしている受験生を排除する試験である。入学後に円滑に継続的な学習をしていけるかを判定する役割をしているのが、歯学部入試である。

歯学部に入ってからの学習は、とりわけ発想力や創造性を必要とするものではない。基礎的な学習を積み重ね、着実に歯科医師への道を進んでいくものである。よって入試でも教科書での学習範囲を大きく逸脱したようなものは少なく、基本通りの出題である。教科書通りの学習に取り組み、教科書と教科書準拠の問題集を落とすことなくしっかりと学習していくことが合格への最短経路となる。基本通りの事柄に基本通りに答えればよいのだが、それが意外と難しいことであることを知るのが、入試への準備でもある。

そして、弱点分野を作らないことも重要である。実際に現役生は、有機化学や高分子化学を苦手としていることが多い。履修時期が遅いことが一因であろうが。難問が出題されにくい歯学部入試では、苦手分野を放置して対策を怠ると大きな不利に繋がることもあるので、気を付けねばならない。

こういった化学の土台構築が出来上がった後で、いよいよ過去問演習を行い、大学毎の傾向を掴んでおいてほしい。出題頻度の高い分野は特に厚くケアする必要がある。問われ方にも慣れておきたい。例えば、東京歯科大の記述式では、分かっていても答えにくい問題もある。日本歯科大では選択式ではあるものの、細かいことを聞かれることもある。

実直で堅実な学習に取り組めている人が、歯学部の合格をつかみやすい。自分の学習に対する姿勢を振り返り、間違った部分があれば反省して改めれば、良き歯科医師への一歩を踏み出すことができるであろう。

2024年度入試対策 歯学部 生物

私立歯学部の主な出題分野は、細胞と組織・遺伝と変異・反応と調節・生殖と発生・遺伝子となっている。この5分野は人体に直接かかわる分野として大問のテーマとして出題されやすい。ただし、小問集合として正誤問題や選択問題を出題する大学も多くなってきており、上記の頻出分野以外の知識問題を出題する大学が多くなってきている。逆に、計算問題や文章記述問題が減少傾向にある。

注目すべき大学の傾向

どの大学も、出題内容は教科書や図集などに記載されている内容がほとんどである。特に難問と呼べるものは出題されない。ただし、大学によっては現象の説明を記述させたり、選択肢の選び方に特徴があるため、生物に不慣れな学生にとっては難しく感じる大学もあるかもしれない。現象の説明を文章記述させる大学として、北海道医療大・昭和大・東京歯科大・神奈川歯科大・鶴見大・愛知学院大・大阪歯科大があげられる。この中でも昭和大は例年100字程度の記述があり、やや難易度が高いと考える。記述式の大学を受験する場合には、生物用語を覚えるだけではなく、生物用語の意味をかけるようになっておくことがよいだろう。

対策

基本は語句を正確に覚えることである。大学の多くは、空所補充問題と正誤問題を基本としていて、マーク式など選択肢を提示する形式が多い。空所補充は前後の文章を正確に読むことが必要であるが、正誤問題は語句そのものを正確に覚えて理解していないと解けない。問題集の基本問題にあるような計算問題は解けることが望ましいが、まずは生物用語とその意味について重点的に覚えよう。また、1冊の問題集の基本例題と基本問題を何度も解いて、暗記すると高得点が狙える。多くの大学が正誤問題を取り入れているため、知識の正確さが求められている。複数日受けることのできる大学では、受験日によって出題分野が変わる。分野によって得手不得手があると難度が変わるため、すべての日程を受験することで合格の可能性を高くできるだろう。

2024年度入試対策 歯学部 物理

注目すべき大学の傾向

2023年度の私立大学歯学部の出題分野別比重は、力学33%、電磁気27%、熱力学17%、波動15%、原子8%である。原子は年度により出題範囲から外れるときもあるので、注意しよう。難度は幅広く、北海道医療大、奥羽大、明海大、神奈川歯科大、愛知学院大などのように基本問題が中心の大学から岩手医科大、東京歯科大、日本大(松戸)、昭和大、日本大(歯)、日本歯科大、大阪歯科大、福岡歯科大などのようにやや難度の高い問題が含まれる大学があり、2023年度は難度の変わる大学が少なかったが、低くなったのは東京歯科大、大阪歯科大であった。また、解答方法も様々で、明海大、朝日大はマーク式のみであるが、記述式とマーク式や穴埋め式が混ざっている大学も多く、日本大(松戸)、鶴見大では描図が出題され、東京歯科大、昭和大、鶴見大、大阪歯科大では論述も出題されている。原子は東京歯科大、日本大(松戸)、神奈川歯科大、朝日大で出題され、奥羽大、鶴見大などでは知識を問う問題も出題されている。

対策

歯学部では特に出題範囲、難度、傾向が各大学で様々なので、過去問等でしっかり研究をすることが大切である。難度の高い問題が多い大学では計算力や読解力が求められ、難度が中程度や易しい大学でも典型的な問題を解けることが要求されている。知識問題では語句の説明、実験や法則の名前なども問われるので、教科書や参考書に目を通しておくことをお勧めする。

2024年度入試対策 歯学部 小論文

私大歯学部では「テーマ型」が殆どのため、出題内容は多岐にわたる。面接対策も兼ねて「歯科医療・歯科医師」の役割に関する基礎知識を持ちたい。社会問題やニュースも押さえておく。

＜主な大学の出題傾向＞

◆東京歯科大学　テーマ型　現代文型　図表型

年度	試験区分	内容	字数	時間
23	一般共テI期	設問1四字熟語、設問2、正しい漢字に直す設問3、漢字の読み設問4、漢字の書き取り設問5、時事問題設問6、図形の書き方の説明設問7、「ＳＤＧｓ達成に向けて個人でできること」について。	250字	40分
22	一般	設問1、四字熟語設問2、正しい漢字に直す設問3、漢字の書き取り設問4、漢字の読み設問5、時事用語設問6、図形の書き方の説明図7、「良い歯科医師となるために必要な学生生活の過ごし方」について。	250字	40分
21	一般共テI期	設問1、意味の合う漢字を書く設問2、正しい漢字に直す設問3、書き取り設問4、漢字の読み設問5、説明文に合わせて「略語、アルファベット、文学賞名など」を書く設問6、「あなたが考えるCOVID-19対策」について。	250字	40分

科目は「小論文」だが、漢字の読み書きや、時事・文学史、図形の説明問題が加わり、最後にテーマ型の小論文「250字」がついている。図形の説明問題は数年前にも出たが、最近は円に半径「a」などの表記が加わった。'23 I期は全体で7問。II期は文学史が加わり全体で8問だった。3年前から文章整序は出題されていない。推薦でも図形の説明問題が出題されているが、説明に時間を要する場合はテーマ型の内容と図形説明の時間を計算してから漢字等に取り組むといいだろう。四字熟語は1文字穴埋めで易しいので、全問正解を目指す。(時に難しいものもあるが、そのレベルまで練習をする必要は無い。)誤字の訂正も熟語の1文字訂正だから5分の4は得点してほしい。オリンピックやスポーツなどを、時事問題だとこだわるより、ニュース記事から漢字や意味も覚えると一挙両得である。また、WHOやその他国際機関の名称・略称記入問題、選択肢型の文学史・音楽史などは覚えようとしても切りがないので、図形問題やテーマ型小論文、教養、漢字の基礎力を高めよう。テーマ型小論文は日大ほど医療分野に踏み込んでいないが「高齢化と歯科医療」「歯科医師のあるべき姿」「歯学部生として」は出ているので、面接対策もかねて、歯科医師の役割「フレイル・オーラルフレイル予防」や、「災害時の歯科医師の役」など、また「改正道路交通法と交通マナー」など意外なテーマも書いてみよう。

◆日本大学歯学部　テーマ型　図表型

年度	試験区分	内容	字数	時間
23	一般A	上記の表(最初にＳＤＧｓの1〜17の内容が表になっているもの)を参考にして、ＳＤＧｓについて、自身が現在考えていることと具体的な行動ついて記載する。	600字	60分
22	一般A	厚生労働省は令和2年4月24日付で「歯科医療におけるコロナ禍のオンライン診療について」を公表した。1)患者の立場から歯科医師に求めるオンライン診療について考える。2)歯科医師など医療従事者としての立場からオンライン診療上で起こり得る問題について考える。	300字以内/300字以内	60分
21	一般A	今後の社会は、サイバー空間と現実空間を高度に融合させたsociety 5.0になると言われている。IoTで全ての人とモノが様々知識と情報でつながり、人工知能により新たな価値を創出し現代の課題等を克服する時代になる。そのような社会で歯科医療の変化はどうなり、歯科医師としてはどのような医療を行うか。	600字	60分

日本大学は、かなり長めのテーマ型だったが、'23には初めて表付きのテーマ型が出題された。これまでは、前半部分がヒント、後半が設問要求となっていた。推薦入試では図表の年もあったので、100字程度で図表を文章化する練習をしておく。また、600字が多いが300字ずつの2問の場合もある。'22のオンラインと歯科医療に関して「患者にとって」、「医療者にとって」という立場ごとに論述するものだった。これは600字だったとしても便利な発想である。知識や情報が不十分でも、構想段階で、「自己と他者の関係」、それぞれの立場を考えれば、構想が広がりやすい。このところ、フレイル・オーラルフレイルばかりではなく歯周病と全身との関連が新聞記事になっている。糖尿病と歯周病は既出だが、一応抑えておきたい。小児の「口腔機能発達不全症」も保険収載されており、形態の治療(虫歯や矯正)から、機能回復も。これは乳幼児期からの治療や口腔ケアが成人期の健康をもたらすための歯科医師の役割である。昨年本欄でまだ出ていない「SDGsと歯科をかけるように」と書いたがＳＤＧｓが出題された。歯科に関連させて書いた人がいたら大変嬉しい。チーム医療としては院内の連携、地域との連携でがん患者や周術期、栄養サポート、災害と歯科、オーラルフレイルや訪問診療なども書けるようにしておく。

2024年度入試対策 歯学部 面接

私立大学歯学部入試においてはほとんどの大学で個人面接が行われている。時間は5分〜10分が一般的で、いずれも受験生が将来歯科医師となる上で必要なコミュニケーション能力が備わっているかどうかを見ているようだ。なごやかな雰囲気で行われることが多いため、リラックスした雰囲気で臨みたい。

特に以下の2つの質問については、しっかりした答を準備しておこう。

「なぜ歯科医師になりたいのか」
「なぜこの大学を受験したのか」

面接では事前に出願した書類や高校の調査書からよく質問される。出願書類に志望理由や自己PRなどを書いた場合は必ずコピーを取ってから出願したい。面接では書類に書いたことと矛盾したことを答えないように注意が必要である。面接前にアンケートを書かされる場合も、やはりそこから質問されることがあるので同様である。

また、歯学部は医学部志望者が併願先として受けることも多いが、その場合の面接は注意が必要である。医学部志望の受験生が歯学部に入学した場合、気持ちを切り替えて勉強に励むことができればいいが、いつまでも医学部への思いを引きずっていると、歯学部の勉強に身が入らず、途中で休学や退学してしまうことがある。大学としては一度、入学すると決めたのであれば、歯科医師国家試験に向けて勉強してほしいと思っている。そのため面接試験の段階で、その受験生のモチベーションや入学してからのビジョンなどを確認しようとすることも多々あるようだ。場合によっては厳しい雰囲気になることもあるが、経歴や年齢などから医学部志望を隠すのは難しいことが多い。臆せず、堂々と医学部も受験していることを話し、もし歯学部に入学することになれば6年間、勉強に励むことをアピールしたい。

2024年度　学校推薦型選抜　実施大学一覧〈私立歯学部〉

大学		受験資格・制限		募集人員	試験日	試験内容			専願
		現浪別	評定平均			科目	小論文	面接	
明海大学	指定校制	現役	なし	5	11月25日(土)		●	●	●
日本大学(松戸歯)	公募制	現役	なし	3	11月18日(土)	学力検査	●	●	●
	指定校制		—	7	11月18日(土)	学力検査	●	●	●
昭和大学	公募制	現役	なし	27*	11月25日(土)	基礎学力試験(英語・数学または国語・理科基礎2科目)	●	●	●
	卒業生	1浪まで	なし	7	11月25日(土)	基礎学力試験(英語・数学または国語・理科基礎2科目)	●	●	●
日本歯科大学(生命歯)		現役	なし	約40*	11月18日(土)	英語小テスト	●	●	●
愛知学院大学	公募A	1浪まで	3.3以上**	20	11月11日(土)		●	●	●
	公募B				11月11日(土)		●	●	
	指定校制	−	なし	25	11月12日(日)		●	●	●
神奈川歯科大学	1期	1浪まで	3.3以上	10*	11月19日(日)	基礎学力試験・適性検査	●	●	●
	2期				12月17日(日)	基礎学力試験・適性検査	●	●	●
朝日大学	I期	1浪まで	3.0以上	31*	11月11日(土)	基礎学力テスト(英語・理科1科目)	●	●	
	II期				12月9日(土)	基礎学力テスト(英語・理科1科目)	●	●	
東京歯科大学	一般公募制	1浪まで	なし	約50*	11月19日(日)	小テスト(外国語・数学・理科1科目)	●	●	●
	指定校制	現役	−		11月19日(日)	小テスト(外国語・数学・理科1科目)	●	●	●
日本大学(歯)		1浪まで	なし	7	11月18日(土)	適性試験	●	●	●
日本歯科大学(新潟生命歯)		1浪まで	なし	約15*	11月25日(土)	英語小テスト		●	●
大阪歯科大学		1浪まで	なし	約40*	11月26日(日)	英語・数学・理科1科目	●	●	
福岡歯科大学		1浪まで	なし	約10*	11月25日(土)	調査書	●	●	●
岩手医科大学		2浪まで	なし	5*	11月19日(日)		●	●	●
奥羽大学		2浪まで	なし	5	12月4日(月)		●	●	●
北海道医療大学	公募制	なし	なし	8	11月19日(日)	基礎学力テスト(英語、化学・生物から1科目)		●	●
	指定校制	なし	なし	8	11月19日(日)	基礎学力テスト(英語、化学・生物から1科目)		●	●
松本歯科大学		なし	なし	3*	11月28日(火)	教養考査(英語・基礎知識)	●	●	●

*が付いている数字は指定校制を含む。昭和大学は指定校の他に特別協定校も含む
**理科で基礎を付さない「生物」「化学」「物理」のうち2科目以上を履修している者

2024年度　総合型選抜　実施大学一覧〈私立歯学部〉

大学	試験区分	募集人員	受験資格・制限 現浪別	評定平均	その他	試験日 1次試験	2次試験	合格発表日 1次試験	2次試験	試験内容 1次選考	2次選考	専願
北海道医療大学	Ⅰ期	20	なし	なし		10月22日(日)		11月1日(水)		面接・理科小テスト（化学基礎・生物基礎より1科目）		●
	Ⅱ期					1月31日(水)		2月3日(土)		面接・理科小テスト（化学基礎・生物基礎より1科目）		●
	Ⅲ期					3月7日(木)		3月13日(水)		面接・理科小テスト（化学基礎・生物基礎より1科目）		●
奥羽大学		5	なし	なし		10月26日(木)		11月1日(水)		小論文・面接・出願書類		●
明海大学	AO	20	なし	なし		10月21日(土)		11月1日(水)		理解力テスト、面接、調査書		●
	Ⅰ期（自己推薦型）	15				11月25日(土)		12月1日(金)		数学的思考力テスト、小論文、面接、調査書		
	Ⅱ期（自己推薦型					12月16日(土)		12月21日(木)		数学的思考力テスト、小論文、面接、調査書		
	Ⅲ期（自己推薦型）					3月16日(土)		3月22日(金)		数学的思考力テスト、小論文、面接、調査書		
日本大学（松戸歯）	1期	12	なし	なし		10月21日(土)		11月1日(水)		基礎学力検査、小論文、面接		●
	2期	3				1月20日(土)		1月26日(金)		基礎学力検査、小論文、面接		●
	3期	2				3月9日(土)		3月15日(金)		基礎学力検査、小論文、面接		●
昭和大学	総合型	10	1浪まで	なし			10月28日(土)	10月12日(木)	11月1日(水)	①書類選考、②模擬授業および理解度の確認、面接		●
神奈川歯科大学	1期	10	1浪まで	なし		10月22日(日)		11月1日(水)		基礎学力試験、小論文、面接、調査書		●
	2期					11月19日(日)		12月1日(金)		基礎学力試験、小論文、面接、調査書		●
	3期					12月17日(日)		12月20日(水)		基礎学力試験、小論文、面接、調査書		●
鶴見	1期	13	なし	なし		9月18日(月)		9月27日(水)	11月1日(水)	基礎学力試験、面接、調査書、課題作文		●
	2期	8				11月3日(金)		11月7日(火)		基礎学力試験、小論文、面接、調査書		●
	3期	8				12月10日(日)		12月14日(木)		基礎学力試験、小論文、面接、調査書		●
	4期	5				3月13日(水)		3月15日(金)		基礎学力試験、小論文、面接、調査書		●
日本歯科大学（新潟生命歯）	Ⅰ期	約20	なし	なし	*1	10月21日(土)		11月1日(水)		面接（グループ・個人）、実技評価、調査書、資格取得状況、ボランティア活動など		●
	Ⅱ期					12月17日(日)		12月18日(月)		面接（グループ・個人）、実技評価、調査書、資格取得状況、ボランティア活動など		●
松本歯科大学	Ⅰ期	10	なし	なし		10月28日(土)		11月1日(水)		小論文、教養考査（英語・国語など）、面接、調査書		●
	Ⅱ期	3				2月27日(火)		2月29日(木)		小論文、教養考査（英語・国語など）、面接、調査書		●
朝日大学	信長Ⅰ期	7	なし	なし		10月15日(日)		11月1日(水)		基礎能力テスト（英語・時事問題・一般常識問題）、プレゼンテーション、面接、書類審査		●
	信長Ⅱ期	3				11月11日(土)		12月1日(金)		基礎能力テスト（英語・時事問題・一般常識問題）、プレゼンテーション、面接、書類審査		●
	信長Ⅲ期	2				12月9日(土)		12月15日(金)		基礎能力テスト（英語・時事問題・一般常識問題）、プレゼンテーション、面接、書類審査		●
	総合型Ⅰ期	若干	なし	なし		1月26日(金)		2月2日(金)		レポート課題、面接、書類審査		●
	総合型Ⅱ期					2月22日(木)		3月1日(金)		レポート課題、面接、書類審査		●
	総合型Ⅲ期					3月14日(木)		3月19日(火)		レポート課題、面接、書類審査		●
	総合型Ⅳ期					3月22日(金)		3月22日(金)		レポート課題、面接、書類審査		●
愛知学院大学		8	現役	3.3以上*2		書類選考	10月22日(日)	10月13日(金)	11月1日(水)	書類選考	小論文、個人面接	●
福岡歯科大学	1期	約5	なし	なし		11月25日(土)		11月29日(水)		基礎学力テスト（英語・数学・理科より出題）、小論文、個人面接		●
	2期	約5	なし	なし		1月21日(日)		1月23日(火)		基礎学力テスト（英語・数学・理科より出題）、小論文、個人面接		
	3期	約3	なし	なし		3月20日(水・祝)		3月21日(木)		基礎学力テスト（英語・数学・理科より出題）、小論文、個人面接		

*1　オープンキャンパス参加（昨年度参加可）詳しくはホームページhttp://www.ngt.ndu.ac.jpを参照して下さい
*2　理科で基礎を付さない「生物」「化学」「物理」のうち2科目以上を履修している者

2024年度　編入学選抜　実施大学一覧〈私立歯学部〉

大学	試験区分	編入年次	募集人員	受験資格・制限				試験日	合格発表	試験内容	小論文	面接
				大卒(見込)	短大・高等専学卒	大学在籍	その他					
北海道医療大学	Ⅰ期	2年次	若干	●	●[*1] (見込)	2年以上在籍62単位以上修得(見込)		11月19日(日)	12月2日(土)	基礎学力試験(化学または生物)	●	●
	Ⅱ期							1月31日(水)	2月3日(土)			
	Ⅰ期	3年次	若干	●[*2]		2年以上在籍62単位以上修得(見込)[*3]		11月19日(日)	12月2日(土)	解剖学・生理学、生化学・微生物学	●	●
	Ⅱ期							1月31日(水)	2月3日(土)			
岩手医科大学	前期	2年次	若干	●	● (見込)	本学以外の大学もしくは3年制短大に2年以上在籍62単位以上取得(見込)	医療系の専修学校の専門課程(修業年限2年以上、総授業時数1,700時間以上に限る)修了(見込)者	11月19日(日)	12月1日(金)		●	●
	後期							3月11日(月)	3月15日(金)			
奥羽大学	社会人特別	1年次	若干				2024年4月1日までに22歳以上に達し、高校を卒業した者	全6回	試験後3日以内		●	●
	編入	2年次	若干	●	● (見込)	2年以上在籍62単位以上取得	歯・薬・医学部に1年以上在学、第1学年の所定の単位を修得	全6回	試験後3日以内		●	●
	編入一期	3～4年次	若干	●			歯学部に3年以上在学、当該学年の所定の単位を修得	2月21日(水)	2月27日(火)	学力試験(歯科専門科目の多肢選択問題)		●
	編入二期							3月26日(火)	3月27日(水)			
明海大学	Ⅰ期	2年次	若干	●			独立行政法人大学評価・学位授与機構から学士の学位を授与された者	12月17日(土)	12月21日(木)	論文・自然科学系分野に関する理解力テスト		●
	Ⅱ期							3月16日(土)	3月22日(金)			
日本大学(松戸歯)	1期	2年次	若干	●	● (見込)	1年以上在籍35単位以上修得		11月18日(土)	12月1日(金)	学力検査	●	●
	2期							3月9日(土)	3月15日(金)			
昭和大学		2年次	若干	●	短大卒(見込)	1年以上在籍34単位以上修得		11月25日(土)	12月1日(金)	基礎学力試験(英、数、理科基礎2科目)	●	●
東京歯科大学	編入学A	2年次	若干	●	医療技術系短大卒(見込)	2年以上在籍65単位以上取得	数学・物理学・化学・生物学に関する科目合計16単位以上	11月19日(日)	12月1日(金)	小テスト(英・数・化・生・物の基礎知識問題)	●	●
	編入学B							3月9日(土)	3月12日(火)			
	学士等特別選抜A	1年次	若干					11月19日(日)	12月1日(金)			
	学士等特別選抜B							3月9日(土)	3月12日(火)			
日本大学(歯)		2年次	2	●	短大卒(見込)	1年以上在籍34単位以上修得		10月21日(土)	10月27日(金)	英語、生物学	●	●
日本歯科大学(生命歯)		2年次	若干	●	●	2年以上在籍64単位以上取得		11月18日(土)	11月22日(水)	英語小テスト	●	●
神奈川歯科大学	1期	2年次	3	●				11月19日(日)	12月1日(金)	基礎学力試験(国語・英語・数学・化学・生物の基礎知識)	●	●
	2期							12月17日(日)	12月20日(水)			
	3期							3月20日(水・祝)	3月22日(金)			
鶴見大学	1期	2年次	若干	●[*4]	●[*5] (見込)	*6	左記と同等以上及び歯学部2年次相当の学力があると本学が認めた者	9月18日(月)	9月27日(水)		●	●
	2期							11月3日(金)	11月7日(火)			
	3期							12月10日(日)	12月14日(木)			
	4期							1月24日(水)	2月3日(土)			
	5期							2月22日(木)	2月29日(木)			
	6期							3月13日(水)	3月15日(金)			
日本歯科大学(新潟生命歯)	前期	2年次	若干	●	●	2年以上在籍64単位以上取得		12月2日(土)	12月5日(火)	英語小テスト	●	●
	後期							3月12日(火)	3月13日(水)			
松本歯科大学	Ⅰ期	2年次	若干	●	●[*7] (見込)	2年以上在籍62単位以上取得	大学等で自然科学分野(数学・物理学・化学・生物学)を履修していることが望ましい	10月28日(土)	11月1日(水)	編入考査(英語、生物)	●	●
	Ⅱ期							2月27日(火)	2月29日(木)			
朝日大学	欠員補充Ⅲ期	2年次	実施未定									
大阪歯科大学	編入学	2年次	若干	●	●[*8]	修業年限4年以上の大学在籍40単位以上修得	外国の3年制又は4年制以上の大学を含む	11月26日(日)	12月1日(金)	英語・数学・総合理科(物理学、化学、生物学)	●	●
福岡歯科大学	第1回	2年次	約10	●	●[*9] (見込)	2年以上在籍62単位以上修得(見込)		11月25日(土)	11月29日(水)	総合学力テスト	●	●
	第2回							1月21日(日)	1月23日(火)			
	第3回							3月20日(祝)	3月21日(木)			

*1 理系短大卒業(見込)者、工業系高等専門学校卒業(見込)者、医薬・環境・化学技術に関連する専修学校卒業(見込)者
*2 医学、薬学、獣医学等の6年制大学または口腔保健学、看護学等の医療系4年制大学の卒業(見込)者
*3 医学、薬学、獣医学等の6年制大学または口腔保健学、看護学等の医療系4年制大学に2年以上在学し、62単位以上修得(見込)者で、かつ修得単位の中に「解剖生理学(解剖学と生理学を含む)」「生化学」「微生物学」の全てもしくはこれら教科に代わる単位を含む者
*4 4年制大学の口腔保健衛生学または看護学に関する学部学科に2年以上在籍し、62単位以上修得(見込み)の者
*5 短期大学の歯科衛生科(3年制)を卒業した者及び2024年3月卒業見込みの者
*6 医学、薬学、獣医学等の6年制大学を2年以上修了した者
*7 医療系専修学校専門課程を修了(見込)の者を含む
*8 短大・高等専門学校卒業者は数学及び生物、化学または物理に関する授業科目を履修した者。また、医療、環境又は科学技術に関連する修業年限2年以上、総授業時数1700時間以上の専修学校専門課程修了(見込)者
*9 専修学校の専門課程を修了した者または2024年3月修了見込者

2024年度　留学生・帰国生選抜実施大学一覧〈私立歯学部〉

大学	試験区分		募集人員	受験資格・制限		試験内容		
				現浪別	評定平均	その他	小論文	面接
明海大学	帰国生徒	Ⅰ期	5	*1		数学的思考力テスト	●	●
		Ⅱ期						
	外国人留学生	Ⅰ期	5	*2		数学的思考力テスト	●	●
		Ⅱ期						
東京歯科大学	帰国子女・留学生特別選抜		若干	*3		小テスト（英・数・理1科目）	●	●
日本大学（歯）	外国人留学生		2	*4		書類審査・英・理（化・生から1科目）	●	●
神奈川歯科大学	帰国生	1期	1	*5		基礎学力試験	●	●
		2期						
	外国人留学生	1期	2	*6		基礎学力試験	●	●
		2期						
鶴見大学	外国人留学生	1期	3	*7			●	●
		2期	3				●	●
朝日大学	帰国生徒		若干	*8		基礎学力テスト（英・理から1科目選択）	●	●
	外国人留学生		若干	*9		基礎学力テスト（英・理から1科目選択）	●	●
愛知学院大学	帰国生徒		若干	*10		英・理（物・化・生から1科目）	●	●
	外国人留学生		若干	*11		日本語（語彙・読解・聴解等の筆記試験）・英・理（物・化・生から1科目）	●	●
大阪歯科大学	私費外国人留学生		若干	*12			●	●

*1　明海（帰国生徒）：日本の国籍を有し、外国において学校教育を受けた者で、日本語の講義を理解できる能力を有し、次の①から③のいずれかに該当する資格を有する者。①外国の高等学校相当として指定された外国人学校に2年以上在学し、学校教育法における12年の課程を修了または2024年3月修了見込の者。②外国において国際バカロレア資格、アビトゥア資格、フランス共和国バカロレア資格のいずれかを取得した者。③本大学において、個別の入学資格審査により、上記と同等の資格があると認めた者で、18歳に達した者

*2　明海（留学生）：日本の国籍を有しない者で、次のいずれかに該当する者。①外国において学校教育における12年の課程を修了した者および2024年3月31日までに修了見込みの者、またはこれに準ずる者で文部科学大臣の指定した者。②外国の大学入学資格である国際バカロレア、アビトゥア、バカロレア、GCEAレベルを保有する者。③国際的な評価団体（WASC、CIS、ACSIの認定を受けた教育施設の12年の課程を修了した者。④本大学において、個別の入学資格審査により左記と同等の資格があると認めた者で、18歳に達した者。※②と③により出願する者は、あらかじめ坂戸キャンパス入試事務室に問合せ。また、公益財団法人日本国際教育支援協会が主催する「日本語能力試験」N2以上を取得していること、またはこれに準ずる日本語能力を有していること。

*3　東京歯科：帰国子女または日本に留学しようとする外国籍を有する外国人で日本語での授業を理解できる者　①外国において学校教育12年に相当する課程修了（見込）者　②外国において国際バカロレア資格またはドイツ・フランス・英国の大学入学資格取得者

*4　日本大学（留学生）：外国籍を有する者で次のいずれかに該当する者　①外国において学校教育における12年の課程修了（見込）者　②外国において指定された11年以上の課程を修了したとされるものであること等の要件を満たす高等学校に対応する学校の課程修了（見込）者　③外国において学校教育における12年未満の課程を修了し、さらに文部科学大臣が指定する準備教育課程又は研修施設の課程等修了（見込）者　④外国における12年の課程修了相当の学力認定試験に合格した者で2024年3月31日までに18歳に達する者　⑤外国における12年未満の課程修了相当の学力認定試験に合格し、さらに文部科学大臣が指定する準備教育課程又は研修施設の課程を修了した者で18歳に達した（見込）者　⑥スイス・ドイツ・フランス・英国の国際バカロレア資格または大学入学資格取得者　⑦国際的な評価団体の認定を受けた外国における教育施設の12年の課程を修了した者で18歳に達した（見込）者

*5　神奈川歯科（帰国生）：日本国籍を有し、日本語で授業を理解でき、次のいずれかに該当する者　①外国において、学校教育における12年の課程を修了した者。②外国における、12年の課程修了相当の学力認定試験に合格した18歳以上の者。③国際バカロレア資格または大学入学資格取得者　④大学において、個別の入学資格審査により高等学校を卒業したものと同等以上の学力があると認めた者で18歳に達した者

日程			
出願期間	試験日	合格発表日	手続締切日
2023年11月29日(水)～12月11日(月)必着	12月16日(土)	12月21日(木)	1月10日(水)
2024年2月27日(火)～3月9日(土)必着	3月16日(土)	3月22日(金)	3月27日(水)
2023年11月29日(水)～12月11日(月)必着	12月16日(土)	12月21日(木)	1月10日(水)
2024年2月27日(火)～3月9日(土)必着	3月16日(土)	3月22日(金)	3月27日(水)
2023年11月2日(木)～2023年11月10日(金)必着	11月19日(日)	12月1日(金)	12月11日(月)
2023年7月19日(水)～9月21日(木)必着	10月21日(土)	10月27日(金)	11月17日(金)
2023年11月1日(水)～ 11月14日(火)必着	11月19日(日)	12月1日(金)	12月11日(月)
2023年11月15日(水)～ 12月12日(火)必着	12月17日(日)	12月20日(水)	12月28日(木)
2023年11月1日(水)～ 11月14日(火)必着	11月19日(日)	12月1日(金)	12月11日(月)
2023年11月15日(水)～ 12月12日(火)必着	12月17日(日)	12月20日(水)	12月28日(木)
2023年11月3日(金)～11月21日(火)必着	12月10日(日)	12月14日(木)	12月26日(火)
2024年1月25日(木)～2月8日(木)必着	2月23日(金)	2月29日(木)	3月7日(木)
2023年10月20日(金)～ 11月6日(月)必着	12月9日(土)	12月15日(金)	12月25日(月)
2023年10月16日(月)～ 11月10日(金)必着	12月9日(土)	12月15日(金)	12月25日(月)
2023年9月5日(火)～9月8日(金)消印有効	9月24日(日)	10月1日(日)	10月11日(水)
2024年1月16日(火)～1月24日(水)消印有効	2月19日(月)	2月24日(土)	3月11日(月)
2023年11月1日(水)～ 11月20日(月)消印有効	11月26日(日)	12月1日(金)	12月8日(金)

*6 神奈川歯科(留学生):日本国以外の国籍を有し、日本語で授業を理解でき、次のいずれかに該当する者　①外国において、学校教育における12年の課程を修了した者。②外国における、12年の課程修了相当の学力認定試験に合格した18歳以上の者。③国際バカロレア資格または大学入学資格取得者　④大学において、個別の入学資格審査により高等学校を卒業したものと同等以上の学力があると認めた者で18歳に達した者

*7 鶴見:1期は2023年6月まで、2期は2023年11月までに独日本留学試験の指定する教科・科目を受験し、かつ①か②のいずれかに該当する者　①外国において学校教育における12年以上の課程修了(見込)者、またはこれに準ずる者で文部科学大臣の指定した者　②スイス・ドイツ・フランス・英国の国際バカロレア資格または大学入学資格取得者

*8 朝日(帰国生徒):日本国籍を有し、保護者の海外勤務等により外国の学校教育を受けている者で、いずれかに該当する者　①帰国後、日本の高等学校卒業(見込)者　②外国の高等学校を卒業(修了)した者及び卒業(修了)見込者　③IB資格取得者

*9 朝日(外国人留学生):①外国の海外教育を受けた18歳以上の者で12年の課程修了(見込)者または文部科学大臣の指定した者もしくは国際バカロレア資格取得者もしくはアビトゥア資格取得者　②出願日から遡って1年以内に実施された日本留学試験(日本語、理科2科目、数学コース2)を受験している者

*10 愛知学院(帰国生徒):日本国籍を有し、外国の学校教育を受け、2024年4月1日の時点で満18歳以上で次のいずれかに該当する者。ただし、日本語による講義を理解できる程度の能力を有すること　①外国の高等学校に2年以上在学し、2024年3月までに通常の12年の学校教育修了見込者または終了2年以内の者　②日本の高等学校または中等教育学校に在籍し、2024年3月卒業見込者で次のいずれかに該当する者(A:中学校・高等学校または中等教育学校を通じて2年以上継続して外国で教育を受け、帰国後の在籍期間が2年以内の者　B:通算6年以上または継続4年以上外国で教育を受け、帰国後の在籍期間が3年以内の者)　③国際バカロレア資格またはドイツ・フランスの大学入学資格取得者

*11 愛知学院(外国人留学生):日本国籍を有していない、講義を理解する日本語能力がある方が対象。出願時から合格通知までの間、日本国内に居住または滞在している者。

*12 大阪歯科(私費外国人留学生):①と②の条件をすべて満たし、入学を許可された場合、日本語での授業を理解できる者。①外国籍を有する者　②文部科学大臣の指定した者(国際バカロレア資格等を有する者で2024年3月31日までに18歳以上となる者)、もしくは外国において学校教育における12年の課程を修了(見込)者、またはこれに準ずる者で文部科学大臣の指定した者。

2024年度　共通テスト利用入試実施大学一覧〈私立歯学部〉

大学名	試験区分	募集人員	外国語			国語			数学					地理歴史					公民				
			英語	リスニング	科目数	国語	分野	科目数	数学I	数学I・A	数学II	数学II・B	科目数	世界史	日本史	地理	科目種類	科目数	倫理	政治経済	現代社会	倫＋政経	科目数
北海道医療大学	前期A	6	● 200		1					○ 100		○	1										
	前期B	2	◇ (200)		(1)					◇ (100)×2		◇	(1)										
	後期	2	◇ (200)		(1)					◇ (100)×2		◇	(1)										
	後期B	2	◇ (200)		(1)					◇ (100)×2		◇	(1)										
岩手医科大学	前期	7	● 100		1	◇ (100)	[近代以降]	(1)		◇ (100)		◇	(1)										
	後期	3	● 100		1	◇ (100)	[近代以降]	(1)		◇ (100)		◇	(1)										
明海大学	A・B・C日程	10	● 100		1				◇	◇ (100)	◇	◇	(1)										
	共通プラスA・B日程	10							◇	◇ (100)	◇	◇	(1)										
日本大学（松戸歯）	1期	3	● 100		1	● 100	[近代以降]	1															
	2期	2	● 100		1				○	○ 50×2	○	○	2										
昭和大学		5	● 100	●	1					● 100		●	2										
東京歯科大学	I期	8	● 100		1					● 100		●	2										
	II期	5	● 100		1					● 100		●	2										
日本大学（歯）	1期	10	● 100		1	● 100	[近代以降]	1															
	2期	2	● 100		1																		
日本歯科大学（生命歯）	前期	約20	● 100		1	◇ (100)	[近代以降]	(1)		◇ (100)			(1)										
	後期	約5	● 100		1	◇ (100)	[近代以降]	(1)		◇ (100)			(1)										
神奈川歯科大学	1期	5	◇ (100)		(1)	◇ (100)	[近代以降]	(1)	◇	◇ (100)	◇	◇	(1)										
	2期	2	◇ (100)		(1)	◇ (100)	[近代以降]	(1)	◇	◇ (100)	◇	◇	(1)										
	3期	1	◇ (100)		(1)	◇ (100)	[近代以降]	(1)	◇	◇ (100)	◇	◇	(1)										
鶴見大学	1期	8	◇ (100)	◇	(1)	◇ (100)	[近代以降]	(1)		◇ (100)		◇	(1)										
	2期	3	◇ (100)	◇	(1)	◇ (100)	[近代以降]	(1)		◇ (100)		◇	(1)										
日本歯科大学（新潟生命歯）	前期	約10	● 100		1	◇ (100)	[近代以降]	(1)		◇ (100)			(1)										
	後期	若干	● 100		1	◇ (100)	[近代以降]	(1)		◇ (100)			(1)										
松本歯科大学	I期	20	● 100		1					○ 100	○	○	1										
	II期	10	● 100		1					○ 100	○	○	1										
	III期	5	● 100		1					○ 100	○	○	1										
朝日大学	I・II・III期	12	● 100	●	1					○ 100	○	○	1										
	共通プラス I・II・III期	6	◇ (100)	◇	(1)					◇ (100)	◇	◇	(1)										
愛知学院大学	I期＜3科目型＞	5	● 100	●	1					◇ (100)	◇	◇	(1)										
	I期＜4科目型＞	3	● 100	●	1					○ 100	○	○	1										
	II期	3								◇ (100)	◇	◇	(1)										
	共通プラス	5	◇ (100)	◇	(1)					◇ (100～200)	◇	◇	(1～2)										
大阪歯科大学	前期＜3科目型＞ 前期＜2科目型＞	約13	◇ (100)	◇	(1)	◇ (100)	[近代以降]	(1)		◇ (100)		◇	(2)	◇	◇ (100)	◇	(B)	(1)	◇	◇ (100)	◇	◇	(1)
	後期＜3科目型＞ 後期＜2科目型＞		◇ (100)	◇	(1)	◇ (100)	[近代以降]	(1)		◇ (100)		◇	(2)	◇	◇ (100)	◇	(B)	(1)	◇	◇ (100)	◇	◇	(1)
	前期プラス1		◇ (100)	◇	(1)	◇ (100)	[近代以降]	(1)		◇ (100)		◇	(2)	◇	◇ (100)	◇	(B)	(1)	◇	◇ (100)	◇	◇	(1)
	後期プラス1		◇ (100)	◇	(1)	◇ (100)	[近代以降]	(1)		◇ (100)		◇	(2)	◇	◇ (100)	◇	(B)	(1)	◇	◇ (100)	◇	◇	(1)
福岡歯科大学	1期	約5	● 200		1	◇ (200)		(1)		◇ (200)		◇	(1)										
	2期	約5	● 200		1	◇ (200)		(1)		◇ (200)		◇	(1)										
	3期	約3	● 200		1	◇ (200)		(1)		◇ (200)		◇	(1)										

理科										満点	教科数	備考	2次試験			
①				②					科目数				試験日	内容		
物理基礎	化学基礎	生物基礎	地学基礎	物理	化学	生物	地学							小論文	面接	その他
①	①	①		○	○	○		100	1	400	3	英、数、理1科目	課さない			
①	①	①		○	○	○		100×2	1	400	2	英・数から1科目選択、理1科目 (英語以外の科目は得点を2倍)	課さない			
①	①	①		○	○	○		100×2	1	400	2	英・数から1科目選択、理1科目 (英語以外の科目は得点を2倍)	課さない			
①	①	①		○	○	○		100×2	1	400	2	英・数から1科目選択、理1科目 (英語以外の科目は得点を2倍)	課さない			
①	①	①		○	○	○		100	1	300	3	英、国(近代以降)・数から1科目、理1科目	2月2日(金)		●	
①	①	①		○	○	○		100	1	300	3	英、国(近代以降)・数から1科目、理1科目	3月11日(月)		●	
◇①	◇①	◇①		◇	◇	◇		(100)	(1)	200	2	英、数・理から1科目選択	Ⓐ1月23日(火) Ⓑ2月25日(日) Ⓒ3月16日(土)		●	
◇①	◇①	◇①		◇	◇	◇		(100)	(1)	100	1	数・理から1科目選択	Ⓐ1月23日(火) Ⓑ2月25日(日)		●	一般A日程の英語
				○	○	○		100	1	300	3	英、国(近代以降)、理1科目	課さない			
				○	○	○		100	1	300	3	英、数(ⅠまたはⅠAから1科目、 ⅡまたはⅡBから1科目)、理1科目	課さない			
①	①	①		○	○	○		100	1	300	3	英(リスニング有)、数、理1科目	2月1日(木)		●	
①	①	①		○	○	○		100	1	300	3	英、数、理1科目	2月2日(金)		●	●
①	①	①		○	○	○		100	1	300	3	英、数、理1科目	3月9日(土)	●	●	
				○	○	○		100	1	300	3	英、国(近代以降)、理1科目	課さない			
				○	○	○		100	1	200	2	英、理1科目	課さない			
①	①	①		○	○	○		100	1	300	3	英、国(近代以降)・数から1科目、理1科目	2月8日(木)		●	
①	①	①		○	○	○		100	1	300	3	英、国(近代以降)・数から1科目、理1科目	3月3日(日)		●	
◇①	◇①	◇①		◇	◇	◇		(100)	(1)	200	2	英・国(近代以降)・数・理1科目から 2科目選択	1月27日(土)または 1月28日(日)	●	●	
◇①	◇①	◇①		◇	◇	◇		(100)	(1)	200	2	英・国(近代以降)・数・理1科目から 2科目選択	2月12日(月・祝)	●	●	
◇①	◇①	◇①		◇	◇	◇		(100)	(1)	200	2	英・国(近代以降)・数・理1科目から 2科目選択	3月3日(日)	●	●	
◇①	◇①	◇①		◇	◇	◇		(100)	(1)	300	3	英(リスニング有)・国(近代以降)・数・ 理1科目から3科目選択	2月9日(金)	●	●	
◇①	◇①	◇①		◇	◇	◇		(100)	(1)	300	3	英(リスニング有)・国(近代以降)・数・ 理1科目から3科目選択	3月13日(水)	●	●	
①	①	①		○	○	○		100	1	300	3	英、国(近代以降)・数から1科目、理1科目	2月8日(木)		●	
①	①	①		○	○	○		100	1	300	3	英、国(近代以降)・数から1科目、理1科目	3月3日(日)		●	
①	①	①		○	○	○		100	1	300	3	英、数、理1科目	課さない			
①	①	①		○	○	○		100	1	300	3	英、数、理1科目	課さない			
①	①	①		○	○	○		100	1	300	3	英、数、理1科目	課さない			
①	①	①		○	○	○		100	1	300	3	英(リスニング有)、数、理1科目	Ⅰ1月24日(水)・1月25日(木)・ 1月26日(金)のうち1日 Ⅱ2月22日(木) Ⅲ3月14日(木)		●	
◇①	◇①	◇①		◇	◇	◇		(100)	(1)	200	2	英(リスニング有)・数・理から2科目	Ⅰ1月24日(水)・1月25日(木)・ 1月26日(金)のうち1日 Ⅱ2月22日(木) Ⅲ3月14日(木)		●	一般選抜の英語
				◇	◇	◇		100(〜200)	1(〜2)	300	2〜3	英(リスニング有)、数・理から1科目 もしくは理2科目	2月3日(土)		●	
				○	○	○		200	2	400	3	英(リスニング有)、数、理2科目	2月3日(土)		●	
				◇	◇	◇		(100〜200)	(1〜2)	200	1〜2	数・理から1科目もしくは理2科目	3月1日(金)		●	
				◇	◇	◇		(100〜200)	(1〜2)	200	2	英(リスニング有)・数・理から 高得点2科目	2月2日(金)または 2月3日(土)			前期試験Aの高得点1科目
				◇	◇	◇		(100)	(1)	300	2〜3	英(リスニング有)・数・理・国(近代以降) から高得点の3科目	2月4日(日)		●	
				◇	◇	◇		(100)	(1)	300	2〜3	英(リスニング有)・数・理・国(近代以降) から高得点の3科目	3月3日(日)		●	
				◇	◇	◇		(100)	(1)	200	3	英(リスニング有)、国、数、地歴公民、理 から1科目(数は2科目)	2月4日(日)		●	一般前期の問題
				◇	◇	◇		(100)	(1)	200	3	英(リスニング有)、国、数、地歴公民、理 から1科目(数は2科目)	3月3日(日)		●	一般後期の問題
				○	○	○		200	1	600	3	英、国・数から1科目、理1科目	2月3日(土)		●	
				○	○	○		200	1	600	3	英、国・数から1科目、理1科目	3月2日(土)		●	
				○	○	○		200	1	600	3	英、国・数から1科目、理1科目	3月20日(水・祝)		●	

大学紹介ページの見方

学部所在地
複数のキャンパスがある大学は学部の本部所在地を掲載しています。

設置学部
医学部以外の学部、および医学部に設けられた医学科以外の学科を掲載しています。

2024年度学納金
2024年度入学者の学納金内訳です。原則として諸会費や委託徴収金、寮費などは欄外に「その他」として示しています。2年次以降の年額については変動する場合があります。

設立年度
現在の大学の前身となる旧制医学専門学校が設立された年、または新制医科大学として認可された年、および医学部が設立された年を基準としています。

医師国家試験状況
過去5年間の国家試験の合格状況を全体と新卒に分けて掲載しています。

繰上げ合格
繰上げ合格に関する現時点での規定です。最新の情報は大学のホームページでご確認ください。

補欠順位
一般選抜における繰上げ合格候補者（補欠候補者）に付いている補欠順位を受験生に通知している大学は「あり」、通知していない大学は「なし」としています。

成績開示
一般選抜の入試成績開示の有無を掲載しています。条件付き開示の場合もあります。

入試結果
過去3年間の一般選抜・共テ利用選抜・学校推薦型選抜・総合型選抜の結果です。

岩手医科大学　医学部医学科

学部所在地	〒028-3694　岩手県紫波郡矢巾町医大通1-1-1
交通手段	JR矢幅駅より徒歩15分
創設者	三田　俊次郎
理事長	小川　彰
学長	祖父江　憲治
設立年度	［昭和3年］私立岩手医学専門学校を設立

入試問い合わせ先
担当部署　入試・キャリア支援課
電話番号　019-651-5110（内線5105）

医師国家試験状況

100%　90%　80%　70%　60%
2019　2020　2021　2022　2023
岩手医科大学（全体）
岩手医科大学（新卒）

	第113回	第114回	第115回	第116回	第117回
岩手医科大学（全体）	74.1%	91.6%	89.6%	90.2%	85.9%
岩手医科大学（新卒）	81.2%	95.5%	93.0%	96.1%	90.8%

設置学部

歯学部
薬学部
看護学部

主な附属病院

岩手医科大学附属病院
内丸メディカルセンター
・その他関連施設
高度救命救急センター
超高磁場先端MRI研究センター
附属病院歯科医療センター

2023年度入学者

2023年度入学者　130名
女性45名 34.6%
男性85名 65.4%

2024年度学納金

1年次	入学金	¥2,000,000
	授業料	¥2,500,000
	施設設備費	¥1,000,000
	教育充実費	¥3,000,000
	実験実習費	¥500,000
	初年度納入金総額	¥9,000,000
	入学時最低納入金	¥5,500,000
2年次以降の年額		¥5,000,000
6年間の総額		¥34,000,000
※その他	（1年次）	¥400,000
	寮費（1年次全寮制）	¥880,000

繰上げ合格

入学手続期間終了後、募集人員に欠員が生じた場合は、繰上合格の決定を行う場合があります。繰上合格の連絡は、志願書に記入された連絡先を通じて、志願者本人等に電話で通知します。

特待生制度

一般選抜合格者のうち、入学試験の成績が優秀な者については初年度学納金の一部を減免する。

補欠順位

あり

成績開示

あり

寄付金

入学後に「寄付金募集趣意書」により任意の寄付をお願いする。

入試結果

			2023	2022	2021
一般	募集人員		73	73	78
	志願者数		2,217	2,128	2,152
	一次受験者数	A	2,164	2,081	2,097
	一次合格者数	B	466	488	497
	一次合格倍率	A/B	4.6	4.3	4.2
	二次受験者数		455	479	484
	正規合格者数	C	140	140	136
	正規合格倍率	A/C	15.5	14.9	15.4
	補欠候補者数		-	-	-
	繰上合格者数	D	81	92	88
	総合格者数	C+D	221	232	224
	合格実質倍率	A/(C+D)	9.8	9.0	9.4
	入学者数		73	73	78
	合格最高点		323/350 (346/400)	324/350 (364/400)	269/350 (293/400)
	合格最低点		216/350 (276/400)	205/350 (269/400)	167/350 (230/400)
一般（地域枠）	募集人員		5(7)	5	5
	志願者数		80	71	14
	一次受験者数	D	79	71	14
	一次合格者数	E	23	14	11
	一次合格倍率	D/E	3.4	5.1	1.3
	二次受験者数		23	14	11
	正規合格者数	F	5(7)	5	5
	正規合格倍率	D/F	6.6	14.2	2.8
	補欠候補者数		-	-	-
	繰上合格者数	G	2(5)	1	3
	総合格者数	F+G	7(12)	6	8
	合格実質倍率	D/(F+G)	4.2	11.8	1.8
	入学者数		5(7)	5	5
	合格最高点		290/350 (330/400)	263/350 (302/400)	198/350 (238/400)
	合格最低点		208/350 (264/400)	205/350 (260/400)	148/350 (208/400)
推薦（公募制）	募集人員		12程度	15	15
	志願者数		32	57	42
	受験者数	H	32	57	41
	合格者数	I	10	15	15
	実質倍率	H/I	3.2	3.8	2.7
	入学者数		10	15	15
	合格最高点		337.8/450	338.4/450	338.7/450
	合格最低点		242.2/450	226.2/450	222.6/450

			2023	2022	2021
推薦（地域枠A）	募集人員		15	15	15
	志願者数		29	27	29
	受験者数	J	29	27	29
	合格者数	K	15	15	15
	実質倍率	J/K	1.9	1.8	1.9
	入学者数		15	15	15
	合格最高点		301.4/450	320.1/450	336.4/450
	合格最低点		242.2/450	234.4/450	236.4/450
推薦（地域枠B）	募集人員		8	8	8
	志願者数		15	19	21
	受験者数	L	15	19	21
	合格者数	M	8	8	8
	実質倍率	L/M	1.9	2.4	2.6
	入学者数		8	8	8
	合格最高点		285.0/450	282.4/450	266.9/450
	合格最低点		204.1/450	212.8/450	221.6/450
推薦（秋田県）	募集人員		2	2	2
	志願者数		2	5	8
	受験者数	N	2	5	8
	合格者数	O	2	2	2
	実質倍率	N/O	1.0	2.5	4.0
	入学者数		2	2	2
	合格最高点		259.0/450	282.9/450	255.9/450
	合格最低点		212.8/450	250.8/450	239.3/450
総合型	募集人員		8程度	5以内	
	志願者数		32	35	
	受験者数	P	32	35	
	合格者数	Q	10	6	
	実質倍率	P/Q	3.2	5.8	
	入学者数		10	5	
	合格最高点		394.9/500	337.4/500	
	合格最低点		292.0/500	279.0/500	

※1　一般（地域枠）の無印は地域枠Cのデータ、（　）内は地域枠Dのデータ
※2　一般の繰上合格者数は連絡の際に入学の意思を示した人数
（注）一般の合格最高点・合格最低点の無印は1次合格、（　）内は2次合格のデータ

入試日程
2023年10月15日現在、大学より公表されている一般選抜・共テ利用選抜・学校推薦型選抜・総合型選抜の入試日程です。最新の情報は必ず大学のホームページ等で確認して下さい。

2024年度　募集要項　岩手医科大学 医学部医学科

入試日程

試験区分		募集人員	出願期間	試験日 1次試験	試験日 2次試験
推薦	公募制	12名程度	2023年11月1日(水)～11月10日(金)消印有効	11月18日(土)	
	地域枠A(岩手県枠)	15名			
	地域枠B(東北枠)	8名			
	秋田県地域枠	2名			
総合型選抜		8名程度			
一般	一般選抜	73名	2023年12月4日(月)～2024年1月5日(金)消印有効	1月17日(水)	1月26日(金)*1 1月27日(土)
	地域枠C	5名			
	地域枠D	7名			
学士編入学		若干名	2024年1月22日(月)～2月2日(金)消印有効	2月13日(火)	2月22日(木)

*1　いずれか1日を選択

試験時間・配点　集合時間　9:15

試験区分		科目	試験時間	時間	配点	合計点	備考
一般選抜	1次	英語・数学	9:30～11:30	120分	100点×2	350点	
		理科2科目	13:00～15:00	120分	75点×2		
	2次	面接	1次発表時に指定	15分程度	50点	50点	

試験時間・配点
一般選抜の時間割と配点を掲載しています。

試験会場

試験区分	1次試験	2次試験
推薦・総合型	本学矢巾キャンパス	
一般	本学矢巾キャンパス・東京(:ベルサール高田馬場・ベルサール新宿グランド)・大阪(:大阪ガーデンパレス)・札幌(札幌ガーデンパレス)・名古屋(TKP名鉄名古屋駅カンファレンスセンター)・福岡(TKPエルガーラホール)	本学矢巾キャンパス・東京(ベルサール東京日本橋)・大阪(大阪ガーデンパレス)

*2 本学会場以外の志願者数が各試験会場の収容人員を上回った場合は、受験会場を変更して頂く場合があります。
*3 一次試験の東京会場については、本学が指定する会場で受験して頂きますので、受験票で確認してください。

試験会場
本学とは学部所在地を指します。地方会場の試験会場はカッコ内に記載しています。

合格発表日

試験区分	1次試験	2次試験	手続締切	辞退締切
推薦・総合型	12月1日(金) 17:00		12月11日(月)	
一般	1月23日(火) 14:00	2月1日(木) 12:00	2月8日(木)	3月29日(金) 17:00

合格発表方法

試験区分	1次試験	2次試験
推薦	ネット照会・郵便(合格者)	
総合型	ネット照会・郵便(全員)	
一般	ネット照会	ネット照会・郵便(合格者)

合格発表方法
ネット照会はインターネットで受験番号を入力して確認する形式、ネット一覧はインターネット上に受験番号一覧が掲載される形式、掲示は大学に受験番号一覧が掲示される形式、郵便は受験者全員に通知される場合と合格者のみに通知される場合があります。

入試情報

過去3年間入学者現浪比

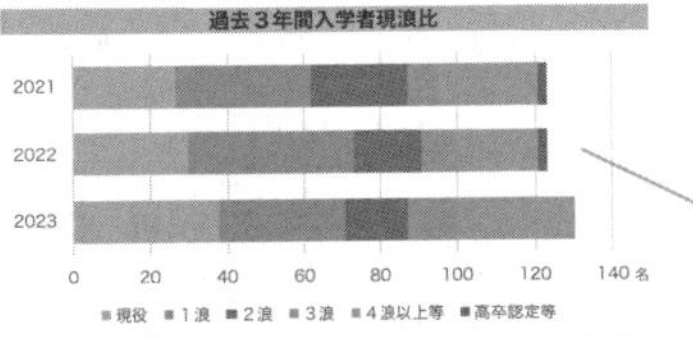

	2021	2022	2023
現役	27名 (22.0%)	30名 (24.4%)	38名 (29.2%)
1浪	35名 (28.5%)	43名 (35.0%)	33名 (25.4%)
2浪	25名 (20.3%)	18名 (14.6%)	16名 (12.3%)
3浪	8名 (6.5%)	8名 (6.5%)	13名 (10.0%)
4浪以上等	26名 (21.1%)	22名 (17.9%)	30名 (23.1%)
高卒認定等	2名 (1.6%)	2名 (1.6%)	0名 (0.0%)
入学者	123名	123名	130名

2023年度合格者現浪比

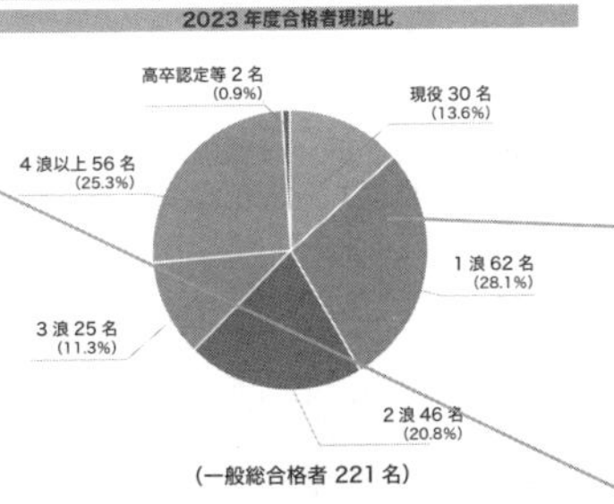

(一般総合格者 221 名)

2023年度合格者現浪比
大学から公表されたデータをもとに作成しています。

過去3年間入学者現浪比
大学から公表されたデータをもとに作成しています。

面接

メルリックス学院生からのアンケートをもとに作成しています

■ 所要時間　個人15分
■ 面接の進行
【アンケート】なし
【質問内容】
<個人>
・医師志望理由
・リーダーシップについて
・理想の医師像について
・本学志望理由
・長所と短所について
・希望する診療科とその理由
・過去に本学を受けたことはあるか
・趣味について
・地域医療について
・ストレスの発散方法
・アンケートの内容について
・卒業したら岩手に残るか
・最近の医療ニュース
・自己PR

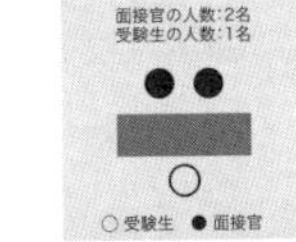

本学と東京の他に、大阪でも実施されている。コロナ禍ではオンラインで面接が実施され、事前の性格に関するアンケートはなくなったが、面接の進行や質問内容はいつも通りであった。2024年度入試からは対面のみに戻る。岩手や岩手の医療についてはよく聞かれる。

面接
一般選抜における面接形式をメルリックス学院生からのアンケートをもとに作成しています。

大学紹介ページの見方

難易度

難	やや難	標準	やや易	易

の5段階に難易度を分類しています。難易度は私立医学部全体の中で、どのぐらいのレベルにあるかを基準としています。

出題分析

いずれの項目も5段階で評価しています。★の数が多いほど難易度は高くなります。

一般選抜出題傾向分析

過去5年間の一般選抜の入試問題をメルリックス学院の講師陣が分析しています。一般選抜に複数の試験日がある場合は、最も募集人員の多い試験区分、または1日目の試験日の問題を分析しています。

出題分野表

過去5年間にどの分野から出題されたかを示しています。○は大問、●は小問を表します。

東北医科薬科大学　医学部医学科

一般選抜出題傾向分析

数学　やや難　**まず典型問題の解法をしっかり。上位国公立大レベルの応用力も**

区分	解析系									図形系					その他				
	I	I・II	II	II	II	B	III	III	III	I	II	B	III	III	I	A	A	A	B
分野名	二次関数	数と式	指数・対数	三角関数	微分・積分	数列	いろいろな関数と極限	微分	積分	三角比	図形と方程式	ベクトル	いろいろな曲線	複素数平面	データの分析	整数	場合の数	確率	確率分布
2023								○	○									○	
2022					○			○						○					
2021				○		○			○										
2020					○				○								○		
2019												○	○				○		

2023年度の出題分析

- 出題形式　マーク
- 知識量　★★★
- スピード　★★★★
- 記述力　—
- 応用力　★★★★

傾向　マーク式の大問3題。私大医学部の問題として標準的な難易度の問題が多く、上位私大～上位国公立大レベルの問題が中心となっている。'23の問題を見ると、'22までと比較するとやや難化し、[1]がサイクロイドについて接線・面積・体積を計算させる問題。[2]が4桁の整数をつくる試行についての確率の問題で、(3)はうまく処理しないと時間がかかる問題。[3]が分数関数の定積分をテーマとした問題であった。どの問題も一つひとつの解法は上位私立～上位国公立大受験者向けの問題集などによく載っているものだが、誘導の意図をしっかり読み取り、じっくり考えながら様々な典型問題の解法を組み合わせて解くことになる総合問題が多い。

対策　初の医学部入試であった'16は易しかったが、翌年'17には難易度が上がり、今年度はさらに難度が上がった。'17以降の問題を見ると、上位私立大～上位国公立大受験者向けの問題集などによく載っている典型問題の解法・考え方を理解して身にけ、さらに誘導の意図を読み取る力や複数の知識の絡んだ問題をじっくり考えながら解く応用力も身につけているかを試す総合的な問題が目立つ。高度な解法を知らなければ解けない難問は出ていない。まずは上位私立大受験者向け問題集などに載っている基本・典型問題は穴が残らないように一通りしっかりやって身につけ、その上で、上位国公立受験者向けの問題集などを解くことで応用力をつけておこう。

英語　標準　**過去問は必ず全てチェック、内容の微変化に十分対応できる演習を**

区分	読解							文法・語法						表現・作文		会話		
分野名	和訳	内容真偽	内容説明	空所補充	脱文挿入	文整序	表題選択	短文完成	語句整序	誤り指摘	語定義	発音・アクセント	同意・反意語句	英訳	テーマ型英作文	応答選択	空所補充	内容真偽
2023		●		●	●		●		○	○								
2022		●		●	●		●		○	○								
2021		●		●	●		●	○	○									
2020		●		●	●		●	○	○				●					
2019		●		●	●			○	○				○					

2023年度の出題分析

- 出題形式　マーク
- 知識量　★★★★
- スピード　★★★★
- 記述力　—
- 応用力　★★★

傾向　70分、オールマーク式、大問4題という形式は前年度を踏襲したものであった。[1]、[2]が長文、[3]、[4]が文法・語法問題の構成。[3]一続きの短い英文を10のパートに分け、各所で文法・語法、文脈上の誤りを指摘するものと、[4]語句整序(5問)という内容。[3]はやや難易度が高いかもしれないが、基本問題も多いので8／10問は正解したいところ。内容に深入りし過ぎることなくスピーディに処理したい。長文は、例年と同じ問題形式で、下線部の和訳文選択や内容真偽、空所語句補充、脱文挿入、語句整序、下線部の同意表現、タイトル選択など。後半の文法関連を10分ほどで処理できれば、長文パートをかなり余裕をもって解答することができただろう。

対策　出題傾向や内容は開学当初よりほぼ変わっていない。ただし、短文完成から誤文訂正への出題形式の変更が過去に見られたように、文法問題では今後も多少の変更はあり得るという前提で対策しておくべきだろう。過去問は多くないため、必ず全てにあたっておくこと。文法・語法関連は標準レベルと言えるが、'23'22のような誤文訂正は演習・知識不足だと対応に苦慮してしまう可能性があるので注意。動詞の語法に通じ、イディオムの知識も豊富にしておきたい。長文問題は、やや長めのもので、過去問に問われている内容を多く含む内容吟味中心の読解演習をしておきたい。獨協医科大や近畿大などの問題は演習材料として利用価値あり。

化学　やや易　**問題量はやや多いことだけがポイントになる**

区分	理論										無機		有機					
分野名	原子の構造・化学結合	化学量と化学式	物質の三態・気体の法則	溶解度・濃度	コロイド・希薄溶液	化学反応と反応熱	酸と塩基の反応	酸化・還元	電池・電気分解	反応の速さと化学平衡	周期表と非金属元素	金属元素	脂肪族	芳香族	糖	アミノ酸とタンパク質	生命化学	合成高分子化合物
2023	○									○		○	○					
2022		●					●	●	●	●	●	○	●					○
2021	○		○					○				●	○					
2020	●	●								○	●	●		●				●
2019	●							●				○	○					○

2023年度の出題分析

- 出題形式　マーク
- 知識量　★★★
- スピード　★★★
- 記述力　—
- 応用力　★★★

傾向　例年大問4題の出題でマーク形式であり、マーク数は例年25個程度である。標準的な問題が大部分を占める。今年度は得点差が付きそうな問題が数問あり、その他はミスしたくはないものだった。[1]は化学結合や結晶構造に関する問題。基本事項の確認が並ぶ。[2]は平衡に関する問題なので、この分野を苦手ならば厳しい局面ではあったが、この分野としては平易な内容なので乗り切れた受験生も多かっただろう。[3]無機化学の典型的な問題で、受験生には馴染み深いものであった。アンミン錯イオンを生じさせるときに塩化アンモニウムを加える理由を知らなかった受験生は一定数はいたと感じる。[4]は有機化学の問題だが、異性体の数を間違えた受験生はいたであろう。

対策　例年は、教科書レベルではあるが、教科書の中では細かい内容を問われるような試験であった。今年度は、教科書の基本レベルの出題も多く、ミスの許されないものであった。この試験をミスなく乗り切るためには、教科書の隅々まで記憶して理解できていることが最も重要なことである。当年は問題量もそれほど多くはなかったが、若干スピードを必要とする年度もあるので、普段からそのことも気を付けておきたいところ。典型例題を扱う問題集で、処理スピードを上げておくことも必要となる。素早く読解して、素早く計算して、素早く反応する練習を積んでおくことで、最低限の仕事はできるものであると考えられる。

出題形式
マーク：マークシート式、記述：記述式、穴埋め：穴埋め式の略です。

東北医科薬科大学 医学部医学科

生物 標準 **知識問題は標準的だが、実験考察問題が合否の分かれ目になる**

区分	細胞		代謝		遺伝子			体内環境			生殖・発生			環境応答				生態系				進化・系統		
分野名	細胞の構造と組織	細胞膜の構造と物質輸送	タンパク質の構造と酵素反応	同化と異化	細胞周期とDNA合成	遺伝子の発現と調節・変異	バイオテクノロジー	体液・循環系の構成と働き	自律神経とホルモンによる調節	生体防御	配偶子形成と生殖・遺伝	初期発生と形態形成	幹細胞と再生	刺激の受容と感覚	神経系と筋肉	動物の行動	植物生理	バイオームの遷移と分布	個体群と相互作用	物質生産と物質循環	自然環境	地球の発展と古典的生物進化	分子進化と集団遺伝	生物の系統と分類
2023	○	●	●				●	●	○		○													
2022		●		●	○		●	○				○												
2021					○	○	●		○		○													
2020		○				○	○				○				○									
2019						○		○	●						○									

2023年度の出題分析
- 出題形式 マーク
- 知識量 ★★★
- スピード ★★★★
- 記述力 ―
- 応用力 ★★★

傾向 '23では大問3題の構成であった。3題中2題は標準的な知識問題と計算問題中心の構成であり、素直に解くことができる。実験考察問題は長い文章を読解し、図を詳細に読み解く必要がある。またバイオテクノロジー関連の問題と遺伝子やタンパク質といった分子生物学に関する分野が頻出となっている。次に'23の出題内容について記載する。[1]は細胞および分泌タンパク質に関する問題で、知識問題に加えて、電気泳動法を用いた分泌タンパク質の解析に関する考察問題が出題された。[2]は神経系とホルモンおよび腎臓に関する問題で、尿生成に関する計算問題が出題された。[3]は遺伝に関する問題で、メンデル式の遺伝の問題、補足遺伝子(条件遺伝子)、連鎖と組換えに関する問題が出題された。

対策 出題分野は少ないが、大問で1つのテーマを掘り下げる傾向があるので、苦手な分野を作らないように注意を要する。例えば'20の外来遺伝子の増幅効率を考える問題、'21での遺伝子に関する問題、'22の酵母についての問題、'23の分泌タンパク質についての問題などがある。これに対する対策として、まず受験の標準問題をたくさん解き、実験のデータや考察の仕方を学ぶ。次に難易度の高い考察問題を解き、読解力と考察力を鍛えていくことが必要である。国公立の実験考察問題や応用レベルの受験問題集を利用してほしい。標準的な知識に関する問題は、総合問題の対策をやっておけば問題ないだろう。ただし標準的だからこそミスは許されないので気を引き締めておいてほしい。

物理 標準 **原子や高難度の問題が出題される可能性もある、準備をしよう!!**

区分	力学						電磁気学					波動			熱力学			原子		
分野名	等加速度運動・運動方程式・慣性力	力のモーメント・重心	運動量と力積・仕事とエネルギー	円運動・遠心力	単振動	万有引力とケプラーの法則	電場と電位	コンデンサー	直流回路	磁場・電磁誘導	交流回路・電気振動・電磁波	波の性質	音波	光波	熱量と温度	気体分子運動論	気体の状態変化	粒子性と波動性	原子の構造	放射線・核反応
2023			○						○				○							
2022				○						○						○				
2021	○									○		○								
2020			○								○						○			
2019					○				○					○						

2023年度の出題分析
- 出題形式 マーク
- 知識量 ★★★
- スピード ★★★★
- 記述力 ―
- 応用力 ★★★★

傾向 大問3題で構成され、力学、電磁気、波動が出題されている。力学は2つの物体間にばねがはさまる様にした運動量の保存と力学的エネルギーの保存を活用する問題で、衝突、一体化、高さが変化、分離を考える問題となっている。電磁気は電池、抵抗、コイル、コンデンサーを含む直流回路の問題で、スイッチの切り替え時の状態を問われている。波動は気柱の共鳴の問題で、閉管、開管、両端を閉じる、ドップラー効果、音波の密度変化の式などが出題されている。標準問題を中心に出題されているが、力学は計算量が多く、電磁気と波動は誘導に乗れないと得点が伸びないだろう。試験時間に対して問題が多いので、手早く計算することも大切である。

対策 '16の入試開始から、徐々に難度が高くなっていたが、'20からはやや難度は下がっている。原子は'16～'20では出題範囲に入っていたが出題はなかった。'21では出題範囲から外されていたので、注意しよう。標準問題を中心に出題されていたが、'18、'19、'21では解き慣れない問題や難度の高い問題が出題されているので、対策が必要であると考えられ、やや難度の高い問題も解いておくことが必要である。しかし、典型的な標準問題をミスなく解き、得点を上げることが重要である。試験時間に対して問題数が多く、手早く解くことも要求されているので、日頃からなるべく短時間で解ける解法や知識を増やしておくことも必要になる。

小論文 テーマ型 **医学・医療、医師としての意識が求められる**

年度	試験区分	内容	字数	時間
23	一般（1日目）	女性薬剤師と医師の年齢別の人数の推移のグラフを見てその差にから、医師の働き方改革について意見を述べる。	600字	60分
	一般（2日目）	青少年のインターネット利用時間と内容についての図を見て問題点を指摘し、対策について意見を述べる。		
22	一般	資料を見て感想を述べる。	600字	60分
21	一般	誰もが安心して暮らすためのバリアフリーの実現についてあなた自身が出来ることは何か。	600字	60分

医学部創設の'16から小論文が課されて来た。テーマ型だった他大学も、共通テスト導入時より、資料文・図表、資料文と図表の併用が出てきた。本学でもその傾向が見られるので、昨年の【受験攻略ガイド】では他大学の対策もかねて幅広く取り組んでおきたいと述べた。近畿大、昭和大は新しい話題を取り上げてきたので、参考にしておくと良い。'23は女性医師と薬剤師の勤務実績を比較して、女性医師の働き方改革を考えてみる課題。国が働き方改革を打ち出した際、企業の社員や教師の過労死、過労から来る自死も含めて労働時間の改善を迫ったものだ。医師の場合は他の職種よりも猶予期間が与えられ、また研修医や医師不足の地域医療に携わる医師などは多少労働時間が長くても良いという方向での調整を求めた。その頃は働き方改革が出題され、次はSDGsの「5.ジェンダー平等」を意識したのか、複数の大学で女性医療者の割合は高いが実際に就労してる人が少ない点を既に取り上げていた。テーマ型の場合にも、設問要求に即した構想を練る練習と、知識や情報をつけるという2つの方向からの対策をとりたい。AIやオンライン診療、新型コロナウイルス感染症などは身近なテーマとして面接対策にもなるので押さえておきたい。'21は、バリアフリーが出題されているが、これは前年の'20の高齢化と関連しているといえる。「地域包括ケアシステム」をヒントに地域全体の中で医療やバリアフリー、病院へのアクセス、日常生活など、高齢者や障害者の生活を考えてみる。論述前に、3～4段落構成の構想メモを作成し、論理展開を決めてから論述に入りたい。書きながら考えていくと、途中で論がずれてしまうことがあるので注意する。また、医療をテーマとした資料文型の出題から知識や構想のヒントが得られるので北里大、聖マリアンナ医大、川崎医大などの過去問に目を通しておくとよい。メルリックス配布の『医系小論文・面接用語集』で知識・情報も押さえておこう。

小論文
過去3年間の一般選抜の入試問題をメルリックス学院の講師陣が分析しています。
テーマ型 資料文型 図表型 絵・写真型 現代文型
に分類しています。

医学部ランキング②

【1次合格倍率(一般前期)ランキング】

順位	大学名	1次合格倍率(倍)
1	東京女子医科大学	2.2
2	産業医科大学	2.6
3	東北医科薬科大学	3.0
4	川崎医科大学	3.1
5	愛知医科大学	3.3
6	自治医科大学	3.4
6	久留米大学	3.4
8	兵庫医科大学	3.8
9	東京慈恵会医科大学	3.9
9	北里大学	3.9
11	獨協医科大学	4.0
12	杏林大学	4.1
12	福岡大学	4.1
14	藤田医科大学	4.2*
15	国際医療福祉大学	4.3
15	聖マリアンナ医科大学	4.3
17	日本大学	4.4
18	岩手医科大学	4.6
19	慶應義塾大学	4.7
19	日本医科大学	4.7
21	東邦大学	5.0
22	東京医科大学	5.3
23	昭和大学	5.6
23	金沢医科大学	5.6
25	関西医科大学	5.9
26	近畿大学	6.3
27	大阪医科薬科大学	8.0
28	東海大学	10.2
	埼玉医科大学	—
	順天堂大学	—
	帝京大学	—

【実質合格倍率(一般前期)ランキング】

順位	大学名	実質合格倍率(倍)
1	東北医科薬科大学	5.2
2	愛知医科大学	6.1
3	北里大学	6.2
3	藤田医科大学	6.2
5	久留米大学	7.2
6	慶應義塾大学	7.3
6	東京女子医科大学	7.3
8	東京慈恵会医科大学	7.5
8	日本大学	7.5
10	大阪医科薬科大学	7.8
11	兵庫医科大学	8.8
12	岩手医科大学	9.8
13	昭和大学	10.3
14	順天堂大学	10.7
15	産業医科大学	11.2
16	関西医科大学	11.5
17	埼玉医科大学	12.3
18	福岡大学	12.7
19	東京医科大学	12.8
20	金沢医科大学	14.8
21	獨協医科大学	15.9
22	東海大学	26.8
23	帝京大学	28.9
	自治医科大学	—
	国際医療福祉大学	—
	杏林大学	—
	東邦大学	—
	日本医科大学	—
	聖マリアンナ医科大学	—
	近畿大学	—
	川崎医科大学	—

【入学者女子比率ランキング】

順位	大学名	女子率(%)
1	東京女子医科大学	100
2	東邦大学	59.8
3	杏林大学	59.3
4	聖マリアンナ医科大学	55.7
5	順天堂大学	52.9
6	関西医科大学	52.0
7	日本医科大学	51.2
8	福岡大学	49.1
9	兵庫医科大学	48.2
10	埼玉医科大学	47.7
11	愛知医科大学	47.4
12	東海大学	45.1
13	東北医科薬科大学	45.0
14	北里大学	44.8
15	自治医科大学	43.9
16	昭和大学	43.3
16	藤田医科大学	43.3
18	東京慈恵会医科大学	42.9
19	国際医療福祉大学	42.3
20	川崎医科大学	42.1
21	帝京大学	41.9
22	東京医科大学	41.0
23	大阪医科薬科大学	40.2
24	久留米大学	39.7
25	獨協医科大学	36.9
26	日本大学	35.9
27	産業医科大学	35.2
28	金沢医科大学	35.1
29	岩手医科大学	34.6
30	近畿大学	29.7
31	慶應義塾大学	28.2

Chapter2
国公立大学医学部・歯学部情報

旭川医科大学　医学部医学科

学部所在地	〒078-8510 北海道旭川市緑が丘東2条1丁目1番1号
TEL	0166-68-2214
URL	https://www.asahikawa-med.ac.jp/

入試日程

試験区分	募集人員	第一段階選抜発表	試験日	合格発表
一般前期	40名	2月8日(木)	2月25日(日)・26日(月)	3月7日(木)
一般後期	8名	2月8日(木)	3月12日(火)	3月22日(金)

入試科目

共通テスト

方式 日程	英語 リーディング	英語 リスニング	英語 科目数	数学 数学I	数学 数学I・A	数学 数学II	数学 数学II・B	数学 科目数	国語 国語	国語 範囲	理科② 物理	理科② 化学	理科② 生物	理科② 地学	理科 科目数	地理歴史・公民 世界史A	日本史A	地理A	世界史B	日本史B	地理B	現代社会	倫理	政治経済	倫・政経	科目数	満点	2段階選抜
前期	●	●	1		●		●	2	●		○	○	○		2				○	○	○				○	1	550	5倍
	100			100					100		200					50												
後期	●	●	1		●		●	2	●		○	○	○		2				○	○	○				○	1	600	5倍
	100			150					150		150					50												

2次試験

方式 日程	英語 英語	数学 数学I	数学II	数学III	数学A	数学B	国語 国語	国語 範囲	理科 物理	化学	生物	地学	科目数	その他 小論文・論述	総合問題	面接	その他	満点
前期	●	●	●	●	●	●										●		350
	150	150														50		
後期	●															●		250
	200															50		

医師国家試験状況

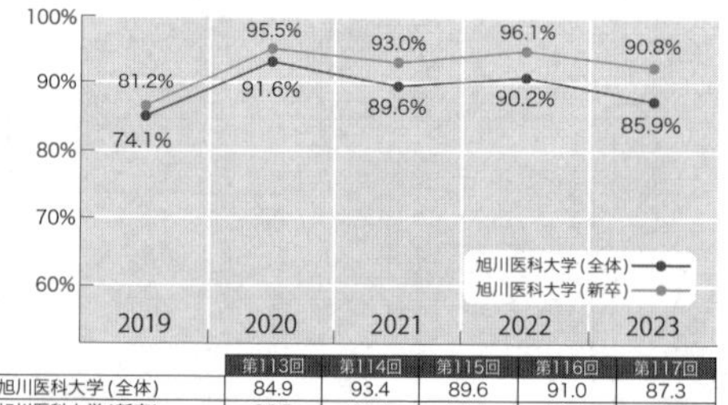

	第113回	第114回	第115回	第116回	第117回
旭川医科大学(全体)	84.9	93.4	89.6	91.0	87.3
旭川医科大学(新卒)	86.5	95.4	93.3	95.1	92.6

2023年度入学者

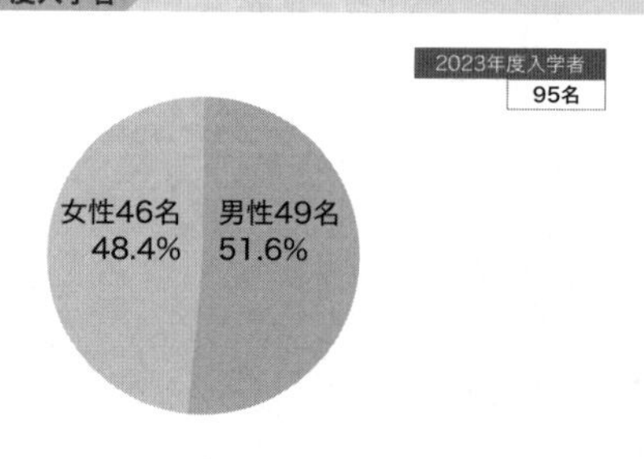

入試結果

			2023	2022	2021
一般選抜前期	募集人員		40	40	40
	志願者数		266	178	279
	第一段階選抜合格者数		201		201
	受験者数	A	160	150	167
	合格者数	B	40	40	39
	追加合格者数	C	1	3	1
	総合格者数	B+C	**41**	**43**	**40**
	合格倍率	A/(B+C)	**3.9**	**3.5**	**4.2**
	入学者数		40	40	40
	合格最高点		752.7/900 (490.0/550) [262.7/350]	669.5/900 (447.0/550) [258.0/350]	718.0/900 (483.5/550) [265.0/350]
	合格最低点		626.8/900 (404.5/550) [182.3/350]	591.3/900 (387.5/550) [174.3/350]	653.8/900 (418.5/550) [198.2/350]
	合格平均点		652.2/900 (435.8/550) [216.3/350]	617.3/900 (412.6/550) [204.8/350]	676.6/900 (448.9/550) [227.8/350]
一般選抜後期	募集人員		8	8	8
	志願者数		534	221	100
	第一段階選抜合格者数		122	97	80
	受験者数	D	21	11	36
	合格者数	E	8	8	8
	追加合格者数	F	2	2	2
	総合格者数	E+F	**10**	**10**	**10**

			2023	2022	2021
一般選抜後期	**合格倍率**	D/(E+F)	**1.8**	**1.1**	**2.1**
	入学者数		8	8	8
	合格最高点		706.3/850 (527.1/600) [213.3/250]	669.5/850 (447.0/600) [258.0/250]	714.4/850 (536.1/600) [196.0/250]
	合格最低点		679.6/850 (493.0/600) [163.0/250]	669.5/850 (447.0/600) [258.0/250]	620.9/850 (470.6/600) [133.3/250]
	合格平均点		691.4/850 (509.0/600) [182.5/250]	669.5/850 (447.0/600) [258.0/250]	663.6/850 (502.6/600) [161.6/250]
学校推薦型	募集人員		10	10	10
	志願者数		25	19	26
	受験者数	G	25	19	26
	合格者数	H	10	10	10
	合格倍率	G/H			
	入学者数		10	10	10
総合型	募集人員		5(32)	5(32)	5(32)
	志願者数		15(128)	17(110)	22(106)
	受験者数	I	15(128)	17(109)	17(106)
	合格者数	J	5(32)	5(32)	5(32)
	合格倍率	I/J	**3.0(4.0)**	**3.4(3.4)**	**3.4(3.3)**
	入学者数		5(32)	5(32)	5(32)

*1　合格点の無印は総合、(　)内は共通テスト、[　]内は第2次試験

*2　総合型の無印は国際医療人、(　)内は北海道

札幌医科大学　医学部医学科

学部所在地　〒060-8556 北海道札幌市中央区南1条西17 丁目
TEL　011-688-9474
URL　https://web.sapmed.ac.jp/

入試日程

試験区分	募集人員	第一段階選抜発表	試験日	合格発表
一般前期	一般枠20名 ATOP-M55名	2月13日(火)	2月25日(日)・26日(月)	3月6日(水)

入試科目

共通テスト

方式日程	英語 リーディング	英語 リスニング	英語 科目数	数学 数学I	数学 数学I・A	数学 数学II	数学 数学II・B	数学 科目数	国語 国語	国語 範囲	理科② 物理	理科② 化学	理科② 生物	理科② 地学	理科 科目数	地歴公民 世界史A	日本史A	地理A	世界史B	日本史B	地理B	現代社会	倫理	政治経済	倫・政経	科目数	満点	2段階選抜
前期(先進研修選抜枠)	●	●	1		●		●	2	●		○	○	○		2				○	○	○	○	○	○	○	1	700	5倍
(配点)	150			150					150		200					50												
前期(一般枠)	●	●	1		●		●	2	●		○	○	○		2				○	○	○	○	○	○	○	1	700	5倍
(配点)	150			150					150		200					50												

2次試験

方式日程	英語 英語	数学 数学I	数学 数学II	数学 数学III	数学 数学A	数学 数学B	国語 国語	国語 範囲	理科 物理	理科 化学	理科 生物	理科 地学	理科 科目数	その他 小論文・論述	その他 総合問題	その他 面接	その他 その他	満点
前期(先進研修選抜枠)	●	●	●	●	●	●			○	○	○		2			●		700
(配点)	200	200							200							100		
前期(一般枠)	●	●	●	●	●	●			○	○	○		2			●		700
(配点)	200	200							200							100		

医師国家試験状況

	第113回	第114回	第115回	第116回	第117回
札幌医科大学(全体)	95.4%	91.7%	94.5%	87.8%	93.3%
札幌医科大学(新卒)	98.0%	94.0%	97.0%	90.0%	96.2%

2023年度入学者

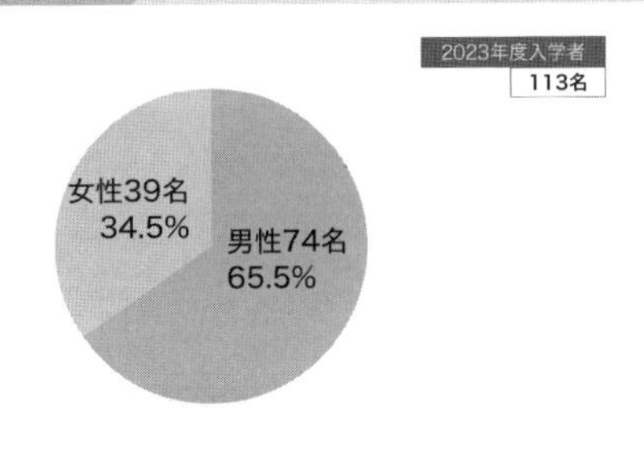

入試結果

			2023	2022	2021
一般選抜前期	募集人員		75	75	75
	志願者数		369	280	274
	第一段階選抜合格者数				
	受験者数	A	327	257	232
	合格者数	B	75	91	75
	追加合格者数	C	1		
	総合格者数	B+C	**76**	**91**	**75**
	合格倍率	A/(B+vC)	**4.3**	**2.8**	**3.1**
	入学者数		75	91	75
	総合点最高点		1103.8/1400.00	1179.75/1400.00	1150.00/1400.00
	総合点最低点		993.0/1400.00	966.75/1400.00	988.25/1400.00
	総合点平均点		1040.4/1400.00	1050.60/1400.00	1046.33/1400.00
推薦	募集人員		20(15)	20(15)	20(15)
	志願者数		50(31)	58(34)	48(41)
	受験者数	D	50(31)	58(34)	48(41)
	合格者数	E	20(15)	11(1)	20(15)
	合格倍率	D/E	**2.5(2.1)**	**5.3(34.0)**	**2.4(2.7)**
	入学者数		20(15)	11(1)	20(15)

* 推薦の無印は先進研修連携枠、(　)内は特別枠

北海道大学　医学部医学科

学部所在地　〒060-8638 北海道札幌市北区北15条西7丁目
TEL　011-706-7484
URL　https://www.hokudai.ac.jp/

入試日程

試験区分	募集人員	第一段階選抜発表	試験日	合格発表
一般前期	85名	2月13日(火)	2月25日(日)・26日(月)	3月6日(水)

入試科目

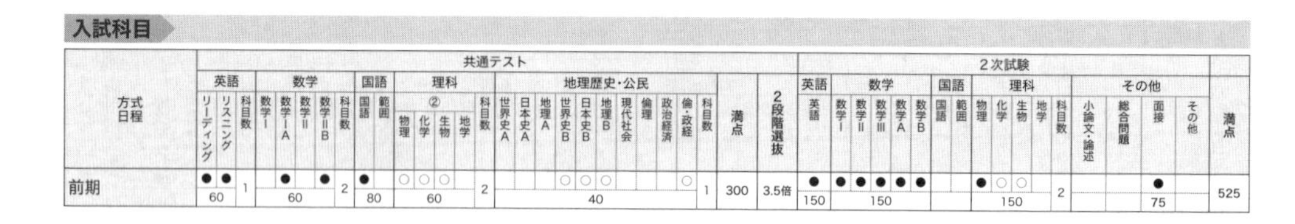

共通テスト

方式日程	英語 リーディング	英語 リスニング	英語 科目数	数学 数学I	数学 数学I・A	数学 数学II	数学 数学II・B	数学 科目数	国語 国語	国語 範囲	理科② 物理	理科② 化学	理科② 生物	理科② 地学	理科 科目数	世界史A	日本史A	地理A	世界史B	日本史B	地理B	現代社会	倫理	政治経済	倫・政経	地歴公民 科目数	満点	2段階選抜
前期	●	●	1		●		●	2	●		○	○	○		2				○	○	○				○	1	300	3.5倍
	60			60					80		60					40												

2次試験

方式日程	英語 英語	数学 数学I	数学 数学II	数学 数学III	数学 数学A	数学 数学B	国語 国語	国語 範囲	理科 物理	理科 化学	理科 生物	理科 地学	理科 科目数	その他 小論文・論述	その他 総合問題	その他 面接	その他 その他	満点
前期	●	●	●	●	●	●			●	○	○		2			●		525
	150	150							150							75		

医師国家試験状況

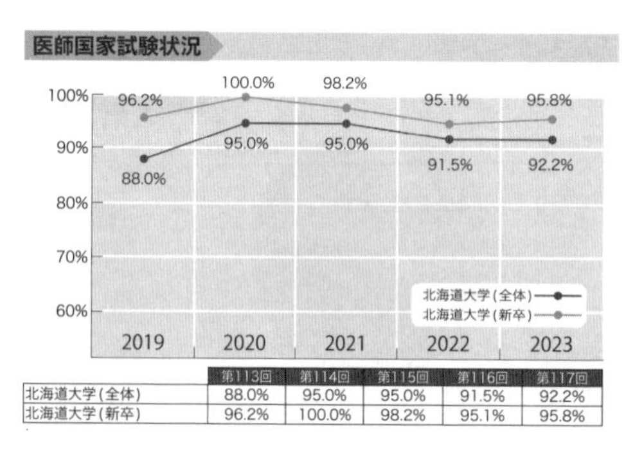

	第113回	第114回	第115回	第116回	第117回
北海道大学(全体)	88.0%	95.0%	95.0%	91.5%	92.2%
北海道大学(新卒)	96.2%	100.0%	98.2%	95.1%	95.8%

2023年度入学者

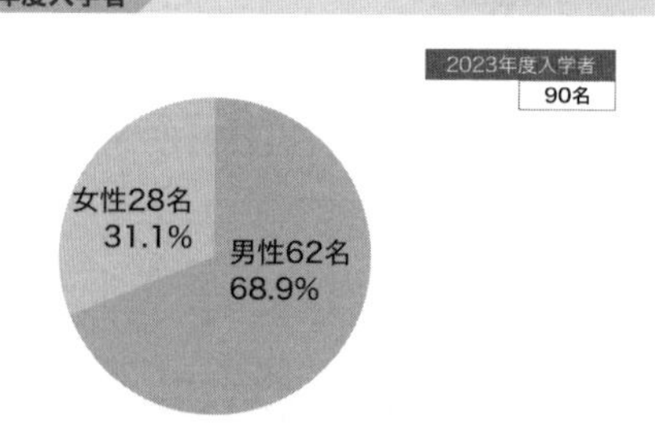

入試結果

			2023	2022	2021
一般選抜前期	募集人員		90	97	101
	志願者数		291	315	338
	第一段階選抜合格者数				
	受験者数	A	275	300	310
	合格者数	B	90	97	101
	追加合格者数	C		1	
	総合格者数	B+C	**90**	**98**	**101**
	合格倍率	A/(B+C)	**3.1**	**3.1**	**3.1**
	入学者数		90	97	101
	総合点最高点		707.20/825	721.90/825	758.25/825
	総合点最低点		602.00/825	626.45/825	660.35/825
	総合点平均点		632.91/825	658.04/825	688.88/825
	共通テスト素点平均点		786.38	745.98	789.05
フロンティア入試	募集人員		5	5	5
	志願者数		10	9	8
	受験者数	D	10	9	8
	合格者数	E	0	5	1
	合格倍率	D/E	**—**	**1.8**	**8.0**
	入学者数		0	0	1

弘前大学　医学部医学科

学部所在地　〒036-8562 青森県弘前市在府町5

TEL　0172-39-3122

URL　https://www.hirosaki-u.ac.jp/

入試日程

試験区分	募集人員	第一段階選抜発表	試験日	合格発表
一般前期	一般枠50名 青森県枠20名		2月25日(日)・26日(月)	3月6日(水)

入試科目

共通テスト

方式日程	英語 リーディング	英語 リスニング	英語 科目数	数学 数学I	数学 数学I・A	数学 数学II	数学 数学II・B	数学 科目数	国語 国語	国語 範囲	理科② 物理	理科② 化学	理科② 生物	理科② 地学	理科 科目数	世界史A	日本史A	地理A	世界史B	日本史B	地理B	現代社会	倫理	政治経済	倫・政経	地理歴史・公民 科目数	満点	2段階選抜
前期(一般枠)	●	●	1		●		●	2	●		○	○	○		2	○	○	○	○	○	○	○	○	○	○	1	1000	8倍
	200			200					200		300					100												
前期(青森県定着枠)	●	●	1		●		●	2	●		○	○	○		2	○	○	○	○	○	○	○	○	○	○	1	1000	8倍
	200			200					200		300					100												

2次試験

方式日程	英語	数学I	数学II	数学III	数学A	数学B	国語	範囲	物理	化学	生物	地学	理科 科目数	小論文・論述	総合問題	面接	その他	満点
前期(一般枠)															●	●		500
															300	200		
前期(青森県定着枠)															●	●		500
															300	200		

医師国家試験状況

	第113回	第114回	第115回	第116回	第117回
弘前大学(全体)	91.0%	91.0%	91.1%	87.0%	88.1%
弘前大学(新卒)	98.3%	95.2%	97.3%	91.7%	91.5%

2023年度入学者

入試結果

			2023	2022	2021
一般選抜前期(一般枠)	募集人員		50	50	50
	志願者数		338	253	168
	第一段階選抜合格者数				
	受験者数	A	294	217	153
	合格者数	B	50	51	51
	追加合格者数	C	1		3
	総合格者数	B+C	**51**	**51**	**54**
	合格倍率	A/(B+C)	**5.8**	**4.3**	**2.8**
	入学者数		50	50	50
	総合点最高点		1204/1500	1120/1500	1220/1500
	総合点最低点		1075/1500	977/1500	1068/1500
	総合点平均点		1112.0/1500	1025.8/1500	1119.1/1500
	共通テスト素点平均点		706.5/1000	745.98/1000	703.5/900
一般選抜前期(青森県枠)	募集人員		20	20	15
	志願者数		144	119	96
	第一段階選抜合格者数				
	受験者数	A	102	89	62
	合格者数	B	20	20	15
	追加合格者数	C			1
	総合格者数	B+C	**20**	**20**	**16**
	合格倍率	A/(B+C)	**5.1**	**4.5**	**4.1**

			2023	2022	2021
一般選抜前期(青森県枠)	入学者数		20	20	15
	総合点最高点		1254/1500	1045/1500	1283/1500
	総合点最低点		1053/1500	949/1500	1064/1500
	総合点平均点		1114.2/1500	984.5/1500	1114.7/1500
	共通テスト素点平均点		707.3/1000	637.2/1000	699.6/900
総合型II	募集人員		27(15)	27(15)	27(20)
	志願者数		81(21)	76(26)	69(17)
	受験者数	D	81(21)	76(26)	69(17)
	合格者数	E	27(15)	27(15)	27(20)
	合格倍率	D/E	**3.0(1.4)**	**2.8(1.7)**	**2.6(0.9)**
	入学者数		27(15)	27(15)	27(20)

* 総合型IIの無印は青森県内枠、(　)内は北海道・東北枠

東北大学　医学部医学科

学部所在地　〒980-8575 宮城県仙台市青葉区星陵町2-1
TEL　022-795-4800
URL　https://www.tohoku.ac.jp/japanese/

入試日程

試験区分	募集人員	第一段階選抜発表	試験日	合格発表
一般前期	77名	2月12日(月)	2月25日(日)・26日(月)	3月9日(土)

入試科目

共通テスト

方式日程	英語			数学					国語		理科 ②					地理歴史・公民											満点	2段階選抜
	リーディング	リスニング	科目数	数学I	数学I・A	数学II	数学II・B	科目数	国語	範囲	物理	化学	生物	地学	科目数	世界史A	日本史A	地理A	世界史B	日本史B	地理B	現代社会	倫理	政治経済	倫・政経	科目数		
前期	●	●	1		●		●	2	●		○	○	○		2				○	○	○				○	1	250	3.5倍
	50			50					50		50					50												

2次試験

方式日程	英語	数学					国語		理科					その他				満点
	英語	数学I	数学II	数学III	数学A	数学B	国語	範囲	物理	化学	生物	地学	科目数	小論文・論述	総合問題	面接	その他	
前期	●	●	●	●	●	●			○	○	○		2			●		950
	250	250							250							200		

医師国家試験状況

東北大学(全体)
東北大学(新卒)

	第113回	第114回	第115回	第116回	第117回
	2019	2020	2021	2022	2023
東北大学(全体)	94.0%	95.0%	96.2%	96.6%	92.6%
東北大学(新卒)	95.8%	96.9%	97.6%	97.2%	94.6%

2023年度入学者

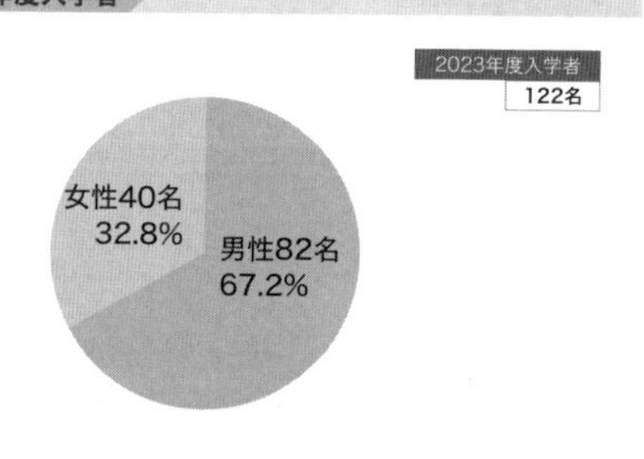

入試結果

			2023	2022	2021
一般選抜前期	募集人員		77	77	77
	志願者数		237	242	243
	第一段階選抜合格者数		231	231	231
	受験者数	A	208	212	209
	合格者数	B	85	81	81
	追加合格者数	C			
	総合格者数	B+C	**85**	**81**	**81**
	合格倍率	A/(B+C)	**2.4**	**2.6**	**2.6**
	入学者数		83	80	79
	総合点平均点		971.74/1200	903.98/1200	917.23/1200
	共通テスト平均点		211.36/250	202.72/250	216.96/250
	個別学力試験平均点		760.37/950	701.26/950	700.34/950
AO入試	募集人員		15(12)	15(12)	15(12)
	志願者数		136(56)	85(74)	127(59)
	受験者数	D	55(22)	50(36)	40(36)
	合格者数	E	17(12)	15(12)	17(13)
	合格倍率	D/E	**3.2(1.8)**	**3.3(3.0)**	**2.4(2.8)**
	入学者数		17(12)	15(12)	17(13)

			2023	2022	2021
地域枠入試	募集人員		7(2)	7(2)	7(2)
	志願者数		22(4)	12(5)	15(5)
	受験者数	F	14(3)	9(5)	13(5)
	合格者数	G	7(2)	7(2)	6(2)
	合格倍率	F/G	**1.3(2.5)**	**1.3(2.5)**	**2.2(2.5)**
	入学者数		7(2)	7(2)	6(2)

*1　AO入試の無印はII期、(　)内はIII期
*2　地域枠入試の無印は宮城県地域枠、(　)内は岩手県地域枠

秋田大学　医学部医学科

学部所在地　〒010-8543 秋田県秋田市本道1-1-1
TEL　018-889-2256
URL　https://www.akita-u.ac.jp/honbu/

入試日程

試験区分	募集人員	第一段階選抜発表	試験日	合格発表
一般前期	55名	2月9日(金)	2月25日(日)・26日(月)	3月7日(木)
一般後期	一般枠20名 秋田県枠4名	2月9日(金)	3月12日(火)	3月21日(木)

入試科目

共通テスト

方式 日程	英語 リーディング	英語 リスニング	英語 科目数	数学 数学Ⅰ	数学 数学Ⅰ A	数学 数学Ⅱ	数学 数学Ⅱ B	数学 科目数	国語 国語	国語 範囲	理科② 物理	理科② 化学	理科② 生物	理科② 地学	理科 科目数	世界史A	日本史A	地理A	世界史B	日本史B	地理B	現代社会	倫理	政治経済	倫・政経	科目数	満点	2段階選抜
前期	●	●	1		●		●	2	●		○	○	○		2				○	○	○				○	1	550	5倍
	100			100					100		200					50												
後期(一般枠)	●	●	1		●		●	2	●		○	○	○		2				○	○	○				○	1	700	10倍
	150			150					150		200					50												
後期(秋田県地域枠)	●	●	1		●		●	2	●		○	○	○		2				○	○	○				○	1	450	10倍
	100			100					100		100					50												

2次試験

方式 日程	英語 英語	数学 数学Ⅰ	数学 数学Ⅱ	数学 数学Ⅲ	数学 数学A	数学 数学B	国語 国語	国語 範囲	理科 物理	理科 化学	理科 生物	理科 地学	理科 科目数	その他 小論文・論述	その他 総合問題	その他 面接	その他 その他	満点
前期	●	●	●	●	●	●										●		400
	100	100														200		
後期(一般枠)														●		●		300
														100		200		
後期(秋田県地域枠)														●		●		250
														100		150		

医師国家試験状況

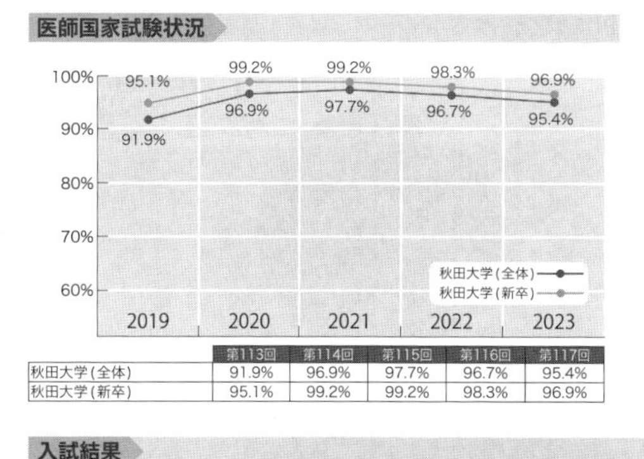

	第113回	第114回	第115回	第116回	第117回
秋田大学(全体)	91.9%	96.9%	97.7%	96.7%	95.4%
秋田大学(新卒)	95.1%	99.2%	99.2%	98.3%	96.9%

2023年度入学者

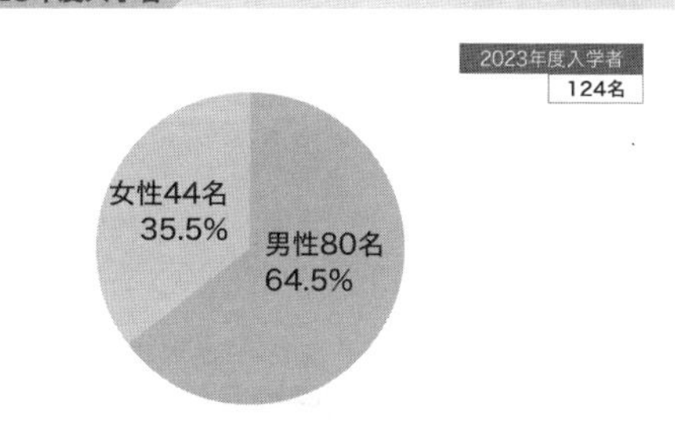

入試結果

			2023	2022	2021
一般選抜前期	募集人員		55	55	55
	志願者数		231	220	244
	第一段階選抜合格者数				
	受験者数	A	182	166	193
	合格者数	B	55	55	55
	追加合格者数	C			
	総合格者数	B+C	**55**	**55**	**55**
	合格倍率	A/(B+C)	**3.3**	**3.0**	**3.5**
	入学者数		54	54	53
	合格最高点		823.70/950 (482.70/550) [350.00/400]	824.90/950 (598.60/550) [259.00/400]	833.50/950 (496.50/550) [363.00/400]
	合格最低点		719.90/950 (395.40/550) [288.00/400]	732.90/950 (538.30/550) [230.00/400]	770.30/950 (430.80/550) [304.00/400]
	合格平均点		756.31/950 (443.91/550) [312.40/400]	763.40/950 (568.92/550) [240.91/400]	790.81/950 (461.52/550) [329.29/400]
一般選抜後期	募集人員		20(4)	20(4)	20(4)
	志願者数		447(56)	340(50)	312(38)
	第一段階選抜合格者数		270(40)	271(41)	256(0)
	受験者数	D	63(16)	50(21)	54(17)
	合格者数	E	23(4)	20(4)	25(4)
	追加合格者数	F		2(0)	0(0)
	総合格者数	E+F	**23(4)**	**22(4)**	**25(4)**
	合格倍率	D/(E+F)	**2.7(4.0)**	**2.3(5.3)**	**2.2(4.3)**

			2023	2022	2021
一般選抜後期	入学者数		21(4)	21(4)	22(4)
	合格最高点		871.50/1000 (627.50/700) [259.00/300]	824.90/1000 (459.90/700) [372.00/300]	901.65/1000 (642.80/700) [276.00/300]
	合格最低点		809.00/1000 (563.00/700) [228.00/300]	732.90/1000 (370.10/700) [314.00/300]	848.00/1000 (596.40/700) [247.00/300]
	合格平均点		831.34/1000 (589.60/700) [241.74/300]	763.40/1000 (422.47/700) [340.93/300]	870.62/1000 (615.42/700) [255.20/300]
推薦	募集人員		20(20)[5]	20(20)[5]	20(20)[5]
	志願者数		65(65)[7]	47(56)[15]	59(49)[8]
	受験者数	G	64(65)[7]	46(56)[15]	59(49)[8]
	合格者数	H	20(23)[2]	20(20)[5]	20(21)[4]
	合格倍率	G / H	**3.2(2.8)[3.5]**	**2.3(2.8)[3.0]**	**3.0(2.3)[2.0]**
	入学者数		20(23)[2]	20(20)[5]	20(21)[4]

*1 合格点の無印は総合、( )内は共通テスト、[ ]内は第2次試験
*2 一般選抜後期の無印は一般枠、( )内は秋田県枠
*3 一般選抜後期の秋田県枠の合格点は非公表

山形大学　医学部医学科

学部所在地　〒990-9585 山形県山形市飯田西2-2-2
TEL　023-628-5049
URL　https://www.yamagata-u.ac.jp/jp/

入試日程

試験区分	募集人員	第一段階選抜発表	試験日	合格発表
一般前期	60名	2月13日(火)	2月25日(日)・26日(月)	3月6日(水)
一般後期	15名	2月13日(火)	3月12日(火)	3月20日(水)

入試科目

共通テスト

方式/日程	英語 リーディング	英語 リスニング	英語 科目数	数学Ⅰ	数学Ⅰ・A	数学Ⅱ	数学Ⅱ・B	数学 科目数	国語	国語 範囲	理科② 物理	化学	生物	地学	理科 科目数	世界史A	日本史A	地理A	世界史B	日本史B	地理B	現代社会	倫理	政治経済	倫・政経	地歴公民 科目数	満点	2段階選抜
前期	●	●	1		●		●	2	●		○	○	○		2				○	○	○				○	1	900	5倍
前期 配点	200			200					200		200					100												
後期	●	●	1		●		●	2	●		○	○	○		2				○	○	○				○	1	900	10倍
後期 配点	200			200					200		200					100												

2次試験

方式/日程	英語	数学Ⅰ	数学Ⅱ	数学Ⅲ	数学A	数学B	国語	国語 範囲	物理	化学	生物	地学	理科 科目数	小論文・論述	総合問題	面接	その他	満点
前期	●	●	●	●	●	●			○	○	○		2			●		700
前期 配点	200	200							200							100		
後期																●		100
後期 配点																100		

医師国家試験状況

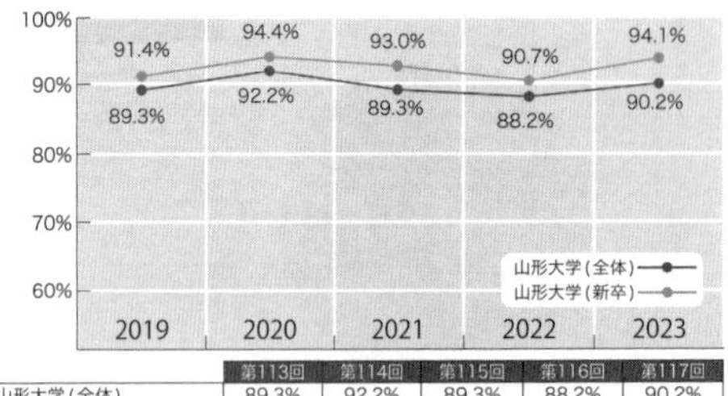

	第113回	第114回	第115回	第116回	第117回
山形大学(全体)	89.3%	92.2%	89.3%	88.2%	90.2%
山形大学(新卒)	91.4%	94.4%	93.0%	90.7%	94.1%

2023年度入学者

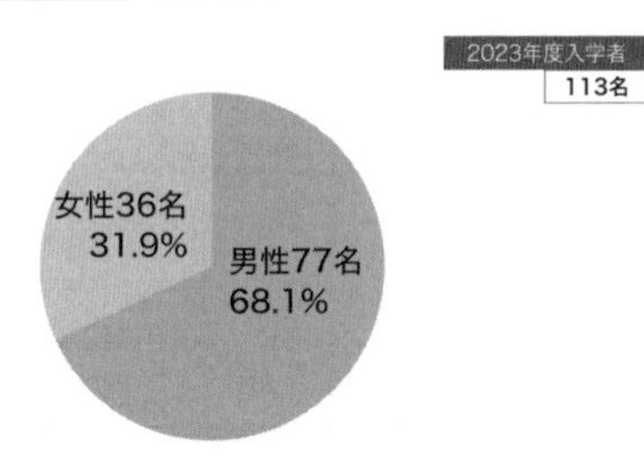

入試結果

区分	項目		2023	2022	2021
一般選抜前期	募集人員		65(8)	65(8)	65(8)
	志願者数		348(27)	350(36)	214(27)
	第一段階選抜合格者数				
	受験者数	A	309(23)	303(22)	178(22)
	合格者数	B	65(8)	65(8)	65(8)
	追加合格者数	C		1(0)	
	総合格者数	**B+C**	**65(8)**	**66(8)**	**65(8)**
	合格倍率	**A/(B+C)**	**4.8(2.9)**	**4.6(2.8)**	**2.7(2.8)**
	入学者数		63(8)	61(8)	65(8)
	総合点最高点		1342.2/1600	1369.8/1600	1414.0/1600
	総合点最低点		1174.8/1600	1167.2/1600	1182.7/1600
	総合点平均点		1237.2/1600	1222.7/1600	1260.4/1600
一般選抜後期	募集人員		15	15	15
	志願者数		329	269	147
	第一段階選抜合格者数				
	受験者数	D	148	98	58
	合格者数	E	22	18	15
	追加合格者数	F	4	3	
	総合格者数	**E+F**	**26**	**21**	**15**
	合格倍率	**D/(E+F)**	**5.7**	**4.7**	**3.9**
	入学者数		17	19	14
	総合点最高点		901.0/1000	896.0/1000	932.0/1000
	総合点最低点		846.0/1000	743.0/1000	837.0/1000
	総合点平均点		879.3/1000	826.2/1000	882.6/1000

区分	項目		2023	2022	2021
推薦II	募集人員		25	25	25
	志願者数		125	113	108
	受験者数	G	125	113	108
	合格者数	H	25	25	26
	実質倍率	**G/H**	**5.0**	**4.5**	**4.2**
	入学者数		25	25	26
	総合点最高点		884/1000	880/1000	907/1000
	総合点最低点		814/1000	767/1000	830/1000
	総合点平均点		843.7/1000	800.0/1000	857.7/1000

*1　一般選抜前期の無印は一般枠、(　)内は地域枠
*2　一般選抜前期の地域枠の合格点は非公表

福島県立医科大学　医学部医学科

学部所在地	〒960-1295 福島県福島市光が丘1
T E L	024-547-1093
U R L	https://www.fmu.ac.jp/

入試日程

試験区分	募集人員	第一段階選抜発表	試験日	合格発表
一般前期	一般枠45名程度 地域枠30名程度	2月13日(火)	2月25日(日)・26日(月)	3月8日(金)

入試科目

共通テスト

方式 日程	英語 リーディング	英語 リスニング	英語 科目数	数学 数学I	数学 数学I・A	数学 数学II	数学 数学II・B	数学 科目数	国語 国語	国語 範囲	理科② 物理	理科② 化学	理科② 生物	理科② 地学	理科 科目数	世界史A	日本史A	地理A	世界史B	日本史B	地理B	現代社会	倫理	政治経済	倫・政経	地理歴史・公民 科目数	満点	2段階選抜
前期(一般枠)	●	●	1		●		●	2	●		○	○	○		2				○	○	○				○	1	650	4倍
	150			150					150		150					50												
前期(地域枠)	●	●	1		●		●	2	●		○	○	○		2				○	○	○				○	1	650	4倍
	150			150					150		150					50												

2次試験

方式 日程	英語 英語	数学 数学I	数学 数学II	数学 数学III	数学 数学A	数学 数学B	国語 国語	国語 範囲	理科 物理	理科 化学	理科 生物	理科 地学	理科 科目数	その他 小論文・論述	その他 総合問題	その他 面接	その他 その他	満点
前期(一般枠)	●	●	●	●	●	●			○	○	○		2			●		660
	200	200							200							60		
前期(地域枠)	●	●	●	●	●	●			○	○	○		2			●		660
	200	200							200							60		

医師国家試験状況

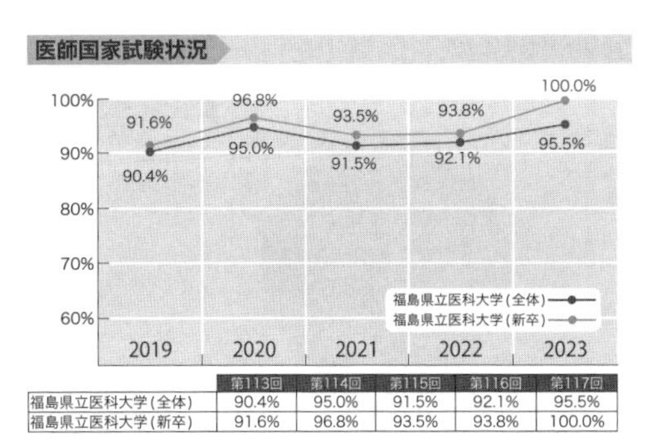

	第113回	第114回	第115回	第116回	第117回
福島県立医科大学(全体)	90.4%	95.0%	91.5%	92.1%	95.5%
福島県立医科大学(新卒)	91.6%	96.8%	93.5%	93.8%	100.0%

2023年度入学者

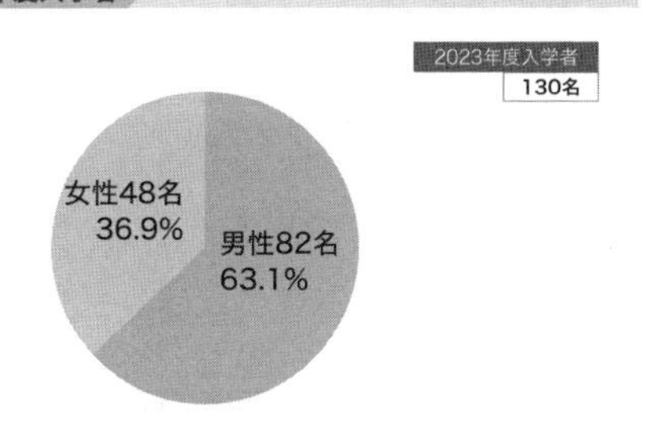

入試結果

			2023	2022	2021
一般選抜前期(一般枠)	募集人員		49(30)	49(30)	52(30)
	志願者数		474(120)	277(109)	310(120)
	第一段階選抜合格者数		333	332	350
	受験者数	A	260	278	287
	合格者数	B	47(30)	49(30)	52(30)
	追加合格者数	C	3(3)	4(1)	5(4)
	総合格者数	**B+C**	**50(33)**	**53(31)**	**57(34)**
	合格倍率	**A/(B+C)**	**3.1**	**3.4**	**3.2**
	入学者数		47(30)	46(30)	52(30)
	合格者最低点		895.3/1310	833.8/1310	845.7/1310
	第一段階選抜合格者最低点		659.0/900	554.4/900	617.8/900
推薦	募集人員		50 以内	50 以内	50 以内
	志願者数		135	157	182
	受験者数	D	132	152	169
	合格者数	E	46	46	48
	実質倍率	**D/E**	**2.9**	**3.3**	**3.5**
	入学者数		46	46	48
総合型	募集人員		5 以内	5 以内	
	志願者数		17	29	
	受験者数	F	17	16	
	合格者数	G	5	5	
	実質倍率	**F/G**	**3.4**	**3.2**	
	入学者数		5	5	

* 一般選抜前期の無印は一般枠、( )内は地域枠

筑波大学　医学部医学科

学部所在地　〒305-8575 茨城県つくば市天王台1-1-1
TEL　029-853-6007
URL　https://www.tsukuba.ac.jp/

入試日程

試験区分	募集人員	第一段階選抜発表	試験日	合格発表
一般前期	44名 地域枠18名	2月9日(金)	2月25日(日)・26日(月)	3月8日(金)

入試科目

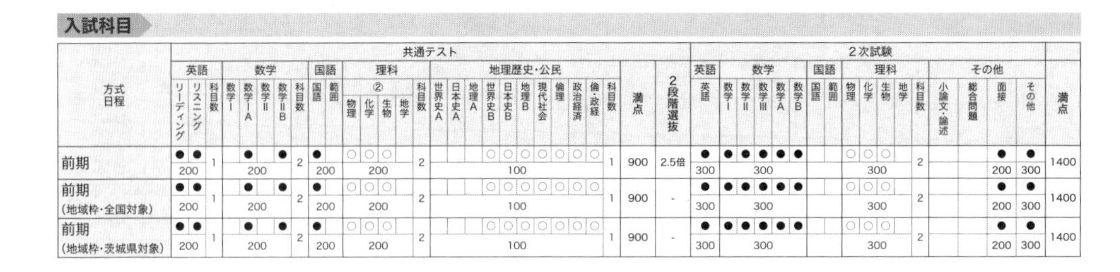

共通テスト

方式日程	英語 リーディング	英語 リスニング	英語 科目数	数学Ⅰ	数学Ⅰ・A	数学Ⅱ	数学Ⅱ・B	数学 科目数	国語	国語 範囲	理科② 物理	化学	生物	地学	理科 科目数	世界史A	日本史A	地理A	世界史B	日本史B	地理B	現代社会	倫理	政治経済	倫・政経	地歴公民 科目数	満点	2段階選抜
前期	●	●	1		●		●	2	●		○	○	○		2				○	○	○	○	○	○	○	1	900	2.5倍
	200			200					200		200					100												
前期(地域枠・全国対象)	●	●	1		●		●	2	●		○	○	○		2				○	○	○	○	○	○	○	1	900	-
	200			200					200		200					100												
前期(地域枠・茨城県対象)	●	●	1		●		●	2	●		○	○	○		2				○	○	○	○	○	○	○	1	900	-
	200			200					200		200					100												

2次試験

方式日程	英語	数学Ⅰ	数学Ⅱ	数学Ⅲ	数学A	数学B	国語	国語 範囲	物理	化学	生物	地学	理科 科目数	小論文・論述	総合問題	面接	その他	満点
前期	●	●	●	●	●	●			○	○	○		2			●	●	1400
	300	300							300							200	300	
前期(地域枠・全国対象)	●	●	●	●	●	●			○	○	○		2			●	●	1400
	300	300							300							200	300	
前期(地域枠・茨城県対象)	●	●	●	●	●	●			○	○	○		2			●	●	1400
	300	300							300							200	300	

医師国家試験状況

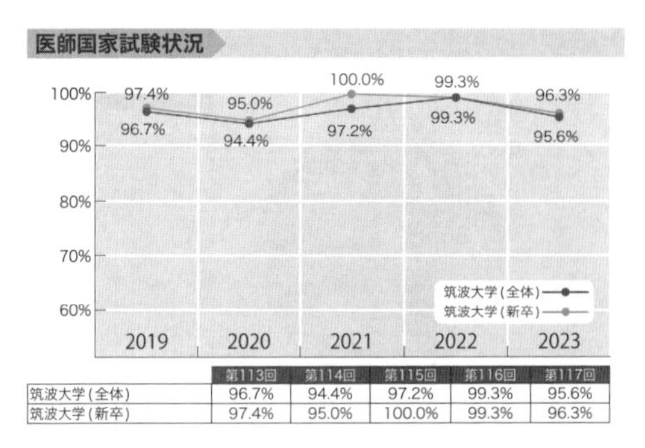

	第113回	第114回	第115回	第116回	第117回
筑波大学(全体)	96.7%	94.4%	97.2%	99.3%	95.6%
筑波大学(新卒)	97.4%	95.0%	100.0%	99.3%	96.3%

2023年度入学者

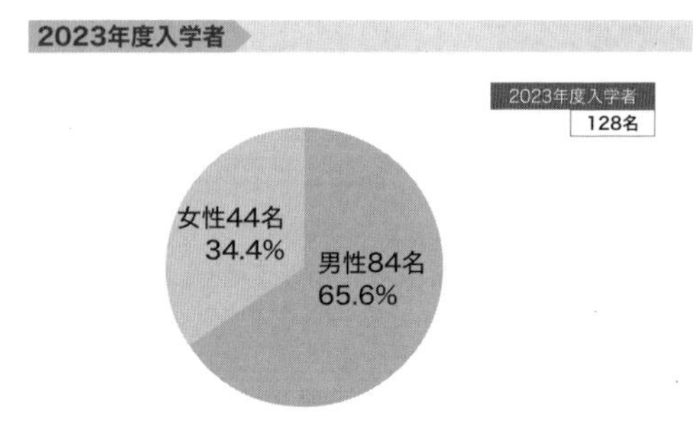

入試結果

			2023	2022	2021
一般選抜前期	募集人員		47	44	44
	志願者数		120	133	158
	第一段階選抜合格者数			110	110
	受験者数	A	111	103	105
	合格者数	B	47	45	50
	追加合格者数	C	1		2
	総合格者数	B+C	**48**	**45**	**52**
	合格倍率	A/(B+C)	**2.3**	**2.3**	**2.0**
	入学者数		47	45	46
	総合点最高点		1996/2300	1910/2300	1978/2300
	総合点最低点		1790/2300	1709/2300	1731/2300
	総合点平均点		1883.2/2300	1791.0/2300	1809.3/2300
一般選抜前期(地域枠)	募集人員		10(8)	10(8)	10(8)
	志願者数		8(51)	6(30)	18(30)
	第一段階選抜合格者数				
	受験者数	D	8(46)	6(29)	17(26)
	合格者数	E	9(8)	1(8)	2(8)
	追加合格者数	F			
	総合格者数	E+F	**9(8)**	**1(8)**	**2(8)**
	合格倍率	D/(E+F)	**0.9(5.8)**	**6.0(3.6)**	**8.5(3.3)**
	入学者数		9(8)	1(8)	2(7)
	総合点最高点		—	—	—
	総合点最低点		—	—	—
	総合点平均点		—	—	—

			2023	2022	2021
推薦	募集人員		44(18)	44(18)	44(18)
	志願者数		231(69)	220(69)	213(64)
	受験者数	G	229(68)	220(69)	213(64)
	合格者数	H	44(18)	46(18)	46(18)
	実質倍率	G/H	**5.2(3.8)**	**5.0(3.8)**	**4.8(3.6)**
	入学者数		44(18)	46(18)	46(18)

*1　一般選抜前期地域枠の無印は全国、(　)内は茨城
*2　一般選抜前期の地域枠の合格点は非公表
*3　推薦の無印は一般推薦、(　)内は地域枠

群馬大学　医学部医学科

学部所在地　〒371-8511 群馬県前橋市昭和町3-39-22

TEL　027-220-8910

URL　https://www.gunma-u.ac.jp/

入試日程

試験区分	募集人員	第一段階選抜発表	試験日	合格発表
一般前期	一般枠65名 地域枠6名	未定	2月25日(日)・26日(月)	3月7日(木)

入試科目

共通テスト

方式日程	英語 リーディング	英語 リスニング	科目数	数学 数学I	数学 数学I・A	数学 数学II	数学 数学II・B	科目数	国語 国語	国語 範囲	理科② 物理	理科② 化学	理科② 生物	理科② 地学	科目数	世界史A	日本史A	地理A	世界史B	日本史B	地理B	現代社会	倫理	政治経済	倫・政経	科目数	満点	2段階選抜
前期(一般枠)	●	●	1		●		●	2	●		○	○	○		2	○	○	○	○	○	○	○	○	○	○	1	450	3倍
	100			100					100		100					50												
前期(地域医療枠)	●	●	1		●		●	2	●		○	○	○		2	○	○	○	○	○	○	○	○	○	○	1	450	3倍
	100			100					100		100					50												

2次試験

方式日程	英語 英語	数学 数学I	数学 数学II	数学 数学III	数学 数学A	数学 数学B	国語 国語	国語 範囲	理科 物理	理科 化学	理科 生物	理科 地学	科目数	その他 小論文・論述	その他 総合問題	その他 面接	その他 その他	満点
前期(一般枠)		●	●	●	●	●			●	●			2	●		●		450
		150							150					150		-		
前期(地域医療枠)		●	●	●	●	●			●	●			2	●		●		450
		150							150					150		-		

医師国家試験状況

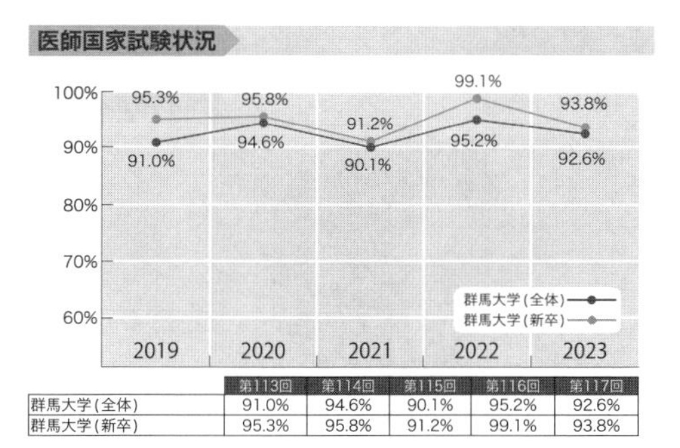

	第113回	第114回	第115回	第116回	第117回
群馬大学(全体)	91.0%	94.6%	90.1%	95.2%	92.6%
群馬大学(新卒)	95.3%	95.8%	91.2%	99.1%	93.8%

2023年度入学者

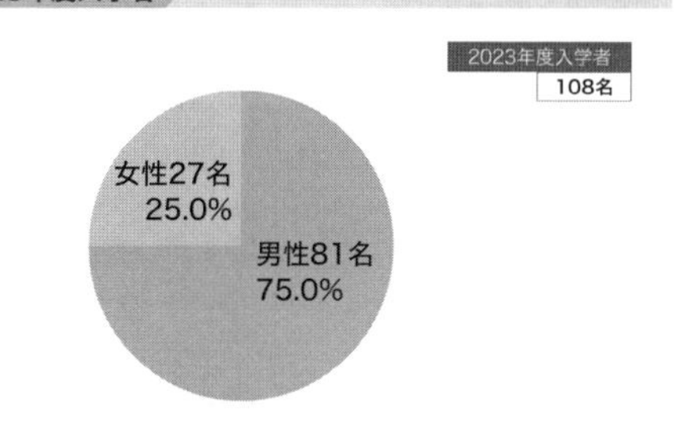

入試結果

			2023	2022	2021
一般選抜前期	募集人員		65(6)	65(6)	65(6)
	志願者数		266(37)	284(34)	164(24)
	第一段階選抜合格者数		204(34)	189(24)	
	受験者数	A	176(22)	156(14)	148(21)
	合格者数	B	60(6)	66(6)	66(6)
	追加合格者数	C	5(0)	4(0)	4(0)
	総合格者数	**B+C**	**70(6)**	**70(6)**	**70(6)**
	合格倍率	**A/(B+C)**	**2.5(3.7)**	**2.2(2.3)**	**2.1(3.5)**
	入学者数		65(6)	66(6)	66(6)
	総合点平均点		626.01(620.67)/900	527.51(533.83)/900	630.34(665.83)/900
	共通テスト平均点		366.13(375.32)/450	349.76(327.73)/450	378.72(397.20)/450
推薦	募集人員		25(12)	25(12)	25(12)
	志願者数		65(25)	61(26)	94(44)
	受験者数	D	65(25)	61(26)	94(44)
	合格者数	E	25(12)	24(12)	25(12)
	実質倍率	**D/E**	**2.6(2.1)**	**2.5(2.2)**	**3.8(3.7)**
	入学者数		25(12)	24(12)	24(12)

*1　一般選抜前期の無印は一般枠、(　)内は地域医療枠

*2　推薦の無印は一般枠、(　)内は地域医療枠

千葉大学　医学部医学科

学部所在地　〒260-8670 千葉県千葉市中央区亥鼻1-8-1
T E L　043-290-2182
U R L　https://www.chiba-u.ac.jp/

入試日程

試験区分	募集人員	第一段階選抜発表	試験日	合格発表
一般前期	一般枠82名 地域枠20名	2月8日(木)	2月25日(日)・26日(月)	3月9日(土)
一般後期	15名	2月29日(木)	3月12日(火)・13日(水)	3月20日(水)

入試科目

共通テスト

方式 日程	英語 リーディング	英語 リスニング	英語 科目数	数学 数学I	数学 数学I・A	数学 数学II	数学 数学II・B	数学 科目数	国語 国語	国語 範囲	理科② 物理	理科② 化学	理科② 生物	理科② 地学	理科 科目数	世界史A	日本史A	地理A	世界史B	日本史B	地理B	現代社会	倫理	政治経済	倫・政経	地理歴史・公民 科目数	満点	2段階選抜
前期(一般枠)	●	●	1		●		●	2	●		○	○	○		2				○	○	○				○	1	450	3倍
	100				100				100		100					50												
前期(千葉県地域枠)	●	●	1		●		●	2	●		○	○	○		2				○	○	○				○	1	450	3倍
	100				100				100		100					50												
後期(一般枠)	●	●	1		●		●	2	●		○	○	○		2				○	○	○				○	1	450	7倍
	100				100				100		100					50												

2次試験

方式 日程	英語 英語	数学 数学I	数学 数学II	数学 数学III	数学 数学A	数学 数学B	国語 国語	国語 範囲	理科 物理	理科 化学	理科 生物	理科 地学	理科 科目数	その他 小論文・論述	その他 総合問題	その他 面接	その他 その他	満点
前期(一般枠)	●	●	●	●	●	●			○	○	○		2			●		1000
	300	300							300							100		
前期(千葉県地域枠)	●	●	●	●	●	●			○	○	○		2			●		1000
	300	300							300							100		
後期(一般枠)	●	●	●	●	●	●			○	○	○		2			●		1000
	300	300							300							100		

医師国家試験状況

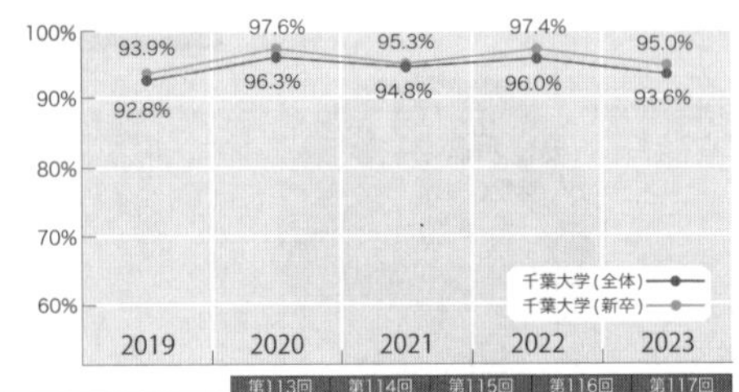

	第113回	第114回	第115回	第116回	第117回
千葉大学(全体)	92.8%	96.3%	94.8%	96.0%	93.6%
千葉大学(新卒)	93.9%	97.6%	95.3%	97.4%	95.0%

2023年度入学者

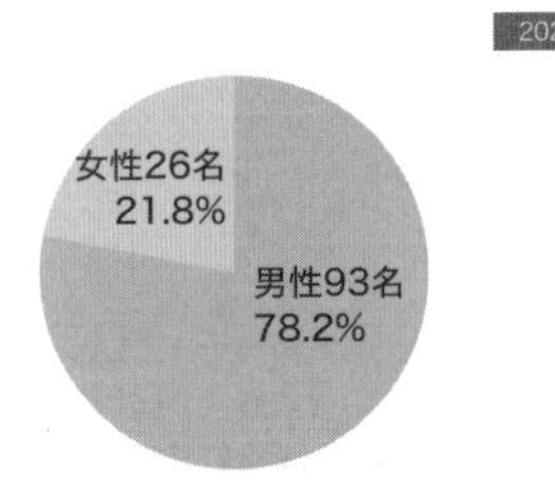

入試結果

一般選抜前期

		2023	2022	2021
募集人員		82(20)	82(20)	82(15)
志願者数		293(53)	257(71)	331(44)
第一段階選抜合格者数		246	246(60)	246
受験者数	A	238(48)	235(55)	238(42)
合格者数	B	89(20)	90(20)	88(15)
追加合格者数	C			
総合格者数	**B+C**	**89(20)**	**90(20)**	**88(15)**
合格倍率	**A/(B+C)**	**2.7(2.4)**	**2.6(2.8)**	**2.7(2.8)**
入学者数		85(20)	85(20)	81(15)
総合点最高点		1191 (1049) /1450	1253 (1189) /1450	1229 (1155) /1450
総合点最低点		983 (856) /1450	992 (927) /1450	1034 (924) /1450
総合点平均点		1052 (949) /1450	1066 (983) /1450	1094 (1020) /1450

一般選抜後期

		2023	2022	2021
募集人員		15	15	15(5)
志願者数		406	401	388(45)
第一段階選抜合格者数		243	257	260(35)
受験者数	D	63	47	59(17)
合格者数	E	17	20	20(5)
追加合格者数	F			
総合格者数	**E+F**	**17**	**20**	**20(5)**
合格倍率	**D/(E+F)**	**3.7**	**2.4**	**3.0(3.4)**
入学者数		14	16	17(5)
総合点最高点		1230 /1450	1270 /1450	1232 /1450
総合点最低点		1138 /1450	1081 /1450	1091 /1450
総合点平均点		1179 /1450	1152 /1450	1130 /1450
第一段階選抜合格者最低点		782 /900	730 /900	778 (648) /900

＊ 一般選抜前期・後期の無印は一般枠、(　)内は地域枠

東京大学　医学部医学科

学部所在地 〒113-0033 東京都文京区本郷7-3-1
TEL 03-5841-1222
URL https://www.u-tokyo.ac.jp/ja/index.html

入試日程

試験区分	募集人員	第一段階選抜発表	試験日	合格発表
一般後期	97名	2月13日(火)	2月25日(日)・26日(月)・27日(火)	3月10日(日)

入試科目

方式日程	共通テスト																											
	英語			数学					国語		理科					地理歴史・公民											満点	2段階選抜
	リーディング	リスニング	科目数	数学Ⅰ	数学Ⅰ・A	数学Ⅱ	数学Ⅱ・B	科目数	国語	範囲	② 物理	② 化学	② 生物	② 地学	科目数	世界史A	日本史A	地理A	世界史B	日本史B	地理B	現代社会	倫理	政治経済	倫・政経	科目数		
前期	●	●	1		●		●	2	●		○	○	○	○	2				○	○	○				○	1	110	3倍
	200			200					200		200					100												

方式日程	2次試験																	
	英語	数学					国語		理科					その他				満点
	英語	数学Ⅰ	数学Ⅱ	数学Ⅲ	数学A	数学B	国語	範囲	物理	化学	生物	地学	科目数	小論文・論述	総合問題	面接	その他	
前期	●	●	●	●	●	●	●		○	○	○	○	2			●		440
	120	120					80		120							-		

医師国家試験状況

	第113回	第114回	第115回	第116回	第117回
東京大学(全体)	89.0%	91.3%	91.1%	87.8%	90.8%
東京大学(新卒)	92.2%	96.0%	95.6%	93.2%	94.8%

2023年度入学者

2023年度入学者 101名

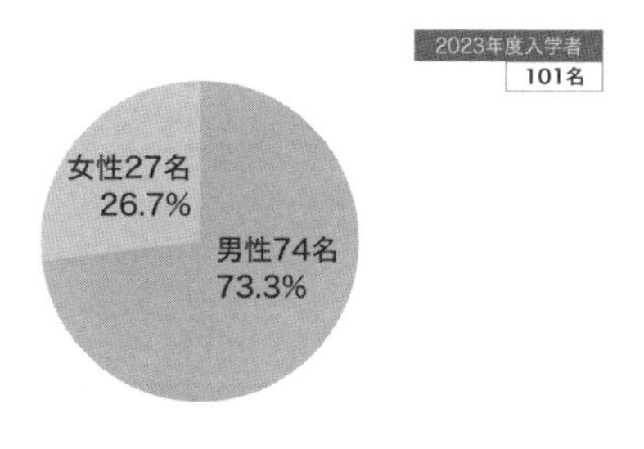

入試結果

			2023	2022	2021
一般選抜前期	募集人員		97	97	97
	志願者数		420	421	385
	第一段階選抜合格者数		291	340	342
	受験者数	A	288	326	335
	合格者数	B	97	97	98
	追加合格者数	C			
	総合格者数	B+C	**97**	**97**	**98**
	合格倍率	A/(B+C)	**3.0**	**3.4**	**3.4**
	入学者数		97	97	98
	合格最高点		458.8/550 (885/900)	448.1/550 (860/900)	480.4/550 (886/900)
	合格最低点		357.7/550 (640/900)	347.5/550 (529/900)	375.7/550 (534/900)
	合格平均点		389.2/550 (697.91/900)	377.1/550 (659.06/900)	405.5/550 (757.92/900)

* 合格点の無印は総合、(　)内は第一段階選抜

東京医科歯科大学　医学部医学科

学部所在地　〒113-8510 東京都文京区湯島1-5-45
TEL　03-5803-5084
URL　https://www.tmd.ac.jp/

入試日程

試験区分	募集人員	第一段階選抜発表	試験日	合格発表
一般前期	69名	未定	2月25日(日)・26日(月)	3月8日(金)
一般後期	10名	未定	3月12日(火)・13日(水)	3月22日(金)

入試科目

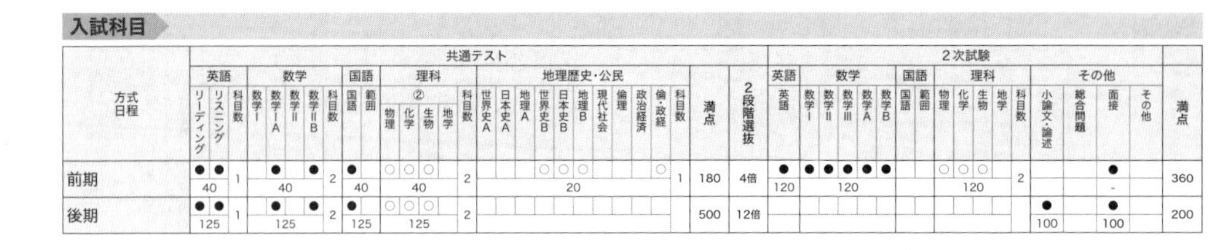

共通テスト

方式日程	英語 リーディング	英語 リスニング	英語 科目数	数学I	数学I・A	数学II	数学II・B	数学 科目数	国語	国語 範囲	理科② 物理	理科② 化学	理科② 生物	理科② 地学	理科 科目数	世界史A	日本史A	地理A	世界史B	日本史B	地理B	現代社会	倫理	政治経済	倫・政経	地歴公民 科目数	満点	2段階選抜
前期	●	●	1		●		●	2	●		○	○	○		2				○	○	○				○	1	180	4倍
(配点)	40			40					40		40					20												
後期	●	●	1		●		●	2	●		○	○	○		2												500	12倍
(配点)	125			125					125		125																	

2次試験

方式日程	英語	数学I	数学II	数学III	数学A	数学B	国語	国語 範囲	物理	化学	生物	地学	理科 科目数	小論文・論述	総合問題	面接	その他	満点
前期	●	●	●	●	●	●			○	○	○		2			●		360
(配点)	120	120							120							-		
後期														●		●		200
(配点)														100		100		

医師国家試験状況

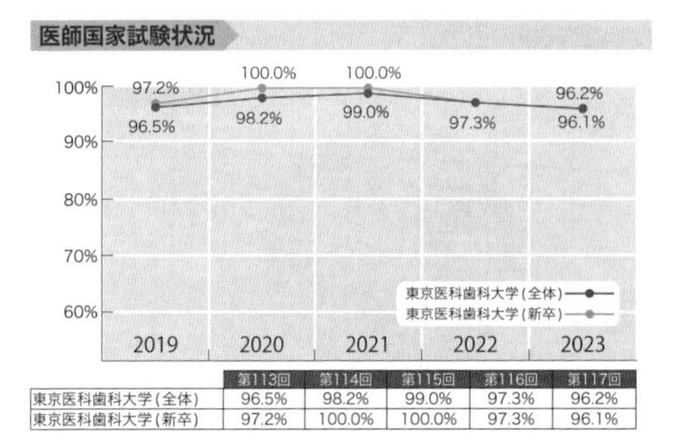

	第113回	第114回	第115回	第116回	第117回
東京医科歯科大学(全体)	96.5%	98.2%	99.0%	97.3%	96.2%
東京医科歯科大学(新卒)	97.2%	100.0%	100.0%	97.3%	96.1%

2023年度入学者

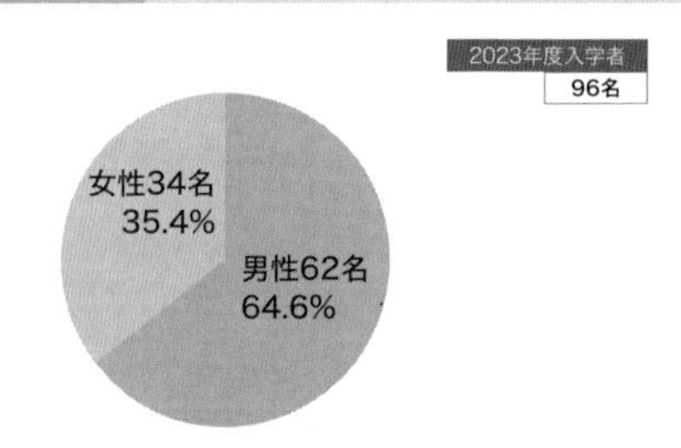

入試結果

			2023	2022	2021
一般選抜前期	募集人員		69	79	79
	志願者数		308	303	316
	第一段階選抜合格者数				
	受験者数	A	271	283	297
	合格者数	B	78	87	87
	追加合格者数	C		14	3
	総合格者数	**B+C**	**78**	**101**	**90**
	合格倍率	**A/(B+C)**	**3.5**	**2.8**	**3.3**
	入学者数		70	82	83
	総合点最高点		454.80/540	477.60/540	455.80/540
	総合点最低点		370.00/540	368.80/540	369.20/540
	総合点平均点		394.30/540	400.30/540	396.64/540
一般選抜後期	募集人員		10	10	10
	志願者数		204	168	150
	第一段階選抜合格者数				
	受験者数	D	21	26	31
	合格者数	E	13	11	10
	追加合格者数	F			
	総合格者数	**E+F**	**13**	**11**	**10**
	合格倍率	**D/(E+F)**	**1.6**	**2.4**	**3.1**
	入学者数		10	10	10
	総合点最高点		—	—	—
	総合点最低点		—	—	—
	総合点平均点		—	—	—

			2023	2022	2021
特別選抜I	募集人員		5(2)	5(2)	5(2)
	志願者数		32(16)	38(9)	47(7)
	受験者数	G	20(8)	20(8)	18(7)
	合格者数	H	4(2)	3(3)	3(1)
	実質倍率	**G/H**	**6.4(8.0)**	**6.7(2.7)**	**6.0(7.0)**
	入学者数		4(2)	3(2)	3(0)
地域枠推薦	募集人員		2(3)[5]<5>【5】	2[2]	2[2]
	志願者数		4(2)[9]<14>【32】	6[6]	3[9]
	受験者数	I	4(2)[9]<10>【20】	6[6]	3[8]
	合格者数	J	1(2)[3]<3>【4】	1[2]	2[2]
	実質倍率	**I/J**	**4.0(1.0)[3.0]<3.3>【5.0】**	**6.0[3.0]**	**1.5[4.0]**
	入学者数		1(2)[3]<3>【4】	1[2]	2[2]

*1　特別選抜Ⅰの無印は推薦、(　)内は国際バカロレア
*2　地域枠推薦の無印は茨城県枠県内、(　)内は茨城県枠全国、[　]内は長野県枠、<　>内は埼玉県枠、【　】内は一般枠

横浜市立大学　医学部医学科

学部所在地　〒236-0004 神奈川県横浜市金沢区福浦3-9
TEL　045-787-2055
URL　https://www.yokohama-cu.ac.jp/

入試日程

試験区分	募集人員	第一段階選抜発表	試験日	合格発表
一般前期	一般枠58 地域枠9名 神奈川県指定診療科3名	未定	2月25日(日)・26日(月)	3月9日(土)

入試科目

方式日程	共通テスト 英語 リーディング	リスニング	科目数	数学 数学Ⅰ	数学Ⅰ・A	数学Ⅱ	数学Ⅱ・B	科目数	国語 国語	範囲	理科② 物理	化学	生物	地学	科目数	地理歴史・公民 世界史A	日本史A	地理A	世界史B	日本史B	地理B	現代社会	倫理	政治経済	倫・政経	科目数	満点	2段階選抜
前期(一般枠)	●	●	1		●		●	2	●		○	○	○		2				○	○	○	○	○	○	○	1	1000	750/1000
	300			200					200		200					100												
前期(地域医療枠)	●	●	1		●		●	2	●		○	○	○		2				○	○	○	○	○	○	○	1	1000	750/1000
	300			200					200		200					100												
前期(神奈川県指定診療科枠)	●	●	1		●		●	2	●		○	○	○		2				○	○	○	○	○	○	○	1	1000	750/1000
	300			200					200		200					100												

方式日程	2次試験 英語 英語	数学 数学Ⅰ	数学Ⅱ	数学Ⅲ	数学A	数学B	国語 国語	範囲	理科 物理	化学	生物	地学	科目数	その他 小論文・論述	総合問題	面接	その他	満点
前期(一般枠)	●	●	●	●	●	●			○	○	○		2	●		●		1400
	400	400							600					-		-		
前期(地域医療枠)	●	●	●	●	●	●			○	○	○		2	●		●		1400
	400	400							600					-		-		
前期(神奈川県指定診療科枠)	●	●	●	●	●	●			○	○	○		2	●		●		1400
	400	400							600					-		-		

医師国家試験状況

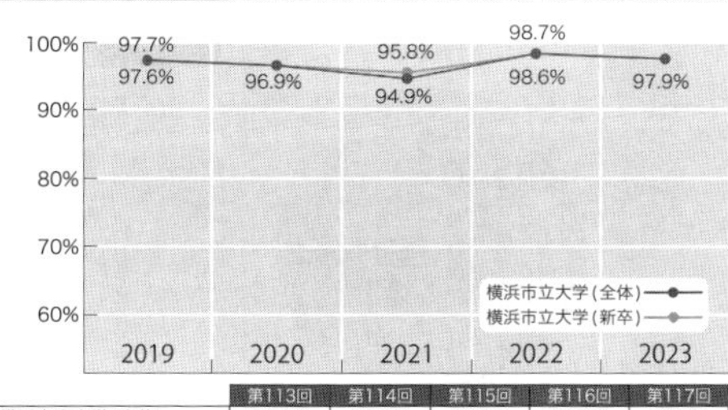

	第113回	第114回	第115回	第116回	第117回
横浜市立大学(全体)	97.7%	96.9%	94.9%	98.7%	97.9%
横浜市立大学(新卒)	97.6%	96.9%	95.8%	98.6%	97.9%

2023年度入学者

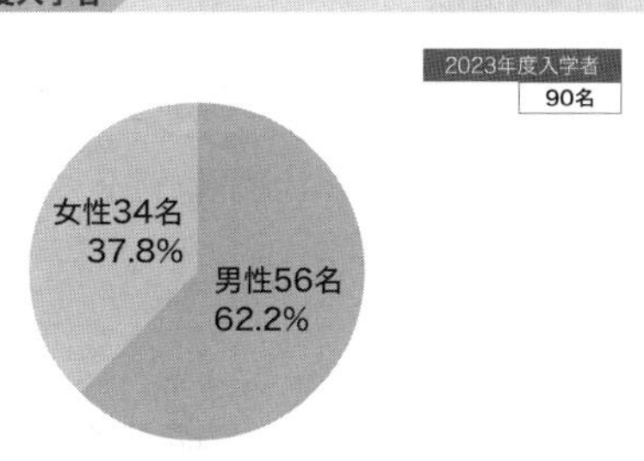

入試結果

			2023	2022	2021
一般選抜前期	募集人員		69	70	70
	志願者数		228	228	260
	第一段階選抜合格者数		200	181	210
	受験者数	A	183	158	189
	合格者数	B	72	72	71
	追加合格者数	C	1		5
	総合格者数	B+C	**73**	**72**	**76**
	合格倍率	A/(B+C)	**2.5**	**2.2**	**2.5**
	入学者数		70	70	69
	合格最低点		1685.80/2400	1723.80/2400	1657.40/2200
	合格平均点		(867.97/1000) [928.40/1400]	(835.67/1000) [1004.01/1400]	(891.73/1000) [849.89/1200]
	第一段階選抜合格者最低点		752.60/1000	741.40/1000	781.00/1000
	第一段階選抜合格者平均点		842.99/1000	814.42/1000	866.95/1000
推薦	募集人員		12(7)	12(6)	36(24)
	志願者数		28(28)	30(21)	25(15)
	受験者数	D	24(13)	25(15)	23(14)
	合格者数	E	12(4)	10(6)	12(6)
	実質倍率	D/E	**2.0(3.3)**	**2.5(2.5)**	**1.9(2.3)**
	入学者数		12(4)	10(6)	10(6)

*1　一般選抜前期の合格最低点の(　)内は共通テスト、[　]内は2次試験
*2　推薦の無印は県内高校、(　)内は県外高校

新潟大学　医学部医学科

学部所在地　〒951-8510 新潟県新潟市中央区旭町通一番町757
TEL　025-262-6079
URL　https://www.niigata-u.ac.jp/

入試日程

試験区分	募集人員	第一段階選抜発表	試験日	合格発表
一般前期	80名	2月9日(金)	2月25日(日)・26日(月)・27日(火)	3月8日(金)

入試科目

方式日程	共通テスト																											
	英語			数学					国語		理科					地理歴史・公民											満点	2段階選抜
											②																	
	リーディング	リスニング	科目数	数学Ⅰ	数学Ⅰ・A	数学Ⅱ	数学Ⅱ・B	科目数	国語	範囲	物理	化学	生物	地学	科目数	世界史A	日本史A	地理A	世界史B	日本史B	地理B	現代社会	倫理	政治経済	倫・政経	科目数		
前期	●	●	1		●		●	2	●		○	○	○		2				○	○	○	○	○	○	○	1	750	4倍
	200			200					100		200					50												

方式日程	2次試験																	
	英語	数学					国語		理科					その他				満点
	英語	数学Ⅰ	数学Ⅱ	数学Ⅲ	数学A	数学B	国語	範囲	物理	化学	生物	地学	科目数	小論文・論述	総合問題	面接	その他	
前期	●	●	●	●	●	●			○	○	○		2			●		1200
	400	400							400							-		

医師国家試験状況

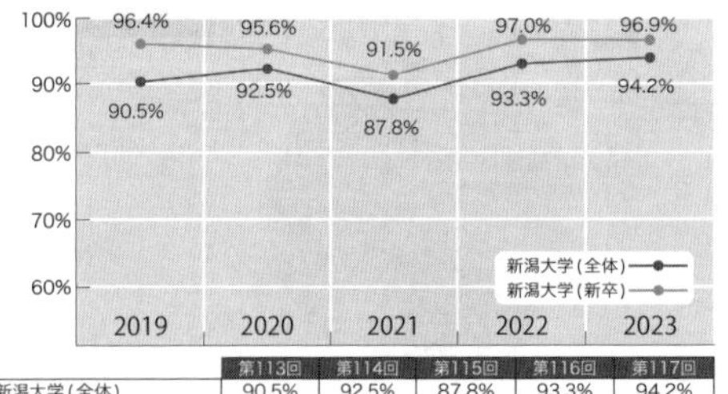

	第113回	第114回	第115回	第116回	第117回
新潟大学(全体)	90.5%	92.5%	87.8%	93.3%	94.2%
新潟大学(新卒)	96.4%	95.6%	91.5%	97.0%	96.9%

2023年度入学者

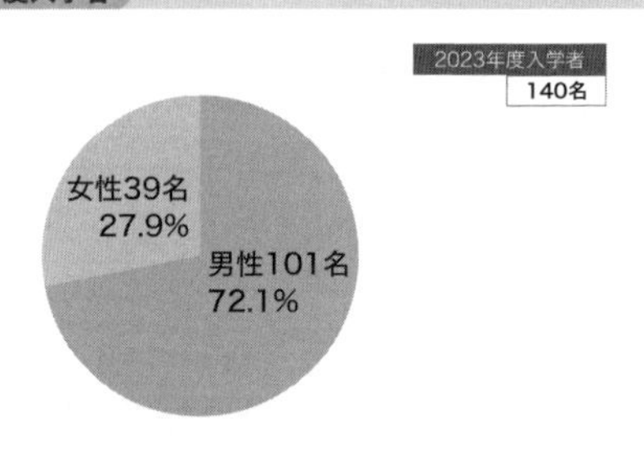

入試結果

			2023	2022	2021
一般選抜前期	募集人員		80	80	80
	志願者数		344	347	307
	第一段階選抜合格者数		320	320	
	受験者数	A	265	265	256
	合格者数	B	80	80	80
	追加合格者数	C	9	4	4
	総合格者数	B+C	**89**	**84**	**84**
	合格倍率	A/(B+C)	**3.0**	**3.2**	**3.0**
	入学者数		80	80	80
	合格最高点		691.9/750 (957.3/1200)	680.8/750 (905.3/1200)	717.0/750 (965.0/1200)
	合格最低点		557.7/750 (750.8/1200)	504.4/750 (661.8/1200)	599.0/750 (729.5/1200)
	合格平均点		627.7/750 (828.3/1200)	595.3/750 (752.6/1200)	650.9/750 (830.5/1200)
推薦	募集人員		53	53	50 以内
	志願者数		194	163	182
	受験者数	D	193	163	169
	合格者数	E	60	53	48
	実質倍率	D/ E	**3.2**	**3.1**	**3.5**
	入学者数		60	53	48
	共通テスト最高点		702.0/750	675.6/750	690.6/750
	共通テスト平均点		643.5/750	594.3/750	650.6/750

* 合格点の無印は共通テスト、(　)内は2次試験

富山大学　医学部医学科

学部所在地　〒930-0194 富山県富山市杉谷2630
TEL　076-445-6100
URL　https://www.u-toyama.ac.jp/

入試日程

試験区分	募集人員	第一段階選抜発表	試験日	合格発表
一般前期	70名	2月13日(火)	2月25日(日)・26日(月)	3月7日(木)

入試科目

共通テスト

方式日程	英語			数学					国語		理科					地理歴史・公民											満点	2段階選抜
	リーディング	リスニング	科目数	数学Ⅰ	数学Ⅰ・A	数学Ⅱ	数学Ⅱ・B	科目数	国語	範囲	② 物理	化学	生物	地学	科目数	世界史A	日本史A	地理A	世界史B	日本史B	地理B	現代社会	倫理	政治経済	倫・政経	科目数		
前期	●	●	1		●		●	2	●		○	○	○		2				○	○	○				○	1	900	5倍
	200			200					200		200					100												

2次試験

方式日程	英語	数学					国語		理科					その他				満点
	英語	数学Ⅰ	数学Ⅱ	数学Ⅲ	数学A	数学B	国語	範囲	物理	化学	生物	地学	科目数	小論文・論述	総合問題	面接	その他	
前期	●	●	●	●	●	●			○	○	○		2			●		700
	200	200							200							100		

医師国家試験状況

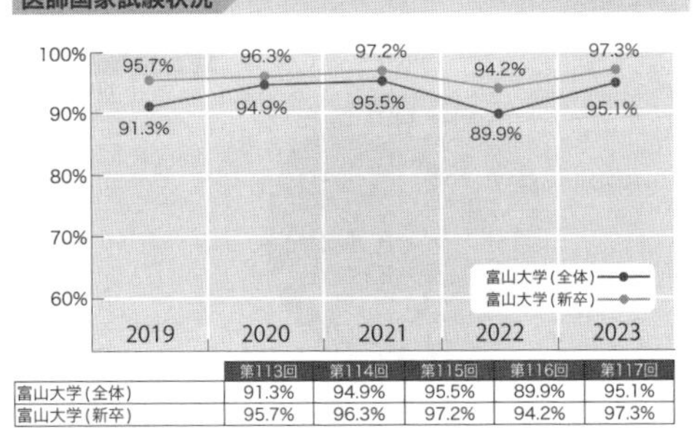

	第113回	第114回	第115回	第116回	第117回
富山大学(全体)	91.3%	94.9%	95.5%	89.9%	95.1%
富山大学(新卒)	95.7%	96.3%	97.2%	94.2%	97.3%

2023年度入学者

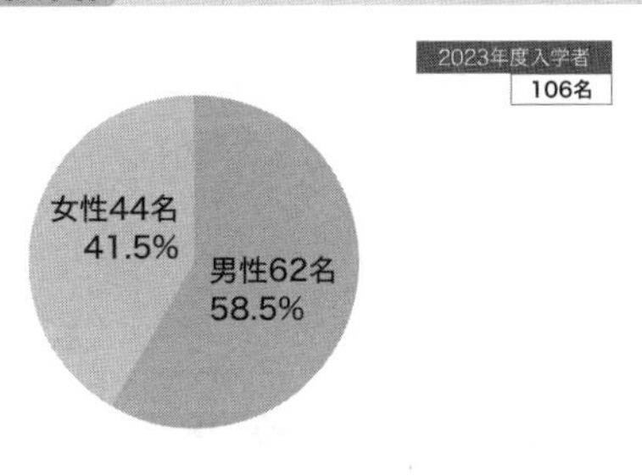

入試結果

			2023	2022	2021
一般選抜前期	募集人員		70	70	60
	志願者数		421	218	214
	第一段階選抜合格者数		350		
	受験者数	A	420	167	158
	合格者数	B	74	73	60
	追加合格者数	C			4
	総合格者数	B+C	**74**	**73**	**64**
	合格倍率	A/(B+C)	**5.7**	**2.3**	**2.5**
	入学者数		70	70	60
	総合点最高点		1287.6/1600 (781.6/900) [531.0/700]	1272.6/1600 (784.4/900) [533.2/700]	1302.2/1600 (812.4/900) [559.0/700]
	総合点最低点		1117.9/1600 (679.4/900) [372.7/700]	1033.6/1600 (607.8/900) [341.3/700]	1095.1/1600 (681.2/900) [300.5/700]
	総合点平均点		1164.1/1600 (727.9/900) [436.2/700]	1111.5/1600 (687.9/900) [423.7/700]	1160.0/1600 (752.3/900) [407.8/700]
推薦	募集人員		15 以内	15 以内	15 以内 (10)
	志願者数		35	39	39(29)
	受験者数	D	35	39	39(26)
	合格者数	E	15	15	15(10)
	実質倍率	D/E	**2.3**	**2.6**	**2.6(2.6)**
	入学者数		15	15	15(10)

			2023	2022	2021
総合型	募集人員		10(10)	10(10)	
	志願者数		24(15)	16(23)	
	受験者数	F	23(15)	16(23)	
	合格者数	G	10(10)	10(10)	
	実質倍率	F/G	**2.3(1.5)**	**1.6(2.3)**	
	入学者数		10(10)	10(10)	

*1　合格点の無印は総合、(　)内は共通テスト、[　]内は2次試験
*2　2021推薦の無印は地域枠、(　)内は富山県特別枠
*3　総合型の無印は富山県一般枠、(　)内は富山県特別枠

金沢大学　医学部医学科

学部所在地　〒920-8640 石川県金沢市宝町13-1
TEL　076-264-5169
URL　https://www.kanazawa-u.ac.jp/

入試日程

試験区分	募集人員	第一段階選抜発表	試験日	合格発表
一般前期	82名	2月13日(火)	2月25日(日)・26日(月)	3月9日(土)

入試科目

共通テスト

方式 日程	英語 リーディング	英語 リスニング	英語 科目数	数学 数学I	数学 数学I・A	数学 数学II	数学 数学II・B	数学 科目数	国語 国語	国語 範囲	理科② 物理	理科② 化学	理科② 生物	理科② 地学	理科 科目数	地理歴史・公民 世界史A	日本史A	地理A	世界史B	日本史B	地理B	現代社会	倫理	政治経済	倫・政経	科目数	満点	2段階選抜
前期	●	●	1		●		●	2	●		○	○	○	○	2				○	○	○				○	1	450	3倍
	100			100					100		100					50												

2次試験

方式 日程	英語 英語	数学 数学I	数学 数学II	数学 数学III	数学 数学A	数学 数学B	国語 国語	国語 範囲	理科 物理	理科 化学	理科 生物	理科 地学	理科 科目数	その他 小論文・論述	その他 総合問題	その他 面接	その他 その他	満点
前期	●	●	●	●	●	●			●	●			2			●		1050
	300	300							300							150		

医師国家試験状況

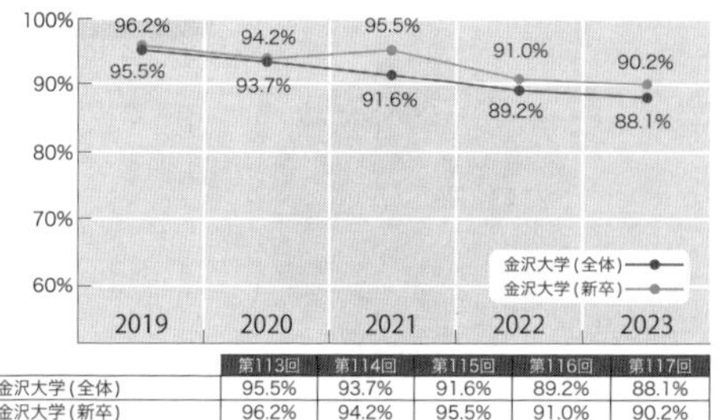

	第113回	第114回	第115回	第116回	第117回
金沢大学(全体)	95.5%	93.7%	91.6%	89.2%	88.1%
金沢大学(新卒)	96.2%	94.2%	95.5%	91.0%	90.2%

2023年度入学者

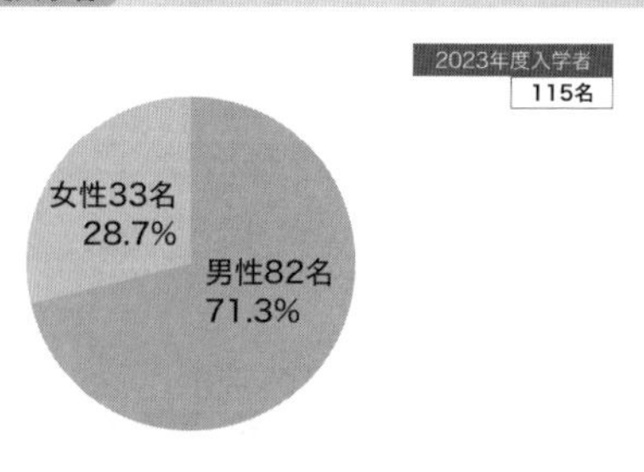

入試結果

一般選抜前期		2023	2022	2021
募集人員		84	84	84
志願者数		291	244	320
第一段階選抜合格者数		252		255
受験者数	A	219	208	229
合格者数	B	87	85	104
追加合格者数	C		1	1
総合格者数	B+C	**87**	**86**	**105**
合格倍率	A/(B+C)	**2.5**	**2.4**	**2.2**
入学者数		86	83	99
総合点最高点		1327.80/1500 (409.00/450) [926.80/1050]	1329.80/1500 (411.50/450) [922.80/1050]	1352.80/1500 (419.50/450) [939.80/1050]
総合点最低点		1189.80/1500 (334.00/450) [793.00/1050]	1095.30/1500 (316.50/450) [734.50/1050]	1118.00/1500 (343.50/450) [758.00/1050]
総合点平均点		1236.7/1500 (371.9/450) [864.8/1050]	1164.7/1500 (352.2/450) [812.5/1050]	1195.4/1500 (374.1/450) [821.4/1050]

推薦		2023	2022	2021
募集人員		15(10)[2]	15(10)[2]	15(10)[2]
志願者数		21(23)[1]	26(15)[2]	15(12)[0]
受験者数	D	17(15)[1]	17(10)[2]	6(6)[0]
合格者数	E	18(10)[1]	15(10)[2]	6(6)[0]
実質倍率	D/E	**0.9(1.5)[1.0]**	**1.1(1.5)[1.0]**	**2.5(2.0)[0.0]**
入学者数		18(10)[1]	15(10)[2]	6(6)[0]
合格最高点		178.00 (166.00) /200	182.00 (170.00) /200	—
合格最低点		141.00 (147.00) /200	142.00 (139.00) /200	—
合格平均点		152.4 (152.6) /200	156.3 (154.1) /200	—

*1　合格点の無印は総合、(　)内は共通テスト、[　]内は2次試験
*2　推薦の無印は一般枠、(　)内は石川県地域枠、[　]内は富山県地域枠

福井大学　医学部医学科

学部所在地　〒910-1193 福井県吉田郡永平寺町松岡下合月23-3

TEL　0776-61-8246

URL　https://www.u-fukui.ac.jp/

入試日程

試験区分	募集人員	第一段階選抜発表	試験日	合格発表
一般前期	55名	2月13日(火)	2月25日(日)・26日(月)	3月6日(水)
一般後期	25名	2月15日(木)	3月12日(火)	3月20日(水)

入試科目

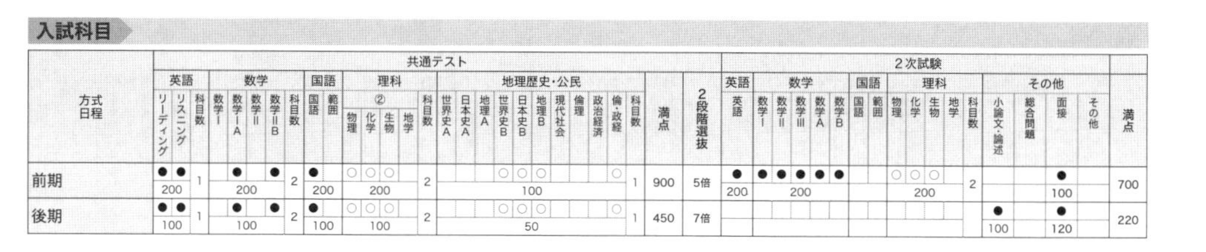

共通テスト

方式 日程	英語 リーディング	英語 リスニング	英語 科目数	数学I	数学I・A	数学II	数学II・B	数学 科目数	国語	範囲	理科② 物理	化学	生物	地学	理科 科目数	世界史A	日本史A	地理A	世界史B	日本史B	地理B	現代社会	倫理	政治経済	倫・政経	地歴公民 科目数	満点	2段階選抜
前期	●	●	1		●		●	2	●		○	○	○		2				○	○	○				○	1	900	5倍
	200			200					200		200					100												
後期	●	●	1		●		●	2	●		○	○	○		2				○	○	○				○	1	450	7倍
	100			100					100		100					50												

2次試験

方式 日程	英語	数学I	数学II	数学III	数学A	数学B	国語	範囲	物理	化学	生物	地学	科目数	小論文・論述	総合問題	面接	その他	満点
前期	●	●	●	●	●	●			○	○	○		2			●		700
	200	200							200							100		
後期														●		●		220
														100		120		

医師国家試験状況

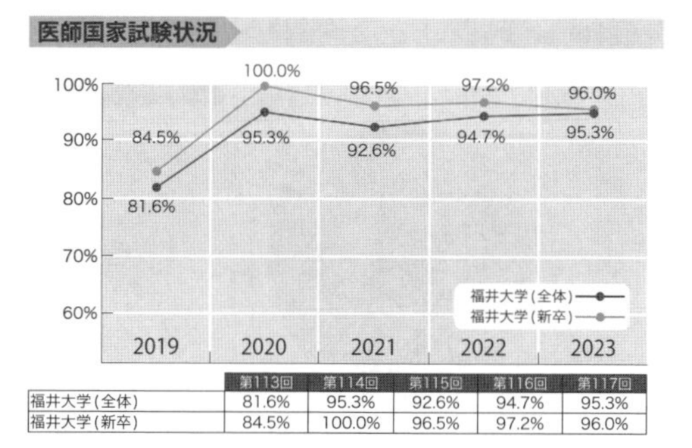

	第113回	第114回	第115回	第116回	第117回
福井大学(全体)	81.6%	95.3%	92.6%	94.7%	95.3%
福井大学(新卒)	84.5%	100.0%	96.5%	97.2%	96.0%

2023年度入学者

入試結果

一般選抜前期		2023	2022	2021
募集人員		55	55	55
志願者数		208	370	193
第一段階選抜合格者数			275	
受験者数	A	168	219	158
合格者数	B	55	55	55
追加合格者数	C	4		1
総合格者数	B+C	**59**	**55**	**56**
合格倍率	A/(B+C)	**2.8**	**4.0**	**2.8**
入学者数		55	55	55
総合点最高点		1311/1600 (556/700) [799/900]	1269/1600 (515/700) [771/900]	1335/1600 (520/700) [816/900]
総合点最低点		—	1089/1600 (380/700) [634/900]	1096/1600 (678/900) [358/700]
総合点平均点		1163/1600 (429/700) [735/900]	1143/1600 (441/700) [701/900]	1175/1600 (753/900) [422/700]

一般選抜後期		2023	2022	2021
募集人員		25	25	25
志願者数		302	397	320
第一段階選抜合格者数		225	275	275
受験者数	D	53	50	87
合格者数	E	25	25	25
追加合格者数	F	1	3	3
総合格者数	E+F	**26**	**28**	**28**
合格倍率	D/(E+F)	**2.0**	**1.8**	**3.1**
入学者数		25	25	25
総合点最高点		568/670 (404/450) [180/220]	559/670 (394/450) [182/220]	620/670 (423/450) [197/220]
総合点最低点		—	499/670 (336/450) [135/220]	528/670 (368/450) [120/220]
総合点平均点		535/670 (380/450) [156/220]	523/670 (364/450) [159/220]	551/670 (391/450) [160/220]

推薦II		2023	2022	2021
募集人員		30	30	30
志願者数		115	119	123
受験者数	G	89	89	88
合格者数	H	30	30	30
実質倍率	G/H	**3.0**	**3.0**	**2.9**
入学者数		30	30	30

＊ 合格点の無印は総合、( )内は共通テスト、[ ]内は2次試験

山梨大学　医学部医学科

学部所在地	〒409-3898 山梨県中央市下河東1110
T E L	055-273-1111
U R L	https://www.yamanashi.ac.jp/

入試日程

試験区分	募集人員	第一段階選抜発表	試験日	合格発表
一般後期	90名	2月14日(水)	3月12日(火)・13日(水)	3月21日(木)

入試科目

方式日程	共通テスト 英語 リーディング	英語 リスニング	英語 科目数	数学 数学Ⅰ	数学 数学Ⅰ・A	数学 数学Ⅱ	数学 数学Ⅱ・B	数学 科目数	国語 国語	国語 範囲	理科② 物理	理科② 化学	理科② 生物	理科② 地学	理科 科目数	地理歴史・公民 世界史A	日本史A	地理A	世界史B	日本史B	地理B	現代社会	倫理	政治経済	倫・政経	科目数	満点	2段階選抜
後期	●	●	1		●		●	2	●		○	○	○		2				○	○	○				○	1	900	10倍
	200			200					200		200					100												

方式日程	2次試験 英語 英語	数学 数学Ⅰ	数学 数学Ⅱ	数学 数学Ⅲ	数学 数学A	数学 数学B	国語 国語	国語 範囲	理科 物理	理科 化学	理科 生物	理科 地学	理科 科目数	その他 小論文・論述	その他 総合問題	その他 面接	その他 その他	満点
後期	●	●	●	●	●	●			○	○	○		2			●		2300
	600	600							1000							100		

医師国家試験状況

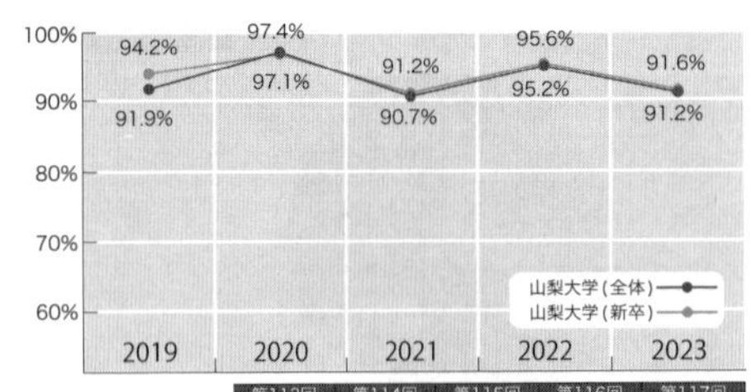

	第113回	第114回	第115回	第116回	第117回
山梨大学(全体)	91.9%	97.4%	90.7%	95.2%	91.2%
山梨大学(新卒)	94.2%	97.1%	91.2%	95.6%	91.6%

2023年度入学者

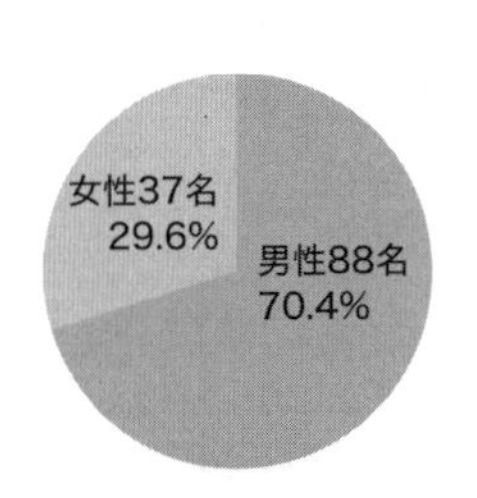

入試結果

			2023	2022	2021
一般選抜後期	募集人員		90	90	90
	志願者数		1,333	1,621	1,057
	第一段階選抜合格者数		903	904	
	受験者数	A	341	261	368
	合格者数	B	90	90	90
	追加合格者数	C	13	16	16
	総合格者数	B+C	**103**	**106**	**106**
	合格倍率	A/(B+C)	**3.3**	**2.5**	**3.5**
	入学者数		90	90	90
	合格最高点		1030.0/1100 (480.0/600) [499.00/600] <844/900>	1029.0/1100 (582.0/600) [488.0/600] <826/900>	1016.0/1100 (564.0/600) [520.0/600] <853/900>
	合格最低点		842.5/1100 (216.0/600) [240.0/600] <696/900>	803.5/1100 (186.0/600) [256.0/600] <670/900>	822.5/1100 (168.0/600) [223.0/600] <661/900>
	合格平均点		940.8/1100 (342.5/600) [362.6/600] <746.3/900>	923.8/1100 (337.5/600) [365.4/600] <713.5/900>	940.9/1100 (315.7/600) [350.5/600] <750.4/900>
推薦Ⅱ	募集人員		35 以内	35 以内	30
	志願者数		69	72	123
	受験者数	D	53	52	88
	合格者数	E	35	35	30
	実質倍率	D/ E	**1.5**	**1.5**	**2.9**
	入学者数		35	35	30

* 合格点の無印は共通テスト合計点、( )内は2次試験数学の得点、[ ]内は2次試験理科の得点、< >内は第一段階選抜合計点

信州大学　医学部医学科

学部所在地	〒390-8621 長野県松本市旭3-1-1
T E L	0263-37-3419
U R L	https://www.shinshu-u.ac.jp/

入試日程

試験区分	募集人員	第一段階選抜発表	試験日	合格発表
一般前期	85名	2月9日(金)	2月25日(日)・26日(月)	3月6日(水)

入試科目

共通テスト

方式日程	英語 リーディング	英語 リスニング	英語 科目数	数学Ⅰ	数学Ⅰ・A	数学Ⅱ	数学Ⅱ・B	数学 科目数	国語	国語 範囲	理科② 物理	理科② 化学	理科② 生物	理科② 地学	理科 科目数	世界史A	日本史A	地理A	世界史B	日本史B	地理B	現代社会	倫理	政治経済	倫・政経	地歴公民 科目数	満点	2段階選抜
前期	●	●	1		●		●	2	●		○	○	○		2				○	○	○	○	○	○	○	1	450	4倍
	100			100					100		100					50												

2次試験

方式日程	英語	数学Ⅰ	数学Ⅱ	数学Ⅲ	数学A	数学B	国語	国語 範囲	物理	化学	生物	地学	理科 科目数	小論文・論述	総合問題	面接	その他	満点
前期	●	●	●	●	●	●			○	○	○		2			●	●	600
	150	150							150							150		

医師国家試験状況

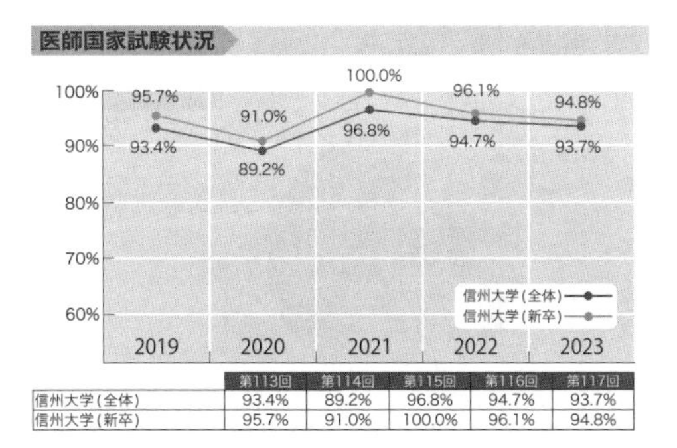

	第113回	第114回	第115回	第116回	第117回
信州大学(全体)	93.4%	89.2%	96.8%	94.7%	93.7%
信州大学(新卒)	95.7%	91.0%	100.0%	96.1%	94.8%

2023年度入学者

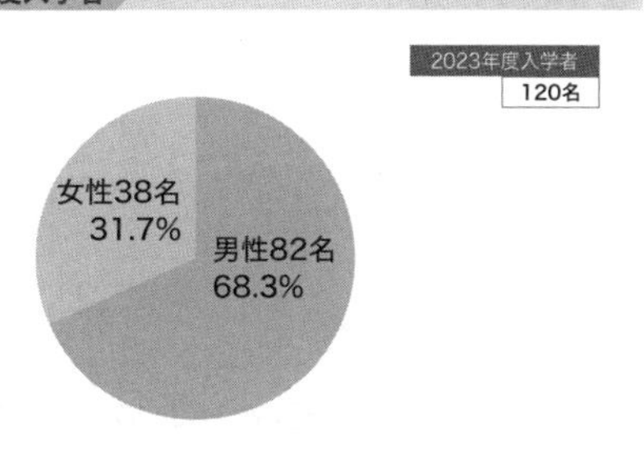

入試結果

			2023	2022	2021
一般選抜前期	募集人員		95	95	95
	志願者数		380	383	476
	第一段階選抜合格者数				380
	受験者数	A	307	315	323
	合格者数	B	100	99	101
	追加合格者数	C			
	総合格者数	B+C	**100**	**99**	**101**
	合格倍率	A/(B+C)	**3.1**	**3.2**	**3.2**
	入学者数		95	95	95
	合格最高点		953.9/1050 (411.3/450) [559.9/600]	908.1/1050 (399.8/450) [521.2/600]	941.2/1050 (417.4/450) [534.8/600]
	合格最低点		787.7/1050 (341.9/450) [410.4/600]	771.7/1050 (327.8/450) [407.9/600]	830.6/1050 (349.2/450) [434.3/600]
	合格平均点		833.3/1050 (375.9/450) [457.4/600]	804.8/1050 (358.3/450) [446.5/600]	859.9/1050 (384.9/450) [475.1/600]
推薦Ⅱ	募集人員		25	25	25
	志願者数		68	82	67
	受験者数	D	68	81	67
	合格者数	E	**25**	**25**	**25**
	実質倍率	D/E	**2.7**	**3.2**	**2.7**
	入学者数		25	25	25

* 合格点の無印は総合、( )内は共通テスト、[ ]内は2次試験

岐阜大学　医学部医学科

学部所在地	〒501-1194 岐阜県岐阜市柳戸1-1
T E L	058-293-2156
U R L	https://www.gifu-u.ac.jp/

入試日程

試験区分	募集人員	第一段階選抜発表	試験日	合格発表
一般前期	55名	2月13日(火)	2月25日(日)・26日(月)	3月6日(水)

入試科目

共通テスト

方式日程	英語 リーディング	英語 リスニング	英語 科目数	数学 数学I	数学 数学I・A	数学 数学II	数学 数学II・B	数学 科目数	国語 国語	国語 範囲	理科② 物理	理科② 化学	理科② 生物	理科② 地学	理科 科目数	地理歴史・公民 世界史A	日本史A	地理A	世界史B	日本史B	地理B	現代社会	倫理	政治経済	倫・政経	科目数	満点	2段階選抜
前期	●	●	1		●		●	2	●		○	○	○		2				○	○	○				○	1	900	3倍
	200			200					200		200					100												

2次試験

方式日程	英語 英語	数学 数学I	数学 数学II	数学 数学III	数学 数学A	数学 数学B	国語 国語	国語 範囲	理科 物理	理科 化学	理科 生物	理科 地学	理科 科目数	その他 小論文・論述	その他 総合問題	その他 面接	その他 その他	満点
前期	●	●	●	●	●	●			○	○	○		2			●		1200
	400	400							400							-		

医師国家試験状況

	第113回	第114回	第115回	第116回	第117回
岐阜大学(全体)	92.5%	95.7%	96.0%	93.9%	92.9%
岐阜大学(新卒)	96.9%	99.1%	97.9%	94.6%	97.1%

2023年度入学者

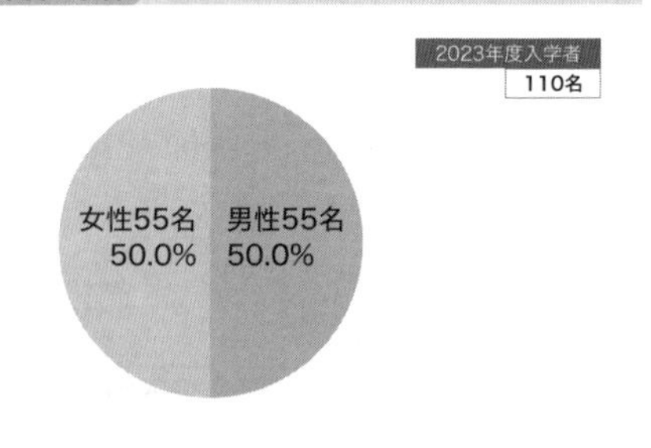

入試結果

			2023	2022	2021
一般選抜前期	募集人員		55	45	37
	志願者数		593	466	357
	第一段階選抜合格者数		495		
	受験者数	A	434	416	321
	合格者数	B	55	67	44
	追加合格者数	C	1	3	1
	総合格者数	B+C	**56**	**70**	**45**
	合格倍率	A/(B+C)	**7.8**	**5.9**	**7.1**
	入学者数		55	67	44
	合格最高点		1765.30/2100 (814.50/900) [1004.30/1200]	1695.00/2100 (761.00/900) [940.50/1200]	1694.00/2000 (717.50/800) [1033.20/1200]
	合格最低点		1554.30/2100	1370.00/2100	1389.00/2000
	合格平均点		1619.47/2100 (730.75/900) [888.71/1200]	1474.85/2100 (678.33/900) [796.52/1200]	1488.50/2000 (662.95/800) [825.24/1200]
推薦II	募集人員		27(28)	27(28)	20(28)
	志願者数		46(57)	14(32)	17(52)
	受験者数	D	46(57)	13(32)	17(52)
	合格者数	E	27(28)	5(24)	13(28)
	実質倍率	D/E	**1.7(2.0)**	**2.6(1.3)**	**1.3(1.9)**
	入学者数		27(28)	5(24)	13(28)

*1 合格点の無印は総合、( )内は共通テスト、[ ]内は2次試験

*2 推薦IIの無印は一般枠、( )内は地域枠

浜松医科大学　医学部医学科

学部所在地　〒431-3192 静岡県浜松市東区半田山1-20-1
TEL　053-435-2205
URL　https://www.hama-med.ac.jp/

入試日程

試験区分	募集人員	第一段階選抜発表	試験日	合格発表
一般前期	一般枠69名 地域枠6名	2月13日(火)	2月25日(日)・26日(月)	3月7日(木)
一般後期	一般枠14名 地域枠1名	2月13日(火)	3月12日(火)	3月22日(金)

入試科目

共通テスト

方式日程	英語 リーディング	英語 リスニング	英語 科目数	数学Ⅰ	数学ⅠA	数学Ⅱ	数学ⅡB	数学 科目数	国語	国語 範囲	理科② 物理	理科② 化学	理科② 生物	理科② 地学	理科 科目数	世界史A	日本史A	地理A	世界史B	日本史B	地理B	現代社会	倫理	政治経済	倫・政経	地歴公民 科目数	満点	2段階選抜
前期(一般枠)	●	●	1		●		●	2	●		○	○	○		2				○	○	○	○	○	○	○	1	450	4倍
	100			100					100		100					50												
前期(地域枠)	●	●	1		●		●	2	●		○	○	○		2				○	○	○	○	○	○	○	1	450	4倍
	100			100					100		100					50												
後期(一般枠)	●	●	1		●		●	2	●		○	○	○		2				○	○	○	○	○	○	○	1	900	10倍
	200			200					200		200					100												
後期(地域枠)	●	●	1		●		●	2	●		○	○	○		2				○	○	○	○	○	○	○	1	900	10倍
	200			200					200		200					100												

2次試験

方式日程	英語	数学Ⅰ	数学Ⅱ	数学Ⅲ	数学A	数学B	国語	国語 範囲	物理	化学	生物	地学	理科 科目数	小論文・論述	総合問題	面接	その他	満点
前期(一般枠)	●	●	●	●	●	●			○	○	○		2			●		700
	200	200							200							100		
前期(地域枠)	●	●	●	●	●	●			○	○	○		2			●		700
	200	200							200							100		
後期(一般枠)														●		●		350
														100		250		
後期(地域枠)														●		●		350
														100		250		

医師国家試験状況

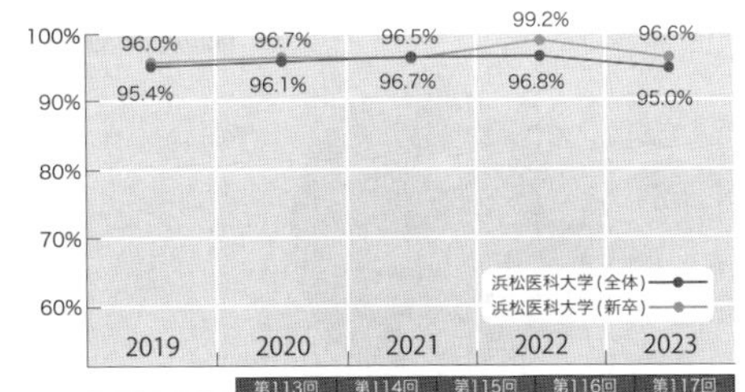

	第113回	第114回	第115回	第116回	第117回
浜松医科大学(全体)	95.4%	96.1%	96.7%	96.8%	95.0%
浜松医科大学(新卒)	96.0%	96.7%	96.5%	99.2%	96.6%

2023年度入学者

2023年度入学者
118名

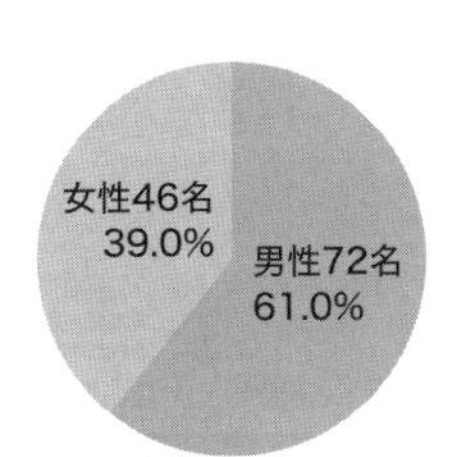

入試結果

			2023	2022	2021
一般選抜前期	募集人員		68(7)	68(7)	64(11)
	志願者数		458(37)	242(23)	292(39)
	第一段階選抜合格者数		277(23)		266(34)
	受験者数	A	238(18)	212(19)	238(26)
	合格者数	B	70(5)	70(6)	68(8)
	追加合格者数	C		1	
	総合格者数	B+C	**70(5)**	**71(6)**	**68(8)**
	合格倍率	A/(B+C)	**3.4(3.6)**	**3.0(3.2)**	**3.5(3.3)**
	入学者数		67(5)	68	71
	合格最高点		934.42/1150 (406.80/450) [813.50/900]	897.6/1150 (397.5/450)	921.7/1150 (405.5/450) [824.0/900]
	合格最低点		789.50/1150 (327.30/450) [649.00/900]	735.0/1150 (303.3/450)	774.2/1150 (334.5/450) [620.0/900]
	合格平均点		828.44/1150 (364.50/450) [699.80/900]	787.4/1150 (344.3/450)	819.5/1150 (371.5/450) [714.0/900]
一般選抜後期	募集人員		14(1)	14(1)	15
	志願者数		303(11)	127(8)	357
	第一段階選抜合格者数		195(5)		200
	受験者数	D	70(2)	43(5)	45
	合格者数	E	19(1)	18(1)	18
	追加合格者数	F		4	6
	総合格者数	E+F	**19(1)**	**22(1)**	**24**
	合格倍率	D/(E+F)	**3.7(2.0)**	**2.0(5.0)**	**1.9**
	入学者数		18(1)	21	18
	合格最高点		1115.33/1250 (830.50/900) [856.50/900]	1082.2/1250 (792.5/900)	1123.3/1250 (837.0/900) [865.0/900]
	合格最低点		1028.00/1250 (741.50/900) [668.50/900]	923.5/1250 (669.0/900)	1051.8/1250 (785.5/900) [784.5/900]
	合格平均点		1063.55/1250 (780.85/900) [756.10/900]	1009.0/1250 (732.9/900)	1086.4/1250 (808.7/900) [805.9/900]
推薦	募集人員		18(7)	18(7)	21(4)
	志願者数		46(19)	49(30)	57(18)
	受験者数	G	45(18)	48(29)	55(18)
	合格者数	H	20(5)	17(8)	18(7)
	実質倍率	G/H	**2.3(3.6)**	**2.8(3.6)**	**3.1(2.6)**
	入学者数		20(5)	25	25
	合格最高点		1173.8/1450 (807.5/900)	1194.0/1450 (745.5/900)	1237.3/1450 (824.0/900)
	合格最低点		1040.0/1450 (662.0/900)	1059.2/1450 (644.0/900)	1088.8/1450 (706.5/900)
	合格平均点		1098.3/1450 (737.9/900)	1108.9/1450 (702.0/900)	1144.5/1450 (786.2/900)

*1 一般選抜前期・後期の無印は一般枠、( )内は地域枠

*2 一般選抜前期・後期の合格点の無印は総合点、( )内は共通テスト、[ ]内は第一段階選抜合格者

*3 推薦の無印は一般枠、( )内は地域枠

*4 推薦の合格点の無印は総合点、( )内は共通テスト

名古屋大学　医学部医学科

学部所在地　〒466-8550 愛知県名古屋市昭和区鶴舞町65

TEL　052-789-5765

URL　https://www.nagoya-u.ac.jp/

入試日程

試験区分	募集人員	第一段階選抜発表	試験日	合格発表
一般前期	一般枠85名 地域枠5名	2月9日(金)	2月25日(日)・26日(月)・27日(火)	3月8日(金)
一般後期	5名	2月29日(木)	3月12日(火)	3月20日(水)

入試科目

共通テスト

方式日程	英語 リーディング	英語 リスニング	英語 科目数	数学 数学Ⅰ	数学 数学Ⅰ・A	数学 数学Ⅱ	数学 数学Ⅱ・B	数学 科目数	国語 国語	国語 範囲	理科② 物理	理科② 化学	理科② 生物	理科② 地学	理科 科目数	世界史A	日本史A	地理A	世界史B	日本史B	地理B	現代社会	倫理	政治経済	倫・政経	地歴公民 科目数	満点	2段階選抜
前期(一般枠)	●	●	1		●		●	2	●		○	○	○		2				○	○	○				○	1	900	600/900
	200			200					200		200					100												
前期(地域枠)	●	●	1		●		●	2	●		○	○	○		2				○	○	○				○	1	900	600/900
	200			200					200		200					100												
後期(一般枠)	●	●	1		●		●	2	●		○	○	○		2				○	○	○				○	1	900	12倍
	200			200					200		200					100												

2次試験

方式日程	英語 英語	数学 数学Ⅰ	数学 数学Ⅱ	数学 数学Ⅲ	数学 数学A	数学 数学B	国語 国語	国語 範囲	理科 物理	理科 化学	理科 生物	理科 地学	理科 科目数	その他 小論文・論述	その他 総合問題	その他 面接	その他 その他	満点
前期(一般枠)	●	●	●	●	●	●	●	現	○	○	○		2			●		1650
	500	500					150		500							-		
前期(地域枠)	●	●	●	●	●	●	●	現	○	○	○		2			●		1650
	500	500					150		500							-		
後期(一般枠)																●		-
																-		

医師国家試験状況

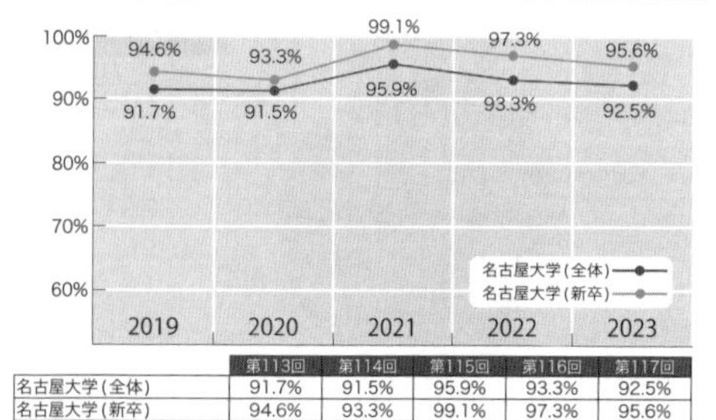

	第113回	第114回	第115回	第116回	第117回
名古屋大学(全体)	91.7%	91.5%	95.9%	93.3%	92.5%
名古屋大学(新卒)	94.6%	93.3%	99.1%	97.3%	95.6%

2023年度入学者

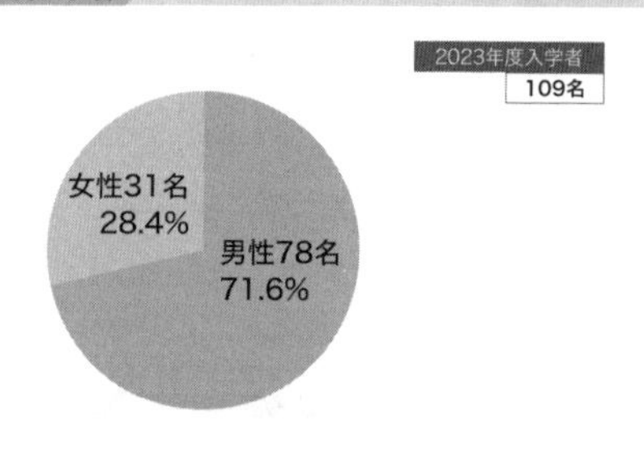

入試結果

一般選抜前期(一般枠)		2023	2022	2021
募集人員		85(5)	90	90
志願者数		227(23)	150	345
第一段階選抜合格者数		239	136	
受験者数	A	204(20)	130	316
合格者数	B	89(5)	95	95
追加合格者数	C			
総合格者数	B+C	**89(5)**	**95**	**95**
合格倍率	A/(B+C)	**2.3(4.0)**	**1.4**	**3.3**
入学者数		87(5)	95	94
総合点最高点		2151/2550	2289/2550	2316/2550
総合点最低点		1881/2550	1807/2550	1935/2550
総合点平均点		1987.07/2550	1949.29/2550	2041.90/2550

一般選抜後期		2023	2022	2021
募集人員		5	5	5
志願者数		76	38	54
第一段階選抜合格者数		60		
受験者数	D	18	8	25
合格者数	E	5	5	5
追加合格者数	F			
総合格者数	E+F	**5**	**5**	**5**
合格倍率	D/(E+F)	**3.6**	**1.6**	**5.0**
入学者数		5	5	5
総合点最高点		—	—	—
総合点最低点		—	—	—
総合点平均点		—	—	—

推薦		2023	2022	2021
募集人員		12	12	12
志願者数		31	17	28
受験者数	G	20	17	20
合格者数	H	12	12	12
実質倍率	G/H	**1.7**	**1.4**	**1.7**
入学者数		12	12	12

*1 一般選抜前期の無印は一般枠、( )内は地域枠

*2 一般選抜後期の2021・2022は地域枠、2023は一般枠

名古屋市立大学　医学部医学科

学部所在地 〒467-8601 愛知県名古屋市瑞穂区瑞穂町字川澄1
T E L 052-853-8020
U R L https://www.nagoya-cu.ac.jp/

入試日程

試験区分	募集人員	第一段階選抜発表	試験日	合格発表
一般前期	60名	2月13日(火)	2月25日(日)・26日(月)	3月6日(水)

入試科目

方式日程	共通テスト																											
	英語			数学					国語		理科 ②					地理歴史・公民											満点	2段階選抜
	リーディング	リスニング	科目数	数学I	数学I・A	数学II	数学II・B	科目数	国語	範囲	物理	化学	生物	地学	科目数	世界史A	日本史A	地理A	世界史B	日本史B	地理B	現代社会	倫理	政治経済	倫・政経	科目数		
前期	●	●	1		●		●	2	●		●	●			2	○	○	○	○	○	○	○	○	○	○	1	550	400/550
	125			125					125		100					75												

方式日程	2次試験																	満点
	英語	数学					国語		理科					その他				
	英語	数学I	数学II	数学III	数学A	数学B	国語	範囲	物理	化学	生物	地学	科目数	小論文・論述	総合問題	面接	その他	
前期	●	●	●	●	●	●			●	●			2			●		1200
	300	300							400							200		

医師国家試験状況

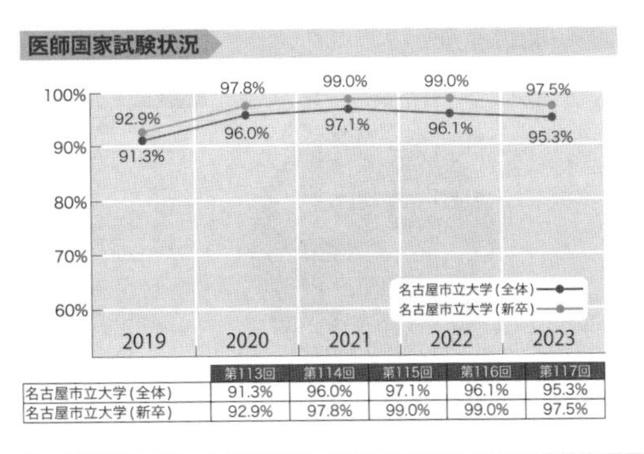

	第113回	第114回	第115回	第116回	第117回
名古屋市立大学(全体)	91.3%	96.0%	97.1%	96.1%	95.3%
名古屋市立大学(新卒)	92.9%	97.8%	99.0%	99.0%	97.5%

2023年度入学者

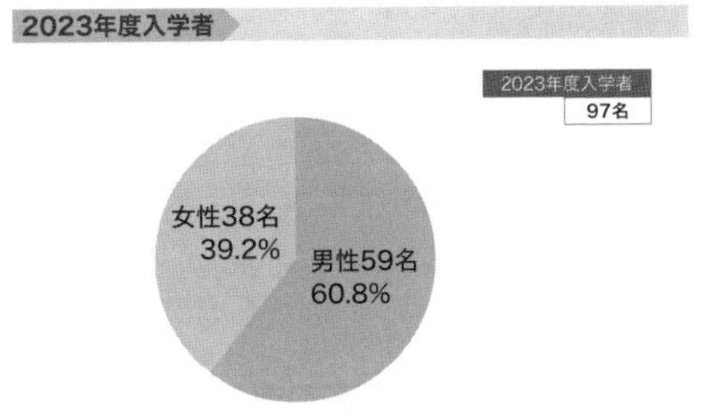

入試結果

			2023	2022	2021
一般選抜前期	募集人員		60	60	60
	志願者数		198	164	208
	第一段階選抜合格者数		189	151	195
	受験者数	A	165	126	167
	合格者数	B	60	62	60
	追加合格者数	C	1	2	3
	総合格者数	B+C	**61**	**64**	**63**
	合格倍率	A/(B+C)	**2.7**	**2.0**	**2.7**
	入学者数		60	62	60
	合格最高点		1375.50/1750 (493.50/550)	1391.00/1750 (466.50/550)	1404.63/1750 (507.38/550)
	合格最低点		1175.88/1750 (422.00/550)	1161.75/1750 (400.75/550)	1183.88/1750 (403.63/550)
	合格平均点		1233.64/1750 (456.59/550)	1225.67/1750 (434.39/550)	1260.37/1750 (463.29/550)
推薦	募集人員		27(3)[7]	27(3)[7]	27(3)[7]
	志願者数		85(5)[25]	63(5)[20]	49(5)[22]
	受験者数	D	51(3)[15]	32(4)[11]	31(3)[16]
	合格者数	E	27(3)[7]	25(3)[7]	27(3)[7]
	実質倍率	D/E	**1.9(1.0)[2.1]**	**1.3(1.3)[1.6]**	**1.1(1.0)[2.3]**
	入学者数		27(3)[7]	25(3)[7]	27(3)[7]

*1 一般選抜前期無印は総合、( )内は共通テスト
*2 推薦の無印は中部圏、( )内は高大接続、[ ]内は地域枠

三重大学　医学部医学科

学部所在地　〒514-8507 三重県津市江戸橋2-174
T E L　059-231-9063
U R L　https://www.mie-u.ac.jp/

入試日程

試験区分	募集人員	第一段階選抜発表	試験日	合格発表
一般前期	75名 (地域枠5名程度含む)	未定	2月25日(日)・26日(月)	3月8日(金)
一般後期	10名	未定	3月12日(火)	3月22日(金)

入試科目

共通テスト

方式 日程	英語 リーディング	英語 リスニング	英語 科目数	数学 数学I	数学 数学I・A	数学 数学II	数学 数学II・B	数学 科目数	国語 国語	国語 範囲	理科② 物理	理科② 化学	理科② 生物	理科② 地学	理科 科目数	世界史A	日本史A	地理A	世界史B	日本史B	地理B	現代社会	倫理	政治経済	倫・政経	地歴公民 科目数	満点	2段階選抜
前期(一般枠)	●	●	1		●		●	2	●		○	○	○		2				○	○	○	○			○	1	600	5倍
	100			100					100		200					100												
前期(三重県地域医療枠)	●	●	1		●		●	2	●		○	○	○		2				○	○	○	○			○	1	600	5倍
	100			100					100		200					100												
後期	●	●	1		●		●	2	●		○	○	○		2				○	○	○	○			○	1	600	15倍
	100			100					100		200					100												

2次試験

方式 日程	英語 英語	数学 数学I	数学 数学II	数学 数学III	数学 数学A	数学 数学B	国語 国語	国語 範囲	理科 物理	理科 化学	理科 生物	理科 地学	理科 科目数	その他 小論文・論述	その他 総合問題	その他 面接	その他 その他	満点
前期(一般枠)	●	●	●	●	●	●			○	○	○		2			●		700
	200	200							200							100		
前期(三重県地域医療枠)	●	●	●	●	●	●			○	○	○		2			●		700
	200	200							200							100		
後期														●		●		300
														200		100		

医師国家試験状況

	第113回	第114回	第115回	第116回	第117回
三重大学(全体)	91.2%	92.9%	91.2%	95.2%	96.2%
三重大学(新卒)	93.3%	95.3%	93.7%	99.1%	98.4%

2023年度入学者

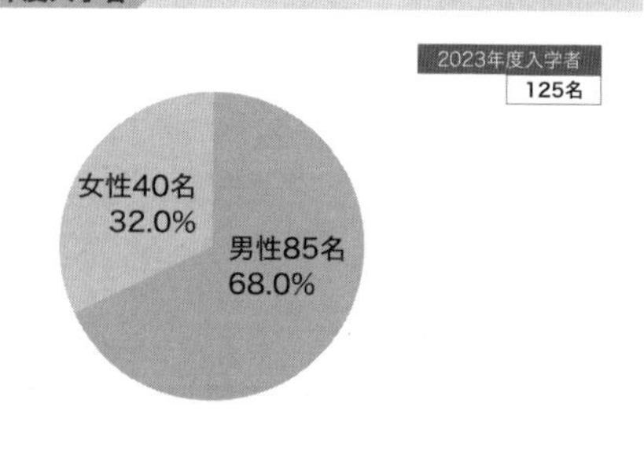

入試結果

一般選抜前期(一般枠+三重枠)

		2023	2022	2021
募集人員		75	75	75
志願者数		350	390	401
第一段階選抜合格者数			375	375
受験者数	A	310	311	316
合格者数	B	75	77	75
追加合格者数	C	1		2
総合格者数	B+C	**76**	**77**	**77**
合格倍率	A/(B+C)	**4.1**	**4.0**	**4.1**
入学者数		75	77	75
合格最高点		1140.67/1300 (567.67/600) [581.00/700]	1087.00/1300 (531.17/600) [578.50/700]	1162.17/1300 (552.50/600) [613.50/700]
合格最低点		925.50/1300 (430.83/600) [420.00/700]	950.00/1300 (435.17/600) [459.50/700]	999.83/1300 (460.33/600) [479.50/700]
合格平均点		989.45/1300 (501.37/600) [488.09/700]	1003.14/1300 (483.73/600) [519.41/700]	1044.23/1300 (508.89/600) [535.34/700]

一般選抜後期

		2023	2022	2021
募集人員		10	10	10
志願者数		212	213	183
第一段階選抜合格者数		150	100	101
受験者数	D	51	14	24
合格者数	E	10	10	10
追加合格者数	F	2		1
総合格者数	E+F	**12**	**10**	**11**
合格倍率	D/(E+F)	**4.3**	**1.4**	**2.2**
入学者数		10	10	11
合格最高点		804.17/900 (552.17/600) [272.00/300]	769.83/900 (526.83/600) [243.00/300]	793.67/900 (553.00/600) [252.00/300]
合格最低点		754.83/900 (504.17/600) [211.00/300]	719.50/900 (490.50/600) [209.00/300]	759.00/900 (527.17/600) [211.00/300]
合格平均点		772.78/900 (534.08/600) [238.70/300]	737.92/900 (507.02/600) [230.90/300]	776.54/900 (540.54/600) [236.00/300]

推薦

		2023	2022	2021
募集人員		40	40	40
志願者数		143	118	146
受験者数	G	64	64	64
合格者数	H	40	38	40
実質倍率	G/H	**1.6**	**1.7**	**1.6**
入学者数		40	38	40

*1 合格点の無印は総合、( )内は共通テスト、[ ]内は2次試験
*2 一般選抜前期の合格点は一般枠の得点

滋賀医科大学　医学部医学科

学部所在地	〒520-2192 滋賀県大津市瀬田月輪町
T E L	077-548-2071
U R L	https://www.shiga-med.ac.jp/

入試日程

試験区分	募集人員	第一段階選抜発表	試験日	合格発表
一般前期	60名 (地域枠7名含む)	2月13日(火)	2月25日(日)・26日(月)	3月8日(金)

入試科目

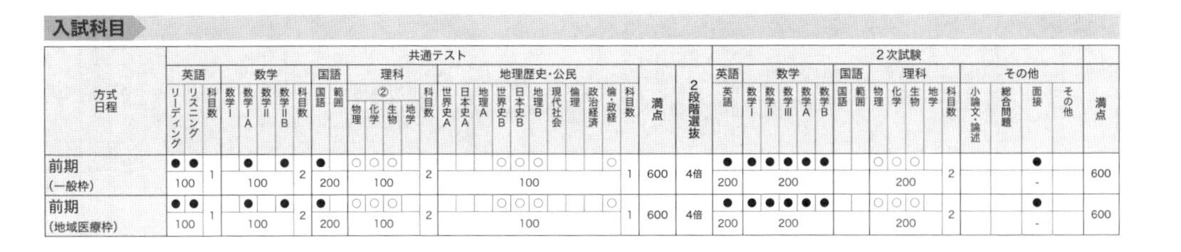

共通テスト

方式 日程	英語 リーディング	英語 リスニング	科目数	数学 数学Ⅰ	数学 数学Ⅰ・A	数学 数学Ⅱ	数学 数学Ⅱ・B	科目数	国語 国語	国語 範囲	理科② 物理	理科② 化学	理科② 生物	理科② 地学	科目数	世界史A	日本史A	地理A	世界史B	日本史B	地理B	現代社会	倫理	政治経済	倫・政経	科目数	満点	2段階選抜
前期(一般枠)	●	●	1		●		●	2	●		○	○	○		2				○	○	○				○	1	600	4倍
	100			100					200		100					100												
前期(地域医療枠)	●	●	1		●		●	2	●		○	○	○		2				○	○	○				○	1	600	4倍
	100			100					200		100					100												

2次試験

方式 日程	英語 英語	数学 数学Ⅰ	数学 数学Ⅱ	数学 数学Ⅲ	数学 数学A	数学 数学B	国語 国語	国語 範囲	理科 物理	理科 化学	理科 生物	理科 地学	科目数	その他 小論文・論述	その他 総合問題	その他 面接	その他 その他	満点
前期(一般枠)	●	●	●	●	●	●			○	○	○		2			●		600
	200	200							200							-		
前期(地域医療枠)	●	●	●	●	●	●			○	○	○		2			●		600
	200	200							200							-		

医師国家試験状況

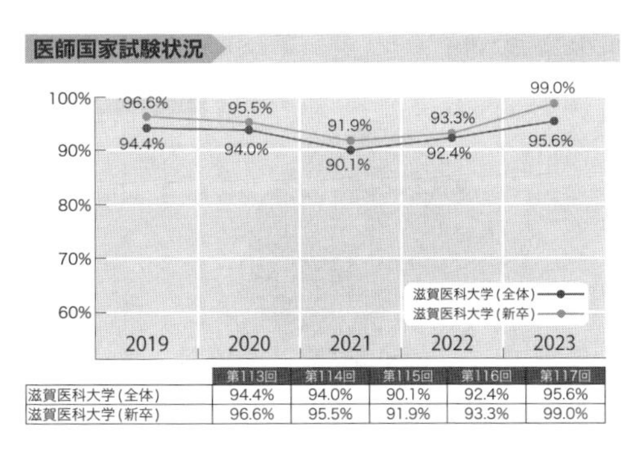

	第113回	第114回	第115回	第116回	第117回
滋賀医科大学(全体)	94.4%	94.0%	90.1%	92.4%	95.6%
滋賀医科大学(新卒)	96.6%	95.5%	91.9%	93.3%	99.0%

2023年度入学者

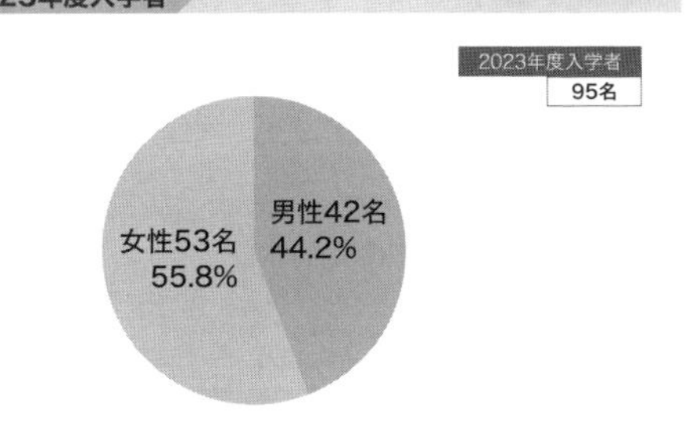

入試結果

			2023	2022	2021
一般選抜前期(一般枠+地域枠)	募集人員		60	60	60
	志願者数		219	405	250
	第一段階選抜合格者数			242	
	受験者数	A	194	210	207
	合格者数	B	62	62	60
	追加合格者数	C			
	総合格者数	B+C	**62**	**62**	**60**
	合格倍率	A/(B+C)	**3.1**	**3.4**	**3.5**
	入学者数		60	60	60
	総合点最高点		953.0/1200	926.06/1200	991.1/1200
	総合点最低点		772.1/1200	795.90/1200	782.2/1200
	総合点平均点		822.9/1200	835.77/1200	837.2/1200
推薦	募集人員		35	35	35
	志願者数		123	114	95
	受験者数	D	123	114	95
	合格者数	E	35	35	35
	実質倍率	D/E	**3.5**	**3.3**	**2.7**
	入学者数		35	35	35

京都大学　医学部医学科

学部所在地　〒606-8501 京都府京都市左京区吉田近衛町
TEL　075-753-4325
URL　https://www.kyoto-u.ac.jp/ja

入試日程

試験区分	募集人員	第一段階選抜発表	試験日	合格発表
一般前期	102名	2月13日(火)	2月25日(日)・26日(月)・27日(火)	3月10日(日)

入試科目

共通テスト

方式日程	英語			数学					国語		理科					地理歴史・公民											満点	2段階選抜
	リーディング	リスニング	科目数	数学Ⅰ	数学Ⅰ・A	数学Ⅱ	数学Ⅱ・B	科目数	国語	範囲	② 物理	② 化学	② 生物	② 地学	科目数	世界史A	日本史A	地理A	世界史B	日本史B	地理B	現代社会	倫理	政治経済	倫・政経	科目数		
前期	●	●	1		●		●	2	●		○	○	○		2				○	○	○				○	1	250	630/900
	50			50					50		50					50												

2次試験

方式日程	英語	数学					国語		理科					その他				満点
	英語	数学Ⅰ	数学Ⅱ	数学Ⅲ	数学A	数学B	国語	範囲	物理	化学	生物	地学	科目数	小論文・論述	総合問題	面接	その他	
前期	●	●	●	●	●	●	●		○	○	○		2			●		1000
	300	250					150		300							-		

医師国家試験状況

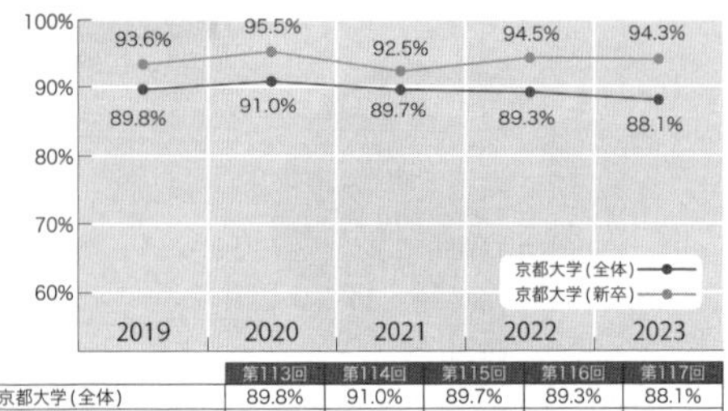

	第113回	第114回	第115回	第116回	第117回
京都大学(全体)	89.8%	91.0%	89.7%	89.3%	88.1%
京都大学(新卒)	93.6%	95.5%	92.5%	94.5%	94.3%

2023年度入学者

2023年度入学者
110名

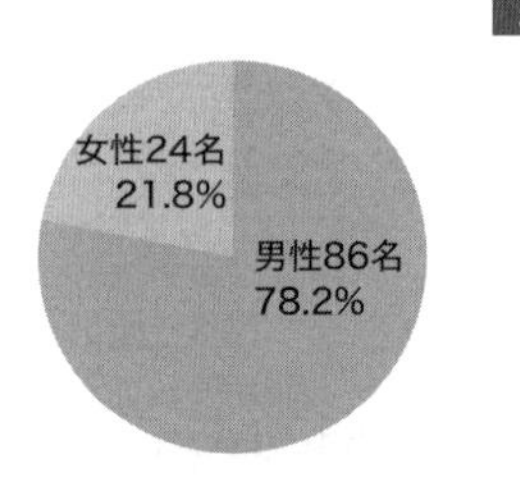

入試結果

			2023	2022	2021
一般選抜前期	募集人員		105	106	105
	志願者数		287	265	299
	第一段階選抜合格者数		265	251	298
	受験者数	A	259	247	292
	合格者数	B	108	109	107
	追加合格者数	C			
	総合格者数	B+C	**108**	**109**	**107**
	合格倍率	A/(B+C)	**2.4**	**2.3**	**2.7**
	入学者数		108	109	107
	総合点最高点		1153.37/1250	1125.37/1250	1142.00/1250
	総合点最低点		935.87/1250	916.62/1250	871.50/1250
	総合点平均点		1001.41/1250	978.79/1250	931.47/1250
特色	募集人員		5	5	5
	志願者数		9	8	12
	第一段階選抜合格者数		6	6	9
	受験者数	D	5	6	9
	合格者数	E	2	1	2
	実質倍率	D/E	**2.5**	**6.0**	**4.5**
	入学者数		2	1	2

京都府立医科大学　医学部医学科

学部所在地　〒602-8566 京都府京都市上京区河原町通広小路上る梶井町465
TEL　075-251-5167
URL　https://www.kpu-m.ac.jp/

入試日程

試験区分	募集人員	第一段階選抜発表	試験日	合格発表
一般前期	100名	2月13日(火)	2月25日(日)・26日(月)	3月8日(金)

入試科目

共通テスト

方式日程	英語			数学					国語		理科 ②					地理歴史・公民											満点	2段階選抜
	リーディング	リスニング	科目数	数学I	数学I・A	数学II	数学II・B	科目数	国語	範囲	物理	化学	生物	地学	科目数	世界史A	日本史A	地理A	世界史B	日本史B	地理B	現代社会	倫理	政治経済	倫・政経	科目数		
前期	●	●	1		●		●	2	●		○	○	○		2				○	○	○	○	○	○	○	1	450	3倍
	100			100					100		100					50												

2次試験

方式日程	英語	数学					国語		理科					その他				満点
	英語	数学I	数学II	数学III	数学A	数学B	国語	範囲	物理	化学	生物	地学	科目数	小論文・論述	総合問題	面接	その他	
前期	●	●	●	●	●	●			○	○	○		2	●		●		600
	200	200							200					-		-		

医師国家試験状況

	第113回	第114回	第115回	第116回	第117回
京都府立医科大学(全体)	90.2%	95.0%	93.3%	91.5%	93.2%
京都府立医科大学(新卒)	94.2%	97.2%	95.9%	93.7%	94.5%

2023年度入学者

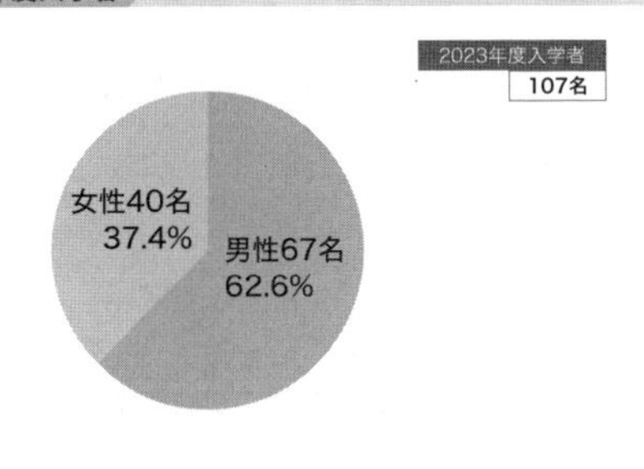

入試結果

			2023	2022	2021
一般選抜前期	募集人員		100	100	100
	志願者数		352	287	277
	第一段階選抜合格者数		300	285	
	受験者数	A	281	265	256
	合格者数	B	101	102	100
	追加合格者数	C			
	総合格者数	B+C	**101**	**102**	**100**
	合格倍率	A/(B+C)	**2.8**	**2.6**	**2.6**
	入学者数		100	100	100
	総合点最高点		849.5/1050	808.5/1050	849.5/1050
	総合点最低点		682.5/1050	613.5/1050	670.5/1050
	総合点平均点		734.2/1050	668.7/1050	725.6/1050
特別選抜	募集人員		7	7	7
	志願者数		29	16	11
	受験者数	D	29	16	11
	合格者数	E	7	7	7
	実質倍率	D/E	**4.1**	**2.3**	**1.6**
	入学者数		7	7	7

大阪大学　医学部医学科

学部所在地　〒565-0871 大阪府吹田市山田丘2-2
TEL　06-6879-7097
URL　https://www.osaka-u.ac.jp/ja

入試日程

試験区分	募集人員	第一段階選抜発表	試験日	合格発表
一般前期	92名	2月13日(火)	2月25日(日)・26日(月)	3月9日(土)

入試科目

共通テスト

方式 日程	英語 リーディング	英語 リスニング	英語 科目数	数学 数学I	数学 数学I・A	数学 数学II	数学 数学II・B	数学 科目数	国語 国語	国語 範囲	理科② 物理	理科② 化学	理科② 生物	理科② 地学	理科 科目数	地理歴史・公民 世界史A	日本史A	地理A	世界史B	日本史B	地理B	現代社会	倫理	政治経済	倫・政経	科目数	満点	2段階選抜
前期	●	●	1		●		●	2	●		○	○	○		2				○	○	○				○	1	500	630/900
	100			100					100		100					100												

2次試験

方式 日程	英語 英語	数学 数学I	数学 数学II	数学 数学III	数学 数学A	数学 数学B	国語 国語	国語 範囲	理科 物理	理科 化学	理科 生物	理科 地学	理科 科目数	その他 小論文・論述	その他 総合問題	その他 面接	その他 その他	満点
前期	●	●	●	●	●	●			○	○	○		2			●		1500
	500	500							500							-		

医師国家試験状況

	第113回	第114回	第115回	第116回	第117回
大阪大学(全体)	90.6%	91.4%	90.7%	93.2%	91.3%
大阪大学(新卒)	95.1%	94.3%	94.3%	98.1%	95.4%

2023年度入学者

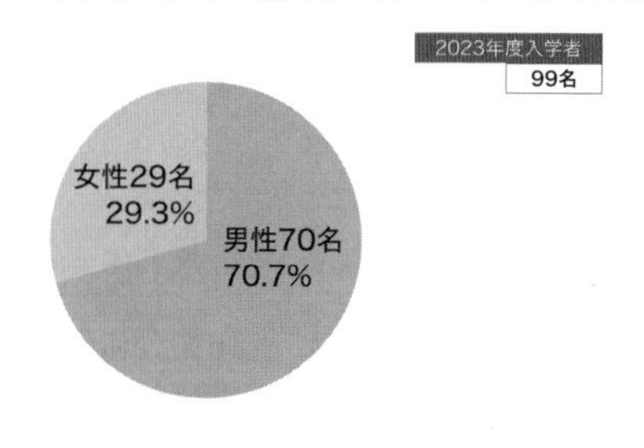

入試結果

			2023	2022	2021
一般選抜前期	募集人員		92	95	95
	志願者数		235	260	233
	第一段階選抜合格者数		227	245	227
	受験者数	A	223	238	217
	合格者数	B	94	99	95
	追加合格者数	C			
	総合格者数	B+C	**94**	**99**	**95**
	合格倍率	A/(B+C)	**2.4**	**2.4**	**2.3**
	入学者数		94	99	94
	合格最高点		1813.25/2000 (488.00/500) [1367.50/1500]	1766.75/2000 (474.00/500) [1320.00/1500]	1767.00/2000 (488.00/500) [1290.00/1500]
	合格最低点		1508.50/2000 (406.75/500) [1042.50/1500]	1504.25/2000 (384.75/500) [1065.00/1500]	1454.50/2000 (415.25/500) [972.50/1500]
	合格平均点		1601.79/2000 (446.36/500) [1155.43/1500]	1598.08/2000 (427.42/500) [1170.66/1500]	1560.00/2000 (449.26/500) [1110.74/1500]
推薦	募集人員		5程度	5程度	5程度
	志願者数		27	31	30
	受験者数	D	27	31	30
	合格者数	E	5	3	6
	実質倍率	D/E	**5.4**	**10.3**	**5.0**
	入学者数		3	3	6

* 合格点の無印は総合、( )内は共通テスト、[ ]内は2次試験

大阪公立大学　医学部医学科

学部所在地 〒545-8585 大阪府大阪市阿倍野区旭町1-4-3
TEL 06-6645-3611
URL https://www.omu.ac.jp/

入試日程

試験区分	募集人員	第一段階選抜発表	試験日	合格発表
一般前期	75名	2月13日(火)	2月25日(日)・26日(月)	3月9日(土)

入試科目

共通テスト

方式日程	英語 リーディング	英語 リスニング	英語 科目数	数学 数学Ⅰ	数学 数学ⅠA	数学 数学Ⅱ	数学 数学ⅡB	数学 科目数	国語 国語	国語 範囲	理科② 物理	理科② 化学	理科② 生物	理科② 地学	理科 科目数	地理歴史・公民 世界史A	日本史A	地理A	世界史B	日本史B	地理B	現代社会	倫理	政治経済	倫・政経	地理歴史・公民 科目数	満点	2段階選抜
前期	●	●	1		●		●	2	●		○	○	○		2				○	○	○	○	○	○	○	1	650	650/900
(配点)	100			200					100		200					50												

2次試験

方式日程	英語 英語	数学 数学Ⅰ	数学 数学Ⅱ	数学 数学Ⅲ	数学 数学A	数学 数学B	国語 国語	国語 範囲	理科 物理	理科 化学	理科 生物	理科 地学	理科 科目数	その他 小論文・論述	その他 総合問題	その他 面接	その他 その他	満点
前期	●	●	●	●	●	●			○	○	○		2			●		800
(配点)	200	300							300							-		

医師国家試験状況

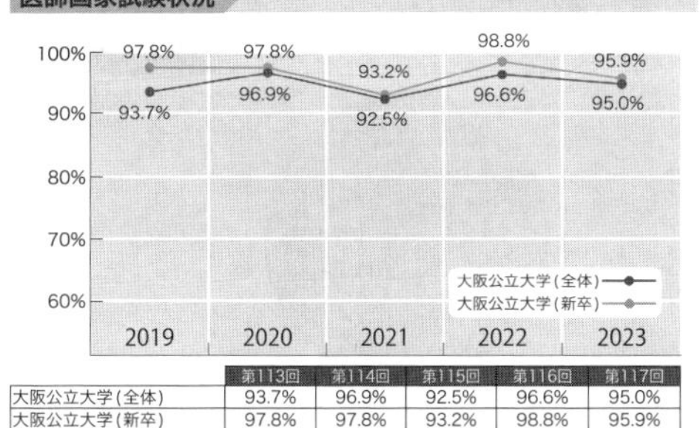

	第113回	第114回	第115回	第116回	第117回
大阪公立大学(全体)	93.7%	96.9%	92.5%	96.6%	95.0%
大阪公立大学(新卒)	97.8%	97.8%	93.2%	98.8%	95.9%

2023年度入学者

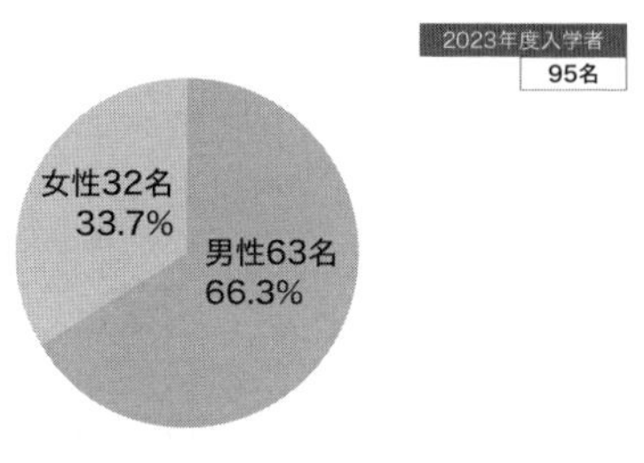

入試結果

区分	項目		2023	2022	2021
一般選抜前期(一般枠+大阪府枠)	募集人員		80	80	80
	志願者数		249	153	225
	第一段階選抜合格者数		239	136	215
	受験者数	A	216	121	201
	合格者数	B	80	80	80
	追加合格者数	C		1	1
	総合格者数	B+C	**80**	**81**	**81**
	合格倍率	A/(B+C)	**2.7**	**1.5**	**2.5**
	入学者数		80	80	79
	合格最高点		1269.25/1450 (606.75/650) [696.00/800]	1281.75/1450 (593.00/650) [725/.50/800]	1327.8/1450 (617.5/650) [735.5/800]
	合格最低点		1080.25/1450 (533.00/650) [503.00/800]	1094.50/1450 (494.50/650) [555.00/800]	1149.5/1450 (523.0/650) [568.0/800]
	合格平均点		1135.80/1450 (570.84/650) [564.97/800]	1160.81/1450 (539.14/650) [621.67/800]	1203.5/1450 (572.4/650) [631.1/800]

区分	項目		2023	2022	2021
総合型	募集人員		5	5	5
	志願者数		32	25	18
	受験者数	D	32	25	15
	合格者数	E	5	5	5
	実質倍率	D/E	**6.4**	**5.0**	**3.0**
	入学者数		5	5	5
推薦(地域限定)	募集人員		10	10	10
	志願者数		49	27	42
	受験者数	F	49	27	20
	合格者数	G	10	10	10
	実質倍率	F/G	**4.9**	**2.7**	**2.0**
	入学者数		10	10	10

*1 合格点の無印は総合、( )内は共通テスト、[ ]内は2次試験
*2 合格点は大阪府枠を除いた点数

神戸大学　医学部医学科

学部所在地　〒650-0017 兵庫県神戸市中央区楠町7-5-1

TEL　078-382-5205

URL　https://www.kobe-u.ac.jp/

入試日程

試験区分	募集人員	第一段階選抜発表	試験日	合格発表
一般前期	92名	未定	2月25日(日)・26日(月)	3月7日(木)

入試科目

方式日程	共通テスト																											
	英語			数学					国語		理科					地理歴史・公民											満点	2段階選抜
											②																	
	リーディング	リスニング	科目数	数学I	数学I A	数学II	数学II B	科目数	国語	範囲	物理	化学	生物	地学	科目数	世界史A	日本史A	地理A	世界史B	日本史B	地理B	現代社会	倫理	政治経済	倫・政経	科目数		
前期	●	●	1		●		●	2	●		○	○	○		2				○	○	○				○	1	360	3倍
	80			80					80		80					40												

方式日程	2次試験																	満点
	英語	数学					国語		理科					その他				
	英語	数学I	数学II	数学III	数学A	数学B	国語	範囲	物理	化学	生物	地学	科目数	小論文・論述	総合問題	面接	その他	
前期	●	●	●	●	●	●			○	○	○		2			●		450
	150	150							150							-		

医師国家試験状況

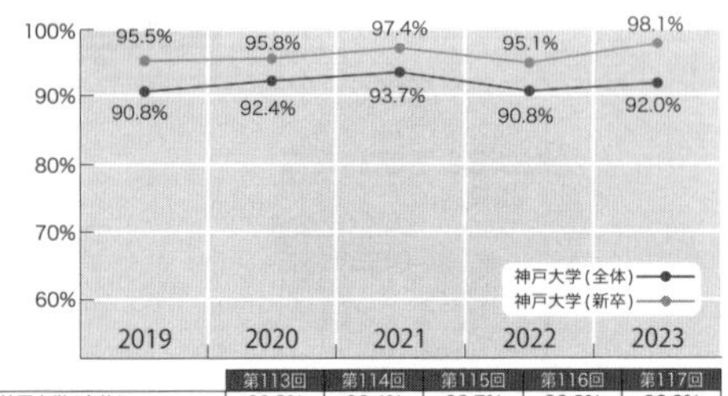

	第113回	第114回	第115回	第116回	第117回
神戸大学(全体)	90.8%	92.4%	93.7%	90.8%	92.0%
神戸大学(新卒)	95.5%	95.8%	97.4%	95.1%	98.1%

2023年度入学者

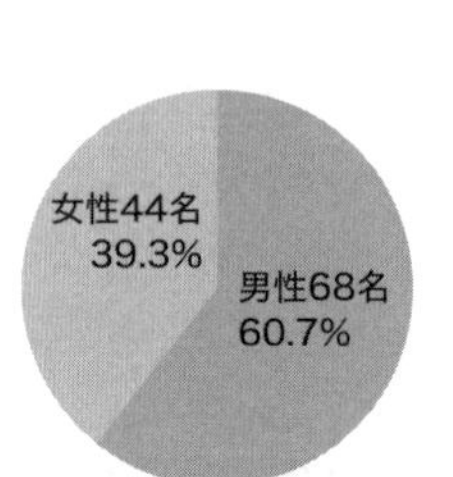

入試結果

			2023	2022	2021
一般選抜前期	募集人員		92	92	92
	志願者数		256	247	261
	第一段階選抜合格者数				
	受験者数	A	233	222	234
	合格者数	B	94	92	92
	追加合格者数	C			
	総合格者数	**B+C**	**94**	**92**	**92**
	合格倍率	**A/(B+C)**	**2.5**	**2.4**	**2.5**
	入学者数		92	92	92
	総合点最高点		735.600/810	720.600/810	714.200/810
	総合点最低点		650.080/810	619.680/810	613.200/810
	総合点平均点		679.877/810	652.213/810	646.375/810
	共通テスト平均点		315.264/360	300.863/360	321.388/360
総合型	募集人員		10	10	10
	志願者数		80	97	99
	受験者数	D	20	20	20
	合格者数	E	10	10	10
	実質倍率	**D/E**	**2.0**	**2.0**	**2.0**
	入学者数		10	10	10
推薦	募集人員		10	10	10
	志願者数		29	36	41
	受験者数	F	20	20	20
	合格者数	G	10	10	10
	実質倍率	**F/G**	**2.0**	**2.0**	**2.0**
	入学者数		10	10	10

奈良県立医科大学　医学部医学科

学部所在地　〒634-8521 奈良県橿原市四条町840
TEL　0744-22-3051
URL　https://www.naramed-u.ac.jp/

入試日程

試験区分	募集人員	第一段階選抜発表	試験日	合格発表
一般前期	22名	未定	2月25日(日)・26日(月)	3月5日(火)
一般後期	53名	未定	3月12日(火)・13日(水)	3月21日(木)

入試科目

共通テスト

方式 日程	英語 リーディング	英語 リスニング	英語 科目数	数学 数学Ⅰ	数学 数学Ⅰ A	数学 数学Ⅱ	数学 数学Ⅱ B	数学 科目数	国語 国語	国語 範囲	理科② 物理	理科② 化学	理科② 生物	理科② 地学	理科 科目数	世界史A	日本史A	地理A	世界史B	日本史B	地理B	現代社会	倫理	政治経済	倫・政経	地歴公民 科目数	満点	2段階選抜
前期	●	●	1		●		●	2	●		○	○	○		2				○	○	○	○	○	○	○	1	900	15倍
(配点)	200			200					100		300					100												
後期	●	●	1		●		●	2	●		○	○	○		2				○	○	○	○	○	○	○	1	300	14倍
(配点)	200			200					100		300					100												

2次試験

方式 日程	英語 英語	数学 数学Ⅰ	数学 数学Ⅱ	数学 数学Ⅲ	数学 数学A	数学 数学B	国語 国語	国語 範囲	理科 物理	理科 化学	理科 生物	理科 地学	理科 科目数	その他 小論文・論述	その他 総合問題	その他 面接	その他 その他	満点
前期														●		●		100
(配点)														100		-		
後期	●	●	●	●	●	●			○	○	○		2			●		900
(配点)	225	225							450							-		

医師国家試験状況

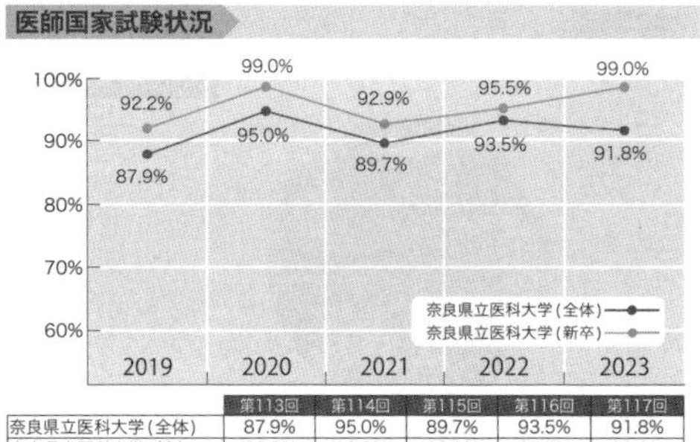

	第113回	第114回	第115回	第116回	第117回
奈良県立医科大学(全体)	87.9%	95.0%	89.7%	93.5%	91.8%
奈良県立医科大学(新卒)	92.2%	99.0%	92.9%	95.5%	99.0%

2023年度入学者

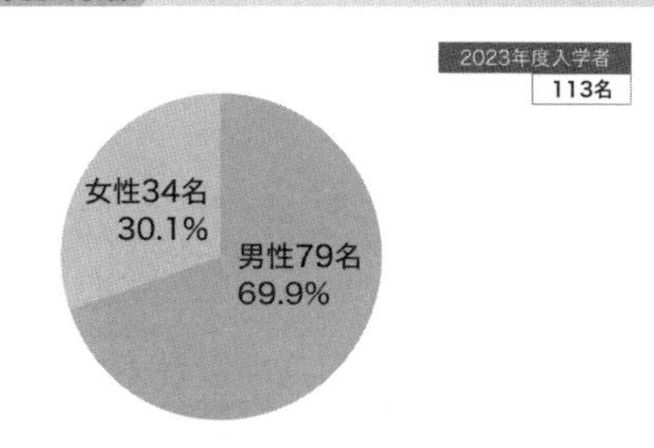

入試結果

			2023	2022	2021
一般選抜前期	募集人員		22	22	22
	志願者数		224	143	153
	第一段階選抜合格者数				
	受験者数	A	189	117	123
	合格者数	B	22	22	22
	追加合格者数	C			
	総合格者数	B+C	**22**	**22**	**22**
	合格倍率	A/(B+C)	**8.6**	**5.3**	**5.6**
	入学者数		22	22	22
	総合点最高点		775.7/900	764.2/900	774.2/900
	総合点最低点		672.2/900	628.0/900	680.0/900
	総合点平均点		702.6/900	683.1/900	703.2/900
一般選抜後期	募集人員		53	53	53
	志願者数		997	1,311	888
	第一段階選抜合格者数		743	748	742
	受験者数	D	251	202	271
	合格者数	E	61	60	67
	追加合格者数	F			
	総合格者数	E+F	**61**	**60**	**67**
	合格倍率	D/(E+F)	**4.1**	**3.4**	**4.0**
	入学者数		53	53	53
	総合点最高点		953.5/1200	991.3/1200	1005.3/1200
	総合点最低点		789.1/1200	826.8/1200	814.6/1200
	総合点平均点		847.5/1200	894.5/1200	884.0/1200

			2023	2022	2021
推薦	募集人員		13(25)	13(25)	13(25)
	志願者数		75(143)	78(140)	75(143)
	受験者数	G	72(138)	74(137)	72(140)
	合格者数	H	13(25)	13(25)	13(25)
	実質倍率	G/H	**5.5(5.5)**	**5.7(5.5)**	**5.5(5.5)**
	入学者数		13(25)	13(25)	13(25)

＊推薦の無印は緊急医師確保、( )内は地域枠

和歌山県立医科大学　医学部医学科

学部所在地　〒641-8509 和歌山県和歌山市紀三井寺811-1
TEL　073-441-0702
URL　https://www.wakayama-med.ac.jp/

入試日程

試験区分	募集人員	第一段階選抜発表	試験日	合格発表
一般前期	一般枠64名 県民医療枠12名	2月13日(火)	2月25日(日)・26日(月)	3月5日(火)

入試科目

共通テスト

方式日程	英語 リーディング	英語 リスニング	科目数	数学I	数学I・A	数学II	数学II・B	科目数	国語	範囲	理科② 物理	化学	生物	地学	科目数	世界史A	日本史A	地理A	世界史B	日本史B	地理B	現代社会	倫理	政治経済	倫・政経	科目数	満点	2段階選抜
前期(一般枠)	●	●	1		●		●	2	●		○	○	○		2				○	○	○				○	1	600	630/900
	150			100					100		150					100												
前期(県民医療枠A)	●	●	1		●		●	2	●		○	○	○		2				○	○	○				○	1	600	630/900
	150			100					100		150					100												
前期(県民医療枠C)	●	●	1		●		●	2	●		○	○	○		2				○	○	○				○	1	600	630/900
	150			100					100		150					100												

2次試験

方式日程	英語	数学I	数学II	数学III	数学A	数学B	国語	範囲	物理	化学	生物	地学	科目数	小論文・論述	総合問題	面接	その他	満点
前期(一般枠)	●	●	●	●	●	●			○	○	○		2			●		700
	200	250							250							-		
前期(県民医療枠A)	●	●	●	●	●	●			○	○	○		2			●		700
	200	250							250							-		
前期(県民医療枠C)	●	●	●	●	●	●			○	○	○		2			●		700
	200	250							250							-		

医師国家試験状況

	第113回	第114回	第115回	第116回	第117回
和歌山県立医科大学(全体)	93.3%	98.1%	93.9%	95.2%	94.5%
和歌山県立医科大学(新卒)	93.9%	100.0%	94.8%	96.9%	95.2%

2023年度入学者

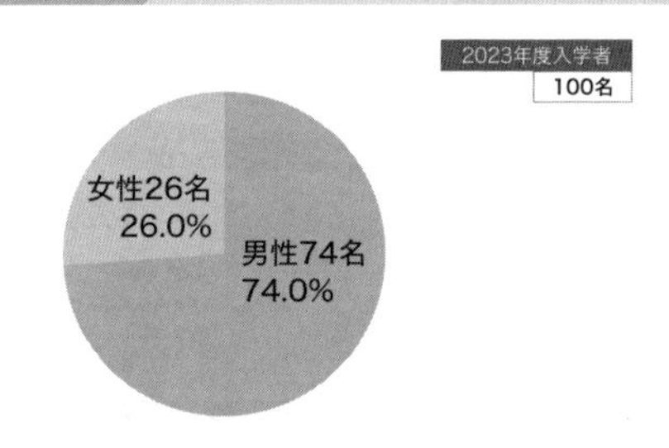

入試結果

			2023	2022	2021
一般選抜前期(一般枠+県民枠)	募集人員		64(10)[2]	79	79
	志願者数		150(34)[10]	295	243
	第一段階選抜合格者数		179	261	
	受験者数	A	122([35])	232	225
	合格者数	B	64(9)[3]	83	82
	追加合格者数	C			
	総合格者数	B+C	**64(9)[3]**	**83**	**82**
	合格倍率	A/(B+C)	**1.9([2.9])**	**2.8**	**2.7**
	入学者数		64(9)[3]	81	80
	総合点最高点		1013.50/1300 (940.88/1300)	1003.50/1300	1038.00/1300
	総合点最低点		809.63/1300 (801.38/1300)	746.50/1300	797.88/1300
	総合点平均点		870.03/1300 (861.26/1300)	858.41/1300	907.11/1300
推薦	募集人員		6(5)[3]<10>	21	21
	志願者数		16(30)[8]<25>	65	57
	受験者数	D	8([11])<12>	24	24
	合格者数	E	6(6)[2]<10>	19	20
	実質倍率	D/E	**1.3([1.4])<1.2>**	**1.3**	**1.2**
	入学者数		6(6)[2]<10>	19	20

*1 一般選抜前期の無印は一般枠、( )内は県民医療枠A、[ ]内は県民医療枠C
*2 総合点の無印は一般枠、( )内は県民医療枠A
*3 推薦の無印は一般枠、( )内は県民医療枠A、[ ]内は県民医療枠B、< >内は地域医療枠

鳥取大学　医学部医学科

学部所在地	〒683-8503 鳥取県米子市西町86
T E L	0859-38-7096
U R L	https://www.tottori-u.ac.jp/

入試日程

試験区分	募集人員	第一段階選抜発表	試験日	合格発表
一般前期	一般枠58名 地域枠21名	2月9日(金)	2月25日(日)・26日(月)	3月6日(水)

入試科目

共通テスト

方式日程	英語 リーディング	英語 リスニング	科目数	数学Ⅰ	数学Ⅰ・A	数学Ⅱ	数学Ⅱ・B	科目数	国語	範囲	理科② 物理	化学	生物	地学	科目数	世界史A	日本史A	地理A	世界史B	日本史B	地理B	現代社会	倫理	政治経済	倫・政経	科目数	満点	2段階選抜
前期(一般枠)	●	●	1		●		●	2	●		○	○	○		2				○	○	○				○	1	900	600/900
	200			200					200		200					100												
前期(鳥取県枠)	●	●	1		●		●	2	●		○	○	○		2				○	○	○				○	1	900	600/900
	200			200					200		200					100												
前期(兵庫県枠)	●	●	1		●		●	2	●		○	○	○		2				○	○	○				○	1	900	600/900
	200			200					200		200					100												
前期(島根県枠)	●	●	1		●		●	2	●		○	○	○		2				○	○	○				○	1	900	600/900
	200			200					200		200					100												

2次試験

方式日程	英語	数学Ⅰ	数学Ⅱ	数学Ⅲ	数学A	数学B	国語	範囲	物理	化学	生物	地学	科目数	小論文・論述	総合問題	面接	その他	満点
前期(一般枠)	●	●	●	●	●	●			○	○	○		2			●		700
	200	200							200							100		
前期(鳥取県枠)	●	●	●	●	●	●			○	○	○		2			●		700
	200	200							200							100		
前期(兵庫県枠)	●	●	●	●	●	●			○	○	○		2			●		700
	200	200							200							100		
前期(島根県枠)	●	●	●	●	●	●			○	○	○		2			●		700
	200	200							200							100		

医師国家試験状況

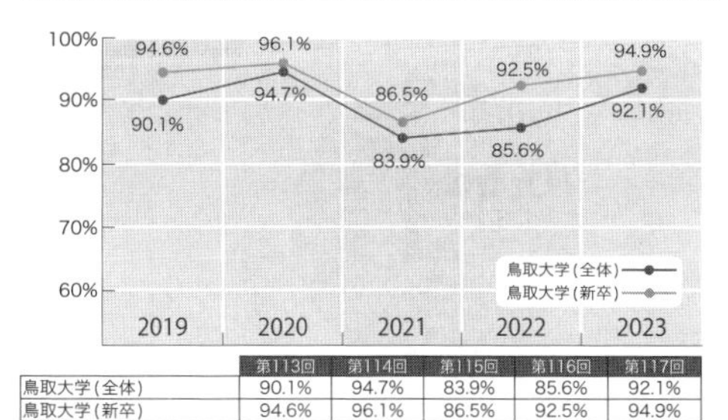

	第113回	第114回	第115回	第116回	第117回
鳥取大学(全体)	90.1%	94.7%	83.9%	85.6%	92.1%
鳥取大学(新卒)	94.6%	96.1%	86.5%	92.5%	94.9%

2023年度入学者

2023年度入学者　105名

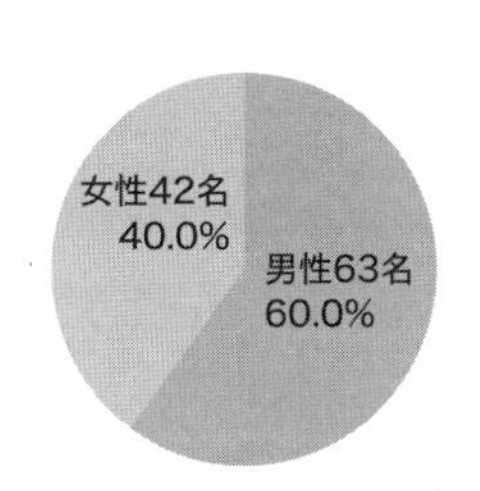

入試結果

			2023	2022	2021
一般選抜前期(一般枠+地域枠)	募集人員		79	79	79
	志願者数		422	214	359
	第一段階選抜合格者数		412	200	348
	受験者数	A	349	167	301
	合格者数	B	79	80	79
	追加合格者数	C	4	3	
	総合格者数	B+C	**83**	**83**	**79**
	合格倍率	A/(B+C)	**4.2**	**2.0**	**3.8**
	入学者数		79	80	79
	総合点最高点		1347.6/1600 (1322.1/1600) [1268.9/1600]	1365.9/1600 (1296.8/1600) [1255.5/1600]	1340.1/1600 (1277.7/1600) [1263.8/1600]
	総合点最低点		1257.8/1600 (1207.0/1600)	1183.6/1600 (1122.2/1600)	1198.0/1600 (1196.4/1600)
	総合点平均点		1290.0/1600 (1255.1/1600) [1248.4/1600]	1257.0/1600 (1194.4/1600) [1167.2/1600]	1235.8/1600 (1224.2/1600) [1238.3/1600]
推薦Ⅱ	募集人員		26	25	25
	志願者数		100	95	69
	受験者数	D	97	94	69
	合格者数	E	26	24	25
	実質倍率	D/E	**3.7**	**3.9**	**2.8**
	入学者数		26	24	19

* 合格点の無印は一般枠、( )内は鳥取県枠、[ ]内は島根県枠

島根大学　医学部医学科

学部所在地　〒693-8501 島根県出雲市塩冶町89-1
T E L　0853-20-2087
U R L　https://www.shimane-u.ac.jp/

入試日程

試験区分	募集人員	第一段階選抜発表	試験日	合格発表
一般前期	58名(県内定着枠3名含む)	未定	2月25日(日)・26日(月)	3月6日(水)

入試科目

共通テスト

方式 日程	英語 リーディング	英語 リスニング	英語 科目数	数学Ⅰ	数学Ⅰ・A	数学Ⅱ	数学Ⅱ・B	数学 科目数	国語	範囲	理科② 物理	化学	生物	地学	理科 科目数	世界史A	日本史A	地理A	世界史B	日本史B	地理B	現代社会	倫理	政治経済	倫・政経	地歴公民 科目数	満点	2段階選抜
前期 (一般枠)	●	●	1		●		●	2	●		○	○	○		2				○	○	○				○	1	700	8倍
	100			100					200		200					100												
前期 (県内定着枠)	●	●	1		●		●	2	●		○	○	○		2				○	○	○				○	1	700	8倍
	100			100					200		200					100												

2次試験

方式 日程	英語	数学Ⅰ	数学Ⅱ	数学Ⅲ	数学A	数学B	国語	範囲	物理	化学	生物	地学	科目数	小論文・論述	総合問題	面接	その他	満点
前期 (一般枠)	●	●	●	●	●	●										●		460
	200	200														60		
前期 (県内定着枠)	●	●	●	●	●	●										●		460
	200	200														60		

医師国家試験状況

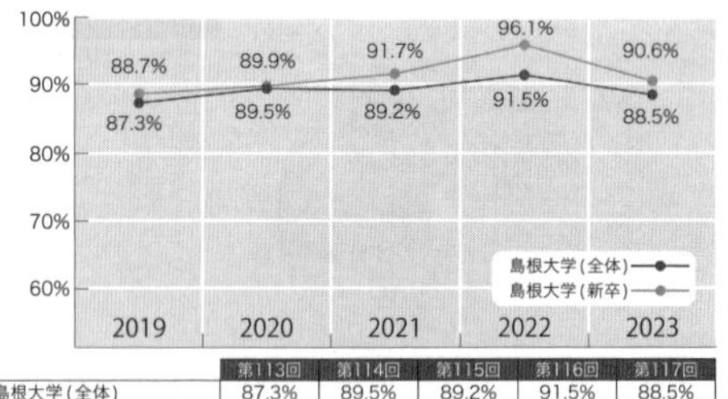

	第113回	第114回	第115回	第116回	第117回
島根大学(全体)	87.3%	89.5%	89.2%	91.5%	88.5%
島根大学(新卒)	88.7%	89.9%	91.7%	96.1%	90.6%

2023年度入学者

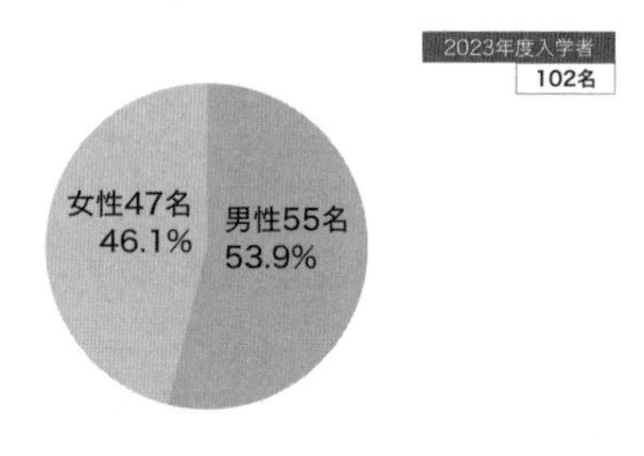

入試結果

			2023	2022	2021
一般選抜前期(一般枠+県民枠)	募集人員		58	58	58
	志願者数		649	428	390
	第一段階選抜合格者数		465		
	受験者数	A	416	376	332
	合格者数	B	64	61	62
	追加合格者数	C		1	
	総合格者数	B+C	**64**	**62**	**62**
	合格倍率	A/(B+C)	**6.5**	**6.1**	**5.4**
	入学者数		64	61	62
	合格最高点		979.90/1160 (656.10/700) [358.00/460]	1069.90/1160 (661.90/700) [408.00/460]	1048.40/1160 (650.40/700) [398.00/460]
	合格最低点		819.40/1160 (502.10/700) [250.00/460]	803.40/1160 (465.40/700) [259.00/460]	847.10/1160 (525.10/700) [256.00/460]
	合格平均点		860.70/1160 (563.09/700) [297.61/460]	847.81/1160 (532.16/700) [315.65/460]	886.67/1160 (585.53/700) [301.14/460]
推薦Ⅱ	募集人員		25(10)[9]	25(10)[9]	25(10)[9]
	志願者数		105(11)[14]	107(21)[24]	70(13)[27]
	受験者数	D	104(11)[14]	107(21)[23]	70(13)[27]
	合格者数	E	25(9)[4]	25(9)[8]	25(6)[9]
	実質倍率	D/E	**4.2(1.2)[3.5]**	**4.3(2.3)[2.9]**	**2.8(2.2)[3.0]**
	入学者数		25(9)[4]	24(0)[8]	25(6)[9]

*1 合格点は一般枠の点数。無印は総合、( )内は共通テスト、[ ]内は2次試験

*2 推薦の無印は一般枠、( )内は地域枠、[ ]内は緊急医師確保枠

岡山大学　医学部医学科

学部所在地 〒700-8558 岡山県岡山市北区鹿田町2-5-1
T E L 086-235-7020
U R L https://www.okayama-u.ac.jp/

入試日程

試験区分	募集人員	第一段階選抜発表	試験日	合格発表
一般前期	95名	2月7日(水)	2月25日(日)・26日(月)	3月7日(木)

入試科目

共通テスト

方式日程	英語 リーディング	英語 リスニング	英語 科目数	数学 数学I	数学 数学I・A	数学 数学II	数学 数学II・B	数学 科目数	国語 国語	国語 範囲	理科② 物理	理科② 化学	理科② 生物	理科② 地学	理科 科目数	世界史A	日本史A	地理A	世界史B	日本史B	地理B	現代社会	倫理	政治経済	倫・政経	地歴公民 科目数	満点	2段階選抜
前期	●	●	1		●		●	2	●		○	○	○		2				○	○	○	○	○	○	○	1	500	3倍
	100			100					100		100					100												

2次試験

方式日程	英語 英語	数学 数学I	数学 数学II	数学 数学III	数学 数学A	数学 数学B	国語 国語	国語 範囲	理科 物理	理科 化学	理科 生物	理科 地学	理科 科目数	その他 小論文・論述	その他 総合問題	その他 面接	その他 その他	満点
前期	●	●	●	●	●	●			○	○	○		2			●		1100
	400	400							300							-		

医師国家試験状況

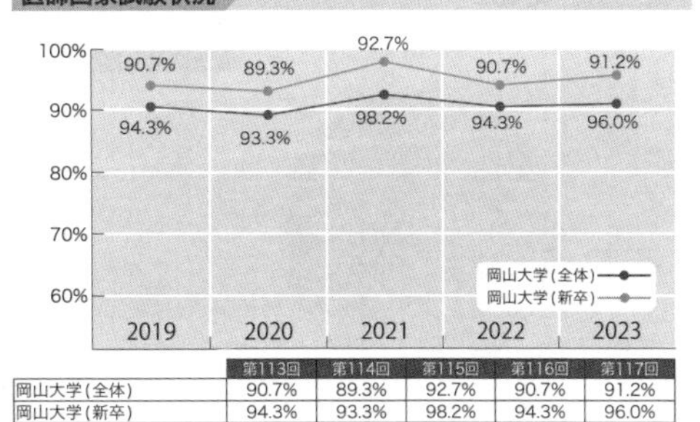

	第113回	第114回	第115回	第116回	第117回
岡山大学(全体)	90.7%	89.3%	92.7%	90.7%	91.2%
岡山大学(新卒)	94.3%	93.3%	98.2%	94.3%	96.0%

2023年度入学者

2023年度入学者 109名

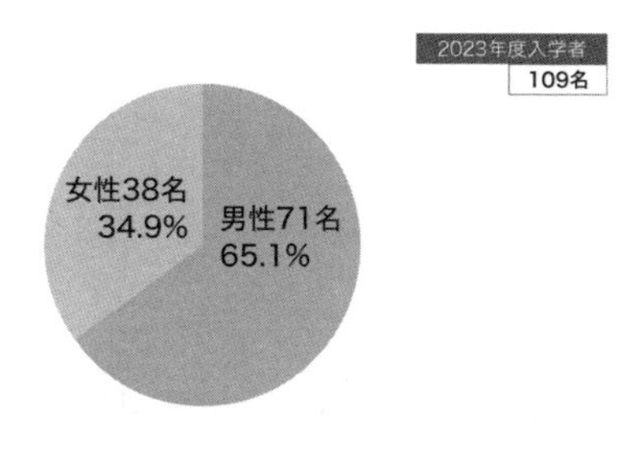

入試結果

			2023	2022	2021
一般選抜前期	募集人員		95	98	98
	志願者数		270	540	359
	第一段階選抜合格者数			383	
	受験者数	A	255	360	319
	合格者数	B	96	98	99
	追加合格者数	C	1	1	
	総合格者数	B+C	**97**	**99**	**99**
	合格倍率	A/(B+C)	**2.6**	**3.6**	**3.2**
	入学者数		97	98	99
	合格最高点		1396.6/1600 (462.1/500) [953.5/1100]	1368.1/1600 (443.3/500) [933.5/1100]	1048.40/1160 (650.40/700) [398.00/460]
	合格最低点		1212.4/1600 (361.4/500) [782.0/1100]	1133.6/1600 (359.2/500) [735.0/1100]	847.10/1160 (525.10/700) [256.00/460]
	合格平均点		1290.0/1600 (423.8/500) [866.2/1100]	1220.6/1600 (405.6/500) [815.0/1100]	886.67/1160 (585.53/700) [301.14/460]
推薦II	募集人員		4(1)[2]<2>	4(1)[2]<2>	4(1)[2]<2>
	志願者数		25(6)[14]<13>	22(2)[5]<14>	33(7)[4]<11>
	受験者数	D	23(6)[12]<12>	21(2)[4]<13>	33(7)[4]<11>
	合格者数	E	4(1)[2]<2>	4(1)[2]<1>	4(1)[0]<0>
	実質倍率	D/E	**5.3(6.0) [6.0]<6.0>**	**5.3(2.0) [2.0]<13.0>**	**8.3(7.0) [0.0]<0.0>**
	入学者数		4(1)[2]<2>	4(1)[2]<1>	4(1)[0]<0>

*1 合格点の無印は総合、( )内は共通テスト、[ ]内は2次試験
*2 推薦の無印は岡山県枠、( )内は鳥取県枠、[ ]内は広島県枠、< >内は兵庫県枠

広島大学　医学部医学科

学部所在地	〒734-8553 広島県広島市南区霞1-2-3
T E L	082-424-6174
U R L	https://www.hiroshima-u.ac.jp/

入試日程

試験区分	募集人員	第一段階選抜発表	試験日	合格発表
一般前期	90名	2月6日(火)	2月25日(日)・26日(月)	3月8日(金)

入試科目

共通テスト

方式 日程	英語 リーディング	英語 リスニング	英語 科目数	数学 数学I	数学 数学I・A	数学 数学II	数学 数学II・B	数学 科目数	国語 国語	国語 範囲	理科② 物理	理科② 化学	理科② 生物	理科② 地学	理科 科目数	地歴公民 世界史A	日本史A	地理A	世界史B	日本史B	地理B	現代社会	倫理	政治経済	倫・政経	地歴公民 科目数	満点	2段階選抜
前期 A(s)配点(理科重視型)	●	●	1		●		●	2	●		○	○	○		2				○	○	○				○	1	900	5倍
	200			200					200		200					100												
前期 A(es)配点(英数重視型)	●	●	1		●		●	2	●		○	○	○		2				○	○	○				○	1	900	5倍
	200			200					200		200					100												
前期 B配点(一般型)	●	●	1		●		●	2	●		○	○	○		2				○	○	○				○	1	900	5倍
	200			200					200		200					100												

2次試験

方式 日程	英語 英語	数学 数学I	数学 数学II	数学 数学III	数学 数学A	数学 数学B	国語 国語	国語 範囲	理科 物理	理科 化学	理科 生物	理科 地学	理科 科目数	その他 小論文・論述	その他 総合問題	その他 面接	その他 その他	満点
前期 A(s)配点(理科重視型)	●	●	●	●	●	●			○	○	○		2			●		1800
	300	300							1200							-		
前期 A(es)配点(英数重視型)	●	●	●	●	●	●			○	○	○		2			●		1800
	800	800							200							-		
前期 B配点(一般型)	●	●	●	●	●	●			○	○	○		2			●		1800
	600	600							600							-		

医師国家試験状況

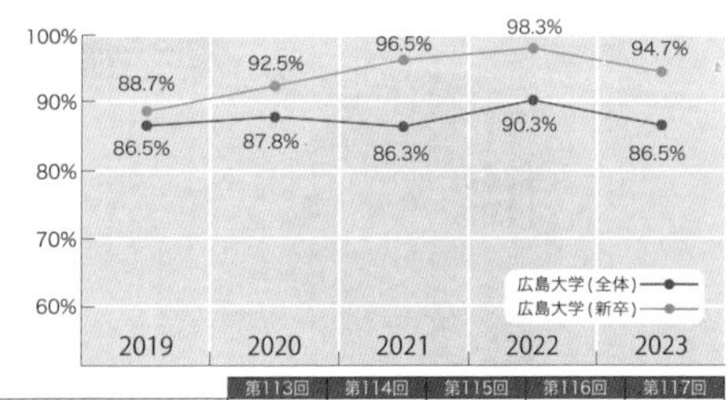

	第113回	第114回	第115回	第116回	第117回
広島大学(全体)	86.5%	87.8%	86.3%	90.3%	86.5%
広島大学(新卒)	88.7%	92.5%	96.5%	98.3%	94.7%

2023年度入学者

2023年度入学者
118名

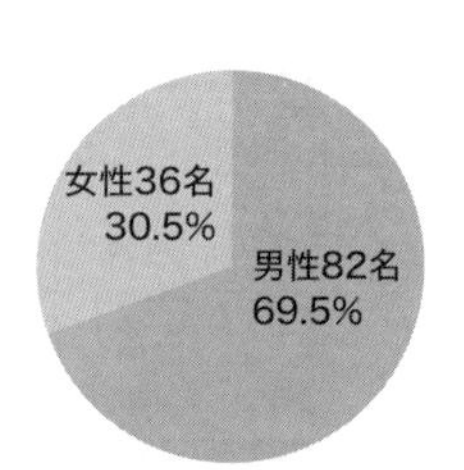

入試結果

			2023	2022	2021
一般選抜前期	募集人員		90	90	90
	志願者数		424	621	495
	第一段階選抜合格者数				
	受験者数	A	382	563	443
	合格者数	B	95	96	99
	追加合格者数	C			
	総合格者数	**B+C**	**95**	**96**	**99**
	合格倍率	**A/(B+C)**	**4.0**	**5.9**	**4.5**
	入学者数		95	95	95
	合格最高点 (A(s) 配点)		2489/2700 (849/900) [1673/1800]	2481/2700 (815/900) [1692/1800]	2516/2700 (848/900) [1680/1800]
	合格最低点 (A(s) 配点)		2239/2700 (715/900) [1449/1800]	2122/2700 (662/900) [1350/1800]	2145/2700 (694/800) [1334/1800]
	合格平均点 (A(s) 配点)		2320.0/2700 (784.2/900) [1535.5/1800]	2218.6/2700 (746.8/900) [1471.6/1800]	2233.5/2700 (781.8/800) [1451.8/1800]
	合格最高点 (A(em) 配点)		2302/2700 (828/900) [1510/1800]	—	—
	合格最低点 (A(em) 配点)		2210/2700 (731/900) [1382/1800]	—	—
	合格平均点 (A(em) 配点)		2241.2/2700 (781.5/900) [1459.7/1800]	—	—

			2023	2022	2021
一般選抜前期	合格最高点 (B 配点)		2201/2700 (814/900) [1473/1800]	2140/2700 (780/900) [1389/1800]	2050/2700 (830/900) [1347/1800]
	合格最低点 (B 配点)		2112/2700 (675/900) [1341/1800]	1965/2700 (650/900) [1236/1800]	1866/2700 (638/900) [1068/1800]
	合格平均点 (B 配点)		2149.4/2700 (760.6/900) [1388.8/1800]	2028.6/2700 (717.9/900) [1310.6/1800]	1931.9/2700 (759.2/900) [1172.8/1800]
推薦	募集人員		18	18	18
	志願者数		57	55	50
	受験者数	D	57	55	50
	合格者数	E	18	18	18
	実質倍率	**D/E**	**3.2**	**3.1**	**2.8**
	入学者数		18	18	18
総合型II	募集人員		5	5	5
	志願者数		9	14	6
	受験者数	F	9	14	5
	合格者数	G	3	5	1
	実質倍率	**F/G**	**3.0**	**2.8**	**5.0**
	入学者数		3	5	1

＊合格点の無印は総合、( )内は共通テスト、[ ]内は2次試験

山口大学　医学部医学科

学部所在地	〒755-8505 山口県宇部市南小串1-1-1
T E L	083-933-5153
U R L	https://www.yamaguchi-u.ac.jp/

入試日程

試験区分	募集人員	第一段階選抜発表	試験日	合格発表
一般前期	55名	2月13日(火)	2月25日(日)・26日(月)	3月6日(水)
一般後期	全国枠7名 地域枠3名	2月28日(水)	3月12日(火)・13日(水)	3月21日(木)

入試科目

共通テスト

方式日程	英語 リーディング	英語 リスニング	科目数	数学I	数学I・A	数学II	数学II・B	科目数	国語	範囲	理科② 物理	化学	生物	地学	科目数	世界史A	日本史A	地理A	世界史B	日本史B	地理B	現代社会	倫理	政治経済	倫・政経	科目数	満点	2段階選抜
前期	●	●	1		●		●	2	●		○	○	○		2				○	○	○	○	○	○	○	1	900	7倍
	200			200					200		200					100												
後期(全国枠)	●	●	1		●		●	2	●		○	○	○		2				○	○	○	○	○	○	○	1	900	15倍
	200			200					200		200					100												
後期(地域枠)	●	●	1		●		●	2	●		○	○	○		2				○	○	○	○	○	○	○	1	900	15倍
	200			200					200		200					100												

2次試験

方式日程	英語	数学I	数学II	数学III	数学A	数学B	国語	範囲	物理	化学	生物	地学	科目数	小論文・論述	総合問題	面接	その他	満点
前期	●	●	●	●	●	●			○	○	○		2			●		600
	200	200							200							-		
後期(全国枠)														●		●		500
														300		200		
後期(地域枠)														●		●		500
														300		200		

医師国家試験状況

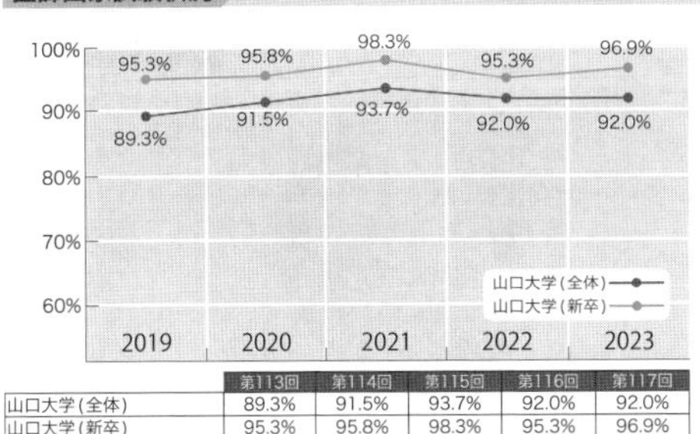

	第113回	第114回	第115回	第116回	第117回
山口大学(全体)	89.3%	91.5%	93.7%	92.0%	92.0%
山口大学(新卒)	95.3%	95.8%	98.3%	95.3%	96.9%

2023年度入学者

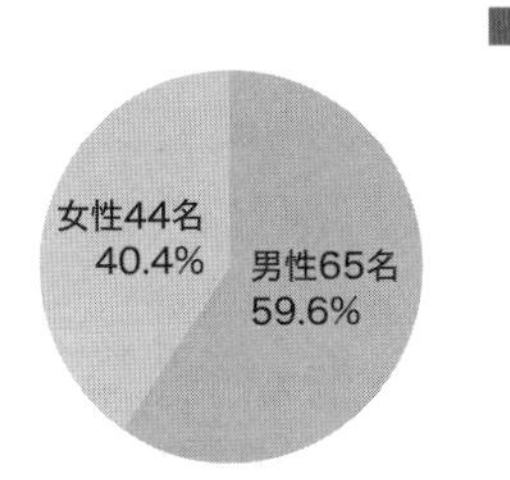

入試結果

			2023	2022	2021
一般選抜前期	募集人員		55	55	55
	志願者数		381	214	306
	第一段階選抜合格者数				
	受験者数	A	312	178	255
	合格者数	B	55	55	56
	追加合格者数	C			
	総合格者数	B+C	**55**	**55**	**56**
	合格倍率	A/(B+C)	**5.7**	**3.2**	**4.6**
	入学者数		55	55	55
	合格最高点		1254.4/1500 (791.0/900) [503.0/600]	1338.4/1500 (776.4/900) [562.0/600]	1322.6/1500 (851.6/900) [498.0/600]
	合格最低点		1106.0/1500 (653.8/900) [350.0/600]	1026.8/1500 (591.6/900) [377.0/600]	1148.2/1500 (704.6/900) [370.0/600]
	合格平均点		1160.3/1500 (734.3/900) [426.0/600]	1139.7/1500 (688.8/900) [450.8/600]	1196.8/1500 (767.3/900) [429.5/600]

			2023	2022	2021
一般選抜後期(全国枠+地域枠)	募集人員		10	10	10
	志願者数		254	450	212
	第一段階選抜合格者数		150	150	150
	受験者数	D	34	23	46
	合格者数	E	11	11	10
	追加合格者数	F			
	総合格者数	E+F	**11**	**11**	**10**
	合格倍率	D/(E+F)	**3.1**	**2.1**	**4.6**
	入学者数		10	10	10
	合格最高点		—	—	—
	合格最低点		—	—	—
	合格平均点		—	—	—
推薦II	募集人員		42	42	42
	志願者数		108	113	116
	受験者数	G	107	111	116
	合格者数	H	44	42	42
	実質倍率	G/H	**2.4**	**2.6**	**2.8**
	入学者数		44	42	42

＊合格点の無印は総合、( )内は共通テスト、[ ]内は2次試験

徳島大学　医学部医学科

学部所在地　〒770-8503 徳島県徳島市蔵本町3-18-15
TEL　088-656-7091
URL　https://www.tokushima-u.ac.jp/

入試日程

試験区分	募集人員	第一段階選抜発表	試験日	合格発表
一般前期	62名	2月13日(火)	2月25日(日)・26日(月)	3月6日(水)

入試科目

共通テスト

方式日程	英語 リーディング	英語 リスニング	英語 科目数	数学 数学Ⅰ	数学 数学Ⅰ・A	数学 数学Ⅱ	数学 数学Ⅱ・B	数学 科目数	国語 国語	国語 範囲	理科② 物理	理科② 化学	理科② 生物	理科② 地学	理科 科目数	世界史A	日本史A	地理A	世界史B	日本史B	地理B	現代社会	倫理	政治経済	倫・政経	地歴公民 科目数	満点	2段階選抜
前期	●	●	1		●		●	2	●		○	○	○		2				○	○	○	○	○	○	○	1	900	600/900
(配点)	200			200					150		300					50												

2次試験

方式日程	英語	数学Ⅰ	数学Ⅱ	数学Ⅲ	数学A	数学B	国語	範囲	物理	化学	生物	地学	理科 科目数	小論文・論述	総合問題	面接	その他	満点
前期	●	●	●	●	●	●										●		400
(配点)	200	200														-		

医師国家試験状況

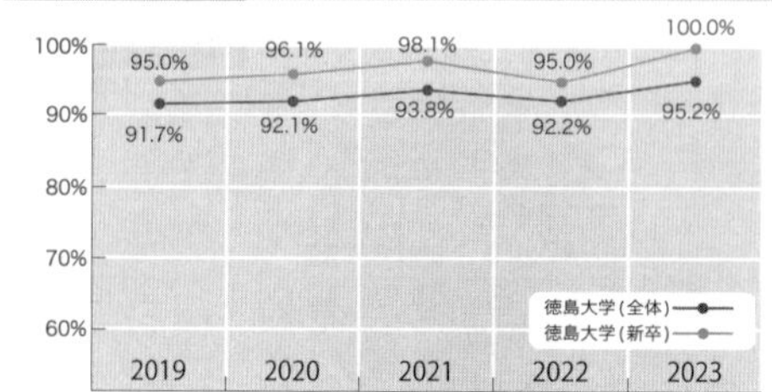

	第113回	第114回	第115回	第116回	第117回
徳島大学(全体)	91.7%	92.1%	93.8%	92.2%	95.2%
徳島大学(新卒)	95.0%	96.1%	98.1%	95.0%	100.0%

2023年度入学者

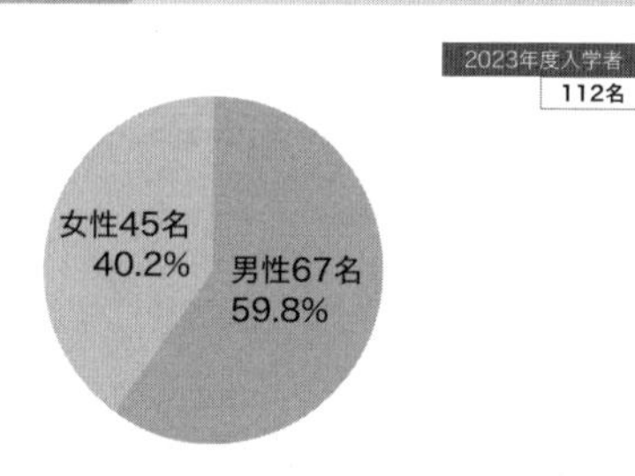

入試結果

一般選抜前期		2023	2022	2021
募集人員		62	64	64
志願者数		195	171	212
第一段階選抜合格者数		188	160	208
受験者数	A	150	123	169
合格者数	B	68	72	69
追加合格者数	C			
総合格者数	B+C	**68**	**72**	**69**
合格倍率	A/(B+C)	**2.2**	**1.7**	**2.4**
入学者数		66	70	69
合格最高点		1162.6/1300 (832.6/900) [332.0/400]	1076.4/1300 (763.7/900) [342.0/400]	1168.7/1300 (846.7/900) [322.0/400]
合格最低点		1009.1/1300 (712.1/900) [224.0/400]	905.8/1300 (655.1/900) [186.0/400]	954.7/1300 (730.9/900) [162.0/400]
合格平均点		1046.3/1300 (762.2/900) [284.0/400]	960.8/1300 (711.3/900) [249.5/400]	1000.1/1300 (780.4/900) [219.7/400]

			2023	2022	2021
総合型	募集人員		8	8	8
	志願者数		11	11	3
	受験者数	D	11	11	3
	合格者数	E	4	2	3
	実質倍率	D/E	**2.8**	**5.5**	**1.0**
	入学者数		4	2	3
推薦Ⅱ	募集人員		25(17)	25(17)	25(17)
	志願者数		73(44)	70(31)	78(35)
	受験者数	F	51(32)	52(29)	62(31)
	合格者数	G	25(17)	25(17)	25(17)
	実質倍率	F/G	**2.0(1.9)**	**2.1(1.7)**	**2.5(1.8)**
	入学者数		25(17)	25(17)	25(17)

*1 合格点の無印は総合、( )内は共通テスト、[ ]内は2次試験
*2 推薦の無印は一般枠、( )内は地域枠

香川大学　医学部医学科

学部所在地　〒761-0793 香川県木田郡三木町大字池戸1750-1
TEL　087-832-1182
URL　https://www.kagawa-u.ac.jp/

入試日程

試験区分	募集人員	第一段階選抜発表	試験日	合格発表
一般前期	79名 （地域枠9名含む）	2月13日（火）	2月25日（日）・26日（月）	3月6日（水）

入試科目

共通テスト

方式 日程	英語 リーディング	英語 リスニング	英語 科目数	数学 数学Ⅰ	数学 数学Ⅰ・A	数学 数学Ⅱ	数学 数学Ⅱ・B	数学 科目数	国語 国語	国語 範囲	理科② 物理	理科② 化学	理科② 生物	理科② 地学	理科 科目数	地歴公民 世界史A	日本史A	地理A	世界史B	日本史B	地理B	現代社会	倫理	政治経済	倫・政経	地歴公民 科目数	満点	2段階選抜
前期（一般枠）	●	●	1		●		●	2	●		○	○	○		2				○	○	○	○	○	○	○	1	700	4倍
	100			100					200		200					100												
前期（地域枠）	●	●	1		●		●	2	●		○	○	○		2				○	○	○	○	○	○	○	1	700	4倍
	100			100					200		200					100												

2次試験

方式 日程	英語 英語	数学 数学Ⅰ	数学 数学Ⅱ	数学 数学Ⅲ	数学 数学A	数学 数学B	国語 国語	国語 範囲	理科 物理	理科 化学	理科 生物	理科 地学	理科 科目数	その他 小論文・論述	その他 総合問題	その他 面接	その他 その他	満点
前期（一般枠）	●	●	●	●	●	●			○	○	○		2			●		700
	200	200							200							100		
前期（地域枠）	●	●	●	●	●	●			○	○	○		2			●		700
	200	200							200							100		

医師国家試験状況

	第113回	第114回	第115回	第116回	第117回
香川大学（全体）	89.3%	95.3%	94.3%	90.8%	95.9%
香川大学（新卒）	93.2%	96.5%	95.0%	92.1%	98.2%

2023年度入学者

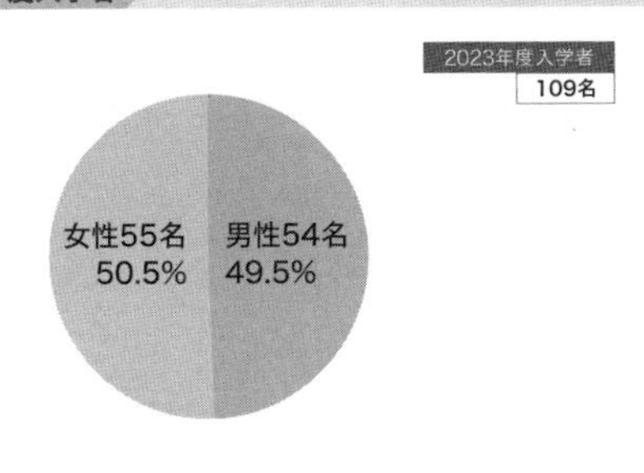

入試結果

			2023	2022	2021
一般選抜前期（一般枠＋地域枠）	募集人員		79	79	79
	志願者数		284	520	382
	第一段階選抜合格者数			316	
	受験者数	A	249	267	331
	合格者数	B	79	79	79
	追加合格者数	C		2	1
	総合格者数	**B+C**	**79**	**81**	**80**
	合格倍率	**A/(B+C)**	**3.2**	**3.3**	**4.1**
	入学者数		79	79	79
	合格最高点		1162.3/1400 (627.4/700) [564/700]	1178.5/1400 (610.7/700) [611/700]	1190.3/1400 (631.9/700) [583/700]
	合格最低点		1010.3/1400 (521.7/700) [423/700]	1004.8/1400 (486.1/700) [451/700]	1056.1/1400 (546.2/700) [455/700]
	合格平均点		1063/1400 (575.5/700) [487.5/700]	1060.7/1400 (547.3/700) [513.4/700]	1093.1/1400 (587.8/700) [505.3/700]
推薦Ⅱ	募集人員		30	30	30
	志願者数		108	91	65
	受験者数	D	108	91	65
	合格者数	E	30	30	30
	実質倍率	**D/E**	**3.6**	**3.0**	**2.2**
	入学者数		30	30	30

＊合格点は一般枠の点数。無印は総合、( )内は共通テスト、[ ]内は2次試験

愛媛大学　医学部医学科

学部所在地 〒791-0295 愛媛県東温市志津川454

TEL 089-960-5869

URL https://www.ehime-u.ac.jp/

入試日程

試験区分	募集人員	第一段階選抜発表	試験日	合格発表
一般前期	55名	2月9日(金)	2月25日(日)・26日(月)	3月6日(水)

入試科目

共通テスト

方式 日程	英語 リーディング	英語 リスニング	英語 科目数	数学 数学Ⅰ	数学 数学ⅠA	数学 数学Ⅱ	数学 数学ⅡB	数学 科目数	国語 国語	国語 範囲	理科② 物理	理科② 化学	理科② 生物	理科② 地学	理科 科目数	地理歴史・公民 世界史A	日本史A	地理A	世界史B	日本史B	地理B	現代社会	倫理	政治経済	倫・政経	科目数	満点	2段階選抜
前期	●	●	1	○	○	○	○	2	●		○	○	○	○	2				○	○	○				○	1	450	6倍
	100			100					100		100					50												

2次試験

方式 日程	英語 英語	数学 数学Ⅰ	数学 数学Ⅱ	数学 数学Ⅲ	数学 数学A	数学 数学B	国語 国語	国語 範囲	理科 物理	理科 化学	理科 生物	理科 地学	理科 科目数	その他 小論文・論述	その他 総合問題	その他 面接	その他 その他	満点
前期	●	●	●	●	●	●			●	●			2			●		700
	200	200							200							100		

医師国家試験状況

	第113回	第114回	第115回	第116回	第117回
愛媛大学(全体)	95.5%	92.6%	90.1%	92.2%	95.0%
愛媛大学(新卒)	96.1%	94.0%	92.9%	95.7%	96.4%

2023年度入学者

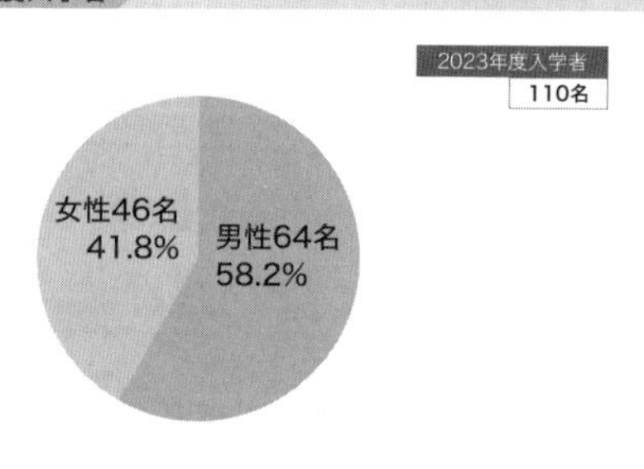

入試結果

一般選抜前期		2023	2022	2021
募集人員		55	55	55
志願者数		243	389	531
第一段階選抜合格者数				330
受験者数	A	204	324	282
合格者数	B	55	57	59
追加合格者数	C		1	
総合格者数	B+C	**55**	**58**	**59**
合格倍率	A/(B+C)	**3.7**	**5.6**	**4.8**
入学者数		55	57	59
合格最高点		944.47/1150 (384.90/450) [562.97/700]	961.39/1150 (377.30/450) [607.89/700]	945.92/1150 (414.20/450) [558.39/700]
合格最低点		795.82/1150 (310.60/450) [440.22/700]	862.53/1150 (307.20/450) [506.33/700]	851.56/1150 (336.50/450) [475.72/700]
合格平均点		841.48/1150 (349.33/450) [492.15/700]	888.53/1150 (336.59/450) [551.94/700]	879.88/1150 (366.74/450) [513.14/700]

			2023	2022	2021
総合型Ⅱ	募集人員		10	10	10
	志願者数		36	25	20
	受験者数	D	36	25	20
	合格者数	E	10	8	6
	実質倍率	D/E	**3.6**	**3.1**	**3.3**
	入学者数		10	8	6
推薦Ⅱ	募集人員		25(20)	25(20)	25(20)
	志願者数		80(50)	69(63)	75(79)
	受験者数	F	80(50)	69(63)	75(79)
	合格者数	G	25(20)	25(20)	25(20)
	実質倍率	F/G	**3.2(2.5)**	**2.1(1.7)**	**2.5(1.8)**
	入学者数		25(20)	25(20)	25(20)

*1 合格点の無印は総合、( )内は共通テスト、[ ]内は2次試験

*2 推薦の無印は学校推薦、( )内は地域枠推薦

高知大学　医学部医学科

学部所在地	〒783-8505 高知県南国市岡豊町小蓮
T E L	088-880-2295
U R L	http://www.kochi-u.ac.jp/

入試日程

試験区分	募集人員	第一段階選抜発表	試験日	合格発表
一般前期	一般枠55名 地域枠5名	2月13日(火)	2月25日(日)・26日(月)	3月7日(木)

入試科目

共通テスト

方式 日程	英語 リーディング	英語 リスニング	英語 科目数	数学Ⅰ	数学Ⅰ・A	数学Ⅱ	数学Ⅱ・B	数学 科目数	国語	範囲	理科② 物理	化学	生物	地学	理科 科目数	世界史A	日本史A	地理A	世界史B	日本史B	地理B	現代社会	倫理	政治経済	倫・政経	地歴公民 科目数	満点	2段階選抜
前期(一般枠)	●	●	1		●		●	2	●		○	○	○		2				○	○	○				○	1	900	4倍
	200			200					200		200					100												
前期(地域枠)	●	●	1		●		●	2	●		○	○	○		2				○	○	○				○	1	900	4倍
	200			200					200		200					100												

2次試験

方式 日程	英語	数学Ⅰ	数学Ⅱ	数学Ⅲ	数学A	数学B	国語	範囲	物理	化学	生物	地学	理科 科目数	小論文・論述	総合問題	面接	その他	満点
前期(一般枠)	●	●	●	●	●	●			○	○	○		2			●		1000
	300	300							300							100		
前期(地域枠)	●	●	●	●	●	●			○	○	○		2			●		1000
	300	300							300							100		

医師国家試験状況

	第113回	第114回	第115回	第116回	第117回
高知大学(全体)	91.0%	91.1%	90.4%	87.0%	93.5%
高知大学(新卒)	93.8%	95.0%	94.4%	93.6%	97.6%

2023年度入学者

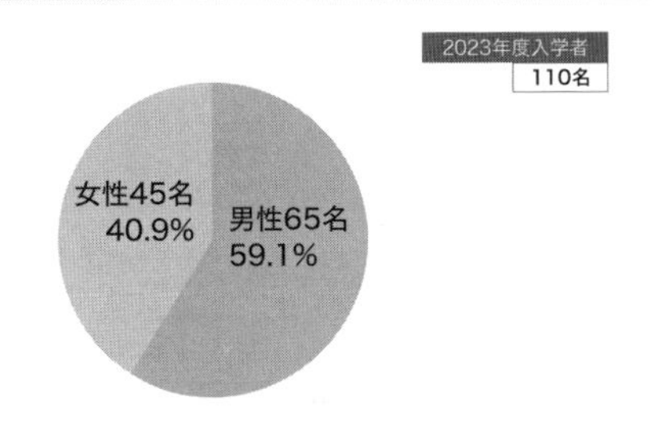

入試結果

一般選抜前期(一般枠)

		2023	2022	2021
募集人員		55	55	55
志願者数		328	225	269
第一段階選抜合格者数		229		241
受験者数	A	188	188	181
合格者数	B	58	59	57
追加合格者数	C			
総合格者数	B+C	**58**	**59**	**57**
合格倍率	A/(B+C)	**3.1**	**3.2**	**3.2**
入学者数		56	56	55
合格最高点		1592.7/1900 (792.4/900) [800.3/1000]	1593.0/1900 (748.8/900) [847.8/1000]	1508.7/1900 (767.4/900) [769.6/900]
合格最低点		1327.9/1900 (655.2/900) [574.8/1000]	1356.7/1900 (629.2/900) [660.8/1000]	1366.0/1900 (698.4/900) [619.3/900]
合格平均点		1388.2/1900 (711.9/900) [676.3/1000]	1415.2/1900 (673.6/900) [741.5/1000]	1418.1/1900 (734.3/900) [683.8/900]

			2023	2022	2021
一般選抜前期(地域枠)	募集人員		5	5	5
	志願者数		22	13	25
	第一段階選抜合格者数		11		
	受験者数	D	6	7	7
	合格者数	E	2	1	3
	追加合格者数	F			
	総合格者数	E+F	**2**	**1**	**3**
	合格倍率	D/(E+F)	**3.0**	**7.0**	**2.3**
	入学者数		2	1	3
	総合点最高点		—	—	—
	総合点最低点		—	—	—
	総合点平均点		—	—	—
総合型Ⅱ	募集人員		30	30	30
	志願者数		178	167	192
	受験者数	G	178	165	191
	合格者数	H	30	30	30
	実質倍率	G/H	**5.9**	**5.5**	**6.4**
	入学者数		30	30	30
推薦Ⅱ	募集人員		20	20	20
	志願者数		67	60	67
	受験者数	I	67	59	67
	合格者数	J	20	20	20
	実質倍率	I / J	**3.4**	**3.0**	**3.4**
	入学者数		20	20	20

＊合格点の無印は総合、( )内は共通テスト、[ ]内は2次試験

九州大学　医学部医学科

学部所在地　〒812-8582 福岡県福岡市東区馬出3-1-1
TEL　092-641-1151
URL　https://www.kyushu-u.ac.jp/ja/

入試日程

試験区分	募集人員	第一段階選抜発表	試験日	合格発表
一般前期	105名	未定	2月25日(日)・26日(月)・27日(火)	3月8日(金)

入試科目

方式日程	共通テスト																											
	英語			数学					国語		理科					地理歴史・公民											満点	2段階選抜
	リーディング	リスニング	科目数	数学Ⅰ	数学Ⅰ・A	数学Ⅱ	数学Ⅱ・B	科目数	国語	範囲	② 物理	② 化学	② 生物	② 地学	科目数	世界史A	日本史A	地理A	世界史B	日本史B	地理B	現代社会	倫理	政治経済	倫・政経	科目数		
前期	●	●	1		●		●	2	●		○	○	○		2				○	○	○				○	1	450	2.5倍
	100			100					100		100					50												

方式日程	2次試験																	満点
	英語	数学					国語		理科					その他				
	英語	数学Ⅰ	数学Ⅱ	数学Ⅲ	数学A	数学B	国語	範囲	物理	化学	生物	地学	科目数	小論文・論述	総合問題	面接	その他	
前期	●	●	●	●	●	●			●	●			2			●		700
	200	250							250							-		

医師国家試験状況

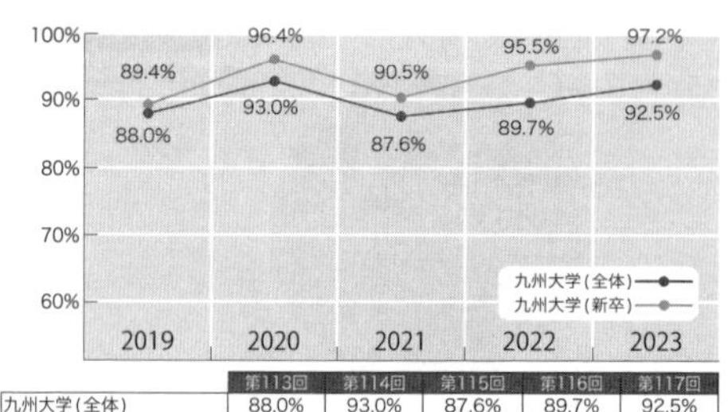

	第113回	第114回	第115回	第116回	第117回
九州大学(全体)	88.0%	93.0%	87.6%	89.7%	92.5%
九州大学(新卒)	89.4%	96.4%	90.5%	95.5%	97.2%

2023年度入学者

入試結果

			2023	2022	2021
一般選抜前期	募集人員		105	110	110
	志願者数		269	307	276
	第一段階選抜合格者数		250	275	
	受験者数	A	244	266	260
	合格者数	B	108	111	112
	追加合格者数	C			
	総合格者数	B+C	108	111	112
	合格倍率	A/(B+C)	**2.3**	**2.4**	**2.3**
	入学者数		108	110	112
	総合点最高点		1029/1150	1042.0/1150	1010.0/1150
	総合点最低点		856.5/1150	852.5/1150	824.0/1150
	総合点平均点		910.13/1150	904.4/1150	885.8/1150

佐賀大学　医学部医学科

学部所在地　〒849-8501 佐賀県佐賀市鍋島5-1-1
T E L　0952-28-8178
U R L　https://www.saga-u.ac.jp/

入試日程

試験区分	募集人員	第一段階選抜発表	試験日	合格発表
一般前期	50名	未定	2月25日(日)・26日(月)	3月6日(水)
一般後期	10名	未定	3月12日(火)	3月21日(木)

入試科目

共通テスト

方式日程	英語 リーディング	英語 リスニング	英語 科目数	数学 数学Ⅰ	数学 数学Ⅰ・A	数学 数学Ⅱ	数学 数学Ⅱ・B	数学 科目数	国語 国語	国語 範囲	理科② 物理	理科② 化学	理科② 生物	理科② 地学	理科 科目数	世界史A	日本史A	地理A	世界史B	日本史B	地理B	現代社会	倫理	政治経済	倫・政経	地歴公民 科目数	満点	2段階選抜
前期	●	●	1		●		●	2	●		●	●			2				○	○	○	○	○	○	○	1	630	5倍
前期(配点)	140			140					140		140					70												
後期	●	●	1		●		●	2	●		○	○	○		2				○	○	○	○	○	○	○	1	630	10倍
後期(配点)	140			140					140		140					70												

2次試験

方式日程	英語	数学Ⅰ	数学Ⅱ	数学Ⅲ	数学A	数学B	国語	範囲	物理	化学	生物	地学	理科 科目数	小論文・論述	総合問題	面接	その他	満点
前期	●	●	●	●	●	●			●	●			2			●		300
前期(配点)	80	80							80							60		
後期																●		120
後期(配点)																120		

医師国家試験状況

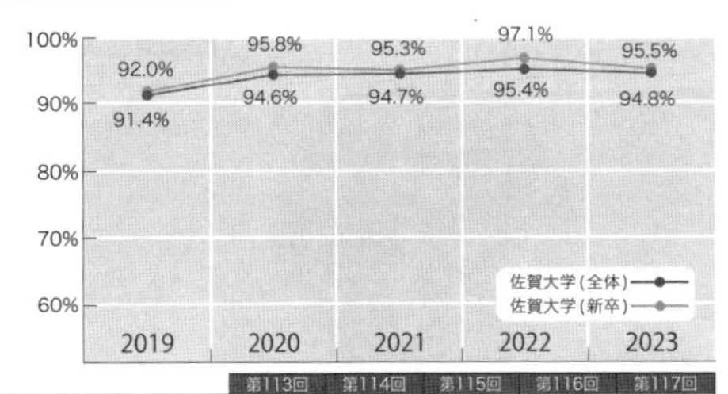

	第113回	第114回	第115回	第116回	第117回
佐賀大学(全体)	91.4%	94.6%	94.7%	95.4%	94.8%
佐賀大学(新卒)	92.0%	95.8%	95.3%	97.1%	95.5%

2023年度入学者

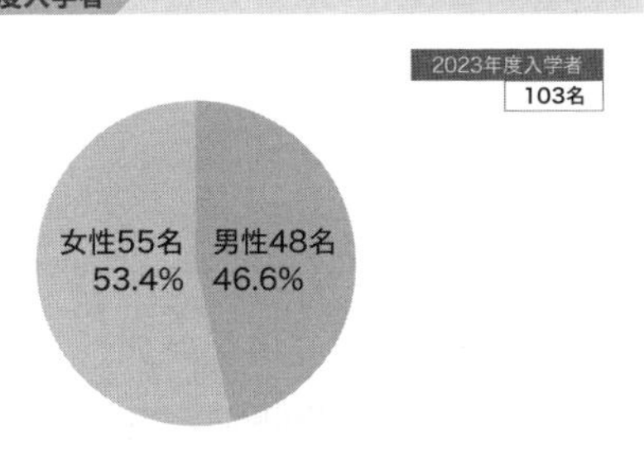

入試結果

区分	項目		2023	2022	2021
一般選抜前期	募集人員		50	50	50
	志願者数		230	232	242
	第一段階選抜合格者数				
	受験者数	A	181	179	184
	合格者数	B	51	53	50
	追加合格者数	C			
	総合格者数	B+C	**51**	**53**	**50**
	合格倍率	A/(B+C)	**3.5**	**3.4**	**3.7**
	入学者数		50	50	50
	合格最高点		809.650/930 (586.250/630) [262.20/300]	889.150/1030 (534.100/630) [374.40/400]	909.100/1030 (569.800/630) [369.20/400]
	合格最低点		728.500/930 (499.800/630) [193.40/300]	795.700/1030 (463.750/630) [281.40/400]	839.300/1030 (485.450/630) [303.04/400]
	合格平均点		758.735/930 (532.096/630) [226.64/300]	828.422/1030 (497.139/630) [331.28/400]	864.230/1030 (530.222/630) [334.01/400]

*1 合格点の無印は総合、( )内は共通テスト、[ ]内は2次試験

*2 推薦の無印は一般枠、( )内は佐賀県枠、[ ]内は長崎県枠

区分	項目		2023	2022	2021
一般選抜後期	募集人員		10	10	10
	志願者数		223	227	239
	第一段階選抜合格者数		180	166	147
	受験者数	D	50	44	21
	合格者数	E	12	13	12
	追加合格者数	F			
	総合格者数	E+F	**12**	**13**	**12**
	合格倍率	D/(E+F)	**4.2**	**3.4**	**1.8**
	入学者数		10	10	10
	総合点最高点		688.750/750	765.800/910	—
	総合点最低点		628.400/750	715.450/910	—
	総合点平均点		646.392/750	741.058/910	—
推薦Ⅱ	募集人員		20(18)[1]	20(18)[1]	20(18)[1]
	志願者数		61(57)[3]	55(47)[2]	71(52)[2]
	受験者数	G	61(57)[3]	55(47)[2]	71(52)[2]
	合格者数	H	20(18)[1]	20(18)[0]	20(18)[1]
	実質倍率	G/H	**3.1(3.2)[3.0]**	**2.8(2.6)[0.0]**	**3.6(2.9)[2.0]**
	入学者数		20(18)[1]	20(18)[0]	20(18)[1]
佐賀県推薦	募集人員		4	4	4
	志願者数		7	13	13
	受験者数	I	7	13	13
	合格者数	J	4	4	4
	実質倍率	I/J	**1.8**	**3.3**	**3.3**
	入学者数		4	4	4

長崎大学　医学部医学科

学部所在地　〒852-8523 長崎県長崎市坂本1-12-4
T E L　095-819-2111
U R L　https://www.nagasaki-u.ac.jp/

入試日程

試験区分	募集人員	第一段階選抜発表	試験日	合格発表
一般前期	76名	2月13日(火)	2月25日(日)・26日(月)	3月8日(金)

入試科目

共通テスト

方式 日程	英語 リーディング	英語 リスニング	英語 科目数	数学 数学Ⅰ	数学 数学Ⅰ A	数学 数学Ⅱ	数学 数学Ⅱ B	数学 科目数	国語 国語	国語 範囲	理科② 物理	理科② 化学	理科② 生物	理科② 地学	理科 科目数	地理歴史・公民 世界史A	日本史A	地理A	世界史B	日本史B	地理B	現代社会	倫理	政治経済	倫・政経	科目数	満点	2段階選抜
前期	●	●	1		●		●	2	●		○	○	○		2				○	○	○	○	○	○	○	1	450	5倍
(配点)	100			100					100		100					50												

2次試験

方式 日程	英語 英語	数学 数学Ⅰ	数学 数学Ⅱ	数学 数学Ⅲ	数学 数学A	数学 数学B	国語 国語	国語 範囲	理科 物理	理科 化学	理科 生物	理科 地学	理科 科目数	その他 小論文・論述	その他 総合問題	その他 面接	その他 その他	満点
前期	●	●	●	●	●	●			○	○	○		2			●	●	800
(配点)	200	250							250							60	40	

医師国家試験状況

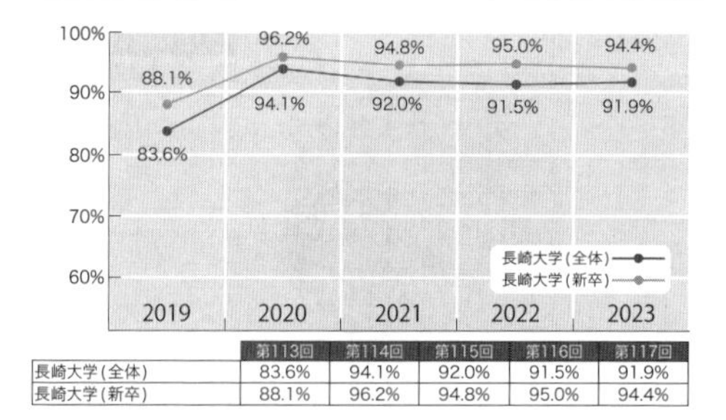

	第113回	第114回	第115回	第116回	第117回
長崎大学(全体)	83.6%	94.1%	92.0%	91.5%	91.9%
長崎大学(新卒)	88.1%	96.2%	94.8%	95.0%	94.4%

2023年度入学者

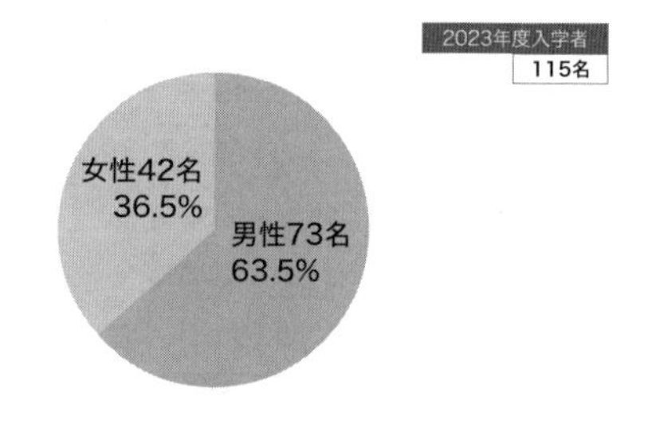

入試結果

			2023	2022	2021
一般選抜前期	募集人員		71	76	76
	志願者数		273	457	422
	第一段階選抜合格者数			380	380
	受験者数	A	232	340	339
	合格者数	B	71	76	76
	追加合格者数	C	1	3	3
	総合格者数	B+C	**72**	**79**	**79**
	合格倍率	A/(B+C)	**3.2**	**4.3**	**4.3**
	入学者数		71	79	76
	合格最高点		1047.30/1250	1084.80/1250	1142.95/1250
	合格最低点		878.95/1250	923.65/1250	931.85/1250
	合格平均点		(365.8/450) [569.9/800]	(342.9/450) [620.0/800]	(377.0/450) [604.1/800]
推薦Ⅱ	募集人員		15(15)[2]<2> 【10】	15(15)[2]<2> 【10】	15(15)[2]<2> 【10】
	志願者数		30(48)[4]<6> 【33】	30(27)[4]<3> 【26】	28(19)[2]<2> 【28】
	受験者数	D	29(42)[4]<6> 【30】	30(25)[4]<3> 【25】	28(19)[2]<2> 【28】
	合格者数	E	15(15)[2]<2> 【10】	15(15)[2]<2> 【10】	15(15)[2]<2> 【10】
	実質倍率	D/E	**1.9(2.8)[2.0] <3.0>【3.0】**	**2.0(1.7)[2.0] <1.5>【2.5】**	**1.9(1.3)[1.0] <1.0>【2.8】**
	入学者数		15(15)[2]<2> 【10】	15(15)[2]<2> 【10】	15(15)[2]<2> 【10】

*1 合格点の無印は総合、( )内は共通テスト、[ ]内は2次試験
*2 推薦の無印は地域医療、( )内は地域医療特別、[ ]内は佐賀県枠、＜ ＞内は宮崎県枠、【 】内はグローバルヘルス研究

熊本大学　医学部医学科

学部所在地　〒860-8556 熊本県熊本市中央区本荘1-1-1
TEL　096-342-2146
URL　https://www.kumamoto-u.ac.jp/

入試日程

試験区分	募集人員	第一段階選抜発表	試験日	合格発表
一般前期	87名	2月8日(木)	2月25日(日)・26日(月)	3月8日(金)

入試科目

共通テスト

方式日程	英語 リーディング	英語 リスニング	英語 科目数	数学Ⅰ	数学Ⅰ·A	数学Ⅱ	数学Ⅱ·B	数学 科目数	国語	国語 範囲	理科② 物理	化学	生物	地学	理科 科目数	世界史A	日本史A	地理A	世界史B	日本史B	地理B	現代社会	倫理	政治経済	倫・政経	地歴公民 科目数	満点	2段階選抜
前期	●	●	1		●		●	2	●		○	○	○		2				○	○	○	○	○	○	○	1	400	4倍
	100			50					100		100					50												

2次試験

方式日程	英語	数学Ⅰ	数学Ⅱ	数学Ⅲ	数学A	数学B	国語	国語 範囲	物理	化学	生物	地学	理科 科目数	小論文・論述	総合問題	面接	その他	満点
前期	●	●	●	●	●	●			○	○	○		2			●		800
	200	200							200							200		

医師国家試験状況

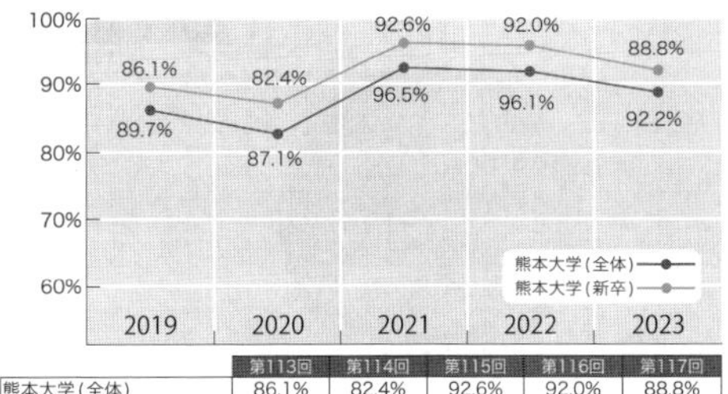

	第113回	第114回	第115回	第116回	第117回
熊本大学(全体)	86.1%	82.4%	92.6%	92.0%	88.8%
熊本大学(新卒)	89.7%	87.1%	96.5%	96.1%	92.2%

2023年度入学者

2023年度入学者
110名

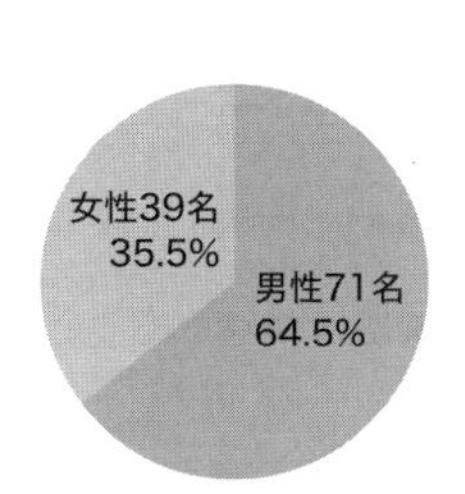

入試結果

			2023	2022	2021
一般選抜前期	募集人員		87	87	90
	志願者数		366	447	332
	第一段階選抜合格者数			392	
	受験者数	A	344	375	296
	合格者数	B	94	102	90
	追加合格者数	C	3		1
	総合格者数	B+C	**97**	**102**	**91**
	合格倍率	A/(B+C)	**3.5**	**3.7**	**3.3**
	入学者数		93	102	89
	合格最高点		1034.65/1200 (361.20/400) [712.67/800]	1028.32/1200 (357.20/400) [672.67/800]	1068.76/1200 (368.10/400) [700.66/800]
	合格最低点		908.05/1200 (283.45/400) [555.33/800]	839.60/1200 (281.40/400) [514.00/800]	872.62/1200 (304.10/400) [532.67/800]
	合格平均点		951.83/1200 (329.35/400) [622.48/800]	881.70/1200 (318.10/400) [563.59/800]	921.35/1200 (335.14/400) [586.21/800]
推薦Ⅱ	募集人員		5(10)[8]	5(10)[8]	15(5)
	志願者数		31(16)[18]	19(5)[8]	45(10)
	受験者数	D	31(16)[18]	17(5)[8]	44(10)
	合格者数	E	5(4)[8]	5(0)[1]	16(5)
	実質倍率	D/E	**6.2(4.0)[2.3]**	**3.4(0.0)[8.0]**	**2.8(2.0)**
	入学者数		5(4)[8]	5(0)[1]	16(5)

*1 合格点の無印は総合、( )内は共通テスト、[ ]内は2次試験

*2 2023・2022推薦Ⅱの無印は一般枠、( )内は熊本みらい医療枠、[ ]内は地域枠、2021推薦Ⅱの無印は一般枠、( )内は地域枠

大分大学　医学部医学科

学部所在地 〒879-5593 大分県由布市挟間町医大ケ丘1-1

TEL 097-554-7471

URL https://www.oita-u.ac.jp/

入試日程

試験区分	募集人員	第一段階選抜発表	試験日	合格発表
一般前期	一般枠55名 地元出身者枠10名	未定	2月25日(日)・26日(月)	3月8日(金)

入試科目

共通テスト

方式 日程	英語 リーディング	英語 リスニング	英語 科目数	数学 数学Ⅰ	数学 数学ⅠA	数学 数学Ⅱ	数学 数学ⅡB	数学 科目数	国語 国語	国語 範囲	理科② 物理	理科② 化学	理科② 生物	理科② 地学	理科 科目数	地理歴史・公民 世界史A	日本史A	地理A	世界史B	日本史B	地理B	現代社会	倫理	政治経済	倫・政経	科目数	満点	2段階選抜
前期(一般枠)	●	●	1		●		●	2	●		○	○	○		2				○	○	○				○	1	450	3倍
	100			100					100		100					50												
前期(地元出身者枠)	●	●	1		●		●	2	●		○	○	○		2				○	○	○				○	1	450	3倍
	100			100					100		100					50												

2次試験

方式 日程	英語 英語	数学 数学Ⅰ	数学 数学Ⅱ	数学 数学Ⅲ	数学 数学A	数学 数学B	国語 国語	国語 範囲	理科 物理	理科 化学	理科 生物	理科 地学	理科 科目数	その他 小論文・論述	その他 総合問題	その他 面接	その他 その他	満点
前期(一般枠)	●	●	●	●	●	●			○	○	○		2			●		550
	100	100							200							150		
前期(地元出身者枠)	●	●	●	●	●	●			○	○	○		2			●		550
	100	100							200							150		

医師国家試験状況

	第113回	第114回	第115回	第116回	第117回
大分大学(全体)	84.4%	89.7%	91.5%	93.4%	89.3%
大分大学(新卒)	89.9%	93.5%	95.8%	97.3%	93.8%

2023年度入学者

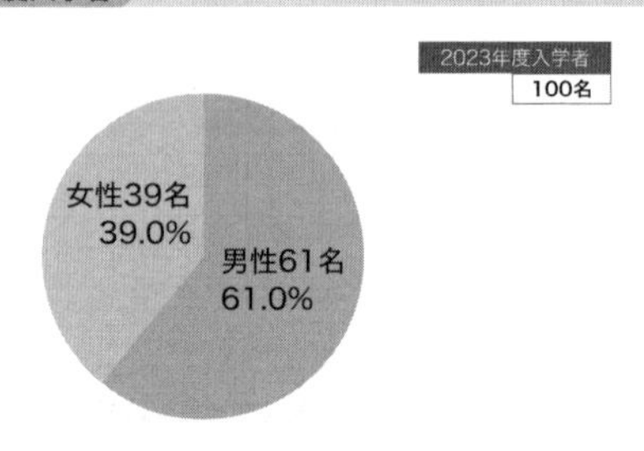

入試結果

			2023	2022	2021
一般選抜前期	募集人員		65	55(10)	55(10)
	志願者数		395	253	178
	第一段階選抜合格者数		197	195	
	受験者数	A	154	154	135
	合格者数	B	66	66	65
	追加合格者数	C	1	2	2
	総合格者数	B+C	**67**	**68**	**67**
	合格倍率	A/(B+C)	**2.3**	**2.3**	**2.0**
	入学者数		66	68	65
	総合点最高点		864.50/1000	822.50/1000	779.50/1000
	総合点最低点		723.00/1000	671.00/1000	681.00/1000
	総合点平均点		761.19/1000	717.76/1000	709.14/1000
総合型Ⅱ	募集人員		22(13)	35	35
	志願者数		122(42)	125	154
	受験者数	D	52(30)	79	84
	合格者数	E	22(13)	35	35
	実質倍率	D/E	**2.4(2.3)**	**2.3**	**2.4**
	入学者数		21(13)	34	35

*1 合格点の無印は総合、( )内は共通テスト、[ ]内は2次試験

*2 2023総合型Ⅱの無印は一般枠、( )内は地域枠

宮崎大学　医学部医学科

学部所在地　〒889-1692 宮崎県宮崎市清武町木原5200
TEL　0985-58-7138
URL　https://www.miyazaki-u.ac.jp/

入試日程

試験区分	募集人員	第一段階選抜発表	試験日	合格発表
一般前期	45名	未定	2月25日(日)・26日(月)	3月8日(金)
一般後期	15名	未定	3月12日(火)	3月21日(木)

入試科目

共通テスト

方式 日程	英語 リーディング	英語 リスニング	英語 科目数	数学 数学Ⅰ	数学 数学Ⅰ・A	数学 数学Ⅱ	数学 数学Ⅱ・B	数学 科目数	国語 国語	国語 範囲	理科② 物理	理科② 化学	理科② 生物	理科② 地学	理科 科目数	地理歴史・公民 世界史A	日本史A	地理A	世界史B	日本史B	地理B	現代社会	倫理	政治経済	倫・政経	科目数	満点	2段階選抜
前期	●	●	1		●		●	2	●		○	○	○		2	○	○	○	○	○	○	○	○	○	○	1	900	6倍
	200			200					200		200					100												
後期	●	●	1		●		●	2	●		○	○	○		2	○	○	○	○	○	○	○	○	○	○	1	900	14倍
	200			200					200		200					100												

2次試験

方式 日程	英語 英語	数学 数学Ⅰ	数学Ⅱ	数学Ⅲ	数学A	数学B	国語 国語	国語 範囲	理科 物理	化学	生物	地学	科目数	その他 小論文・論述	総合問題	面接	その他	満点
前期	●	●	●	●	●	●			○	○	○		2			●		600
	200	200							200							-		
後期	●															●		150
	150															-		

医師国家試験状況

	第113回	第114回	第115回	第116回	第117回
宮崎大学(全体)	83.7%	89.2%	94.4%	88.8%	92.3%
宮崎大学(新卒)	85.2%	94.4%	97.3%	94.0%	96.7%

2023年度入学者

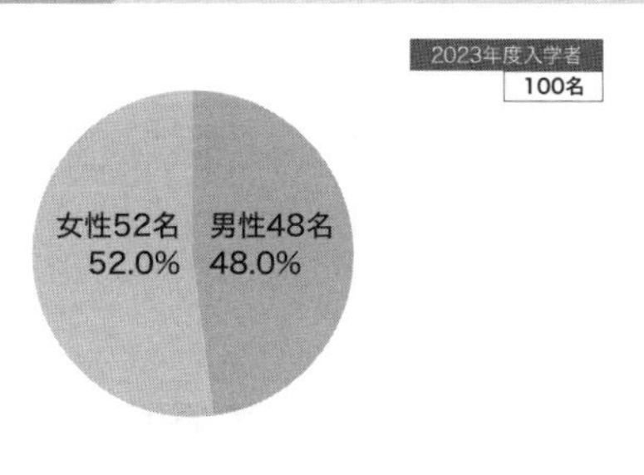

入試結果

一般選抜前期

		2023	2022	2021
募集人員		45	45	50
志願者数		282	252	296
第一段階選抜合格者数		270		
受験者数	A	212	209	259
合格者数	B	47	49	61
追加合格者数	C			
総合格者数	B+C	**47**	**49**	**61**
合格倍率	A/(B+C)	**4.5**	**4.3**	**4.2**
入学者数		45	48	59
総合点最高点		1209/1500	1197/1500	1192/1500
総合点最低点		1053/1500	1042/1500	1036/1500
総合点平均点		1102/1500	1104/1500	1083/1500

一般選抜後期・推薦Ⅱ

			2023	2022	2021
一般選抜後期	募集人員		15	15	20
	志願者数		868	282	397
	第一段階選抜合格者数		339	240	221
	受験者数	D	64	63	32
	合格者数	E	17	22	21
	追加合格者数	F		3	
	総合格者数	E+F	**17**	**25**	**21**
	合格倍率	D/(E+F)	**3.8**	**2.5**	**1.5**
	入学者数		15	22	20
	総合点最高点		937/1050	886/1050	1025/1200
	総合点最低点		885/1050	752/1050	940/1200
	総合点平均点		900/1050	808/1050	969/1200
推薦Ⅱ	募集人員		10(15)[15]	10(15)[15]	15(10)[15]
	志願者数		38(35)[30]	36(33)[25]	58(23)[24]
	受験者数	G	37(35)[29]	36(33)[25]	58(23)[24]
	合格者数	H	8(18)[14]	10(15)[8]	14(7)[9]
	実質倍率	G/H	**4.6(1.9)[2.1]**	**3.6(2.2)[3.1]**	**4.1(3.3)[2.7]**
	入学者数		8(18)[14]	10(15)[8]	14(7)[9]

*1 合格点の無印は総合、( )内は共通テスト、[ ]内は2次試験
*2 推薦の無印は地域枠A、( )内は地域枠B、[ ]内は地域枠C

鹿児島大学　医学部医学科

学部所在地　〒890-8544 鹿児島県鹿児島市桜ヶ丘8-35-1
TEL　099-285-7355
URL　https://www.kagoshima-u.ac.jp/

入試日程

試験区分	募集人員	第一段階選抜発表	試験日	合格発表
一般前期	69名	2月13日(火)	2月25日(日)・26日(月)	3月7日(木)
一般後期	21名	2月13日(火)	3月12日(火)	3月21日(木)

入試科目

共通テスト

方式日程	英語			数学					国語		理科 ②					地理歴史・公民												
	リーディング	リスニング	科目数	数学I	数学I・A	数学II	数学II・B	科目数	国語	範囲	物理	化学	生物	地学	科目数	世界史A	日本史A	地理A	世界史B	日本史B	地理B	現代社会	倫理	政治経済	倫・政経	科目数	満点	2段階選抜
前期	●	●	1		●		●	2	●		○	○	○		2				○	○	○				○	1	900	5倍
	200			200					200		200					100												
後期	●	●	1		●		●	2	●		○	○	○		2				○	○	○				○	1	900	10倍
	200			200					200		200					100												

2次試験

方式日程	英語	数学					国語		理科					その他				
	英語	数学I	数学II	数学III	数学A	数学B	国語	範囲	物理	化学	生物	地学	科目数	小論文・論述	総合問題	面接	その他	満点
前期	●	●	●	●	●	●			○	○	○		2			●		920
	200	200							400							120		
後期														●		●		320
														200		120		

医師国家試験状況

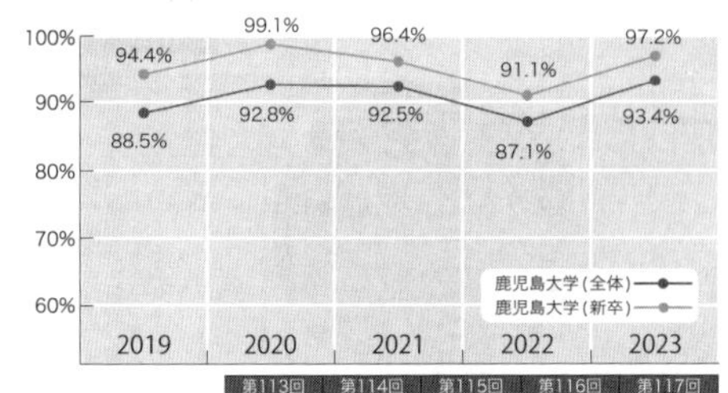

	第113回	第114回	第115回	第116回	第117回
鹿児島大学(全体)	88.5%	92.8%	92.5%	87.1%	93.4%
鹿児島大学(新卒)	94.4%	99.1%	96.4%	91.1%	97.2%

2023年度入学者

2023年度入学者
110名

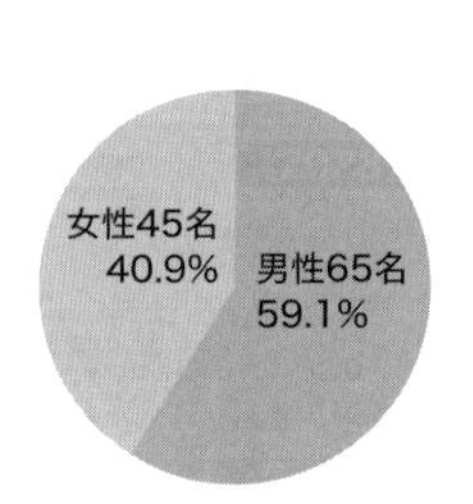

入試結果

			2023	2022	2021
一般選抜前期	募集人員		69	69	69
	志願者数		331	266	249
	第一段階選抜合格者数				
	受験者数	A	288	226	222
	合格者数	B	69	67	69
	追加合格者数	C	1	1	
	総合格者数	B+C	**70**	**68**	**69**
	合格倍率	A/(B+C)	**4.1**	**3.3**	**3.2**
	入学者数		69	67	69
	総合点最高点		1576.00/1820	1627.00/1820	1677.00/1820
	総合点最低点		1396.00/1820	1377.00/1820	1429.00/1820
	総合点平均点		1442.60/1820	1432.06/1820	1503.52/1820
一般選抜後期	募集人員		21	23	23
	志願者数		313	375	291
	第一段階選抜合格者数		188	184	184
	受験者数	D	41	38	42
	合格者数	E	20	21	23
	追加合格者数	F	1	1	2
	総合格者数	E+F	**21**	**22**	**25**
	合格倍率	D/(E+F)	**2.0**	**1.7**	**1.7**
	入学者数		20	21	23
	総合点最高点		1088.00/1220	992.00/1220	1072.00/1220
	総合点最低点		979.00/1220	916.00/1220	1002.00/1220
	総合点平均点		1010.08/1220	940.26/1220	1027.96/1220

			2023	2022	2021
推薦II	募集人員		20	18	18
	志願者数		46	44	55
	受験者数	G	46	43	55
	合格者数	H	20	18	18
	実質倍率	G/H	**2.3**	**2.4**	**3.1**
	入学者数		20	18	18

琉球大学　医学部医学科

学部所在地　〒903-0215 沖縄県中頭郡西原町字上原207
T E L　098-895-1032
U R L　https://www.u-ryukyu.ac.jp/

入試日程

試験区分	募集人員	第一段階選抜発表	試験日	合格発表
一般前期	70名	未定	2月25日(日)・26日(月)	3月8日(金)
一般後期	25名	未定	3月12日(火)	3月22日(金)

入試科目

方式 日程	共通テスト																											
	英語			数学					国語		理科					地理歴史・公民											満点	2段階選抜
	リーディング	リスニング	科目数	数学I	数学I・A	数学II	数学II・B	科目数	国語	範囲	② 物理	化学	生物	地学	科目数	世界史A	日本史A	地理A	世界史B	日本史B	地理B	現代社会	倫理	政治経済	倫・政経	科目数		
前期	●	●	1		●		●	2	●		○	○	○		2				○	○	○	○			○	1	900	5倍
	200			200					200		200					100												
後期	●	●	1		●		●	2	●		○	○	○		2				○	○	○	○			○	1	1000	10倍
	300			200					200		200					100												

方式 日程	2次試験																	満点
	英語	数学					国語		理科					その他				
	英語	数学I	数学II	数学III	数学A	数学B	国語	範囲	物理	化学	生物	地学	科目数	小論文・論述	総合問題	面接	その他	
前期	●	●	●	●	●	●			○	○	○		2			●		800
	200	200							200							200		
後期														●		●		300
														100		200		

医師国家試験状況

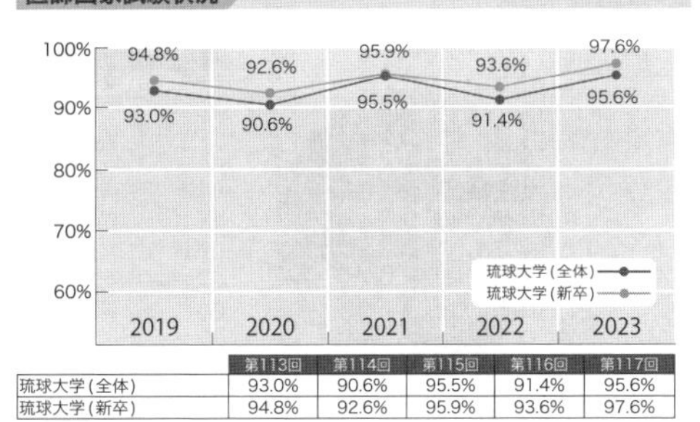

	第113回	第114回	第115回	第116回	第117回
琉球大学（全体）	93.0%	90.6%	95.5%	91.4%	95.6%
琉球大学（新卒）	94.8%	92.6%	95.9%	93.6%	97.6%

2023年度入学者

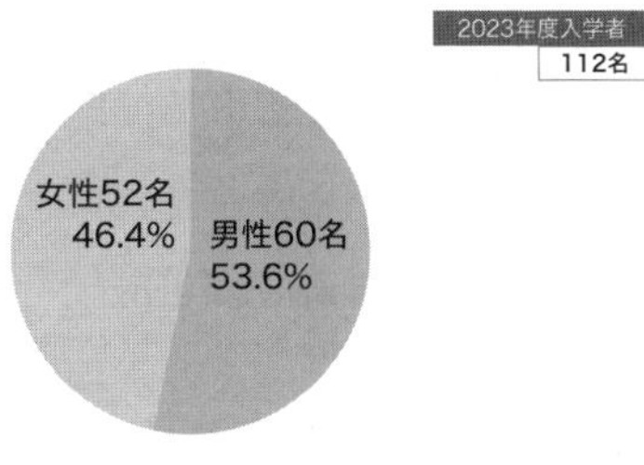

入試結果

			2023	2022	2021
一般選抜前期	募集人員		70	70	70
	志願者数		421	340	314
	第一段階選抜合格者数		350		
	受験者数	A	313	305	278
	合格者数	B	70	70	70
	追加合格者数	C	2	2	4
	総合格者数	B+C	**72**	**72**	**74**
	合格倍率	A/(B+C)	**4.3**	**4.2**	**3.8**
	入学者数		70	70	70
	合格最高点		1501.0/1700 (850.0/900) [688.0/800]	1443.0/1700 (788.0/900) [712.0/800]	1492.0/1700 (807.0/900) [707.0/800]
	合格最低点		1316.0/1700 (663.0/900) [546.0/800]	1257.0/1700 (626.0/900) [565.0/800]	1325.0/1700
	合格平均点		1358.8/1700 (737.5/900) [621.3/800]	1328.3/1700 (700.0/900) [628.4/800]	1377.6/1700 (743.0/900) [634.5/800]

			2023	2022	2021
一般選抜後期	募集人員		25	25	25
	志願者数		682	352	413
	第一段階選抜合格者数		300	301	301
	受験者数	D	66	122	91
	合格者数	E	25	25	25
	追加合格者数	F	1		3
	総合格者数	E+F	**26**	**25**	**28**
	合格倍率	D/(E+F)	**2.5**	**4.9**	**3.3**
	入学者数		25	25	25
	合格最高点		1129.0/1300 (909.5/1000) [275.5/300]	1108.0/1300 (868.0/1000) [274.0/300]	1137.5/1300 (905.0/1000) [279.5/300]
	合格最低点		1049.0/1300 (818.0/1000) [159.5/300]	990.5/1300 (730.0/1000) [157.0/300]	1059.0/1300
	合格平均点		1082.0/1300 (851.4/1000) [230.6/300]	1027.7/1300 (801.3/1000) [226.4/300]	1081.2/1300 (851.4/1000) [229.8/300]
推薦II	募集人員		14(3)	14(3)	14(3)
	志願者数		36(9)	27(6)	30(9)
	受験者数	G	36(9)	27(6)	30(9)
	合格者数	H	15(2)	15(2)	14(3)
	実質倍率	G/H	**2.4(4.5)**	**1.8(3.0)**	**2.1(3.0)**
	入学者数		15(2)	15(2)	14(3)

*1 合格点の無印は総合、( )内は共通テスト、[ ]内は2次試験
*2 推薦IIの無印は地域枠、( )内は離島・北部枠

北海道大学　歯学部歯学科

学部所在地　〒060-8586 北海道札幌市北区北13条西7丁目
T E L　011-706-4204 ／ 011-706-4320
U R L　https://www.hokudai.ac.jp/

入試日程

試験区分	募集人員	第一段階選抜発表	試験日	合格発表
一般前期	38名	2月13日(火)	2月25日(日)・26日(月)	3月6日(水)

入試科目

共通テスト

方式 日程	英語 リーディング	英語 リスニング	英語 科目数	数学 数学Ⅰ	数学 数学Ⅰ A	数学 数学Ⅱ	数学 数学Ⅱ B	数学 科目数	国語 国語	国語 範囲	理科② 物理	理科② 化学	理科② 生物	理科② 地学	理科 科目数	世界史A	日本史A	地理A	世界史B	日本史B	地理B	現代社会	倫理	政治経済	倫・政経	地理歴史・公民 科目数	満点	2段階選抜
前期	●	●	1		●		●	2	●		○	○	○		2				○	○	○				○	1	300	6倍
	60			60					80		60					40												

2次試験

方式 日程	英語 英語	数学 数学Ⅰ	数学 数学Ⅱ	数学 数学Ⅲ	数学 数学A	数学 数学B	国語 国語	国語 範囲	理科 物理	理科 化学	理科 生物	理科 地学	理科 科目数	その他 小論文・論述	その他 総合問題	その他 面接	その他 その他	満点
前期	●	●	●	●	●	●			●	○	○		2			●		525
	150	150							150							75		

医師国家試験状況

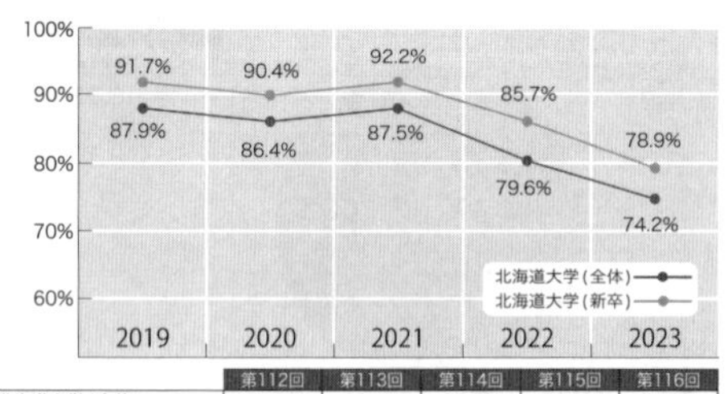

	第112回	第113回	第114回	第115回	第116回
北海道大学(全体)	87.9%	86.4%	87.5%	79.6%	74.2%
北海道大学(新卒)	91.7%	90.4%	92.2%	85.7%	78.9%

2023年度入学者

2023年度入学者
60名

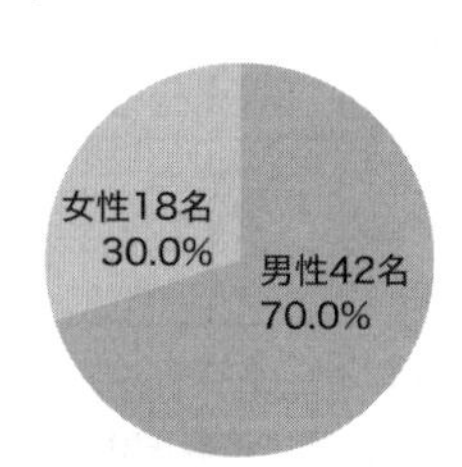

入試結果

区分	項目		2023	2022	2021
一般選抜前期	募集人員		38	38	38
	志願者数		149	144	84
	受験者数	A	136	128	76
	合格者数	B	42	42	39
	追加合格者数	C	1	1	2
	総合格者数	B+C	**43**	**43**	**41**
	合格倍率	A/(B+C)	**3.2**	**3.0**	**1.9**
	入学者数		42	42	39
	総合点最高点		592.15/825	598.95/825	687.00/825
	総合点最低点		496.45/825	487.10/825	544.70/825
	総合点平均点		525.11/825	526.69/825	594.04/825
	共通テスト素点平均点		672.71/900	621.79/900	710.90/900
フロンティア入試	募集人員		5	5	
	志願者数		10	5	
	受験者数	D	9	5	
	合格者数	E	1	1	
	合格倍率	D/E	**9.0**	**5.0**	
	入学者数		1	1	
総合型	募集人員				5
	志願者数				8
	受験者数	F			8
	合格者数	G			1
	合格倍率	F/G			**8.0**
	入学者数				1

東北大学　歯学部歯学科

学部所在地	〒036-8562 青森県弘前市在府町5
T E L	022-717-8248
U R L	https://www.hirosaki-u.ac.jp/

入試日程

試験区分	募集人員	第一段階選抜発表	試験日	合格発表
一般前期	37名	2月12日(月)	2月25日(日)・26日(月)	3月9日(土)

入試科目

共通テスト

方式日程	英語 リーディング	英語 リスニング	英語 科目数	数学Ⅰ	数学Ⅰ・A	数学Ⅱ	数学Ⅱ・B	数学 科目数	国語	国語 範囲	理科② 物理	理科② 化学	理科② 生物	理科② 地学	理科 科目数	世界史A	日本史A	地理A	世界史B	日本史B	地理B	現代社会	倫理	政治経済	倫・政経	地歴公民 科目数	満点	2段階選抜
前期	●	●	1		●		●	2	●		○	○	○		2				○	○	○				○	1	450	4倍
	100			100					100		100					50												

2次試験

方式日程	英語	数学Ⅰ	数学Ⅱ	数学Ⅲ	数学A	数学B	国語	国語 範囲	物理	化学	生物	地学	理科 科目数	小論文・論述	総合問題	面接	その他	満点
前期	●	●	●	●	●	●			○	○	○		2			●		850
	250	250							250							100		

医師国家試験状況

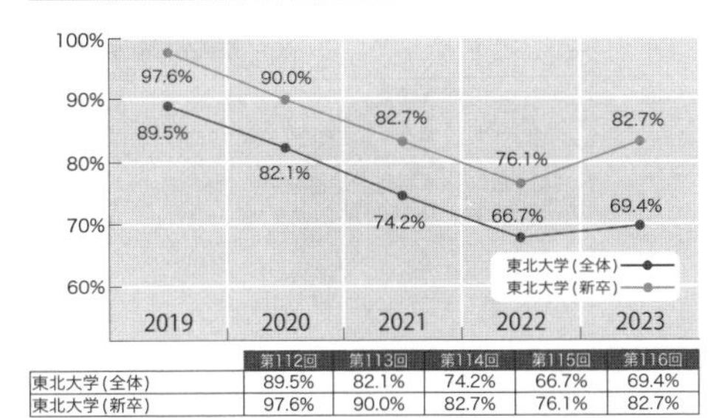

	第112回	第113回	第114回	第115回	第116回
東北大学(全体)	89.5%	82.1%	74.2%	66.7%	69.4%
東北大学(新卒)	97.6%	90.0%	82.7%	76.1%	82.7%

2023年度入学者

2023年度入学者
54名

女性25名 46.3%
男性29名 53.7%

入試結果

			2023	2022	2021
一般選抜前期	募集人員		37	37	37
	志願者数		148	75	115
	受験者数	A	126	66	95
	合格者数	B	37	43	45
	追加合格者数	C			
	総合格者数	**B+C**	**37**	**43**	**45**
	合格倍率	**A/(B+C)**	**3.4**	**1.5**	**2.1**
	入学者数		36	42	40
	総合点平均点		832.88/1300	723.28/1300	792.20/1300
	共通テスト平均点		321.38/450	299.40/450	342.68/450
	個別学力試験平均点		511.50/850	423.87/850	449.51/850
AOⅡ期	募集人員		6	6	8
	志願者数		19	16	17
	受験者数	D	11	10	9
	合格者数	E	7	6	5
	合格倍率	**D/E**	**1.6**	**1.7**	**1.8**
	入学者数		7	6	5
AOⅢ期	募集人員		10	10	8
	志願者数		22	11	28
	受験者数	F	12	11	14
	合格者数	G	9	6	6
	合格倍率	**F/G**	**1.3**	**1.8**	**2.3**
	入学者数		9	6	6

東京医科歯科大学　歯学部歯学科

学部所在地　〒980-8575 宮城県仙台市青葉区星陵町4-1
TEL　03-5803-5084
URL　https://www.tohoku.ac.jp/japanese/

入試日程

試験区分	募集人員	第一段階選抜発表	試験日	合格発表
一般前期	33名	未定	2月25日(日)・26日(月)	3月8日(金)
一般後期	10名	未定	3月12日(火)・13日(水)	3月22日(金)

入試科目

共通テスト

方式 日程	英語 リーディング	英語 リスニング	英語 科目数	数学 数学I	数学 数学I・A	数学 数学II	数学 数学II・B	数学 科目数	国語 国語	国語 範囲	理科② 物理	理科② 化学	理科② 生物	理科② 地学	理科 科目数	地理歴史・公民 世界史A	日本史A	地理A	世界史B	日本史B	地理B	現代社会	倫理	政治経済	倫・政経	地理歴史・公民 科目数	満点	2段階選抜
前期	●	●	1		●		●	2	●		○	○	○		2				○	○	○				○	1	180	4倍
前期(配点)	40			40					40		40					20												
後期	●	●	1		●		●	2	●		○	○	○		2												500	10倍
後期(配点)	125			125					125		125																	

2次試験

方式 日程	英語 英語	数学 数学I	数学 数学II	数学 数学III	数学 数学A	数学 数学B	国語 国語	国語 範囲	理科 物理	理科 化学	理科 生物	理科 地学	理科 科目数	その他 小論文・論述	その他 総合問題	その他 面接	その他 その他	満点
前期	●	●	●	●	●	●			●	○	○		2			●		360
前期(配点)	120	120							120							-		
後期	●													●		●		300
後期(配点)	120													180		-		

医師国家試験状況

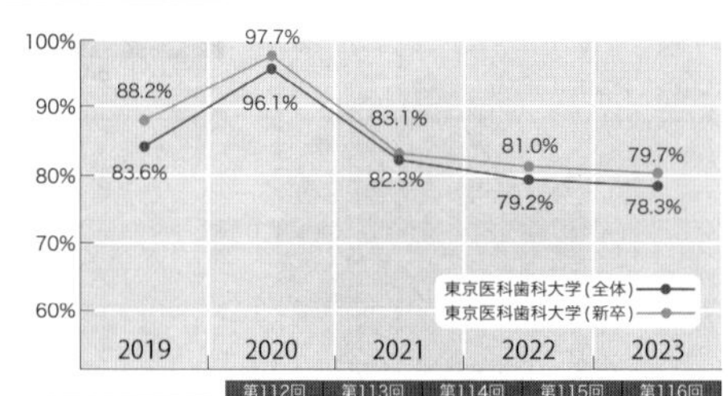

	第112回	第113回	第114回	第115回	第116回
東京医科歯科大学(全体)	83.6%	96.1%	82.3%	79.2%	78.3%
東京医科歯科大学(新卒)	88.2%	97.7%	83.1%	81.0%	79.7%

2023年度入学者

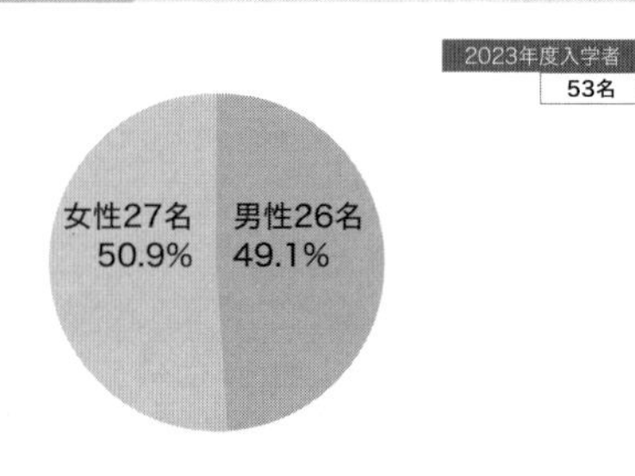

入試結果

			2023	2022	2021
一般選抜前期	募集人員		33	33	33
	志願者数		111	114	118
	受験者数	A	101	104	112
	合格者数	B	36	36	36
	追加合格者数	C			
	総合格者数	**B+C**	**36**	**36**	**36**
	合格倍率	**A/(B+C)**	**2.8**	**2.9**	**3.1**
	入学者数		35	35	34
	総合点最高点		397.20/540	385.20/540	370.40/540
	総合点最低点		293.40/540	284.80/540	293.80/540
	総合点平均点		322.63/540	317.39/540	322.12/540
一般選抜後期	募集人員		15	15	15
	志願者数		123	103	128
	第一段階選抜合格者数			90	90
	受験者数	D	23	32	26
	合格者数	E	18	15	16
	追加合格者数	F			
	総合格者数	**E+F**	**18**	**15**	**16**
	合格倍率	**D/(E+F)**	**1.3**	**2.1**	**1.6**
	入学者数		13	15	13
	総合点最高点		—	—	—
	総合点最低点		—	—	—
	総合点平均点		—	—	—

			2023	2022	2021
特別選抜I	募集人員		5	5	5
	志願者数		19	14	30
	受験者数	G	16	14	22
	合格者数	H	5	5	5
	実質倍率	**G/H**	**3.2**	**2.8**	**4.4**
	入学者数		5	5	5

新潟大学　歯学部歯学科

学部所在地　〒951-8514 新潟県新潟市中央区学校町通2-5274
TEL　025-223-6161
URL　https://www.niigata-u.ac.jp/

入試日程

試験区分	募集人員	第一段階選抜発表	試験日	合格発表
一般前期	24名		2月25日(日)・26日(月)	3月8日(金)
一般後期	8名		3月12日(火)	3月22日(金)

入試科目

共通テスト

方式日程	英語 リーディング	英語 リスニング	英語 科目数	数学Ⅰ	数学Ⅰ・A	数学Ⅱ	数学Ⅱ・B	数学 科目数	国語	国語 範囲	理科② 物理	理科② 化学	理科② 生物	理科② 地学	理科 科目数	世界史A	日本史A	地理A	世界史B	日本史B	地理B	現代社会	倫理	政治経済	倫・政経	地歴公民 科目数	満点	2段階選抜
前期	●	●	1		●		●	2	●		○	○	○		2				○	○	○	○	○	○	○	1	900	4倍
前期（配点）	200			200					200		200					100												
後期	●	●	1		●		●	2	●		○	○	○		2				○	○	○	○	○	○	○	1	900	—
後期（配点）	200			200					200		200					100												

2次試験

方式日程	英語	数学Ⅰ	数学Ⅱ	数学Ⅲ	数学A	数学B	国語	国語 範囲	物理	化学	生物	地学	理科 科目数	小論文・論述	総合問題	面接	その他	満点
前期	●	●	●	●	●	●			○	○	○		2			●		1100
前期（配点）	300	300							300							200		
後期																●		200
後期（配点）																200		

医師国家試験状況

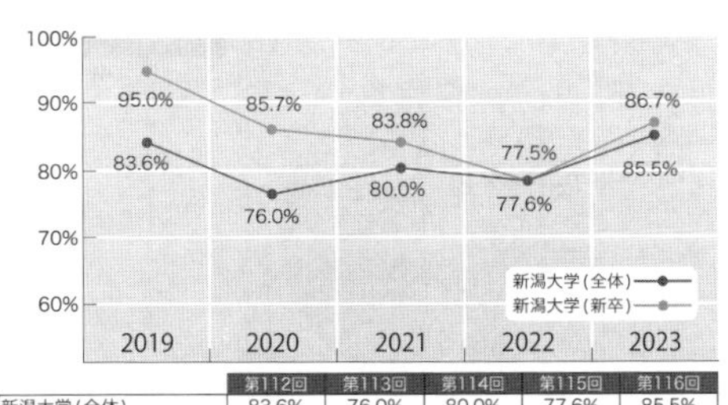

	第112回	第113回	第114回	第115回	第116回
新潟大学(全体)	83.6%	76.0%	80.0%	77.6%	85.5%
新潟大学(新卒)	95.0%	85.7%	83.8%	77.5%	86.7%

2023年度入学者

2023年度入学者
40名

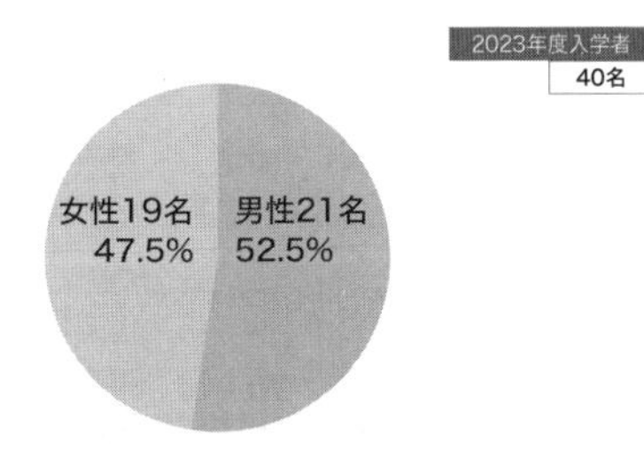

入試結果

			2023	2022	2021
一般選抜前期	募集人員		24	24	24
	志願者数		84	111	132
	受験者数	A	73	94	112
	合格者数	B	27	27	24
	追加合格者数	C	2		
	総合格者数	B+C	**29**	**27**	**24**
	合格倍率	A/(B+C)	**2.5**	**3.5**	**4.7**
	入学者数		27	24	24
	合格最高点		701.2/900 (783.7/1100)	703.8/900 (756.9/1100)	729.2/900 (783.2/1100)
	合格最低点		539.8/900 (597.0/1100)	609.4/900 (613.6/1100)	636.8/900 (629.4/1100)
	合格平均点		654.7/900 (686.5/1100)	637.0/900 (674.5/1100)	693.6/900 (709.2/1100)
一般選抜後期	募集人員		8	8	8
	志願者数		127	181	124
	受験者数	D	53	62	33
	合格者数	E	10	11	9
	追加合格者数	F	2		
	総合格者数	E+F	**12**	**11**	**9**
	合格倍率	D/(E+F)	**4.4**	**5.6**	**3.7**
	入学者数		8	8	8
	合格最高点		—	—	—
	合格最低点		—	—	—
	合格平均点		—	—	—

			2023	2022	2021
推薦	募集人員		8	8	8
	志願者数		10	27	26
	受験者数	G	10	27	26
	合格者数	H	5	8	8
	実質倍率	G/H	**2.0**	**3.4**	**3.3**
	入学者数		5	8	8
	共通テスト最高点				
	共通テスト平均点				

* 合格点の無印は共通テスト、( )内は2次試験

大阪大学　歯学部歯学科

学部所在地　〒565-0871 大阪府吹田市山田丘1-8
T E L　06-6879-5111
U R L　https://www.osaka-u.ac.jp/ja

入試日程

試験区分	募集人員	第一段階選抜発表	試験日	合格発表
一般前期	48名	2月13日(火)	2月25日(日)・26日(月)	3月9日(土)

入試科目

共通テスト

方式日程	英語 リーディング	英語 リスニング	英語 科目数	数学 数学I	数学 数学I・A	数学 数学II	数学 数学II・B	数学 科目数	国語 国語	国語 範囲	理科② 物理	理科② 化学	理科② 生物	理科② 地学	理科 科目数	地歴公民 世界史A	日本史A	地理A	世界史B	日本史B	地理B	現代社会	倫理	政治経済	倫・政経	地歴公民 科目数	満点	2段階選抜
前期	●	●	1		●		●	2	●		○	○	○		2				○	○	○				○	1	450	—
	100			100					100		100					50												

2次試験

方式日程	英語 英語	数学 数学I	数学 数学II	数学 数学III	数学 数学A	数学 数学B	国語 国語	国語 範囲	理科 物理	理科 化学	理科 生物	理科 地学	理科 科目数	その他 小論文・論述	その他 総合問題	その他 面接	その他 その他	満点
前期	●	●	●	●	●	●			○	○	○		2			●		1200
	300	300							300							300		

医師国家試験状況

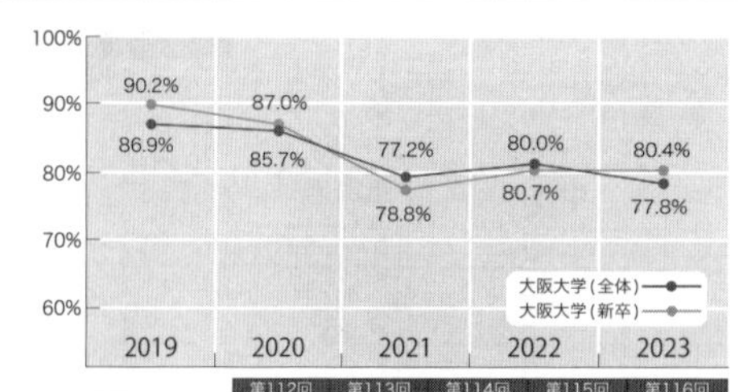

	第112回	第113回	第114回	第115回	第116回
大阪大学(全体)	86.9%	85.7%	78.8%	80.7%	77.8%
大阪大学(新卒)	90.2%	87.0%	77.2%	80.0%	80.4%

2023年度入学者

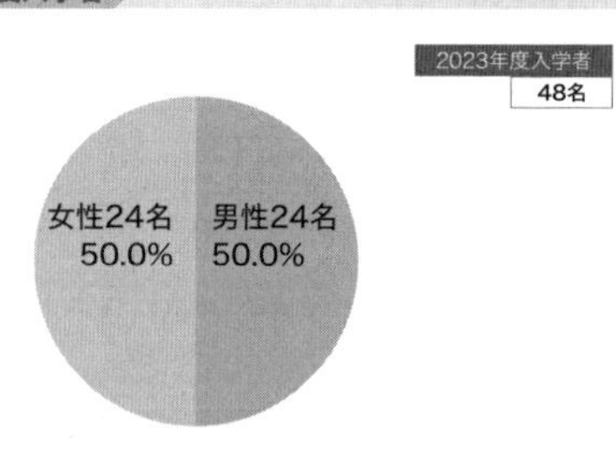

入試結果

			2023	2022	2021
一般選抜前期	募集人員		48	48	48
	志願者数		105	120	112
	受験者数	A	100	110	115
	合格者数	B	50	55	51
	追加合格者数	C			
	総合格者数	**B+C**	**50**	**55**	**51**
	合格倍率	**A/(B+C)**	**2.0**	**2.0**	**2.3**
	入学者数		48	52	48
	合格最高点		1329.00/1650 (393.00/450) [936.00/1200]	1274.25/1650 (374.25/450) [901.50/1200]	1272.50/1650 (395.00/450) [891.00/1200]
	合格最低点		983.50/1650 (290.75/450) [649.50/1200]	1000.50/1650 (273.00/450) [666.00/1200]	1020.00/1650 (324.50/450) [655.50/1200]
	合格平均点		1098.93/1650 (339.93/450) [759.00/1200]	1081.00/1650 (320.09/450) [760.90/1200]	1098.57/1650 (357.95/450) [740.63/1200]
推薦	募集人員		5	5	5
	志願者数		10	16	8
	受験者数	D	10	16	8
	合格者数	E	5	1	5
	実質倍率	**D/E**	**2.0**	**16.0**	**1.6**
	入学者数		5	1	5

* 合格点の無印は総合、( )内は共通テスト、[ ]内は2次試験

岡山大学　歯学部歯学科

学部所在地　〒700-8558 岡山県岡山市北区鹿田町2-5-1
TEL　086-251-7067
URL　https://www.okayama-u.ac.jp/

入試日程

試験区分	募集人員	第一段階選抜発表	試験日	合格発表
一般前期	32名	／	2月25日(日)・26日(月)	3月7日(木)

入試科目

方式 日程	共通テスト																											
	英語			数学					国語		理科 ②					地理歴史・公民											満点	2段階選抜
	リーディング	リスニング	科目数	数学I	数学I・A	数学II	数学II・B	科目数	国語	範囲	物理	化学	生物	地学	科目数	世界史A	日本史A	地理A	世界史B	日本史B	地理B	現代社会	倫理	政治経済	倫・政経	科目数		
前期	●	●	1		●		●	2	●		◇	◇	◇		2				◇	◇	◇	◇	◇	◇	◇	1	900	—
	200			200					200		100(～200)					100(～200)												

方式 日程	2次試験																	
	英語	数学					国語		理科					その他				満点
	英語	数学I	数学II	数学III	数学A	数学B	国語	範囲	物理	化学	生物	地学	科目数	小論文・論述	総合問題	面接	その他	
前期	●	●	●	●	●	●			○	○	○		2			●		800
	200	200							200							200		

医師国家試験状況

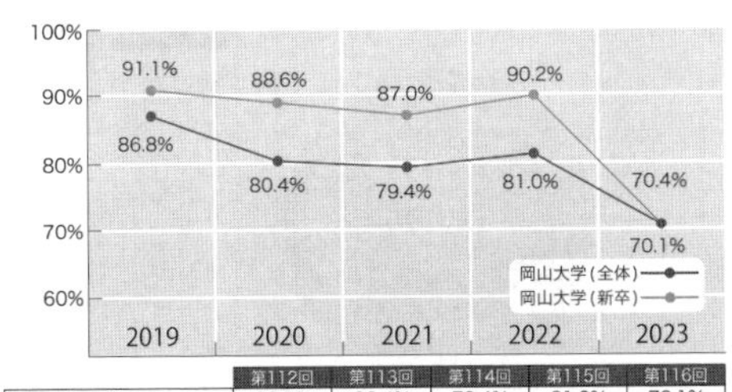

	第112回	第113回	第114回	第115回	第116回
岡山大学(全体)	86.8%	80.4%	79.4%	81.0%	70.1%
岡山大学(新卒)	91.1%	88.6%	87.0%	90.2%	70.4%

2023年度入学者

入試結果

一般選抜前期		2023	2022	2021
募集人員		34	30	30
志願者数		87	88	65
受験者数	A	70	76	50
合格者数	B	36	33	34
追加合格者数	C			
総合格者数	B+C	**36**	**33**	**34**
合格倍率	A/(B+C)	**1.9**	**2.3**	**1.5**
入学者数		35	31	31
合格最高点		1383.0/1700 (787.4/900) [649.0/800]	1239.6/1700 (678.8/900) [600.0/800]	1333.6/1700 (745.2/900) [629.0/800]
合格最低点		1121.6/1700 (627.2/900) [465.0/800]	1056.2/1700 (571.2/900) [426.0/800]	1131.0/1700 (605.2/900) [454.0/800]
合格平均点		1209.2/1700 (682.7/900) [526.5/800]	1132.2/1700 (630.4/900) [501.8/800]	1209.4/1700 (691.5/900) [517.9/800]

一般選抜後期		2023	2022	2021
募集人員		／	6	6
志願者数			64	82
受験者数	D		34	25
合格者数	E		7	9
追加合格者数	F			
総合格者数	E+F		**7**	**9**
合格倍率	D/(E+F)		**4.9**	**2.8**
入学者数			6	6
合格最高点			905.6/1200 (683.6/900) [251.0/300]	1015.4/1200 (776.4/900) [247.0/300]
合格最低点			805.4/1200 (610.4/900) [188.0/300]	904.2/1200 (692.0/900) [194.0/300]
合格平均点			858.0/1200 (631.9/900) [226.1/300]	952.2/1200 (733.1/900) [219.1/300]

推薦II		2023	2022	2021
募集人員		12	10	10
志願者数		36	24	25
受験者数	G	36	24	25
合格者数	H	12	10	10
実質倍率	G/H	**3.0**	**2.4**	**2.5**
入学者数		12	10	10

* 合格点の無印は総合、( )内は共通テスト、[ ]内は2次試験

広島大学　歯学部歯学科

学部所在地　〒734-8553 広島県広島市南区霞1-2-3
TEL　082-424-6174
URL　https://www.hiroshima-u.ac.jp/

入試日程

試験区分	募集人員	第一段階選抜発表	試験日	合格発表
一般前期	33名		2月25日(日)・26日(月)	3月8日(金)
一般後期	15名		3月12日(火)・13日(水)	3月20日(水)

入試科目

共通テスト

方式日程	英語 リーディング	英語 リスニング	英語 科目数	数学 数学Ⅰ	数学 数学Ⅰ・A	数学 数学Ⅱ	数学 数学Ⅱ・B	数学 科目数	国語 国語	国語 範囲	理科② 物理	理科② 化学	理科② 生物	理科② 地学	理科 科目数	世界史A	日本史A	地理A	世界史B	日本史B	地理B	現代社会	倫理	政治経済	倫・政経	地歴公民 科目数	満点	2段階選抜
前期	●	●	1		●		●	2	●		○	○	○		2				○	○	○				○	1	900	—
前期(配点)	200			200					200		200					100												
後期	●	●	1		●		●	2	●		○	○	○		2				○	○	○				○	1	900	—
後期(配点)	200			200					200		200					100												

2次試験

方式日程	英語 英語	数学 数学Ⅰ	数学 数学Ⅱ	数学 数学Ⅲ	数学 数学A	数学 数学B	国語 国語	国語 範囲	理科 物理	理科 化学	理科 生物	理科 地学	理科 科目数	その他 小論文・論述	その他 総合問題	その他 面接	その他 その他	満点
前期	●	●	●	●	●	●			○	○	○		2			●		1200
前期(配点)	400	400							400							-		
後期														●		●		750
後期(配点)														450		300		

医師国家試験状況

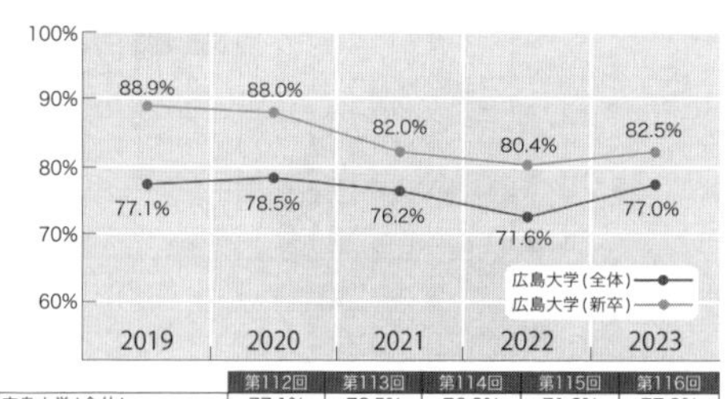

	第112回	第113回	第114回	第115回	第116回
広島大学(全体)	77.1%	78.5%	76.2%	71.6%	77.0%
広島大学(新卒)	88.9%	88.0%	82.0%	80.4%	82.5%

2023年度入学者

入試結果

			2023	2022	2021
一般選抜前期	募集人員		33	33	33
	志願者数		113	115	75
	受験者数	A	96	100	69
	合格者数	B	37	40	33
	追加合格者数	C			
	総合格者数	B+C	**37**	**40**	**33**
	合格倍率	A/(B+C)	**2.6**	**2.5**	**2.1**
	入学者数		36	39	30
	合格最高点		1666/2100 (732/900) [952/1200]	1581/2100 (718/900) [912/1200]	1557/2100 (772/900) [798/1200]
	合格最低点		1377/2100 (598/900) [684/1200]	1288/2100 (546/900) [624/1200]	1248/2100 (610/900) [544/1200]
	合格平均点		1450.9/2100 (672.9/900) [777.9/1200]	1374.3/2100 (627.7/900) [746.7/1200]	1364.4/2100 (707.8/900) [656.6/1200]

			2023	2022	2021
一般選抜後期	募集人員		15	15	15
	志願者数		241	248	132
	受験者数	D	118	110	56
	合格者数	E	15	16	15
	追加合格者数	F			
	総合格者数	E+F	**15**	**16**	**15**
	合格倍率	D/(E+F)	**7.9**	**6.9**	**3.7**
	入学者数		14	14	14
	合格最高点		1335/1650 (742/900) [617/750]	1304/1650 (705/900) [618/750]	1305/1650 (784/900) [548/750]
	合格最低点		1209/1650 (643/900) [501/750]	1182/1650 (578/900) [529/750]	1145/1650 (678/900) [425/750]
	合格平均点		1259.5/1650 (710.4/900) [549.1/750]	1224.4/1650 (650.8/900) [573.6/750]	1208.9/1650 (723.9/900) [484.9/750]
総合型Ⅱ	募集人員		5	5	5
	志願者数		13	11	18
	受験者数	G	13	11	18
	合格者数	H	3	0	5
	実質倍率	G/H	**4.3**	**—**	**3.6**
	入学者数		3	0	5

* 合格点の無印は総合、( )内は共通テスト、[ ]内は2次試験

徳島大学　歯学部歯学科

学部所在地　〒770-8504 徳島県徳島市蔵本町3-18-15
TEL　088-656-7091
URL　https://www.tokushima-u.ac.jp/

入試日程

試験区分	募集人員	第一段階選抜発表	試験日	合格発表
一般前期	24名	2月13日(火)	2月25日(日)・26日(月)	3月6日(水)
一般後期	6名	2月28日(水)	3月12日(火)	3月21日(木)

入試科目

共通テスト

方式 日程	英語 リーディング	英語 リスニング	英語 科目数	数学 数学Ⅰ	数学 数学Ⅰ·A	数学 数学Ⅱ	数学 数学Ⅱ·B	数学 科目数	国語 国語	国語 範囲	理科② 物理	理科② 化学	理科② 生物	理科② 地学	理科 科目数	世界史A	日本史A	地理A	世界史B	日本史B	地理B	現代社会	倫理	政治経済	倫・政経	地理歴史·公民 科目数	満点	2段階選抜
前期	●	●	1		●		●	2	●		○	○	○		2				○	○	○	○	○	○	○	1	550	8倍
前期（配点）	100			100					100		200					50												
後期	●	●	1		●		●	2	●		○	○	○		2				○	○	○	○	○	○	○	1	550	25倍
後期（配点）	100			100					100		200					50												

2次試験

方式 日程	英語 英語	数学 数学Ⅰ	数学 数学Ⅱ	数学 数学Ⅲ	数学 数学A	数学 数学B	国語 国語	国語 範囲	理科 物理	理科 化学	理科 生物	理科 地学	理科 科目数	その他 小論文・論述	その他 総合問題	その他 面接	その他 その他	満点
前期	●	●	●	●	●	●			○	○	○					●		500
前期（配点）	200	200							100							-		
後期														●		●		300
後期（配点）														300		-		

医師国家試験状況

	第112回	第113回	第114回	第115回	第116回
徳島大学(全体)	76.0%	69.2%	67.3%	65.0%	61.1%
徳島大学(新卒)	86.5%	70.7%	73.0%	76.7%	71.4%

2023年度入学者

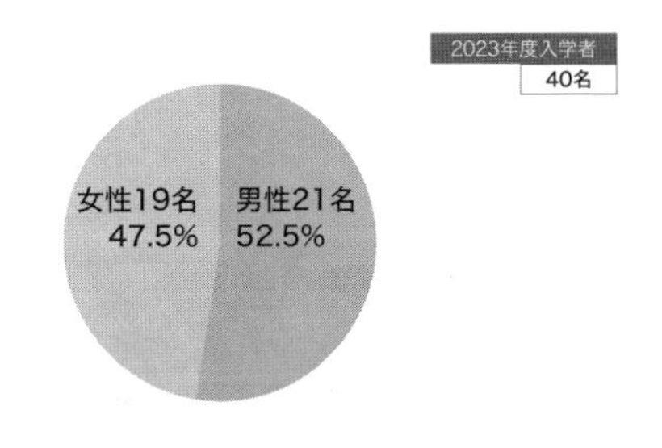

入試結果

一般選抜前期

		2023	2022	2021
募集人員		24	24	24
志願者数		183	68	116
受験者数	A	169	55	101
合格者数	B	32	28	24
追加合格者数	C			
総合格者数	B+C	**32**	**28**	**24**
合格倍率	A/(B+C)	**5.3**	**2.0**	**4.2**
入学者数		31	27	21
合格最高点		810.5/1050 (446.3/550) [366.0/500]	696.2/1050 (418.5/550) [290.0/500]	721.5/1050 (463.9/550) [298.0/500]
合格最低点		658.7/1050 (358.6/550) [259.0/500]	512.7/1050 (302.4/550) [156.0/500]	663.7/1050 (400.2/550) [231.0/500]
合格平均点		701.2/1050 (396.5/550) [304.7/500]	574.9/1050 (352.6/550) [222.3/500]	686.5/1050 (422.4/550) [264.1/500]

一般選抜前期

		2023	2022	2021
募集人員		6	6	6
志願者数		245	146	162
第一段階選抜合格者数		83		
受験者数	D	65	65	42
合格者数	E	9	6	10
追加合格者数	F			
総合格者数	E+F	**9**	**6**	**10**
合格倍率	D/(E+F)	**7.2**	**10.8**	**4.2**
入学者数		7	6	9
合格最高点		521.6/650	494.3/650	509.4/650 (378.1/450) [148.0/200]
合格最低点		497.7/650	474.3/650	435.9/650 (302.9/450) [69.0/200]
合格平均点		506.7/650	484.1/650	463.5/650 (357.5/450) [106.0/200]

推薦Ⅱ

		2023	2022	2021
募集人員		10	10	10
志願者数		13	22	16
受験者数	G	13	22	11
合格者数	H	2	7	10
実質倍率	G/H	**6.5**	**3.1**	**1.1**
入学者数		2	7	10

＊合格点の無印は総合、( )内は共通テスト、[ ]内は2次試験

九州大学　歯学部歯学科

学部所在地　〒812-8582 福岡県福岡市東区馬出3-1-1
TEL　092-802-2004
URL　https://www.kyushu-u.ac.jp/ja/

入試日程

試験区分	募集人員	第一段階選抜発表	試験日	合格発表
一般前期	37名	未定	2月25日(日)・26日(月)	3月8日(金)

入試科目

共通テスト

方式日程	英語 リーディング	英語 リスニング	英語 科目数	数学Ⅰ	数学Ⅰ・A	数学Ⅱ	数学Ⅱ・B	数学 科目数	国語	国語 範囲	理科② 物理	理科② 化学	理科② 生物	理科② 地学	理科 科目数	世界史A	日本史A	地理A	世界史B	日本史B	地理B	現代社会	倫理	政治経済	倫・政経	地歴公民 科目数	満点	2段階選抜
前期	●	●	1		●		●	2	●		○	○	○		2				○	○	○				○	1	450	6倍
	100			100					100		100					50												

2次試験

方式日程	英語	数学Ⅰ	数学Ⅱ	数学Ⅲ	数学A	数学B	国語	国語 範囲	物理	化学	生物	地学	理科 科目数	小論文・論述	総合問題	面接	その他	満点
前期	●	●	●	●	●	●			●	●			2			●		700
	200	250							250							-		

医師国家試験状況

	第112回	第113回	第114回	第115回	第116回
九州大学(全体)	80.0%	70.0%	65.8%	66.7%	62.7%
九州大学(新卒)	84.9%	79.6%	78.6%	82.2%	83.8%

2023年度入学者

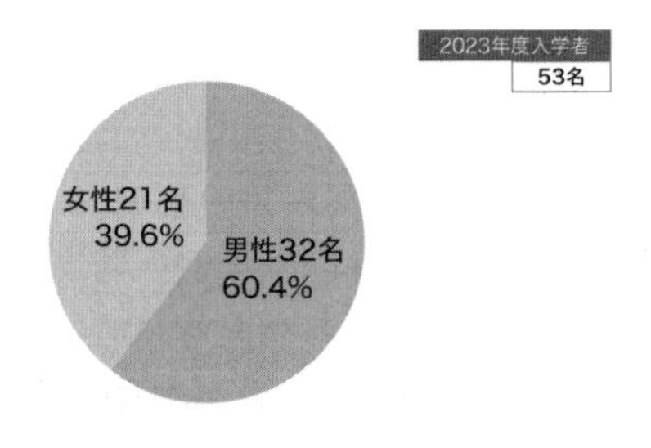

入試結果

			2023	2022	2021
一般選抜前期	募集人員		37	37	45
	志願者数		139	147	139
	受験者数	A	124	129	117
	合格者数	B	47	52	49
	追加合格者数	C			
	総合格者数	**B+C**	**47**	**52**	**49**
	合格倍率	**A/(B+C)**	**2.6**	**2.5**	**2.4**
	入学者数		42	43	43
	総合点最高点		875.5/1150	792.5/1150	809.50/1150
	総合点最低点		638/1150	630.5/1150	633.50/1150
	総合点平均点		698.56/1150	689.04/1150	687.18/1150
総合型	募集人員		8	8	8
	志願者数		18	23	43
	受験者数	D	18	21	26
	合格者数	E	5	5	8
	実質倍率	**D/E**	**3.6**	**4.2**	**3.3**
	入学者数		5	5	8
推薦	募集人員		8	8	
	志願者数		18	24	
	受験者数	F	17	24	
	合格者数	G	5	5	
	実質倍率	**F/G**	**3.4**	**4.8**	
	入学者数		5	5	

九州歯科大学　歯学部歯学科

学部所在地 〒803-8580 福岡県北九州市小倉北区真鶴2-6-1
TEL 093-285-3011
URL https://www.kyu-dent.ac.jp/

入試日程

試験区分	募集人員	第一段階選抜発表	試験日	合格発表
一般前期	75名	2月9日(金)予定	2月25日(日)・26日(月)	3月8日(金)

入試科目

共通テスト

方式 日程	英語 リーディング	英語 リスニング	英語 科目数	数学I	数学I・A	数学II	数学II・B	数学 科目数	国語	範囲	理科② 物理	化学	生物	地学	理科 科目数	世界史A	日本史A	地理A	世界史B	日本史B	地理B	現代社会	倫理	政治経済	倫・政経	地歴公民 科目数	満点	2段階選抜
前期	●	●	1		●		●	2	●		○	○	○		2				○	○	○	○	○	○	○	1	900	－
	200			200					200		200					100												

2次試験

方式 日程	英語	数学I	数学II	数学III	数学A	数学B	国語	範囲	物理	化学	生物	地学	科目数	小論文・論述	総合問題	面接	その他	満点
前期	●	●	●	●	●	●							2		●	●		650
	200	200													150	100		

医師国家試験状況

	第112回	第113回	第114回	第115回	第116回
九州歯科大学(全体)	75.4%	82.4%	78.4%	76.8%	70.8%
九州歯科大学(新卒)	82.6%	89.9%	86.5%	86.5%	81.7%

2023年度入学者

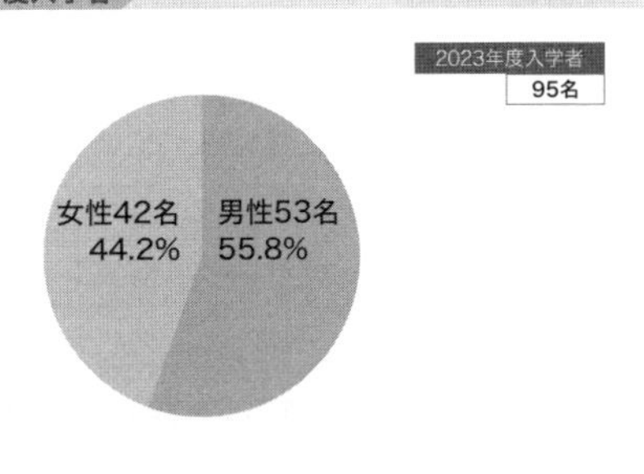

入試結果

			2023	2022	2021
一般選抜前期	募集人員		75	75	75
	志願者数		322	273	409
	受験者数	A	295	243	357
	合格者数	B	84	89	78
	追加合格者数	C	1		
	総合格者数	**B+C**	**85**	**89**	**78**
	合格倍率	**A/(B+C)**	**3.5**	**2.7**	**4.6**
	入学者数		84	86	75
	総合点最高点		1213.333/1550	1160.333/1550	1253.333/1550
	総合点最低点		988.000/1550	935.000/1550	1070.667/1550
	総合点平均点		1050/1550	1009/1550	1117/1550
総合型	募集人員		15	45	15
	志願者数		70	70	93
	受験者数	D	69	70	93
	合格者数	E	8	4	15
	実質倍率	**D/E**	**8.6**	**17.5**	**6.2**
	入学者数		8	4	15
推薦	募集人員		5	5	5
	志願者数		9	11	15
	受験者数	F	9	11	15
	合格者数	G	3	4	5
	実質倍率	**F/G**	**3.0**	**2.8**	**3.0**
	入学者数		3	4	5

長崎大学　歯学部歯学科

学部所在地 〒852-8588 長崎県長崎市坂本1-7-1
TEL 095-819-2111
URL https://www.nagasaki-u.ac.jp/

入試日程

試験区分	募集人員	第一段階選抜発表	試験日	合格発表
一般前期	33名		2月25日(日)・26日(月)	3月8日(金)

入試科目

共通テスト

方式 日程	英語 リーディング	英語 リスニング	英語 科目数	数学I	数学I・A	数学II	数学II・B	数学 科目数	国語	国語 範囲	理科② 物理	理科② 化学	理科② 生物	理科② 地学	理科 科目数	世界史A	日本史A	地理A	世界史B	日本史B	地理B	現代社会	倫理	政治経済	倫・政経	地歴公民 科目数	満点	2段階選抜
前期	●	●	1		●		●	2	●		○	○	○		2				○	○	○	○	○	○	○	1	900	—
(配点)	200			200					200		200					100												

2次試験

方式 日程	英語	数学I	数学II	数学III	数学A	数学B	国語	国語 範囲	物理	化学	生物	地学	理科 科目数	小論文・論述	総合問題	面接	その他	満点
前期	●	◇	◇	◇	◇	◇			◇	◇	◇		2			●	●	610
(配点)	300	(300)							(300)							-	10	

医師国家試験状況

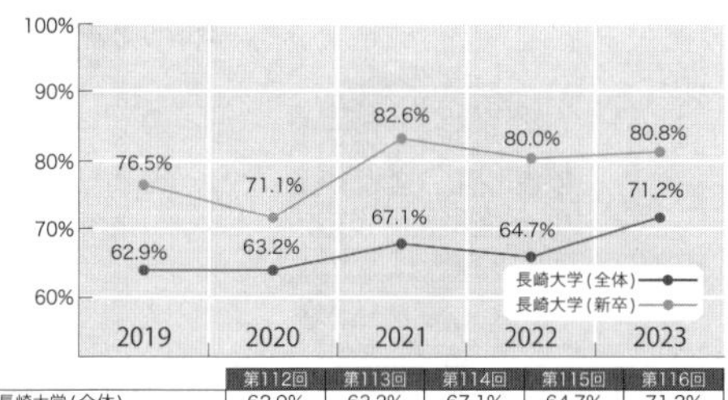

	第112回	第113回	第114回	第115回	第116回
長崎大学(全体)	62.9%	63.2%	67.1%	64.7%	71.2%
長崎大学(新卒)	76.5%	71.1%	82.6%	80.0%	80.8%

2023年度入学者

2023年度入学者 50名

入試結果

			2023	2022	2021
一般選抜前期	募集人員		33	33	33
	志願者数		124	223	109
	受験者数	A	107	187	89
	合格者数	B	47	44	37
	追加合格者数	C	2	2	4
	総合格者数	B+C	**49**	**46**	**41**
	合格倍率	A/(B+C)	**2.2**	**4.1**	**2.2**
	入学者数		47	44	37
	合格最高点		1188.80/1510	1185.20/1510	1214.00/1510
	合格最低点		971.00/1510	1006.80/1510	1019.40/1510
	合格平均点		(633.0/900) [412.0/610]	(625.5/900) [431.5/610]	(682.7/900) [414.7/610]
一般選抜後期	募集人員				7
	志願者数				189
	第一段階選抜合格者数				142
	受験者数	D			39
	合格者数	E			7
	追加合格者数	F			1
	総合格者数	E+F			**8**
	合格倍率	D/(E+F)			**4.9**
	入学者数				7
	合格最高点				—
	合格最低点				—
	合格平均点				—

			2023	2022	2021
総合型	募集人員		7	7	
	志願者数		32	28	
	受験者数	G	32	28	
	合格者数	H	2	5	
	実質倍率	G/H	**16.0**	**5.6**	
	入学者数		2	5	
推薦II	募集人員		10	10	10
	志願者数		3	10	12
	受験者数	I	2	8	11
	合格者数	J	1	1	6
	実質倍率	I/J	**2.0**	**8.0**	**1.8**
	入学者数		1	1	6

＊合格点の無印は総合、( )内は共通テスト、[ ]内は2次試験

鹿児島大学　歯学部歯学科

学部所在地　〒890-8544 鹿児島県鹿児島市桜ヶ丘8-35-1
TEL　099-285-7355
URL　https://www.kagoshima-u.ac.jp/

入試日程

試験区分	募集人員	第一段階選抜発表	試験日	合格発表
一般前期	35名		2月25日(日)・26日(月)	3月7日(木)
一般後期	5名		3月12日(火)	3月21日(木)

入試科目

共通テスト

方式日程	英語 リーディング	英語 リスニング	英語 科目数	数学 数学I	数学 数学I・A	数学 数学II	数学 数学II・B	数学 科目数	国語 国語	国語 範囲	理科② 物理	理科② 化学	理科② 生物	理科② 地学	理科 科目数	世界史A	日本史A	地理A	世界史B	日本史B	地理B	現代社会	倫理	政治経済	倫・政経	地歴公民 科目数	満点	2段階選抜
前期パターンa	●	●	1		●		●	2	●		○	○	○		2				○	○	○				○	1	900	—
（配点）	200			200					200		200					100												
前期パターンb	●	●	1		●		●	2	●		○	○	○		2				○	○	○				○	1	450	—
（配点）	100			100					100		100					50												
後期	●	●	1		●		●	2	●		○	○	○		2				○	○	○				○	1	900	—
（配点）	200			200					200		200					100												

2次試験

方式日程	英語 英語	数学 数学I	数学 数学II	数学 数学III	数学 数学A	数学 数学B	国語 国語	国語 範囲	理科 物理	理科 化学	理科 生物	理科 地学	理科 科目数	その他 小論文・論述	その他 総合問題	その他 面接	その他 その他	満点
前期パターンa	●	●	●	●	●	●			○	○	○		2			●		700
（配点）	200	200							200							100		
前期パターンb	●	●	●	●	●	●			○	○	○		2			●		1150
（配点）	350	350							350							100		
後期																●		200
（配点）																200		

医師国家試験状況

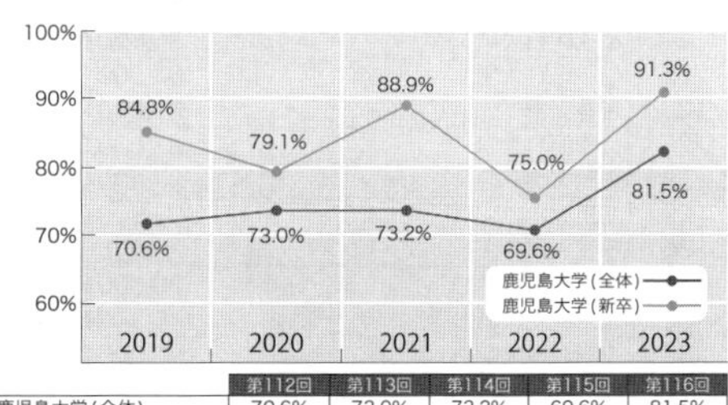

	第112回	第113回	第114回	第115回	第116回
鹿児島大学(全体)	70.6%	73.0%	73.2%	69.6%	81.5%
鹿児島大学(新卒)	84.8%	79.1%	88.9%	75.0%	91.3%

2023年度入学者

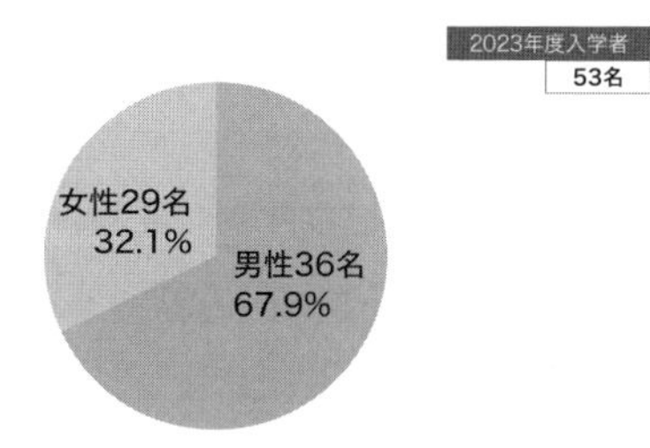

入試結果

区分	項目		2023	2022	2021
一般選抜前期	募集人員		37	37	37
	志願者数		204	98	111
	受験者数	A	181	89	97
	合格者数	B	39	45	39
	追加合格者数	C	1	3	2
	総合格者数	**B+C**	**40**	**48**	**41**
	合格倍率	**A/(B+C)**	**4.5**	**1.9**	**2.4**
	入学者数		39	44	38
	総合点最高点		1233.40/1600	1210.00/1600	1301.20/1600
	総合点最低点		1015.00/1600	1029.20/1600	1105.40/1600
	総合点平均点		1070.49/1600	1105.02/1600	1172.96/1600
一般選抜後期	募集人員		5	5	5
	志願者数		139	98	92
	受験者数	D	39	34	40
	合格者数	E	5	7	8
	追加合格者数	F	1		
	総合格者数	**E+F**	**6**	**7**	**8**
	合格倍率	**D/(E+F)**	**6.5**	**4.9**	**5.0**
	入学者数		5	6	7
	総合点最高点		—	—	—
	総合点最低点		—	—	—
	総合点平均点		—	771.77/1100	851.78/1100

区分	項目		2023	2022	2021
総合型	募集人員		3	3	3
	志願者数		12	9	21
	受験者数	G	12	7	16
	合格者数	H	1	0	3
	実質倍率	**G/H**	**12.0**	**—**	**5.3**
	入学者数		1	0	3
推薦II	募集人員		8	8	8
	志願者数		19	13	8
	受験者数	I	18	13	7
	合格者数	J	8	1	4
	実質倍率	**I/J**	**2.3**	**13.0**	**1.8**
	入学者数		8	1	4

医学部ランキング③

【初年度学納金ランキング】

順位	大学名	学納金(円)
1	自治医科大学	0 (4,600,000)
2	産業医科大学	282,000 (2,117,800)
3	東北医科薬科大学(A方式)	1,500,000
4	順天堂大学	2,900,000
4	関西医科大学	2,900,000
6	東京慈恵会医科大学	3,500,000
7	慶應義塾大学	3,840,000
8	東北医科薬科大学(B方式)	4,000,000
9	国際医療福祉大学	4,500,000
9	昭和大学	4,500,000
9	日本医科大学	4,500,000
12	東京医科大学	4,800,000
12	東邦大学	4,800,000
14	大阪医科薬科大学	5,985,000
15	藤田医科大学	6,300,000
16	日本大学	6,350,000
17	東海大学	6,400,000
18	東北医科薬科大学(一般枠)	6,500,000
19	近畿大学	6,800,000
20	聖マリアンナ医科大学	6,970,000
21	愛知医科大学	8,200,000
22	埼玉医科大学	8,250,000
23	兵庫医科大学	8,500,000
24	獨協医科大学	8,600,000
24	福岡大学	8,600,000
26	岩手医科大学	9,000,000
26	北里大学	9,000,000
28	久留米大学	9,200,000
29	帝京大学	9,370,140
30	杏林大学	9,500,000
31	川崎医科大学	10,500,000
32	金沢医科大学	11,000,000
33	東京女子医科大学	11,300,000

【6年間学納金ランキング】

順位	大学名	学納金(円)
1	自治医科大学	0 (22,600,000)
2	東北医科薬科大学(A方式)	4,000,000
3	産業医科大学	11,296,800
4	国際医療福祉大学	18,500,000
5	東北医科薬科大学(B方式)	19,000,000
6	順天堂大学	20,800,000
7	関西医科大学	21,000,000
8	日本医科大学	22,000,000
9	慶應義塾大学	22,040,000
10	東京慈恵会医科大学	22,500,000
11	東邦大学	25,800,000
12	昭和大学	27,000,000
13	大阪医科薬科大学	28,410,000
14	東京医科大学	29,400,000
15	藤田医科大学	29,800,000
16	日本大学	33,100,000
17	岩手医科大学	34,000,000
17	東北医科薬科大学(一般枠)	34,000,000
19	愛知医科大学	34,200,000
20	聖マリアンナ医科大学	34,820,000
21	東海大学	35,000,000
22	近畿大学	35,800,000
23	久留米大学	36,200,000
24	獨協医科大学	36,600,000
25	埼玉医科大学	37,000,000
25	杏林大学	37,000,000
25	兵庫医科大学	37,000,000
28	福岡大学	37,600,000
29	北里大学	38,900,000
30	帝京大学	39,380,140
31	金沢医科大学	39,500,000
32	東京女子医科大学	45,340,000
33	川崎医科大学	45,500,000

【設立年度ランキング】

順位	大学名	設立年度
1	日本医科大学	明治9年
2	東京慈恵会医科大学	明治14年
3	東京女子医科大学	明治33年
4	東京医科大学	大正5年
5	慶應義塾大学	大正6年
6	東邦大学	大正14年
6	日本大学	大正14年
8	大阪医科薬科大学	昭和2年
9	岩手医科大学	昭和3年
9	昭和大学	昭和3年
9	関西医科大学	昭和3年
9	久留米大学	昭和3年
13	順天堂大学	昭和18年
14	杏林大学	昭和45年
14	北里大学	昭和45年
14	川崎医科大学	昭和45年
17	帝京大学	昭和46年
17	聖マリアンナ医科大学	昭和46年
19	自治医科大学	昭和47年
19	埼玉医科大学	昭和47年
19	金沢医科大学	昭和47年
19	愛知医科大学	昭和47年
19	藤田医科大学	昭和47年
19	兵庫医科大学	昭和47年
19	福岡大学	昭和47年
26	獨協医科大学	昭和48年
27	東海大学	昭和49年
27	近畿大学	昭和49年
29	産業医科大学	昭和53年
30	東北医科薬科大学	平成28年
31	国際医療福祉大学	平成29年

Chapter3

私立大学医学部情報

岩手医科大学　医学部医学科

学部所在地	〒028-3694　岩手県紫波郡矢巾町医大通1-1-1
交通手段	JR矢幅駅より徒歩15分
創設者	三田　俊次郎
理事長	小川　彰
学長	祖父江　憲治
設立年度	［昭和3年］私立岩手医学専門学校を設立

入試問い合わせ先

担当部署　入試・キャリア支援課
電話番号　019-651-5110（内線5105）

医師国家試験状況

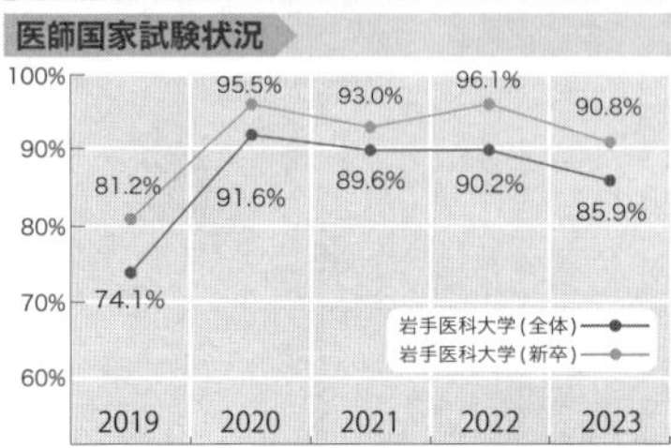

	第113回	第114回	第115回	第116回	第117回
岩手医科大学（全体）	74.1%	91.6%	89.6%	90.2%	85.9%
岩手医科大学（新卒）	81.2%	95.5%	93.0%	96.1%	90.8%

設置学部

歯学部
薬学部
看護学部

主な附属病院

岩手医科大学附属病院
内丸メディカルセンター
・その他関連施設
高度救命救急センター
超高磁場先端MRI研究センター
附属病院歯科医療センター

2023年度入学者

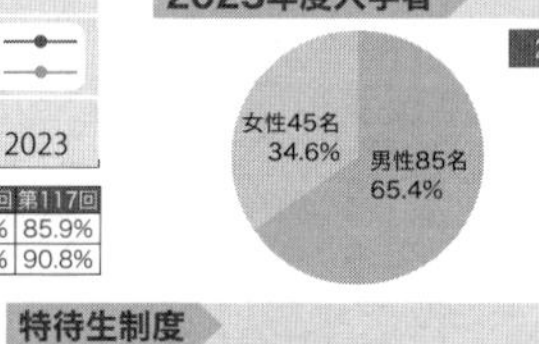

2023年度入学者
130名

2024年度学納金

1年次	入学金	¥2,000,000
	授業料	¥2,500,000
	施設設備費	¥1,000,000
	教育充実費	¥3,000,000
	実験実習費	¥500,000
	初年度納入金総額	¥9,000,000
	入学時最低納入金	¥5,500,000
2年次以降の年額		¥5,000,000
6年間の総額		¥34,000,000
※その他	（1年次）	¥400,000
	寮費（1年次全寮制）	¥880,000

繰上げ合格

入学手続期間終了後、募集人員に欠員が生じた場合は、繰上合格の決定を行う場合があります。繰上合格の連絡は、志願書に記入された連絡先を通じて、志願者本人等に電話で通知します。

特待生制度

一般選抜合格者のうち、入学試験の成績が優秀な者については初年度学納金の一部を減免する。

補欠順位

あり

成績開示

あり

寄付金

入学後に「寄付金募集趣意書」により任意の寄付をお願いする。

入試結果

			2023	2022	2021
一般	募集人員		73	73	78
	志願者数		2,217	2,128	2,152
	一次受験者数	A	2,164	2,081	2,097
	一次合格者数	B	466	488	497
	一次合格倍率	A/B	**4.6**	**4.3**	**4.2**
	二次受験者数		455	479	484
	正規合格者数	C	140	140	136
	正規合格倍率	A/C	**15.5**	**14.9**	**15.4**
	補欠候補者数		-	-	-
	繰上合格者数	D	81	92	88
	総合格者数	C+D	**221**	**232**	**224**
	合格実質倍率	A/(C+D)	**9.8**	**9.0**	**9.4**
	入学者数		73	73	78
	合格最高点		323/350 (346/400)	324/350 (364/400)	269/350 (293/400)
	合格最低点		216/350 (276/400)	205/350 (269/400)	167/350 (230/400)
一般（地域枠）	募集人員		5(7)	5	5
	志願者数		80	71	14
	一次受験者数	D	79	71	14
	一次合格者数	E	23	14	11
	一次合格倍率	D/E	**3.4**	**5.1**	**1.3**
	二次受験者数		23	14	11
	正規合格者数	F	5(7)	5	5
	正規合格倍率	D/F	**6.6**	**14.2**	**2.8**
	補欠候補者数		-	-	-
	繰上合格者数	G	2(5)	1	3
	総合格者数	F+G	**7(12)**	**6**	**8**
	合格実質倍率	D/(F+G)	**4.2**	**11.8**	**1.8**
	入学者数		5(7)	5	5
	合格最高点		290/350 (330/400)	263/350 (302/400)	198/350 (238/400)
	合格最低点		208/350 (264/400)	205/350 (260/400)	148/350 (208/400)
推薦（公募制）	募集人員		12程度	15	15
	志願者数		32	57	42
	受験者数	H	32	57	41
	合格者数	I	10	15	15
	実質倍率	H/I	**3.2**	**3.8**	**2.7**
	入学者数		10	15	15
	合格最高点		337.8/450	338.4/450	338.7/450
	合格最低点		242.2/450	226.2/450	222.6/450

			2023	2022	2021
推薦（地域枠A）	募集人員		15	15	15
	志願者数		29	27	29
	受験者数	J	29	27	29
	合格者数	K	15	15	15
	実質倍率	J/K	**1.9**	**1.8**	**1.9**
	入学者数		15	15	15
	合格最高点		301.4/450	320.1/450	336.4/450
	合格最低点		242.2/450	234.4/450	236.4/450
推薦（地域枠B）	募集人員		8	8	8
	志願者数		15	19	21
	受験者数	L	15	19	21
	合格者数	M	8	8	8
	実質倍率	L/M	**1.9**	**2.4**	**2.6**
	入学者数		8	8	8
	合格最高点		285.0/450	282.4/450	266.9/450
	合格最低点		204.1/450	212.8/450	221.6/450
推薦（秋田県）	募集人員		2	2	2
	志願者数		2	5	8
	受験者数	N	2	5	8
	合格者数	O	2	2	2
	実質倍率	N/O	**1.0**	**2.5**	**4.0**
	入学者数		2	2	2
	合格最高点		259.0/450	282.9/450	255.9/450
	合格最低点		212.8/450	250.8/450	239.3/450
総合型	募集人員		8程度	5以内	
	志願者数		32	35	
	受験者数	P	32	35	
	合格者数	Q	10	6	
	実質倍率	P/Q	**3.2**	**5.8**	
	入学者数		10	5	
	合格最高点		394.9/500	337.4/500	
	合格最低点		292.0/500	279.0/500	

※1　一般（地域枠）の無印は地域枠Cのデータ、（　）内は地域枠Dのデータ
※2　一般の繰上合格者数は連絡の際に入学の意思を示した人数
（注）一般の合格最高点・合格最低点の無印は1次合格、（　）内は2次合格のデータ

2024年度　募集要項

入試日程

試験区分		募集人員	出願期間	試験日	
				1次試験	2次試験
推薦	公募制	12名程度	2023年11月1日(水)～11月10日(金)消印有効	11月18日(土)	
	地域枠A(岩手県枠)	15名			
	地域枠B(東北枠)	8名			
	秋田県地域枠	2名			
総合型選抜		8名程度			
一般	一般選抜	73名	2023年12月4日(月)～2024年1月5日(金)消印有効	1月17日(水)	1月26日(金)*1 1月27日(土)
	地域枠C	5名			
	地域枠D	7名			
学士編入学		若干名	2024年1月22日(月)～2月2日(金)消印有効	2月13日(火)	2月22日(木)

＊1　いずれか1日を選択

試験時間・配点　集合時間　9：15

試験区分		科目	試験時間	時間	配点	合計点	備考
一般選抜	1次	英語・数学	9:30～11:30	120分	100点×2	350点	
		理科2科目	13:00～15:00	120分	75点×2		
	2次	面接	1次発表時に指定	15分程度	50点	50点	

試験会場

試験区分	1次試験	2次試験
推薦・総合型	本学矢巾キャンパス	
一般	本学矢巾キャンパス・東京(:ベルサール高田馬場・ベルサール新宿グランド)・大阪(:大阪ガーデンパレス)・札幌(札幌ガーデンパレス)・名古屋(TKP名鉄名古屋駅カンファレンスセンター)・福岡(TKPエルガーラホール)	本学矢巾キャンパス・東京(ベルサール東京日本橋)・大阪(大阪ガーデンパレス)

*2 本学会場以外の志願者数が各試験会場の収容人員を上回った場合は、受験会場を変更して頂く場合があります。

*3 一次試験の東京会場については、本学が指定する会場で受験して頂きますので、受験票で確認してください。

合格発表日

試験区分	1次試験	2次試験	手続締切	辞退締切
推薦・総合型	12月1日(金) 17:00		12月11日(月)	
一般	1月23日(火) 14:00	2月1日(木) 12:00	2月8日(木)	3月29日(金) 17:00

合格発表方法

試験区分	1次試験	2次試験
推薦	ネット照会・郵便(合格者)	
総合型	ネット照会・郵便(全員)	
一般	ネット照会	ネット照会・郵便(合格者)

入試情報

過去3年間入学者現浪比

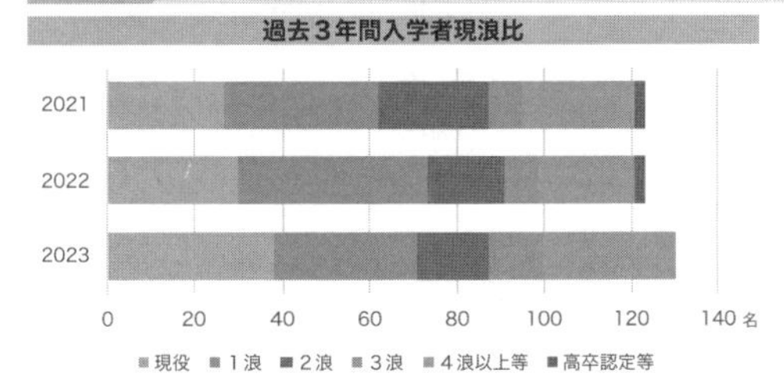

	2021	2022	2023
現役	27名 (22.0%)	30名 (24.4%)	38名 (29.2%)
1浪	35名 (28.5%)	43名 (35.0%)	33名 (25.4%)
2浪	25名 (20.3%)	18名 (14.6%)	16名 (12.3%)
3浪	8名 (6.5%)	8名 (6.5%)	13名 (10.0%)
4浪以上等	26名 (21.1%)	22名 (17.9%)	30名 (23.1%)
高卒認定等	2名 (1.6%)	2名 (1.6%)	0名 (0.0%)
入学者	123名	123名	130名

2023年度合格者現浪比

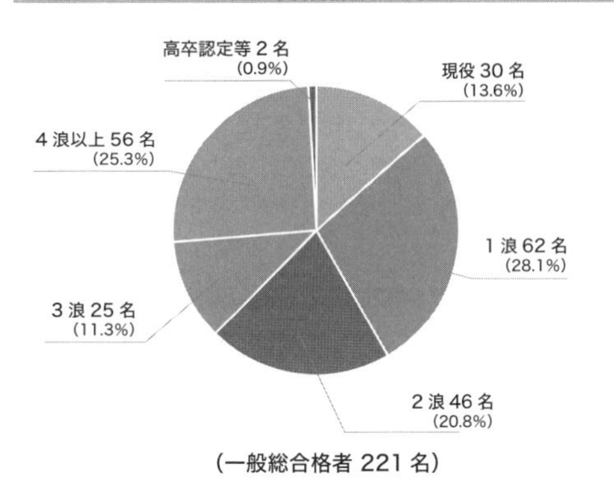

(一般総合格者 221 名)

面接

メルリックス学院生からのアンケートをもとに作成しています

■ 所要時間　個人15分

■ 面接の進行

【アンケート】なし

【質問内容】

＜個人＞

- 医師志望理由
- リーダーシップについて
- 理想の医師像について
- 本学志望理由
- 長所と短所について
- 希望する診療科とその理由
- 過去に本学を受けたことはあるか
- 趣味について
- 地域医療について
- ストレスの発散方法
- アンケートの内容について
- 卒業したら岩手に残るか
- 最近の医療ニュース
- 自己PR

面接官の人数:2名
受験生の人数:1名

○ 受験生　● 面接官

本学と東京の他に、大阪でも実施されている。コロナ禍ではオンラインで面接が実施され、事前の性格に関するアンケートはなくなったが、面接の進行や質問内容はいつも通りであった。2024年度入試からは対面のみに戻る。岩手や岩手の医療についてはよく聞かれる。

岩手医科大学　医学部医学科

一般選抜出題傾向分析

数学　標準　微分・積分は必出、確率は頻出。難しくないが解きほぐす力は必要

区分	解析系									図形系					その他				
	Ⅰ	Ⅰ・Ⅱ	Ⅱ			B	Ⅲ			Ⅰ	Ⅱ	B	Ⅲ		Ⅰ	A			B
分野名	二次関数	数と式	指数・対数	三角関数	微分・積分	数列	いろいろな関数と極限	微分	積分	三角比	図形と方程式	ベクトル	いろいろな曲線	複素数平面	データの分析	整数	場合の数	確率	確率分布
2023									○		○							○	
2022						○			○								○		
2021							○					○					○		
2019			○						○						○				
2018									○			○						○	

傾向　全3題。数学Ⅲの「微分・積分」はほぼ必出。「場合の数・確率」も出題頻度が高い。また1題の中に様々な単元が含まれている総合的な問題が多い。'23は[1]が「図形と式」、[2]が「積分」、[3]が「場合の数」で、やはり微分・積分と場合の数・確率の占める割合が大きかった。高度な解法は必要ないが中堅～上位私立大レベル問題集に載っている解法をいくつも組み合わせて解かせる総合的な問題が多く、基本事項の理解、その場で考え問題を解きほぐす力、多くの問題を解いてきているかが試されている。親切な誘導がつくことが多いが、その誘導に乗るには、やはり基礎事項をしっかり理解し多くの問題を解いてきていることが必要。

対策　「確率」や数学Ⅲの「微分・積分」が頻出であるが、他にも様々な単元から出されている。また、解法そのものは中堅～上位私立大レベル問題集によく載っているもので事足りる問題がほとんどだが、基本的な考え方をいくつか組み合わせて解いていく問題や、その場で考え解きほぐしていく能力を試される問題が多くなってきている。中堅～上位私立大レベルの典型問題はどの単元も一通りこなして基本レベルでの穴をなくし、その上で、中堅～上位国公立レベルのやや総合的な問題も多くこなし、その場で考える総合問題などにも対応できるようにしておいた方が良いだろう。問題は3題であるが制限時間が60分と短いので過去問で時間配分にも慣れておこう。

英語　標準　オールマーク化以降の過去問中心にスピーディーな問題処理目指せ

区分	読解							文法・語法						表現・作文		会話		
分野名	和訳	内容真偽	内容説明	空所補充	脱文挿入	文整序	表題選択	短文完成	語句整序	誤り指摘	語定義	発音・アクセント	同意・反意語句	英訳	テーマ型英作文	応答選択	空所補充	内容真偽
2023		●		○				○	○	○		○					○	
2022		●		○				○	○	○		○					○	
2021		●		○				○	○	○		○					○	
2020		●		○				○	○	○		○					○	
2019		●		○	●			○	○	○		○					○	

傾向　時間は英語と数学合わせて120分、大問7題は変わらず。'16よりオールマーク式になり形式が定着しており、6年連続同じ問題構成である。長文は2題で、1つは文中の単語補充のみで、選択肢の品詞から答えが絞り込めるので、比較的平易。もう1つはA4判約2枚半の長さで、問いは内容真偽、下線部の内容説明や同意表現、代名詞の指示内容など。その他は、発音・アクセント、短文完成、短い会話文中に流れをくんだ文を補充するもの、語句整序などだが、問題数はそれぞれ通年と全く同じ。また、'18から出題されている短い英文中に4ヶ所下線が引かれ、「文のまとまりをよくするために除去すべき文を選択する」ものが4問。これは以前センター試験で定番だったものである。オールマーク化以降、時間を意識した迅速な問題処理が要求されている。

対策　'16のオールマーク化以降, 特に'18以降の問題を参考に対策を練ればよい。短文完成や語句整序などは、語彙力の増強はもちろん、動詞の語法やイディオムにも力を入れておいた方がよい。語句整序は日本文のリード文なしの東京医科大などの問題も利用価値があるし、リードありだが獨協医科大や福岡大なども参考になる。発音・アクセントはどちらも数は少ないが、1点を競う入試では対策は必須。英文中の空所補充や会話文は類題に多くあたって慣れておくこと。除去すべき文を選択する問題は近年のセンター試験や久留米大の過去問も良い練習になろう。長文は内容真偽中心で過去問に加え、他の私大医学部(杏林大、獨協医科大、自治医科大、順天堂大など)などの問題も演習材料にするとよい。いずれにしても高速処理が命題なので、文法語法や発アクなどは知識を増やす、つまり秒殺できる問題を増やす必要があるだろう。

化学　標準　化学全分野から満遍なく出題・「たかがマークされどマーク」

区分	理論										無機		有機					
分野名	原子の構造・化学結合	化学量と化学式	物質の三態・気体の法則	溶解度・濃度	コロイド・希薄溶液	化学反応と反応熱	酸と塩基の反応	酸化・還元	電池・電気分解	反応の速さと化学平衡	周期表と非金属元素	金属元素	脂肪族	芳香族	糖	アミノ酸とタンパク質	生命化学	合成高分子化合物
2023	●	●				●			●		●	●	●	●	●			
2022	●	●	●				●	●			●	●	●	●	●	●		
2021	●	●			●		●			●	●	●	●	●	●	●		
2020	●	●	●			●	●		●	●	●	●	●	●	●		●	
2019	●	●	●		●	●	●		●		●	●	●	●	●	●	●	

2023年度の
出題分析

出題形式 マーク
知識量 ★★★★
スピード ★★★
記述力 —
応用力 ★★★

傾向　'17から全問マーク式。さらに'19から'23まで大問数3題が続いている。マーク式問題にしてはやや点数が取りにくい問題になっている。化学の全分野から満遍なく出題されており、アとイの正誤組合せを問う問題が多く含まれている。'23では[1]は理論化学を中心に物質の分離、同素体、化学量計算、熱化学などの小問が8問。[2]は無機化学を中心に非金属、金属の知識問題の小問が8問。[3]は有機化学を中心に脂肪族、芳香族、糖類などの9問が出題され、合計で25問の出題は昨年同様である。難問はほとんど見られないがいずれも正確な知識を問われており、2科目120分の解答時間に対して問題量がやや多めである。

対策　共通テスト形式で簡単そうに見えるが、ほとんどの問題で消去法が使えないため実は見た目より難易度が高い。対策としては、まず教科書を中心とした基本内容を徹底的に学習する必要がある。全分野から万遍無く出題されることから、穴のある分野をなくす学習が必須である。計算問題では、ほぼ共通テストレベルなので標準問題集などで演習を積めばよい。しかし、正誤判定問題では正確な知識が要求されるので、重要語句や実験装置・操作方法などを自分でまとめた知識整理ノートを作ることをお勧めする。注意したいのは、「制限時間内に25題を確実にマークする」ために時間配分を誤らないこと。日頃から過去問を制限時間より短い時間で解く練習をしておきたい。

生物　やや難　確実に点の取れる問題から処理することが必要

区分	細胞		代謝		遺伝子			体内環境			生殖・発生			環境応答				生態系				進化・系統		
分野名	細胞の構造と組織	細胞膜の構造と物質輸送	タンパク質の構造と酵素反応	同化と異化	細胞周期とDNA合成	遺伝子の発現と調節・変異	バイオテクノロジー	体液・循環系の構成と働き	自律神経とホルモンによる調節	生体防御	配偶子形成と生殖・遺伝	初期発生と形態形成	幹細胞と再生	刺激の受容と感覚	神経系と筋肉	動物の行動	植物生理	バイオームの遷移と分布	個体群と相互作用	物質生産と物質循環	自然環境	地球の発展と古典的生物進化	分子進化と集団遺伝	生物の系統と分類
2023				○		○		○				○				○								
2022			○			○				○	●	○			○									
2021	○	○				○	○				●	○		○										
2020					○	●	○	○				○	●		○									
2019				○		○			○			○			○									

2023年度の出題分析

- 出題形式　マーク
- 知識量　★★★
- スピード　★★★★
- 記述力　―
- 応用力　★★★★

傾向　進化・系統、生態系からの出題はほとんど見られない　頻出分野は　(1)生殖・発生：'23ウニの受精、'22ショウジョウバエの母性因子、'21神経冠細胞の分化とライオニゼーション・三毛猫の毛色、'20発生過程の細胞死、'19ニワトリの羽毛とうろこの分化、'18ホヤの母性因子による分化など。(2)人体に関する出題、とくに神経・筋肉の範囲：'22抑制性シナプス、'20静止電位、活動電位、軸索の太さと伝導速度、'19骨格筋、'18中枢神経、末梢神経など。その他では遺伝子発現の調節の範囲が要注意で、'23オペロン説、'20遺伝子から作られるポリペプチドなどDNAの範囲が出題されている。

対策　考察問題では定型的な問題は少なく理論的な理解を前提として、その上で考えることを要求する問題が多い。非常に良問だが、おそらく受験生のレベルを少し超えていると思われる。深い理解と思考力が必要で、高得点の獲得は難しい。合格点を確保するためには、「難問」を後回しにして、時間のかからない問題から処理して得点を確保してゆく要領が必要。そのために、動物の発生、神経・筋肉など人体に関する範囲、DNAなどの頻出範囲を中心に基礎的な知識を確実にする勉強を目指してください。試験中は、最後に時間が足りなくなるのは覚悟して少しでも「難問」での得点の積み上げにトライしましょう。

物理　標準　'24もやや難度の高い問題が出題されるだろう、準備しよう!!

区分	力学						電磁気学					波動			熱力学			原子		
分野名	等加速度運動・運動方程式・慣性力	力のモーメント・重心	運動量と力積・仕事とエネルギー	円運動・遠心力	単振動	万有引力とケプラーの法則	電場と電位	コンデンサー	直流回路	磁場・電磁誘導	交流回路・電気振動・電磁波	波の性質	音波	光波	熱量と温度	気体分子運動論	気体の状態変化	粒子性と波動性	原子の構造	放射線・核反応
2023			○							○				○						
2022					○			○								○				
2021			○							○									○	
2020						○			○				○							
2019	○									○							○			

2023年度の出題分析

- 出題形式　マーク
- 知識量　★★★
- スピード　★★★★
- 記述力　―
- 応用力　★★★★

傾向　大問3題で構成され、力学、電磁気、波動からの出題である。力学は摩擦のない状態で物体A（箱の中に小物体を置く）と物体Bの衝突に関する問題で、物体A内での衝突や重心での衝突も含まれている。電磁気は磁場内での等速円運動の問題で、一つの磁場の場合と、二つの磁場があり、Y軸方向と斜め方向に初速度を与えるときが出題されている。波動はマイケルソン干渉計で、鏡を移動したり、波長を変えたり、空気の屈折率を変える問題が出題されている。どの大問も後半がやや難しく、類題を解いたことがない受験生は苦労しただろう。解くのに思った以上に時間がかかるので、時間配分に注意して、前半を中心にしっかり解くことが必要である。

対策　基本～標準問題までをしっかりと解いておくこと。力学は全般的に出題されるので幅広く学習しよう。電磁気ではコンデンサーを含む直流回路とRLC直列回路を含む交流を中心に、電磁誘導や電流が磁場から受ける力、ローレンツ力による荷電粒子の運動などが出題されている。熱力学では典型的な問題を解けるようにしておくこと。原子は'09、'11、'12、'14、'16、'18、'21に出題されているので、典型的な問題は解けることが必要である。波動からの出題は少ないが、'17、'20、'23で出題されているので準備が必要である。'18から全体的に難度が上がっているので、ケアレスミスに十分注意しながら手早く解くことが必要である。

小論文

（実施しない）

東北医科薬科大学　医学部医学科

学部所在地	〒981-8558　宮城県仙台市青葉区小松島4-4-1
交通手段	JR仙山線「東照宮駅」下車徒歩15分 または　仙台市営バス「東北医科薬科大・東北高校前」下車、徒歩1分
創設者	高柳　義一
学長	大野　勲
設立年度	［平成28年］医学部を設置・東北医科薬科大学に大学名称を変更

入試問い合わせ先

担当部署　学務部入試課

電話番号　022-234-4181

医師国家試験状況

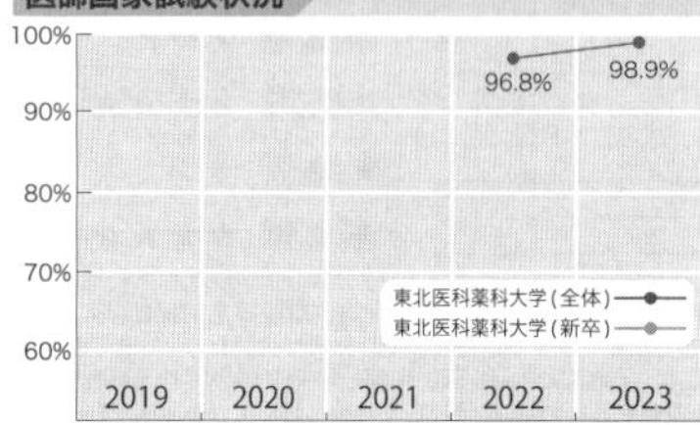

	第113回	第114回	第115回	第116回	第117回
東北医科薬科大学(全体)				96.8%	98.9%
東北医科薬科大学(新卒)				96.8%	98.9%

設置学部

薬学部

主な附属病院

東北医科薬科大学病院
東北医科薬科大学若林病院

2023年度入学者

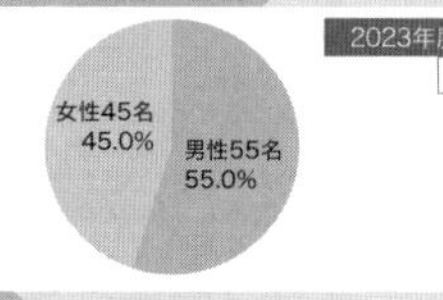

2024年度学納金

1年次	入学金	¥1,000,000
	授業料	¥3,000,000
	施設設備費	¥1,000,000
	教育充実費	¥1,500,000
	初年度納入金総額	¥6,500,000
	入学時最低納入金	¥1,500,000
2年次以降の年額		¥5,500,000
6年間の総額		¥34,000,000

※その他（委託徴収金等）

繰上げ合格

欠員が生じた場合、繰上げ合格対象者の中から成績順に繰上げ合格を順次実施します。一般選抜においては、成績順位に加え希望枠・方式にも従って実施します。また既に合格し、入学手続きを完了している場合も、欠員状況に応じて上位の希望枠・方式へ自動的に繰上げを行います。（この際、いかなる理由があってもその時点で合格（手続）している枠・方式に留まることは出来ません。）

特待生制度

なし（修学資金制度については大学案内または募集要項を参照）

補欠順位

なし

成績開示

なし

寄付金

入学後に、教育研究の質的向上と維持及び施設設備等教育研究環境の充実のため教育研究協力資金を募集します。この募集は任意に協賛をお願いするものであり、入学の条件とするものではありません。

入試結果

			2023	2022	2021
一般	募集人員		35(20)[40]	35(20)[40]	35(20)[45]
	志願者数		1,733	1,791	1,765
	受験者数	A	1,679	1,711	1,684
	一次合格者数	B	554	531	552
	一次合格倍率	A／B	**3.0**	**3.2**	**3.1**
	二次受験者数		498	475	506
	正規合格者数	C	135	116	118
	正規合格倍率	A／C	**12.4**	**14.8**	**14.3**
	補欠候補者数		—	—	—
	繰上合格者数	D	186	236	237
	総合格者数	C＋D	**321**	**352**	**355**
	合格実質倍率	A／（C＋D）	**5.2**	**4.9**	**4.7**
	入学者数		93	98	100
	合格最高点		—	—	—
	合格最低点		—	—	—
共テ利用	募集人員		[5]	[5]	
	志願者数		73	49	
	受験者数	E	73	49	
	一次合格者数	F	48	18	
	一次合格倍率	E／F	**1.5**	**2.7**	
	二次受験者数		22	9	
	正規合格者数	G	8	5	
	正規合格倍率	E／G	**9.1**	**9.8**	
	補欠候補者数		—	—	
	繰上合格者数	H	14	4	
	総合格者数	G＋H	**22**	**9**	
	合格実質倍率	E／（G＋H）	**3.3**	**5.4**	
	入学者数		7	2	
	合格最高点		—	—	
	合格最低点		—	—	

※無印はA方式、(　)内はB方式、[　]内は一般枠のデータ

2024 年度　募集要項　　東北医科薬科大学 医学部医学科

入試日程

試験区分		募集人員	出願期間	試験日	
				1次試験	2次試験
一般選抜	修学資金枠A方式*1	35名	2023年12月6日(水)～2024年1月7日(日)必着	1月20日(土)	2月3日(土)*3 または4日(日)
	修学資金枠B方式*2	20名			
	一般枠	40名			
共通テスト利用選抜(一般枠)		5名	2024年1月15日(月)～2月15日(木)必着	共通テスト*4	3月6日(水)

*1 合計3000万円が貸与され、宮城県または東北5県いずれかの県での勤務が義務付けられます。
*2 合計1500万円が大学から貸与され、その他に東北5県(青森、秋田、岩手、山形、福島)のいずれかの修学資金制度に応募することになります。勤務地は修学資金を貸与された県となります。
*3 いずれか1日を大学が指定。1次試験合格者に通知。
*4 本学での個別試験は課さず、大学入学テストの成績を利用して1次試験の合否を判定します。
※A方式(2県まで選択可)・B方式はそれぞれ併願できます。全国どの居住地からでも志願できます。

試験時間・配点　集合時間　8：50

試験区分		科目	試験時間	時間	配点	合計点	備考
一般選抜	1次	数学	9:30～10:40	70分	100点		
		外国語(英語)	11:40～12:50	70分	100点		
		理科2科目	14:00～16:00	120分	100点×2		
	2次	小論文	9:30～10:30	60分	5段階評価		
		面接	11:40～18:00(予定)		5段階評価		

試験会場

試験区分	1次試験	2次試験
一般	本学小松島キャンパス・東京*4(TOC有明・ベルサール渋谷ガーデン)・大阪(天満研修センター)・札幌(ACU-A(アスティ45))	本学小松島キャンパス
共テ利用		本学小松島キャンパス

*4　東京試験場は大学が指定しますので、受験票で確認してください。

合格発表日

試験区分	1次試験	2次試験	手続締切	辞退締切
一般	1月26日(金) 16:00予定	2月9日(金) 16:00予定	2月21日(水) 14:00	3月29日(金) 必着*5
共テ利用	2月27日(火) 16:00予定	3月12日(火) 16:00予定	3月19日(火) 14:00	3月29日(金) 必着*5

*5　大学窓口受付：3月31日(日)9:00～11:30のみ

合格発表方法

試験区分	1次試験	2次試験
一般	ネット照会	ネット照会・郵便(合格者)
共テ利用	ネット照会	ネット照会・郵便(合格者)

入試情報

過去3年間入学者現浪比

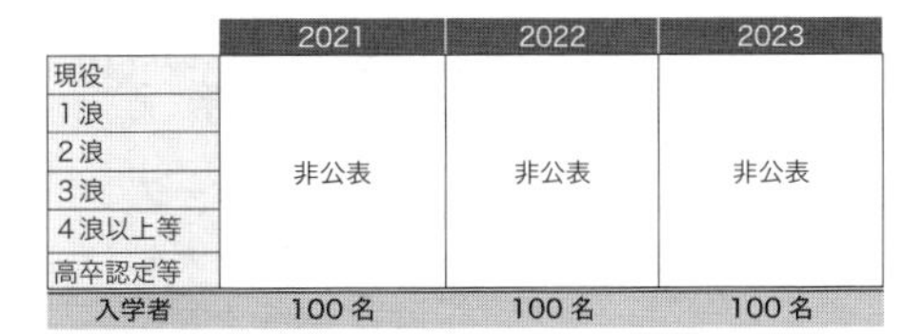

	2021	2022	2023
現役	非公表	非公表	非公表
1浪			
2浪			
3浪			
4浪以上等			
高卒認定等			
入学者	100名	100名	100名

2023 年度合格者現浪比

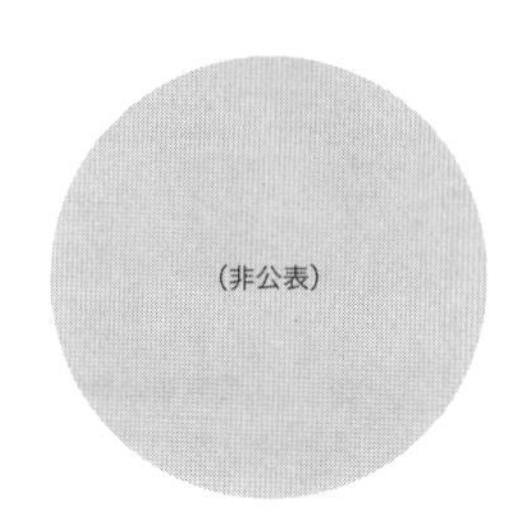

面接

メルリックス学院生からのアンケートをもとに作成しています

■ 所要時間　個人15分

■ 面接の進行

【質問内容】

＜個人＞

・医師志望理由
・自己アピール(1分)
・東北の医療に医師としてどう貢献するか
・ずっと東北で医療に携わる覚悟はあるか
・なぜ一般枠にしか出願していないのか
・高校時代の活動について
・浪人時代の健康法
・自分の家族について
・リーダーシップがあるか、また発揮した例
・自己PR

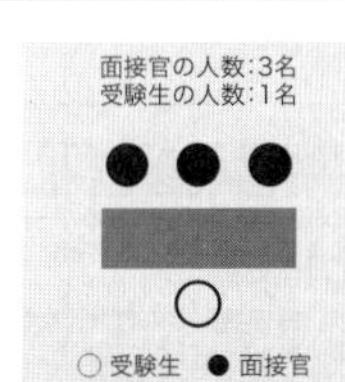

東北地方の地域医療に貢献することを目的として設立された医学部であり、東北の地域医療にどう貢献するかという回答は用意していきたい。本学志望理由は聞かれないことが多い。受験番号順ではなく、1次試験の会場順(大阪会場→東京会場→仙台会場)に呼ばれると思われる。

東北医科薬科大学　医学部医学科

一般選抜出題傾向分析

数学　やや難　まず典型問題の解法をしっかり。上位国公立大レベルの応用力も

区分	解析系									図形系					その他				
	I	I・II	II			B	III			I	II	B	III		I	A			B
分野名	二次関数	数と式	指数・対数	三角関数	微分・積分	数列	いろいろな関数と極限	微分	積分	三角比	図形と方程式	ベクトル	いろいろな曲線	複素数平面	データの分析	整数	場合の数	確率	確率分布
2023								○	○									○	
2022					○			○						○					
2021				○		○			○										
2020					○				○								○		
2019												○	○				○		

2023年度の出題分析

出題形式	マーク
知識量	★★★
スピード	★★★★
記述力	―
応用力	★★★★

傾向　マーク式の大問3題。私大医学部の問題として標準的な難易度の問題が多く、上位私大～上位国公立大レベルの問題が中心となっている。'23の問題を見ると、'22までと比較するとやや難化し、[1]がサイクロイドについて接線・面積・体積を計算させる問題。[2]が4桁の整数をつくる試行についての確率の問題で、(3)はうまく処理しないと時間がかかる問題。[3]が分数関数の定積分をテーマとした問題であった。どの問題も一つひとつの解法は上位私立～上位国公立大受験者向けの問題集などによく載っているものだが、誘導の意図をしっかり読み取り、じっくり考えながら様々な典型問題の解法を組み合わせて解くことになる総合問題が多い。

対策　初の医学部入試であった'16は易しかったが、翌年'17には難易度が上がり、今年度はさらに難度が上がった。'17以降の問題を見ると、上位私立大～上位国公立大受験者向けの問題集などによく載っている典型問題の解法・考え方を理解して身にけ、さらに誘導の意図を読み取る力や複数の知識の絡んだ問題をじっくり考えながら解く応用力も身につけているかを試す総合的な問題が目立つ。高度な解法を知らなければ解けない難問は出ていない。まずは上位私立大受験者向け問題集などに載っている基本・典型問題は穴が残らないように一通りしっかりやって身につけ、その上で、上位国公立受験者向けの問題集などを解くことで応用力をつけておこう。

英語　標準　過去問は必ず全てチェック、内容の微変化に十分対応できる演習を

区分	読解						文法・語法						表現・作文		会話		
分野名	和訳	内容真偽	内容説明	空所補充	脱文挿入	文整序	表題選択	短文完成	語句整序	誤り指摘	語定義	発音・アクセント	同意・反意語句	英訳	テーマ型英作文	応答選択	空所補充	内容真偽
2023		●		●	●		●		○	○								
2022		●		●	●		●		○	○								
2021		●		●	●		●	○	○									
2020		●		●	●		●	○	○				●					
2019		●		●	●			○	○				○					

2023年度の出題分析

出題形式	マーク
知識量	★★★★
スピード	★★★★
記述力	―
応用力	★★★

傾向　70分、オールマーク式、大問4題という形式は前年度を踏襲したものであった。[1]、[2]が長文、[3]、[4]が文法・語法問題の構成。[3]一続きの短い英文を10のパートに分け、各所で文法・語法、文脈上の誤りを指摘するものと、[4]語句整序(5問)という内容。[3]はやや難易度が高いかもしれないが、基本問題も多いので8／10問は正解したいところ。内容に深入りし過ぎることなくスピーディに処理したい。長文は、例年と同じ問題形式で、下線部の和訳文選択や内容真偽、空所語句補充、脱文挿入、語句整序、下線部の同意表現、タイトル選択など。後半の文法関連を10分ほどで処理できれば、長文パートをかなり余裕をもって解答することができただろう。

対策　出題傾向や内容は開学当初よりほぼ変わっていない。ただし、短文完成から誤文訂正への出題形式の変更が過去に見られたように、文法問題では今後も多少の変更はあり得るという前提で対策しておくべきだろう。過去問は多くないため、必ず全てにあたっておくこと。文法・語法関連は標準レベルと言えるが、'23'22のような誤文訂正は演習・知識不足だと対応に苦慮してしまう可能性があるので注意。動詞の語法に通じ、イディオムの知識も豊富にしておきたい。長文問題は、やや長めのもので、過去問に問われている内容を多く含む内容吟味中心の読解演習をしておきたい。獨協医科大や近畿大などの問題は演習材料として利用価値あり。

化学　やや易　問題量はやや多いことだけがポイントになる

区分	理論										無機		有機					
分野名	原子の構造・化学結合	化学量と化学式	物質の三態・気体の法則	溶解度・濃度	コロイド・希薄溶液	化学反応と反応熱	酸と塩基の反応	酸化・還元	電池・電気分解	反応の速さと化学平衡	周期表と非金属元素	金属元素	脂肪族	芳香族	糖	アミノ酸とタンパク質	生命化学	合成高分子化合物
2023	○									○		○	○					
2022		●					●	●	●	●	●	○	●					○
2021	○		○					○				●	○					
2020	●	●								○	●	●		●				●
2019	●							●				○	○					○

2023年度の出題分析

出題形式	マーク
知識量	★★★
スピード	★★★
記述力	―
応用力	★★★

傾向　例年大問4題の出題でマーク形式であり、マーク数は例年25個程度である。標準的な問題が大部分を占める。今年度は得点差が付きそうな問題が数問あり、その他はミスしたくはないものだった。[1]は化学結合や結晶構造に関する問題。基本事項の確認が並ぶ。[2]は平衡に関する問題なので、この分野を苦手ならば厳しい局面ではあったが、この分野としては平易な内容なので乗り切れた受験生も多かっただろう。[3]無機化学の典型的な問題で、受験生には馴染み深いものであった。アンミン錯イオンを生じさせるときに塩化アンモニウムを加える理由を知らなかった受験生は一定数はいたと感じる。[4]は有機化学の問題だが、異性体の数を間違えた受験生はいたであろう。

対策　例年は、教科書レベルではあるが、教科書の中では細かい内容を問われるような試験であった。今年度は、教科書の基本レベルの出題も多く、ミスの許されないものであった。この試験をミスなく乗り切るためには、教科書の隅々まで記憶して理解できていることが最も重要なことである。当年は問題量もそれほど多くはなかったが、若干スピードを必要とする年度もあるので、普段からそのことも気を付けておきたいところ。典型例題を扱う問題集で、処理スピードを上げておくことも必要となる。素早く読解して、素早く計算して、素早く反応する練習を積んでおくことで、最低限の仕事はできるものであると考えられる。

生物　標準　知識問題は標準的だが、実験考察問題が合否の分かれ目になる

区分	細胞		代謝		遺伝子			体内環境			生殖・発生			環境応答				生態系				進化・系統		
分野名	細胞の構造と組織	細胞膜の構造と物質輸送	タンパク質の構造と酵素反応	同化と異化	細胞周期とDNA合成	遺伝子の発現と調節・変異	バイオテクノロジー	体液・循環系の構成と働き	自律神経とホルモンによる調節	生体防御	配偶子形成と生殖・遺伝	初期発生と形態形成	幹細胞と再生	刺激の受容と感覚	神経系と筋肉	動物の行動	植物生理	バイオームの遷移と分布	個体群と相互作用	物質生産と物質循環	自然環境	地球の発展と古典的生物進化	分子進化と集団遺伝	生物の系統と分類
2023	○	●	●				●	●	○		○													
2022		●		●	○		●	○				○												
2021					○	○	●		○		○													
2020		○				○	○				○				○									
2019						○		○	●						○									

2023年度の出題分析

出題形式	マーク
知識量	★★★
スピード	★★★★
記述力	―
応用力	★★★

傾向　'23では大問3題の構成であった。3題中2題は標準的な知識問題と計算問題中心の構成であり、素直に解くことができる。実験考察問題は長い文章を読解し、図を詳細に読み解く必要がある。またバイオテクノロジー関連の問題と遺伝子やタンパク質といった分子生物学に関する分野が頻出となっている。次に'23の出題内容について記載する。[1]は細胞および分泌タンパク質に関する問題で、知識問題に加えて、電気泳動法を用いた分泌タンパク質の解析に関する考察問題が出題された。[2]は神経系とホルモンおよび腎臓に関する問題で、尿生成に関する計算問題が出題された。[3]は遺伝に関する問題で、メンデル式の遺伝の問題、補足遺伝子(条件遺伝子)、連鎖と組換えに関する問題が出題された。

対策　出題分野は少ないが、大問で1つのテーマを掘り下げる傾向があるので、苦手な分野を作らないように注意を要する。例えば'20の外来遺伝子の増幅効率を考える問題、'21での遺伝子に関する問題、'22の酵母についての問題、'23の分泌タンパク質についての問題などがある。これに対する対策として、まず受験の標準問題をたくさん解き、実験のデータや考察の仕方を学ぶ。次に難易度の高い考察問題を解き、読解力と考察力を鍛えていくことが必要である。国公立の実験考察問題や応用レベルの受験問題集を利用してほしい。標準的な知識に関する問題は、総合問題の対策をやっておけば問題ないだろう。ただし標準的だからこそミスは許されないので気を引き締めておいてほしい。

物理　標準　原子や高難度の問題が出題される可能性もある、準備をしよう!!

区分	力学						電磁気学					波動			熱力学			原子		
分野名	等加速度運動・運動方程式・慣性力	力のモーメント・重心	運動量と力積・仕事とエネルギー	円運動・遠心力	単振動	万有引力とケプラーの法則	電場と電位	コンデンサー	直流回路	磁場・電磁誘導	交流回路・電気振動・電磁波	波の性質	音波	光波	熱量と温度	気体分子運動論	気体の状態変化	粒子性と波動性	原子の構造	放射線・核反応
2023			○						○				○							
2022				○						○						○				
2021	○									○		○								
2020			○								○						○			
2019					○				○					○						

2023年度の出題分析

出題形式	マーク
知識量	★★★
スピード	★★★★
記述力	―
応用力	★★★★

傾向　大問3題で構成され、力学、電磁気、波動が出題されている。力学は2つの物体間にばねがはさまる様にした運動量の保存と力学的エネルギーの保存を活用する問題で、衝突、一体化、高さが変化、分離を考える問題となっている。電磁気は電池、抵抗、コイル、コンデンサーを含む直流回路の問題で、スイッチの切り替え時の状態を問われている。波動は気柱の共鳴の問題で、閉管、開管、両端を閉じる、ドップラー効果、音波の密度変化の式などが出題されている。標準問題を中心に出題されているが、力学は計算量が多く、電磁気と波動は誘導に乗れないと得点が伸びないだろう。試験時間に対して問題が多いので、手早く計算することも大切である。

対策　'16の入試開始から、徐々に難度が高くなっていたが、'20からはやや難度は下がっている。原子は'16～'20では出題範囲に入っていたが出題はなかった。'21では出題範囲から外されていたので、注意しよう。標準問題を中心に出題されていたが、'18、'19、'21では解き慣れない問題や難度の高い問題が出題されているので、対策が必要であると考えられ、やや難度の高い問題も解いておくことが必要である。しかし、典型的な標準問題をミスなく解き、得点を上げることが重要である。試験時間に対して問題数が多く、手早く解くことも要求されているので、日頃からなるべく短時間で解ける解法や知識を増やしておくことも必要になる。

小論文　テーマ型　医学・医療、医師としての意識が求められる

年度	試験区分	内容	字数	時間
23	一般（1日目）	女性薬剤師と医師の年齢別の人数の推移のグラフを見てその差にから、医師の働き方改革について意見を述べる。	600字	60分
	一般（2日目）	青少年のインターネット利用時間と内容についての図を見て問題点を指摘し、対策について意見を述べる。		
22	一般	資料を見て感想を述べる。	600字	60分
21	一般	誰もが安心して暮らすためのバリアフリーの実現についてあなた自身が出来ることは何か。	600字	60分

医学部創設の'16から小論文が課されて来た。テーマ型だった他大学も、共通テスト導入時より、資料文・図表、資料文と図表の併用が出てきた。本学でもその傾向が見られるので、昨年の【受験攻略ガイド】では他大学の対策もかねて幅広く取り組んでおきたいと述べた。近畿大、昭和大は新しい話題を取り上げてきたので、参考にしておくと良い。'23は女性医師と薬剤師の勤務実績を比較して、女性医師の働き方改革を考えてみる課題。国が働き方改革を打ち出した際、企業の社員や教師の過労死、過労から来る自死も含めて労働時間の改善を迫ったものだ。医師の場合は他の職種よりも猶予期間が与えられ、また研修医や医師不足の地域医療に携わる医師などは多少労働時間が長くても良いという方向での調整を求めた。その頃は働き方改革が出題され、次はSDGsの「5.ジェンダー平等」を意識したのか、複数の大学で女性医療者の割合は高いが実際に就労してる人が少ない点を既に取り上げていた。テーマ型の場合にも、設問要求に即した構想を練る練習と、知識や情報をつけるという2つの方向からの対策をとりたい。AIやオンライン診療、新型コロナウイルス感染症などは身近なテーマとして面接対策にもなるので押さえておきたい。'21は、バリアフリーが出題されているが、これは前年の'20の高齢化と関連しているといえる。「地域包括ケアシステム」をヒントに地域全体の中で医療やバリアフリー、病院へのアクセス、日常生活など、高齢者や障害者の生活を考えてみる。論述前に、3～4段落構成の構想メモを作成し、論理展開を決めてから論述に入りたい。書きながら考えていくと、途中で論がずれてしまうことがあるので注意する。また、医療をテーマとした資料文型の出題から知識や構想のヒントが得られるので北里大、聖マリアンナ医大、川崎医大などの過去問に目を通しておくとよい。メルリックス配布の『医系小論文・面接用語集』で知識・情報も押さえておこう。

自治医科大学　医学部医学科

学部所在地　〒329-0498　栃木県下野市薬師寺3311-1
交通手段　ＪＲ自治医大駅より徒歩15分
学長　永井　良三
設立年度　［昭和47年］自治医科大学開学

入試問い合わせ先
担当部署　学事課・入試広報係
電話番号　0285-58-7045

医師国家試験状況

	第113回	第114回	第115回	第116回	第117回
自治医科大学（全体）	99.2%	100.0%	100.0%	100.0%	99.2%
自治医科大学（新卒）	100.0%	100.0%	100.0%	100.0%	99.2%

繰上げ合格

第2次試験合格発表と同時に、補欠者も発表します。
なお、補欠者は入学を許可されるとは限りません。

設置学部

看護学部

2023年度入学者

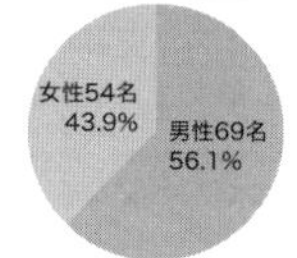

2023年度入学者
123名

主な附属病院

自治医科大学附属病院
附属さいたま医療センター
・その他関連施設
とちぎ子ども医療センター／地域医療情報研修センター
実験医学センター／健診センター
分子病態治療研究センター／先端医療技術開発センター

2024年度学納金

1年次	入学金	¥1,000,000
	授業料	¥1,800,000
	施設設備費	¥1,300,000
	教育充実費	¥0
	実験実習費	¥500,000
	初年度納入金総額	¥4,600,000
	入学時最低納入金	¥0
2年次以降の年額		¥3,600,000
6年間の総額		¥22,600,000

＊1年次には上記の他に、修学資金貸与制度の一部として入学時学業準備費40万円が含まれる。また、それらすべてを含む6年間の総額はすべて入学者全員に対して貸与する。卒業後、出身都道府県知事の指定する公立病院等で一定期間、勤務することにより返還が免除される。

補欠順位

なし

成績開示

あり

寄付金

なし

入試結果

			2023	2022	2021
一般	募集人員		123	123	123
	志願者数		1,923	2,179	2,357
	受験者数	A	1,829	2,093	2,285
	一次合格者数	B	534	536	529
	一次合格倍率	A／B	**3.4**	**3.9**	**4.3**
	二次受験者数		506	496	493
	正規合格者数	C	123	123	123
	正規合格倍率	A／C	**14.9**	**17.0**	**18.6**
	補欠候補者数		335	326	323
	繰上合格者数	D	—	—	—
	総合格者数	C＋D	—	—	—
	合格実質倍率	A／（C＋D）	—	—	—
	入学者数		123	123	123
	合格最高点		—	—	—
	合格最低点		—	—	—

※募集人員には栃木県地域枠3名含む

2024年度　募集要項　　自治医科大学 医学部医学科

入試日程

試験区分	募集人員	出願期間	試験日	
			1次試験	2次試験
一般	100名*1	2024年1月4日(木)～1月17日(水)17:00必着*2	1月22日(月) 1月23日(火)	1月31日(水)

*1　123名で関係機関と調整中
*2　1月16日(火)消印有効

試験時間・配点

集合時間 1次 1月22日(月):8:20　2次 1月31日(水):①8:30 ②11:10*3

試験区分		科目	試験時間	時間	配点	合計点	備考
一般選抜	1次	数学	9:00～10:20	80分	25点	100点	*3 グループによって試験時間が異なる。詳しい案内は第1次試験合格者に対して各都道府県から交付される。 *4 1次面接は学力試験及第者に対し課す。学力試験及第者の発表は、1月23日(火)9:00までに都道府県の指定する場所に受験番号を掲示する。 *5 集団面接約20分と個人面接1人約10～15分を行う。
		理科2科目	10:50～12:10	80分	50点		
		外国語(英語)	13:10～14:10	60分	25点		
		面接*4 1月23日(火)	10:10～	—	—		
	2次	数学	8:50～18:00	30分	12.5点	—	
		外国語(英語)		30分	12.5点		
		面接		*5	—		

試験会場

試験区分	1次試験	2次試験
一般	出願地となる都道府県の指定する場所	本学

合格発表日

試験区分	1次試験	2次試験	手続締切	辞退締切
一般	1月26日(金) 13:00	2月9日(金) 17:00	2月25日(日) 3月12日(火)	

*6 入学手続については、両日とも当該都道府県の担当課において、必ず本人が行う。

合格発表方法

試験区分	1次試験	2次試験
一般	掲示・ネット一覧・郵便(合格者)	ネット一覧・郵便(合格者)

*7 1次発表方法については都道府県ごとに異なる。

入試情報

過去3年間入学者現浪比

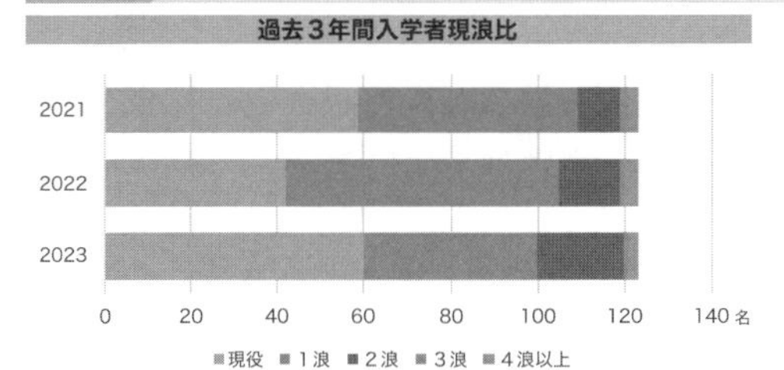

	2021	2022	2023
現役	59名 (48.0%)	42名 (34.1%)	60名 (48.8%)
1浪	50名 (40.7%)	63名 (51.2%)	40名 (32.5%)
2浪	10名 (8.1%)	14名 (11.4%)	20名 (16.3%)
3浪	2名 (1.6%)	1名 (0.8%)	1名 (0.8%)
4浪以上	2名 (1.6%)	3名 (2.4%)	2名 (1.6%)
入学者	123名	123名	123名

2023年度合格者現浪比

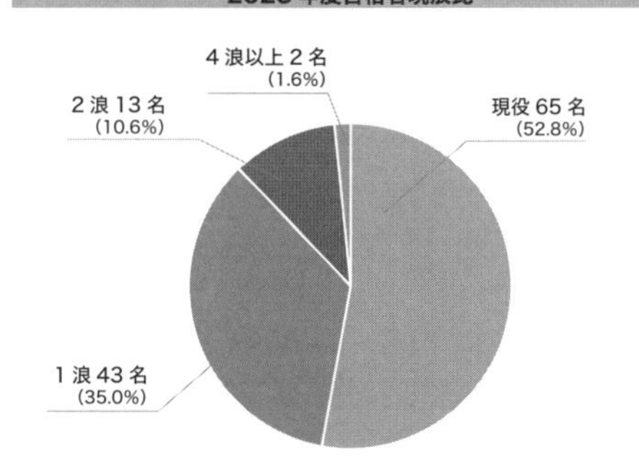

(一般正規合格者 123名)

面接

メルリックス学院生からのアンケートをもとに作成しています

■ 所要時間 1次:個人15分　2次:個人10～15分・グループ討論20分

■ 面接の進行

【アンケート】2次あり 志望理由、長所・短所、自己PR、好きな言葉、趣味など

【質問内容】

<個人>
- 医師志望理由
- 本学志望理由
- 本学の理念について
- 僻地医療、地域医療について
- 将来の夢や展望
- 修学資金や卒業後についての確認

<2次グループ討論>
- 社会保障費の増大について
- コロナ禍で経済をどう立て直すか
- 研究者の不正について
- 医師不足について

<1次個人>
面接官の人数:3～8名
受験生の人数:1名

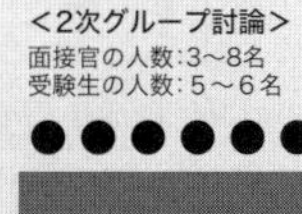

<2次グループ討論>
面接官の人数:3～8名
受験生の人数:5～6名

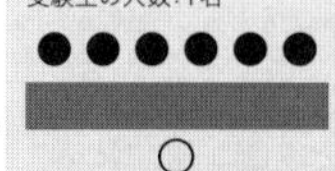

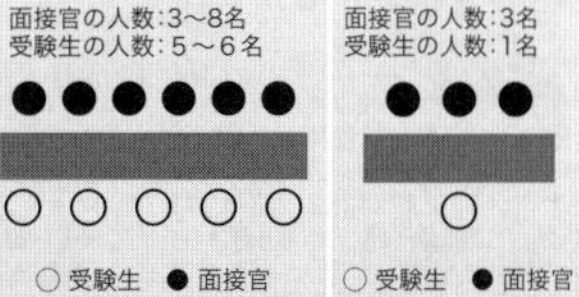

<2次個人>
面接官の人数:3名
受験生の人数:1名

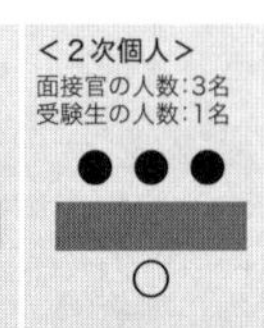

1次は県庁職員、2次は自治医大の教官が担当する。僻地医療についての考えは当然ながらしっかり準備しておきたい。グループ討論は1つのテーマについて話し合い、グループで結論を出す。

自治医科大学　医学部医学科

一般選抜出題傾向分析

数学　標準　2次試験に数学。1次では中・上位私大レベルの問題が大量に

区分	解析系								図形系					その他				
	I	I・II	II		B	III			I	II	B	III		I	A			B
分野名	二次関数	数と式	指数・対数	三角関数	微分・積分	数列	いろいろな関数と極限	微分	積分	三角比	図形と方程式	ベクトル	いろいろな曲線	複素数平面	データの分析	整数	場合の数	確率	確率分布
2023		○	○	○	○	○	○		○	○		○		○		○	○		
2022		○	○	○		○	○		○	○	○	○	○					○	
2021		○	○	○	○	○		○	○		○	○	○	○		○		○	
2020		○		○	○	○	○	○	○	○	○	○	○	○				○	
2019		○	○	○	○	○	○	○	○	○	○	○		○		○		○	

2023年度の出題分析

- 出題形式　記・マ
- 知識量　★★★
- スピード　★★★★★
- 記述力　★★★★
- 応用力　★★★

傾向　'21から2次試験に数学が入った。'23も1次は従来通りの試験問題と同様に一問一答マークシート形式で全25問。'19以降は最後の方に1～3題の誘導形式の問題が入っている。基礎～中堅私大レベル問題集でよく見る問題もあるが、上位大向け問題集レベルのテクニックを知らないと苦戦しそうな問題や、図などを描いて考えることも必要な問題、うまく解かないと計算などで時間を費やしてしまう問題も混ざっている。制限時間の80分内に全問を解ききるのは難しい。2次は'23の問題を見ると上位私大レベルの記述の大問1題だけだがその中に小問5問が誘導形式で並ぶ。証明問題もあり、記述答案作成の手間も考えると制限時間30分は短い。

対策　1次試験では毎年中堅～上位私大レベルの問題が大量に出されている。まずそのレベルの典型問題はどの単元の問題でも早く正確に解けるようにしておこう。最近は典型問題そのままではなく少しひねりのある問題、図を描いて考えさせる問題など、高度なテクニックは必要ないがその場で若干考えさせる問題が中心となってきている。基本問題や典型問題ばかりでなく、応用力をつける問題も多く解いておこう。1次の本番では完答を狙わず解ける問題からどんどん解いていくように。過去問で時間配分や問題の取捨選択に慣れておこう。2次は記述式でやや特徴のある形式。証明問題も毎年出題され時間も短いので、短時間で減点されにくい答案を書く練習をしておこう。

英語　標準　出題は長文のみ、幅広いジャンルの読解演習を

区分	読解							文法・語法						表現・作文		会話		
分野名	和訳	内容真偽	内容説明	空所補充	脱文挿入	文整序	表題選択	短文完成	語句整序	誤り指摘	語定義	発音・アクセント	同意・反意語句	英訳	テーマ型英作文	応答選択	空所補充	内容真偽
2023		●		●									●					
2022		●		●									●					
2021		●		●					●				●					
2020		●		●					●				●					
2019		●	●	●					●				●					

2023年度の出題分析

- 出題形式　マーク
- 知識量　★★★★
- スピード　★★★★
- 記述力　―
- 応用力　★★★

傾向　長文3題のみの出題で時間は60分、オールマーク式、小問全25問で形式に全く変化なし。大問1題につき、長文はどれもA4判2枚程度。3題とも問題形式は同様で、内容真偽、下線部の同意表現選択(語句、本文の意味内容など)、空所補充などだが、'18から'21まで出題された語句整序は今年度もなし。1題に平均20分かけられるので、それぞれじっくり取り組めるが、空所補充や下線部の意味するものなどやや考えさせる箇所もあるので、時間を取られないように注意したい。背景知識の有無などで読みづらい英文もあるかもしれないが、大問数、小問数ともに受験生に無理をしいていない問題構成なので、焦らずに、かつ要領よく取り組むことで、日頃培った実力を遺憾なく発揮したい。

対策　出題は読解のみで長年傾向は変わっていないが、'22から設問が英文になった。何よりもまず過去問をできる限り遡って十分演習しておくことだ。文法・語法は単独の出題はないが、語彙、イディオムの知識とともに、スムーズに読み進めるためには不可欠なので、十分な知識が必要だ。この2年語句整序の出題はなかったが、長文中に整序が扱われている問題は復活も念頭に。'23では新形式として2語から4語の組み合わせを問う設問が数題あり、また前置詞5個の組み合わせを選ぶ設問もあったが、いずれも平易だった。長文は、他の私立医学部の内容真偽と下線部の意味内容選択、語句の空所補充などが中心の問題で演習し、医療系だけでなく人文系の話題など、ジャンルにとらわれることなく幅広いテーマの英文を多く読んでおくことが不可欠である。

化学　標準　小問集合題の25問に対して、知識と計算の正確性と時間勝負

区分	理論										無機		有機					
分野名	原子の構造・化学結合	化学量と化学式	物質の三態・気体の法則	溶解度・濃度	コロイド・希薄溶液	化学反応と反応熱	酸と塩基の反応	酸化・還元	電池・電気分解	反応の速さと化学平衡	周期表と非金属元素	金属元素	脂肪族	芳香族	糖	アミノ酸とタンパク質	生命化学	合成高分子化合物
2023	●		●	●	●			●	●	●	●	●	●	●	●	●		●
2022	●		●	●	●				●	●	●	●	●	●	●	●		●
2021	●		●		●				●	●	●	●	●	●	●	●		●
2020	●				●	●		●	●	●	●	●	●		●	●	●	●
2019	●	●	●	●	●		●		●	●	●	●	●	●	●	●		●

2023年度の出題分析

- 出題形式　マーク
- 知識量　★★★
- スピード　★★★★
- 記述力　―
- 応用力　★★

傾向　例年小問25問から問題が構成され、内容はほとんど全ての範囲から出題される。問題ひとつひとつは基本～標準問題のみであるためそれほど難しくないが、理科2科目で80分となっており、制限時間に対して問題数がやや多いということを意識しておきたい。理論、無機、有機化学の問題がバランスよく出題されている。'23では計算問題が、濃度、気体、電気分解、溶解度積、酸化還元、油脂、糖類、合成高分子から10問出題された。高分子計算は毎年のように出題されているので慣れておきたい。また、有機分野では天然高分子と合成高分子の問題が毎年必ず出題されている。やや計算問題が多いので時間切れにならないよう注意が必要である。

対策　出題傾向は例年同様で今後も大きな変化は無いと考えられる。ほとんどが基本～標準問題であるため、教科書で基礎力を身に付けてから入試の標準問題で演習を積めばよいだろう。ただし、理科2科目80分であることを考えると、計算問題を要領よく時間をかけずに解くことが重要になるだろう。スピードが要求されるが、正確性に欠けては元も子もないので計算ミスは極力減らす必要がある。また、有機分野から糖類・アミノ酸・タンパク質・合成高分子からは頻出なので十分な学習が必要である。特別な対策があるわけでは無いが、教科書傍用問題集や重要問題集を利用して、基本～標準問題を素早く正確に解けるように十分演習しておきたい。

生物　標準

2科目80分の短時間勝負で情報処理能力が必要

区分	細胞		代謝		遺伝子			体内環境			生殖・発生			環境応答				生態系				進化・系統		
分野名	細胞の構造と組織	細胞膜の構造と物質輸送	タンパク質の構造と酵素反応	同化と異化	細胞周期とDNA合成	遺伝子の発現と調節・変異	バイオテクノロジー	体液・循環系の構成と働き	自律神経とホルモンによる調節	生体防御	配偶子形成と生殖・遺伝	初期発生と形態形成	幹細胞と再生	刺激の受容と感覚	神経系と筋肉	動物の行動	植物生理	バイオームの遷移と分布	個体群と相互作用	物質生産と物質循環	自然環境	地球の発展と古典的生物進化	分子進化と集団遺伝	生物の系統と分類
2023	●			●		●			●	●	●	●			●	●			●	●		●	●	
2022			●			●	●	●		●	●	●		●	●			●	●		●			●
2021	●		●	●				●	●		●			●					●	●	●	●	●	
2020				●	●	●			●	●		●			●	●	●		●				●	●
2019	●		●	●	●	●			●	●		●				●	●	●	●		●	●	●	●

2023年度の出題分析

- 出題形式　マーク
- 知識量　★★★★
- スピード　★★★★
- 記述力　ー
- 応用力　★★★

傾向　全体で25問で、小問と中問程度の文章からなる問題の構成となっている。出題は広範囲にわたるため生物全分野の広い知識が求められている。選択肢が与えられたマークシート式で、一見易しそうに見えるが、1問の中で複数の質問に渡る組み合わせで回答する問題も多数あり、確実に得点できたという確信を持ちにくい出題である。問題数の割に理科2科目合わせて80分と時間が短くスピード勝負ではあるが、計算問題・グラフを読み解く考察問題など時間をかけなければならない問題も含まれているため。短時間で処理する問題と、腰を据えて考える問題とのメリハリをつけた対応が必要となる。

対策　注意点を列挙する。広い出題範囲の知識が必用なので教科書の全範囲を理解して正確に記憶すること。可能な範囲で図説などで知識を深めること。個体群と相互作用・植物遷移などの生態系、哺乳類の出現時期などの進化・系統、遺伝の計算問題などの範囲は他の医学部に比べて高い頻度で出題されていることに注意すること。入試で短時間で済ますために、神経、腎臓　呼吸、光合成、DNAなどの計算問題や、コドンの解読などの基本的な問題は問題集で慣れておくこと。試験中は時間を要する考察問題は後回しにして、2科目通じて短時間で解ける問題を処理した上で残りの時間を考察問題にふり向けること。

物理　やや易

'24も全分野から出題されるので、しっかりと準備をしよう!!

区分	力学						電磁気学					波動			熱力学			原子		
分野名	等加速度運動・運動方程式・慣性力	力のモーメント・重心	運動量と力積・仕事とエネルギー	円運動・遠心力	単振動	万有引力とケプラーの法則	電場と電位	コンデンサー	直流回路	磁場・電磁誘導	交流回路・電気振動・電磁波	波の性質	音波	光波	熱量と温度	気体分子運動論	気体の状態変化	粒子性と波動性	原子の構造	放射線・核反応
2023	●	●		○	○	●	●	●	●	●	●		○	●	●	●	●	●		●
2022	○	●	●		●	●	●		●	○		●	●	●		●	●	●	●	●
2021		●	●	●	●		●		●	●	●		●	●	●		●			●
2020	●		●		●		●	●		●	●	●	●	●			○	●		●
2019	●				○	●	●	●	●	●	●	●	●	●	●		●	●		●

2023年度の出題分析

- 出題形式　マーク
- 知識量　★★★
- スピード　★★★★
- 記述力　ー
- 応用力　★★★

傾向　全分野からの出題であり、小問25問が出題され、一部の問題が組となっていっている。組となっているのは気柱の共鳴、浮力による単振動、半円上で物体の運動である。その他の小問は4つのコンデンサーを含む直流回路、コイルに流れる電流、放射線の性質、光電効果、ドップラー効果、2つの凸レンズによる像、熱量と比熱、定圧変化、気体分子の運動エネルギー、ケプラーの第3法則、3組の偶力のモーメントなどが出題されている。基本問題を中心に出題されているが、水銀柱による物質量の比、偶力のモーメントなどは解いたことがないと苦労しただろう。試験時間が40分と短いので、時間配分に注意が必要であり解ける問題から解いた方が良い。

対策　基本問題を中心に標準的な問題まで解いておくこと。自治医科大学の特徴は、難度の高い問題があまり出題されず、生活の中のちょっとした物理現象に目を向けた内容が知識問題として出題されることもある点である。教科書にはそのことに関する記述がある場合があるので、一度丁寧に目を通しておくと良いだろう。試験時間が40分であり、短めの問題が25問でも手早く解いていかなくてはならないので、日頃からケアレスミスをせずにスピードを持って解くように心掛けておくことも大切である。また、'18の正方形状物体の問題などは時間がかかるので、時間配分を考慮し、解き易い問題から解き、場合によっては解くことを避けた方が良いだろう。

小論文

（実施しない）

獨協医科大学　医学部医学科

学部所在地	〒321-0293　栃木県下都賀郡壬生町北小林880
交通手段	東武宇都宮線おもちゃのまち駅より徒歩15分 バス「獨協医大病院前」下車にて徒歩3分
学長	吉田　謙一郎
設立年度	［昭和48年］獨協医科大学開学

入試問い合わせ先

担当部署　学務部入試課
電話番号　0282-87-2108

医師国家試験状況

	第113回	第114回	第115回	第116回	第117回
獨協医科大学（全体）	84.1%	88.5%	94.4%	92.8%	93.0%
獨協医科大学（新卒）	86.8%	89.1%	97.2%	94.7%	95.2%

設置学部

看護学部

主な附属病院

獨協医科大学病院
獨協医科大学埼玉医療センター
獨協医科大学日光医療センター

2023年度入学者

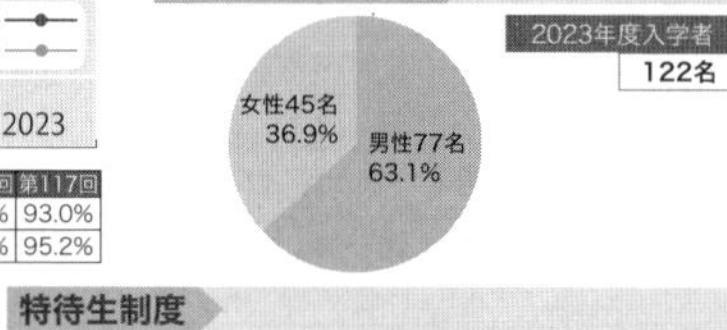

2024年度学納金

1年次	入学金	¥1,500,000
	授業料	¥3,500,000
	施設設備費	¥0
	教育充実費	¥3,600,000
	実験実習費	¥0
	初年度納入金総額	¥8,600,000
	入学時最低納入金	¥5,050,000
2年次以降の年額		¥5,600,000
6年間の総額		¥36,600,000
※その他（1年次）	学友会費	¥100,000
	父母会費	¥600,000

※入学時最低納入金の他に学友会費及び父母会費を納入していただきます。

繰上げ合格

一般・共テ利用の合格発表時に繰上合格候補者には本人あて郵送にて通知し、入学予定者に欠員が生じた場合、繰上合格者を掲示板に発表するとともに、郵送にて本人宛通知します。

特待生制度

一般・共テ利用において、入学試験成績優秀者は、初年度教育充実費（360万円）を半額に減免します。

補欠順位

あり

成績開示

あり

寄付金

教育研究設備充実のため、入学後に別に定める「寄付金募集趣意書」に基づき任意の寄付金を募集します。

入試結果

			2023	2022	2021
一般	募集人員		57	57	63
	志願者数		996/1,254	1,695/1,430	1,021/1,486
	受験者数	A	2,017	2,738	2,269
	一次合格者数	B	502	451	450
	一次合格倍率	A/B	4.0	6.1	5.0
	二次受験者数		362	307	375
	正規合格者数	C	105*	88*	90*
	正規合格倍率	A/C	25.2	31.1	25.2
	補欠候補者数		—	—	—
	繰上合格者数	D	22*	54*	79*
	総合格者数	C+D	127	142	169
	合格実質倍率	A/(C+D)	15.9	19.3	13.4
	入学者数		59	58	69
	合格最高点		—	—	—
	合格最低点		—	—	—
共通テスト利用	募集人員		10	10	10
	志願者数		553	511	601
	受験者数	E	549	505	589
	一次合格者数	F	151	153	104
	一次合格倍率	E/F	3.6	3.3	5.7
	二次受験者数		83	90	29
	正規合格者数	G	30*	30*	15*
	正規合格倍率	E/G	39.3	16.8	39.3
	補欠候補者数		—	—	—
	繰上合格者数	H	6*	9*	10*
	総合格者数	G+H	36	38	25
	合格実質倍率	E/(G+H)	15.3	13.3	23.6
	入学者数		10	10	6
	合格最高点		—	—	—
	合格最低点		—	—	—

			2023	2022	2021
地域特別枠推薦	募集人員		10	10	10
	志願者数		40(25)	33(19)	37(22)
	受験者数	I	40(25)	33(19)	37(22)
	一次合格者数	J	7	5	4
	一次合格倍率	I/J	5.7	6.6	9.3
	二次受験者数		7	5	4
	正規合格者数	K	10(7)	10(6)	10(8)
	正規合格倍率	I/K	4.0	3.3	3.7
	入学者数		10(7)	10(6)	10(8)
指定校推薦	募集人員		20(5以内)	20(5以内)	20(5以内)
	志願者数		54(14)	52(17)	63(20)
	受験者数	L	54(14)	52(17)	63(20)
	合格者数	M	20(5)	22(5)	23(5)
	実質倍率	L/M	2.7(2.8)	2.4(3.4)	2.7(4.0)
	入学者数		20(5)	22(5)	23(5)

*メルリックス調べ

※1　一般の志願者は1日目/2日目
※2　2022·2023一般の数字には追試験を含む
※3　地域特別枠推薦の( )内は、指定校推薦併願者のデータ
※4　指定校推薦の( )内は、栃木県地域枠推薦のデータ

入試日程

試験区分	募集人員	出願期間	試験日 1次試験	試験日 2次試験
推薦(地域特別枠)	10名	2023年11月1日(水)～11月7日(火)必着	11月11日(土)	11月17日(金)
推薦(指定校制)	20名		11月11日(土)	
推薦(系列校)	約10名		11月11日(土)*1	11月17日(金)*1
一般(前期)	52名	2023年12月4日(月)～2024年1月10日(水)必着	1月21日(日)*2 1月22日(月)	1月30日(火)*3 1月31日(水)
一般(後期)	10名	2024年1月15日(月)～2月16日(金)必着	2月27日(火)	3月5日(火)
共テ利用	5名	2023年12月4日(月)～2024年1月12日(金)必着	共通テスト	3月5日(火)
総合型	3名以内	2023年9月1日(金)～9月15日(金)必着	9月30日(土)	10月14日(土)

*1 両日とも受験　*2 両日受験可　*3 出願時にいずれか1日を選択　*4 推薦(指定校制)に準じる別枠で栃木県地域枠5名以内を募集
*5 一般(前期)に準じる別枠で栃木県地域枠5名・埼玉県地域枠2名・茨城県地域枠2名・新潟県地域枠2名を募集

試験時間・配点　集合時間　8：40

試験区分		科目	試験時間	時間	配点	合計点	備考
一般(前期) 一般(後期)	1次	外国語(英語)	9:00～10:00	60分	100点	400点	
		数学	10:40～11:40	60分	100点		
		理科2科目	12:50～14:50	120分	100点×2		
	2次	小論文	9:00～10:00	60分			
		面接	10:30～	約15分	段階評価		

試験会場

試験区分	1次試験	2次試験
推薦	本学	本学
一般(前期)	東京(五反田TOCビル)	本学
一般(後期)	栃木(ライトキューブ宇都宮)	本学
共テ利用		本学

合格発表日

試験区分	1次試験	2次試験	手続締切	辞退締切
推薦	11月15日(水) 10:00	12月1日(金) 10:00	12月8日(金) 必着	
一般(前期)	1月26日(金) 10:00	2月7日(水) 10:00	2月14日(水) 必着	3月29日(金) 17:00
一般(後期)	3月1日(金) 10:00	3月8日(金) 17:00	3月14日(木) 必着	3月29日(金) 17:00
共テ利用	3月1日(金) 10:00	3月8日(金) 17:00	3月14日(木) 必着	3月29日(金) 17:00

合格発表方法

試験区分	1次試験	2次試験
推薦	掲示・ネット一覧	掲示・ネット一覧・郵便(合格者)
一般(前期)	掲示・ネット一覧	掲示・ネット一覧・郵便(合格者)
一般(後期)	掲示・ネット一覧	掲示・ネット一覧・郵便(合格者)
共テ利用	掲示・ネット一覧	掲示・ネット一覧・郵便(合格者)

入試情報

過去3年間入学者現浪比

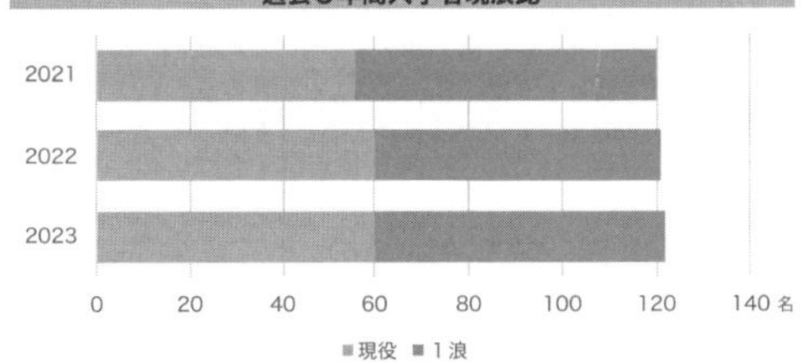

	2021	2022	2023
現役	56 名 (46.7%)	60 名 (49.6%)	60 名 (49.2%)
その他	64 名 (53.3%)	61 名 (50.4%)	62 名 (50.8%)
入学者	120 名	121 名	122 名

2023年度合格者現浪比

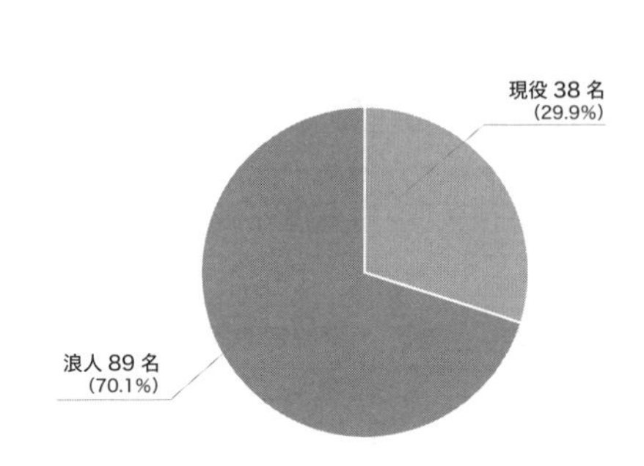

(一般総合格者 127 名)

面接

メルリックス学院生からのアンケートをもとに作成しています

■ 所要時間　個人15～20分
■ 面接の進行
【質問内容】

<個人>
・医師志望理由
・本学志望理由
・併願校とその結果
・部活について
・浪人して得たもの
・悩み事の解決方法
・尊敬する人とその理由
・海外留学に興味はあるか
・大学卒業後は地元に帰るか
・地域枠の条件と離脱について(地域枠)

面接官の人数:3名
受験生の人数:1名

雰囲気は和やかであることが多い。事前に提出した自己PRから聞かれることもある。必ずしも正解がない質問に対しても、自分自身で考えた意見が求められる。栃木県地域枠志望者は県職員との面接が別に行われる。

獨協医科大学　医学部医学科

一般選抜（1日目）出題傾向分析

数学　標準　典型問題の解法を確実にし、総合問題で実戦力と深い理解を

区分	解析系									図形系					その他				
	Ⅰ	Ⅰ・Ⅱ	Ⅱ			B	Ⅲ			Ⅰ	Ⅱ	B	Ⅲ		Ⅰ	A			B
分野名	二次関数	数と式	指数・対数	三角関数	微分・積分	数列	いろいろな関数と極限	微分	積分	三角比	図形と方程式	ベクトル	いろいろな曲線	複素数平面	データの分析	整数	場合の数	確率	確率分布
2023									○			○	○					○	
2022	●					○			○					○				●	
2021									○		○	○				●		●	
2020			○						○			○	○					○	
2019			●			○		○	○			○		●					

2023年度の出題分析
- 出題形式　マーク
- 知識量　★★★
- スピード　★★★★
- 記述力　—
- 応用力　★★★

傾向　解法や考え方などはほとんど上位私大向け問題集レベルだが、総合的な問題、設定をしっかり理解し誘導の意図を読みとりながら考える能力を要求される問題が目立ち、'23も同様。過去には証明問題や公式の導出など、マーク式では出されることの少ないテーマの問題も出されている。'20まで70分にしてはボリュームがあると思われる年が多かった。'21からは問題数が5題から4題に減り60分となったが、やはり制限時間に対してボリュームがあり制限時間内に全問を解ききるのは難しい。'23も4題60分であるが、親切な誘導のついた部分が多く、そこで上手く誘導に乗れば方針を立てたり計算したりする時間をかなり減らせる。

対策　用いる解法そのものは上位私大向け問題集によく載っている典型問題の解法がほとんどでも、ボリュームはやや多め。他大学では出題頻度の低い単元や記述の証明問題ではよく出るがマーク式ではあまり見ないテーマの問題もこの大学では出されることがある。また、典型パターン問題ばかり解いていては苦戦しそうなやや総合的な問題も目立つ。難問を解くためのテクニックを覚えるより、出題範囲のどの単元でも上位私大向けの典型問題は解法をしっかり理解し早く正確に解けるよう練習し、その上で、様々な範囲が絡む総合的な問題を通して実戦力と深い理解を身につけておこう。ボリュームがあるので本番では解けそうな問題から手早く解いていこう。

英語　やや難　長文も文法問題も迅速な処理が必須、普段の学習に工夫を

区分	読解							文法・語法						表現・作文		会話		
分野名	和訳	内容真偽	内容説明	空所補充	脱文挿入	文整序	表題選択	短文完成	語句整序	誤り指摘	語定義	発音・アクセント	同意・反意語句	英訳	テーマ型英作文	応答選択	空所補充	内容真偽
2023		●		●				○	○								●	●
2022		●		●		●		○	○									●
2021		●		●		●		○	○				●				●	●
2020		●		●		●		○	○								●	●
2019		●		●	●	●		○	○							●		●

2023年度の出題分析
- 出題形式　マーク
- 知識量　★★★★
- スピード　★★★★★
- 記述力　—
- 応用力　★★★

傾向　大問4題、オールマーク式。[1]、[2]が長文パートだが、[1]は(A)、(B)の2部構成で、空所補充、内容真偽、下線部の言い換え表現など、[2]は長らく3部構成だったものが2部に減り、(A)会話文（内容真偽のみ）、(B)脱文挿入に変化した。文整序問題が消えたのである。文法関連は、[3]語句整序5問（日本語のリードあり）、[4]短文完成10問だが、[4]にも日本文が添えられており他ではあまり見られない形式である。[3]、[4]の文法パートをいかに速やかに処理するかが重要なカギだが、語句整序は演習不足だと時間を取られてしまうものが含まれていることもある。20頁を超える問題冊子にかけられる試験時間はわずかに60分。文整序問題がなくなったのは朗報かもしれないが、それでも私大医学部で1、2を争う分量なので、高速処理が命題である。

対策　文整序問題消滅以外は、出題傾向や内容に大きな変化はないので、短すぎる制限時間を意識しながら過去問に取り組み、解答ペースをつかむことが重要だ。特に、脱文挿入問題などは数多く類題にあたって解答のコツを習得しておきたい。本番では、まず取り組みやすい文法問題から手をつけ、短文完成→語句整序→会話文の順で進め、10数分で終わらせてから長文に移るやり方がベストだろう。ただし、文法問題を速やかに処理するには百戦練磨の経験値が必要だ。類題は他大学も含め大量にあるので、できる限り多くこなし、特に語句整序は語群を見てすぐにポイントがひらめくくらいが理想である。長文はテーマのジャンルにはあまりこだわらず、本学の出題形式に合ったものをピックアップして演習しておきたい。読解にしろ、文法系にしろ、大量にこなしてスピードをつけないと消化不良のまま終わってしまうだろう。

化学　標準　問題量がやや多く複雑な設問もあるが、解ける問題を確実に解く

区分	理論										無機		有機					
分野名	原子の構造・化学結合	化学量と化学式	物質の三態・気体の法則	溶解度・濃度	コロイド・希薄溶液	化学反応と反応熱	酸と塩基の反応	酸化・還元	電池・電気分解	反応の速さと化学平衡	周期表と非金属元素	金属元素	脂肪族	芳香族	糖	アミノ酸とタンパク質	生命化学	合成高分子化合物
2023	●	●	○		●					●	●	●	●	○	○	●	●	●
2022	●	●				●	●	●		○	○	●	●	○	●	○	●	●
2021	●		○		●	●	●				●	○	○	●	●		○	
2020	●			●	●		●		●	●	●	○	●	○	●		○	●
2019	●	●	○			●			○		●	○		○			●	●

2023年度の出題分析
- 出題形式　マーク
- 知識量　★★★★
- スピード　★★★★
- 記述力　—
- 応用力　★★★

傾向　直近の10年間はすべて大問5題の出題が続いている。理科2科目120分の試験時間に対して問題量がやや多い。問題の内容としては難しい題材が散見されるが、よく文章を読めば要求している解答は比較的簡単な場合も少なくない。[1]は10問程度の小問集合の問題が例年出題され、'23では医薬品、界面活性剤、周期律、凝固点降下、結晶格子、緩衝液、錯イオン、油脂、機能性高分子、ペプチドと化学全般に対する幅広い知識が問われている。[2]では気体の溶解度に関する問題、[3]は1族・2族元素に関する総合問題、[4]は芳香族・脂肪族に関する総合問題、[5]はラフィノースを中心とする糖類の総合問題が出題された。

対策　出題形式は共通テストと同じマーク形式だが、内容は全く異なっている点に注意が必要である。記述式を採用している大学で要求されるような複雑な設定の問題がしばしば散見される。しかし、このような問題は文章の内容から推察できたり、難しい部分以外に関する解答を要求していたりする場合も少なくない。問題文からいち早く題意を捉え、迅速に解答できるようにしたい。実際の難易度はほとんどの問題が入試の標準レベルであり、正しい解法を身に付けていればそれほど恐れることは無いだろう。また、合格に必要な得点率は決して高くないので、無理に高得点を狙わず確実に解ける問題をしっかりと完答することが合格の可能性を高める秘訣である。

生物　標準　問題数が多いので、時間配分に注意

区分	細胞		代謝		遺伝子			体内環境			生殖・発生			環境応答				生態系				進化・系統		
分野名	細胞の構造と組織	細胞膜の構造と物質輸送	タンパク質の構造と酵素反応	同化と異化	細胞周期とDNA合成	遺伝子の発現と調節・変異	バイオテクノロジー	体液・循環系の構成と働き	自律神経とホルモンによる調節	生体防御	配偶子形成と生殖・遺伝	初期発生と形態形成	幹細胞と再生	刺激の受容と感覚	神経系と筋肉	動物の行動	植物生理	バイオームの遷移と分布	個体群と相互作用	物質生産と物質循環	自然環境	地球の発展と古典的生物進化	分子進化と集団遺伝	生物の系統と分類
2023	○			○	○		○				○			○			○		○			○		
2022				○		●		●		●	○								○					
2021									○	○	●	○			○	●	○			○				
2020			○		●	○		○			○						●		○					
2019	○	●		○			○				○						○							

傾向　2日間を通して見ると、医学部では比較的出題頻度の低い進化と、古典的遺伝の問題が出題された。連鎖と二重乗換えの問題は事前に勉強していないと手が出ない問題でもあり、どの範囲を無視していいという範囲はない。ミツバチの血縁度の計算や、最近解明が進んでいる植物ホルモンなど植物生理の範囲も出題されている。広い範囲の知識を問う設問が多いが、光受容体の実験問題は、記憶した知識ではなく、実験結果から正解を導く情報処理力と考察力が問われていて、時間を要する問題である。計算問題も時間がかかるが、問題集でよく見られる定型的な問題である。

対策　全範囲からの出題があるので、生物全範囲をカバーする学習が必用。教科書などの全範囲の知識を確実にしておくこと。その上で標準的な問題集で範囲を飛ばさないで、一冊しあげて置けば高得点を狙える。問題数が多いので時間配分が問題。時間のかかりそうな問題は後回しに、時間がかからず確実に点の取れる問題から解いていくこと。リード文の長い考察問題は、ヒントとなる部分にアンダーラインを引くなどの情報処理をして、何度も繰り返して問題文を読み直すような時間のロスをしないような習慣をつけておくとよい。それほどの難問ではないので、落ち着いて正解を選ぶこと。

物理　標準　難度が高い問題ばかりではないが高難度の問題も解いておこう!!

区分	力学						電磁気学					波動			熱力学			原子		
分野名	等加速度運動・運動方程式・慣性力	力のモーメント・重心	運動量と力積・仕事とエネルギー	円運動・遠心力	単振動	万有引力とケプラーの法則	電場と電位	コンデンサー	直流回路	磁場・電磁誘導	交流回路・電気振動・電磁波	波の性質	音波	光波	熱量と温度	気体分子運動論	気体の状態変化	粒子性と波動性	原子の構造	放射線・核反応
2023	●		○		○				○		●	●					●	○		
2022				○					○	●				○	●	○				●
2021			●		○			○			●		●	○			○	●		
2020				○		●			●	○			●				○	○		●
2019		○	●					○		●				●			○	●	○	

2023年度の
出題分析

出題形式 マーク
知識量 ★★★
スピード ★★★★
記述力 —
応用力 ★★★★

傾向　大問5題で構成され、小問集合、熱力学、電磁気、原子、力学が出題されている。小問集合は、v－tグラフを用いた相対運動、P－Tグラフを用いた気体の状態変化、水面波による衝撃波、RLC直列交流回路が出題されている。熱力学は断熱変化での単振動の問題で、等温変化での単振動との周期の比較も出題されている。電磁気はコンデンサーとダイオード、抵抗を含む直流回路が出題され、原子は光電効果が出題されている。力学は半円部分を含む針金付きの台と針金上の小球の相対運動が出題されている。標準的な問題が中心であるが、衝撃波、ダイオードを含む直流回路、台と小球の相対運動では類題を解いたことがない受験生は苦労しただろう。

対策　標準問題を中心に難度がやや高い問題まで解いておくこと。'05にマーク式の大問5題に変更されてからは標準問題が中心であり、'20と'23はやや難度の高い問題が増えたが、'21と'22はやや易しかった。毎年5分野からの出題となっているので、5分野を万遍なく学習しておくことが必要であり、やり残している分野はなくしておくことが必要である。'13の電気機器、'15の虹、'17の気温減少率、'20の電子線の屈折、'23のダイオードを含む直流回路のように解き慣れない問題が出題されることもある。時間に余裕はないので、手早く解いていくことが大切であり、解く問題の優先順位に注意する習慣をつけておくことが必要である。

小論文　資料文型　要約と意見をまとめる力が求められる

年度	試験区分	内容	字数	時間
23	一般･共テ利用（1日目）	養老孟司『「自分」の壁』 問１．要約。　問２．本文の内容について考えを述べる。	200/400字	60分
	一般･共テ利用（2日目）	大栗博司 「探求する精神　職業としての基礎科学」 問１．要約。　問２．本文の内容について考えを述べる。		
22	一般･共テ利用（1日目）	「何のための『教養』か」より　桑子敏雄、問１．要約。　問２．本文の内容について考えを述べる。	200/400字	60分
	一般･共テ利用（2日目）	『バカの壁』より　養老孟司、問１要約。　問２．本文の内容について考えを述べる。		
21	一般選抜（1日目）	『思考の生理学』より　外山滋比古、問１．要約。　問２．本文の内容について考えを述べる。	200字/400字	60分
	一般選抜（2日目）	『科学と非科学　その正体を探る』 中屋敷均　問１　要約。　問２　本文の内容について考えを述べる。		
	共テ利用	『銀河の片隅で科学夜話―物理学者が語る、素晴らしく不思議で美しいこの世界の小さな驚異』 全　卓樹　問１　要約。問２　付和雷同の具体例を挙げ考えを述べる。		

獨協医科大学の小論文はコロナ禍の'22･'21から60分で要約200字、意見400字と時間文字数とも短くなった。（従来は90分、200字要約、意見600字）'23は'22でも出題された養老孟司氏の文章が再び出題された。北里大でも近年出ているし、その他の大学でも繰り返し見るおなじみの著者である。ベストセラーとなった「バカの壁」から最近の「遺言」まで著作は多岐にわたっており、自身と愛猫がともに心臓病となり、その猫が死んだときはニュースになり新たに猫に関する著作が出るほどである。昨年はこの欄で「'22の2日目の養老孟司は、このところ他大学でも出題が続いているので、2年前の北里大の課題と合わせて読んでみて自分の読解力の確認に使うとよい」と書いた。このアドバイスを受けて取り組んでいた人は役に立ったと思う。
さて'22の1日目は教養について述べられている文章。冒頭の「教養は幸運なときには飾りであるが、不運な中にあっては命綱となる」という表題に着目する。また、他の教師たちが理工系の学生が教養を身につけることの意味に対して、異なる考えを持っている点にも着目するとよい。資料文はA4で2枚半あるので、事務的にどんどん読み進めていく必要がある。
'21の共テ利用では、問2で珍しく「付和雷同の具体例を挙げよ」という論述内容の指示があり、これは推薦入試の問われ方に近い。資料文は、90分の時より短くなっているが、私立医学部では長い方である。意見が400字なので、三段落で要領よくまとめる。要約は200字のため、簡潔にまとめる練習が必要である。練習方法としては①文章全体の構造･構成をつかむ。②繰り返しに着目し、筆者の主張を絞る。③筆者の言いたいことを、かみ砕いて理解したうえで、要約に入る。④20分程度で問1をまとめる。

埼玉医科大学　医学部医学科

学部所在地	〒350-0495　埼玉県入間郡毛呂山町毛呂本郷38
交通手段	東武越生線東毛呂駅より徒歩20分またはJR毛呂駅より徒歩3分
創設者	丸木 清美
理事長	丸木 清之
設立年度	［昭和47年］埼玉医科大学開学

入試問い合わせ先

担当部署　医学部入試課

電話番号　049-295-1000

医師国家試験状況

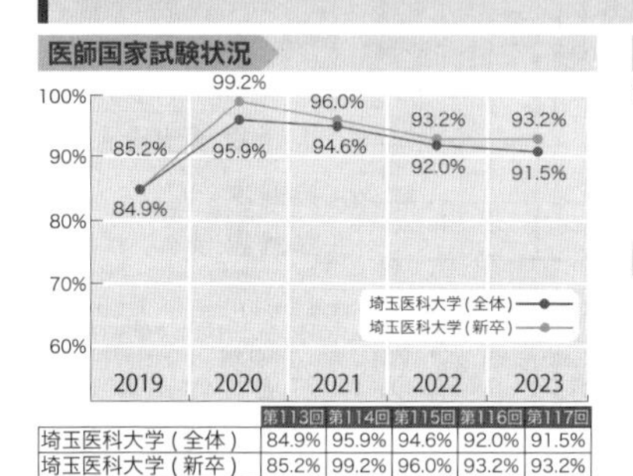

	第113回	第114回	第115回	第116回	第117回
埼玉医科大学（全体）	84.9%	95.9%	94.6%	92.0%	91.5%
埼玉医科大学（新卒）	85.2%	99.2%	96.0%	93.2%	93.2%

設置学部

保健医療学部

主な附属病院

埼玉医科大学病院
総合医療センター
国際医療センター
・その他関連施設
ゲノム医学研究センター／かわごえクリニック

2023年度入学者

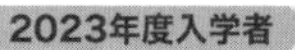

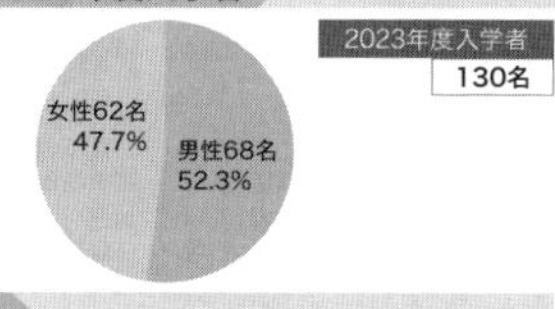

2024年度学納金

1年次	入学金	¥2,000,000
	授業料	¥2,750,000
	施設設備費	¥1,500,000
	実験実習費	¥1,000,000
	医学教育充実特別学納金	¥1,000,000
	初年度納入金総額	¥8,250,000
	入学時最低納入金	¥8,250,000
2年次以降の年額		¥5,750,000
6年間の総額		¥37,000,000
※その他諸経費（1年次）		¥570,000 ＋支部会費

繰上げ合格

補欠合格候補者は2次試験合格発表と同時に発表する。合格者に欠員が生じた場合には、補欠順位に従い、順次繰り上げ合格の連絡をする。

特待生制度

第1種：地域枠推薦で入学した者に限り、初年度納付金から550万円免除
第2種：埼玉医科大学医学部特別奨学金受給者に限り、入学金200万円免除
第3種：1～5年次の成績優秀者各10名は次年度学納金のうち100万円免除

補欠順位

あり

成績開示

あり

寄付金

入学後に任意の寄付金を募集する。

入試結果

区分	項目		2023	2022	2021
一般前期	募集人員		60	60	65
	志願者数		1,764	2,544	2,253
	受験者数	A	1,593	2,133	1,934
	一次合格者数	B	—	—	—
	一次合格倍率	A/B	—	—	—
	二次受験者数		—	—	—
	正規合格者数	C	76	70	78
	正規合格倍率	A/C	21.0	30.5	24.8
	補欠候補者数		—	—	—
	繰上合格者数	D	54	64	67
	総合格者数	C+D	130	134	145
	合格実質倍率	A/(C+D)	12.3	15.9	13.3
	入学者数		60	61	67
	合格最高点		—	—	—
	合格最低点		245/400	245/400	238/400
一般後期	募集人員		20	20	20
	志願者数		1,321	1,566	1,676
	受験者数	E	1,118	1,292	1,378
	一次合格者数	F	—	—	—
	一次合格倍率	E/F	—	—	—
	二次受験者数		—	—	—
	正規合格者数	G	25	25	26
	正規合格倍率	E/G	44.7	51.7	53.0
	補欠候補者数		—	—	—
	繰上合格者数	H	0	7	7
	総合格者数	G+H	25	32	33
	合格実質倍率	E/(G+H)	44.7	40.4	41.8
	入学者数		20	20	20
	合格最高点		—	—	—
	合格最低点		251/400	243/400	237/400
共テ利用	募集人員		10	10	5
	志願者数		581	406	349
	受験者数	I	576	398	346
	一次合格者数	J	—	—	—
	一次合格倍率	I/J	—	—	—
	二次受験者数		—	—	—
	正規合格者数	K	14	12	5
	正規合格倍率	I/K	41.1	33.2	69.2
	補欠候補者数		—	—	—
	繰上合格者数	L	4	9	6
	総合格者数	K+L	18	21	11
	合格実質倍率	I/(K+L)	32.0	19.0	31.5
	入学者数		10	10	1
	合格最高点		—	—	—
	合格最低点		395/550	361/550	440/550
推薦（指定校）	募集人員		5	5	5
	志願者数		18	13	18
	受験者数	M	18	13	18
	合格者数	N	5	5	5
	実質倍率	M/N	3.6	2.6	3.6
	入学者数		5	5	5
推薦（公募）	募集人員		14	14	14
	志願者数		42	39	45
	受験者数	O	42	38	45
	合格者数	P	14	15	16
	実質倍率	O/P	3.0	2.5	2.8
	入学者数		14	15	16
推薦（地域枠）	募集人員		19	19	19
	志願者数		42	34	43
	受験者数	Q	42	33	43
	合格者数	R	19	19	19
	実質倍率	Q/R	2.2	1.7	2.3
	入学者数		19	19	19
推薦（特別枠）	募集人員		2	2	2
	志願者数		3	2	5
	受験者数	S	3	2	5
	合格者数	T	1	0	2
	実質倍率	S/T	3.0	—	2.5
	入学者数		1	0	2

※　繰上合格者数は連絡の際に入学の意思を示した人数
（注）合格最低点は一次合格者を対象

2024年度　募集要項

入試日程

試験区分	募集人員	出願期間*1	試験日 1次試験	試験日 2次試験
推薦指定校枠	5名	2023年11月2日(木)～11月11日(土)必着	11月19日(日)	
推薦一般公募枠	14名			
推薦地域枠	19名*2			
推薦特別枠	2名			
一般前期	60名	2023年12月4日(月)～2024年1月23日(火)必着	2月2日(金)	2月11日(日)
一般後期	19名*3	2024年2月5日(月)～2月21日(水)必着	3月2日(土)	3月10日(日)
共テ利用	10名	2023年12月4日(月)～2024年1月13日(土)必着	共通テスト	3月10日(日)

*1 書類は出願締切日の翌日郵送必着です　*2 臨時定員増19名申請予定・2023年度の実績19名　*3 臨時定員増1名申請予定含む

試験時間・配点　集合時間　8：30

試験区分		科目	試験時間	時間	配点	合計点	備考
一般前期 一般後期	1次	数学	9:00～9:50	50分	100点	400点	*4 小論文は2次試験の判定に利用
		理科2科目	10:40～12:10	90分	100点×2		
		外国語(英語)	13:30～14:40	70分	100点		
		小論文(和文・英文)*4	15:20～16:20	60分	段階評価		
	2次	面接	8:30～17:00頃	—	—	—	

試験会場

試験区分	1次試験	2次試験
推薦	本学毛呂山キャンパス	
一般前期	東京(東京流通センター)	本学毛呂山キャンパス
一般後期	東京(東京流通センター)	本学毛呂山キャンパス
共テ利用		本学毛呂山キャンパス

合格発表日

試験区分	1次試験	2次試験	手続締切	辞退締切
推薦	12月1日(金)13:00		12月12日(火)必着	
一般前期	2月8日(木)13:00	2月15日(木)16:00	2月22日(木)	3月31日(日)13:00
一般後期	3月7日(木)13:00	3月14日(木)16:00	3月21日(木)	3月31日(日)13:00
共テ利用	3月7日(木)13:00	3月14日(木)16:00	3月21日(木)	3月31日(日)13:00

合格発表方法

試験区分	1次試験	2次試験
推薦	ネット一覧・郵便(合格者)	
一般前期	ネット一覧	ネット一覧・郵便(合格者)
一般後期	ネット一覧	ネット一覧・郵便(合格者)
共テ利用	ネット一覧	ネット一覧・郵便(合格者)

入試情報

過去3年間入学者現浪比

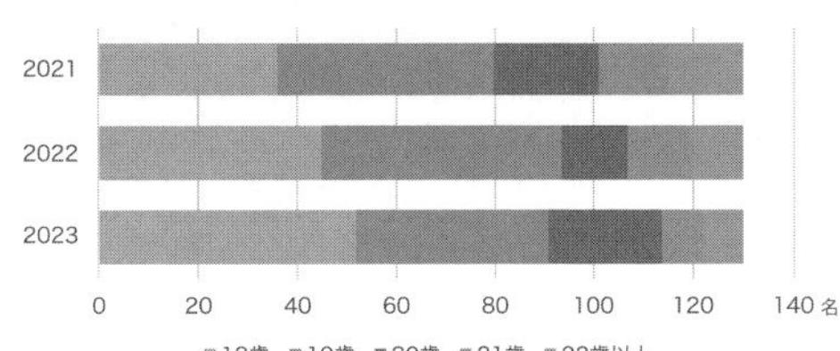

	2021	2022	2023
18歳	36名 (27.7%)	45名 (34.6%)	52名 (40.0%)
19歳	44名 (33.8%)	49名 (37.7%)	39名 (30.0%)
20歳	21名 (16.2%)	13名 (10.0%)	23名 (17.7%)
21歳	14名 (10.8%)	13名 (10.0%)	8名 (6.2%)
22歳以上	15名 (11.5%)	10名 (7.7%)	8名 (6.2%)
入学者	130名	130名	130名

2023年度合格者現浪比

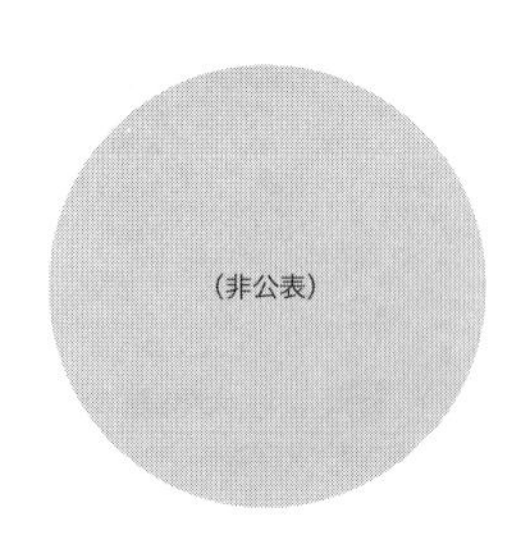

面接

メルリックス学院生からのアンケートをもとに作成しています

■ 所要時間　個人10～20分

■ 面接の進行

【アンケート】あり　医師志望理由、本学志望理由、入学してからやりたいこと、部活やボランティアで最も努力したこと、人と接する時に気をつけていること

【質問内容】

<個人>

- 医師志望理由
- 本学志望理由
- 高校生活や高校の成績について
- 高校時代で一番思い出に残っていること
- 得意科目と苦手科目
- 趣味について
- 部活での自分の役割について
- なぜ浪人したと思うか
- 浪人生活で何を心がけたか
- 大学に入ってからやりたいこと
- 体力に自信はあるか
- 人生最大の失敗
- どのような医師になりたいか
- 医師の過重労働について
- これまでに受験したことはあるか
- 最近興味のあるニュース
- 自己PR

面接官の人数:3名
受験生の人数:1名
○ 受験生　● 面接官

試験前に面接票を20分間で記入する。調査書の内容や面接票からよく質問され、面接官によってリラックスした雰囲気だったり、緊張した雰囲気だったりと異なる。

埼玉医科大学　医学部医学科

一般選抜(前期)出題傾向分析

数学　標準　微分・積分は必出。場合の数・確率や図形絡みの問題は高頻出

区分	解析系									図形系					その他				
	I	I・II	II			B	III			I	II	B	III		I	A			B
分野名	二次関数	数と式	指数・対数	三角関数	微分・積分	数列	いろいろな関数と極限	微分	積分	三角比	図形と方程式	ベクトル	いろいろな曲線	複素数平面	データの分析	整数	場合の数	確率	確率分布
2023	●					○			○			●						○	
2022		●			●			○	○								○		
2021				●	○	○	●			○									
2020			●		●				○			○					●	○	
2019			●	○	●					●				○			○		

2023年度の出題分析

出題形式　マーク
知識量　★★★
スピード　★★★
記述力　—
応用力　★★★

傾向　大問4題。[1]は小問集で中堅～上位私大レベルの問題が様々な単元から出されている。[2]～[4]は誘導問題。[2]か[3]のどちらかが「微分・積分」で、図形やグラフ絡みの問題もよく出される。'23は[2]が定積分の問題で、[3]が格子点の問題でいずれも誘導の意図を読み取る力を試す問題であった。[4]はほぼ毎年「場合の数・確率」で、'23は確率の問題で数値計算はやや面倒ではあるが、典型的な問題であった。私大医学部にしては解きやすく、中堅私大～上位私大レベル典型問題の解法・考え方をしっかり理解し身につけた受験生なら少し考えれば解けるような問題が中心だが、典型問題そのままではなくいろいろ組み合わせた総合的な問題が多い。

対策　[1]の小問集では様々な単元から出されている。まずはどの単元も中堅私立大～上位私立大レベル典型問題はしっかり固めておこう。「微分・積分」はほぼ必出で、数学IIIの計算等でそれなりにテクニックを要求される問題が出されることもある。微分・積分については上位私大レベルより少し上のレベルの問題までしっかりやっておこう。「場合の数・確率」はそれなりに考えさせる問題が出されることもあるので、この単元についても上位私大レベルより少し上のレベルまでやっておいた方がよい。図を描いて考えさせる問題が出されることも多い。図形絡みの問題については、図を描いたりして図形的な意味を考えながら解く問題をしっかりやっておこう。

英語　標準　長文中心の傾向は変わらず、文法問題の迅速な処理能力も必須

区分	読解							文法・語法						表現・作文		会話		
分野名	和訳	内容真偽	内容説明	空所補充	脱文挿入	文整序	表題選択	短文完成	語句整序	誤り指摘	語定義	発音・アクセント	同意・反意語句	英訳	テーマ型英作文	応答選択	空所補充	内容真偽
2023		●		●				○										
2022		●		●				○	○				●					
2021		●		●				○	○								●	●
2020		●		○				○	○									○
2019		●		●				○										

2023年度の出題分析

出題形式　マーク
知識量　★★★
スピード　★★★
記述力　—
応用力　★★★

傾向　時間80分、大問5題は変わらずだが、小問数は'20の57問から→'21の46問→'22の44問、そして'23の41問と毎回の減少が続いているが, おそらくこれが下がり止めと思われる。文法関連10問で、短文完成のみとなり語句整序が今回はなし。基本問題中心で平易。制限時間を考え、これらを5分以内で処理し[2]以降の長文に移れば各問に18分前後を充てられることになる。今回は[2]の長文で会話文の絡みが復活した。長文はどれも内容真偽中心だが、語句補充や同意表現などもかなり見られる。またグラフや表、図などもなく全体的に楽になったという印象がある。大問数も小問数もよく変化するので、過去問はできる限りさかのぼって解いておきたい。

対策　長文中心の構成は変わらず、出題内容も概ね同様と言えるので、近年の過去問を中心に類題演習を重ねるのがよい。文法系の短文完成は必出と見てよいが、難問にあたる必要はなく、基本～標準問題をできるだけ数多くこなし、短時間で処理できるようにしておかなければならない。語句整序も復活を念頭に、日本語のリードなしの部分整序演習が望ましい。長文対策はジャンルを問わず、医学関連からエッセイまで幅広く読んでおきたい。文中空所補充や下線部の示す内容選択なども多いので、文脈を意識して読み進めながら解答していくスタイルを確立したい。語句補充やパラフレーズ(言い換え)なども入っている問題は見つけやすいので、私立医学部に限らずできるだけ数多くあたっておきたい。

化学　標準　大問3題の出題形式。標準的な問題。今年度は時間的にもなんとか

区分	理論										無機		有機					
分野名	原子の構造・化学結合	化学量と化学式	物質の三態・気体の法則	溶解度・濃度	コロイド・希薄溶液	化学反応と反応熱	酸と塩基の反応	酸化・還元	電池・電気分解	反応の速さと化学平衡	周期表と非金属元素	金属元素	脂肪族	芳香族	糖	アミノ酸とタンパク質	生命化学	合成高分子化合物
2023	●	●	○			●				●	●					○		
2022	●	●	○				●	●			●	●	○					
2021	●						●	●		○				○				
2020					●					○	●				●			
2019			○									○	○					

2023年度の出題分析

出題形式　マーク
知識量　★★★
スピード　★★★
記述力　—
応用力　★★★★

傾向　近年大問数は3題が基本となっている。'23年度の出題は、[1]が硫黄や炭素を中心とした非金属無機化学の問題、[2]は気体の法則や気液平衡に関する問題、[3]はアミノ酸関連の有機化学の問題がそれぞれ出題された。例年は煩雑な計算問題が出題されることもあって、短い解答時間で困ることもあるのだが、今年度は計算はすぐに出来るものばかりで、時間管理は難しくはなかったであろう。勝負の鍵となったのは、[3]のアスパルテームに繋がるものだろうか。それでも一度でも類題を解いた経験があれば大丈夫であっただろうが、このタイプの問題に経験がなかった受験生は、苦戦してしまったかもしれない。

対策　この問題を攻略するポイントは、典型例題を手早く解く練習を積むことにある。出題分野は幅広いので、どこか苦手な分野があれば、落とし穴に落ちる可能性があるので気を付けねばならない。そして、無機・有機の割合が高い。細かい知識までしっかりと詰めておきたい。今年度はそれほど解答時間が足りない様子はなかったが、年度によっては厳しいときもある。難問奇問は出題されないので、穴のない知識を身に付け、時間管理を伴った演習を積んでおくこと。また今年度のテーマに上がったアスパルテームは、化学は図説などにも取り上げられていることが多い。図説も読んでカラーでイメージしておくこともよい。こうしたことでアドバンテージを取れるラインまで得点できると考えられる。

生物　標準

テーマは標準的であるが、文章が長い。読解力を鍛えて試験に臨むこと

区分	細胞		代謝		遺伝子			体内環境			生殖・発生			環境応答				生態系				進化・系統		
分野名	細胞の構造と組織	細胞膜の構造と物質輸送	タンパク質の構造と酵素反応	同化と異化	細胞周期とDNA合成	遺伝子の発現と調節・変異	バイオテクノロジー	体液・循環系の構成と働き	自律神経とホルモンによる調節	生体防御	配偶子形成と生殖・遺伝	初期発生と形態形成	幹細胞と再生	刺激の受容と感覚	神経系と筋肉	動物の行動	植物生理	バイオームの遷移と分布	個体群と相互作用	物質生産と物質循環	自然環境	地球の発展と古典的生物進化	分子進化と集団遺伝	生物の系統と分類
2023		●		●		○		○	●									○						
2022	●				●						●				○		○		○			●		
2021			●	○		○	●	○				○			○									
2020			○			○	●				○				○					○		○	●	
2019	●			●	●			○		●	○	●		●	●		●	○	●	●		●	○	

2023年度の出題分析

- 出題形式　マーク
- 知識量　★★★
- スピード　★★★
- 記述力　ー
- 応用力　★★★

傾向　'23は大問3題である。問題で扱われるテーマは一般的なものが多い。知識問題は標準的な問題が多かった。実験問題は大問2で出題されたが、やや難度の高い問題であった。次に'23の出題内容について記載する。[1]は肝臓に関する問題で、関連してホルモンや生体膜を介しての物質輸送などの問題が出題された。[2]はスプライシングに関する実験考察問題で、グラフを丁寧に検討する必要のある問題であった。[3]は植生の遷移を軸とする問題だが、地衣類、生産構造、光合成、生態系の物質生産などについて、総合的に出題された。また、光合成と生態系の物質生産の問題では、計算問題が出題された。

対策　各大問は文章量が多いこともあり、時間のかかる問題が多い。知識問題は標準的な問題が多いが、計算問題や難度の高い考察問題が出題される可能性を考えると取りこぼしができない。実験考察問題やそれ以外の問題でもグラフや表のデータを読みとって考える問題が多いため、教科書の他に図説を利用して、図やグラフの読み取りの訓練をしっかりすることが必要である。またセンター試験や共通テストの過去問を利用し、実験の条件や要点をを素早く読み取る訓練も必須と考える。総合問題形式の対策としては、各分野で学んだ現象を関連やつながりを意識して学習を進めることである。そのほかには、東北医薬や聖マリなどの過去問で実践するのもよい対策になる。

物理　標準

'24ではまた難度が上がる可能性もある、しっかり準備しよう!!

区分	力学						電磁気学					波動			熱力学			原子		
分野名	等加速度運動・運動方程式・慣性力	力のモーメント・重心	運動量と力積・仕事とエネルギー	円運動・遠心力	単振動	万有引力とケプラーの法則	電場と電位	コンデンサー	直流回路	磁場・電磁誘導	交流回路・電気振動・電磁波	波の性質	音波	光波	熱量と温度	気体分子運動論	気体の状態変化	粒子性と波動性	原子の構造	放射線・核反応
2023					○					○			●				●			
2022				○						○							○			
2021			○						○				○							
2020	○						○							○						
2019		○								○							○			

2023年度の出題分析

- 出題形式　マーク
- 知識量　★★★
- スピード　★★★
- 記述力　ー
- 応用力　★★★★

傾向　大問3題で構成され、力学、熱力学と波動、電磁気から出題されている。力学は、1本のゴムひもを2本に切り、小球をはさんだ状態での単振動と2つの小球でゴムひもをはさんだ状態での単振動が出題されている。熱力学はピストン付き容器をひっくり返す等温変化と定圧変化が出題され、波動は反射体があるドップラー効果が出題されている。電磁気は、直線電流がつくる磁場が出題され、電流が1本、2本、4本と増えていく。基本～標準的な問題が中心であるが、単振動は類題を解いたことがないと厳しく、電磁気の後半は誘導に乗れないと苦労するだろう。試験時間が45分では時間に余裕はないので、ケアレスミスに注意しながら手早く解かなくてはいけない。

対策　標準～やや難度の高い問題まで解いておこう。典型的な問題を中心に出題されるが、出題の少ないテーマが出題されることもあるので幅広く学習しておくことが必要である。旧課程の時は原子からの出題が多く、'07の後期、'08の前期と後期、'10の前期と後期、'11の前期、'12の後期、'13の前期と後期、'14の後期に出題されている。新課程になり、原子はほとんどの医学部で必修となっているので、この傾向は続くと考えられたが、ここ数年は出題があまりない。標準的な問題も出題されているが、やや難度の高い問題が含まれることが増えている。試験時間が2科目で90分では余裕がないので、ミスなく解くことが大切である。

小論文　資料文型

複数の資料文と小問に対する時間内処理能力が求められる

年度	試験区分	内容	字数	時間
23	一般前期	問 1. 日本語の文章。民主的な支配について読んで、それぞれ理由や具体例を挙げる。問 2. 日本語の文章。破壊についての文章から、読書などを通して自分の考えが変化した経験を述べる。問 3. 英語の解釈。	–	60 分
	一般後期	問 1. 日本語の文章。小説の会話文より主人公の心情の変化を読み取る。問 2. 日本語の文章。サイコロの図を見て説明。問 .3　英語の解釈。（下線部の和訳、下線部の意味、英訳）	–	60 分
22	一般前期	問 1. 日本語の文章。古典を解釈する古典学が、それだけでもう " 古典 " となっているという。問 . 浮動層と固定相の動向について図を用いた出題がされ、解答するときも描画する。問 3. 英語の解釈。	–	60 分
21	一般前期	問 1. 日本語の文章。問 2. 日本語の文章。（うち 1 題は谷川俊太郎の文章）問 3. 英文の解釈（下線部和訳あり）	–	60 分

'21から小論文は、日本語2題と英語1題となっている。それまでの現代文の選択問題から大きく変わった。日本語の方は、小論文といっても意見を求める小論文ではないと考えた方が良い。有ったとしても他大学の論述ほどには量もないと思われる。埼玉医大の場合、推薦入試の小論文は色々な形式で出題されている。いずれにしても、一般的な資料文読解と設問要求に合わせた意見論述を中心とした小論文ではないことに注意。3問有るので、時間が足りないという受験生の意見もあり、時間配分に気をつけよう。日本語を読解したうえで説明する力を養っておきたい。形式が変わっても対応できる力は普段の国語的基礎能力である。以前の現代文型の時も読解力が必要だった。本ガイドブックを参考に、資料文型の大学の課題を、20分くらいで200字～300字程度に要約する練習も大切である。また、そこに簡単な感想を入れたり、資料文の長さは違うと思われるが、北里大や'22までの聖マリアンナ大の設問2の説明問題をやっておくのも良いだろう。ただし、聖マリアンナ大のように大きく形式が変わることもあるので、併願校対策にも力を入れておきたい。

国際医療福祉大学　医学部医学科

学部所在地	〒286-8686　千葉県成田市公津の杜4-3
交通手段	京成本線公津の杜駅 駅前
理事長	高木　邦格
学長	鈴木　康裕
設立年度	［平成29年］医学部開設

入試問い合わせ先
担当部署　入試事務統括センター
電話番号　0476-20-7810

医師国家試験状況

	第113回	第114回	第115回	第116回	第117回
国際医療福祉大学（全体）					99.2%
国際医療福祉大学（新卒）					99.2%

設置学部

保健医療学部／医療福祉学部／薬学部／成田看護学部／成田保健医療学部／赤坂心理・医療福祉マネジメント学部／小田原保健医療学部／福岡保健医療学部／福岡薬学部／成田薬学部（2024年4月新設予定）

2023年度入学者

2023年度入学者　142名

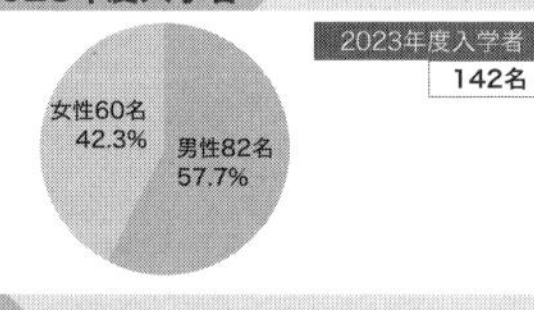

主な附属病院

国際医療福祉大学病院
国際医療福祉大学成田病院
国際医療福祉大学塩谷病院
国際医療福祉大学三田病院
国際医療福祉大学熱海病院
国際医療福祉大学市川病院
・その他関連施設
山王病院／山王バースセンター／高木病院
福岡山王病院／福岡中央病院など

2024年度学納金

1年次	入学金	¥1,500,000
	授業料	¥1,900,000
	実験実習費	¥600,000
	施設設備費	¥500,000
	初年度納入金総額	¥4,500,000
	入学時最低納入金	¥3,250,000
2年次以降の年額		¥2,800,000
6年間の総額		¥18,500,000

※その他（委託徴収金等）教育後援会年会費¥45,000/年、海外実習費用積立金¥70,000/年

繰上げ合格

一般・共テ利用では補欠者を発表する場合がある。補欠順位は個別に通知書を郵送する。合格者の入学手続状況により欠員が生じた場合に限り、繰上合格となることがある。繰上合格については、本人に電話連絡の上、入学の意思を確認する。

特待生制度

医学部特待奨学生Sについては一般選抜から20名、特待奨学生Aは一般選抜から25名、共通テスト利用から5名を選抜。特待奨学生Sに選抜されると学生給付金全額1,700万円の給付に加え、入学金150万円を免除となる。特待奨学生Aの場合は、1,400万円の給付に加え、入学金150万円の免除。どちらも学生寮に優先的に入寮可能となり、特待奨学生Sの場合、寮費も無料。

補欠順位

あり

成績開示

あり（一般選抜一次選考不合格者のみ）

寄付金

なし

入試結果

			2023	2022	2021
一般	募集人員		105	105	105
	志願者数		3,027	3,009	2,881
	受験者数	A	2,931	2,938	2,793
	一次合格者数	B	688	635	640
	一次合格倍率	A／B	**4.3**	**4.6**	**4.4**
	二次受験者数		—	—	—
	正規合格者数	C	300	278	280
	正規合格倍率	A／C	**9.8**	**10.6**	**10.0**
	補欠候補者数		329	316	321
	繰上合格者数	D	—	—	—
	総合格者数	C＋D	—	—	—
	合格実質倍率	A／（C＋D）	—	—	—
	入学者数		—	—	—
	合格者平均点（率）		68.8%	69.6%	77.5%
共テ利用	募集人員		15	15	15
	志願者数		921	829	740
	受験者数	E	906	802	719
	一次合格者数	F	211	186	177
	一次合格倍率	E／F	**4.3**	**4.3**	**4.1**
	二次受験者数		—	—	—
	正規合格者数	G	45	31	30
	正規合格倍率	E／G	**20.1**	**25.9**	**24.0**
	補欠候補者数		34	21	18
	繰上合格者数	H	—	—	—
	総合格者数	G＋H	—	—	—
	合格実質倍率	E／（G＋H）	—	—	—
	入学者数		—	—	—
	合格者平均点（率）		87.7%	82.1%	88.7%

（注）合格者平均点（率）は正規合格者を対象

2024年度　募集要項

国際医療福祉大学 医学部医学科

入試日程

試験区分	募集人員	出願期間	試験日 1次試験	試験日 2次試験
一般	105名	2023年12月19日(火)～2024年1月5日(金)消印有効	1月17日(水)	1月24日(水)*1 1月25日(木) 1月26日(金) 1月27日(土) 1月28日(日) 1月29日(月)
共テ利用	15名	2023年12月19日(火)～2024年1月11日(木)消印有効	共通テスト	学力試験・小論文 2月16日(金) 面接試験 2月20日(火)

*1　6日間のうちから本学の指定する日

試験時間・配点

集合時間(1次選考)　8：40～9：10

試験区分		科目	試験時間	時間	配点	合計点	備考
一般	1次	理科2科目	9:40～11:40	120分	200点	550点	
		数学	12:50～14:10	80分	150点		
		英語	15:00～16:20	80分	200点		
		小論文	17:10～18:10	60分	段階評価		
	2次	面接	9:00～18:30	約30分×2回	段階評価		

試験会場

試験区分	1次試験	2次試験
一般	成田キャンパス・東京(五反田TOCビル)・大阪(TKP新大阪駅前カンファレンスセンター)・福岡(福岡国際医療福祉大学 看護学部)	成田キャンパス・東京赤坂キャンパス
共テ利用		成田キャンパス・東京赤坂キャンパス

合格発表日

試験区分	1次試験	2次試験	手続締切	辞退締切
一般前期	1月21日(日) 15:00	2月3日(土) 15:00	2月9日(金) 消印有効	3月31日(日) 17:00
共テ利用	2月13日(火) 15:00	2月26日(月) 15:00	3月6日(水) 消印有効	3月31日(日) 17:00

合格発表方法

試験区分	1次試験	2次試験
一般	ネット照会	ネット照会・郵便(合格者)
共テ利用	ネット照会	ネット照会・郵便(合格者)

入試情報

過去3年間入学者現浪比

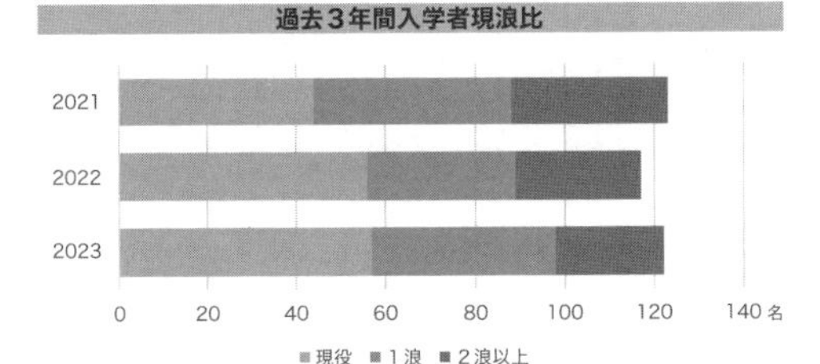

	2021	2022	2023
現役	44 名 (35.8%)	56 名 (47.9%)	57 名 (46.7%)
1浪	44 名 (35.8%)	33 名 (28.2%)	41 名 (33.6%)
2浪以上	35 名 (28.5%)	28 名 (23.9%)	24 名 (19.7%)
入学者	123 名	117 名	122 名

※留学生特別選抜を除く

2023年度合格者現浪比

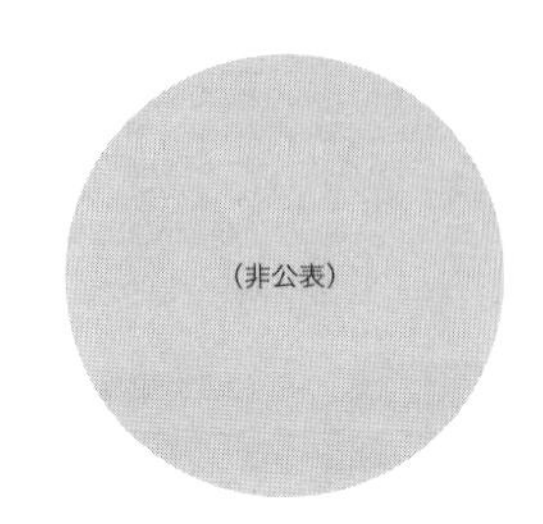

面接

メルリックス学院生からのアンケートをもとに作成しています

■ 所要時間　個人30分×2回

■ 面接の進行

【質問内容】

<個人1回目>
- 医師志望理由
- 本学志望理由
- 併願校について
- 高校について
- 短所について
- 自己PR(2分程度)
- 本学をどこで知ったか
- 国際性とは
- コロナ以外で気になったニュース

<個人2回目>
- 情報をどこから得ているか
- 介護職の人手不足と原因
- 未婚率について
- LGBTについて

面接官の人数:3名
受験生の人数:1名
(2回とも同じ配置)

○ 受験生　● 面接官

1回目の面接では主に出願書類に基づいて志望理由等について聞き、2回目の面接では社会で問題となっているようなテーマをとりあげ、それについて面接官と討論するような形式となっている。「一部英語での面接」を希望することができるが、そのことが合否に大きく影響することはない。

国際医療福祉大学　医学部医学科

一般選抜出題傾向分析

数学　標準　難度上昇。まず典型問題の解法を理解し身につけ、応用力も

出題形式：マーク
知識量：★★★
スピード：★★★★
記述力：ー
応用力：★★★

区分	解析系									図形系					その他				
	I	I・II	II			B	III			I	II	B	III		I	A			B
分野名	二次関数	数と式	指数・対数	三角関数	微分・積分	数列	いろいろな関数と極限	微分	積分	三角比	図形と方程式	ベクトル	いろいろな曲線	複素数平面	データの分析	整数	場合の数	確率	確率分布
2023	●			●					○			●		○		●		○	
2022		●	●			○			○	●			●			○			
2021	●	●							○		●	○						○	
2020		●				○			○	●				○		●	●		
2019	●			●					○		●	○	●					○	

傾向　大問4題。'21まではどの問題も解法や考え方そのものは中堅〜上位私大レベル典型問題のもので、若干ひねりに入った問題も入っていた。しかし'22に難度が上がり、'23も'22と同程度の難度であった。[1]の小問集は中堅〜上位私立大レベルの典型問題中心でやや面倒な問題も混ざるのはこれまでと同様。[2]〜[4]は誘導形式で典型問題の解法をいくつか組み合わせて解かせる問題だが、'22になって難度が上がり、誘導に乗るのにも上位私大〜上位国立大レベル典型問題の解法をしっかり理解しそれを使いこなせることが要求されている。[4]は毎年積分。制限時間80分にしてはややボリュームがあり、スピードと正確さも要求されている事が多い。

対策　この大学で医学部入試の始まった'17から'21までの問題を見ると、問題を解くのに用いる解法そのものは中堅〜上位私大向け問題集によく載っている典型問題のものであることがほとんどで、若干ひねりが入り解法暗記でやってきた受験生は困惑しそうな問題も入っている程度であった。'23も[1]は同様。まずは中堅〜上位私大向けの典型問題は出題範囲のどの単元も解法を理解し早く正確に解けるよう練習しておこう。'22からは[2]〜[4]は難度が上がっている。上位私大〜上位国立大レベル典型問題の解法までしっかり理解し、それを使いこなせるようにしておこう。また、試験当日は解けそうな問題から手早く正確に解いていくようにしよう。

英語　やや難　過去問長文の出典に注目、特に医療、環境関連を読んでおこう

2023年度の出題分析

出題形式：マーク
知識量：★★★★
スピード：★★★★
記述力：ー
応用力：★★★

区分	読解							文法・語法						表現・作文		会話		
分野名	和訳	内容真偽	内容説明	空所補充	脱文挿入	文整序	表題選択	短文完成	語句整序	誤り指摘	語定義	発音・アクセント	同意・反意語句	英訳	テーマ型英作文	応答選択	空所補充	内容真偽
2023		●		●	●		●	○	○	○								
2022		●		●	●		●	○	○	○								
2021		●		●	●		●	○	○	○								
2020		●		●	●		●	○	○	○								
2019		●		●	●			○	○	○			●					

傾向　時間80分、オールマーク式で、大問は5題。[1]短文完成(10問)、[2]語句整序(5問)。前者は文法・語法・イディオム、よく知っている語の別の意味まで幅広く通じている必要がある。後者は、日本語のリード付きの部分整序で不要語句はなく、8個の空所を埋める形式が'20より定着。概ね平易だが、やや注意を要するものが混じっており、ここでもしっかりとした文法・語法力が試される。[3]は長文形式での誤り指摘は文脈よりは文法に関するものが多く、ここで時短をはかりたい。[4]、[5]はいずれも長文で、内容真偽、空所補充、下線部の意味内容選択などから成り、ときに思考を要するものもある。また、脱文挿入(2問、2〜6行に渡る長めの文挿入)もある。開学から'19までと比べると、'20以降は選択肢を狭めるなど全体的に平易になった感がある。

対策　開学が最近のため過去問は多くなく傾向や内容は似ているので、全部に目を通し、問題の概要を把握することが第一。文法問題での失点は大勢に影響するので、短文完成、語句整序、誤文訂正は迅速に処理できるよう演習が必要。また、長文では医療系だけでなく環境問題も扱われることが多いので、関連の英文を求めて読むだけでなく、日本語からでも背景知識を増やしておく必要があるだろう。やや難レベルの単語、イディオムも含めた語彙力アップも必要だ。使用された英文には出典がついているが、National Geographic,やScience Dailyなど過去複数回出題されている出典もあるので、検索してみるとよいだろう。単語帳もレベルの高いものを手元に置き、普段からチェックしておきたい。

化学　標準　幅広い知識、文章読解力、解答スピードの3拍子が必要

2023年度の出題分析

出題形式：マーク
知識量：★★★★
スピード：★★★★
記述力：ー
応用力：★★★

区分	理論										無機		有機					
分野名	原子の構造・化学結合	化学量と化学式	物質の三態・気体の法則	溶解度・濃度	コロイド・希薄溶液	化学反応と反応熱	酸と塩基の反応	酸化・還元	電池・電気分解	反応の速さと化学平衡	周期表と非金属元素	金属元素	脂肪族	芳香族	糖	アミノ酸とタンパク質	生命化学	合成高分子化合物
2023	●	●	●			●	●			○	●	○	●	○				●
2022	●		○			●			●	●	○		●		●	○		
2021	●	●			○					●	●				○		○	
2020	●	●	●				○		●			○	●	●			○	●
2019	●				●			○		●	●	●	●	●	●		●	●

傾向　過去にはかなり難易度の高い問題が出題されていたが、近年は標準的な問題が多くなってきた。例年[1]は計算問題を含む小問集合問題が出題されている。[2]は反応速度と化学平衡に関する計算問題、[3]は鉄に関する総合問題で、酸化還元滴定の問題も含まれていた。[4]は有機化学の芳香族総合問題が出題された。難易度は前年の「やや難」から「標準」に評価を下げたが、文章読解力を必要とするやや難度の高い問題も含まれているので、標準レベルよりやや難しいと言えよう。また、やや時間のかかる計算問題が多く、'23では9問が出題されていた。全問完答するには、完成度の高い幅広い知識と、かなりの解答スピードが要求される。

対策　[1]の小問集合対策では、化学全般の幅広い正確な知識が必要である。[2]〜[4]はそれぞれ特定分野からの総合問題が出題されており、設問中には計算問題が含まれていることが多い。多くは受験の頻出問題や定番問題の解き方や考え方が身に付いていれば対応できるだろう。また、やや変則的な問題が出題される場合もあるが、リード文にヒントが記載されている場合が多いので、文章読解力があれば十分対応できる問題も少なくない。難点は解答時間に対して計算を含む全体の問題量が多いことで、解答スピードを要求されることであろう。高得点を取るためには、「幅広い正確な知識」「問題文に対する読解力」「解答スピード」が不可欠となる。

生物 標準 問題数が多いのでまず知識問題で効率よく基礎点を確保したい

区分	細胞		代謝		遺伝子			体内環境			生殖・発生			環境応答				生態系				進化・系統		
分野名	細胞の構造と組織	細胞膜の構造と物質輸送	タンパク質の構造と酵素反応	同化と異化	細胞周期とDNA合成	遺伝子の発現と調節・変異	バイオテクノロジー	体液・循環系の構成と働き	自律神経とホルモンによる調節	生体防御	配偶子形成と生殖・遺伝	初期発生と形態形成	幹細胞と再生	刺激の受容と感覚	神経系と筋肉	動物の行動	植物生理	バイオームの遷移と分布	個体群と相互作用	物質生産と物質循環	自然環境	地球の発展と古典的生物進化	分子進化と集団遺伝	生物の系統と分類
2023										○		○			○				○			○	○	
2022				○		○						○		○				○	○					
2021			○		○		○	○															○	
2020								○	●	●	○				○			○	○					
2019	○	○							○	○	○	○					○							

2023年度の出題分析

出題形式	マーク
知識量	★★★★
スピード	★★★★
記述力	—
応用力	★★★★

傾向 大問4題は2部構成で合計8題の出題構成となっている。それぞれの前半は基本的な内容。後半は前半と関連のある範囲、あるいは異なる範囲からの実験・考察・計算などの問題でより深い知識と、文章を理解する力が問われている。この形式は'22·'23と安定してきたようである。前半は選択肢の数も少なく教科書、図説などの知識を確実に勉強しておけば高得点が取れる。後半はリード文の理解と考察する能力が問われていて大きな得点差が生じる問題である。生物全範囲からの出題が見られ、他の医学部に比べて生物群集、個体群の相互作用、進化、系統からの出題が目立つ。

対策 まず前半の知識問題で失点をしないよう、教科書の範囲は確実に押さえておくこと。入試では各設問の前半を[1]から[4]まで手際よく済ませて。基礎点を確保した上で各設問の後半のやりやすそうな問題から時間をかけて解いてゆくことををすすめます。計算問題でも文章を基に考えさせる、読解力が必要な問題もあり情報処理速度が求められています。考察問題に対応するためには教科書に加えて図説の説明でより深い知識を深め、問題集でグラフの問題·計算問題などを含めて馴染んでおくことが大切。広い範囲からの出題が考えられるので、学習する範囲を限定しないことも心がけるとよい。

物理 標準 '24は難度が高くなる可能性がある、準備をしっかりしよう!!

区分	力学						電磁気学					波動			熱力学			原子		
分野名	等加速度運動・運動方程式・慣性力	力のモーメント・重心	運動量と力積・仕事とエネルギー	円運動・遠心力	単振動	万有引力とケプラーの法則	電場と電位	コンデンサー	直流回路	磁場・電磁誘導	交流回路・電気振動・電磁波	波の性質	音波	光波	熱量と温度	気体分子運動論	気体の状態変化	粒子性と波動性	原子の構造	放射線・核反応
2023		●			○		●			○			●	○	●		○			●
2022			●	○						○				○	●		○	●		
2021			○		●			○	●	●			○	●	●		○			
2020	●				○				●	○			●	○		●	○	●		
2019		●	○				●	○				○		●			○		●	

2023年度の出題分析

出題形式	マーク
知識量	★★★★
スピード	★★★
記述力	—
応用力	★★★★

傾向 大問5題で構成され、小問集合、力学、電磁気、波動、熱力学が出題されている。小問集合は棒に働く力のモーメント、2つの電荷に働く力、気柱の開管と閉管での基本振動数の比、熱の性質、放射線の性質が出題されている。力学は、振り子とばね振り子の衝突で、単振動も含まれている。電磁気は荷電粒子の磁場内での円運動で、磁束密度が変化する問題である。波動は凸レンズによる像の問題で、スクリーンを動かしたり、透明な板を入れたり、凸レンズのない状態で透明な板を傾けるなどしている。熱力学はピストン付き容器にストッパーが2組ある状態での気体の状態変化が出題されている。基本～標準問題が中心となっているが、やや難度の高い問題も含まれている。

対策 典型的な問題～発展的な問題までが出題されている。難問は少ないので、日頃からある程度レベルの高い問題に慣れている受験生ならば、点を取ることも出来るだろう。'20、'23ではやや難易度が上がり、'21と'22ではやや下がっている。標準的な問題は当然解かなくてはいけないが、やや難度が高い問題も解いておくことが重要である。見慣れない内容の問題や、ややレベルの高い問題も誘導に乗れば解けることが多いので、落ち着いて問題文を読み取っていけばいい。焦らないことが重要であり、解ける問題でケアレスミスをしないことが大切である。時間にあまり余裕はないので、スピードを上げ、解ける問題を優先的に解こう。

小論文 テーマ型 設問中の条件とヒントを生かす力が求められる

年度	試験区分	内容	字数	時間
23	一般	医療者は良質かつ適切な医療を提供することがミッションの一つであるが、若い未熟な医療者育成のためには医療現場で臨床教育を実施することも必要である。医療安全の観点から最も重要なポイントはどういうことだと考えるか意見を述べる。	600字	60分
22	一般	ＡＩの医学・医療への応用が期待される。カルテの解析や、データ解析及び、分析させ治療に役立てようというものだ。一方で、ＡＩが医学・医療を人にとって替わる限界と危険性の懸念も言われる。ＡＩが医学・医療に与える影響や課題について述べよ。	600字	60分
21	一般	新型コロナ感染症拡大の中、本学、病院は医療派遣や患者受け入れなどして来た。この１年の政府の政策の良い点、悪い点を具体的に挙げて評価する。また、複数の国で卒業の前倒しや医師資格試験免除、医学生の現場派遣などがなされたが、あなたが医学生なら派遣についてどう考えどう行動するか。	600字	60分

'17に医学部が新設された時から、小論文課題は長いテーマ型である。医学部及び成田附属病院は成田国際空港に近く、国内外からの人の出入り口となっている。成田病院では新型コロナウイルス感染症患者も積極的に受け入れたこともある。また医学部には海外からの留学生も入学しており、実習先もアジアの国を中心に力を入れている。それだけに、国際的な医療人としての視野を持った医学·医療の学びを6年間実施している。そのため小論文でも他大学とはひと味違うテーマになっていることが多い。
'23は日本の医療現場に関してのテーマである。日本の医学部の学生はOSCE、CBTに合格した後、スチューデント·ドクターとして患者さんの前に出る。その時はまだ医師ではないのでできることは限られており、卒業後の初期臨床研修においても日本の研修医はアメリカの医学生より臨床経験が足りないなどと言われている。しかし、医師の誰もが初めての診察·治療·手術を経験してきたわけで、どう患者さんの安全性を確保するかは永遠のテーマと言えるだろう。それには指導医や先輩の医師達の積極的な関与や、本人の努力が重要となるのではないだろうか。また、最近ではVRをトレーニングシステムに応用するなど最新の技術も積極的に活用されている。医師の教育についてこういう視点から出題されたのは初めてである。
'22は現在の医学部入試で非常に流行しているＡＩと医療についての出題である。昭和大などで類似の課題が出題されているので、比較しながら書いてみるとよい。日頃から、ニュースで最新の医療技術を取り入れながら、日本の医療的現状、今後の医療について考えておくことが必要だろう。

杏林大学　医学部医学科

学部所在地　〒181-8611　東京都三鷹市新川6-20-2
交通手段　JR吉祥寺駅・三鷹駅よりバス15〜20分、京王線仙川駅・調布駅よりバス15〜25分
創設者　松田 進勇
理事長　松田 剛明
学長　渡邊 卓
設立年度　［昭和45年］杏林大学医学部を開設

入試問い合わせ先
担当部署　入学センター
電話番号　0422-47-0077

医師国家試験状況

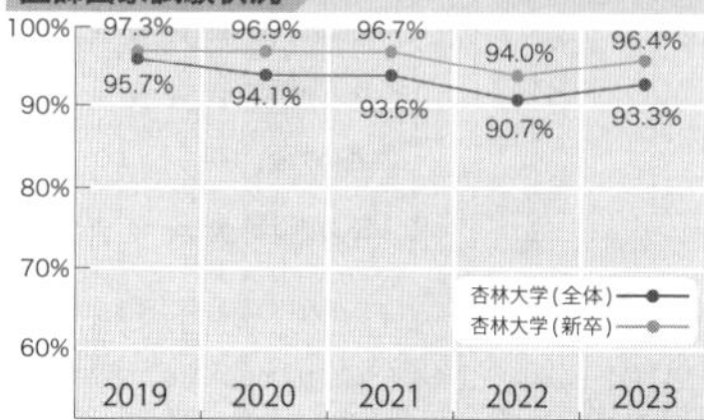

	第113回	第114回	第115回	第116回	第117回
杏林大学（全体）	95.7%	94.1%	93.6%	90.7%	93.3%
杏林大学（新卒）	97.3%	96.9%	96.7%	94.0%	96.4%

設置学部

外国語学部
総合政策学部
保健学部

主な附属病院

杏林大学医学部付属病院
・その他関連施設
高度救命救急センター

2023年度入学者

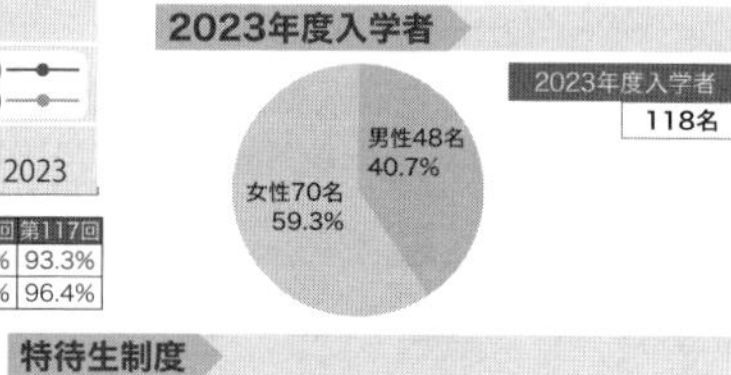

2024年度学納金

1年次	入学金	¥1,500,000
	授業料	¥3,000,000
	施設設備費	¥4,000,000
	実験実習費	¥1,000,000
	初年度納入金総額	¥9,500,000
	入学時最低納入金※	¥6,090,700
2年次以降の年額		¥5,500,000
6年間の総額		¥37,000,000

※その他¥590,700含む

繰上げ合格

合格発表時に繰上順位をつけた補欠者を掲示する。定員に欠員が生じた場合、繰上順位の上位者から繰上合格者とし、電話連絡する。

特待生制度

補欠順位

あり

成績開示

あり（一般選抜第1次試験の不合格者のみ）

寄付金

入学に関連した寄付金・学債の募集は一切行っておりません。

入試結果

			2023	2022	2021
一般	募集人員		102	100	98
	志願者数		2,933	2,649	2,280
	受験者数	A	2,842	2,559	2,197
	一次合格者数	B	692	653	565
	一次合格倍率	A/B	4.1	3.9	3.9
	二次受験者数		—	—	—
	正規合格者数	C	218	194	171
	正規合格倍率	A/C	13.0	13.2	12.8
	補欠候補者数		260*	216*	180*
	繰上合格者数	D	—	—	—
	総合格者数	C+D	—	—	—
	合格実質倍率	A/(C+D)	—	—	—
	入学者数		—	—	—
	合格最高点		—	—	—
	合格最低点		—	—	—
共テ利用前期	募集人員		15	10	10
	志願者数		943	685	750
	受験者数	E	924	677	738
	一次合格者数	F	363	290	297
	一次合格倍率	E/F	2.5	2.3	2.5
	二次受験者数		—	—	—
	正規合格者数	G	26	18	20
	正規合格倍率	E/G	35.5	37.6	36.9
	補欠候補者数		50*	46*	51*
	繰上合格者数	H	—	—	—
	総合格者数	G+H	—	—	—
	合格実質倍率	E/(G+H)	—	—	—
	入学者数		—	—	—
	合格最高点		—	—	—
	合格最低点		—	—	—

			2023	2022	2021
共テ利用後期	募集人員			5	5
	志願者数			46	62
	受験者数	I		46	62
	一次合格者数	J		30	49
	一次合格倍率	I/J		1.5	1.3
	二次受験者数			—	—
	正規合格者数	K		6	5
	正規合格倍率	I/K		7.7	12.4
	補欠候補者数			0*	5*
	繰上合格者数	L		—	—
	総合格者数	K+L		—	—
	合格実質倍率	I/(K+L)		—	—
	入学者数			—	—
	合格最高点			—	—
	合格最低点			—	—

*メルリックス調べ

※1　2023一般の募集人員には東京都地域枠10名・新潟県地域枠3名含む
※2　2022一般の募集人員には東京都地域枠10名・新潟県地域枠2名含む
※3　2021一般の募集人員には東京都地域枠10名含む

2024年度　募集要項　杏林大学 医学部医学科

入試日程

試験区分	募集人員	出願期間	試験日	
			1次試験	2次試験*1
一般	89名*2	2023年12月4日(月)～2024年1月5日(金)必着	1月19日(金)	2月1日(木)*3 2月2日(金)
共テ利用	15名	2023年12月4日(月)～2024年1月12日(金)必着	共通テスト	2月18日(日)

*1 2次試験は1次合格者のみ
*2 東京都地域枠・新潟県地域枠認可申請中
*3 指定されたいずれか1日

試験時間・配点　集合時間 1次:10:10　2次:8:20

試験区分		科目	試験時間	時間	配点	合計点	備考
一般	1次	理科2科目	10:30～12:10	100分	75点×2	350点	
		数学	13:30～14:40	70分	100点		
		英語	15:40～16:40	60分	100点		
	2次	小論文	9:00～10:00	60分	—	—	
		面接	10:30～17:00	—	—		

試験会場

試験区分	1次試験	2次試験
一般	ベルサール新宿グランド・ベルサール東京日本橋*4	本学三鷹キャンパス
共テ利用		本学三鷹キャンパス

*4 定員超過の場合、本学三鷹キャンパス

合格発表日

試験区分	1次試験	2次試験	手続締切	辞退締切
一般	1月26日(金) 16:00	2月7日(水) 16:00	2月15日(木) 必着	3月30日(土) 12:00
共テ利用	2月14日(水) 16:00	2月21日(水) 17:00	2月29日(木) 必着	3月30日(土) 12:00

合格発表方法

試験区分	1次試験	2次試験
一般	掲示・ネット照会	掲示・ネット照会
共テ利用	掲示・ネット照会	掲示・ネット照会

入試情報

過去3年間入学者現浪比

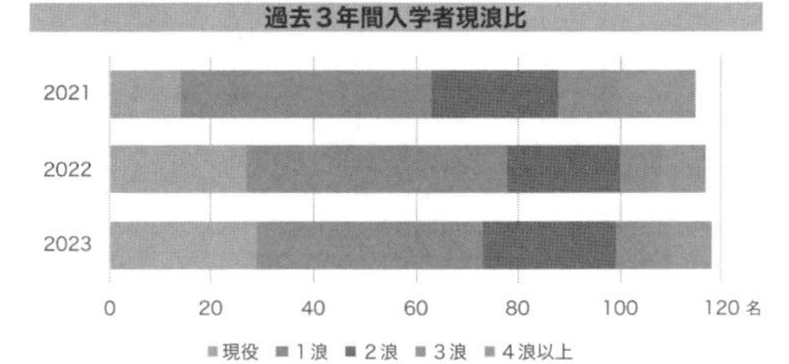

	2021	2022	2023
現役	14名 (12.2%)	27名 (23.1%)	29名 (24.6%)
1浪	49名 (42.6%)	51名 (43.6%)	44名 (37.3%)
2浪	25名 (21.7%)	22名 (18.8%)	26名 (22.0%)
3浪	12名 (10.4%)	8名 (6.8%)	11名 (9.3%)
4浪以上	15名 (13.0%)	9名 (7.7%)	8名 (6.8%)
入学者	115名	117名	118名

2023年度合格者現浪比

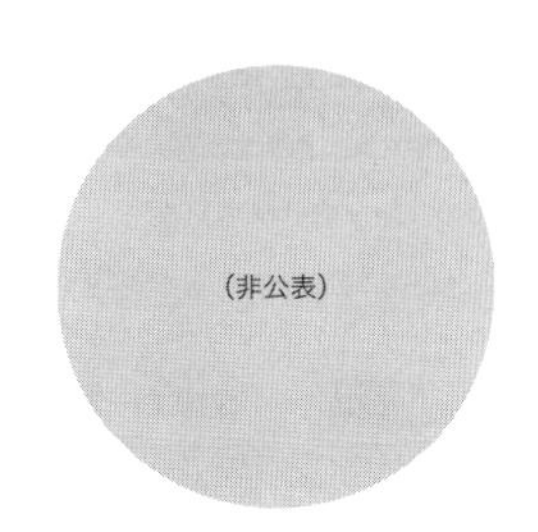

面接

メルリックス学院生からのアンケートをもとに作成しています

■ 所要時間 個人10分

■ 面接の進行
【アンケート】あり　高校卒業後の経歴、自己PR、クラブ活動(役割も含め)、大学に入ったらやりたいこと
【質問内容】

<個人>
・医師志望理由
・本学志望理由
・高校生活や部活動について
・趣味や特技について
・なぜ何年も浪人してしまったのか
・入学後に何をしたいか
・急病人に遭遇したらどうするか
・医師は大変なことが多いが大丈夫か

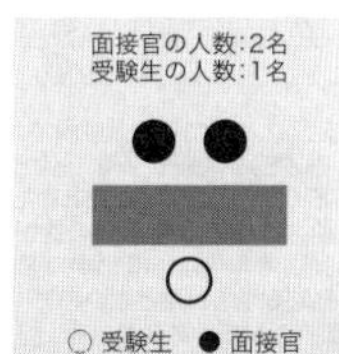

小論文が始まる前にアンケートを記入するので、当日は早めに行くとよい。面接ではアンケートに書いたことから結構聞かれるので、質問の内容を想定して書くよう心がけること。面接室によって、世間話のようなリラックスした雰囲気もあれば、厳しい質問をされる場合もある。

杏林大学　医学部医学科

一般選抜出題傾向分析

数学　標準　まず上位私大レベル典型問題を固め、図形の絡んだ総合問題を

区分	解析系									図形系					その他				
	I	I・II	II			B	III			I	II	B	III		I	A			B
分野名	二次関数	数と式	指数・対数	三角関数	微分・積分	数列	いろいろな関数と極限	微分	積分	三角比	図形と方程式	ベクトル	いろいろな曲線	複素数平面	データの分析	整数	場合の数	確率	確率分布
2023						○			○			○						○	
2022								○	○			○							
2021					○			○										○	
2020					○	○						○	○						
2019								○	○				○				●	●	

2023年度の出題分析
- 出題形式　マーク
- 知識量　★★★
- スピード　★★★
- 記述力　—
- 応用力　★★★

傾向　大問3題。例年[3]は量が多く、途中に取り組みやすい問題があり, 全体を俯瞰して解答できるかなどの能力も問われる問題となっている。後半の問題で図形に対する洞察が要求される総合的な問題が目立ってきている。'15まで難度が高くボリュームもあったが、'16 以降は上位私大受験者向け典型問題集に載っているような解法を組み合わせて解く問題が中心。難易度・ボリュームともに適切と思える出題が続いている。'23の問題を見ると、'22よりはやや難化し, [1]は「確率漸化式」の問題。[2]は「空間ベクトル」の典型的な問題。[3]は図形的な洞察が要求される、空間座標において動点とともに動く図形の軌跡に関する問題であった。

対策　'16以降は以前に比べると解きやすくなりボリュームは抑え気味。それでも制限時間に対してボリュームがやや多めな年もある。難しい問題を解くためのテクニックを覚えるより、まず上位私立大レベルの典型問題の解法は一通り身につけこのレベルでの穴をなくし、問題演習を多くこなして速く・正確に解く練習しておこう。以前より解きやすい問題が中心とはいえ、典型問題そのままではなく、図形的な洞察が必要な総合問題も後半でよく出てくるようになってきており、いくつかの単元の絡んだ総合的な問題が多い。総合的な問題もしっかりやって応用力と実戦力をつけておこう。その上で、'16以降の過去問で時間配分や誘導に慣れておこう。'24から試験時間が70分になる。

英語　標準　総じて負担減傾向継続、ジャンル不問の読解演習を中心に

区分	読解							文法・語法						表現・作文		会話		
分野名	和訳	内容真偽	内容説明	空所補充	脱文挿入	文整序	表題選択	短文完成	語句整序	誤り指摘	語定義	発音・アクセント	同意・反意語句	英訳	テーマ型英作文	応答選択	空所補充	内容真偽
2023		●		●	●	○		○	○									
2022		●			●	○		○	○									
2021		●			●	○		○	○									
2020		●		●		○		○	○									
2019		●		●				○		○							○	

2023年度の出題分析
- 出題形式　マーク
- 知識量　★★★★
- スピード　★★★
- 記述力　—
- 応用力　★★★

傾向　形式は変わらず60分で大問4題、オールマーク式。[1]短文完成(10問)、頻出する文法事項や基本的なイディオムなどを問うもので概ね平易。[2]部分語句整序(5問)、日本語のリードはないが語群は少なく平易。[3]短い英文と会話文の文整序で計5問。[4]定番の長文2つだが、'22と同様、どちらもA4判一枚に収まる長さで、問も5問ずつ計10問と少なめ。問題は内容真偽、下線部の意味、空所補充など。'22·'21に引き続き脱文挿入が(英文1)(英文2)のそれぞれで1問ずつ出題されている。'22同様、従来と同じ試験時間(60分)で、読むべき英文の分量も処理すべき問題数も抑えられており、易化傾向が続いている。

対策　'23も近年の傾向とほぼ同じ傾向と言ってよいが, '21の易化傾向はそのままのようだ。短文完成や語句整序は易～標準レベルなので頻出問題を集めた問題集を隅々までやり、基本的なイディオムに通じておけばよい。語句整序はリード文なしの部分整序を多くこなして慣れておくこと。文法の類題は探すのが容易なので過去問をできるだけ遡るのはもちろん、他大学の類題にも積極的に取り組もう。長文のテーマは医学系にこだわらず、言語や歴史、文芸など幅広く人文科学系の英文にも接しておくのが理想的。コンパクトな長さの英文を雑誌やネットから拾って、できれば日常的に読む習慣をつけておきたい。続けるコツは、関心のあるトピックを選ぶこと。

化学　標準　全問マーク式。基本的な問題構成の中に煩わしい問題も潜む

区分	理論										無機		有機					
分野名	原子の構造・化学結合	化学量と化学式	物質の三態・気体の法則	溶解度・濃度	コロイド・希薄溶液	化学反応と反応熱	酸と塩基の反応	酸化・還元	電池・電気分解	反応の速さと化学平衡	周期表と非金属元素	金属元素	脂肪族	芳香族	糖	アミノ酸とタンパク質	生命化学	合成高分子化合物
2023	●			●				●		○	●	○	●	●	○			
2022	●		●		●	●			●	○	●	●	○	●		●		
2021	●		●			●	●	●		●	●	○	○	●				
2020	●	●	●		●	●	●		●	●	●	●	●	●				
2019	●				●	●		○		●	●	●		●		○		

2023年度の出題分析
- 出題形式　マーク
- 知識量　★★★
- スピード　★★★
- 記述力　—
- 応用力　★★★

傾向　全問マーク形式。'22では大問4題であったが、'23では大問3題の出題であった。基本的な問題が多く、淡々と解き進めていけばよいだけだが、今年度はグラフの読み取りを伴う問題が2題あった。そこで時間がかかってしまうと、無用なケアレスミスを誘発したり、化学以外の選択科目の解答時間を圧迫してしまったりすることもあるだろう。今年度は無機化学知識の緻密さで得点差が付きやすかったと思われる。難しく考える問題が殆どないので、コツコツと積み重ねていく学習姿勢がストレートに評価される問題構成である。例年、それほどスピードは要求されないが、今年度は若干ボリュームもあった。今後はスピードを要求されることもあり得るので、注意が必要である。

対策　近年の傾向としてほとんど全ての問題で基本的な問題が出題されている。教科書の内容をしっかりと押さえて、教科書傍用の問題集や典型問題集で実戦力を付けるとともに、知識の漏れのないようにチェックをしていこう。杏林化学では高得点勝負になると思われるので、ちょっとしたエラーが合否に関わってきてしまう。普段はミスが少ない人も、入試当日にはそうはいかないこともある。練習として時間制限をかけて、演習をしていくのもよいだろう。時間に追われて焦っている状態で、それでも正しく知識を使えるように、普段から負荷をかけていくことがテーマである。合格へのカギは、鉄壁の基礎力ということになるであろう。

生物　標準　広く浅い知識と素早く正確な出力が求められる

区分	細胞		代謝		遺伝子			体内環境			生殖・発生			環境応答				生態系				進化・系統		
分野名	細胞の構造と組織	細胞膜の構造と物質輸送	タンパク質の構造と酵素反応	同化と異化	細胞周期とDNA合成	遺伝子の発現と調節・変異	バイオテクノロジー	体液・循環系の構成と働き	自律神経とホルモンによる調節	生体防御	配偶子形成と生殖・遺伝	初期発生と形態形成	幹細胞と再生	刺激の受容と感覚	神経系と筋肉	動物の行動	植物生理	バイオームの遷移と分布	個体群と相互作用	物質生産と物質循環	自然環境	地球の発展と古典的生物進化	分子進化と集団遺伝	生物の系統と分類
2023	●			●	●	●		●				○				○	●	●				●		
2022	●	●				●			●		●	●		●		●	●	●		●				
2021				●		●		●	●	●		●			●		●	●				●		●
2020	●			●				●			●	●			●		●		●			●	●	
2019	●	●	●			●	●	●			●			●	●		●			●		●		●

傾向　まず大きな傾向として、例年大問数が3ないしは4であり、年によって変化する。大問数の変化はあるが、前半は小問および中問の集合、後半はボリュームはさほどではないものの、実験考察問題を含む形で一つのテーマについて問う形の問題の出題である。問題の難易度は医学部受験としては標準的な知識問題を中心とした出題内容で、例年計算問題が数問出題される。この傾向は変わらないだろう。'23では、大問数は4問の構成である。[1]は小問集合の問題が出題された。[2]は中問程度の問題として、呼吸、核酸の構造、心臓の拍動のグラフに関する問題が出題された。[3]は動物の発生の誘導に関する問題が出題された。[4]は動物の行動の学習に関する問題が出題された。

対策　2科目100分である。やや短く感じるかもしれないが、問題の内容は医学部受験の標準的な問題であり、問題数から考えても妥当な制限時間であると考える。用語と重要な現象に関する知識は正確に正確に身につけておく必要がある。計算問題が出題されるが、ほとんどが標準的な問題集で見かけるタイプの問題であり、一般的な問題は解けるように十分に訓練する必要がある。重要な現象については、基礎をおろそかにせず、丁寧に整理して理解しておくべきである。前半の小問・中問は素早くかつ取りこぼしの無いようにして後半の考察問題に取り組めるようにしたい。素早く正確な情報を取り出せるように、標準的な問題を数多く解いて訓練しておこう。

物理　標準　さらに難度が上がることも想定して、幅広く学習しておくこと!!

区分	力学						電磁気学					波動			熱力学			原子		
分野名	等加速度運動・運動方程式・慣性力	力のモーメント・重心	運動量と力積・仕事とエネルギー	円運動・遠心力	単振動	万有引力とケプラーの法則	電場と電位	コンデンサー	直流回路	磁場・電磁誘導	交流回路・電気振動・電磁波	波の性質	音波	光波	熱量と温度	気体分子運動論	気体の状態変化	粒子性と波動性	原子の構造	放射線・核反応
2023	○		●						●	○			●					●		●
2022		○		●				●		○				●			●	●		●
2021	●		○						○	●				●		●				
2020	●		○				●			○				●	●			●		●
2019			●		○					●	○		●				●	●		●

2023年度の出題分析

出題形式　マーク
知識量　★★★★
スピード　★★★
記述力　—
応用力　★★★★

傾向　大問4題で構成され、小問集合2題、力学、電磁気が各1題ずつ出題されている。小問集合の1題目は静止した小球への衝突、自由落下と熱量、弦の振動、2題目は抵抗率からの抵抗値と消費電力、電子とX線の衝突、α線とアルミニウム原子の核反応が出題されている。力学は斜方投射の問題で速度ベクトルの領域や最高点の高さや最大距離なども問われている。電磁気は磁場内での導体棒の運動から誘導起電力を求める問題と、2つ磁場の領域をコイルが通過する問題が出題されている。小問集合は易しく、力学の前半、電磁気は典型的な標準問題となっている。力学の後半は難しいのでとばして解いた方がよい。試験時間が50分で手早く解くことが必要である。

対策　標準〜やや難度の高い問題までをしっかり解いておくこと。全分野から出題されるので、苦手な分野ややり残した分野はなくしておくことが大切である。'08から全問マーク式になり、問題数が多くなり、さらに難度の高い問題も増えたため時間が足りない状況になった。'12からは試験時間が50分になり、やや難度が下がり、'13〜'23も難度は高くはないが、問題が多めなので時間配分に注意が必要である。日頃から問題を解くスピードと正確性を上げておくことが必要である。今の難度から以前の難度まで上がることも想定して、やや難度の高い問題も解くほうが良いが、現在は標準問題が中心なので、標準問題を完璧にすることが優先される。

小論文　テーマ型　自己を取り巻く社会生活への関心が問われる

年度	試験区分	内容	字数	時間
23	一般 (1日目)	「愚直であること」について論じる。	800字程度	60分
	一般 (2日目)	「幸福である」について論じる。		
	共テ利用	「情けは人のためならず」のことわざについて論じる。		
22	一般 (1日目)	「組織と個人」について論じる。	800字程度	60分
	一般 (2日目)	「権利と義務」について論じる。		
	共テ利用(前期)・AO	「妥協する」ということについて論じる。		
	共テ利用(後期)	「朝令暮改」について論じる。		
21	一般 (1日目)	「寛容の精神」について論じる。	800字程度	60分
	一般 (2日目)	「リーダーシップ」について論じる。		
	共テ利用・AO(前期)	「人を疑う」ということについて論じる。		
	共テ利用(後期)	「諦める（あきらめる）」ということについて論じる。		

この数年はごく短いテーマ型である。ただ、久留米大学や、長めの昭和大や近畿大、帝京大のように、医学・医療やニュース性のある課題ではない。そのため、小論文対策をしない者もいるが、昭和大や近畿大の過去問にも目を通しておく。また、共通テスト導入時あたりから、資料文型、図表型に転換している大学も複数有るので、併願校対策も含めて多少は練習をしておきたい。漢字練習帳で四字熟語や慣用句などにも目を通しておく。'23の共テ利用は「情けは人のためならず」についての出題。これは、情けをかけるのは人のためにというよりも、回り回って自分に返ってくる、だからかけておきなさいといった意味だが、情けをかけるのは相手のためにならないという意味だと思う人が多い代表例とされている。杏林大では過去にも「朝令暮改」や「さわらぬ神に祟りなし」といった、受験生の中には正確な意味を知らない者もいそうなテーマが出題されている。メルリックスの生徒達の結果を見ると、必ずしも誤解したからといって不合格になるわけではないが、高得点ではないなと思われる結果が多い。ことわざや慣用句に日頃から注意を払っておきたい。'22の「組織と個人」はチーム医療と自己の専門性や、働き方改革の中での医療のあり方や、部活経験など話題には困らなかったはずだ。「権利と義務」はインフォームドコンセントにおける医師の説明義務(医療情報の提供と説明)と、患者の知る権利、自己決定権などが使えただろう。どちらの課題も知識や理屈に走らず、部活や日常生活レベルで書く方が無難ではある。'21の題は少し出遅れた感じがする「リーダーシップ」と「寛容」だった。「リーダー/リーダーシップ」については志望理由書に書いたり面接対策をしているから書きやすかったのではないか。

慶應義塾大学　医学部医学科

学部所在地　〒160-8582　東京都新宿区信濃町35
交通手段　JR信濃町駅より徒歩1分
創設者　北里 柴三郎
塾長　長谷山 彰
設立年度　[大正 6年] 慶應義塾医学科を開設

入試問い合わせ先
担当部署　入学センター
電話番号　03-5427-1566

医師国家試験状況

	第113回	第114回	第115回	第116回	第117回
慶應義塾大学（全体）	94.8%	95.7%	95.7%	96.5%	96.6%
慶應義塾大学（新卒）	96.4%	99.1%	98.2%	99.1%	99.1%

設置学部

文学部／経済学部／法学部／商学部／理工学部／総合政策学部／環境情報学部／看護医療学部／薬学部

主な附属病院

慶應義塾大学病院

2023年度入学者

2024年度学納金

1年次	入学金	¥200,000
	授業料	¥3,040,000
	施設設備費	¥350,000
	実験実習費	¥190,000
	在籍基本料	¥60,000
	初年度納入金総額	¥3,840,000
	入学時最低納入金	¥2,020,000
2年次以降の年額		¥3,640,000
6年間の総額		¥22,040,000
※その他の費用（1年次）		¥3,350

（'24未定のため'23の学納金を掲載）

繰上げ合格

合格発表と同時に補欠者を発表します。合格者の入学手続状況により欠員が生じた場合に限り、順次入学を許可し、電報で通知します。

特待生制度

一般選抜成績上位者10名程度に、第1学年～第4学年の各年度で1人あたり年間200万円（総額800万円）を給付。

補欠順位

なし

成績開示

あり

寄付金

入学完了後、任意でお願いしています。

入試結果

			2023	2022	2021
一般	募集人員		66	66	66
	志願者数		1,412	1,388	1,248
	受験者数	A	1,219	1,179	1,045
	一次合格者数	B	260	279	266
	一次合格倍率	A／B	**4.7**	**4.2**	**3.9**
	二次受験者数		—	—	—
	正規合格者数	C	141	134	128
	正規合格倍率	A／C	**8.6**	**8.8**	**8.2**
	補欠候補者数		92	119	114
	繰上合格者数	D	27	44	43
	総合格者数	C＋D	**168**	**178**	**171**
	合格実質倍率	A／（C＋D）	**7.3**	**6.6**	**6.1**
	入学者数		—	—	—
	合格最高点		—	—	—
	合格最低点		315/500	308/500	251/500

（注）合格最低点は一次合格者を対象

2024年度　募集要項

慶應義塾大学 医学部医学科

大学から公表されている資料をメルリックスで編集しています

入試日程

試験区分	募集人員	出願期間	試験日	
			1次試験	2次試験
一般	66名	2023年12月25日(月)～2024年1月19日(金)消印有効	2月19日(月)	3月1日(金)

試験時間・配点

集合時間　1次:9:30　2次:8:45

試験区分		科目	試験時間	時間	配点	合計点	備考
一般	1次	理科2科目	10:00～12:00	120分	200点	500点	※'24の時間割は未定のため、'23の時間割を参考として記載しています
		数学	13:20～15:00	100分	150点		
		外国語(英語)	15:45～17:15	90分	150点		
	2次	小論文	9:00～10:00	60分	—	—	
		面接			—		

試験会場

試験区分	1次試験	2次試験
一般	未定('23は日吉キャンパス)	未定('23は日吉キャンパス)

合格発表日

試験区分	1次試験	2次試験	手続締切	辞退締切
一般	2月26日(月)	3月5日(火)	3月12日(火)	未定

合格発表方法

試験区分	1次試験	2次試験
一般	ネット照会	ネット照会

※'24の発表方法は未定のため、'23の発表方法を参考として記載しています

入試情報

過去3年間入学者現浪比

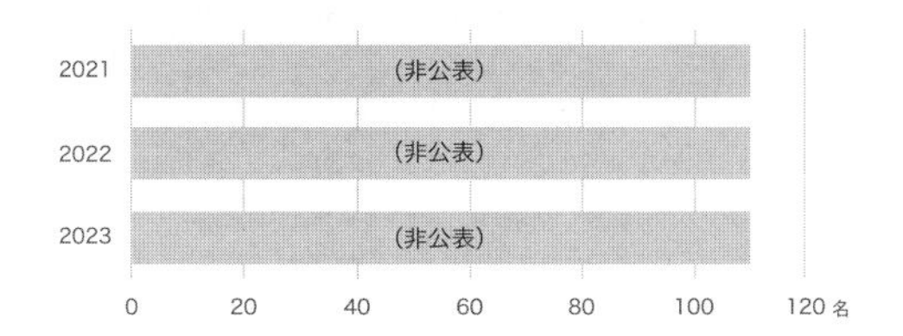

	2021	2022	2023
現役	非公表	非公表	非公表
1浪			
2浪			
3浪			
4浪以上			
入学者	110名	110名	110名

2023年度合格者現浪比

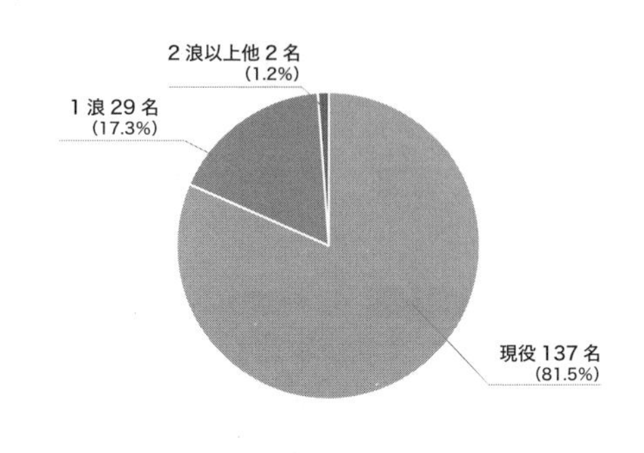

(一般総合格者 168名)

面接

メルリックス学院生からのアンケートをもとに作成しています

■ 所要時間　個人10分×2回

■ 面接の進行

【アンケート】あり　　医学部志望理由(9行)、併願校、出身校、部活、賞罰、趣味、特技、既往症 など

【質問内容】

<個人>

・医師志望理由を自分の言葉で
・小論文の出来について
・どのような医師になりたいか
・本学志望理由
・部活動で苦労したこと
・進みたい診療科はあるか
・併願校と両方受かったらどちらに進学するか
・臨床医と研究医のどちらに興味があるか
・併願校の志望理由
・友人はあなたのことをどう思っているか

面接官の人数:2名
受験生の人数:1名
(2回とも同じ配置)

○ 受験生　● 面接官

面接官を替えて2回行われる。広い部屋で数組が同時に面接している。事前にアンケートに記入した内容は聞かれると思っておいた方がよい。1回目と2回目の質問内容はあまり変わらないので、2回目の前に1回目の質問内容を自分でもう一度整理しておくとよい。

慶應義塾大学　医学部医学科

一般選抜出題傾向分析

数学　やや難　易化したが、最難関大レベルの問題をやりこんでおこう

区分	解析系									図形系					その他				
	Ⅰ	Ⅰ・Ⅱ	Ⅱ			B	Ⅲ			Ⅰ	Ⅱ	B	Ⅲ		Ⅰ	A			B
分野名	二次関数	数と式	指数・対数	三角関数	微分・積分	数列	いろいろな関数と極限	微分	積分	三角比	図形と方程式	ベクトル	いろいろな曲線	複素数平面	データの分析	整数	場合の数	確率	確率分布
2023							●	○	●		●		○	●				○	
2022	●	●	●				●		○				○					○	
2021		●						○	●			●	○		○				
2020							○		○			●		●				○	
2019				●					○			●	○					○	

2023年度の出題分析

- 出題形式　穴埋め
- 知識量　★★★★
- スピード　★★★★
- 記述力　—
- 応用力　★★★★

傾向　大問4題。'22、'23はすべて穴埋めだが、'21までは記述の証明問題等が1、2問入っていた。'23の問題を見ると、[1]は他の3問に比べれば易しい小問集で、ここでミスをするとこの後の問題で取り返すのは困難。[2]は反復試行の確率の典型的な問題。[3]は接線の交点に関する総合的な問題。[4]は円に内接、外接する円に関する問題で、後半は要領よく計算することが要求される。'23は易化したが、例年、かなり高い論証能力と計算処理能力の両方が求められており、問題の意図をしっかり捉えながら混乱なく誘導に乗れるか、計算力がありミスをしないかなど、多くの問題をじっくり考えながら解いてきたかを見ていると思われる出題となっている。

対策　まず私大上位大、国公立上位大レベルまではどの単元も穴を無くし、易しい[1]で確実に点を取れるようにしておこう。[2]や[3]で毎年出されていた「操作T」の確率漸化式の問題は'20から出されなくなったが、「操作T」は'22に復活しているので強化しておこう。後半2題の中にいつも入っている数学Ⅲの総合的な問題は最難関国公立大レベルで、高い論証能力と計算処理能力の両方が要求されることが多く、解法パターン暗記で身につけた生半可な学力では最初の方しか解けない事がほとんど。どの単元も難関大レベルの問題を解き慣れておくべきだが、特に数学Ⅲは最難関国公立大レベルの総合的な問題を多く解いて実力をつけておこう。

英語　難　英訳・和訳・内容説明と記述が多く、テーマ型英作文もある

区分	読解							文法・語法						表現・作文		会話		
分野名	和訳	内容真偽	内容説明	空所補充	脱文挿入	文整序	表題選択	短文完成	語句整序	誤り指摘	語定義	発音・アクセント	同意・反意語句	英訳	テーマ型英作文	応答選択	空所補充	内容真偽
2023	●	●	●	●					●					●	○			
2022	●	●	●	●			●							●	○			
2021	●	●	●	●										○				
2020	●	●	●	●	●		●		●					●	○			
2019	●	●	●	●	●													

2023年度の出題分析

- 出題形式　記・マ
- 知識量　★★★★★
- スピード　★★★★
- 記述力　★★★★★
- 応用力　★★★★

傾向　試験時間90分に対して、大問数4題だったのが'22から3題になった。しかし減ったという印象は受けない。それは2題の長文にこれでもかというくらいに問題が詰め込まれているからだろう。内容真偽など若干マーク問題も見られるが、時間がかかりそうな和訳、英訳、内容説明などの記述問題がひしめいている。'23では長文2題の中に、和訳が6問、英訳が3問、内容説明が3問、さらに整序問題が久々の登場で3問というボリュームだった。恒例のテーマ型英作文は、「各国との比較で、日本の若者が最も海外留学をしたがらないという調査結果に対して、考えられる複数の理由」を100字程度で書かせるものだった。テーマ英作文対策の第一歩は、日頃から問題意識を持つ心掛けである。

対策　以前から慶応医学部は受験英語の最高峰と言われてきたが、さらに記述問題の数に拍車がかかってきているので、これに立ち向かって征服するには、和訳、英訳、内容説明などの力を十分過ぎるほどに培っておく必要がある。それには時間を惜しまず勉強に打ち込む覚悟が必要だ。ボキャビルも自分に制限をかけることなく、出会った語句はみな覚えていくくらいの意気込みが前提条件と考えよう。できるだけ早い時期から過去問にじっくり取り組み、求められているレベルや出題者の意図などを考える。長文はジャンルを限定せず、時事問題、人間関係(コミュニケーション)、社会問題、環境問題、医療健康問題など好き嫌いせずに幅広く接しておきたい。テーマ型英作文は、面接で話すつもりのことや小論文で書いたテーマを英語で書いておく。また医学部に限らず難関大の過去問を見て「自分ならこう考える」とシミュレーションしておくのも有効だろう。

化学　難　自然科学に対する広い知識をもち、最高難度の問題演習を行おう

区分	理論										無機		有機					
分野名	原子の構造・化学結合	化学量と化学式	物質の三態・気体の法則	溶解度・濃度	コロイド・希薄溶液	化学反応と反応熱	酸と塩基の反応	酸化・還元	電池・電気分解	反応の速さと化学平衡	周期表と非金属元素	金属元素	脂肪族	芳香族	糖	アミノ酸とタンパク質	生命化学	合成高分子化合物
2023	○				○	●	●		●				●			○		●
2022	●	●			●	●			○			●		○		○		●
2021	●					○			●			○		○				
2020		○			○				○					○				
2019	●	●	●						●				●	○				●

2023年度の出題分析

- 出題形式　記述
- 知識量　★★★★
- スピード　★★★★
- 記述力　★★★★
- 応用力　★★★★★

傾向　例年大問4題の出題であったが、'23は大問3題の出題であった。[1]は理論化学分野ならびに有機化学分野の小問6題。[2]は結晶格子・浸透圧に関する問題、[3]はアミノ酸・ペプチドに関する問題であった。[1]の小問はいわゆる空所補充であり、基礎～標準的なレベルである。[2]が問題文・設問ともに多く、発展的な問題も含まれていた。[3]はアミノ酸・タンパク質の知識を問う問題、ジペプチドないしはトリペプチドの組成決定など、標準的なレベルの出題であった。[2][3]には、例年通り、計算式や導出過程を「簡潔に記せ」とのただし書きのある出題も含まれていた。また、理由を説明する問題も複数出題されていた。

対策　まずは、基礎～標準的なレベルの問題に対して速く正確に解答できる実力を養うこと。'23の[1]や[3]の空所補充はミスなくいきたい。その上で、長いリード文のある問題、それも高難度の問題に対する演習をよく積むこと。計算問題ではその導出過程を示す練習を行い、また、何かの現象に対して他人にわかる説明ができているかのチェックを日々行って欲しい。難関国公立大の問題などを演習することがその対策になるであろう。リード文には問題を解くためのヒントが散りばめられていることが多いので、それらを見逃さない読解力も磨こう。高校範囲にとらわれず、自然科学に対する広く深い知識をもつこと、そのための努力を惜しまないことが重要。

生物　難

情報処理能力を前提とした問題解決能力が求められる高度な出題

区分	細胞		代謝		遺伝子			体内環境			生殖・発生			環境応答				生態系				進化・系統		
分野名	細胞の構造と組織	細胞膜の構造と物質輸送	タンパク質の構造と酵素反応	同化と異化	細胞周期とDNA合成	遺伝子の発現と調節・変異	バイオテクノロジー	体液・循環系の構成と働き	自律神経とホルモンによる調節	生体防御	配偶子形成と生殖・遺伝	初期発生と形態形成	幹細胞と再生	刺激の受容と感覚	神経系と筋肉	動物の行動	植物生理	バイオームの遷移と分布	個体群と相互作用	物質生産と物質循環	自然環境	地球の発展と古典的生物進化	分子進化と集団遺伝	生物の系統と分類
2023						○						○					○							●
2022	○	●			○						●											○		●
2021	●					●				○				○					○					●
2020		○									○				○						●			●
2019		○				●				○	●				●				●		●			●

傾向　大問3問が出題される。各大問の中で得点が取りやすい基本的な知識問題の部分は、教科書のレベルで出題されている。実験など長文の問題部分は、一見すると高校レベルを超えた知識が必要と思われるが、正解に到達するのに必要な根拠は細かく与えられている。与えられた実験のデータ、グラフなどの情報に基づいて導き出せる結論、あるいはどう推論できるかの問いに加えて、それらを導き出した理由の記述なども求められる。文章の長さ、目新しいテーマやグラフなど情報量の多さに圧倒されないで、落ち着いて自分の考えをまとめことのできる高いレベルの情報処理能力と考察力が求められている。

対策　この大学では情報処理能力に加えて、持ち合わせた知識から多角的に物事を判断し、発信できる人材を求めている。まず最小限の知識として教科書の内容は完璧にして、基本用語の定義などは正確に記述できるようにして、各大問の基礎部分で100%の得点確保を目指す。その上で見慣れない実験やグラフの処理などに慣れるトレーニングとしては、基礎的知識の確認も含めて(マークシート形式ではあるが)東京理科大学の過去問を推薦する。長い文章の問題に対しては国公立大学の実験・考察問題と、当然慶應義塾の過去問に数多く当たる必要がある。厳しい制限の中での時間配分にも慣れておきたい。

物理　やや難

'24はまた難度が上がるだろう、しっかり準備しておこう!!

区分	力学						電磁気学					波動			熱力学			原子		
分野名	等加速度運動・運動方程式・慣性力	力のモーメント・重心	運動量と力積・仕事とエネルギー	円運動・遠心力	単振動	万有引力とケプラーの法則	電場と電位	コンデンサー	直流回路	磁場・電磁誘導	交流回路・電気振動・電磁波	波の性質	音波	光波	熱量と温度	気体分子運動論	気体の状態変化	粒子性と波動性	原子の構造	放射線・核反応
2023	●													○	●			○		●
2022	●					○		○	●				●	●			●		●	●
2021			○							○			●	●	●					
2020					●	●		○			●					●		○		●
2019						○				○				●						●

2023年度の
出題分析

出題形式	記述
知識量	★★★★
スピード	★★★★
記述力	★★★★
応用力	★★★★

傾向　小問集合と大問2題で構成されている。小問集合は自由落下と熱量、ウラン238とウラン235の残存量から合成された年を求める問題、大気圧から地球上の気体分子の数を求める問題が出題されている。[1]の大問は前半がフェルマーの原理から屈折の法則を導く問題で、後半は眼球を球体レンズとする問題が出題されている。[2]の大問の前半は導体球の電気容量と電場、後半はX線の発生の問題となっている。小問集合は解きやすく、フェルマーの原理や導体球の電気容量と電場は誘導に乗れば解ける。論述が5題と作図が1題あるが題意に気がつかないと書きにくい問題が多いので後回しになるだろう。時間に余裕はないので、時間配分に注意が必要である。

対策　標準～難度の高い問題を解いておくこと。'13～'18、'22、'23は'07や'10、'12と同様に'08、'09、'11に比べてやや易化していたが、'19～'21は難度が高かった。難度の高い年度では柔軟な思考力とスピード、問題を的確に読み取る力が必要である。そのためには、問題を数多く解くだけではなく、難度の高い良問をじっくりと解くと良い。そのことで、読解力と応用力がつくので、少々厳しい問題でも自分で解くこと。論述や描画も出題されているのでしっかり準備しておくことが必要であり、高い計算力も要求されるので準備もしっかりとしておくこと。原子は毎年出題されているので準備することが必要である。

小論文　テーマ型　資料文型

課題に対して簡潔にまとめる力が求められる

年度	試験区分	内容	字数	時間
23	一般	寺田寅彦「科学者とあたま」 問. 次の文章を読んで「科学者は頭会いいと同時に、頭が悪くなくてはいけない」ということについて考えを述べる。	500字以上 600字以内	60分
22	一般	幼稚園児が花屋で花を買おうとしたが3円足りなかった。そこにたまたまあなたが通りかかった。あなたならどう行動するか。	不明	60分
21	一般	やぶ医者に関する文章を読んで考えを述べる。	600字	60分

'23は寺田寅彦の「科学者とあたま」という随筆集から出題されている。寺田寅彦は物理学者だが、夏目漱石のお弟子さんで「吾輩は猫である」の中学教師のモデルと言われている。この文章は20年以上前に一大ブームがあり、現代文や小論文で大体同じ場所が使われており、獣医学部や医学部でも出題されて来た。医学部での出題は久方ぶりである。科学者はうんと「あたま」がよくなくてはいけないし、うんと「あたま」が悪くないといけない。頭がいいだけの人は山の麓で高さがわかるから引き返してしまう。うんとわるい人は目の前に霧がかかっているので楽観的に切り抜けたり、のろくても宝を拾ったり、高い山も案外のぼってしまう。ではどれくらいあたまが悪いかというと、普通の意味の頭が悪いでもわかるようなことに苦吟し、朴念仁だ…と言ったことが書かれている。寺田の書く「頭」「あたま」といった表記の使い分けに注意する。これは哲学者が「いのち」「生命」「からだ」「身体」などと同じ文章内で使い分けていたり、設問でもわざと平仮名表記にしているところもある。

'21は思い切ったテーマである。だが、たんなる「やぶ医者」ではなく、筆者独自の切り口を丁寧に読み取ろう。私立ばかりではなく国立でも良医ということを掲げている大学も多い。急激に変化している医療状況を踏まえ、慶応大の医学部の教育方針や理念なども確認し、自分の医師像を明確にしておくことも大切である。'19は、テレビや新聞で大きく取り上げられている児童虐待だった。北里大、聖マリアンナ医大など)の資料文を読んで科学、医学について考えるのも良い。たんに、知識・情報を使うのではなく、掘り下げて考える力が必要である。

順天堂大学　医学部医学科

学部所在地	〒113-8421　東京都文京区本郷2-1-1
交通手段	JR御茶ノ水駅より徒歩7分
創設者	佐藤 泰然
理事長	小川 秀興
設立年度	[昭和18年] 順天堂医学専門学校を設立

入試問い合わせ先

担当部署　医学部入試係

電話番号　03-5802-1021

医師国家試験状況

	第113回	第114回	第115回	第116回	第117回
順天堂大学（全体）	98.4%	99.2%	96.2%	96.4%	100.0%
順天堂大学（新卒）	99.2%	99.2%	96.1%	97.8%	100.0%

設置学部

スポーツ健康科学部／医療看護学部／保健看護学部／国際教養学部／保健医療学部／医療科学部／健康データサイエンス学部／薬学部（2024年4月新設予定）

主な附属病院

順天堂医院
静岡病院
浦安病院
順天堂越谷病院
順天堂東京江東高齢者医療センター
練馬病院

2023年度入学者

2024年度学納金

1年次	入学金	¥2,000,000
	授業料	¥700,000
	施設設備費	¥200,000
	初年度納入金総額	¥2,900,000
	入学時最低納入金	¥2,450,000
2年次以降の年額		¥3,580,000
6年間の総額		¥20,800,000

※初年度のみ全寮制のため、別途「寮費・諸会費・教材費」がかかります。

繰上げ合格

合格発表と同時に補欠者を発表します。合格者の手続き状況により欠員が生じた場合に限り、電話で繰上合格を通知します。

特待生制度

一般選抜A方式合格者の成績上位10名は1年次は入学金200万円のみとし、授業料・施設設備費・教育充実費（計90万円）を免除。2年次から6年次の学費は各年100万円、6年間の学費総額は700万円となり、減免額は1,380万円になる。

補欠順位

なし

成績開示

あり

寄付金

教育施設の整備・教育研究設備充実のための協力金（寄付金・学校債）のご協力を入学後に説明し、任意でお願いしています。

入試結果

区分	項目		2023	2022	2021
一般A方式	募集人員		64	64	64
	志願者数		2,180	1,893	1,984
	受験者数	A	1,998	1,676	1,801
	一次合格者数	B	—	—	—
	一次合格倍率	A/B	—	—	—
	二次受験者数		—	—	—
	正規合格者数	C	—	—	—
	正規合格倍率	A/C	—	—	—
	補欠候補者数		—	—	—
	繰上合格者数	D	—	—	—
	総合格者数	C+D	187	183	175
	合格実質倍率	A/(C+D)	10.7	9.2	10.3
	入学者数		—	—	68
	合格最高点		—	437/500	—
	合格最低点		328/500	314/500	—
一般B方式	募集人員		5	5	5
	志願者数		238	239	214
	受験者数	E	228	220	198
	一次合格者数	F	—	—	—
	一次合格倍率	E/F	—	—	—
	二次受験者数		—	—	—
	正規合格者数	G	—	—	—
	正規合格倍率	E/G	—	—	—
	補欠候補者数		—	—	—
	繰上合格者数	H	—	—	—
	総合格者数	G+H	10	12	10
	合格実質倍率	E/(G+H)	22.8	18.3	19.8
	入学者数		—	—	4
	合格最高点		—	475/525	—
	合格最低点		373/525	362/525	—
前期共テ利用	募集人員		10	10	10
	志願者数		705	628	635
	受験者数	I	620	538	634
	一次合格者数	J	—	—	—
	一次合格倍率	I/J	—	—	—
	二次受験者数		—	—	—
	正規合格者数	K	—	—	—
	正規合格倍率	I/K	—	—	—
	補欠候補者数		—	—	—
	繰上合格者数	L	—	—	—
	総合格者数	K+L	27	25	26
	合格実質倍率	I/(K+L)	23.0	21.5	24.4
	入学者数		—	—	5
	合格最高点		—	—	—
	合格最低点		—	—	—
後期共テ利用	募集人員		5	5	5
	志願者数		270	284	226
	受験者数	M	267	283	226
	一次合格者数	N	—	—	—
	一次合格倍率	M/N	—	—	—
	二次受験者数		—	—	—
	正規合格者数	O	—	—	—
	正規合格倍率	M/O	—	—	—
	補欠候補者数		—	—	—
	繰上合格者数	P	—	—	—
	総合格者数	O+P	10	13	5
	合格実質倍率	M/(O+P)	26.7	21.8	45.2
	入学者数		—	—	1
	合格最高点		—	—	—
	合格最低点		—	—	—
共テ・一般独自併用	募集人員		12	12	15
	志願者数		541	475	495
	受験者数	Q	504	443	462
	一次合格者数	R	—	—	—
	一次合格倍率	Q/R	—	—	—
	二次受験者数		—	—	—
	正規合格者数	S	—	—	—
	正規合格倍率	Q/S	—	—	—
	補欠候補者数		—	—	—
	繰上合格者数	T	—	—	—
	総合格者数	S+T	34	32	48
	合格実質倍率	Q/(S+T)	14.8	13.8	9.6
	入学者数		—	—	23
	合格最高点		—	1085.6/1200	—
	合格最低点		983.6/1200	930.2/1200	—
地域別選抜	募集人員		33	33	29
	志願者数		311	184	233
	受験者数	U	294	164	204
	一次合格者数	V	—	—	—
	一次合格倍率	U/V	—	—	—
	二次受験者数		—	—	—
	正規合格者数	W	—	—	—
	正規合格倍率	U/W	—	—	—
	補欠候補者数		—	—	—
	繰上合格者数	X	—	—	—
	総合格者数	W+X	34	31	31
	合格実質倍率	U/(W+X)	8.6	5.3	6.6
	入学者数		—	—	29
	合格最高点		—	—	—
	合格最低点		247～288/400	775/1400	—

※地域別選抜は各都県の地域枠を合わせた数

（注）合格最低点は総合格者を対象

2024年度　募集要項　順天堂大学 医学部医学科

入試日程

試験区分	募集人員	出願期間	試験日	
			1次試験	2次試験
一般A方式	64名	2023年12月11日(月)～2024年1月11日(木)必着	2月3日(土)	2月10日(土)～2月12日(月) (いずれか1日)
一般B方式	5名		2月3日(土)	小論文・英作文:3月4日(月) 面接:3月5日(火)
前期共テ利用	10名		共通テスト 2月3日(土)	2月10日(土)～ 2月12日(月)(いずれか1日)
後期共テ利用	5名		共通テスト	小論文・英作文:3月4日(月) 面接:3月5日(火)
共テ・一般独自併用	12名		共通テスト 2月3日(土)	小論文・英作文:3月4日(月) 面接:3月5日(火)
東京都地域枠	10名	2023年12月11日(月)～2024年1月11日(木)必着 (いずれか1つの方式に出願可)	2月3日(土)	2月12日(月)
新潟県地域枠	1名			2月10日(土)～2月12日(月) (いずれか1日)
千葉県地域枠	5名			
埼玉県地域枠	10名			
静岡県地域枠	5名			
茨城県地域枠	2名			
研究医特別選抜	2名	2023年12月11日(月)～2024年1月11日(木)必着	2月3日(土)	2月10日(土)～2月12日(月) (いずれか1日)

試験時間・配点

集合時間　1次：9：25まで　　2次：1次試験合格発表時に発表

試験区分		科目	試験時間	時間	配点	合計点	備考
一般A	1次	理科2科目	10:00～12:00	120分	100点×2	500点	*小論文の評価は一次試験合格者選抜では使用せず、二次試験合格者選抜のときに使用します。
		英語	13:30～14:50	80分	200点		
		数学	15:40～16:50	70分	100点		
		小論文*	17:30～18:40	70分	―		
	2次	面接	面接　※2月10日(土)～2月12日(月)のいずれか1日	約20～30分	―		

試験会場

試験区分	1次試験	2次試験
一般A	幕張メッセ(千葉)	本郷・お茶の水キャンパス

合格発表日

試験区分	1次試験	2次試験	手続締切	辞退締切
一般A	2月8日(木) 12:00	2月17日(土) 12:00	2月24日(土) 12:00	3月30日(土) 12:00

合格発表方法

試験区分	1次試験	2次試験
一般A	ネット照会	ネット照会

入試情報

過去3年間入学者現浪比

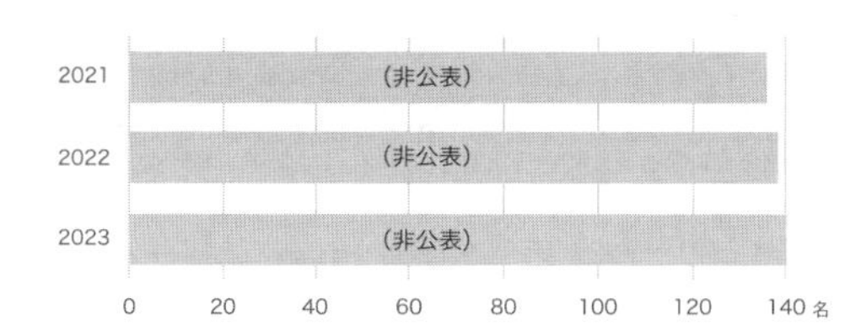

	2021	2022	2023
現役	非公表	非公表	非公表
1浪			
2浪			
3浪			
4浪以上			
入学者	136名	138名	140名

2023年度合格者現浪比

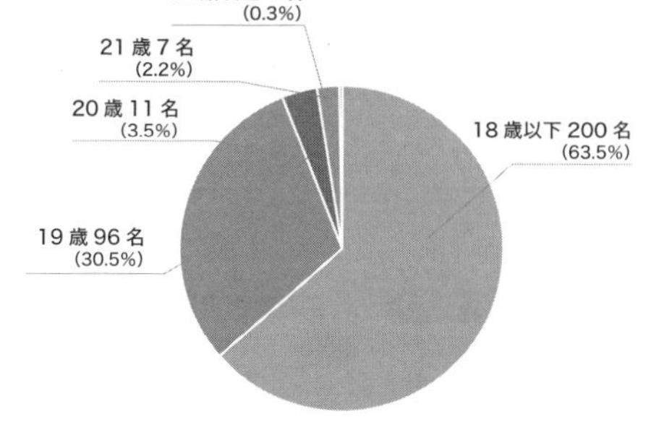

(総合格者 315 名)

面接

メルリックス学院生からのアンケートをもとに作成しています

■ 所要時間　個人20～30分

■ 面接の進行

【アンケート】あり　　併願校、本学志望理由など(匿名)

【質問内容】

<個人>

- 医師志望理由
- 本学志望理由
- 本学の情報はどのように集めたか
- 小論文に書いたことについて
- 共通テストの得点率と併願校について
- 高校生活や部活動について
- リーダーに必要な資質は何か
- ストレスの解消法
- 持参した賞状やトロフィーについて
- 自分の書いた英語論文について英語でスピーチ
- 寮で気の合わない人と同じグループになったらどうするか
- 医師に必要な資質を5つあげよ
- 診療科の希望はあるか
- 研究やAIに興味はあるか

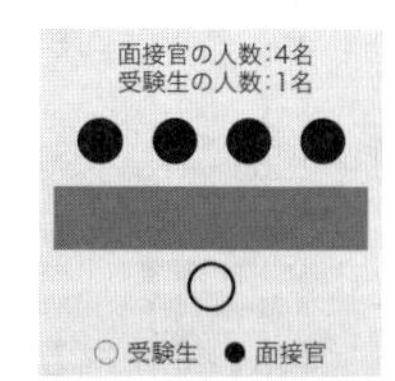

賞状や調査書など資料の持参が認められているので、できるだけたくさん持って行くとよい。面接では資料からもよく聞かれるので準備しておく。小論文に何を書いたかについても自分なりにまとめておくこと。

順天堂大学　医学部医学科

一般選抜出題傾向分析

数 学　やや難　高い計算処理能力と問題全体を見渡す思考力のどちらも必要

区分	解析系									図形系					その他				
	Ⅰ	Ⅰ・Ⅱ	Ⅱ	Ⅱ	Ⅱ	B	Ⅲ	Ⅲ	Ⅲ	Ⅰ	Ⅱ	B	Ⅲ	Ⅲ	Ⅰ	A	A	A	B
分野名	二次関数	数と式	指数・対数	三角関数	微分・積分	数列	いろいろな関数と極限	微分	積分	三角比	図形と方程式	ベクトル	いろいろな曲線	複素数平面	データの分析	整数	場合の数	確率	確率分布
2023		○				●			●			○		○					
2022		●			○			●				○						●	
2021	●			○	●									●	●	○			
2020								○	○	●		●							
2019							○		●					●		○	●		

2023年度の出題分析

出題形式	記・マ
知識量	★★★
スピード	★★★★
記述力	★★★
応用力	★★★★

傾向　大問数3題。試験時間70分に対して、問題の分量は多めである。問題の難易度は基本からやや難までと幅広い。〔Ⅰ〕は3つの異なるテーマについての小問集合でそれぞれ易しい前半部分、難しい後半部分と分かれている。今年度の(2)は教科書で説明のない曲線の相似に関する内容で思考力を必要とするややややりにくい問題となっていた。例年〔Ⅱ〕は複雑な図形の問題や微積の応用など内容・ボリュームとも充実した問題が出題され、合否を分けるポイントとなる大問である。今年度は座標空間における回転体がテーマで典型問題であるが、図形の位置関係の把握、手先の計算と図形の一部としてみたときの計算の使い分けなど、考える計算問題というべき内容であった。〔Ⅲ〕の記述問題については、それほど高度なものは出題されない。ただ、今年度の証明問題などは一定の水準に達していない受験生にとってはそもそも示すべき事柄が読み取れず手が付けられなかった可能性がある。

対策　難しめで癖のある試験問題ではあるが、この問題に合わせて試験対策をするのではなく、この問題にも対応できるようなしっかりとした基礎力を作って対策に臨むという方針で学習するべきと思われる。まずは教科書の定義や定理をしっかりと確認し(順天堂の試験ではこれが訊かれることもある)、基本問題を確実に解けるように繰り返し演習しよう。レベルの高い参考書を用いて応用力を養う演習をする際は誘導のついた問題において出題者の意図をくみ取る訓練として別解も積極的に理解することを心掛けると良いだろう(「大学への数学(月刊)」など数学の知識の豊富な教材の活用も良い)。順天堂大学の過去問は試験の予行演習としても空間図形の問題集としても利用しよう。

英 語　やや難　時間に余裕なし、自由英作文にいかに時間を割けるかがポイント

区分	読解							文法・語法						表現・作文		会話		
分野名	和訳	内容真偽	内容説明	空所補充	脱文挿入	文整序	表題選択	短文完成	語句整序	誤り指摘	語定義	発音・アクセント	同意・反意語句	英訳	テーマ型英作文	応答選択	空所補充	内容真偽
2023		●		●			●						●		○			
2022		●		●	●								●		○			
2021		●		●	●										○			
2020		●		●	●		●								○			
2019		●		●	●		●								○			

2023年度の出題分析

出題形式	記・マ
知識量	★★★★
スピード	★★★★★
記述力	★★★★★
応用力	★★★★

傾向　80分で大問5題、長文4題にテーマ型英作文1題が定着している。問題は、空所補充、内容真偽、脱文挿入、表題選択、同意語選択などが例年の形式だが、'23は定番だった脱文挿入が消えた。小問数に変化はなし。インタビュー形式の英文は大問[1]に定着。全体で同意語選択が17問もあるのでボキャビルは必須である。それぞれの英文はA4判1枚半～3枚弱の長さだが、英作文があることを考えれば余裕は一切ない。'23の自由英作文テーマは、「医学部進学の選択をしなかったとしたら、どんな道を選んでいたか。その理由は？」であった。例年に比べると、個人的なテーマで書きやすかったかもしれない。テーマ英作文対策の第一歩は、日頃から問題意識を持つ心掛けである。過去問をさかのぼって研究しておくべきである。

対策　解答に与えられる時間は問題量に比して短いと言わざるを得ない。その限られた時間内でそれなりの長さの英文をできるだけ早く読み要点をつかみながら解答する力と、あるテーマにそって自分の意見を英語で順序立ててまとめる力が不可欠と言える。文法の単独問題の出題はないが、スムーズに英文を読み進めるには高い語彙力と文法・構文力は必須。特に語彙力増強のために難しめの単語帳を手元に置き、常にボキャビルを心掛けたい。自由英作文は細かい指示があるので落ち着いて最後まで読むこと。面接で話すつもりのことや小論文で書いたテーマを英語で書いておく。また医学部に限らず難関大の過去問を見て「自分ならこう考える」とシミュレーションしておくのも有効だろう。

化 学　やや難　問題量・計算量が多いので、解答速度を早くするのが合格への鍵

区分	理論										無機		有機					
分野名	原子の構造・化学結合	化学量と化学式	物質の三態・気体の法則	溶解度・濃度	コロイド・希薄溶液	化学反応と反応熱	酸と塩基の反応	酸化・還元	電池・電気分解	反応の速さと化学平衡	周期表と非金属元素	金属元素	脂肪族	芳香族	糖	アミノ酸とタンパク質	生命化学	合成高分子化合物
2023	●		●		●		●			●	●		○					
2022			○								●	●	○		○			
2021	●			●		●				○		●	○					
2020	●	●		●	●	●	●	●	●	●		●	●	●				
2019		●			●	●	●	●	●				●	●	●			

2023年度の出題分析

出題形式	記・マ
知識量	★★★
スピード	★★★★
記述力	★★★
応用力	★★★

傾向　'23も例年通り、大問2題の出題であった。出題の特徴はマーク式と記述式の併用で、前半にマーク式の小問から中問の集合問題、後半では記述形式の問題となっている。総マーク数は昨年度と変わらず24であった。理論化学分野、無機化学分野、有機化学分野のすべてから出題される。計算問題も含まれる。大問Ⅱすなわち記述式の問題では、トルエンの酸化に関する量的関係ならびに安息香酸エチルの合成実験に関する出題であった。化学式・構造式・物質名などを答えさせる問題が多い。ここに論述問題(60文字以内)も含まれる。近年、易化の傾向がみられるが、問題量はさほど変化しておらず、試験時間に対して問題量が多いと感じる人がいるかもしれない。

対策　高得点を取るポイントは解答のスピードであろう。一つ一つの問題はそれほど難解ではないのだが、問題量がやや多いため、時間をかけずに如何に速く問題を解くことができるかが重要である。また、無機物質に関する問題がコンスタントに出題されるので、この分野の知識を正確に頭に入れておく必要もある。計算量が多くなり計算用紙を使い切ってしまう可能性もあるため、コンパクトに方程式を作り計算量を減らす工夫もするとよい。また、過去には、問題文が長く、設定がわかりにくい問題も出題されたことがあるため、気体の計算問題や平衡に関わる問題など代表的な問題については問題を見た瞬間に解法が思い浮かぶくらいの練習を積んでおきたい。

生物　やや難

前半を確実に得点し後半の記述問題は多くの考察問題を解いて慣れておく

区分	細胞		代謝		遺伝子			体内環境			生殖・発生			環境応答				生態系				進化・系統		
分野名	細胞の構造と組織	細胞膜の構造と物質輸送	タンパク質の構造と酵素反応	同化と異化	細胞周期とDNA合成	遺伝子の発現と調節・変異	バイオテクノロジー	体液・循環系の構成と働き	自律神経とホルモンによる調節	生体防御	配偶子形成と生殖・遺伝	初期発生と形態形成	幹細胞と再生	刺激の受容と感覚	神経系と筋肉	動物の行動	植物生理	バイオームの遷移と分布	個体群と相互作用	物質生産と物質循環	自然環境	地球の発展と古典的生物進化	分子進化と集団遺伝	生物の系統と分類
2023				○							○									○				
2022						○		○		○									○					
2021				○	○				○															
2020							○	○				○								○		○		
2019					●						○				○		○			○				

2023年度の出題分析

- 出題形式　記・マ
- 知識量　★★★★
- スピード　★★★
- 記述力　★★★
- 応用力　★★★★

傾向　'23も[1]がマークシート、[2]が記述式と例年通りであった。[1]は選択肢が与えられているとはいえ空所が多く、知識に加えて文脈をたどる力が試される設問である。窒素の循環、精子の形成とウニの受精はそれぞれの範囲の厳密な知識が求められている。特に植物の生活環は植物の陸上進出の過程を背景とした配偶体や胞子体などの理解が十分でない受験生が多い範囲で、苦戦したと思われる。[2]の記述問題は、リード文が丁寧で、指定のキーワードなどをヒントとして記述すれば良く、比較的対応しやすい問題であった。とはいえ細胞内シグナル伝達など正確な知識は求められている。

対策　後半の記述問題が考察や計算に時間を要する難問である年もあるので、前半の空所補充を中心とした問題では時間をかけずに確実に得点しておくことをまず目指したい。そのためには教科書に加えて、図説を利用して知識を深め、確実することを心がけよう。特に神経等での電気化学的勾配、腎臓の構造と計算、ハーディー・ワインベルグの法則を含めた進化、バイオテクノロジーに関する各種の実験の理解など後半の考察問題にも関係しそうな範囲は、多くの問題を解いて馴染んでおくことも必要。その準備の上で余裕を持って後半の問題に取り組むことが合格点に繋がるだろう。

物理　やや難

難度の高い問題があるので、解く問題を選んで効率よく解こう!!

区分	力学						電磁気学					波動			熱力学			原子		
分野名	等加速度運動・運動方程式・慣性力	力のモーメント・重心	運動量と力積・仕事とエネルギー	円運動・遠心力	単振動	万有引力とケプラーの法則	電場と電位	コンデンサー	直流回路	磁場・電磁誘導	交流回路・電気振動・電磁波	波の性質	音波	光波	熱量と温度	気体分子運動論	気体の状態変化	粒子性と波動性	原子の構造	放射線・核反応
2023		●		○	●			○		●			●				○	●		
2022		●	●			○	●				○			○			●	●		
2021		●			○	●				●	○		●	●		○	●			
2020		●	●		○			●		○	●	●								●
2019		●				○				●	○			●			●		○	

2023年度の出題分析

- 出題形式　記・マ
- 知識量　★★★
- スピード　★★★★
- 記述力　★★★
- 応用力　★★★★

傾向　例年通り、マーク形式の[1]と記述形式の[2]で構成され、[1]の小問集合では腕を題材にした力のモーメント、2本のばねにはさんだおもりの鉛直方向での単振動、気柱の共鳴、導体棒での誘導起電力、光電効果が出題されている。大問はコンデンサーへの誘電体の挿入と2種類の気体が縦にあり各々がピストンで仕切られている問題が出題されている。記述形式の[2]では、鉛直面内での円運動の問題が出題されている。小問集合と円運動は解きやすい問題であったが、コンデンサーと熱力学の後半は誘導に乗れないと厳しいだろう。時間に余裕はないので、解ける問題を優先的に解くことにして、問題を飛ばして円運動から解いた方が良いだろう。

対策　標準〜やや難度の高い問題を解いておくこと。小問集合は得点源のひとつなので全問正解が必要であるが、解き慣れない問題も含まれるので、満遍なく勉強し、苦手な分野ややり残しの分野がないようにしておくこと。難度の高い問題であっても物理的な法則が変わるわけではないので、しっかりと基礎固めをして、応用力をつけるために質の高い良問を解いておくことが大切である。その際には自分で解答をつくり、計算などもしっかりやっておくことが必要である。時間が足りないので、手早く解くことが大切であるが、問題によっては後回しにすることも必要になる。'17はやや難度が下がり、'18〜'23では上がり、以前の難度に戻っている。

小論文　絵・写真型

絵や写真を見て文章を構築する力が求められる

年度	試験区分	内容	字数	時間
23	一般	飛行機の前の特攻隊員達の写真を見て、この中の一人になって家族に手紙を書き、さらにその心情説明も述べる。	800字	70分
22	一般	2億5千万年後の地球予想図を見て、この時代にはどんな世界が広がっていると思うかを述べる。	800字	70分
21	一般	「絶対に住めない世界のゴーストタウン」より、リース港。アザラシの気持ちになって述べる。	800字	70分

'23の設問は今までとは異なり、二つの要求がなされていた。「写真を見て誰か一人の立場に立って家族宛の手紙を書き、後半ではその内容に対する理由を述べる。」というものだった。実際に合格した生徒の一人は面接の時に手紙部分が長いねと指摘を受けたようだが、一生懸命に書いていることは伝わったと思われる。順天堂大の小論文は、1次試験で課され、絵あるいは写真が提示されるが、2次試験の面接で内容について問われることがあるのが特徴である。設問中に資料の説明がついている場合はそれをヒントにする('23、'22、'19)。設問は「思うことを自由に」、あるいは「感じたこと」を書けという場合が多い。出題には動物と子供が多いと書いてきたが、'23は若者であった。といっても例外はある。'22は今までと全く違うもので、2億5千年後を予想した世界地図が載っていた。設問の中にパンゲア・プロキシマ大陸の図だと書かれている。、大陸同士がつながっている絵から、むしろ私たちの絶滅と誕生を思い起こすと書きやすいのではないか。'21は「アザラシの気持ちになって」、'17は「子猫の気持ちになって」書くというものであった。さらに以前は1950年頃の英国の病院の広い待合室にコートを着たままの寒そうな患者と家族がおり、白衣の若い医師らしき人物はのんびりと歩いている茶を基調とした絵が出題されたこともある。「この中の一人の患者を選んで気持ちを書く」というもので、繰り返し○○の気持ちになる、自分以外の者の立場に立つことが求められている。他者理解の一種であろう。受験生に論述内容を聞くとかなり解釈の差がみられるがそれぞれ合格しているので、自分が思ったことをありのままに書けばよく、あまり迷う必要はない。絵・写真型の場合は、資料を見ていない人にも分かるように簡潔に説明(文章化)し、自分なりに解釈して、きちんと文章構成をして書けば十分である。事前練習は必要。

昭和大学　医学部医学科

学部所在地	〒142-8555　東京都品川区旗の台1-5-8
交通手段	東急池上線・大井町線旗の台駅より徒歩5分
創設者	上條　秀介
学長	久光　正
設立年度	［昭和3年］昭和医学専門学校を開校

昭和大学
受験生サイト

入試問い合わせ先
担当部署　学事部入学支援課
電話番号　03-3784-8026

医師国家試験状況

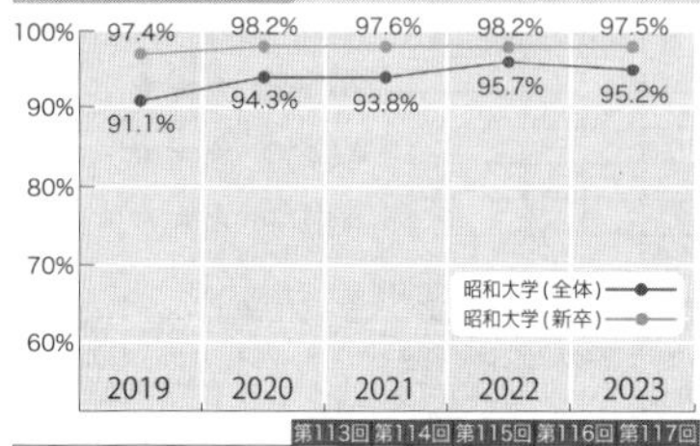

	第113回	第114回	第115回	第116回	第117回
昭和大学(全体)	91.1%	94.3%	93.8%	95.7%	95.2%
昭和大学(新卒)	97.4%	98.2%	97.6%	98.2%	97.5%

設置学部

歯学部
薬学部
保健医療学部

2023年度入学者

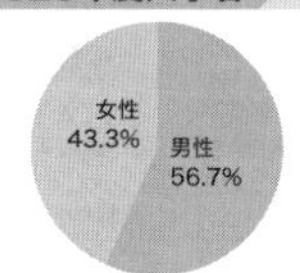

2023年度入学者
134名

主な附属病院

昭和大学病院
昭和大学病院附属東病院
藤が丘病院
藤が丘リハビリテーション病院
横浜市北部病院
江東豊洲病院
烏山病院
・その他関連施設
昭和大学歯科病院

2024年度学納金

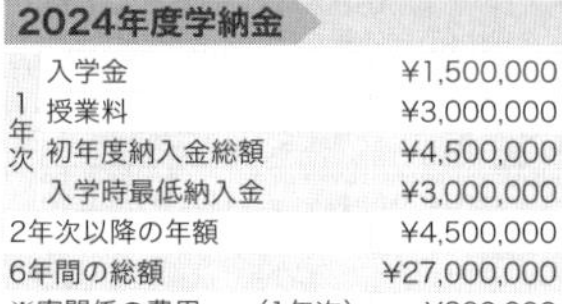

1年次	入学金		¥1,500,000
	授業料		¥3,000,000
	初年度納入金総額		¥4,500,000
	入学時最低納入金		¥3,000,000
2年次以降の年額			¥4,500,000
6年間の総額			¥27,000,000
※寮関係の費用		(1年次)	¥800,000
※その他の費用		(1年次)	¥95,000
		(2年次以降)	¥50,000

繰上げ合格

補欠者は合格発表と同時に公表する。合格者の手続状況等により欠員が生じた場合に、順次合格とし、電話連絡の上、入学の意思を確認する。

特待生制度

一般選抜入試Ⅰ期の上位合格者は、初年度授業料を免除。

補欠順位

なし

成績開示

あり(不合格者のみ)※申込あり

寄付金

入学後、本学の教育研究環境の整備充実等のため、任意の寄付金を募集いたします。

入試結果

区分	項目		2023	2022	2021
一般選抜入試Ⅰ期	募集人員		83	82	75
	志願者数		2,674	2,475	2,761
	受験者数	A	2,403	2,178	2,598
	一次合格者数	B	426	569	579
	一次合格倍率	A/B	**5.6**	**3.8**	**4.5**
	二次受験者数		389	527	537
	正規合格者数	C	—	—	—
	正規合格倍率	A/C	—	—	—
	補欠候補者数		—	—	—
	繰上合格者数	D	—	—	—
	総合格者数	C+D	**234**	**237**	**257**
	合格実質倍率	A/(C+D)	**10.3**	**9.2**	**10.1**
	入学者数		—	—	—
	合格最高点		—	—	—
	合格最低点		231/400	230/400	247/400
新潟県地域枠	募集人員		7	7	2
	志願者数		101	95	47
	受験者数	E	94	85	45
	一次合格者数	F	21	35	15
	一次合格倍率	E/F	**4.5**	**2.4**	**3.0**
	二次受験者数		19	26	10
	正規合格者数	G	—	—	—
	正規合格倍率	E/G	—	—	—
	補欠候補者数		—	—	—
	繰上合格者数	H	—	—	—
	総合格者数	G+H	**8**	**7**	**2**
	合格実質倍率	E/(G+H)	**11.8**	**12.1**	**22.5**
	入学者数		—	—	—
	合格最高点		—	—	—
	合格最低点		180/400	190/400	201/400
静岡県地域枠	募集人員		8	8	5
	志願者数		108	113	107
	受験者数	I	91	103	102
	一次合格者数	J	24	44	38
	一次合格倍率	I/J	**3.8**	**2.3**	**2.7**
	二次受験者数		20	34	33
	正規合格者数	K	—	—	—
	正規合格倍率	I/K	—	—	—
	補欠候補者数		—	—	—
	繰上合格者数	L	—	—	—
	総合格者数	K+L	**9**	**10**	**7**
	合格実質倍率	I/(K+L)	**10.1**	**10.3**	**14.6**
	入学者数		—	—	—
	合格最高点		—	—	—
	合格最低点		189/400	191/400	203/400
茨城県地域枠	募集人員		4	4	
	志願者数		53	42	
	受験者数	M	48	41	
	一次合格者数	N	12	21	
	一次合格倍率	M/N	**4.0**	**2.0**	
	二次受験者数		7	16	
	正規合格者数	O	—	—	
	正規合格倍率	M/O	—	—	
	補欠候補者数		—	—	
	繰上合格者数	P	—	—	
	総合格者数	O+P	**4**	**4**	
	合格実質倍率	M/(O+P)	**12.0**	**10.3**	
	入学者数		—	—	
	合格最高点		—	—	
	合格最低点		202/400	191/400	
一般選抜入試Ⅱ期	募集人員		18	20	20
	志願者数		1,015	1,442	1,581
	受験者数	Q	862	1,262	1,406
	一次合格者数	R	100	128	117
	一次合格倍率	Q/R	**8.6**	**9.9**	**12.0**
	二次受験者数		88	107	98
	正規合格者数	S	—	—	—
	正規合格倍率	Q/S	—	—	—
	補欠候補者数		—	—	—
	繰上合格者数	T	—	—	—
	総合格者数	S+T	**19**	**28**	**23**
	合格実質倍率	Q/(S+T)	**45.4**	**45.1**	**61.1**
	入学者数		—	—	—
	合格最高点		—	—	—
	合格最低点		130/200	268/400	255/400

(注)合格最低点は1次合格者を対象

入試日程

試験区分	募集人員	出願期間	試験日 1次試験	試験日 2次試験
学校推薦型選抜入試(特別協定校のみ)	2名	2023年11月1日(水)～11月10日(金)郵送必着	11月25日(土)	
卒業生推薦入試	7名			
一般選抜入試Ⅰ期	83名	2023年12月6日(水)～2024年1月10日(水)郵送必着	2月2日(金)	2月10日(土)* 2月11日(日)
一般選抜入試Ⅱ期	18名	2024年2月1日(木)～2月14日(水)郵送必着	3月2日(土)	3月9日(土)

* 出願時に選択

試験時間・配点

集合時間　1次：9：00　2次：Ⅰ期8：20　Ⅱ期9：00

試験区分		科目	試験時間	時間	配点	合計点	備考
一般選抜入試Ⅰ期	1次	英語・数学または国語	9:30～11:50	140分	100点×2	520点	
		理科2科目	13:30～15:50	140分	200点		
	2次	小論文	8:40～9:40	60分	20点		
		面接	小論文終了後	約10分	100点		
一般選抜入試Ⅱ期	1次	英語・数学または国語	9:30～11:50	140分	100点×2	500点	
		理科2科目	13:30～15:50	140分	200点		
	2次	面接	10:00～		100点		

試験会場

試験区分	1次試験	2次試験
学校推薦型選抜 卒業生推薦	本学(旗の台キャンパス)	
一般選抜入試Ⅰ期	横浜(横浜パシフィコノース)・大阪(AP大阪茶屋町)・福岡(南近代ビル)	本学(旗の台キャンパス)
一般選抜入試Ⅱ期	横浜(横浜パシフィコノース)	本学(旗の台キャンパス)

合格発表日

試験区分	1次試験	2次試験	手続締切	辞退締切
学校推薦型選抜 卒業生推薦	12月1日(金)15:00		12月8日(金) 12:00	
一般選抜入試Ⅰ期	2月7日(水) 12:00	2月13日(火) 12:00	2月20日(火) 12:00	3月31日(日) 12:00
一般選抜入試Ⅱ期	3月6日(水) 12:00	3月11日(月) 12:00	3月18日(月) 12:00	3月31日(日) 12:00

合格発表方法

試験区分	1次試験	2次試験
学校推薦型選抜 卒業生推薦	ネット照会・郵便(合格者)	
一般選抜入試Ⅰ期	ネット照会	ネット照会・郵便(合格者)
一般選抜入試Ⅱ期	ネット照会	ネット照会・郵便(合格者)

入試情報

過去3年間入学者現浪比

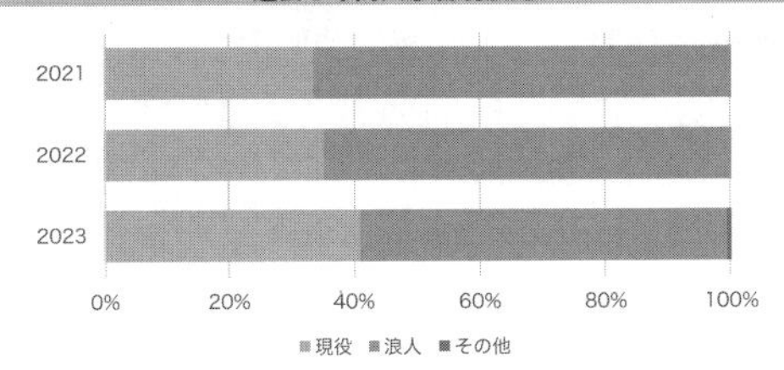

	2021	2022	2023
現役	33.6%	35.2%	41.0%
浪人	66.4%	64.8%	58.2%
その他	0.0%	0.0%	0.7%

2023年度合格者現浪比

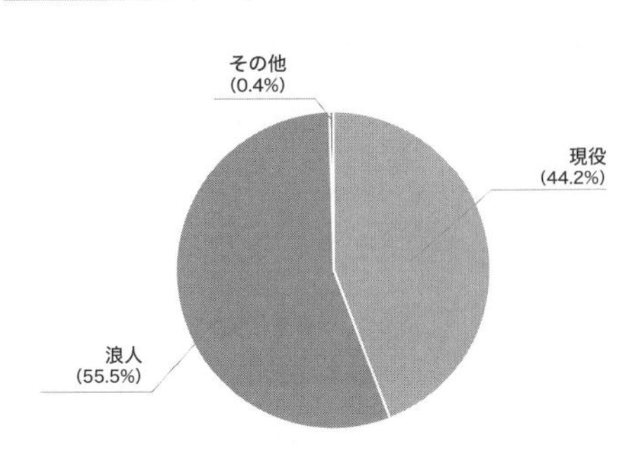

面接

メルリックス学院生からのアンケートをもとに作成しています

■ 所要時間　個人約10分

■ 面接の進行

【アンケート】あり　医師志望理由、本学志望理由、高校生活について、併願校について、最近感動したこと、医師に向いていると思う点等

【質問内容】

<個人>

- 医師志望理由
- 本学志望理由
- 小論文の内容について
- 高校生活、部活動について
- ボランティア活動について
- 寮生活について
- 寮で合わない人がいたらどうするか
- 自分の長所、短所
- 医師に必要な資質
- リーダーシップについて
- 最近の医療ニュース
- 自己アピール

面接官の人数：2名
受験生の人数：1名
○ 受験生　● 面接官

壁で仕切られた部屋で、何人もの面接が同時に行われる。時間になるとブザーが鳴って終了。面接前に記入するアンケートはⅠ期、Ⅱ期とも同じなので、Ⅱ期を受ける前にⅠ期の時は書きにくかった点を考えておくとよい。

昭和大学　医学部医学科

一般選抜（Ⅰ）出題傾向分析

数学　標準　反復練習に力を入れ、典型問題を手際よく処理する力をつけよう

区分	解析系									図形系					その他				
	Ⅰ	Ⅰ・Ⅱ	Ⅱ			B	Ⅲ			Ⅰ	Ⅱ	B	Ⅲ		Ⅰ	A			B
分野名	二次関数	数と式	指数・対数	三角関数	微分・積分	数列	いろいろな関数と極限	微分	積分	三角比	図形と方程式	ベクトル	いろいろな曲線	複素数平面	データの分析	整数	場合の数	確率	確率分布
2023	●	●	●			○			○			●	○	●			○	○	
2022							●		●			○		○			○		
2021						●			●		○					●		●	●
2020					●		○	●	●				●	○				●	
2019		●						●	●					○		○			●

2023年度の出題分析

出題形式	記述
知識量	★★★
スピード	★★★
記述力	★★
応用力	★★★

傾向　試験時間は英語と合わせて140分。大問数は4題。解答方式は最終的な答のみをかかせる形式となっている。各大問は小問集合または1つのテーマについての出題であり、どのような割合で出題されるかは決まっていない。今年度Ⅰ期は[1]複素数平面、[2]小問集合(4題)、[3]積分、[4]小問集合(2題)であった。問題の難易度は基本問題から標準問題までが中心であるが、公式の確認など易問もみられる。小問集合があるため設問数が多く出題項目が多岐にわたり、試験問題のボリュームは時間に対して多めである。　数列、ベクトル、数Ⅲ全般について典型問題の出題が目立つ。注意するべき点は他大学で試験範囲から除外されている数学Bの確率分布が含まれるところであろう。

対策　問題数が多く時間が限られているので、反復演習によって手際よく問題を解く練習が必要である。基本問題も標準問題も典型問題の出題が多いので、初動でミスして時間のロスを防ぐために徹底した問題解法の整理が効率の良い対策となるだろう。特に漸化式で定義された数列、各種の関数の積分の方法などは丁寧にパターン分けして覚えるようにしよう。また、昭和大学独特の傾向として複素数平面のド・モアブルの定理に関する問題、2次曲線(楕円、放物線、双曲線)の定義に関する問題、他大学で出題されない確率の期待値を求める問題がよく見られるのでこれらは特に重点を置いて対策をするとよいだろう。過去問は似た難易度、内容の出題もよく見られるので年度を多めに繰り返し解いておこう。

英語　やや難　長文中心で記述量多め、語彙やイディオムは要レベルアップ

区分	読解							文法・語法						表現・作文		会話		
分野名	和訳	内容真偽	内容説明	空所補充	脱文挿入	文整序	表題選択	短文完成	語句整序	誤り指摘	語定義	発音・アクセント	同意・反意語句	英訳	テーマ型英作文	応答選択	空所補充	内容真偽
2023	●		●	●	●			○	●	●			●					
2022	●		●	●				○	●	●		●						
2021	●		●	●	●			○										
2020		●	●	●				○					●					
2019		●	●	●				○	○	○		○				○		

2023年度の出題分析

出題形式	記・マ
知識量	★★★★
スピード	★★★★
記述力	★★★★★
応用力	★★★★

傾向　時間は数学(or国語)と合わせて140分で、'22と同様に大問3題。大問数及び出題傾向はⅡ期も同じ。文法関連は[1]の短文完成(15問)のみなのも変わらず。文法は基本～標準問題が中心だが、語彙やイディオムについてはやや難しいものが見られる。[2]、[3]はいずれも長文で、A4判1枚強～3枚ほどの長さ。'22に続き、和訳や説明など記述中心の重厚な出題。要旨を100字以内でまとめさせるなど、求められる記述量の多さは注目に値する。それに加えて、空所補充、語句整序、脱文挿入などが出題される。'23の[3]「創造性」に関する抽象的な文章は、受験生にとって極めて難解な大問であったと考えられる。

対策　文法の単独問題も出題されるが、近年は読解重視の傾向が顕著である。記述箇所が多めで、和訳や説明問題に十分慣れておく必要がある。その際、類似の出題傾向の聖マリアンナ大や藤田医科大などの過去問が役立つ。また近年の出題傾向を考慮して、読んだ英文の要約文を100字程度の文字数でまとめる習慣をつけるとさらに良いだろう。文法関連は標準的な演習をしておけば対応できそうだが、やや難レベルの語彙やイディオムもできるだけチェックしておく必要がある。このところ全体的な出題傾向は定まっているようにも見えるが、昭和大学は伝統的に細部での微妙な問題の入れ替えを頻繁に行うので、柔軟に対応できるようにしておきたい。

化学　標準　有機化学からの出題が多い。全体的に易化傾向にある

区分	理論										無機		有機					
分野名	原子の構造・化学結合	化学量と化学式	物質の三態・気体の法則	溶解度・濃度	コロイド・希薄溶液	化学反応と反応熱	酸と塩基の反応	酸化・還元	電池・電気分解	反応の速さと化学平衡	周期表と非金属元素	金属元素	脂肪族	芳香族	糖	アミノ酸とタンパク質	生命化学	合成高分子化合物
2023		●				●	●			○			○			○		●
2022		●	●	●	●									○		○		○
2021	●	●			●	●			○				○	○	○		●	
2020	●	●	●	●	○	●	●			●					○	○	●	
2019	○		●	●	●	●	●		●	○							○	

2023年度の出題分析

出題形式	記述
知識量	★★★
スピード	★★★
記述力	★★★
応用力	★★★

傾向　生命化学の問題が取り上げられることが多い大学ではあったが、近年は出題されなくなってきている。有機化学からの出題は引き続き多くなっている。今年度は基本的な問題が大部分で、ミスが合否に直結してきてしまうようなものであった。[1]は油脂に関する問題で、けん化価やヨウ素価に関するものであった。遊離脂肪酸に関する計算が唯一煩雑さのあるものであった。[2]はアミノ酸に関する用語の問題。アスパラギン酸にはカルボキシ基が2つあるので、ペプチド結合の可能性が複数生じることがポイント。[3]は反応速度・平衡に関する問題。[4]は小問集合。大きく得点差が付きそうな問題は少ないので、計算ミスや読解ミスをしないことが肝要であった。

対策　最近は生命化学の出題がないが、無視してしまうことはできない。過去問にあるような難問までカバーしておくことは必須とはいえないが、基本的な内容は押さえておかねばならない。今年度も有機化学の出題が半分程度で非常に多い。難問ではなかったが、細かく学習して穴をなくしておくことが重要なことであった。読解力を問われるものも少なくない。長文形式の問題にも日々当たって、内容を正確に把握する力も育成したい。今年度は標準的なレベルで、高得点勝負となったが、年度によっては非常に難解な問題が出題されることもある。どのようなレベルの出題であっても対応できるように準備しておくこと、入試当日の試験中にも諦めずに最善を尽くすことを心に置いて臨みたい。

生物　標準　バランスのよい出題である。一般的な対策を

区分	細胞		代謝		遺伝子			体内環境			生殖・発生			環境応答				生態系				進化・系統		
分野名	細胞の構造と組織	細胞膜の構造と物質輸送	タンパク質の構造と酵素反応	同化と異化	細胞周期とDNA合成	遺伝子の発現と調節・変異	バイオテクノロジー	体液・循環系の構成と働き	自律神経とホルモンによる調節	生体防御	配偶子形成と生殖・遺伝	初期発生と形態形成	幹細胞と再生	刺激の受容と感覚	神経系と筋肉	動物の行動	植物生理	バイオームの遷移と分布	個体群と相互作用	物質生産と物質循環	自然環境	地球の発展と古典的生物進化	分子進化と集団遺伝	生物の系統と分類
2023	○			●						○				○			○							
2022			○	○	○						●	●												
2021							○			○		○							○	○				
2020		○		●			○	○							●									○
2019									○		○				○							○		

傾向　例年大問4題の出題であったが、'21は大問5題となり、'22から再び大問4題の出題となった。選択問題を除くと、空所補充を含めてすべて記述問題で選択肢は無い。各大問は、空所補充、現象の名称を問う問題、現象の説明を求める問題、実験結果に基づく考察問題、計算問題など多様な形式で構成されている。問題の多くは教科書のレベルで、一部図説などの学習を必要とするものが含まれる。論述問題も20字程度のものが多く、難問ではないが何を問われているのかを落ち着いて考えて、端的に記述する必要がある。

対策　生物全範囲から出題されるので教科書の全体をしっかりと学習することが重要。その際に図説も加味して、説明文の文脈に馴染んでおくことを心がけておくと、選択肢がない空所補充問題も苦労しなくなる。腎臓・異化・同化・標識再捕法などの計算問題は基本的な問題が出題されるので問題集の基本問題を一通り済ませておくこと。'22・'23と出題がなかったが、それまでは毎年のように生態系や進化・系統分類の分野からの出題があった。試験時間は2科目140分と十分あるのでじっくりと問題に取り組む時間がある。特に実験結果に基づく考察問題は時間をかけて情報処理をすれば正解率が確実に高まるだろう。

物理　標準　'24は見慣れない問題が出題されるかもしれない、注意しよう!!

区分	力学						電磁気学					波動			熱力学			原子		
分野名	等加速度運動・運動方程式・慣性力	力のモーメント・重心	運動量と力積・仕事とエネルギー	円運動・遠心力	単振動	万有引力とケプラーの法則	電場と電位	コンデンサー	直流回路	磁場・電磁誘導	交流回路・電気振動・電磁波	波の性質	音波	光波	熱量と温度	気体分子運動論	気体の状態変化	粒子性と波動性	原子の構造	放射線・核反応
2023	○	●							○					○						
2022						○								○		○		○		
2021						○				○			○				○			
2020	○									○	○							○		
2019	○							○	○					○			○			

2023 年度の
出題分析

出題形式 記 述
知 識 量 ★★★
スピード ★★★
記 述 力 ★★★★
応 用 力 ★★★★

傾向　大問4題で構成され力学、力学の小問集合、電磁気、波動から出題されている。力学は、動滑車を縦につないだときの物体の運動で、重心加速度も問われている。力学の小問集合は斜方投射と論述で「バットでのモーメントの大小」と「無重力状態で質量を測定する方法」が出題されている。電磁気は、抵抗とコンデンサーが2つずつある直流回路で、波動は光ファイバーの原理が出題されている。全体的に標準問題であったが、動滑車の性質と重心加速度は類題を解いたことがないと苦労しただろう。昨年と同様に解きやすい問題ばかりであったので、合格点はかなり高いものとなっている。試験時間に対して問題数も多くはないので全問解ききることは出来ただろう。

対策　やや難度の高い問題まで解いておくこと。見慣れない問題や難度の高い問題が解けることも大切であるが、実際に合格点に達するかどうかは標準問題を失点しないことが重要である。それゆえ、あまり難問等に固執せずに広範囲に勉強をしておくことが大切である。また、見慣れない問題を解く場合の注意点は、一般に知られていない法則を用いて解く問題はあまりないので、落ち着いて問題を読み、今まで解いてきた問題と比較してみることであり、出題者の意図が理解できれば問題は解ける。毎年のように記述や描画が出題されるので練習は必要である。'21～'23はやや難度が下がっているが、柔軟な思考力が試されるので十分な準備が必要である。

小論文　テーマ型　資料文型　図表型　最近の話題や国の健康政策に関心をもっているか

年度	試験区分	内容	字数	時間
23	選抜Ⅰ期（1日目）	AI 技術が医療にも積極的に取り入れられているが、医師の診断率を上回るという報告もある。今後の医師の役割の変化について考えを簡単の述べる。	600 字	60 分
	選抜Ⅰ期（2日目）	近年、女性医師も含めたダイバーシティ（言語なども含む多様性）が問われてる。課題と取り入れることによる可能性について述べる。		
22	選抜Ⅰ期（1日目）	新聞記事に、小児がん拠点病院では病室内の無線 LAN 化が進み、病棟外とつながれることを患者らは歓迎、とある。コロナ禍の子ども達に手を差し伸べる対策を述べる。	600 字	60 分
	選抜Ⅰ期（2日目）	オンライン診療のメリットとデメリット、また医師として必要な知識について述べる。		
	選抜Ⅱ期	民法改正で成年年齢が 18 歳に引き下げられる理由と、それによって変わることについて。		
21	選抜Ⅰ期（1日目）	ＳＤＧｓの簡単な説明を読んで、あなたができるＳＤＧｓの取り組みについて述べる。	600 字	60 分
	選抜Ⅰ期（2日目）	遺伝性疾患は多く、あらゆる診療科に及ぶが、同じ種類の疾患に出会うことは稀で、見逃す可能性があることを意識して診断すべきだということを踏まえ、患者とどう向き合うかを述べる。		

'23も長いテーマ型の前半にヒントがついていて、後半がいわゆる設問となっている非常に親切な出題である。そのテーマに詳しくなくても論述は可能である。1日目のAIに関しては、画像診断にAIを利用することのメリットやその精度は実際に研究されている。2日目の「女性」に関しては、大学でも女性医師と薬剤師の現場での働き方の推移を比較するものや、SDGｓの「5. ジェンダー平等」を意識した出題と言える。'22(2日目)に出題されたオンライン診療だが、遠隔診療は本来、過疎地や島嶼などの医療のために和歌山県立医大などが企業と共同開発をしていた分野である。現在のオンライン診療は遠隔診療の中に含まれてはいたが、国は認めていなかった。そこにコロナ禍となり、オンライン診療を国は急遽認めた。そういったいきさつにも触れた昭和大の出題形式は非常に親切であった。'21(2日目)には、昭和大で初めて「資料文プラス図表型」が出題された。'21の関西医大、'22の川崎医大、産業医大などで練習しておきたい。文章部分と読み取りを一緒にまとめて序論とし、後は例年どおりに展開する。長めのテーマ型の練習には近畿大、関西医大(ここは'20まで)などを600字で論述してみよう

最近は「再生医療・iPS・オルガノイド・移植医療」が一つの治験に合体しているので知識を整理しておく。睡眠については健康日本21(第3次)や中高生の問題など。また糖尿病の病名変更やアレルギー、一般的だががん対策、ACP(人生会議)、SDM、地域包括ケアシステム、チーム医療、災害医療など。また日大歯学部の小論文はテーマが新しく昭和大と似ているのでチェックしておく。

帝京大学　医学部医学科

学部所在地	〒173-8605　東京都板橋区加賀2-11-1
交通手段	JR埼京線十条駅より徒歩約10分
創設者	冲永　荘一
学長・理事長	冲永　佳史
設立年度	［昭和46年］帝京大学医学部を開設

入試問い合わせ先

担当部署　帝京大学入試センター
電話番号　0120-335933

医師国家試験状況

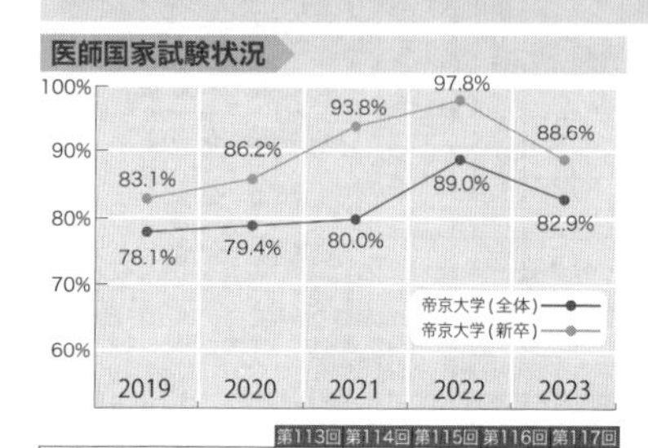

	第113回	第114回	第115回	第116回	第117回
帝京大学（全体）	78.1%	79.4%	80.0%	89.0%	82.9%
帝京大学（新卒）	83.1%	86.2%	93.8%	97.8%	88.6%

設置学部

薬学部／経済学部／法学部／文学部／外国語学部／教育学部／理工学部／医療技術学部／福岡医療技術学部

2023年度入学者

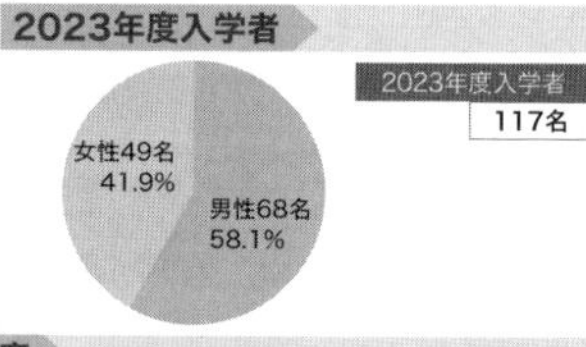

2023年度入学者　117名

主な附属病院

帝京大学医学部附属病院
帝京大学医学部附属溝口病院
帝京大学ちば総合医療センター
・その他関連施設
帝京大学老人保健センター
帝京大学医学部附属新宿クリニック
帝京大学スポーツ医科学クリニックなど

2024年度学納金

1年次	入学金	¥1,050,000
	授業料	¥3,150,000
	施設拡充費	¥2,100,000
	教育維持費	¥2,835,000
	実験実習費	¥227,000
	学生傷害保険費	¥8,140
	初年度納入金総額	¥9,370,140
	入学時最低納入金	¥6,631,640
2年次以降の年額（予定）		¥6,002,000
6年間の総額		¥39,380,140

繰上げ合格

繰上合格は実施しません。ただし、入学手続状況により欠員が生じた場合、成績上位者より順に相応人数の追加合格を出すことがあります。追加合格者を出す場合、本学より本人に郵便または電話にて連絡します。

特待生制度

なし

寄付金

施設設備の整備充実のため、「学校協力費のお願い」により学校協力費のご寄付を入学後にお願いしております。

補欠順位

なし

成績開示

なし

入試結果

一般			2023	2022	2021
	募集人員		86	89	89
	志願者数		6,902	6,390	6,640
	受験者数	A	6,442	6,029	6,236
	一次合格者数	B	—	—	—
	一次合格倍率	A/B	—	—	—
	二次受験者数		—	—	—
	正規合格者数	C	—	—	—
	正規合格倍率	A/C	—	—	—
	補欠候補者数		—	—	—
	繰上合格者数	D	—	—	—
	総合格者数	C+D	223	171	172
	合格実質倍率	A/(C+D)	28.9	35.3	36.3
	入学者数		129	128	127
	合格最高点		261/300	276/300	261/300
	合格最低点		211/300	202/300	211/300

一般（福島枠）			2023	2022	2021
	募集人員		2	2	2
	志願者数		75	110	65
	受験者数	E	75	107	57
	一次合格者数	F	—	—	—
	一次合格倍率	E/F	—	—	—
	二次受験者数		—	—	—
	正規合格者数	G	—	—	—
	正規合格倍率	E/G	—	—	—
	補欠候補者数		—	—	—
	繰上合格者数	H	—	—	—
	総合格者数	G+H	3	3	3
	合格実質倍率	E/(G+H)	25.0	35.7	19.0
	入学者数		2	2	1
	合格最高点		204/300	235/300	205/300
	合格最低点		192/300	201/300	191/300

一般（千葉枠）			2023	2022	2021
	募集人員		2	2	2
	志願者数		38	71	101
	受験者数	I	36	70	94
	一次合格者数	J	—	—	—
	一次合格倍率	I/J	—	—	—
	二次受験者数		—	—	—
	正規合格者数	K	—	—	—
	正規合格倍率	I/K	—	—	—
	補欠候補者数		—	—	—
	繰上合格者数	L	—	—	—
	総合格者数	K+L	2	2	3
	合格実質倍率	I/(K+L)	18.0	35.0	31.3
	入学者数		2	2	2
	合格最高点		247/300	221/300	215/300
	合格最低点		228/300	206/300	213/300

一般（静岡枠）			2023	2022	2021
	募集人員		2	2	2
	志願者数		64	61	67
	受験者数	M	62	59	64
	一次合格者数	N	—	—	—
	一次合格倍率	M/N	—	—	—
	二次受験者数		—	—	—
	正規合格者数	O	—	—	—
	正規合格倍率	M/O	—	—	—
	補欠候補者数		—	—	—
	繰上合格者数	P	—	—	—
	総合格者数	O+P	2	2	2
	合格実質倍率	M/(O+P)	31.0	29.5	32.0
	入学者数		2	2	2
	合格最高点		196/300	214/300	205/300
	合格最低点		181/300	200/300	213/300

一般（茨城枠）			2023	2022	2021
	募集人員		1	1	1
	志願者数		22	17	19
	受験者数	Q	21	15	19
	一次合格者数	R	—	—	—
	一次合格倍率	Q/R	—	—	—
	二次受験者数		—	—	—
	正規合格者数	S	—	—	—
	正規合格倍率	Q/S	—	—	—
	補欠候補者数		—	—	—
	繰上合格者数	T	—	—	—
	総合格者数	S+T	1	1	0
	合格実質倍率	Q/(S+T)	21.0	15.0	—
	入学者数		1	1	0
	合格最高点		213/300	204/300	—
	合格最低点		213/300	204/300	—

共テ利用			2023	2022	2021
	募集人員		8	10	10
	志願者数		626	581	647
	受験者数	U	621	569	636
	一次合格者数	V	—	—	—
	一次合格倍率	U/V	—	—	—
	二次受験者数		—	—	—
	正規合格者数	W	—	—	—
	正規合格倍率	U/W	—	—	—
	補欠候補者数		—	—	—
	繰上合格者数	X	—	—	—
	総合格者数	W+X	18	13	13
	合格実質倍率	U/(W+X)	34.5	43.8	48.9
	入学者数		9	10	6
	合格最高点		535/600	497/600	577/600
	合格最低点		416/600	442/600	512/600

推薦			2023	2022	2021
	募集人員		15	10	10
	志願者数		66	49	38
	受験者数	Y	66	49	38
	合格者数	Z	15	13	12
	実質倍率	Y/Z	4.4	3.8	3.2
	入学者数		15	13	12
	合格最高点		230/300	215/300	229/300
	合格最低点		171/300	165/300	176/300

※1 共テ利用の合格最高点・最低点は1次・2次試験の合計
※2 入学者数は入学手続をした者の数
(注)合格最高点・最低点は正規および繰上合格者を対象

2024年度　募集要項

帝京大学 医学部医学科

入試日程

試験区分	募集人員	出願期間	試験日	
			1次試験	2次試験
学校推薦型選抜	15名	2023年11月1日(水)～11月7日(火)必着	11月12日(日)	
一般選抜 千葉県特別地域枠 福島県特別地域枠 静岡県特別地域枠 茨城県特別地域枠	93名*1	2023年12月19日(火)～2024年1月15日(月)必着	1月25日(木)*2 1月26日(金) 1月27日(土)	2月6日(火)*3 2月7日(水)
共テ利用選抜	8名	2023年12月19日(火)～2024年1月12日(金)必着	共通テスト	2月16日(金)

*1 臨時定員増が6名含まれています。確定次第本学HPでお知らせします。

*2 試験日自由選択制。2日以上受験した場合、「試験日ごとの学科試験3科目の合計点が最も高い日」を採用

*3 出願時にどちらか1日選択

試験時間・配点

[受験上の注意]開始時間の10分前までに試験室に入室して下さい。

試験区分		科目	試験時間	時間	配点	合計点	備考
一般	1次	英語	9:30～10:30	60分	100点	300点	*4 数学・物理・化学・生物・国語の5科目より2科目選択
		選択科目*4	11:30～13:30	120分	100点×2		
	2次	課題作文	10:30～11:00	30分	—	—	
		面接	12:30～	10分程度	—		

試験会場

試験区分	1次試験	2次試験
推薦	帝京大学板橋キャンパス	
一般	帝京大学板橋キャンパス	帝京大学板橋キャンパス
共テ利用		帝京大学板橋キャンパス

合格発表日

試験区分	1次試験	2次試験	手続締切	辞退締切
推薦	12月1日(金)11:00		12月11日(月)	
一般	1月30日(火) 11:00	2月10日(土) 11:00	2月19日(月)	3月31日(日) 12:00
共テ利用	2月10日(土) 11:00	2月20日(火) 11:00	3月11日(月)	3月31日(日) 12:00

合格発表方法

試験区分	1次試験	2次試験
推薦	ネット照会	
一般	ネット照会	ネット照会
共テ利用	ネット照会	ネット照会

入試情報

過去3年間入学者現浪比

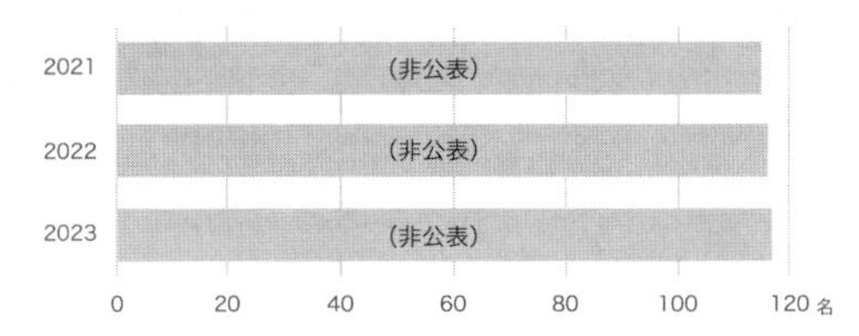

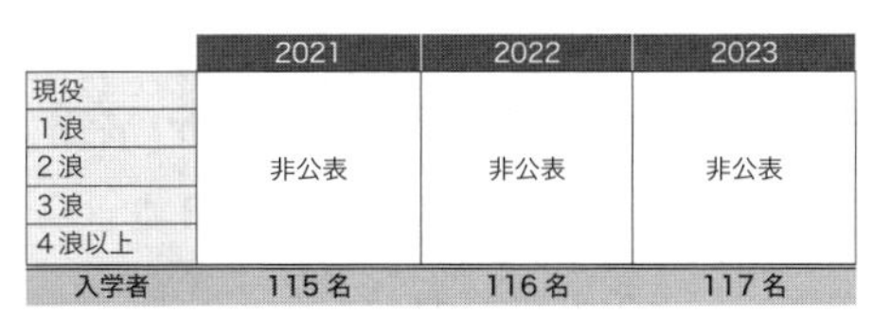

	2021	2022	2023
現役 1浪 2浪 3浪 4浪以上	非公表	非公表	非公表
入学者	115名	116名	117名

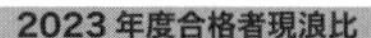

2023年度合格者現浪比

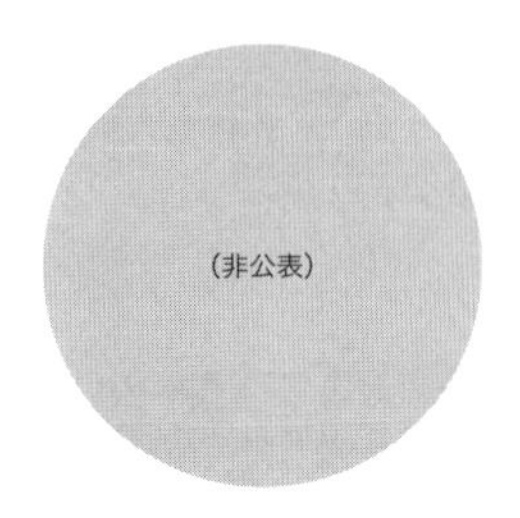

面接

メルリックス学院生からのアンケートをもとに作成しています

■ 所要時間　個人10分程度

■ 面接の進行

【質問内容】

<個人>

- 医師志望理由
- 本学志望理由
- 高校時代に頑張ったこと
- 高校卒業後の経歴
- 大学入学後にやりたいこと
- 得意科目と苦手科目について
- 自分の長所、短所
- どのような医師になりたいか
- 体力はあるか
- 最近気になるニュース
- 自己PR
- やる気がないメンバーがいる中でグループ発表を成功させるためにどうするか
- なぜ地域枠を受けたか(地域枠)

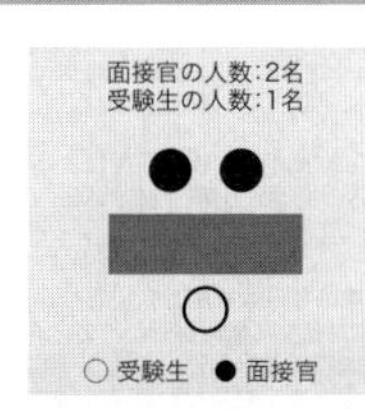

緊張せずリラックスした雰囲気で行われる。同じ部屋で4組ほどが同時に面接している。高校の調査書からの質問も多く、面接官との会話のような形で進んでいく。MMIのような課題シートに対して、自分の意見を答える質問が必ず1題出る。

帝京大学　医学部医学科

一般選抜①出題傾向分析

数学　標準　まず中堅私大～上位私大レベルの典型問題の解法を固めて

区分	解析系									図形系					その他				
	I	I・II	II	II	II	B	III	III	III	I	II	B	III	III	I	A	A	A	B
分野名	二次関数	数と式	指数・対数	三角関数	微分・積分	数列	いろいろな関数と極限	微分	積分	三角比	図形と方程式	ベクトル	いろいろな曲線	複素数平面	データの分析	整数	場合の数	確率	確率分布
2023			○	●	●							●				●		●	
2022			●	●		○					●					●		●	
2021			○	●	○	●						●						●	
2020				○	○						●	●				●		●	
2019			●	●	○	●						●				●	●		

2023年度の出題分析

- 出題形式　穴埋め
- 知識量　★★★
- スピード　★★★
- 記述力　—
- 応用力　★★★

傾向　'17から全問必須の4題。誘導問題と小問集が混ざっていることが多かったが、'23は1日目、2日目とも誘導問題はなく、すべて小問2問ずつの出題であった。毎年[1]は数学IIの「微分・積分」の問題。[2]以降では「場合の数・確率」「数列」「三角関数」「指数・対数」「ベクトル」「整数」が頻出。全問必須に変わった'17は難易度も傾向もほぼ前年通りであったが、'18は易化。その後、少し難度が上がりつつも、'18以降のほとんどの問題は中堅私大～上位私大レベルの典型問題そのままか、少し考えれば中堅私大～上位私大レベルの典型問題の解法で解ける問題であった。'23は'18以降の平年並みだが工夫の必要な問題や手間のかかる問題も混ざっている。

対策　大問4題であるが、'23は実質小問8題。微分積分は必出で、それ以外はどの分野からもまんべんなく出題されている。難易度に若干ばらつきはあるが、少し考えれば中堅私大～上位私大レベル典型問題の解法で解ける問題がほとんどである。まず上位私大レベルの典型問題は迷わず早く正確に解けるようにしっかり固めておこう。'20の[4]の(2)は難問向けの解法を知っている必要はないがじっくり考えさせる問題で、'23もある程度考えさせる問題が混ざっている。今後もそのような問題が若干混ざってくる可能性が高い。上位国公立大レベルの考えさせる問題も解いて応用力・実戦力をつけておこう。また、当日は解ける問題からどんどん解いていこう。

英語　標準　文法は語句整序演習中心に、文意を簡潔にまとめる演習もしっかりと

区分	読解						文法・語法						表現・作文		会話		
分野名	和訳	内容真偽	内容説明	空所補充	脱文挿入	文整序	表題選択	短文完成	語句整序	誤り指摘	語定義	発音・アクセント	同意・反意語句	英訳	テーマ型英作文	応答選択	空所補充	内容真偽
2023	●	○		○					○				●					
2022		○	●	○					○				●					
2021	●	○		○	●				○									
2020	●	○		○			●		○									
2019	●	●		●			●		○	●		●	●					

2023年度の出題分析

- 出題形式　記・マ
- 知識量　★★★★
- スピード　★★★
- 記述力　★★★
- 応用力　★★★

傾向　試験時間60分で大問4題。出題内容及び傾向は例年同様である。試験日によって難易度に差があるのもまた例年通り。文法問題は[4]の語句整序(5問)のみでどれも平易。先に5分以内で処理して他の問題に時間を充てたい。[1]は読解総合問題で、空所語句補充や下線部の同意表現選択、下線部和訳などが問われる。'22は記述問題として20字程度の内容説明が出題されたが、'23は和訳であった。[2]は英文中の空所語句補充選択だが、該当箇所の前後と選択肢を照らし合わせれば解答できるものが多く、時間短縮が図れそう。[3]は英文の内容に関する英問英答。単語の脚注を利用しながら手際よく処理したいところ。

対策　近年、英文、問題ともに取り組みやすくなったようだ。60分という時間を考えれば完答するのは難しくはないだろう。ただし時間配分に十分気をつけるだけでなく、取り組む順序の判断も重要だ。文法関連が'23同様の語句整序のみであれば、最初にこれを短時間で処理し、長文パートにできるだけ多くの時間を割くのが望ましい。長文3題それぞれ20分前後充てられれば余裕をもって解答できる。なお、短文完成や誤り指摘、同意表現など他の文法問題が出題されることも想定して演習しておいた方がいいだろう。'22で出題された内容説明記述問題が'24に復活する可能性もあるので、短い文字数で文意を簡潔にまとめる対策はしっかりしておくべきだろう。

化学　標準　見慣れない問題が減り標準的な出題となったが油断禁物

区分	理論									無機		有機					
分野名	原子の構造・化学結合	化学量と化学式	物質の三態・気体の法則	溶解度・濃度	コロイド・希薄溶液	化学反応と反応熱	酸と塩基の反応	酸化・還元	電池・電気分解	反応の速さと化学平衡	周期表と非金属元素	金属元素	脂肪族	芳香族	糖	アミノ酸とタンパク質	生命化学	合成高分子化合物
2023						○						○	●	●				○
2022						○						○	●	●				○
2021	○												○		●			●
2020							○				○			○				○
2019									○		○		○					○

2023年度の出題分析

- 出題形式　記述
- 知識量　★★★★
- スピード　★★★★
- 記述力　★★★
- 応用力　★★★

傾向　大問4題の出題。例年、試験日程による難易度の差はほとんどなく、似たような内容の問題が出題されている。ただ、各大問に難度の差がある場合も存在するので、時間管理をうまく行いながら進める必要がある。今年度は出だしでルミノール反応とその色、溶解熱が負である物質を聞いている。推測は出来るかもしれないが、知らないものは考えても仕方ない。突然で焦ってしまうかもしれないが、そこを落ち着いて対処する能力が問われている。[2]では金属イオンの系統分離、[3]は有機化学の基本的な反応、[4]は合成高分子の性質に関する問題が問われているが、若干時間的に忙しいことを除いては、難しすぎるものではなかった。

対策　入試の標準レベルの定番問題と基本的な知識を問う問題が多い。殆どは教科書傍用問題集や入試定番問題集に掲載されているようなものであるが、その中に数問見慣れない問題が紛れ込んでいることがある。時間的には厳しい面もあるので、典型問題で時間管理を厳しく行いながら、演習を積み重ねていきたい。見慣れない問題を後回しにするなど入試での戦略を立てるために、他の選択科目を含めて、通しで2科目の過去問演習をしておく方がよい。根本的な対策は、問題の多くを占める典型問題を素早く解けるように練習しておくこと。しかし、帝京の特殊事情も汲んでおく必要がある。科目数が少なく時間が厳しく高い得点率を要求される。総合力で出来る限りの得点を取り切る技術を磨いておくことが重要だ。

生物　標準　正確な知識を身につけ、選択肢を素早く選ぶ訓練を

区分	細胞		代謝		遺伝子			体内環境			生殖・発生			環境応答				生態系				進化・系統		
分野名	細胞の構造と組織	細胞膜の構造と物質輸送	タンパク質の構造と酵素反応	同化と異化	細胞周期とDNA合成	遺伝子の発現と調節・変異	バイオテクノロジー	体液・循環系の構成と働き	自律神経とホルモンによる調節	生体防御	配偶子形成と生殖・遺伝	初期発生と形態形成	幹細胞と再生	刺激の受容と感覚	神経系と筋肉	動物の行動	植物生理	バイオームの遷移と分布	個体群と相互作用	物質生産と物質循環	自然環境	地球の発展と古典的生物進化	分子進化と集団遺伝	生物の系統と分類
2023	●	●	●		●		●															○		
2022										○		●		●			○							
2021		○	●			●	○	○																
2020						○			○	○	●						○							
2019				○		●	○		○	○														

2023年度の出題分析

出題形式	記述
知識量	★★★★
スピード	★★★★
記述力	★★
応用力	★★

傾向　まず大きな傾向として、'21から大問3題となっている。出題の特徴は例年、生物現象と医療を結び付けた知識を問う問題がみられる。文章の空所補充問題は語句選択式のために知識の正確さは語句記述よりは求められないが、空所数や選択肢が多く、慣れていないと時間がかかるだろう。また選択肢の中にはすべてを選ぶ設問もあるためしっかりとした知識が必要である。また出題難易度は試験日によりそう変わらないが、考察問題と知識問題の比率に多少の違いはある。次に'23の出題内容について記載する。第1問はDNA複製とPCR法に関する問題が出題された。第2問は細胞構造と分子に関する知識問題が問題が出題された。第3問は地質時代と生物進化に関する知識問題が出題された。

対策　基本的な内容を問う問題が多いが、空所補充問題は沢山の選択肢から適語を選ばなければならない。文章の前後から判断し、適する語句を選ぶ必要がある。この対策には文章読解力をつける以外に方法はない。問題集を解くときにリード文を読み飛ばすのではなく言い換えなどの語彙力をつけるのがよいだろう。正誤問題では「すべて選べ」の選択肢もあるため、あいまいな知識では選びきれない問題も含まれている。また出題分野に関しては遺伝子やバイオテクノロジーに関する分野が必須である。また医療と結びつける内容も見られるため、図説や資料集などに載っている生物と医療の関係に関する項目や、世間で話題となっている医療に関する問題などを情報収集しておくとよい対策になるだろう。

物理　標準　出題範囲が広く、見慣れない問題が出題されることがある!!

区分	力学						電磁気学					波動			熱力学			原子		
分野名	等加速度運動・運動方程式・慣性力	力のモーメント・重心	運動量と力積・仕事とエネルギー	円運動・遠心力	単振動	万有引力とケプラーの法則	電場と電位	コンデンサー	直流回路	磁場・電磁誘導	交流回路・電気振動・電磁波	波の性質	音波	光波	熱量と温度	気体分子運動論	気体の状態変化	粒子性と波動性	原子の構造	放射線・核反応
2023			○						○					○						
2022				○			○								○					
2021		○									○						○			
2020			○	○				○						○						
2019		○	○							○								○		

2023年度の出題分析

出題形式	記・穴
知識量	★★★
スピード	★★★
記述力	★★★
応用力	★★★

傾向　大問3題で構成され、力学、電磁気、波動が出題されている。力学は小球の床でのはね返りの問題で力積やn回目の速さも問われている。電磁気はコンデンサー4つと抵抗と電池による直流回路の問題で、電気容量を変えることによる電気量の変化や抵抗でのジュール熱などが問われている。波動は血清中のタンパク質濃度測定で用いられるアッベの屈折計の問題である。小球のはね返りと直流回路は典型的な問題で、一度は解いたことがある問題である。屈折計は見慣れない内容ではあるが、題意を読み取り誘導に乗れば解けるだろう。解きやすい問題を先に解き、時間をかけすぎないことが大切であり、ケアレスミスによる失点に気をつけることが必要である。

対策　'17より大問5題から4題を選択する形式から、大問4題のすべてが必須の形式になっていたが、'21から大問3題となった。苦手な分野を避けることが出来ないので、全範囲を満遍なく学習し、苦手分野は無くしておくことが重要になる。基本～標準問題を中心にやや難度の高い問題や出題の少ない問題も出題されるので、標準問題と共に、やや難度の高い問題や出題の少ない問題も解き、解き慣れない問題が出題されても対処できるように柔軟な思考力や問題文を読み取る読解力を身につけておくことが必要である。形式が変更されても解くのにかかる時間は'17以前とほぼ同じであったので、手早く解けば解き切ることが出来るので焦らないことである。

小論文　テーマ型　設問要求の語句を明示して論述する力が求められる

年度	試験区分	内容	字数	時間
23	一般(1日目)	医療の世界、医学教育においても仮想現実のシュミレーションが使われる中で、現実の旅に期待することを「予想外」「成長」という語句を使って書く。	250～300字	30分
	一般(2日目)	中高時代と比して大学時代の友人の位置付けとはどんなものか、大学時代にはどんな友人を作るべきか、「中高」「職業」という語句を使って書く。	250～300字	
22	一般(1日目)	スポーツや勉強などにおいて、精神論や根性論が時代遅れであると批判を受けるがどう考えるか。「達成」「限界」という語句を使って書く。	250～300字	30分
21	一般(1日目)	グローバル化が進む中で、医師免許を持つことでどういう活躍・貢献ができるか。「協調」と「開発」という語句を使って書く。	250～300字	30分
	一般(2日目)	日本の出生数が過去最低を記録したが、子育てがしにくい社会なのはなぜか。「女性」と「育児」という語句を使って書く。	250～300字	

'17 よりテーマ型小論文が課されるようになった。例年、二つのキーワードを用いて論述する。例えば、'23(1日目)は「中高」と「職業」というキーワードを使って大学時代の友人について考えを述べる。大学時代の友人とはこれから入学して6年間を共に学ぶ仲間である。また、医学部は中高よりも1学年の人数は少ないだろうし、実習や臨床研修、卒業後も付き合ったり、同級、同窓の噂は伝わりやすい環境である。そういう人生の中で6年間を過ごす友人とはどういう意味を持っているのか。友とは何かという哲学的観点よりも、学部の意味を踏まえて考えた方が早い。
'22はスポーツや勉強において、精神論や根性論が批判されるがどう考えるかという問題。「達成」「限界」を使って書く。部活でスポーツに取り組んだ人は「忍耐、根性、努力」に馴染んでいるかもしれないし、効率的、科学的な練習に取り組む指導者の場合もあるかもしれないので、今回のテーマには色々な考えが出てきそうである。自説に偏りすぎない構想を練って書いてみよう。
また、新型コロナ、再生医療、災害医療・救急医療、医師の働き方改革、新型出生前診断、AI、児童虐待、海のマイクロプラスチックなどのニュースのチェック、金沢医大、北里大の複数年など資料文型の過去問を要約(時間がなければ読解のみも可)すると、考え方の基になり、併願校対策としても有効である。

東京医科大学　医学部医学科

学部所在地	〒160-8402　東京都新宿区新宿6-1-1
交通手段	東京メトロ丸ノ内線新宿御苑前駅徒歩7分 JR新宿駅より徒歩20分
創設者	高橋 琢也
学長	林 由起子
設立年度	［大正5年］東京医学講習所を設立

入試問い合わせ先

担当部署　アドミッションセンター

電話番号　03-3351-6141

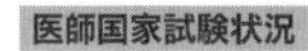

医師国家試験状況

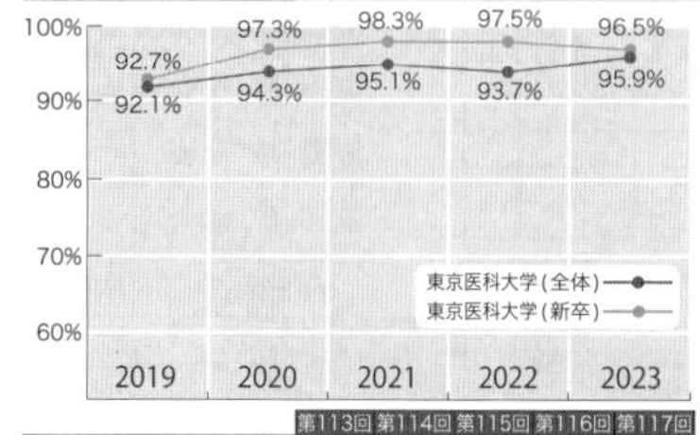

	第113回	第114回	第115回	第116回	第117回
東京医科大学（全体）	92.1%	94.3%	95.1%	93.7%	95.9%
東京医科大学（新卒）	92.7%	97.3%	98.3%	97.5%	96.5%

設置学部

医学部看護学科

2023年度入学者

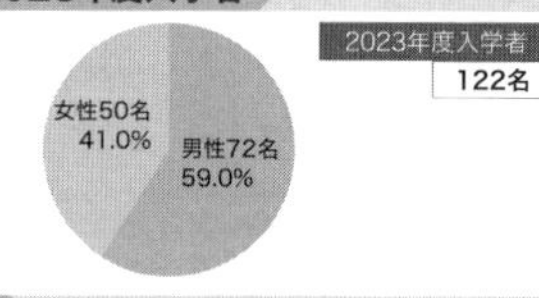

主な附属病院

東京医科大学病院
茨城医療センター
八王子医療センター
・その他関連施設
医学総合研究所／(公財)東京医大がん研究事業団
(財)霞ヶ浦成人病研究事業団

2024年度学納金

1年次	入学金	¥1,000,000
	授業料	¥2,900,000
	教育・施設設備充実費	¥900,000
	実習費	¥0
	初年度納入金総額	¥4,800,000
	入学時最低納入金	¥4,800,000
2年次以降の年額		¥4,920,000
6年間の総額		¥29,400,000
※その他(1年次)		¥96,800

※変更になる場合がございます。最新情報は本学HPをご確認ください。

繰上げ合格

第2次試験合格発表と同時にあらかじめ補欠者を受験番号によってUCAROで発表する。繰上合格者は、入学者に欠員が生じた場合、補欠者の上位から、UCAROに登録された番号へ本学から直接電話で連絡します。なお、24時間以内に連絡がつかない場合は、辞退とみなされることがあります。

特待生制度

一般選抜成績上位40位まで、共テ利用選抜成績上位10位までの者には、初年度に納入する授業料290万円を免除する。

寄付金

本学の教育研究に必要な施設・設備を充実させるため、入学後、任意に寄付金を募集します。

補欠順位

あり

成績開示

あり

入試結果

			2023	2022	2021
一般	募集人員		79	79	79
	志願者数		2,537	2,173	1,765
	受験者数	A	2,290	1,940	1,541
	一次合格者数	B	430	423	352
	一次合格倍率	A/B	**5.3**	**4.6**	**4.4**
	二次受験者数		—	—	—
	正規合格者数	C	133*	119*	112*
	正規合格倍率	A/C	**17.2**	**16.3**	**13.8**
	補欠候補者数		186*	223*	143*
	繰上合格者数	D	46*	126*	161*
	総合格者数	C+D	**179**	**245**	**273**
	合格実質倍率	A/(C+D)	**12.8**	**7.9**	**5.6**
	入学者数		79	79	79
	合格最高点		—	—	—
	合格最低点		240/400 (312/500)	273/400 (340/500)	247/400 (302/500)
共テ利用	募集人員		10以内	10以内	10以内
	志願者数		769	503	537
	受験者数	E	759	499	536
	一次合格者数	F	156	141	158
	一次合格倍率	E/F	**4.9**	**3.5**	**3.4**
	二次受験者数		—	—	—
	正規合格者数	G	31*	21*	14*
	正規合格倍率	E/G	**24.5**	**23.8**	**38.3**
	補欠候補者数		51*	71*	39*
	繰上合格者数	H	18*	69*	17*
	総合格者数	G+H	**49**	**90**	**31**
	合格実質倍率	E/(G+H)	**15.5**	**5.5**	**17.3**
	入学者数		10	10	10
	合格最高点		—	—	—
	合格最低点		736.50/900 (814.00/1000)	682.50/900 (739.00/1000)	747.50/900 (811/1000)
公募推薦	募集人員		20以内	20以内	20以内
	志願者数		98	87	97
	受験者数	I	97	86	96
	合格者数	J	20	20	20
	実質倍率	I/J	**4.9**	**4.3**	**4.8**
	入学者数		20	20	20
	合格最高点		—	—	—
	合格最低点		118.00/172	110.00/172	114/159

			2023	2022	2021
茨城枠推薦	募集人員		8以内	8以内	8以内
	志願者数		23	29	22
	受験者数	K	23	29	22
	合格者数	L	8	8	8
	実質倍率	K/L	**2.9**	**3.6**	**2.8**
	入学者数		8	8	8
	合格最高点		—	—	—
	合格最低点		115.00/172	105.00/172	112/159
新潟枠推薦	募集人員		3以内	2以内	
	志願者数		15	8	
	受験者数	M	14	8	
	合格者数	N	3	2	
	実質倍率	M/N	**4.7**	**4.0**	
	入学者数		3	2	
	合格最高点		—	—	
	合格最低点		112.00/172	99.00/172	
埼玉枠推薦	募集人員		2以内		
	志願者数		16		
	受験者数	O	16		
	合格者数	P	2		
	実質倍率	O/P	**8.0**		
	入学者数		2		
	合格最高点		—		
	合格最低点		110.00/172		
山梨枠推薦	募集人員			2以内	2以内
	志願者数			6	5
	受験者数	Q		6	5
	合格者数	R		2	2
	実質倍率	Q/R		**3.0**	**2.5**
	入学者数			2	2
	合格最高点			—	—
	合格最低点			108.00/172	109/159

*メルリックス調べ

(注)一般・共テ利用の合格最低点の無印は1次合格、(　)内は正規および繰上合格者の最低点

2024年度　募集要項

東京医科大学 医学部医学科

入試日程

試験区分	募集人員	出願期間	試験日	
			1次試験	2次試験
学校推薦型選抜	20名以内	2023年11月6日(月)～11月17日(金)消印有効	12月2日(土)	
茨城県地域枠特別推薦	8名以内			
埼玉県地域枠特別推薦	2名以内			
新潟県地域枠特別推薦	3名以内			
全国ブロック別推薦	6名以内		12月2日(土)	12月16日(土)
一般選抜	74名	2023年12月11日(月)～2024年1月10日(水)消印有効	2月7日(水)	2月17日(土)
共テ利用選抜	10名以内	2023年12月11日(月)～2024年1月10日(水)消印有効	共通テスト	2月17日(土)

* 地域枠は認可申請中

試験時間・配点

集合時間　1次:9:35　2次:8:25

試験区分		科目	試験時間	時間	配点	合計点	備考
一般	1次	理科2科目	10:00～12:00	120分	200点	500点	
		数学	13:30～14:30	60分	100点		
		英語	15:30～16:30	60分	100点		
	2次	小論文	8:40～9:40	60分	60点		
		面接	小論文終了後		40点		

試験会場

試験区分	1次試験	2次試験
推薦(地域枠含む)	本学	
推薦(全国ブロック別含む)	本学	
一般	本学・東京(ベルサール新宿グランド)	本学
共テ利用		本学

合格発表日

試験区分	1次試験	2次試験	手続締切	辞退締切
推薦(地域枠含む)	12月7日(木) 10:00		12月14日(木) 12:00	
推薦(全国ブロック別)	12月7日(木) 10:00	12月21日(木) 10:00	12月28日(木) 12:00	
一般・共テ利用	2月15日(木) 10:00	2月22日(木) 10:00	3月4日(月) 15:00	3月31日(日) 12:00

合格発表方法

試験区分	1次試験	2次試験
推薦(地域枠・全国ブロック別含む)	ネット照会	
一般・共テ利用	ネット照会	ネット照会

入試情報

過去3年間入学者現浪比

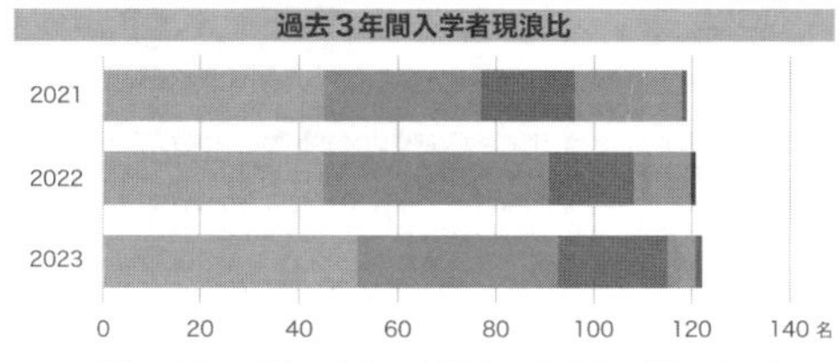

	2021	2022	2023
現役	45 名 (37.8%)	45 名 (37.2%)	52 名 (42.6%)
1浪	32 名 (26.9%)	46 名 (38.0%)	41 名 (33.6%)
2浪	19 名 (16.0%)	17 名 (14.0%)	22 名 (18.0%)
3浪	14 名 (11.8%)	4 名 (3.3%)	3 名 (2.5%)
4浪以上等	8 名 (6.7%)	8 名 (6.6%)	3 名 (2.5%)
高卒認定・大検	1 名 (0.8%)	0 名 (0.0%)	1 名 (0.8%)
その他	0 名 (0.0%)	1 名 (0.8%)	0 名 (0.0%)
入学者	119 名	121 名	122 名

2023年度合格者現浪比

高卒認定 1 名 (0.6%)
4 浪以上 8 名 (4.5%)
3 浪 7 名 (3.9%)
現役 54 名 (30.2%)
2 浪 27 名 (15.1%)
1 浪 82 名 (45.8%)

(一般総合格者 179 名)

面接

メルリックス学院生からのアンケートをもとに作成しています

■ 所要時間　個人10～15分

■ 面接の進行

【質問内容】

<個人>

・建学の精神について
・校是を言えるか、最も大事なことは
・自分の長所、短所
・部活動について
・ストレスの解消法
・人と話す時に気をつけていること
・他人からどう思われているか
・大学病院に残る気はあるか
・どのような医師になりたいか
・新型コロナの感染予防のために厳しい規制、管理をしている国についてどう思うか

面接官の人数:3名
受験生の人数:1名

○ 受験生 ● 面接官

広い体育館のような会場で小さいブースがいくつかあり、何人もの受験生が同時に面接を行う。医師志望理由や本学志望理由はあまり聞かれず、一般化された質問が多い。MMIのような課題シートを渡されて答える質問もある。

東京医科大学　医学部医学科

一般選抜出題傾向分析

数学　標準　今年度は易化、来年度は難易度の揺り戻しの可能性あり

区分	解析系									図形系					その他				
	I	I・II	II			B	III			I	II	B	III		I	A			B
分野名	二次関数	数と式	指数・対数	三角関数	微分・積分	数列	いろいろな関数と極限	微分	積分	三角比	図形と方程式	ベクトル	いろいろな曲線	複素数平面	データの分析	整数	場合の数	確率	確率分布
2023		●					●	○	○			○		●				○	
2022		○							○			●	●					○	
2021		○		○				●				○				●			
2020		●		●				●	○									○	
2019		●					○	○						●		●			

2023年度の出題分析

- 出題形式　マーク
- 知識量　★★★
- スピード　★★★
- 記述力　—
- 応用力　★★★

傾向　試験時間60分。'17～'19には論述問題もあったが、それ以降は全問マークシートによる解答方式。大問数は4題で問題の構成は小問集合と独立したテーマについての3題の大問からなる。今年度の出題内容は、[1] 小問集合、[2] 確率、[3] ベクトル、[4] 微分積分。問題の難易度は基本から標準レベルのものが出題され、また問題の量としては時間に対して適切なものとなっているので、高得点争いのテストであると思われる。試験の概要としては例年の通りであるが、問題の内容について今年度はこれまでの東京医科大学らしさが薄れ、癖の少ないオーソドックスな問題(いわゆる模擬試験の問題のような問題)が出題されていてある意味傾向が変わった年であったといえる。

対策　東京医科大学は数学の試験対策が非常に重要である学校の一つであったが、今回のようなオーソドックスな試験が続くのであれば、そのような対策よりしっかりと基礎力を積み上げて模擬試験の偏差値を安定させることが最も良い対策であるといえる。ただこれまで東京医科大学の問題の難易度は安定せず、難化と易化を繰り返してきたことを考えると来年度は問題の難化、東京医科大学らしさの復活の可能性が考えられる。上級レベルの参考書を用いて発展問題までの繰り返し演習により、時間をロスしないための手際のよい式運用などの計算力、点差をつけるための応用力の両方を身に付ける学習計画を立てよう。東京医科独特の出題もみられるので、過去問は手に入れやすい10年分は演習すると良いだろう。

英語　標準　内容真偽の選択肢は減少傾向、和訳、説明など記述対策も万全に

区分	読解							文法・語法						表現・作文		会話		
分野名	和訳	内容真偽	内容説明	空所補充	脱文挿入	文整序	表題選択	短文完成	語句整序	誤り指摘	語定義	発音・アクセント	同意・反意語句	英訳	テーマ型英作文	応答選択	空所補充	内容真偽
2023	●	●		●				○	○									
2022	●	●		●			●	○	○			○						
2021		●	●	●				○	○			○	●					
2020		●	●	○				○	○			○						
2019		○		●				○	○			○	●					

2023年度の出題分析

- 出題形式　記・マ
- 知識量　★★★★
- スピード　★★★★
- 記述力　★★★
- 応用力　★★★

傾向　試験時間は60分。例年の大問5題から[1]アクセント問題が消えて4題に変更された。[1]は短文完成(6問)。全て単語の問題で、若干見慣れない語も含まれているだろうが消去法で切り抜けられる。[2]は日本語リード文なしの語句整序(6問)。標準的だが、語彙(イディオム)力の有無で処理速度に差が出たかもしれない。[3]、[4]は長文で、[3]は内容真偽や文中語句補充、同意表現選択、表題選択などで'22と同様の出題。内容真偽の選択肢の多さが特徴的だった[4]は、'22から選択肢の数が12個へと大幅に減り、そのうち4つを選択。これに加え、文中の同意語句選択(6問)と記述問題(下線部和訳)が出題されている。

対策　出題傾向や内容は概ね同様と言えるので、まずは過去問、特に近年の問題にあたり全体像を把握すること。文法関連では短文完成とリード文なしの語句整序の演習は必須ではあるが、基礎的文法事項はもちろん、必須と言われるイディオムやコロケーション(連語関係)、動詞の語法(前置詞とのリンク)などは必ずおさえておくこと。本学の特徴とも言える選択肢の多い内容真偽の長文だが、近年選択肢は減少傾向にある。しかし内容真偽問題が完全に姿を消すことは想定し難いので、類似問題に多くあたって演習を積んでおきたい。本学の過去問はもちろん、似た傾向の他大学の問題も参考にしたい。また、記述問題がついては、説明や和訳など、どんな形式の出題にも対応できるよう幅広い演習が必要だ。

化学　標準　以前よりは取り組みやすくなったが、東医に慣れておく必要はある

区分	理論										無機		有機					
分野名	原子の構造・化学結合	化学量と化学式	物質の三態・気体の法則	溶解度・濃度	コロイド・希薄溶液	化学反応と反応熱	酸と塩基の反応	酸化・還元	電池・電気分解	反応の速さと化学平衡	周期表と非金属元素	金属元素	脂肪族	芳香族	糖	アミノ酸とタンパク質	生命化学	合成高分子化合物
2023	●		●			○				○			●	●	○	●		
2022		●	●	●	●					○	○		●	○		○	●	
2021	○	●		○	●		●			●	○		●	○				
2020	●		○				●		○	●			○		●			
2019	●		●			○	●	●			○		○		●			●

2023年度の出題分析

- 出題形式　マーク
- 知識量　★★★
- スピード　★★★★
- 記述力　—
- 応用力　★★★

傾向　'21では大問5題であったが'22・'23では大問数が1つ減り大問4題となった。問題構成は[1]で正文誤文の判定問題が出題される。⑥の選択肢には①～⑤のすべてに誤りが含まれている、もしくは誤りが含まれていないという選択肢がある。何を回答するのか問題文をよく見て勘違いしないようにしたい。[2]では熱化学の計算問題が出題された。この問題はある意味、東医らしさを感じるものだ。難しそうではないが、計算が恐ろしく煩雑である。この問題を後回しに出来るかが勝負の鍵だったかもしれない。[3]は炭酸の電離平衡の問題で、平易ではあるが残り時間次第であっただろう。[4]の有機化学も難しくはないのだが、焦っていれば計算が合わなくなるものであろう。

対策　東医の例年の問題では、[1]での正誤判定の問題は細かい知識が揃っていることが得点できる条件となっているが、'23では割と平易な問題が多く得点しやすかったのではないかと感じる。ただ'23は東医らしい問題で、時間管理を正しく行わないと、大崩れ必至の構成であった。取捨選択をうまく行い、得点を重ねていかねばならない。受験巧者であることが必要となる。ただ、一つ一つの要素としては、基本的なものが多い。東医化学攻略のためには、まずは典型例題を時間管理をしながら手早くこなす練習をしていく必要がある。そして、過去問を使って形式に慣れることも重要だ。特に[1]に関しては、解きやすい問題も解きにくい問題もあるので満点は難しいのだが、巧くこなす練習をしてほしい。

生物　やや難　グラフや図のデータを丁寧に分析する力が要求される

区分	細胞			代謝	遺伝子			体内環境			生殖・発生			環境応答				生態系				進化・系統		
分野名	細胞の構造と組織	細胞膜の構造と物質輸送	タンパク質の構造と酵素反応	同化と異化	細胞周期とDNA合成	遺伝子の発現と調節・変異	バイオテクノロジー	体液・循環系の構成と働き	自律神経とホルモンによる調節	生体防御	配偶子形成と生殖・遺伝	初期発生と形態形成	幹細胞と再生	刺激の受容と感覚	神経系と筋肉	動物の行動	植物生理	バイオームの遷移と分布	個体群と相互作用	物質生産と物質循環	自然環境	地球の発展と古典的生物進化	分子進化と集団遺伝	生物の系統と分類
2023	●		○	●		○	●	○			●	●						●					●	●
2022	●			●		●	●	●		○				●		○	●	●		●		●		●
2021		○		●	○	●	●	●		●	●	○					●		●					●
2020				○		●	●	○			○	●							○	●		●	○	●
2019	●	●	●			○				○					○	●	○		●					●

2023年度の出題分析

- 出題形式　マーク
- 知識量　★★★★
- スピード　★★★★★
- 記述力　ー
- 応用力　★★★★

傾向　'21から大問3題の形式となっている。様々な分野からの正誤判定問題と、1つの分野に注目した総合問題と出題形式が様々である。また知識問題や計算問題、考察問題など問われ方も多岐にわたる。特徴のひとつは正誤判定問題である。解答の選び方が独特であり、選択肢の中に誤りが1つ、またはすべての選択肢が正しいかを判断する。また文章読解力や図やグラフのデータを読み取る力も要求される。次に'23の出題内容について記載する。[1]は正誤判定問題が6題出題された。[2]は腎臓について関連する広い分野から出題された。[3]は酵素に関する問題だが、後半は染色体上の遺伝子の多型に関する考察問題で、グラフや図を丁寧に分析して考える必要があり、難度の高い問題である。

対策　正誤判定問題に対する対策としては正確な知識をつけること、読み取り速度を早くして時間をかけずに問題を解くことである。文章中の強い表現に注意することや似て非なる表現に注意することなどは、どの科目の正誤判定問題とも同じである。知識をつけるためにも正誤判定問題をたくさん解き、解くだけでなく1つ1つ選択肢を精査していく練習をするとよいだろう。考察問題の対策としては、文章読解力とデータを読み取る力、既知の情報とデータを結び付けて考える力を養っておきたい。考察問題を多く出題する他大学の過去問などを活用して練習するとよいだろう。また出題分野が幅広く計算分野など、弱点分野を作らないように対策する必要がある。

物理　標準　基本～標準的な問題が中心であり、数値計算力も上げておこう!!

区分	力学						電磁気学					波動			熱力学			原子		
分野名	等加速度運動・運動方程式・慣性力	力のモーメント・重心	運動量と力積・仕事とエネルギー	円運動・遠心力	単振動	万有引力とケプラーの法則	電場と電位	コンデンサー	直流回路	磁場・電磁誘導	交流回路・電気振動・電磁波	波の性質	音波	光波	熱量と温度	気体分子運動論	気体の状態変化	粒子性と波動性	原子の構造	放射線・核反応
2023				○		○			○				○	○			○	○	○	
2022	○				○					○	○			○		○				○
2021	○			○			○		○	○			○				○			○
2020	○	○			○			○		○	○			○			○	○		
2019	○		○				○		○					○			○	○		

2023年度の出題分析

- 出題形式　マーク
- 知識量　★★★
- スピード　★★★★
- 記述力　ー
- 応用力　★★★

傾向　大問8題で構成され力学2題、電磁気1題、波動2題、熱力学1題、原子2題が出題されている。力学は振り子の円運動と斜方投射、万有引力による静止衛星と楕円運動が出題されている。電磁気は異なる特性曲線をもつ2つの電球を含む直流回路が出題されている。波動は円運動でのドップラー効果、薄膜による光の干渉が出題されている。熱力学はP－Vグラフを基にした気体の状態変化が出題され、原子は光電効果、線スペクトルが出題されている。基本～標準的な問題が出題され、典型的な問題を中心に出題されているが、厚みが時間変化する薄膜や2つの電球の回路は解き慣れていないので注意しよう。問題数が多いので時間配分に注意が必要となる。

対策　基本～標準問題を幅広く解いておくこと。原子を含む全分野からの出題である。問題の最後にあった定数一覧と三角関数表は'22、'23ではなかった。'14からはマーク式になり、問題数も増えた。日頃から自分の手で計算をし、数値計算力を鍛えておくことも必要である。問題によっては誘導がなく、問題をしっかりと読み、自分で解答の流れを作らなければならない。対策としては、典型的な標準問題を数多く解いておくことであり、そのことで、解答の流れをつくる力がつき、問題を把握する読解力もつく。原子はしっかりとした準備が必要である。'12は'09～'11と比べて難化したが'13、'23は例年程度で、'14～'22は易化している。

小論文　資料文型　読解したことのまとめと説明する力が求められる

年度	試験区分	内容	字数	時間
23	一般・共テ利用	若くしてハンセン病に罹患し、４７歳で失明した女性の半生記（自伝）。過酷な経験を通じて、「ほんとに真実死に切って」（下線部）の「死に切る」の意味と、なぜそれが笑えるようになることにつながるかを説明した上で、困難に遭遇した人が笑えるには何が必要かを述べる。	600字	60分
22	一般・共テ利用	鶴見俊輔『文章心得帳』より 「紋切り型でない言葉」について、自身の創作経験か、他者の著作との出会いの経験を詳しく具体化し、なぜ「紋切り型でない言葉」といえるかを説明する。	600字	60分
21	一般選抜	松澤哲郎『分かちあう心の進化』より　チンパンジーの闘病生活を読み、人間が重い病気を患ったときの『人間特有の苦しみ』どのような苦しみが生じ、それが生じる理由を述べる。	600字	60分
	共テ利用	伊藤亜紗『目の見えない人は世界をどう見ているか』より　中途失明した人の経験を読み、下線部の友達関係が成立しなくなった善意の壁はどのようなものか、なぜこういう接し方になるかを述べる。		

'20から小論文の入試問題が持ち帰り可となった。大学のホームページには著作権の関係で課題文が掲載されていないものもあるが、大学側が出典や意図などは明らかにしているので参考になる。'23は、らい病患者の話である。今はウイルスが弱いとわかっているが、かつては顔面や手などの変形をきたすため患者は島や辺鄙な場所に隔離された。恐れられ差別されていたがその後法律が変わって解放された。聖マリアンナ大でも出題され、最近もニュースで取り上げられているが、高齢化した患者達は社会から忘れられつつある。
'22には、鶴見俊輔の文章が出題された。冒頭で著者や文章の内容について説明してあるのでこれをヒント及び前提とする。設問ではあれこれ細かい指示がされているが指定字数は600字しかないので簡潔にまとめていく必要がある。「紋切り型」という言葉がわからなくても文章の中で推察できる。前年に他大学でも「手垢にまみれた言葉」について（精神科医が書いた文章）が出題されており、資料文をよく読んでヒントを掴み、身の回りから具体化していくことが求められている。'21は一般と共テ利用で違う問題が出題され、霊長類学者の文章と、中途で視力を失った人の話である。前者は若い雄のチンパンジーの闘病の様子である。かつて獨協医大でも出題されており、北里大でも同じ著者の文章が使われている。小論文は設問傾向や出題される内容が数年単位で流行するので、過去問の練習が生きることもある。小論文や現代文の先生の協力を仰ぎ、課題数をこなすよりも書き直して読解力と文章力の向上をはかることを勧めたい。

東京慈恵会医科大学　医学部医学科

学部所在地	〒105-8461　東京都港区西新橋3-25-8
交通手段	JR山手線新橋駅より徒歩10分 または 都営三田線御成門駅より徒歩3分
創設者	高木 兼寛
理事長	栗原 敏
学長	松藤 千弥
設立年度	［明治14年］成医会講習所を設立

入試問い合わせ先

担当部署　入試事務室
電話番号　03-3433-1111
（内線2153・2154）

医師国家試験状況

	第113回	第114回	第115回	第116回	第117回
東京慈恵会医科大学（全体）	97.4%	94.6%	95.2%	97.4%	96.4%
東京慈恵会医科大学（新卒）	98.2%	95.4%	97.5%	98.1%	97.3%

設置学部

医学部看護学科

主な附属病院

東京慈恵会医科大学附属病院
葛飾医療センター
附属第三病院
附属柏病院
・その他関連施設
晴海トリトンクリニック

2023年度入学者

2023年度入学者
105名

2024年度学納金

1年次	入学金	¥1,000,000
	授業料	¥2,500,000
	初年度納入金総額	¥3,500,000
	入学時最低納入金	¥2,250,000
2年次以降の年額		¥3,800,000
6年間の総額		¥22,500,000
※その他の納付金（1年次）		約 310,000円

繰上げ合格

補欠者は2次試験合格発表と同時に発表する。入学手続者が募集定員に満たない場合には、補欠者の上位から繰上合格の候補者を決め、本人に通知する。

特待生制度

入学者のうち、入学試験の成績上位入学者5名に対して授業料の全額を免除。2年次からは前年度の成績上位者5名に対して授業料の半額を免除。

補欠順位

あり

成績開示

あり

寄付金

なし

入試結果

			2023	2022	2021
一般	募集人員		105	105	110
	志願者数		1,860	1,860	1,702
	受験者数	A	1,740	1,708	1,478
	一次合格者数	B	449	496	509
	一次合格倍率	A／B	**3.9**	**3.4**	**2.9**
	二次受験者数		428	477	487
	正規合格者数	C	168	172	165
	正規合格倍率	A／C	**10.4**	**9.9**	**9.0**
	補欠候補者数		160	199	220
	繰上合格者数	D	65	79	73
	総合格者数	C＋D	**233**	**251**	**238**
	合格実質倍率	A／（C＋D）	**7.5**	**6.8**	**6.2**
	入学者数		105	105	110
	合格最高点		79.8%	79.5%	76.25%
	合格最低点		49.5%	51.8%	50.50%

（注）合格最高点・最低点は正規合格者を対象

2024年度　募集要項

東京慈恵会医科大学 医学部医学科

大学から公表されている資料をメルリックスで編集しています

入試日程

試験区分	募集人員	出願期間	試験日	
			1次試験	2次試験
一般選抜	105名	2024年1月4日(木)～1月25日(木) 消印有効	2月18日(日)	2月29日(木)*1 3月1日(金) 3月2日(土)

*1　3日間のうち、どうしても都合のつかない日を1日のみ考慮

試験時間・配点

集合時間　9：20

試験区分		科目	試験時間	時間	配点	合計点	備考
一般選抜	1次	理科2科目	10:00～12:00	120分	200点	480点	*2　2次試験には調査書等評価25点を含む
		数学	13:30～15:00	90分	100点		
		英語	15:45～16:45	60分	100点		
	2次	小論文	1次合格発表時に指定	90分	25点		
		面接		60分	30点		

試験会場

試験区分	1次試験	2次試験
一般選抜	東京(東京流通センターイベントホール)	本学西新橋キャンパス

合格発表日

試験区分	1次試験	2次試験	手続締切	辞退締切
一般選抜	2月26日(月) 15:00	3月9日(土) 17:00	3月15日(金) 15:00	3月31日(日) 13:00

合格発表方法

試験区分	1次試験	2次試験
一般選抜	掲示・ネット一覧	掲示・ネット一覧・郵便(合格者)

入試情報

過去3年間入学者現浪比

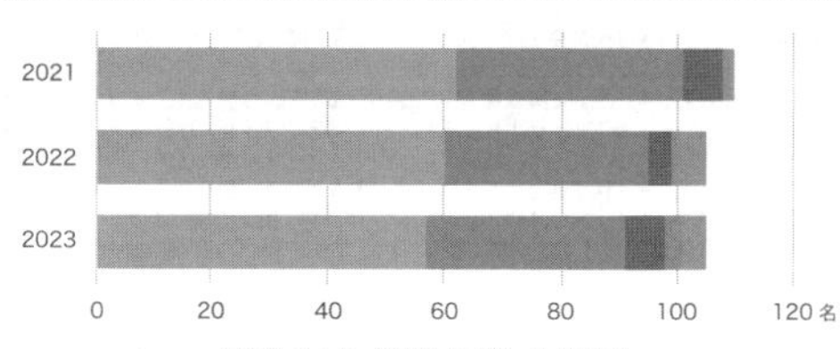

	2021	2022	2023
現役	62名 (56.4%)	60名 (57.1%)	57名 (54.3%)
1浪	39名 (35.5%)	35名 (33.3%)	34名 (32.4%)
2浪	7名 (6.4%)	4名 (3.8%)	7名 (6.7%)
3浪	1名 (0.9%)	1名 (1.0%)	3名 (2.9%)
4浪以上	1名 (0.9%)	5名 (4.8%)	4名 (3.8%)
入学者	110名	105名	105名

2023年度合格者現浪比

面接

メルリックス学院生からのアンケートをもとに作成しています

■ 所要時間　個人7分　テーマ別7分×5回

■ 面接の進行

【質問内容】

<個人>

・医師志望理由
・本学志望理由
・併願校について
・調査書の内容
・部活動について
・医師の社会における役割

<テーマ別>

【グラフ読み取り】各国の男女別の自殺率を見て読み取れることを答える。
【絵画読み取り】　絵を見て、①どういう場面か、②どのように解釈したか、③この絵の意図は何か
【4コマ漫画】　起承転結の結の部分が空白の4コマ漫画を見せられてオチを考える。
【ホワイトボード】言われた図形を描いた後、好きな言葉を書き、なぜその言葉を選んだか答える。
【優先順位付け】　先輩が実習中に入院患者であるアイドルの写真を撮ってSNSにアップした。あなたが取る行動に順位をつけよ。(5つの選択肢)

面接官の人数：1名
受験生の人数：1名
(部屋ごとに変わる)

○ 受験生　● 面接官

個人面接1回とテーマ別面接(MMI)5回の計6回。ローテーション形式で行うため、どの部屋から始まるかはわからない。テーマ別の部屋では、受験生の回答に対して面接官がさらに質問してくる。

東京慈恵会医科大学　医学部医学科

一般選抜出題傾向分析

数　学　やや難　上位私大レベルは全範囲網羅。頻出単元は難関国立大レベルまで

区分	解析系									図形系					その他				
	I	I・II	II	II	II	B	III	III	III	I	II	B	III	III	I	A	A	A	B
分野名	二次関数	数と式	指数・対数	三角関数	微分・積分	数列	いろいろな関数と極限	微分	積分	三角比	図形と方程式	ベクトル	いろいろな曲線	複素数平面	データの分析	整数	場合の数	確率	確率分布
2023		○							○			○						○	
2022									○					○		○		○	
2021				○			○		○									○	
2020								○	○							○		○	
2019									○	●	○			○				●	

2023年度の出題分析

出題形式　記・穴
知識量　★★★★
スピード　★★★★
記述力　★★★★★
応用力　★★★★

傾向　90分で4題。[1]は上位私大レベルの素直な問題が多いが工夫の必要な問題が入ることもある。[2]～[4]は上位～難関国公立大2次試験レベルの問題が中心で、証明問題も毎年出され、数学IIIの微分・積分が絡んだ面倒な問題がよく出されている。'23の問題を見ると、[1]は'20から4年連続で「確率」で上位私大レベル、[2]は数学III「積分」で(3)は計算は易しいが、多少煩雑。[3]の「証明問題」はかなり慣れていないと大変なので、途中まででもしっかりと論証したい。[4]の「空間ベクトル」の(2)はどう解いていくか迷い方針が決まっても計算が面倒。全体的に上位～難関国立大で出されそうな問題が多い例年通りの出題であった。

対策　[1]は上位私大入試レベルの問題を中心に幅広く出されている。解きやすい[1]でなるべく点数を落とさないよう出題範囲の問題は出題頻度の低い単元でも少なくとも上位私大受験レベルの頻出問題は一通り網羅しておこう。[2]以降では、最近は難関国立大レベルの面倒な問題を中心に出されている。まずは上位国立大の典型問題なら迷わずしっかり解けるようにしておき、その上で過去に[2]～[4]でよく出されている単元については難関私大～難関国立大レベルの問題にも慣れておいた方がよい。制限時間に対して量の多い年が多い。試験当日は完答を狙うのではなく解ける問題から確実に解くようにし、過去問で時間配分などにも慣れておこう。

英　語　やや難　長文演習に、その内容を受けたテーマ型英作文演習を盛り込め

区分	読解						文法・語法							表現・作文		会話		
分野名	和訳	内容真偽	内容説明	空所補充	脱文挿入	文整序	表題選択	短文完成	語句整序	誤り指摘	語定義	発音・アクセント	同意・反意語句	英訳	テーマ型英作文	応答選択	空所補充	内容真偽
2023		●		●											●			
2022		●		●											●			
2021		●		●											●			
2020		●		●											●			
2019	●	●		●	●									○				

2023年度の出題分析

出題形式　記・マ
知識量　★★★★
スピード　★★★★
記述力　★★★★
応用力　★★★★

傾向　時間60分、大問3題は変わらず。問題は長文3題のみで長文問題の中に英作文が組み込まれる形も同様。出題形式は、内容真偽、文脈に合った語句の空所補充、同意語彙選択など。[1]は選択問題だけだが、[2]では、文脈に合わせた英文を「書かせる」ものが出題されている。やはり和訳などの記述はなし。[3]のテーマ型英作文は、「医療ミスを医師が隠蔽することの是非」という長文の内容を受けて、自分の意見について理由と例を添えて述べるもの。解答欄のスペースから考えて100語程度の英文で書き上げることが求められている。書く内容を思いついても、的確な英文でそれを表現するのは、なかなか骨が折れたかもしれない。

対策　出題内容は長文中心で、長文の内容を受けた英作文という形式はどうやら定着したようだ。しかし、直接的な問いはなくとも、文法･語法、標準以上の語彙力の充実は必須。文脈を考慮した空所補充や同意語選択も必出と見て類題で慣れておこう。近年のものはもちろん、それ以前の過去問の長文にもあたっておくべき。設問はWhat、Whyなどいわゆる「5W1H」を中心にしたものが多く見られるので、各設問に先に目を通してから問題文にとりかかると良いだろう。つまり、「解答を意識した読解」を心がけたいということ。英作文は、長文を受けたテーマ型英作文なので、長文演習で扱ったテーマに関して理由や例をあげながら自分の意見を述べる練習をしておきたい。

化　学　難　長い問題文から素早く内容を理解する。これには演習が必要

区分	理論										無機		有機					
分野名	原子の構造・化学結合	化学量と化学式	物質の三態・気体の法則	溶解度・濃度	コロイド・希薄溶液	化学反応と反応熱	酸と塩基の反応	酸化・還元	電池・電気分解	反応の速さと化学平衡	周期表と非金属元素	金属元素	脂肪族	芳香族	糖	アミノ酸とタンパク質	生命化学	合成高分子化合物
2023	●					●	●			○		●	○	○				
2022			○	●		○		●						○		●		○
2021		●				●		○		○		●	●	○		○		
2020					○					●	○		●	●				●
2019									○			○		○	○			

2023年度の出題分析

出題形式　記・穴
知識量　★★★★★
スピード　★★★★★
記述力　★★★★
応用力　★★★★

傾向　'23年度も、例年通り、大問4題の出題であった。[1]は微量拡散分析法を用いた水中の全炭酸の定量に関する問題であった。無機化学分野の知識も問われた。この定量法になじんでいる受験生はかなり少ないと考えられる。[2]はハーバー･ボッシュ法に絡めた平衡に関する問題および、イオン結晶･モリブデンを含む金属錯体に関する問題であった。[3]はアルカンの構造と沸点･融点の関係を考察する問題、[4]はある医薬品(構造式は示されれいる)の合成に関する問題であった。[1]のみならず[2]･[4]においても受験生にとってはなじみの薄い物質について考察しなければならず、実際以上に難しく感じられたかもしれない。

対策　化学の学習を教科書等で一通り終えた上で、さらにその上を目指した学習をしなければならない。自身の勉強の中で、どんな問題に出会っても驚かず、慌てず、冷静に対応できる応用力･精神力を養おう。このためには、分野･範囲に関わらず、自然科学に関する広い知識をもち、日頃からよく考察する訓練をするとよいだろう。特に生命科学に関すること、医学･薬学に関することに興味をもち自分から調べる習慣をつけよう。問題には長いリード文が付くことも多い。その中から解答につながる部分を読み落とさないこと、解答に関係のない記述はある程度読み飛ばすことなどの文章読解もしくは情報処理の技術も高いレベルで身につけたい。

生物　やや難

バランスの良い総合問題形式。実験考察問題の対策を念入りに

区分	細胞		代謝		遺伝子			体内環境			生殖・発生			環境応答				生態系				進化・系統		
分野名	細胞の構造と組織	細胞膜の構造と物質輸送	タンパク質の構造と酵素反応	同化と異化	細胞周期とDNA合成	遺伝子の発現と調節・変異	バイオテクノロジー	体液・循環系の構成と働き	自律神経とホルモンによる調節	生体防御	配偶子形成と生殖・遺伝	初期発生と形態形成	幹細胞と再生	刺激の受容と感覚	神経系と筋肉	動物の行動	植物生理	バイオームの遷移と分布	個体群と相互作用	物質生産と物質循環	自然環境	地球の発展と古典的生物進化	分子進化と集団遺伝	生物の系統と分類
2023					○	●			●			○			○		○							
2022				●		○	●		○		●	●		●				○		●				
2021				●	○	●					○					○				○				●
2020				○		●									○								○	
2019						●	●	○	●			○					○		○					

2023年度の出題分析

出題形式	記述
知識量	★★★★
スピード	★★★★
記述力	★★★★★
応用力	★★★★

傾向　まず大きな傾向として、大問数は例年4題となっている。知識問題と実験考察問題がバランスよく出題される。実験考察問題は文章を読み解くのが難しい。条件をきちんと整理しながら読み解く高い読解力が必要である。また穴埋め問題もやや入れにくいものも有り、注意が必要である。また記述や論述では現象の理解が問われる。次に'23の出題内容について記載する。[1]はDNAの複製と突然変異に関する問題が出題され、複製エラーに関する計算問題が含まれていた。[2]は動物の発生に関する問題が出題された。[3]は筋収縮を軸として、血糖調節と体温調節にも言及する問題が出題された。[4]は気孔の開閉機構に関する問題が出題され、やや難度の高い実験考察問題が含まれていた。

対策　各問題とも知識と実験データから考察させる問題や文章読解力を求める問題が多く出題されている。慈恵ということで構えてしまうと難しく見えてしまうかもしれないが、蓋を開けてみれば教科書レベルの知識だったり、少し考えればわかる問題も多くふくまれている。DNAと遺伝子に関する内容が出題されることが多い。各種のホルモンに関する問題もよく出題される。また、実験考察問題の難度が高いことが多く、問題文の読解力とデータの分析力が問われる。全ての分野において、図説などを活用し、細かい内容まで熟知するように勉強する事が必要と思われる。例年通りの対策として、正確な知識、高い読解力、問題解決能力を国公立の過去問などで勉強して試験にのぞむのがよいだろう。

物理　やや難

標準問題を中心に、見慣れない問題がよく出題されている!!

区分	力学						電磁気学					波動			熱力学			原子		
分野名	等加速度運動・運動方程式・慣性力	力のモーメント・重心	運動量と力積・仕事とエネルギー	円運動・遠心力	単振動	万有引力とケプラーの法則	電場と電位	コンデンサー	直流回路	磁場・電磁誘導	交流回路・電気振動・電磁波	波の性質	音波	光波	熱量と温度	気体分子運動論	気体の状態変化	粒子性と波動性	原子の構造	放射線・核反応
2023																	○	○		
2022			○						○								○			
2021					○			○										○		
2020											○						○			○
2019	○										○							○		

2023年度の出題分析

出題形式	記述
知識量	★★★★
スピード	★★★★
記述力	★★★★
応用力	★★★★★

傾向　大問2題で構成されているが、その大問がそれぞれ異なる2つの内容に分かれている。[1]の前半は台車の斜面上での途中からブレーキをかける加速度運動で、後半は斜面上においたピストン付き容器に台車を乗せた時の気体の状態変化の問題となっている。[2]の前半は帯電させた絶縁体の棒を動かして電流と見なしたときの電場と磁場の問題で、後半は質量とエネルギーの等価性を表す式を導かせる問題となっている。標準的な問題が中心であるが絶縁体の動きから電流を表すことに気づくことが必要であり、質量とエネルギーの等価性では上手く誘導に乗れないと厳しいだろう。そのため、題意を手早く読み取り、解ける問題から解いていくことが大切となる。

対策　標準問題の中に難度の高い問題が含まれることもあるので、難度の高い問題も解いておくことが必要である。近年は見慣れない設定の問題が出題されるので、思考力を試すような問題も解いたほうが良い。'16のマイクや中性子波、'17のイオンチャンネル、'18の水滴の落下運動、'19の気泡の運動、'20の血管内の血流や左心室の動き、'21の尻もちの力学的な解釈やヒトの眼の仕組みを光子で考える問題、'22の骨の弾性や生体分子モーターなどの様な一見すると見慣れない問題も出題されている。難度は高くなくても計算に時間のかかる問題もあるので、解くスピードを上げておくことは必要であり、問題を解く順に注意が必要となる。

小論文　資料文型

考察力と論理展開力が求められる

年度	試験区分	内容	字数	時間
23	一般	好井裕明『「あたりまえ」を疑う社会学』差別に関する文章を読んで、テーマを設定し、理由、自分の考えを論じる	1200字以上 1800字以内	60分〜 90分
22	一般	内田樹の著作を読んで、 テーマを設定し、理由、自分の考えを論じる。 （人は自分の知識を過大評価し、切り捨てた知識を過小評価する傾向にあると言った内容の文章）	1200字以上 1800字以内	60分〜 90分
21	一般	岡本文太『幼児期〜こどもの世界をどうつかむか』を読んで、テーマを設定し、自分の考えを論じる。 （リーダーについて述べた文章）	1200字以上 2400字以内	60分〜 120分

5年前より、小論文が復活したが、異例の時間と文字数(60分〜120分、1200字〜2400字)であったが、コロナ禍対策なのか現在は時間が短くなった。練習には、昨年も書いたが国公立のネットで公表されている資料文がごく長めの課題を探す。日本医大を参考にして、一冊の本から項目一つ分、表題一つ分を選んで読んでみても良い。教育学部や上智大学の心理(推薦)の資料文、少し短いが、獨協大、金沢医大や北里大、などをとりあえず1200字程度で書いてみる。また、ネットですぐに見られるので、日本医師会の「DOCTORASE」を検索し、医療的な特集記事が毎回載っているので、それを使って自分でテーマを設定し、90分で1200〜1800字で書いてみる。慈恵大ではAIは既出だが、入試当時、AＩも特集になっていたので、知識対策にもなるので読んでみよう。論述の文字数が長いので、読み手のことも考え、全体を大きく4部構成として、構想・構成を練る。その中をさらに2〜3段落程度に分け、構想・構成を練ってから書けば、論がぶれない。書いたら先生に、資料文の読解力・テーマに対する基礎知識・論理力をチェックしてもらうこと。'17に小論文が再開されるときから大学側の出題意図が明示されている。「自分の考えを他者に分かりやすく伝える力、また「自分の知識を基にして状況理解、判断力を評価する」とあった。分かりやすい言葉で丁寧に書き、採点官が苦労せずに読める論述を目指そう。

東京女子医科大学　医学部医学科

学部所在地　〒162-8666　東京都新宿区河田町8-1
交通手段　都営地下鉄大江戸線若松河田駅より徒歩5分
都営地下鉄新宿線曙橋駅より徒歩8分またはＪＲ新宿駅よりバス20分
創設者　吉岡 彌生
学長　丸 義朗
設立年度　［明治33年］東京女医学校を設立

入試問い合わせ先
担当部署　医学部学務課
電話番号　03-3353-8112

医師国家試験状況

	第113回	第114回	第115回	第116回	第117回
東京女子医科大学(全体)	89.3%	92.4%	90.6%	88.8%	84.8%
東京女子医科大学(新卒)	92.0%	92.5%	92.5%	92.0%	89.2%

設置学部

看護学部

主な附属病院

東京女子医科大学病院
附属足立医療センター
附属八千代医療センター
・その他関連施設
附属成人医学センター／附属東洋医学研究所

2023年度入学者

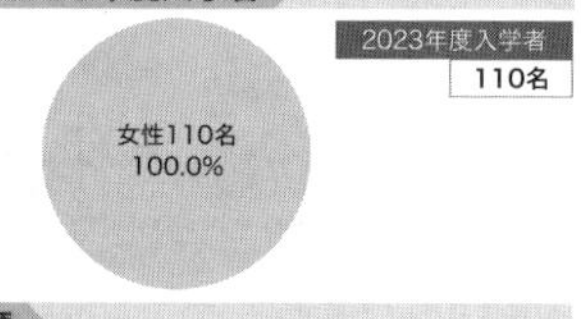

2024年度学納金

1年次	入学金	¥2,000,000
	授業料	¥2,800,000
	施設設備費	¥2,000,000
	教育充実費	¥3,300,000
	実習費	¥1,200,000
	その他委託徴収金	¥149,000
	初年度納入金総額	¥11,449,000
	入学時最低納入金	¥11,449,000
2年次以降の年額		¥6,953,000
6年間の総額		¥46,214,000

繰上げ合格

2次合格者と同時に補欠者を掲示するとともに本人宛に郵便で通知する。補欠者は3/5(火)以降に合格者の手続き状況などにより欠員が生じた場合に順次繰り上げて合格者を決定する。合格者には本人宛に電話にて連絡の上、郵送で通知する。

特待生制度

一般選抜合格者の成績上位5名を特待生とし、初年度納入金のうち、授業料を継続的に4学年まで給付する。ただし、入学後の学業が上位順位31位以下の場合には打ち切る。

補欠順位

あり

成績開示

あり

寄付金

入学式後に任意で依頼

入試結果

			2023	2022	2021
一般	募集人員		約67	約67	約75
	志願者数		917	681	945
	受験者数	A	873	651	913
	一次合格者数	B	397	370	371
	一次合格倍率	A／B	**2.2**	**1.8**	**2.5**
	二次受験者数		344	340	335
	正規合格者数	C	99	89	99
	正規合格倍率	A／C	**8.8**	**7.3**	**9.2**
	補欠候補者数		200	200	200
	繰上合格者数	D	20	36	99
	総合格者数	C＋D	**119**	**125**	**198**
	合格実質倍率	A／（C＋D）	**7.3**	**5.2**	**4.6**
	入学者数		64	66	78
	合格最高点		256/400	268/400	262/400
	合格最低点		195/400	185/400	199/400
公募推薦	募集人員		約23	約23	約20
	志願者数		59	28	51
	受験者数	E	58	28	51
	合格者数	F	30	23	20
	実質倍率	E／F	**1.9**	**1.2**	**2.6**
	入学者数		30	23	20
指定校推薦	募集人員		約10	約10	約7
	志願者数		9	10	12
	受験者数	G	9	10	12
	合格者数	H	9	10	7
	実質倍率	G／H	**1.0**	**1.0**	**1.7**
	入学者数		9	10	7
至誠と愛	募集人員		約10	約10	約8
	志願者数		7	11	9
	受験者数	I	7	11	9
	合格者数	J	7	11	8
	実質倍率	I／J	**1.0**	**1.0**	**1.1**
	入学者数		7	11	8

(注)合格最高点・最低点は入学者を対象

大学から公表されている資料をメルリックスで編集しています

入試日程

試験区分	募集人員	出願期間	試験日	
			1次試験	2次試験
一般推薦	約33名	2023年11月1日(水)～11月8日(水)必着	11月18日(土)・19日(日)	
「至誠と愛」推薦	約10名		11月18日(土)	
一般選抜	約67名	2023年12月21日(木)～2024年1月18日(木)必着	2月1日(木)	2月17日(土)*1 2月18日(日)

*1　いずれか1日を大学から指定

試験時間・配点　集合時間　8：30

試験区分		科目	試験時間	時間	配点	合計点	備考
一般	1次	数学	8:50～9:50	60分	100点	400点	
		英語	10:30～11:30	60分	100点		
		理科2科目	12:40～14:40	120分	200点		
		適性試験・小論文	15:20～16:20	60分	—		
	2次	面接	1次合格発表時に指定			—	

試験会場

試験区分	1次試験	2次試験
推薦(地域枠含む)	本学	
一般	京王プラザホテル東京	本学

試験区分	1次試験	2次試験	手続締切	辞退締切
推薦	12月1日(金)14:00		12月11日(月) 16:00	
一般	2月8日(木) 14:00	2月22日(木) 14:00	3月4日(月) 16:00	3月29日(金) 13:00

試験区分	1次試験	2次試験
推薦	ネット一覧・郵便(全員)	
一般	ネット一覧	ネット一覧・郵便(合格者・補欠者)

入試情報

過去3年間入学者現浪比

	2021	2022	2023
現役	46名 (40.7%)	46名 (41.8%)	56名 (50.9%)
1浪	37名 (32.7%)	26名 (23.6%)	24名 (21.8%)
2浪	12名 (10.6%)	16名 (14.5%)	15名 (13.6%)
3浪	10名 (8.8%)	8名 (7.3%)	7名 (6.4%)
4浪以上	4名 (3.5%)	10名 (9.1%)	4名 (3.6%)
大(短大)卒	4名 (3.5%)	4名 (3.6%)	3名 (2.7%)
高卒認定	0名 (0.0%)	0名 (0.0%)	1名 (0.9%)
入学者	113名	110名	110名

2023年度合格者現浪比

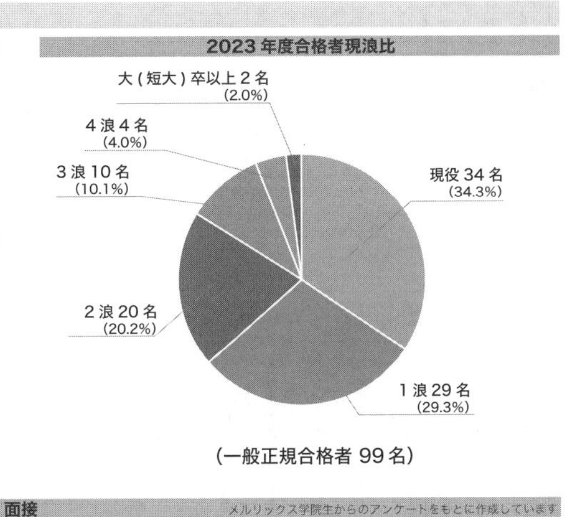

(一般正規合格者 99名)

面接

メルリックス学院生からのアンケートをもとに作成しています

■ 所要時間　個人10～15分

■ 面接の進行

【アンケート】あり　併願校の合格状況

【質問内容】

<個人>

- 医師志望理由
- 本学志望理由
- 併願校について
- 小論文はどうだったか
- 部活動について
- 高校時代の成績
- ボランティアについて
- 尊敬している人(女性)
- 建学の精神を説明せよ
- 理念を説明せよ
- 入学後の勉強についていけるか
- 楽しみにしているカリキュラム
- 女性医師が育児と仕事をどう両立させるか
- 将来ずっと医師を続けるか

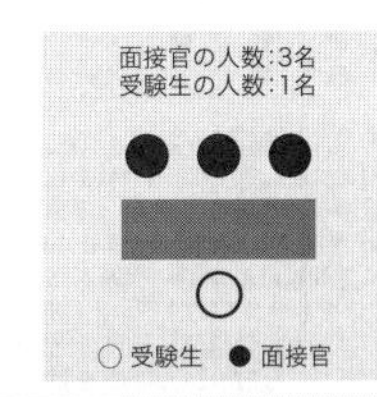

建学の精神や理念についてはしっかり目を通しておくこと。志望理由書と自己評価書から質問されることもあるので、出願する際には面接で聞かれることを想定して書くこと。他の医学部ではほとんど見られなくなった「仕事と家庭の両立」などを聞かれる場合もある。

東京女子医科大学　医学部医学科

一般選抜出題傾向分析

※ 2023年10月1日現在、2023年度入試問題が非公表のため、2018～2022年度の傾向分析を掲載しています。

数学　標準　典型問題の解法を深く理解し組みわせて使いこなせるかが試される

区分	解析系									図形系					その他				
	I	I・II	II			B	III			I	II	B	III		I	A			B
分野名	二次関数	数と式	指数・対数	三角関数	微分・積分	数列	いろいろな関数と極限	微分	積分	三角比	図形と方程式	ベクトル	いろいろな曲線	複素数平面	データの分析	整数	場合の数	確率	確率分布
2022						○						○	○					○	
2021		●	○	○			●											○	
2020					○	○			○										
2019						○	○	○									○		
2018					○	○						○				○			

傾向 大問4題。数列、場合の数・確率が頻出。図形の絡む問題も増えている。'20まで上位私大レベル典型問題そのままに近い問題が多かった。'21以降は、問題の意図を読み取り上位私立大受験レベルの様々な解法を問題に応じ組み合わせて使いこなせるかが試されている。'22はその場で考える部分が増え、高度な解法は要求されていないが、解法パターン・テクニック暗記でやってきた受験生はかなり難しく感じただろう。'22の[1]は解きやすいが、[2]の漸化式はどう扱うか戸惑った受験生も多かったと思われ、[3]はその場で具体例を通して考える力も必要、[4]は放物線の接線に関する典型問題の結果を知らないと解法を思いつきにくい。

対策 '20まで上位私立大レベル典型問題に近いものがほとんどだが、'21以降は典型問題の解法を覚えているかでなく、知識や解法を深く理解し組み合わせて使いこなせるか、問題を解き慣れているかも試されている。しかし高度な解法を覚えているかは試されていない。まずはどの単元も、上位私大レベル典型問題は誘導なしでも解けるように解法の流れを頭に入れ、その上で、やや総合的な問題も多く解き応用力をつけよう。場合の数・確率や数列は考えさせる問題が出る年もある。これらの単元については、できれば上位国公立大レベルまでやっておこう。また、過去問を通して時間配分等に慣れておき、本番では解きやすそうな問題から解いていこう。

英語　標準　図表を用いた演習と長文テーマ関連で意見を英語でまとめる練習を

区分	読解							文法・語法						表現・作文		会話		
分野名	和訳	内容真偽	内容説明	空所補充	脱文挿入	文整序	表題選択	短文完成	語句整序	誤り指摘	語定義	発音・アクセント	同意・反意語句	英訳	テーマ型英作文	応答選択	空所補充	内容真偽
2022	●	●		○	○										●		●	●
2021	●	●		○	○										●		●	●
2020	●	●		○	○										●		●	
2019	●	●		○	○										●		●	●
2018	●	●		○	○		●						●		●	●	●	●

2023 年度の
出題分析
出題形式 記・マ
知 識 量 ★★★★
スピード ★★★★
記 述 力 ★★★★
応 用 力 ★★★★

傾向 出題傾向・内容は同様で、大問4題も変わらず。[1]は長文で、「携帯電話によるストレスや健康への影響」がテーマ。問いは段落を指定した内容真偽を中心に、文中下線部語句の言い換えやタイトル文選択など。記述パートは'21同様下線部和訳と長文テーマにそった自由英作文(約30語)。テーマは、「スマートフォンを手にする適切な年齢はいくつか」で、明確な理由を添えて述べるもの。[2]は脱文挿入(3問)で、比較的短い英文を4～5つに分け適切な箇所に3～5行から成る英文を挿入するもの。[3]はアメリカ人の年代別図書館利用率に関する文でデータを見ながら考察するもの。問題は語句補充選択のみ。[4]はテレビ番組の社会学者へのインタビューで、科学者の労働環境に関するもの。グラフ絡みで、問題は下線部の意味や空所補充、内容真偽など。

対策 例年と変わらぬ出題形式・内容と言えるので、まずは近年の過去問から全体像をつかむこと。会話文、図やグラフなどデータ絡みの文、長文における和訳とテーマ型英作文の対策は必須。会話文はやや長めのもので練習し、'22のようにインタビュー形式のものも多く読んでおきたい。グラフ、図表関連の問題は、旧センター試験や予備校のマーク模試などでも扱われており、インタビュー形式の英文も他大学でしばしば見られるので、問題探しにはさほど苦労はしないだろう。記述パートに関しては、和訳の難度は高くはないが、「一読して相手に伝わる、読み手を意識した」訳文を作る訓練が不可欠。テーマ型英作文は長文絡みなので、日頃の演習で扱った英文について自分の意見を30語前後でまとめる練習をしておくとよい。

化学　標準　小問集合は落とせない。有機化学をしっかりと押さえておくべし。

区分	理論										無機		有機					
分野名	原子の構造・化学結合	化学量と化学式	物質の三態・気体の法則	溶解度・濃度	コロイド・希薄溶液	化学反応と反応熱	酸と塩基の反応	酸化・還元	電池・電気分解	反応の速さと化学平衡	周期表と非金属元素	金属元素	脂肪族	芳香族	糖	アミノ酸とタンパク質	生命化学	合成高分子化合物
2022	●	●	●	●	●	●	●	●	●	○	●	●	○	○	●	●	●	●
2021	●	●		●	●	●	●		●		●		○	●	●	○		●
2020	●	●	●				●	●			●	●	●	○	○	○		●
2019	●	●	●	●			●	○		○			○	●		●	●	○
2018	●	●	●		●	●		●	○	○	●	●	○	○		●		●

2023 年度の
出題分析
出題形式 記・マ
知 識 量 ★★★
スピード ★★★★
記 述 力 ★★★
応 用 力 ★★★

傾向 昨年度からの傾向が踏襲された。大問数は4題であり、大問1に小問集合、残りの大問は実験問題や有機化学の構造推定が出題される。小問集合での出題分野は原子の構造から生命化学まで化学の全範囲から満遍なく出題される。無機化学の知識も多く問われる。また小問集合以外の大問では天然高分子や有機化学の構造推定問題は基本的に出題されると考えておいてよい。おそらく大きな傾向としては昨年度や今年度のような出題形式が今後も続くと考えられる。標準的な受験問題集の基本から発展問題程度の出題のため、合格最低点が高くなることも意識しておくべきである。ただし、考察を要するやや複雑な総合問題が1題程度出題されることも考えられるので注意したい。

対策 小問集合の問題をまずは完璧に取れるようになることであろう。化学の全範囲から満遍なく出題されているので、そのために確実な知識を身につける必要がある。難問や奇問は出題されないため、受験用の問題集で標準・定番問題を正確に素早く解けるように訓練することが必要である。時間に対して問題数が多いので、頻出問題や定番問題は確実に、かつ短時間で正答することができるようにしておきたい。過去の問題では芳香族化合物の構造推定問題が頻出していた。高分子を含めた有機化学は特に念入りに知識と考え方を身に着けて試験に望みたい。基本は上記の対策でよいが、やや複雑な総合問題が出題される可能性を考えると、過去問を使って、現象を読み取り、既存の知識へ結び付ける訓練をしておきたいところである。

生物　標準　知識問題と実験問題のバランスが取れた出題

区分	細胞		代謝		遺伝子			体内環境			生殖・発生			環境応答				生態系				進化・系統		
分野名	細胞の構造と組織	細胞膜の構造と物質輸送	タンパク質の構造と酵素反応	同化と異化	細胞周期とDNA合成	遺伝子の発現と調節・変異	バイオテクノロジー	体液・循環系の構成と働き	自律神経とホルモンによる調節	生体防御	配偶子形成と生殖・遺伝	初期発生と形態形成	幹細胞と再生	刺激の受容と感覚	神経系と筋肉	動物の行動	植物生理	バイオームの遷移と分布	個体群と相互作用	物質生産と物質循環	自然環境	地球の発展と古典的生物進化	分子進化と集団遺伝	生物の系統と分類
2022		●		○		●		●		●				●	○		○						●	
2021					○	○	●					○												
2020				○	○		●	○	●		●	○										●		
2019	●							○	●		○		●	●	○							●	●	
2018	●			○	○					●	●					○	○							●

2023年度の出題分析

- 出題形式　記・マ
- 知識量　★★★
- スピード　★★★★
- 記述力　★★★
- 応用力　★★★

傾向　まず大きな傾向として、昨年度は全ての大問が実験考察問題であった。また実験の概要は詳しく書かれているが、詳しい説明のため文章が長く長文読解能力を必要としていた。しかし'22では長文読解力を必要とする実験考察問題が減少し、その分知識問題が増加した。知識を問いつつも、思考力も問うバランスのとれた問題構成になった。次に'22の出題内容について記載する。[1]は酵素と補酵素の関係性の実験問題、呼吸経路に関する問題、電子伝達系の水素イオン濃度勾配に関する実験問題が出題された。[2]は鎌状赤血球貧血症に関する問題で、遺伝子の変異や集団遺伝について出題された。[3]は神経系と神経伝達経路についての知識中心の問題が出題された。[4]では光周性についての問題が出題された。いずれも基本からやや発展的な問題であり、多くの受験生が解きやすくなったと感じただろう。

対策　まずはじめに、知識問題で点数を落とすことはできない。教科書や図説の内容をよくまとめ、問題集や他大学の文章穴埋め問題をたくさん解くことで知識を体系化しておくと良いだろう。次に実験問題に対してだが、'22のような実験問題であれば、これも問題集や過去問を通じて典型的な考え方を身につけておけば十分対策となる。しかし昨年度のような実験考察問題が来年度は1題程度入ってくるかもしれない。東京医科や北里、国公立大学などの文章が長く、要点を捉えづらい実験考察問題を解くことで長文読解力をつけて欲しい。最後に、試験時間に対して問題量がやや多く、時間が足りない傾向がある。インプットした情報を素早くアウトプットできるような訓練もしておくと良い対策となるだろう。

物理　やや易　'23も描図や記述が出題されるので、しっかりと準備をしよう!!

区分	力学						電磁気学					波動			熱力学			原子		
分野名	等加速度運動・運動方程式・慣性力	力のモーメント・重心	運動量と力積・仕事とエネルギー	円運動・遠心力	単振動	万有引力とケプラーの法則	電場と電位	コンデンサー	直流回路	磁場・電磁誘導	交流回路・電気振動・電磁波	波の性質	音波	光波	熱量と温度	気体分子運動論	気体の状態変化	粒子性と波動性	原子の構造	放射線・核反応
2022	○							○					○							
2021				○					○								○			
2020			○							○				○						
2019					○			○									○			
2018	○									○				○						

2023年度の出題分析

- 出題形式　記・穴
- 知識量　★★★
- スピード　★★★
- 記述力　★★★★
- 応用力　★★★

傾向　大問3題で構成され、力学、波動、電磁気からの出題である。力学は斜方投射された小球が壁にはね返り、投射された地点に戻る問題で導出過程を記述する問題や小球の軌道を描図する問題も出題されている。波動では音の干渉の問題、反射体が動くときのドップラー効果の問題、固定端で反射するパルス波の描図問題が出題されている。電磁気はコンデンサーにばねがつながれている状態で電池により充電される問題と空のコンデンサーと並列に接続する問題が出題されている。基本～標準的な問題が中心であるが、コンデンサーの問題では解き慣れず苦労した受験生もいただろう。合格点を取るには斜方投射と音波の問題でミスしないことが大切である。

対策　標準問題を中心に丁寧に解いておくこと。'06、'07、'10、'11、'12、'14～'21は難度が高い問題はなかったが'08、'09、'13、'22はやや難度の高い問題も出題されているので、しっかり準備をしておくこと。また、'10、'20、'21では出題のなかったグラフの描図は'11～'19では出題されている。グラフの描図を含む記述はよく出題されるので、しっかり練習をしておくことが必要である。力学では難度の高い単振動が出題されたこともあるので、やや応用性のある問題もしっかり学習しておく方がよい。解答の過程の記述を求められることもあるので、日頃から見せられる答案作りを心掛けておくことも必要である。

小論文　テーマ型　現代文型　適性試験との時間配分が重要

年度	試験区分	内容	字数	時間
23	一般	三浦綾子『続・泥流地帯』 問 1. 耕作が「がんと頭を殴られたような気持ち」はなぜか、また自分が感じたことを述べる。問 2. 耕作が「虚を突かれたような気持ちがした」のはなぜか、また自分が思ったことを述べる。	400 字 /400 字	適性試験と合わせて 60 分
22	一般	食品ロスに対して日本の国の対策と個としての私たちが明日からできることについて。	800 字	適性試験と合わせて 60 分
21	一般	父に末期がんが見つかったが、本人は延命治療を拒否している。あなたならどうするかを述べる。（父が膵臓癌だが手術を拒否しているという設定の日もある。）	800 字	適性試験と合わせて 60 分

'16からテーマ型の小論文が課されて来たが適性試験と併せて60分なので、かなりのスピードで書く必要がある。ところが、'23は字数こそ合計800字と変わらないものの、これまでとは全く異なる形式で出題された。同じ形式の大学を探すことは難しいので、資料文型の北里大や'22までの聖マリアンナ大などで文章を書く練習をしておこう。一応医療に関するテーマ(オンライン診療、AI医療、働き方改革、臓器移植、再生医療、出生前診断など)社会的なテーマも押さえておく必要があるだろう。また設問も、医療、高齢化なら、「自分だったら」という設定で考えてみる。'22のような社会的なテーマについては、制度政策としての改善・解決策と、自分なら何ができるかという設定で考えてみる。大きな話題やニュースの場合、新聞記事には冒頭に100字程度のまとめがついているので、まずそれを書き写して序論とし、その後に、自分の考えを書いてみる練習をしておくと良い。'21は進行したがんが発見された父の延命治療、終末期の医療をどうするかという問題。本人の意思を尊重することも大事だが、拒否の理由を探り、苦痛や不快感が減らせる緩和医療を提案したり、拒否する気持ちの底をくみ取ったり緩和ケア医療を考えて見る。いずれも本人の話をよく聞き納得の上治療を選択するということに重きを置きたい。本年度の課題はどのように変化するか予測がつかないので、図表型も含めて取り組んでおきたい。女子医大が一般入試に小論文を取り入れた最初の年は認知症について、その後は子宮頸がんワクチンや卵子凍結など、女性に関するテーマが出題された。創立者吉岡彌生が唱えた理念である「至誠と愛」を中心に女性医師の育成や女性医師の役割を考えてみよう。医療に関する知識の入り口として、北里大、聖マリアンナ医大、川崎医大、金沢医大などの資料文型も読んでおくとよい。

東邦大学　医学部医学科

学部所在地	〒143-8540　東京都大田区大森西5-21-16
交通手段	JR蒲田駅よりバス4分、下車後徒歩2分
創設者	額田　豊・額田　晋
学長	高松　研
設立年度	［大正14年］帝国女子医学専門学校を設立

入試問い合わせ先

担当部署　医学部医学科 入試係
電話番号　03-5763-6670

医師国家試験状況

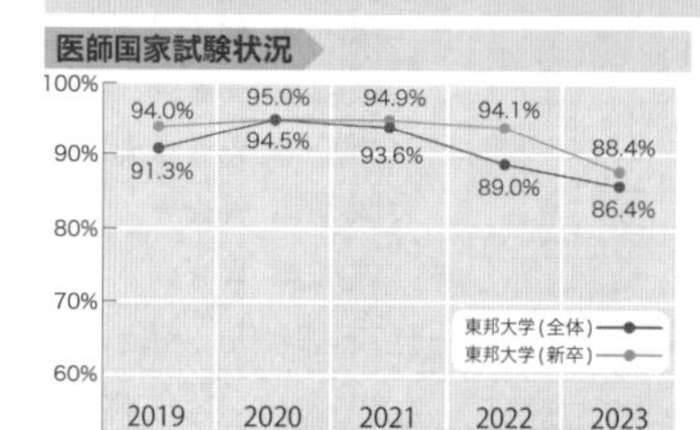

	第113回	第114回	第115回	第116回	第117回
東邦大学（全体）	91.3%	94.5%	93.6%	89.0%	86.4%
東邦大学（新卒）	94.0%	95.0%	94.9%	94.1%	88.4%

設置学部

薬学部
理学部
看護学部
健康科学部

主な附属病院

東邦大学医療センター大森病院
東邦大学医療センター大橋病院
東邦大学医療センター佐倉病院

2023年度入学者

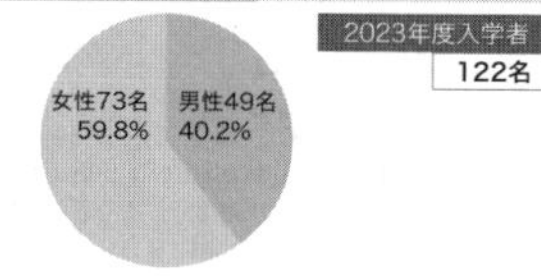

2024年度学納金

1年次	入学金	¥1,500,000
	授業料	¥2,500,000
	施設設備費	¥300,000
	教育充実費	¥500,000
	初年度納入金総額	¥4,800,000
	入学時最低納入金	¥4,800,000
2年次以降の年額		¥4,200,000
6年間の総額		¥25,800,000
※その他委託徴収金（1年次）		¥497,800

繰上げ合格

補欠合格者の繰り上げは、第2次試験受験者の中から行い、該当者に電話で連絡し、文書をもって本人宛に通知します。

特待生制度

各学年若干名に対し、授業料のうち最高100万円(各学年200万円限度)を免除。

補欠順位

なし

成績開示

あり

寄付金

入学許可後、本学の医学振興のための任意の寄付金をお願いしております。

入試結果

			2023	2022	2021
一般	募集人員		約70	約70	約70
	志願者数		2,820	2,169	2,415
	受験者数	A	2,537	2,053	2,281
	一次合格者数	B	504	541	535
	一次合格倍率	A/B	5.0	3.8	4.3
	二次受験者数		—	—	—
	正規合格者数	C	99	107	103
	正規合格倍率	A/C	25.6	19.2	22.1
	補欠候補者数		—	—	—
	繰上合格者数	D	—	—	—
	総合格者数	C+D	—	—	—
	合格実質倍率	A/(C+D)	—	—	—
	入学者数		70	73	72
	合格最高点		—	—	—
	合格最低点		261/400	258/400	286/400
一般（千葉県）	募集人員		5	5	5
	志願者数		114	87	132
	受験者数	E	99	77	112
	一次合格者数	F	6	20	21
	一次合格倍率	E/F	16.5	3.9	5.3
	二次受験者数		—	—	—
	正規合格者数	G	2	5	5
	正規合格倍率	E/G	49.5	15.4	22.4
	補欠候補者数		—	—	—
	繰上合格者数	H	—	—	—
	総合格者数	G+H	—	—	—
	合格実質倍率	E/(G+H)	—	—	—
	入学者数		2	5	5
	合格最高点		—	—	—
	合格最低点		261/400	230/400	282/400
一般（新潟県）	募集人員		2	2	
	志願者数		68	48	
	受験者数	I	60	43	
	一次合格者数	J	2	8	
	一次合格倍率	I/J	30.0	5.4	
	二次受験者数		—	—	
	正規合格者数	K	2	2	
	正規合格倍率	I/K	30.0	21.5	
	補欠候補者数		—	—	
	繰上合格者数	L	—	—	
	総合格者数	K+L	—	—	
	合格実質倍率	I/(K+L)	—	—	
	入学者数		2	2	
	合格最高点		—	—	
	合格最低点		—	238/400	
総合	募集人員		約10	約10	約10
	志願者数		89	69	92
	受験者数	M	89	69	92
	一次合格者数	N	57	57	—
	一次合格倍率	M/N	15.6	1.2	—
	二次受験者数		—	—	—
	合格者数	O	18	14	14
	実質倍率	M/O	4.9	4.9	6.6
	入学者数		18	14	14
同窓生子女	募集人員		約5	約5	約5
	志願者数		47	55	65
	受験者数	P	47	55	65
	一次合格者数	Q	23	44	—
	一次合格倍率	P/Q	2.0	1.3	—
	二次受験者数		—	—	—
	合格者数	R	6	7	7
	実質倍率	P/R	7.8	7.9	9.3
	入学者数		6	7	7
推薦（千葉県）	募集人員		3		
	志願者数		10		
	受験者数	S	10		
	一次合格者数	T	8		
	一次合格倍率	S/T	1.3		
	二次受験者数		—		
	合格者数	U	3		
	実質倍率	S/U	3.3		
	入学者数		3		
推薦（新潟県）	募集人員		5	3	
	志願者数		32	34	
	受験者数	V	31	33	
	一次合格者数	W	20	30	
	一次合格倍率	V/W	1.6	1.1	
	二次受験者数		—	—	
	合格者数	X	5	3	
	実質倍率	V/X	6.2	11.0	
	入学者数		5	3	

（注）合格最低点は正規合格者を対象

2024年度　募集要項　　東邦大学 医学部医学科

入試日程

試験区分	募集人員	出願期間*1	試験日 1次試験	試験日 2次試験
総合入試	約10名	2023年11月1日(水)～11月8日(水)必着	11月17日(金)	12月2日(土)
同窓生子女入試	約5名			
推薦入試(公募制-千葉県地域枠)	3名			
推薦入試(公募制-新潟県地域枠)	6名			
推薦入試(付属校制)	約25名			
一般入試	約70名	2023年12月11日(月)～2024年1月24日(水)必着	2月6日(火)	2月14日(水)*2 2月15日(木)
一般入試(千葉県地域枠)	2名			
一般入試(新潟県地域枠)	2名			

*1 窓口1/23(火)・1/24(水)17:00まで
*2 いずれか1日・指定日。出願書類に希望日記入欄あり。特別の事情で変更希望可

試験時間・配点　集合時間　8：35

試験区分		科目	試験時間	時間	配点	合計点	備考
一般	1次	理科2科目	9:00～11:00	120分	150点	400点	*3 基礎学力は、2次試験合格者選抜の時に使用する。
		数学	12:30～14:00	90分	100点		
		外国語(英語)	14:30～16:00	90分	150点		
		基礎学力*3 (論理的思考能力・数理解析能力等)	16:30～17:30	60分	—	—	
	2次	面接		約40分	—	—	

試験会場

試験区分	1次試験	2次試験
総合・同窓生・推薦	本学大森キャンパス	本学大森キャンパス
一般	パシフィコ横浜ノース・本学大森キャンパス	本学大森キャンパス

合格発表日

試験区分	1次試験	2次試験	手続締切	辞退締切
総合・同窓生・推薦	11月27日(月) 12:00	12月6日(水) 12:00	12月12日(火)	
一般	2月9日(金) 12:00	2月17日(土) 12:00	2月22日(木)	3月29日(金) 15:00

合格発表方法

試験区分	1次試験	2次試験
総合・同窓生・推薦	掲示・ネット一覧	掲示・ネット一覧・郵便(合格者)
一般	掲示・ネット一覧	掲示・ネット一覧・郵便(合格者)

入試情報

過去3年間入学者現浪比

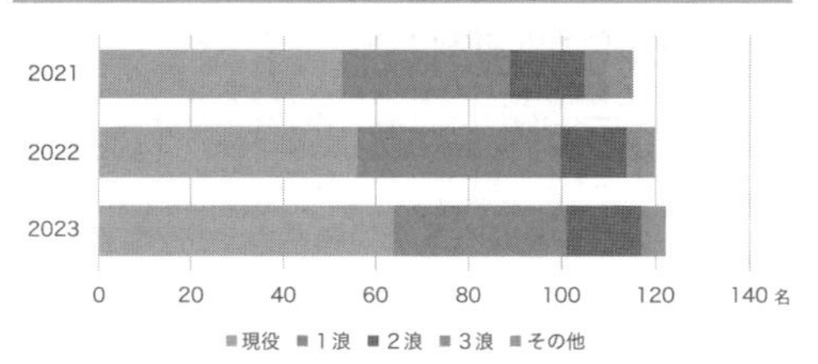

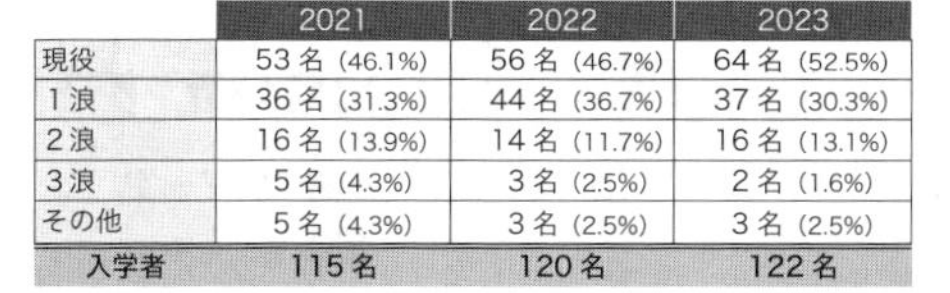

	2021	2022	2023
現役	53名 (46.1%)	56名 (46.7%)	64名 (52.5%)
1浪	36名 (31.3%)	44名 (36.7%)	37名 (30.3%)
2浪	16名 (13.9%)	14名 (11.7%)	16名 (13.1%)
3浪	5名 (4.3%)	3名 (2.5%)	2名 (1.6%)
その他	5名 (4.3%)	3名 (2.5%)	3名 (2.5%)
入学者	115名	120名	122名

2023年度合格者現浪比

面接

メルリックス学院生からのアンケートをもとに作成しています

■ 所要時間　個人3分×4回　　グループ討論15分

■ 面接の進行

【質問内容】

<個人>

放送に従って順に4つの部屋に案内される。部屋ではそれぞれ課題シートを渡され、それについて答える。

・留学生を受け入れるためにはどのような配慮が必要か。
・友人から講義に出席したことにしてくれと代返を頼まれたがどうするか。
・ノイズキャンセリング機能の付いたイヤホンの実用的な使い方を考える。
・消しゴムに使われる材料の特徴と、それを科学的に証明する実験方法。

<2次グループ討論>

課題が与えられ、受験生が1人ずつ意見を述べた後、話し合って出した結論を代表者が発表する。

・1枚の絵を見て作者が伝えたいことは何かを話し合う。
・ある国の王様が見た抽象的な夢について。

<個人>
面接官の人数:1名
受験生の人数:1名
○ 受験生　● 面接官

<2次グループ討論>
面接官の人数:2名
受験生の人数:4名
○ 受験生　● 面接官

個人面接は4つのブースを順番に移動しながら、それぞれの部屋で与えられる課題に答えるMMIと呼ばれる形式が行われる。グループ討論は1つのテーマについて受験生同士で話し合い、結論を1人が発表する。

東邦大学　医学部医学科

一般選抜出題傾向分析

数学　標準　過去問を用いて合格点をかき集める練習をしよう

区分	解析系									図形系					その他				
	I	I・II	II			B	III			I	II	B	III		I	A			B
分野名	二次関数	数と式	指数・対数	三角関数	微分・積分	数列	いろいろな関数と極限	微分	積分	三角比	図形と方程式	ベクトル	いろいろな曲線	複素数平面	データの分析	整数	場合の数	確率	確率分布
2023			○					○	○	○		○		○	○	○		○	
2022	○				○	○			○	○		○	○	○				○	
2021	○	○				○			○	○		○		○	○	○		○	
2020		○				○	○	○		○	○	○			○	○			
2019	○				○	○	○		○	○			○		○		○		

2023年度の出題分析

- 出題形式　マーク
- 知識量　★★★
- スピード　★★★
- 記述力　ー
- 応用力　★★★

傾向　試験時間90分．マークシートによる解答方式。全10問の小問形式で各問題は各々2問ずつの設問からなる。出題については範囲の数学Ⅰ・Ⅱ・Ⅲ・A・Bから今年度はⅢが3題、Ⅱが1題であったが、その他は2題ずつと非常にバランスがよく出題されている。問題内容については図形に関する問題が4題とやや多くなっており、やや考えさせる問題や空間図形についての出題もよく見られる。また数学Ⅰのデータの分析からの出題も目立つ。試験問題の分量としては時間に対してかなり多い。問題の難易度は基本からやや難までとまちまちであるが、どれも同じような行数で与えられた問題でぱっと見では難易の判断が付きにくい。計算が複雑になるなどで難易度が高くなり、5題程度が目標となる年度もあるが、この数年は標準的な難易度で安定しているので10題中6.5題程度を目標としたい。

対策　基本問題と応用問題の組み合わせとなっている試験であり、一概に当てはめることはできないが前半の方が手を付けやすい問題が出題されている。内容について傾向で見たように範囲全体からまんべんなく出題されるので、取りやすい基本問題や計算問題の取りこぼしをしないように範囲全体について問題演習と平行して、定義や公式類の確認を丁寧にやっていこう。10年ほど遡っても大体同じ形式の試験となっているので、これを利用して時間内に合格点をかき集めるための問題取捨選択の練習を行っていこう。少し癖のある微積分の計算問題や空間図形の問題についても同じ出題はないが、同傾向といえる内容に過去問で触れることができる。

英語　やや難　早期から時間を意識した長文演習を、確かな文法力も欠かせない

区分	読解						文法・語法						表現・作文		会話		
分野名	和訳	内容真偽	内容説明	空所補充	脱文挿入	文整序	表題選択	短文完成	語句整序	誤り指摘	語定義	発音・アクセント	同意・反意語句	英訳	テーマ型英作文	応答選択	空所補充	内容真偽
2023		●		○	●					○				○				
2022		●		●	●					○			●	●				
2021		●		○	●					○			●					
2020		●		●	●					○			●	●				
2019		●		●				○		○			●					

2023年度の出題分析

- 出題形式　マーク
- 知識量　★★★★
- スピード　★★★★
- 記述力　ー
- 応用力　★★★

傾向　時間は90分、オールマーク式で大問6題も変わらず。[4]は唯一の文法関連の誤り指摘で、一続きの短い英文を10のパートに分けて、それぞれの中での誤りを答えるもの。誤りがなければNo Errorを選ばせる出題形式。[6]は与えられている日本文の適切な部分英訳文選択が5問。日本文の伝える意味内容をきちんと把握した上で選択肢を注意深く吟味する必要がある。これら以外の4題は全て長文。内容真偽、空所補充や同意表現などが中心だが、脱文挿入も出題される。ただし、挿入箇所が同じ段落内で指定されているので取り組みやすい。他大学に比して時間は多めなので焦る必要はないが、誤り指摘や部分英訳は意外に手間取る可能性もあるので、時間配分には注意。

対策　長文中心の構成には変わりがないが、誤り指摘や適切な英訳文選択などが見られるので、文法・語法知識の充実は欠かせない。短文完成の出題はなくなったが、文法の基礎を固めるには最も手頃と言えるし、今後の出題可能性も皆無ではないのでしっかりやっておいた方がよい。誤り指摘は国際医療福祉大、英訳は(近年出題がなくなったが以前の)近畿大の問題を類題としてやっておくとよい。長文は、語彙レベルがやや高めで500～700語程度の問題を15～20分で処理する演習を、脚注は一切ない前提で訓練しておきたい。問題は内容真偽、空所補充、語句の言い換え、脱文挿入など。特に脱文挿入は近年の他大学(順天堂、慈恵、藤田、女子医など)の過去問も利用したい。

化学　標準　全問選択式の問題。化学の全範囲から満遍なく出題

区分	理論									無機		有機					
分野名	原子の構造・化学結合	化学量と化学式	物質の三態・気体の法則	溶解度・濃度	コロイド・希薄溶液	化学反応と反応熱	酸と塩基の反応	酸化・還元	電池・電気分解	反応の速さと化学平衡	周期表と非金属元素	金属元素	脂肪族	芳香族	糖	アミノ酸とタンパク質	生命化学	合成高分子化合物
2023	●			○		●		●					○	●		○		
2022	●	●						○		○			○		○			
2021		●	●	○		○	●	●				●		○		○		
2020	●	●	●			●	●	●		●		●	●		●			●
2019	●	●	●			●	●		●	●	●	●				●		

2023年度の出題分析

- 出題形式　マーク
- 知識量　★★★
- スピード　★★★★
- 記述力　ー
- 応用力　★★★

傾向　例年大問3題となっているが、実際には[1]は易しめの小問が5問あり、[2][3]は(A)(B)に分かれている。[2](A)はリン酸の多段階滴定を使った中和の問題であった。これは難しくはない。[2](B)は反応速度に関する問題であり、これも基本的なものであった。[3](A)は環状有機化合物の立体異性などに関する問題であった。あまり馴染み深いものではなかったが、問題内で丁寧に説明してくれているので、読解力があれば大丈夫であった。[3](B)はアミノ酸に関する問題であった。平易な問題ではあったが、慣れていない受験生には読み取りに苦労したのではないかと感じる。全体的には解きやすい問題が多いので、高得点勝負になると思われる。

対策　典型的な例題に対して、的確な反応ができる受験生ならば、とりあえず最低限の仕事はできるであろう。まずは標準的な問題に対して演習を積み重ねて、多くの問題に対して解法が瞬時に思い浮かぶようになることが必要である。その上で更に有機化学の構造決定など、経験則と時間が必要となるような問題に対しても挑戦していくことで、東邦ではアドバンテージを得ることができる。更に、読解力が必要だ。リード文の中から問題の攻略に繋がるポイントを素早く探し出す能力も必要となる。深い内容よりも、広く満遍なく問われることが多いので、知識の抜けはないように準備していきたい。

生物 標準 高い情報処理能力と計算能力が要求され、時間との戦いになる

区分	細胞		代謝		遺伝子			体内環境			生殖・発生			環境応答				生態系				進化・系統		
分野名	細胞の構造と組織	細胞膜の構造と物質輸送	タンパク質の構造と酵素反応	同化と異化	細胞周期とDNA合成	遺伝子の発現と調節・変異	バイオテクノロジー	体液・循環系の構成と働き	自律神経とホルモンによる調節	生体防御	配偶子形成と生殖・遺伝	初期発生と形態形成	幹細胞と再生	刺激の受容と感覚	神経系と筋肉	動物の行動	植物生理	バイオームの遷移と分布	個体群と相互作用	物質生産と物質循環	自然環境	地球の発展と古典的生物進化	分子進化と集団遺伝	生物の系統と分類
2023							○			●	●			○	○								●	
2022			●	○				●			○	●		○	○									
2021										○				○	○	●	○		○		●			
2020				○	○	●	●				○			●	○			○		●				
2019	○	○		○	●	●					○						○					○		

2023年度の出題分析

- 出題形式 マーク
- 知識量 ★★★
- スピード ★★★★
- 記述力 ー
- 応用力 ★★★

傾向 '23では大問4題の構成である。各問総合問題形式で、1つのテーマに沿って関連するいろいろな問題が出題されている。また問題自体の難易度は標準的であるが、解答時間に対して出題量がやや多く、素早い情報処理が求められる。比較的人体に関係する問題が多く見られる。また、実験考察問題の選択肢が選びにくいものが多く、時間を取られてしまう。次に'23の出題内容について記載する。[1]はABO式血液型に関する問題が出題され、知識問題に加え各血液型の人数を計算する問題や遺伝子頻度に関する問題が出題された。[2]はヒトの耳に関する問題が出題された。[3]は遺伝子組換えに関する問題が出題された。[4]は筋収縮に関する問題が出題された。

対策 出題分野では、感覚、神経など人体に関係する問題が多くなっている。各問題の難易度は必ずしも高くはないものの、高い情報処理能力と計算能力が要求される。情報処理能力をつける訓練として、過去問を解く場合に正規の時間よりも短い時間設定で解くと良いだろう。また実験考察問題などで各問題の正誤を判断するのに、何度も読み直す時間はないので、一字ずつ確認しながら読み、不適な部分があればそれ以上読まないといった訓練も必要となるであろう。教科書を使って用語の意味と使い方を十分に覚えておこう。実験考察問題では実験の要約をする訓練をし、要点を素早く捉えられるようになることが必要である。難問を解く練習は必要ない、典型的な問題を素早く正確に解く練習をすること。

物理 やや易 '24でも原子が出題されるだろう、しっかり準備しておこう!!

区分	力学						電磁気学					波動			熱力学			原子		
分野名	等加速度運動・運動方程式・慣性力	力のモーメント・重心	運動量と力積・仕事とエネルギー	円運動・遠心力	単振動	万有引力とケプラーの法則	電場と電位	コンデンサー	直流回路	磁場・電磁誘導	交流回路・電気振動・電磁波	波の性質	音波	光波	熱量と温度	気体分子運動論	気体の状態変化	粒子性と波動性	原子の構造	放射線・核反応
2023			○	○						○		○	○				○			○
2022			○	○				○			○			○			○			
2021	○				○		○	○					○				○			
2020	○		○							○		○		○			○	○		
2019	○				○				○		○		○			○	○			

2023年度の出題分析

- 出題形式 マーク
- 知識量 ★★★
- スピード ★★★
- 記述力 ー
- 応用力 ★★★

傾向 大問7題で構成され、力学2題、波動2題、熱力学、電磁気、原子が各1題ずつ出題されている。力学の[1]は静止した物体との衝突で壁にはね返って2回目の衝突をする条件なども問われている。力学の[2]は円錐を逆さにした内面での円運動とらせん運動の問題となっている。熱力学はピストン付き容器を横から縦にした時の断熱変化で、波動の[1]は縦波の横波表示のグラフの問題、[2]はクインケ管での音の干渉が出題されている。電磁気は斜面上にコイルを置いた時の電磁誘導の問題で磁場が位置で規則的に変化する問題となっている。原子はα粒子の散乱が出題されている。基本～標準問題が中心であるが、力学は後回しにした方が良いだろう。

対策 基本～標準問題を解いておこう。その際に、手早く問題を読み、計算も正確に速くするように心掛けておくことが大切である。ただし、'05の問1や問4のようになかなか解法が思いつかない問題や時間がかかる面倒な計算が出題された場合には、その問題に固執せずに後に回すことを判断できて欲しい。一般に出題が少ないパルス波の反射、気体分子の2乗平均速度、自己誘導、交流などの問題も出題されるので、しっかりと準備しよう。'11、'13～'23では正誤問題の出題がなかったが、'12では出題され、答えの数に指定もなかった。正誤問題の対策としては、基本的な知識の整理のため教科書にしっかり目を通しておくと良いだろう。

小論文

(実施しない)

※ただし、基礎学力において課題文を読んで200～240字程度に要約する問題が出題される。

日本大学　医学部医学科

学部所在地	〒173-8610　東京都板橋区大谷口上町30-1
交通手段	東武東上線大山駅より徒歩15分 池袋駅西口からバス「日大病院」下車 赤羽駅西口からバス「日大病院」下車
創設者	山田 顕義
学長	林 真理子
設立年度	［大正14年］日本大学専門部医学科を開設

入試問い合わせ先

担当部署　日本大学学務部入学課
電話番号　03-5275-8001

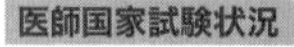

医師国家試験状況

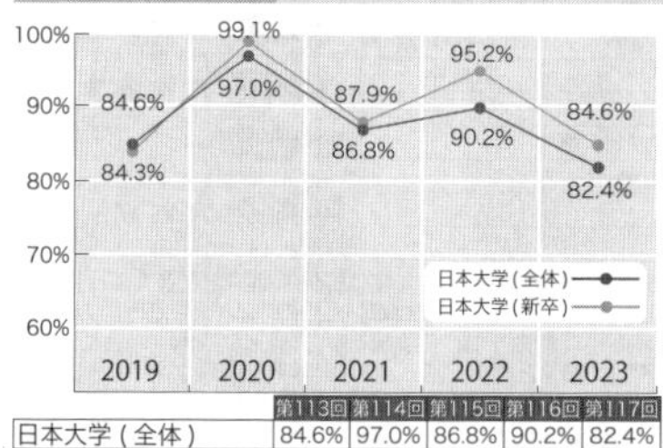

	第113回	第114回	第115回	第116回	第117回
日本大学（全体）	84.6%	97.0%	86.8%	90.2%	82.4%
日本大学（新卒）	84.3%	99.1%	87.9%	95.2%	84.6%

設置学部

法学部 文理学部 経済学部／商学部 芸術学部 国際関係学部／危機管理学部／スポーツ科学部／理工学部／生産工学部／工学部／歯学部／松戸歯学部／生物資源科学部／薬学部／通信教育部／短期大学部

主な附属病院

日本大学医学部付属板橋病院
日本大学病院
・その他関連施設
附属看護専門学校

2023年度入学者

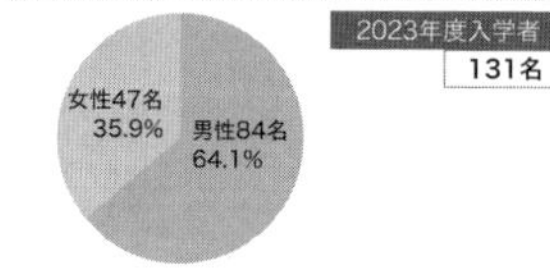

2023年度入学者
131名

2024年度学納金

1年次	入学金	¥1,000,000
	授業料	¥2,500,000
	施設設備費	¥1,500,000
	教育充実費	¥1,000,000
	実験実習費	¥350,000
	初年度納入金総額	¥6,350,000
	入学時最低納入金	¥4,350,000
2年次以降の年額		¥5,350,000
6年間の総額		¥33,100,000
※その他委託徴収金（1年次）		¥70,000
（2〜6年次）		¥210,000

繰上げ合格

追加合格を出す場合には、「インターネットによる合否案内」を実施していますので、インターネット出願の「マイページ（https://exam.nihon-u.ac.jp/nihon-u/mypage/login）」内の「合否案内」より確認してください。

補欠順位

あり

成績開示

あり（不合格者のみ）※一般選抜のみ

入試結果

			2023	2022	2021
一般N（第1期）	募集人員		90	90	10
	志願者数		1,865	2,054	602
	受験者数	A	1,651	1,772	516
	一次合格者数	B	376	320	30
	一次合格倍率	A/B	4.4	5.5	17.2
	二次受験者数		—	—	—
	正規合格者数	C	90	90	10
	正規合格倍率	A/C	18.3	19.7	51.6
	補欠候補者数		231	143	15
	繰上合格者数	D	131	136	13
	総合格者数	C+D	221	226	23
	合格実質倍率	A/(C+D)	7.5	7.8	22.4
	入学者数		91	90	—
	合格最高点		—	—	—
	合格最低点		227.41/400 (344.86/580)	231.6/400 (354.6/580)	244.1/400 (265.5/430)
地域枠選抜	募集人員		15	5	
	志願者数		96	47	
	受験者数	E	88	37	
	一次合格者数	F	24	15	
	一次合格倍率	E/F	3.7	2.5	
	二次受験者数		—	—	
	正規合格者数	G	12	5	
	正規合格倍率	E/G	7.3	7.4	
	補欠候補者数		—	—	
	繰上合格者数	H	—	—	
	総合格者数	G+H	12	5	
	合格実質倍率	E/(G+H)	7.3	7.4	
	入学者数		11	5	
	合格最高点		—	—	
	合格最低点		—	—	

			2023	2022	2021
一般N（第2期）	募集人員		15	15	
	志願者数		866	1,137	
	受験者数	I	752	1,007	
	一次合格者数	J	105	100	
	一次合格倍率	I/J	7.2	10.1	
	二次受験者数		—	—	
	正規合格者数	K	15	15	
	正規合格倍率	I/K	50.1	67.1	
	補欠候補者数		68	15	
	繰上合格者数	L	2	8	
	総合格者数	K+L	17	23	
	合格実質倍率	I/(K+L)	44.2	43.8	
	入学者数		15	15	
	合格最高点		—	—	
	合格最低点		238.20/400 (370.86/580)	237.4/400 (378.5/580)	
一般A方式	募集人員				97
	志願者数				2,737
	受験者数	M			2,502
	一次合格者数	N			341
	一次合格倍率	M/N			7.3
	二次受験者数				—
	正規合格者数	O			97
	正規合格倍率	M/O			25.8
	補欠候補者数				201
	繰上合格者数	P			166
	総合格者数	O+P			263
	合格実質倍率	M/(O+P)			9.5
	入学者数				97
	合格最高点				—
	合格最低点				232.9/400 (255.2/430)

※地域枠は各県を合わせた数

（注）合格最高点・合格最低点の無印は1次合格、（　）内は正規および繰上合格者の最低点（標準化得点で採点）

2024年度　募集要項　　日本大学 医学部医学科

入試日程

試験区分	募集人員	出願期間	試験日	
			1次試験	2次試験
一般N方式　第1期*2	90名	2024年1月5日(金)～1月19日(金)必着	2月1日(木)	2月11日(日・祝)
一般N方式　第2期	15名	2024年1月5日(金)～2月23日(金・祝)必着	3月4日(月)	3月17日(日)
校友子女	5名	2023年12月1日(金)～12月7日(木)必着	2月1日(木)	2月11日(日・祝)

*1　校友子女については一般N方式　第1期と同日程・同内容です。
*2　茨城県地域枠3名、埼玉県地域枠5名、新潟県地域枠4名(推薦2名・一般2名)、静岡県地域枠3名を認可申請中

試験時間・配点

試験区分		科目	試験時間	時間	配点	合計点	備考
一般N方式 第1期 一般N方式 第2期	1次	理科2科目	9:30～11:40(うち解答時間120分)	120分	200点	580点	
		外国語(英語)	12:50～13:50	60分	100点		
		数学	14:40～15:40	60分	100点		
	2次	数学	試験時間詳細については ホームページより10月中旬掲載予定の 一般選抜募集要項をご覧ください。	100点	60点		
		外国語(英語)		60分	60点		
		面接		約20分	30点		

試験会場

試験区分	1次試験	2次試験
一般N方式　第1期	東京・横浜・札幌・仙台・名古屋・大阪・広島・福岡など全国20ヶ所	経済学部校舎3号館
一般N方式　第2期	東京・湘南・千葉・郡山	経済学部校舎7号館

※会場の詳細については、ホームページより10月中旬掲載予定の一般選抜募集要項をご覧ください。

合格発表日

試験区分	1次試験	2次試験	手続締切	辞退締切
一般N方式 第1期	2月6日(火) 16:00	2月16日(金) 13:00	2月26日(月)	3月29日(金) 17:00
一般N方式 第2期	3月13日(水) 16:00	3月22日(金) 13:00	3月28日(木)	3月29日(金) 17:00

合格発表方法

試験区分	1次試験	2次試験
一般N方式 第1期	ネット照会	ネット照会
一般N方式 第2期	ネット照会	ネット照会

入試情報

過去3年間入学者現浪比

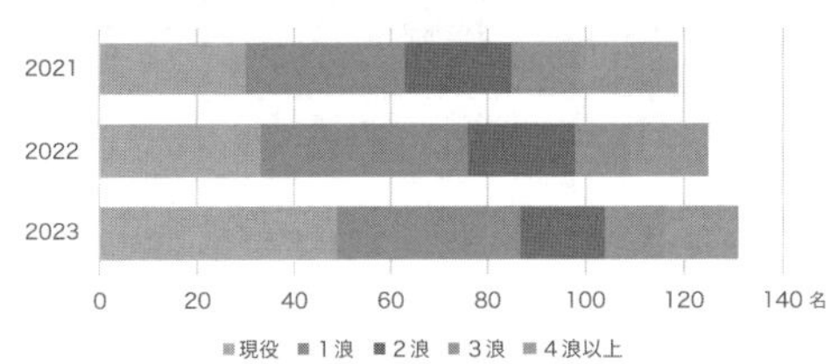

	2021	2022	2023
現役	30名 (25.2%)	33名 (26.4%)	49名 (37.4%)
1浪	33名 (27.7%)	43名 (34.4%)	38名 (29.0%)
2浪	22名 (18.5%)	22名 (17.6%)	17名 (13.0%)
3浪	14名 (11.8%)	11名 (8.8%)	12名 (9.2%)
4浪以上	20名 (16.8%)	16名 (12.8%)	15名 (11.5%)
入学者	119名	125名	131名

2023年度合格者現浪比

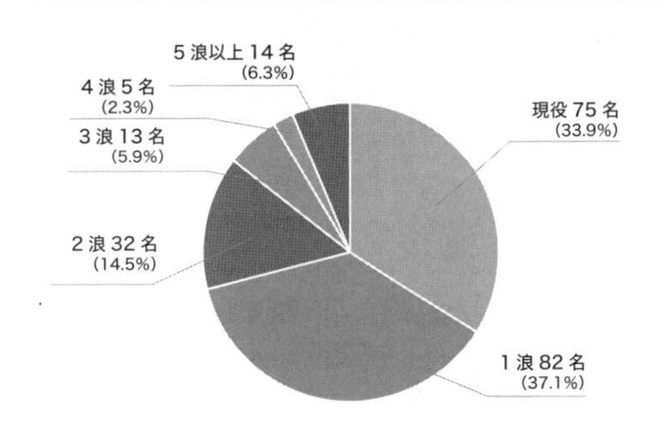

(一般N第1期総合格者 221名)

面接

メルリックス学院生からのアンケートをもとに作成しています

■ 所要時間　個人15～20分
■ 面接の進行
【質問内容】
<個人>
・医師志望理由
・本学志望理由
・得意科目について
・高校生活、浪人生活について
・友達とは普段どんな話をするか
・自分の長所、短所
・リーダーシップを発揮したことはあるか
・人間関係が上手くいかない時の対処法
・大学入学後にやりたいこと
・体力には自信があるか
・将来どのような医師になりたいか
・提出した書類の説明(主体性・協調性について)
・医師の働き方改革について
・AIの普及について
・医師の働き方改革について
・コロナ禍でよかったこと、悪かったこと
・最近気になるニュース

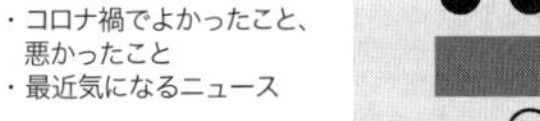

面接官の人数:3名
受験生の人数:1名
○受験生　●面接官

穏やかな雰囲気であることが多いが、中途半端な答には鋭く突っ込んでくる。突然、時事問題について聞かれたり、1つの質問からさらに派生して様々なことを聞かれるので、単なる一問一答ではなく、面接官とのコミュニケーションを心がけたい。

日本大学　医学部医学科

一般選抜(N1)出題傾向分析

数　学　やや易　1次は易しめ。記述の2次も易しかったが難度は上がりそう難度は上がりそう

区分	解析系									図形系					その他				
	Ⅰ	Ⅰ・Ⅱ	Ⅱ			B	Ⅲ			Ⅰ	Ⅱ	B	Ⅲ		Ⅰ	A			B
分野名	二次関数	数と式	指数・対数	三角関数	微分・積分	数列	いろいろな関数と極限	微分	積分	三角比	図形と方程式	ベクトル	いろいろな曲線	複素数平面	データの分析	整数	場合の数	確率	確率分布
2023	●		●				○		○		●	○		○		●	●	○	
2022	●	●	●	○		●	○	○	○	●		○			●			○	
2021		●	●					○	○	●	○	○		●	●			○	
2020		●	●	●			○		○		●	○		●				○	
2019	●	●	●	○					○			○		●			○		

2023年度の出題分析

- 出題形式　記・マ
- 知識量　★★
- スピード　★★★★
- 記述力　★★★
- 応用力　★★★

傾向　'21まで全問マーク式のN全学統一方式。'22から2次試験にも数学が入りこちらは記述式。N方式がマーク式1次試験となり、そこで絞られた受験への2次試験では記述式の答案をじっくり採点するという、国公立大の2次試験のような形になった。'23のN方式はこれまでと同様に中堅私大レベル典型問題が中心で、医学部の問題としては、かなり易しめだが、量はやや多い。'22から実施されている2次試験の問題も易しく、ほとんどN方式が記述になったという程度で'22と'23ともに最後の[3]のみ、やや考えさせられるが、それでも医学部の入試問題としてはかなり易しい。

対策　1次のN方式の問題はほとんどが中堅私大レベルの典型問題。大問5〜6問は制限時間60分に対して多く思えるが、問題が易しく計算も時間がかからないので医学部に受かる受験生なら制限時間内に完答できそうな量。これだとちょっとした知識の穴やミスでの失点が命取り。まず中堅私大レベル典型問題はどの単元のどの問題でも確実にミス無く解けるようにしておこう。'22から2次試験に入ってきた数学の問題は1次の問題が記述式になったという程度だが、すこし易しすぎて、今後もこの難易度を維持していくのかは疑問が残る。今後は難度が上がる可能性もあるので、2次試験対策として中堅〜上位国公立大2次タイプの問題もこなしておこう。

英　語　標準　総じて問題は易〜標準、しっかり基礎固めをし、類題演習をこなせ

区分	読解							文法・語法						表現・作文		会話		
分野名	和訳	内容真偽	内容説明	空所補充	脱文挿入	文整序	表題選択	短文完成	語句整序	誤り指摘	語定義	発音・アクセント	同意・反意語句	英訳	テーマ型英作文	応答選択	空所補充	内容真偽
2023		●		○			●	○	○								○	○
2022		●		○			●	○	○									○
2021		●		○			●	○	○			○					○	
2020		○		○				○	○			○					○	
2019		●		○			●	○	○			○					○	

2023年度の出題分析

- 出題形式　マーク
- 知識量　★★★
- スピード　★★★
- 記述力　—
- 応用力　★★★

傾向　オールマーク式。時間は60分に変更。大問は'22と同様8題。II期も全く同じ。N全学統一方式に入試方式が変更されて以降、1次試験突破に向けて高得点勝負になることは必至。[1]〜[3]は文法･語法を問う短文完成で各6問ずつ計18問、特に[3]はメジャーなイディオムのみ。[4]は短い英文(A4判半分)の文中語句補充で、該当箇所と選択肢を照合すればどれも平易。[5]は長文で問いは内容真偽。[6]は会話文で、問いは内容真偽のみ。[7]、[8]は語句整序で前者は短文(6問)、後者は短い英文中の部分整序6問でどちらも平易だが、後者は特に文法の習熟度や問題慣れしているかどうかで処理時間が左右されたかもしれない。

対策　文法の単独問題は引き続き出題されており対策が必要だが、基本をしっかりおさえ、標準的な問題演習をできるだけ数多くこなし、問題を見て解答のポイントが即座にひらめくようにしておきたい。過去問にあたるのは当然だが、それ以前に市販の頻出問題演習書を隅から隅まで覚えこんでしまうくらいにやっておこう。合わせて頻出イディオムをきちんと押さえるのも忘れずに。長文は内容真偽を中心とした演習が必要だが、易〜標準レベルの、たとえば従来のセンター試験にあった最後の長文に類した問題や、歯学部(日大松戸や明海など)の過去問なども参考にするとよいだろう。会話文と短めの英文の空所補充や長い英文中の語句整序なども出ると見て数をこなしておきたい。

化　学　やや易　高得点を狙いたい。広く穴のない学習を継続してパーフェクトを！！

区分	理論										無機		有機					
分野名	原子の構造・化学結合	化学量と化学式	物質の三態・気体の法則	溶解度・濃度	コロイド・希薄溶液	化学反応と反応熱	酸と塩基の反応	酸化・還元	電池・電気分解	反応の速さと化学平衡	周期表と非金属元素	金属元素	脂肪族	芳香族	糖	アミノ酸とタンパク質	生命化学	合成高分子化合物
2023		●	●	●	●	○						○	○					○
2022	●	●	●			●		○			○	●	○					○
2021	●		●		●		○	○	●	●	●	●	●	●				●
2020	●	●	●	●	●	●	●		●	●	●	●	●	●		●		●
2019	●		●				●		○	●	●		●	●	●	●		

2023年度の出題分析

- 出題形式　マーク
- 知識量　★★
- スピード　★★★
- 記述力　—
- 応用力　★★

傾向　全学統一形式での一次試験であるので、問題は全範囲にわたってはいるものの易しい問題が多い。化学の基本を教科書通りに忠実に学習できているかの確認がなされる。問題は化学の全範囲に及んでいる。有機化学や高分子化合物に関しても毎年出題があるので、現役生にありがちな教科書の最後の方が手薄になっている状態だと、確実に失点してしまう。一問一答形式なので連鎖的に間違ってしまうことがないのが良心的ではあるが、知識の穴があれば、得点が少しずつこぼれてしまうことになる。普段から小さな記憶違いやケアレスミスを甘く見ないように、丁寧な学習を心がけたい。

対策　とにかく、教科書に書いてあること、教科書にある演習問題は隅々まで記憶･理解しておこう。そして教科書レベルの問題集･定型問題集などで演習を積んでいくことが攻略のポイントとなるだろう。教科書のエキスパートを目指すことが合格への近道である。また、形式が共通テストと似通っているので、共通テスト問題集や模試などを活用することもできる。ある程度形式に慣れていないと、ミスで失点してしまうことも考えられる。平素の学習の中で、勘違いしている部分がないかなどを細かく確認して精度の高い知識を作り上げていくことで、こういった易問の集合であっても、アドバンテージをとることができるものだ。

生物　標準

試験時間に対して問題数が多い。基本問題を早く正確に解けるようにする

区分	細胞		代謝		遺伝子			体内環境			生殖・発生			環境応答				生態系				進化・系統		
分野名	細胞の構造と組織	細胞膜の構造と物質輸送	タンパク質の構造と酵素反応	同化と異化	細胞周期とDNA合成	遺伝子の発現と調節・変異	バイオテクノロジー	体液・循環系の構成と働き	自律神経とホルモンによる調節	生体防御	配偶子形成と生殖・遺伝	初期発生と形態形成	幹細胞と再生	刺激の受容と感覚	神経系と筋肉	動物の行動	植物生理	バイオームの遷移と分布	個体群と相互作用	物質生産と物質循環	自然環境	地球の発展と古典的生物進化	分子進化と集団遺伝	生物の系統と分類
2023			○	○		●	●			○	●	○							●					
2022		●		●		●			●		●						●			●				
2021			●		●					●		●					●		●					
2020				●	●	●				●	●			●				●				●		
2019				●		●	●			●	●						●		●	●		●		

出題形式	マーク
知識量	★★★
スピード	★★★
記述力	―
応用力	★★

傾向　N方式の傾向は、試験時間に対しての設問数が多く、1問にかけられる時間が平均2分程度と短い。問題の難易度は教科書レベルの問題が大多数を占める。大問数は年度により多少前後はするが、総設問数は毎年30題程度となっている。出題分野に関しては幅広い分野からの出題となっている。次に'23の出題内容について記載する。[1]は酵素についての出題であった。[2]は光合成に関する問題。[3]は色素の合成と遺伝子組換えに関する問題。[4]は生殖および遺伝に関する出題で、問3は電気泳動のパターンを解析して考える遺伝の問題であり、やや難度の高い問題であった。[5]はショウジョウバエの発生に関する問題。[6]は免疫に関する出題。[7]は個体群と血縁度に関する問題が出題された。

対策　設問数に対する試験時間が短いために、知識を瞬間的に出力する力が必要である。情報処理能力が試される試験である。難しい受験問題を解く訓練は全く必要ない。それよりも基本問題を早く正確に答える訓練をする必要がある。そのために普段から問題を解くときに時間を測り、考えなくても答えが瞬間的に出てくるような訓練をするとよい。また、幅広い分野からの出題されるため、苦手分野をつくらないように気をつけたい。最後の仕上げとして、岩手医科や川崎、産業医科、自治医、金沢など傾向や出題難易度が似ている大学の過去問を、試験時間よりも10分から15分程度短く設定し正確に解き切る訓練も有効である。

物理　やや易

'24は難度が上がる可能性もある、しっかり準備をしておこう!!

区分	力学						電磁気学					波動			熱力学			原子		
分野名	等加速度運動・運動方程式・慣性力	力のモーメント・重心	運動量と力積・仕事とエネルギー	円運動・遠心力	単振動	万有引力とケプラーの法則	電場と電位	コンデンサー	直流回路	磁場・電磁誘導	交流回路・電気振動・電磁波	波の性質	音波	光波	熱量と温度	気体分子運動論	気体の状態変化	粒子性と波動性	原子の構造	放射線・核反応
2023			○						○			○					○		○	
2022			○							○			○				○			○
2021				○				○				○				○		○		
2020	○									○			○				○	○		
2019			○							○				○				○		

2023 年度の
出題分析

出題形式	マーク
知識量	★★★
スピード	★★★
記述力	―
応用力	★★★

傾向　大問5題で構成され、力学、熱力学、波動、電磁気、原子と全分野からの出題となっている。力学は斜面上においた小球と平面上においた小球の衝突で、熱力学は定圧変化と定積変化によるサイクルの問題が出題されている。波動は2つの波源による水面波の干渉の問題で、電磁気は直流回路を電流の重ね合わせで解く問題が出題されている。原子はボーアの水素原子模型が出題されている。標準問題を中心に出題され、一度は解いたことがあるはずの典型的な問題が多い。電流の重ね合わせで直流回路を解く問題は類題を解いていなくても誘導に乗れれば解けるが、時間がかかるので、後回しにした方が良いだろう。手早く解けば解ききることが出来るだろう。

対策　'23からは以前とは異なり、全員がN方式で受験をすることになっているので注意すること。そこで過去問はN方式で分析をしている。例年大問4～5題が出題され、特に大問5題である時は全分野からの出題となっている。標準～やや易の問題を中心に出題され、一度は解いたことがある問題が出題されている。ここ数年の難度は医学部の中では易しいほうであり、合格点は高くなるだろう。ただし、医学部の受験生の全員が参加するため、少し難度が高くなると予想されるので、標準からやや難の問題も解いておく方が良いだろう。現在の難度でも試験時間にそれほどの余裕はないので、ケアレスミスをしないように注意しながら手早く解かなくてはいけない。

小論文

（実施しない）

日本医科大学　医学部医学科

学部所在地　〒113-8602　東京都文京区千駄木1-1-5
交通手段　地下鉄南北線東大前駅より徒歩8分　地下鉄千代田線根津駅または千駄木駅より徒歩8分　都営三田線白山駅より徒歩10分
創設者　長谷川 泰
学長　弦間 昭彦
設立年度　［明治9年］済生学舎を設立

入試問い合わせ先
担当部署　アドミッションセンター
電話番号　03-3822-2131
　　　　　0800-170-5510

医師国家試験状況

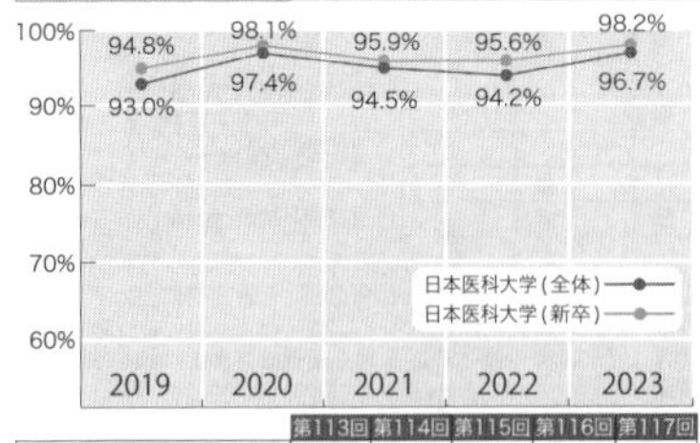

	第113回	第114回	第115回	第116回	第117回
日本医科大学（全体）	93.0%	97.4%	94.5%	94.2%	96.7%
日本医科大学（新卒）	94.8%	98.1%	95.9%	95.6%	98.2%

設置学部

2023年度入学者

2023年度入学者
125名

女性64名 51.2%
男性61名 48.8%

主な付属病院

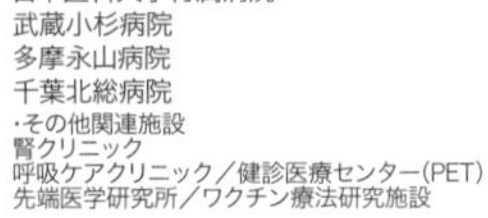

日本医科大学付属病院
武蔵小杉病院
多摩永山病院
千葉北総病院
・その他関連施設
腎クリニック
呼吸ケアクリニック／健診医療センター（PET）
先端医学研究所／ワクチン療法研究施設

2024年度学納金

1年次	入学金	¥1,000,000
	授業料	¥2,500,000
	施設設備費	¥1,000,000
	初年度納入金総額	¥4,500,000
	入学時最低納入金	¥4,500,000
2年次以降の年額		¥3,500,000
6年間の総額		¥22,000,000
※その他の必要経費（1年次）		¥297,800

繰上げ合格

2次合格発表と同時に補欠者を成績順に発表する。合格者の入学手続状況により、補欠者からの繰上合格は随時許可し、電話連絡する。

特待生制度

一般選抜の成績上位者（前期35名、後期3名）を特待生とし、1年次の授業料250万円を免除。グローバル特別選抜の成績上位者10名を特待生とし、1年次と2年次の授業料500万円を免除。

寄付金

入学後、任意の寄付をお願いしている。学債の取扱はありません。

補欠順位

あり

成績開示

あり（1次試験不合格で受験者本人からの申請に限る）

入試結果

区分	項目		2023	2022	2021
一般前期	募集人員		72	75	81
	志願者数		1,810	1,845	1,886
	受験者数	A	1,651	1,681	1,715
	一次合格者数	B	352	353	350
	一次合格倍率	A/B	4.7	4.8	4.9
	二次受験者数		—	—	—
	正規合格者数	C	172	161	169
	正規合格倍率	A/C	9.6	10.4	10.1
	補欠候補者数		142	177	145
	繰上合格者数	D	—	—	—
	総合格者数	C+D	—	—	—
	合格実質倍率	A/(C+D)	—	—	—
	入学者数		—	—	—
	合格最高点		—	—	—
	合格最低点		—	—	—
一般後期	募集人員		17	14	17
	志願者数		991	870	1,086
	受験者数	E	886	761	980
	一次合格者数	F	140	140	170
	一次合格倍率	E/F	6.3	5.4	5.8
	二次受験者数		—	—	—
	正規合格者数	G	17	14	26
	正規合格倍率	E/G	52.1	54.4	37.7
	補欠候補者数		60	63	79
	繰上合格者数	H	—	—	—
	総合格者数	G+H	—	—	—
	合格実質倍率	E/(G+H)	—	—	—
	入学者数		—	—	—
	合格最高点		—	—	—
	合格最低点		—	—	—
一般後期（国語）併用	募集人員		10	10	10
	志願者数		210	247	231
	受験者数	I	187	218	205
	一次合格者数	J	70	70	70
	一次合格倍率	I/J	2.7	3.1	2.9
	二次受験者数		—	—	—
	正規合格者数	K	10	10	10
	正規合格倍率	I/K	18.7	21.8	20.5
	補欠候補者数		29	30	30
	繰上合格者数	L	—	—	—
	総合格者数	K+L	—	—	—
	合格実質倍率	I/(K+L)	—	—	—
	入学者数		—	—	—
	合格最高点		—	—	—
	合格最低点		—	—	—
一般（東京都）	募集人員		5	5	
	志願者数		89	116	
	受験者数	M	82	114	
	一次合格者数	N	21	27	
	一次合格倍率	M/N	3.9	4.2	
	二次受験者数		—	—	
	正規合格者数	O	5	5	
	正規合格倍率	M/O	16.4	22.8	
	補欠候補者数		5	10	
	繰上合格者数	P	—	—	
	総合格者数	O+P	—	—	
	合格実質倍率	M/(O+P)	—	—	
	入学者数		—	—	
	合格最高点		—	—	
	合格最低点		—	—	

区分	項目		2023	2022	2021
一般（千葉県）	募集人員		4(3)	4(3)	4(3)
	志願者数		190	151	251
	受験者数	Q	179	148	235
	一次合格者数	R	15(20)	15(20)	16(20)
	一次合格倍率	Q/R	5.1	4.2	6.5
	二次受験者数		—	—	—
	正規合格者数	S	7(3)	7(3)	7(3)
	正規合格倍率	Q/S	17.9	14.8	23.5
	補欠候補者数		6(9)	6(11)	9(10)
	繰上合格者数	T	—	—	—
	総合格者数	S+T	—	—	—
	合格実質倍率	Q/(S+T)	—	—	—
	入学者数		—	—	—
	合格最高点		—	—	—
	合格最低点		—	—	—
一般（埼玉県）	募集人員		1(1)	1(1)	3(1)
	志願者数		121	95	203
	受験者数	U	115	93	186
	一次合格者数	V	10(20)	11(20)	16(19)
	一次合格倍率	U/V	3.8	3.0	5.3
	二次受験者数		—	—	—
	正規合格者数	W	2(1)	2(1)	7(1)
	正規合格倍率	U/W	38.3	31.0	23.3
	補欠候補者数		5(11)	8(11)	8(11)
	繰上合格者数	X	—	—	—
	総合格者数	W+X	—	—	—
	合格実質倍率	U/(W+X)	—	—	—
	入学者数		—	—	—
	合格最高点		—	—	—
	合格最低点		—	—	—
一般（静岡県）	募集人員		3(1)	3(1)	3(1)
	志願者数		136	134	156
	受験者数	α	129	129	146
	一次合格者数	β	14(20)	16(20)	11(12)
	一次合格倍率	α / β	3.8	3.6	6.3
	二次受験者数		—	—	—
	正規合格者数	γ	4(1)	4(1)	6(1)
	正規合格倍率	α / γ	25.8	25.8	20.9
	補欠候補者数		6(9)	9(9)	5(7)
	繰上合格者数	δ	—	—	—
	総合格者数	$\gamma + \delta$	—	—	—
	合格実質倍率	$\alpha /(\gamma + \delta)$	—	—	—
	入学者数		—	—	—
	合格最高点		—	—	—
	合格最低点		—	—	—
一般（新潟県）	募集人員		1(1)		
	志願者数		90		
	受験者数	ε	86		
	一次合格者数	ζ	5(15)		
	一次合格倍率	ε / ζ	4.3		
	二次受験者数		—		
	正規合格者数	η	2(1)		
	正規合格倍率	ε / η	28.7		
	補欠候補者数		2(6)		
	繰上合格者数	θ	—		
	総合格者数	$\eta + \theta$	—		
	合格実質倍率	$\varepsilon /(\eta + \theta)$	—		
	入学者数		—		
	合格最高点		—		
	合格最低点		—		

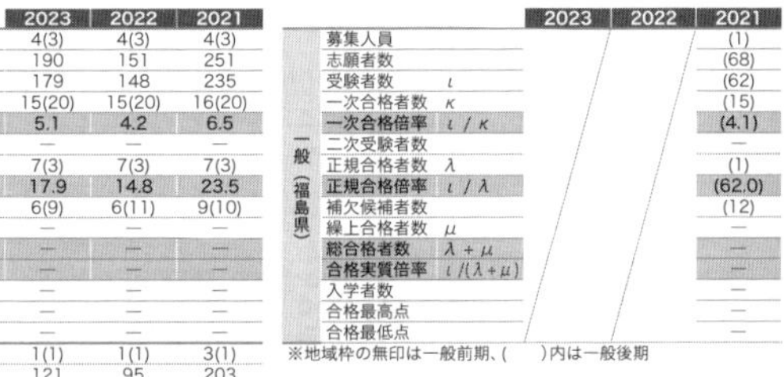

区分	項目		2023	2022	2021
一般（福島県）	募集人員				(1)
	志願者数				(68)
	受験者数	ι			(62)
	一次合格者数	κ			(15)
	一次合格倍率	ι / κ			(4.1)
	二次受験者数				—
	正規合格者数	λ			(1)
	正規合格倍率	ι / λ			(62.0)
	補欠候補者数				(12)
	繰上合格者数	μ			—
	総合格者数	$\lambda + \mu$			—
	合格実質倍率	$\iota /(\lambda + \mu)$			—
	入学者数				—
	合格最高点				—
	合格最低点				—

※地域枠の無印は一般前期、(　　)内は一般後期

2024年度　募集要項　　日本医科大学 医学部医学科

入試日程

試験区分	募集人員	出願期間	試験日	
			1次試験	2次試験
一般選抜(前期)(地域枠)	76名*1	2023年12月22日(金)～2024年1月23日(火)消印有効	2月1日(木)	2月9日(金)*2 2月10日(土)
グローバル特別選抜(前期)	10名		① 1月13日(土) ② 2月1日(木)	
一般選抜(後期)(地域枠)	33名*3	2024年2月1日(木)～2月20日(火)消印有効	2月28日(水)	3月10日(日)

*1 東京都地域枠5名、千葉県地域枠4名、埼玉県地域枠1名、静岡県地域枠3名、新潟県地域枠1名を別枠方式により選抜
*2 受験する日を希望することができるが、受験希望数により希望に沿えない場合がある。東京都地域枠の1次試験合格者は、選択した希望日に関わらず、2月10日(土)に試験を実施する。
*3 千葉県地域枠3名、埼玉県地域枠1名、静岡県地域枠1名、新潟県地域枠1名を別枠方式により選抜

試験時間・配点

集合時間　1次：8：30　2次：8：40

試験区分		科目	試験時間	時間	配点	合計点	備考
一般選抜(前期)(地域枠)	1次	英語	9:00～10:30	90分	300点	1000点	*4 昨年度試験形式：グループ面接(30分)、個別面接(10分)
		数学	11:25～12:55	90分	300点		
		理科2科目	14:10～16:10	120分	400点		
	2次	小論文	9:00～10:00	60分	—	—	
		面接	小論文試験終了時に指示	*4	—		
一般選抜(後期)(地域枠)	1次	英語	9:00～10:30	90分	300点	1000点	*5 後期試験の小論文及び面接試験は、学力の3要素をより多面的、総合的に評価するため、前期試験より試験時間が長くなります。
		数学	11:25～12:55	90分	300点		
		理科2科目	14:10～16:10	120分	400点		
	2次	小論文	9:00～10:30	90分*5	—	—	
		面接	小論文試験終了時に指示	*5	—		

試験会場

試験区分	1次試験	2次試験
一般選抜(前期)(地域枠)・グローバル特別選抜(前期)	東京(本学武蔵境キャンパス・ベルサール渋谷ガーデン)・福岡(駿台予備学校福岡校)*6	本学千駄木キャンパス
一般選抜(後期)(地域枠)	本学武蔵境キャンパス	本学千駄木キャンパス

*6 収容定員を超過した場合は、本学千駄木キャンパスも併用します。

合格発表日

試験区分	1次試験	2次試験	手続締切	辞退締切
一般選抜(前期)(地域枠)・グローバル特別選抜(前期)	2月7日(水) 17:00	2月13日(火) 13:00	2月16日(金)	3月30日(土) 12:00
一般選抜(後期)(地域枠)	3月6日(水) 17:00	3月13日(水) 13:00	3月18日(月)	3月30日(土) 12:00

合格発表方法

試験区分	1次試験	2次試験
一般選抜(前期)(地域枠)・グローバル特別選抜(前期)	掲示・一覧	掲示・一覧・郵送(合格者)*7
一般選抜(後期)(地域枠)	掲示・一覧	掲示・一覧・郵送(合格者)*7

*7 郵送は、2次試験発表日の17時までに書類の交付を受けなかったものに対して実施

入試情報

過去3年間入学者現浪比

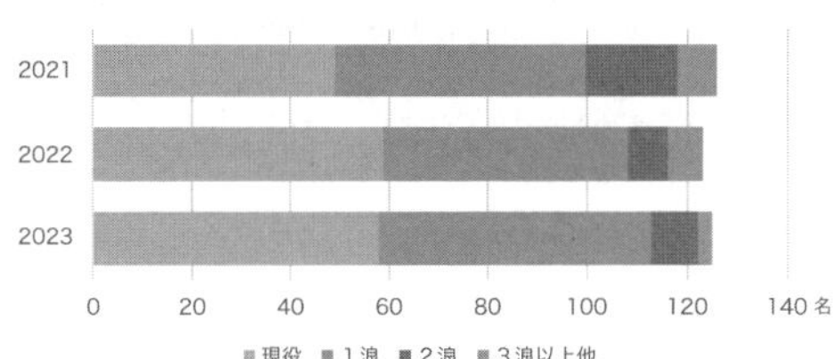

	2021	2022	2023
現役	49名 (38.9%)	59名 (48.0%)	58名 (46.4%)
1浪	51名 (40.5%)	49名 (39.8%)	55名 (44.0%)
2浪	18名 (14.3%)	8名 (6.5%)	9名 (7.2%)
3浪以上他	8名 (6.3%)	7名 (5.7%)	3名 (2.4%)
入学者	126名	123名	125名

2023年度合格者現浪比

面接

メルリックス学院生からのアンケートをもとに作成しています

■ 所要時間　個人10～15分　　グループ面接15～20分

■ 面接の進行

【質問内容】

<個人>

グループ討論終了後に、同じ面接官で行われる。
・医師志望理由
・本学志望理由
・グループ面接で言い残したこと
・自分の長所、短所
・尊敬する人
・自己PR

<グループ面接>

最初にテーマについての簡単な説明があり、考える時間が与えられる。その後一人ずつ挙手して自分の考えを述べてから討論に入る。
(前期) 男性の育児休暇取得について
(後期) 地球温暖化について私たちができること

<個人>
面接官の人数：3名
受験生の人数：1名
○ 受験生 ● 面接官

<2次グループ討論>
面接官の人数：3名
受験生の人数：4名
○ 受験生 ● 面接官

コロナ禍になり、グループ討論がグループ面接になり、時間も短くなった。個人面接はグループ面接終了後に同じ面接官で行われる。

日本医科大学　医学部医学科

一般選抜（前期）出題傾向分析

数学　やや難　当日は解ける問題から手早く。面倒な計算に負けないように

区分	解析系									図形系					その他				
	I	I・II	II			B	III			I	II	B	III		I	A			B
分野名	二次関数	数と式	指数・対数	三角関数	微分・積分	数列	いろいろな関数と極限	微分	積分	三角比	図形と方程式	ベクトル	いろいろな曲線	複素数平面	データの分析	整数	場合の数	確率	確率分布
2023	○	○							○			○							
2022						○			○				○	○					
2021					○				○				○					○	
2020							○		○			○	○						
2019								○	○			○	○						

2023年度の出題分析
- 出題形式　記・穴
- 知識量　★★★★
- スピード　★★★★★
- 記述力　★★★★
- 応用力　★★★★

傾向　'19からは全4題。[1]は結果のみ、[2]以降は結果のみを書く問題と途中経過も書く問題が混ざる。難易度は年によって異なるが、'20～'22は解法自体は上位国立大レベルの誘導問題中心だが計算が面倒な問題が含まれた。'23は前年に比べると小問の割合が増え、かつ計算量も減ったのでやや易化した。例年、それぞれの大問後半は計算がかなり面倒な問題が多く、かつその割に試験時間が短いので、問題の取捨選択・計算の上手さ・手早さ・正確さで差がつくだろう。微分・積分が最頻出で、いろいろな曲線、確率、数列、極限、複素数平面、空間ベクトル、図形の絡んだ総合的な問題も多い。

対策　難易度は年によるが、近年'20～'23では解法そのものは上位国公立大レベル典型問題だが計算力で大きく差がつくという内容が続いている。まず上位国公立大レベルの典型問題はどの単元も一通り固め、その上で難関国公立大レベルの問題集で応用力をつけておこう。さらに上位国公立大レベルの問題をできるだけ多く解いて計算力をつけておこう。後半にかなり難しい問題が出る年もある。問題のボリュームの割に試験時間は短いので、問題の取捨選択や手際の良さが問われる。結果のみを書く問題などでは要領の良し悪しが差を生むだろう。入試本番では完答を狙うよりも、易しめの前半で取れるものを確実に取っていこう。

英語　やや難　長文は、「説明記述」と「英語で意見を書く」演習を中心に

区分	読解							文法・語法						表現・作文		会話		
分野名	和訳	内容真偽	内容説明	空所補充	脱文挿入	文整序	表題選択	短文完成	語句整序	誤り指摘	語定義	発音・アクセント	同意・反意語句	英訳	テーマ型英作文	応答選択	空所補充	内容真偽
2023		●	●	●						●	●	●			○			
2022		●	●	●						●		●	●					
2021		●	●	●	●							●	●		○			
2020	●	●	●	●						●	●	●			○			
2019		●	●	●					●			●	●		○			

2023年度の出題分析
- 出題形式　記・マ
- 知識量　★★★★
- スピード　★★★★
- 記述力　★★★★★
- 応用力　★★★★

傾向　時間90分、大問3題は変わらず。大問数及び出題傾向は後期も同じ。[1]は発音、アクセント、語定義文に合った語を選択するもの、英文中の誤り指摘。[2]は'22同様に相当な長文でA4判4ページにわたる。強靭な脳のスタミナが求められる。記述パートは、動詞の語形変化を求める文中空所補充の他は全て説明問題。本文の内容に合わないものを選んだ理由を述べるものもあり。マークパートは内容真偽、下線部同意表現選択、語句補充、代名詞の指示内容指摘など。[1][2]で見られる正解の選択肢を全て選ばせる問題は受験生泣かせ。[3]は長文[2]を受けての自由英作文。筆者の意見にどの程度賛同するか、例をあげながら1～2つのパラグラフで書くもの。

対策　'23でも近年の出題傾向がほぼ踏襲されており、新傾向が固まりつつあると言える。何といっても超長文でいかに得点するかがカギとなる。読解力はもちろん、日本語英語ともに高い記述力を養っておかなければならない。特に、日本語記述では、内容や理由の説明に重きを置いた演習が必要だろう。英文を読み内容真偽問題を処理することで終わらせず、それに対する自分の意見や主張を、具体例や理由を添えて日本語や英語でまとめる演習が不可欠。文法・語法に深く習熟しておくことが重要なのは言うまでもないが、語定義文に合う単語を問う出題が引き続き見られるので、日頃より英英辞典も活用したい。発音・アクセント問題への対策も必要。

化学　やや難　教科書を隅々まで目を通し、最高難度の問題演習を行おう！

区分	理論										無機		有機					
分野名	原子の構造・化学結合	化学量と化学式	物質の三態・気体の法則	溶解度・濃度	コロイド・希薄溶液	化学反応と反応熱	酸と塩基の反応	酸化・還元	電池・電気分解	反応の速さと化学平衡	周期表と非金属元素	金属元素	脂肪族	芳香族	糖	アミノ酸とタンパク質	生命化学	合成高分子化合物
2023				●	○	●				●		●				○		●
2022			●	●	●						●		○	●	○	●		
2021	●				●			○		○				○				
2020					○				○				○		○			
2019								●	○			●	○			○		

2023年度の出題分析
- 出題形式　記・穴
- 知識量　★★★★
- スピード　★★★★
- 記述力　★★★★
- 応用力　★★★★

傾向　例年通り大問4題の出題である。[I]は小問3題。アンモニアの電離平衡、熱化学、ポリ乳酸などに関する空所補充問題であった。計算を必要とする問題も含まれる。[II]は中問3題。11族元素の単体とその化合物の性質、溶解平衡、硫酸銅(II)五水和物の溶解量・析出量を求める問題が出題された。[III]は凝固点降下、カルボン酸の二量体に関する考察、ベンゼン二置換体のオルト効果、[IV]はアミノ酸に関する問題であった。例年に比べ、標準的な難度の問題が多く、過去問をよく演習してきた受験生には比較的解きやすかったのではないかと感じる。とは言え、理由を論述する設問が多くあり、表面的な化学の学習では太刀打ちできない。

対策　易化の傾向が続くとすれば、化学ではかなりの高得点が要求される。定番問題を素早く解答する練習を十分に積んでおきたい。それも、標準～発展的なレベルの問題まで含めて欲しい。硫酸銅(II)五水和物の析出量を求める問題、カルボン酸の二量体に関する問題などはレベルの高い問題集などでは必ず扱われているであろう。そのような問題まで、ストレスなく解答できる実力をつけて受験に臨もう。また、'23でも、ニンヒドリンの構造式やγ-アミノ酸についてなど、細かい知識まで要求されている。教科書を隅々まで目を通して、豊富な知識を身につけたい。ただ、再び難化する可能性は大いにある。最高難度の問題にもあたっておくことを忘れずに。

生　物　やや難　実験考察問題を素早く正確に解く力が必要

区分	細胞		代謝		遺伝子			体内環境			生殖・発生			環境応答				生態系				進化・系統		
分野名	細胞の構造と組織	細胞膜の構造と物質輸送	タンパク質の構造と酵素反応	同化と異化	細胞周期とDNA合成	遺伝子の発現と調節・変異	バイオテクノロジー	体液・循環系の構成と働き	自律神経とホルモンによる調節	生体防御	配偶子形成と生殖・遺伝	初期発生と形態形成	幹細胞と再生	刺激の受容と感覚	神経系と筋肉	動物の行動	植物生理	バイオームの遷移と分布	個体群と相互作用	物質生産と物質循環	自然環境	地球の発展と古典的生物進化	分子進化と集団遺伝	生物の系統と分類
2023	●							○	○		●	○												
2022	●	○				○			●			○	●		●							●		
2021	●					●		○				○	○											
2020						○	●	○				○										●		
2019		○				○	●		○			●												

2023年度の出題分析

- 出題形式　記述
- 知識量　★★★
- スピード　★★★★
- 記述力　★★
- 応用力　★★★★

傾向　まず大きな傾向として、例年知識を中心とした出題が2題、実験考察問題が1題の大問3題での出題となっている。[1]と[2]は教科書レベルからやや発展的内容の知識が出題される。[3]の実験考察問題は文章が長く、実験概要をつかむのにやや時間がかかるだろう。大きな傾向は例年変わりがないため、知識問題は素早く解けることが前提となるが、第3問の実験考察問題の対策をするのが合格への道となる。次に'23での出題内容について記載する。[1]は配偶子形成と形態形成に関する知識問題が出題された。[2]は恒常性に関する知識とグラフの読み取り問題が出題された。[3]は肝臓における小胞体の働きに関しての実験問題が出題された。

対策　まず語句を正確に覚えておくことは必須条件である。教科書を用いて用語のまとめを行い、問題集の空所補充や語句記入を多くこなして知識の定着を図ること。次に、図説を用いて図や写真を使って知識を整理するとともに、実験に関する内容についても理解と整理をしておくとよい。また、考察問題は内容の理解を正確に出来るよう、過去問や記述式模試の実験問題などを利用し、素早く要点をつかむ訓練をしておきたい。近年は、定型の実験が少なくなり、一般的な受験生にとっては初めて見る内容が出題される傾向にある。例え知らない実験問題が出題されたとしても、きちんとした知識体系を持っていれば、既知の知識に関連づけるように読解すれば要点をつかめるはずである。文章読解力の強化をして試験に臨むこと。

物　理　標準　難度が高い問題はあまりないので、高得点での争いとなりそう!!

区分	力学						電磁気学					波動			熱力学			原子		
分野名	等加速度運動・運動方程式・慣性力	力のモーメント・重心	運動量と力積・仕事とエネルギー	円運動・遠心力	単振動	万有引力とケプラーの法則	電場と電位	コンデンサー	直流回路	磁場・電磁誘導	交流回路・電気振動・電磁波	波の性質	音波	光波	熱量と温度	気体分子運動論	気体の状態変化	粒子性と波動性	原子の構造	放射線・核反応
2023	○									○			●		●			●		
2022			○						○					○						
2021					○					○				○			○			
2020					○				○				○				○			
2019	○									○							○	○		

2023年度の出題分析

- 出題形式　穴埋め
- 知識量　★★★
- スピード　★★★
- 記述力　★★★
- 応用力　★★★

傾向　大問3題で構成され、力学、電磁気、小問集合で構成されている。力学は斜面上への斜方投射の問題で、到達点や速度が問われ、2回目や無限回についても出題されている。電磁気は斜面上での電磁誘導の問題で、電流や誘導起電力の大きさや向き、一定速度などについて出題されている。小問集合では、氷の融解での発熱量、氷の比熱、弦の振動では2つの振動点が同じ周期で時間をずらしたときの干渉、フラーレンC60のド・ブロイ波長と複スリットでの干渉が出題されている。標準的な問題が中心となっているが、斜方投射では重力加速度を分解した方が時間の節約になるだろう。時間にあまり余裕はないが、ケアレスミスに注意しながら解いていこう。

対策　標準～やや難の問題をしっかり解いておくこと。'06からは標準的な問題が中心となっているので、解き易くなったが、以前のように難度の高い問題が出題されることも考えられる。また、難度は高くなくても組み合わせレンズや人の目のレンズ、ヤジロベエ、U字管での水棒の単振動、ガウスの法則、重心速度、断熱変化のポアソンの式、フェルマーの原理などの出題が少ない問題や見慣れないタイプの問題もあるので、苦手な分野ややり残した分野はなくしておくことが大切である。日頃から問題を素早く読み、把握し、手早く解くことを心掛けておくことも重要である。ここ数年難度があまり高くない状態なので、ケアレスミスをしないように注意すること。

小論文　資料文型　図表型　テーマ型　状況を理性的に考えて論述する力が求められる

年度	試験区分	内容	字数	時間
23	一般前期 (1日目)	日本人を100人とした場合の、日本人の人口、労働、福祉や保健などの実態を示す厚生労働省の資料から、2つの数字を選択して、日本社会の課題とその対策について考えを述べる。	600字	60分
	一般前期 (2日目)	あなたの祖母は健診で早期の胃がんが発見された。担当医は胃切除術を行えば根治可能であり、手術のリスクは高くないと説明した。祖母はかたくなにがん治療を拒んでおり、あなたは家族の一人としてどのように接し、どのような言葉をかけるのか。あなたの考えを述べる。		60分
	一般後期	冊子を読んで、あなたが感じたことを述べよ。		90分
22	一般前期 (2日目)	2020年のノーベル化学賞が「クリスパー・キャス9」を開発した米仏2人の研究者に授与された。本技術によりデザイナーベビーを誕生させることも可能かもしれない。このゲノム編集技術をどのように利用したらよいか。	600字	60分
	一般後期	「パラレルな知性について」鷲田清一著を読んで自分の考えを述べる。		90分
21	一般前期 (2日目)	『真実を伝える』ロバート・バックマン著を読んで、自分の考えを述べる。	600字	60分
	一般後期	『「死の医学」への序章』柳田邦男著を読んで 「それでもリンゴの木を植える」より思ったことを書く。		90分

前期と後期で出題形式や試験時間が異なる。前期はオーソドックスな資料文型であることが多い。後期は先に長い資料文を読む時間が与えられ、その後に論述用の時間が与えられる。長い資料文練習の手始めとして、まずは関西の私立医学部の現代文は長めの物が多く要点整理に使える。さらに、新書等から項目をみてキリの良い10～20ページを25分で読むといった練習も有効だろう。日本語読解のトレーニングにもなる。

次に、論述は60分で600字だが、特に設問要求に細かい点はないので、自分が感じて考えたことを書く。出題形式は'16前期に初めて絵・写真型が加わり、'17後期には映像型も出題された。'18, '19後期はアニメーションを見てから書くというものだった。'19前期は顔面移植をした女性の写真も出題された。移植の効果はあったが、免疫抑制剤の影響で12年後に亡くなったということに対する生活の質について考えるもの。'20前期は登場人物の一覧表を見て誰にどんな役割をさせるかを説明するもので、本当にバラエティに富んだ形式である。'21, '22の前期は一般的な資料文型が出題されたが、後期は'20から長文の資料文を読ませる形式が続いている。練習方法は前述のように、読む時間、書く時間に分けてやってみる。焦らずに取り組むこと。

北里大学　医学部医学科

学部所在地	〒252-0374　神奈川県相模原市南区北里1-15-1
交通手段	小田急線相模大野駅よりバス25分
学祖	北里 柴三郎
医学部長	浅利 靖
設立年度	［昭和45年］北里大学医学部を開設

入試問い合わせ先

担当部署	医学部入試係
電話番号	042-778-9041

医師国家試験状況

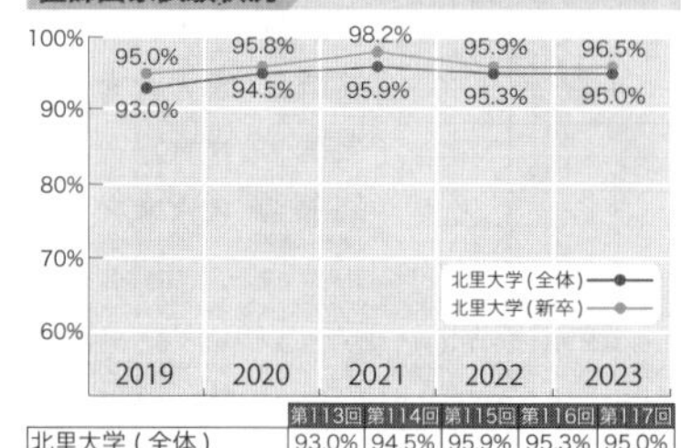

	第113回	第114回	第115回	第116回	第117回
北里大学(全体)	93.0%	94.5%	95.9%	95.3%	95.0%
北里大学(新卒)	95.0%	95.8%	98.2%	95.9%	96.5%

設置学部

理学部／薬学部／看護学部／医療衛生学部／獣医学部／海洋生命学部／未来工学部／健康科学部(2024年4月新設予定)

主な附属病院

北里大学病院
北里大学北里研究所病院
北里大学メディカルセンター
・その他関連研究所
北里大学大村智記念研究所

2023年度入学者

2024年度学納金

1年次	入学金	¥1,500,000
	授業料	¥3,000,000
	施設設備費	¥1,000,000
	教育充実費	¥3,500,000
	初年度納入金総額	¥9,000,000
	入学時最低納入金	¥5,250,000
2・3年次の年額		¥6,400,000
4～6年次の年額		¥5,700,000
6年間の総額		¥38,900,000
※その他の必要経費(1年次)		¥438,000

繰上げ合格

補欠者の発表はWeb出願システムにて行う。合格者と同時に補欠者も発表し、欠員が生じた場合は、補欠者から繰上合格者を発表し、本人宛に通知する。補欠者の繰上合格終了については、終了時点で補欠者全員にWeb出願システムにて通知する。

特待生制度

一般選抜試験合格者の中から、次の2区分による特待生を選考し、学費の一部または全額を免除する。
第1種:学費全額(38,900,000円)、第2種:6年間で19,450,000円

補欠順位

あり

成績開示

あり

寄付金

入学式以降に「募金趣意書」により任意の寄付金を募集します。

入試結果

			2023	2022	2021
一般	募集人員		74	74(1)	74
	志願者数		2,016	2,178(8)	1,915
	受験者数	A	1,907	2,070(8)	1,826
	一次合格者数	B	488	494	458
	一次合格倍率	A/B	**3.9**	**4.2**	**4.0**
	二次受験者数		443	—	451
	正規合格者数	C	139	139(1)	126
	正規合格倍率	A/C	**13.7**	**14.9(8.0)**	**14.5**
	補欠候補者数		—	—	—
	繰上合格者数	D	169	187	275
	総合格者数	C+D	**308**	**326(1)**	**401**
	合格実質倍率	A/(C+D)	**6.2**	**6.3(8.0)**	**4.6**
	入学者数		—	72(1)	73
	合格最高点		405/500	422/500	460/500
	合格最低点		273/500	315/500 (298/500)	263/500 (262/500)
指定校推薦	募集人員		35	35	35
	志願者数		64	57	74
	受験者数	E	64	57	74
	合格者数	F	35	35	35
	実質倍率	E/F	**1.8**	**1.6**	**2.1**
	入学者数		35	35	35
地域枠指定校(山梨県)	募集人員		2	2	2
	志願者数		3	1	3
	受験者数	G	3	1	3
	合格者数	H	2	1	2
	実質倍率	G/H	**1.5**	**1.0**	**1.5**
	入学者数		2	1	2

			2023	2022	2021
地域枠指定校(茨城県)	募集人員		4	4	2
	志願者数		7	4	7
	受験者数	I	7	4	7
	合格者数	J	4	4	2
	実質倍率	I/J	**1.8**	**1.0**	**3.5**
	入学者数		4	4	2
地域枠指定校(神奈川県)	募集人員		5	5	5
	志願者数		15	7	13
	受験者数	K	15	7	13
	合格者数	L	5	5	5
	実質倍率	K/L	**3.0**	**1.4**	**2.6**
	入学者数		5	5	5
地域枠指定校(埼玉県)	募集人員		2		
	志願者数		5		
	受験者数	M	5		
	合格者数	N	2		
	実質倍率	M/N	**2.5**		
	入学者数		2		
地域枠指定校(新潟県)	募集人員		3		
	志願者数		10		
	受験者数	O	10		
	合格者数	P	3		
	実質倍率	O/P	**3.3**		
	入学者数		3		

※　2022一般の(　)内は山梨県地域枠

(注)合格最高点・最低点は正規合格者を対象、(　)内は正規および繰上合格者の最低点

2024年度　募集要項

北里大学 医学部医学科

入試日程

試験区分	募集人員	出願期間	試験日	
			1次試験	2次試験
学校推薦型選抜試験(指定校)	35名	2023年11月1日(水)～11月10日(金)消印有効	11月19日(日)	
学校推薦型選抜試験(地域枠指定校)	16名*1			
学士入学者選抜試験	若干名			
一般選抜試験	75名*2	2023年12月15日(金)～2024年1月17日(水)消印有効*3	1月26日(金)	2月3日(土)*4 2月4日(日) 2月5日(月)

*1 山梨県2名・茨城県4名・神奈川県5名・埼玉県2名・新潟県3名で募集する
*2 相模原市修学資金枠(2名)を含む
*3 相模原市修学資金枠の相模原市への出願期間：2023年12月15日(金)～2024年1月12日(金)
*4 受験生が自由に選択できる、相模原市修学資金枠は2月3日(土)または2月4日(日)

試験時間・配点　集合時間　9：30

試験区分		科目	試験時間	時間	配点	合計点	備考
一般選抜試験	1次	理科2科目	10:00～11:40	100分	200点	500点	
		数学	12:40～14:00	80分	150点		
		外国語(英語)	14:50～16:00	70分	150点		
	2次	論文	10:00～11:30	90分	—		
		面接	12:40～16:00(予定)	—	—		

試験会場

試験区分	1次試験	2次試験
学校推薦型選抜試験(指定校)(地域枠指定校) 学士入学者選抜試験	本学相模原キャンパス	
一般選抜試験	本学相模原キャンパス・横浜(パシフィコ横浜ノース)*5	本学相模原キャンパス

*5 横浜会場の収容定員を超えた場合、本学相模原キャンパスとなる

合格発表日

試験区分	1次試験	2次試験	手続締切	辞退締切
学校推薦型選抜試験(指定校)(地域枠指定校) 学士入学者選抜試験	12月1日(金)15:00		12月8日(金)	
一般選抜試験	2月1日(木) 15:00	2月7日(水) 15:00	2月14日(水)	3月30日(土) 12:00必着

合格発表方法

試験区分	1次試験	2次試験
学校推薦型選抜試験(指定校)(地域枠指定校) 学士入学者選抜試験	ネット照会	
一般選抜試験	ネット照会	ネット照会

入試情報

過去3年間入学者現浪比

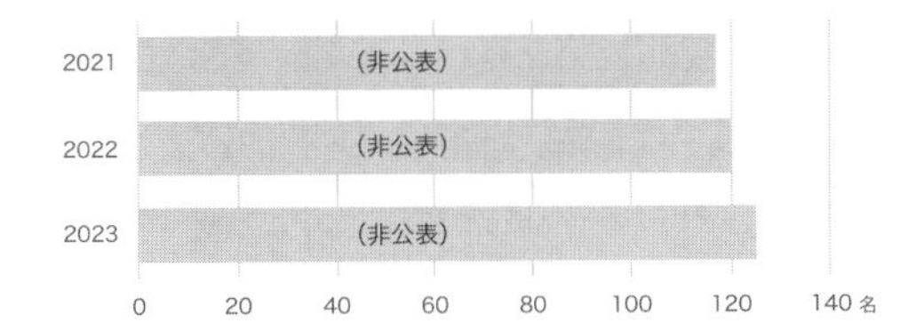

	2021	2022	2023
現役	非公表	非公表	非公表
1浪			
2浪			
3浪			
4浪以上			
入学者	117名	120名	125名

2023年度合格者現浪比

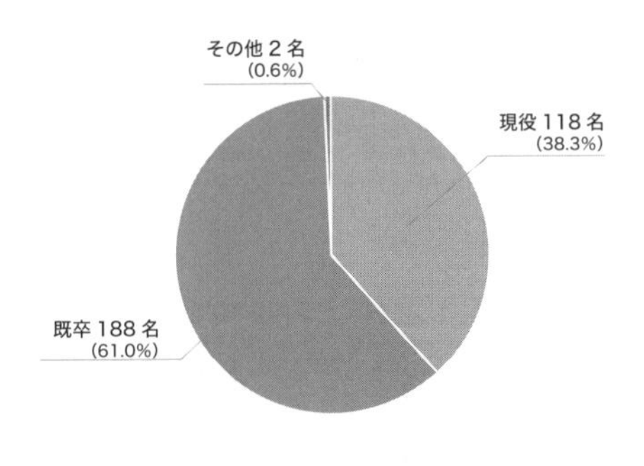

(一般総合格者 308 名)

面接

メルリックス学院生からのアンケートをもとに作成しています

■ 所要時間　個人15分

■ 面接の進行

【質問内容】

＜個人＞

・医師志望理由
・本学志望理由
・長所、短所
・好きな本
・入学させたいと思うような自己PR
・入学したらやってみたいこと
・大学ではどんな部活に入りたいか
・興味がある診療科
・最近感動したことはあるか
・最近気になるニュース

面接官の人数：3名
受験生の人数：1名

○ 受験生　● 面接官

出願時に提出する面接票に書いた内容は聞かれてもいいように準備していくこと。面接の雰囲気は和やかなことが多く、面接官とコミュニケーションを取るつもりで話すとよい。

北里大学　医学部医学科

一般選抜出題傾向分析

数学　標準　証明が頻出。5年連続で漸化式。微分積分は国公立タイプを

区分	解析系									図形系					その他				
	I	I・II	II			B	III			I	II	B	III		I	A			B
分野名	二次関数	数と式	指数・対数	三角関数	微分・積分	数列	いろいろな関数と極限	微分	積分	三角比	図形と方程式	ベクトル	いろいろな曲線	複素数平面	データの分析	整数	場合の数	確率	確率分布
2023						●			○		●	○		●				●	
2022					●	○	●		○					●		●			
2021				●		○		○	●			●		●					
2020									○			●		●		●		○	
2019				●			○		○				●	●					

2023年度の出題分析
- 出題形式　記・穴
- 知識量　★★★
- スピード　★★★
- 記述力　★★★★
- 応用力　★★★

傾向　[1]の小問集は上位私立大入試レベル典型問題の解法で解けるもの中心だが、1問の中に様々な内容が絡んでいることも多く意外に手こずる問題もある。[2]、[3]は記述式で証明問題が頻出かつ微分・積分が必出。残りの大問は'20～'22で確率漸化式が連続出題された。'23は[2]が証明を含む微分・積分、[3]が漸化式とベクトルの融合問題であった。[2]と[3]の解法や考え方は上位私立大レベル典型問題のものだが、それらをいくつも積み上げさせる総合的な問題が多く、最後まで解ききるには上位国公立大レベル以上の問題を解き慣れている必要がある。'20は難化したが'21以降は平年並みの難易度。

対策　記述の[2]や[3]で頻出の「微分・積分」は国公立大タイプの問題もこなし、証明にも慣れておこう。'20～'22で連続出題された確率漸化式タイプを初め、漸化式には習熟しておくべき。他の単元も上位私大レベル、できれば上位国公立大レベルの典型問題までこなしておこう。難問を解く解法や高度なテクニックを要求しているわけではないが、典型問題の設定を少しひねった問題が多く、特に[2]と[3]では上位以上の国公立大で出そうな、表面的なパターン暗記は通用しない問題が目立つ。解法暗記ではなく「どう解くべきか」「なぜそう解くのか」等を考えながら勉強しよう。また、過去問で時間配分や誘導にも慣れておこう。

英語　標準　健康、衛生や環境問題関連の英文を特にチェック、文法対策も万全に

区分	読解							文法・語法						表現・作文		会話		
分野名	和訳	内容真偽	内容説明	空所補充	脱文挿入	文整序	表題選択	短文完成	語句整序	誤り指摘	語定義	発音・アクセント	同意・反意語句	英訳	テーマ型英作文	応答選択	空所補充	内容真偽
2023		○		○	●			○	○				○				○	○
2022		○		○				○	○				●					○
2021		○		○	●			○	○								●	●
2020		●		○	○				○				●				●	●
2019		●		●	○			○										○

2023年度の出題分析
- 出題形式　マーク
- 知識量　★★★
- スピード　★★★★
- 記述力　―
- 応用力　★★★

傾向　時間は70分で変わらず。大問数は7題に戻った。文法関連は短文完成と語句整序。短文完成は文構造を意識させる問題が多く、空所に入りそうな語句のあたりをつけてから選択肢の吟味に入るのがよい。動詞の用法や品詞にも注意。語句整序は2問。空所が連続して整序問題らしさもあるが、どちらかというと、日本語のリード文に合わせた空所補充といった印象の問題。残りは長文(とは言えかなり短めで、内容真偽と空所補充が中心)で、もう1つは会話文。[1]の長文は例年と同様に、語句の空所補充、同意表現、内容真偽などが問われる。長文問題の選択肢は5択で、かつ非常に長いことが多い。冷静に手際よく処理したいところ。

対策　近年の出題内容は若干の違いは見られるものの、概ね同傾向と言える。最低でも5年ほどは遡って過去問演習をし、出題の特徴をつかんでおこう。文法関連では短文完成は必出とみてできるだけ多くの問題演習をこなしておくのが理想。文法問題にしてはやや長めで、特に「文構造を意識したもの」で演習しておきたい。語句整序もおそらく出るとみて、日本語のリード文なしのものまでやっておくとよい。メインの長文では、環境問題、食中毒、人獣感染症などが扱われることが多い。このような点に普段から注目しておいて損はなかろう。新聞や雑誌の関連記事、ネット上のニュース記事などを活用して、そういったテーマに触れておくことは有効な対策になるだろう。

化学　標準　適切な時間配分、穴の無い基本知識の習得が不可欠

区分	理論										無機		有機					
分野名	原子の構造・化学結合	化学量と化学式	物質の三態・気体の法則	溶解度・濃度	コロイド・希薄溶液	化学反応と反応熱	酸と塩基の反応	酸化・還元	電池・電気分解	反応の速さと化学平衡	周期表と非金属元素	金属元素	脂肪族	芳香族	糖	アミノ酸とタンパク質	生命化学	合成高分子化合物
2023	○	●	○				●		●	●	●	○	●	●	○			
2022	●					●	●		○	●	○	●	○	●				
2021		●	○				●	●	○			○		○		●		
2020	●	●	●	●		●				○	○	●	●	●				●
2019	●	●	●	●	●	●	○				●	●	●	●				○

2023年度の出題分析
- 出題形式　マーク
- 知識量　★★★
- スピード　★★★★
- 記述力　―
- 応用力　★★★

傾向　近年大問5題の出題が続いており、'23も大問5題であった。例年問題数は24問程度で'23は23問であった。試験時間が2科目100分であることを考えると、時間的余裕はない。選択してマークする問題は少し厄介で"正しいものを2つ選べ"が4問、"すべて選べ"が1問含まれていた。細かい知識を聞いている問題も含まれている。[I]は小問集合題で8問、[II]は物質の構成から同位体と金属結晶格子から、[III]は実在気体と理想気体から、[IV]は鉄に関する総合問題から、[V]は天然高分子の糖類から出題されていた。いずれも標準的な問題であるが、知識の正確性を要求される問題も含まれるため、少し難しく感じたかもしれない。

対策　幅広い知識が要求される問題が多いので、まずは教科書の基本知識を確実に習得することが望ましい。ただし、かなり正確性を要する問題も出題されるので、穴の無い学習を心掛ける必要がある。難解な問題はほとんど出題されていないので、標準的な問題に短時間で対処できるよう演習を積んでおきたい。また、解答スピードが要求されるので、過去問や過去問と同形式のマーク式問題を数多く演習することが効果的だろう。特に、ここ10年以上出題数・出題形式が変わっていないので、過去問演習で出題傾向の把握と時間感覚を養っておきたい。時間配分を誤らずに解答し基本に忠実な学習ができていれば、高得点を獲得できる可能性は十分あるだろう。

生物　やや難　試験時間に対して問題数が多い。実験問題のデータを素早く処理すること

区分	細胞		代謝		遺伝子			体内環境			生殖・発生			環境応答				生態系				進化・系統		
分野名	細胞の構造と組織	細胞膜の構造と物質輸送	タンパク質の構造と酵素反応	同化と異化	細胞周期とDNA合成	遺伝子の発現と調節・変異	バイオテクノロジー	体液・循環系の構成と働き	自律神経とホルモンによる調節	生体防御	配偶子形成と生殖・遺伝	初期発生と形態形成	幹細胞と再生	刺激の受容と感覚	神経系と筋肉	動物の行動	植物生理	バイオームの遷移と分布	個体群と相互作用	物質生産と物質循環	自然環境	地球の発展と古典的生物進化	分子進化と集団遺伝	生物の系統と分類
2023					●	●			○		○	○												○
2022										○				○	●									
2021		●	●		○	●						○										○	●	
2020	●	○			●	○						●			○									●
2019		●		○		○	●				○	●												

傾向　まず大きな傾向として年度により大問数の変化はあるが、例年マーク数が50個程度と安定している。出題数は出題難易度はやや細かい知識と計算まで問われる共通試験といったところである。試験時間が2科目100分ということを考慮すると、効率の良い情報処理をしないと時間が足りないと感じるだろう。特に実験問題ではグラフやデータ記載を素早く組み合わせて答えを導く必要がある。次に'22の出題内容について記載する。[1]はDNAに関する知識問題が6問とホックス遺伝子の発現制御に関する実験問題が出題された。[2]は生物の分類に関する知識問題5問が出題された。[3]では恒常性に関する知識問題とMODY2の遺伝性と変異型グルコキナーゼの性質、肥満とホルモンの関係性に関する実験問題が出題された。

対策　出題される分野が少ないが、核酸とタンパク質・神経と筋肉・免疫・代謝など人体に直接かかわってくる分野は頻出である。対策としてまず生物に必要な語句の意味と使い方を正確に覚えること。覚えただけでは使える知識にはならない。問題演習を繰り返し、語彙力をつけることが必要である。試験時間に余裕は無いと思われる。制限時間を決めて時間内に問題を解ききること、時間内で最大限得点を得る訓練をするとよいだろう。知識は教科書や図説レベルで十分である。知識と実験問題に対する直接的対策として、共通試験などのマーク式の問題、医学部のマーク式問題などを繰り返し解くことで短時間で正確な知識を出力できる力をつけてほしい。

物理　標準　小問集合にある難度の高い問題は飛ばしていくことも考えよう!!

区分	力学						電磁気学					波動			熱力学			原子		
分野名	等加速度運動・運動方程式・慣性力	力のモーメント・重心	運動量と力積・仕事とエネルギー	円運動・遠心力	単振動	万有引力とケプラーの法則	電場と電位	コンデンサー	直流回路	磁場・電磁誘導	交流回路・電気振動・電磁波	波の性質	音波	光波	熱量と温度	気体分子運動論	気体の状態変化	粒子性と波動性	原子の構造	放射線・核反応
2023	●	●							●	○			●		●		○			
2022	●	●			○				○	●				●			●			
2021	○	●	●						○	●			●				●			
2020	●			○	●		●			●				●			○			
2019		●	○		●					●	○			●			●			

傾向　大問3題で構成され、小問集合、熱力学、電磁気が出題されている。小問集合は正方形の板を斜面に立てかけたときの力のモーメントのつり合い、水平投射された物体の壁でのはね返り、電流計と電圧計を含む直流回路、閉管の共鳴、氷と水の混合と熱量保存が出題されている。熱力学は理想気体のばね付きピストンがあるときの状態変化と、ばねなしピストンがあるときの断熱変化での単振動が出題されている。電磁気は斜面上での導体棒による誘導起電力が出題されている。標準的な問題が中心であり、小問集合での正方形の板のつり合いを除き一度は解いたことがある問題となっている。50分の試験時間では余裕はないので、解く順にも注意が必要である。

対策　基本～標準までをしっかりと解いておくこと。原子を除いた範囲からの出題となっているので、苦手な分野ややり残した分野はなくしておこう。'03の電場内の荷電粒子の運動は一見すると難しいが誘導に乗れば解くのは苦労しない。このような問題では先入観を捨て、問題をしっかり読み、内容を把握することが重要である。'08と'09は時間のかかる問題が増え、'10からは試験時間が50分になったので、時間にあまり余裕がなかったが、'13～'15では若干余裕があった。計算や問題の読み取りなどでミスをしないことも大切であるが、時間のかかる問題は後回しにすることも必要である。今後、原子の出題があるかもしれないので注意しよう。

小論文　資料文型　簡潔な説明と、意見を述べる力が求められる

年度	試験区分	内容	字数	時間
23	一般（1日目）	アンデシュ・ハンセン著　久山葉子訳『スマホ脳』問1.タイトル。問2.傍線部の理由を、文中の言葉を使って述べる。問3.医学知識がネットで得られる時代、医学生の知識の付け方について具体例を入れて述べる。	20字/100字/800字	90分
	一般（2日目）	マイケル・サンデル著　林芳記・息吹友秀訳『完全な人間を目指さなくてもよい理由』問1.傍線部の説明。問2.傍線部で著者が問題視している人間の性向を説明。問3.今後の医療はどうあるべきか考えを述べる。	20字/100字/800字	
	一般（3日目）	小林雅一著『ゲノム編集とは何か』問1.タイトル。問2.空欄aに書かれていると思われる内容を50字以内で記載。問3.科学技術の急激な進歩に対する功罪と、医師としての行動について、考えを記載。	20字/50字/800字	
22	一般（1日目）	本庶佑著『ゲノムが語る生命線』問1.題名。問2.傍線部を参考にして医療上の留意点を説明。問3.「医療における安心と安全」に対する意見を述べる。	20字/200字/800字	90分
	一般（2日目）	永田和宏著『地の体力』問1.題名をつける。問2.言葉によるコミュニケーションの限界と必要なことについて本文に即して述べる。問3.医師のような職業におけるコミュニケーションで大事にすべきこと文章全体を参考にして述べる。	20字/200字/800字	
	一般（3日目）	香川知晶著『命は誰のものか』問1.題名。問2.著者が傍線部のように述べた理由を本文中の語句を使って説明する。問3.COVID19蔓延により、ワクチン、病床、などの様々な医療資源の不足がみらるなか、トリアージが検討されたのか考えを述べる。	20字/80字/800字	
21	一般（1日目）	五木寛之著『大河の一滴』問1.題名。問2.傍線部を参考に慰めと励ましの違いを説明し、慰めが人を救うことについて考えを述べる。問3.医療現場における慰めと励ましの使い分けについて考えを述べる。	10字/200字/800字	90分
	一般（2日目）	長谷川和夫著『ボクはやっと認知症のことがわかった』問1.題名。問2.著者が認知症になってわかったことをまとめる。問3.認知機能の低下した患者への医療で大切なこと、医師としての対応について述べる。	20字/80字/800字	
	一般（3日目）	外山滋比古著『思考の整理学』問1.題名。問2.傍線部についてグライダー訓練の意味と弊害を説明。問3.傍線部について飛行機能力をつけるため自分が大学で行う学問や活動とその理由。	20字/200字/800字	

この数年、資料文の内容が医療や障害をテーマとした物が多く、問3の自分の意見が書きやすくなった。'23の「ゲノム編集」は、「デザイナーベビー」について問いかけているが、これは生殖医療につながる技術開発の度にメディアが取り上げるテーマである。ゲノム編集技術そのものの問題点ではないので、講談社ブルーバックスの『ゲノム編集とは何か』山本卓著がゲノム編集を理解するために参考となるだろう。同じく'23の『スマホ脳』は'22に東海大学で既出。こちらは資料文が短いため、読解力がある人の方が設問要求に応えることを難しく考えるのではないかと思われる。北里大学の場合は90分有るので、問1のタイトル作成にこだわらなければ、資料文が長い方が解釈に手間取らず楽だと思ってほしい。
この2年ほど「文章全体を参考にして」と言う但し書きがつくようになったので、設問しか見ていない人が多かったと思われる。全体については、問3は800字なので、問1の題名付けや問2の説明には時間をかけないようにしたい。下書き用紙がついているかもしれないが解答用紙と間違いないようにしよう。

聖マリアンナ医科大学　医学部医学科

学部所在地　〒216-8511　神奈川県川崎市宮前区菅生2-16-1
交通手段　小田急線向ヶ丘遊園駅よりバス20分

創設者　明石　嘉聞
理事長　明石　勝也
学長　北川　博昭
設立年度　［昭和46年］東洋医科大学開学

入試問い合わせ先
担当部署　入試課
電話番号　044-977-9552

医師国家試験状況

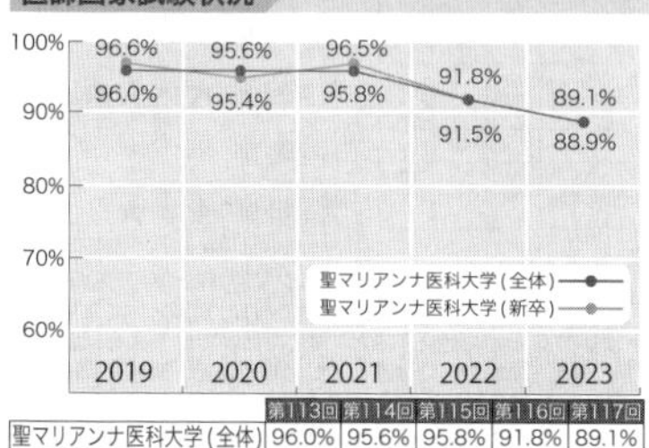

	第113回	第114回	第115回	第116回	第117回
聖マリアンナ医科大学（全体）	96.0%	95.6%	95.8%	91.8%	89.1%
聖マリアンナ医科大学（新卒）	96.6%	95.4%	96.5%	91.5%	88.9%

設置学部

主な附属病院

聖マリアンナ医科大学病院
東横病院
川崎市立多摩病院
・その他関連施設
難病治療研究センター／看護専門学校

2023年度入学者

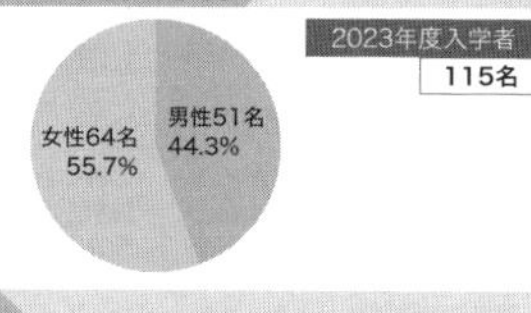

2024年度学納金

1年次	入学金	¥1,500,000
	授業料	¥3,700,000
	教育維持費	¥1,200,000
	教育充実費	¥570,000
	初年度納入金総額	¥6,970,000
	入学時最低納入金	¥6,970,000
2年次以降の年額		¥5,570,000
6年間の総額		¥34,820,000

※別に学生自治会費・保護者会費などが必要

繰上げ合格

合格発表と同時に補欠者も発表する。繰上合格者の発表は、各個人宛に合格通知および入学手続きに関する手続き書類を簡易書留速達で発送する。

特待生制度

合格者のうち、入学試験における成績・人物ともに優秀な者に初年度の授業料、教育維持費、教育充実費相当額（547万円）を免除する。

補欠順位

あり

成績開示

あり

寄付金

入学後「募集趣意書」により、任意の寄付金を募集する。学債は募集しない。

入試結果

			2023	2022	2021
一般前期	募集人員		約87	約70	約70
	志願者数		2,354	1,867	1,992
	受験者数	A	2,256	1,789	1,899
	一次合格者数	B	526	524	489
	一次合格倍率	A/B	**4.3**	**3.4**	**3.9**
	二次受験者数		456	474	433
	正規合格者数	C	171	144	119
	正規合格倍率	A/C	**13.2**	**12.4**	**16.0**
	補欠候補者数		—	231*	200*
	繰上合格者数	D	—	—	—
	総合格者数	C+D	—	—	—
	合格実質倍率	A/(C+D)	—	—	—
	入学者数		87	71	70
	合格最高点		—	—	—
	合格最低点		—	—	—
一般後期	募集人員		約12	約10	約10
	志願者数		1,184	1,197	1,212
	受験者数	E	1,030	1,036	1,073
	一次合格者数	F	102	77	80
	一次合格倍率	E/F	**10.1**	**13.5**	**13.4**
	二次受験者数		94	70	71
	正規合格者数	G	12	11	10
	正規合格倍率	E/G	**85.8**	**94.2**	**107.3**
	補欠候補者数		—	—	—
	繰上合格者数	H	—	—	—
	総合格者数	G+H	—	—	—
	合格実質倍率	E/(G+H)	—	—	—
	入学者数		12	10	10
	合格最高点		—	—	—
	合格最低点		—	—	—

			2023	2022	2021
公募推薦	募集人員		約25	約10	約10
	志願者数		24	59	74
	受験者数	I	24	59	74
	合格者数	J	11	10	10
	実質倍率	I/J	**2.2**	**5.9**	**7.4**
	入学者数		—	10	10
神奈川県推薦	募集人員		5	5	5
	志願者数		6	13	13
	受験者数	K	6	13	13
	合格者数	L	5	5	5
	実質倍率	K/L	**1.2**	**2.6**	**2.6**
	入学者数		—	5	5

2024年度　募集要項　　聖マリアンナ医科大学 医学部医学科

入試日程

試験区分	募集人員	出願期間	試験日	
			1次試験	2次試験
一般公募制推薦	約25名	2023年11月1日(水)～11月14日(火)必着	11月25日(土)	
神奈川県地域枠特別推薦	7名			
一般選抜(前期)	約75名	2023年12月18日(月)～1月30日(火)必着	2月8日(木)	2月17日(土)*1 2月18日(日)
一般選抜(後期)	約10名	2024年2月13日(火)～2月27日(火)必着	3月5日(火)	3月15日(金)

*1 出願時に希望日を記入する

試験時間・配点　集合時間　8：40

試験区分		科目	試験時間	時間	配点	合計点	備考
一般選抜(前期) 一般選抜(後期)	1次	数学	9:00～10:30	90分	100点	500点	
		英語	11:30～13:00	90分	100点		
		理科2科目	14:00～16:30	150分	200点		
	2次	適性検査	9:00～9:30	30分	—		
		小論文	10:30～11:30	60分	50点		
		面接	13:30～	15分程度	50点		

*2　全教科に基準点を設け、1科目でも基準点に達しない場合は不合格となることもある。

試験会場

試験区分	1次試験	2次試験
推薦	本学	
一般選抜(前期)	横浜(パシフィコ横浜ノース)	本学
一般選抜(後期)	横浜(パシフィコ横浜ノース)	本学

合格発表日

試験区分	1次試験	2次試験	手続締切	辞退締切
推薦	12月1日(金)10:00		12月8日(金) 17:00	
一般選抜(前期)	2月14日(水) 10:00	2月22日(木) 10:00	2月29日(木) 17:00	3月31日(日) 12:00必着
一般選抜(後期)	3月12日(火) 10:00	3月21日(木) 10:00	3月27日(水) 17:00	3月31日(日) 12:00必着

合格発表方法

試験区分	1次試験	2次試験
推薦	ネット照会・郵便(合格者)	
一般選抜(前期)	ネット照会	ネット照会・郵便(合格者)
一般選抜(後期)	ネット照会	ネット照会・郵便(合格者)

入試情報

過去3年間入学者現浪比

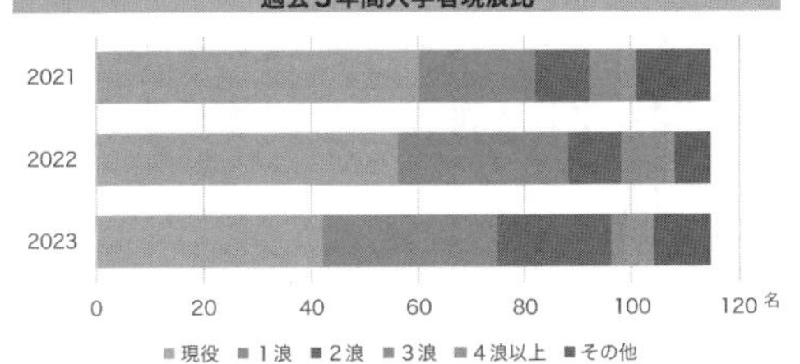

	2021	2022	2023
現役	60名 (52.2%)	56名 (48.7%)	42名 (36.5%)
1浪	22名 (19.1%)	32名 (27.8%)	33名 (28.7%)
2浪	10名 (8.7%)	10名 (8.7%)	21名 (18.3%)
3浪	6名 (5.2%)	9名 (7.8%)	3名 (2.6%)
4浪以上	3名 (2.6%)	1名 (0.9%)	5名 (4.3%)
その他	14名 (12.2%)	7名 (6.1%)	11名 (9.6%)
入学者	115名	115名	115名

2023年度合格者現浪比

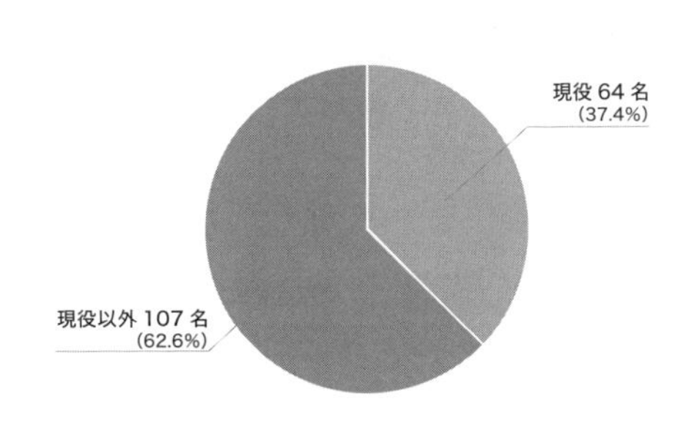

(一般前期正規合格者 171 名)

面接

メルリックス学院生からのアンケートをもとに作成しています

■ 所要時間　個人15分

■ 面接の進行

【質問内容】

<個人>

・医師志望理由
・本学志望理由
・併願校と受けた理由
・出身高校の良いところ
・自分の長所、短所
・部活動について
・浪人時代に苦労したこと
・人に相談されたことはあるか
・集団で頑張ったことはあるか
・普段情報収集はどのように行うか
・医師になった時に直さなければいけないところ
・自己PR

面接官の人数:3名
受験生の人数:1名

○ 受験生　● 面接官

ある質問に対して答えると、面接官はそれに対してかなり深く掘り下げて聞いてくる。雰囲気は必ずしも圧迫ではないが、自分の長所、短所など少ないテーマに絞って、それについて深く突っ込まれるという面接なので、付け焼刃では通用しない。

聖マリアンナ医科大学　医学部医学科

一般選抜（前期）出題傾向分析

数学　標準　まず上位私大レベル典型問題の解法を、暗記ではなくしっかり理解

区分	解析系									図形系					その他				
	I	I・II	II			B	III			I	II	B	III		I	A			B
分野名	二次関数	数と式	指数・対数	三角関数	微分・積分	数列	いろいろな関数と極限	微分	積分	三角比	図形と方程式	ベクトル	いろいろな曲線	複素数平面	データの分析	整数	場合の数	確率	確率分布
2023			○						●			○	○			●			
2022		●	●						○			○						●	
2021							●		○						○	○			
2020					●			○				●		○		○	●		
2019		●				○		○	●			●	○		●				

2023年度の出題分析

出題形式	記・穴
知識量	★★★
スピード	★★★
記述力	★★★★
応用力	★★★

傾向　大問4題。[1]は小問集で[2]～[4]は誘導形式。「データの分析」は'21まで大問か小問で毎年のように出されてきた。また、'16以降[4]で証明問題が出され'18～'21は「整数」の、'22は「数列」や「積分」の証明問題が入っていたが'23は、また「整数」になった。'23の[2]では共通試験の問題のように2人が会話しながら誘導していく問題も出題された。上位私大レベル問題集でよく見る解法で解ける問題がほとんどだが、やや考えさせ、計算等を上手くやらないと時間がかかる問題が出る年が多い。近年は、問題の解法とその考え方を、暗記でなく理解し身につけ、誘導に上手く乗れば解けるはずの問題の出題もよく見られる。

対策　一見変則的に見えても上位私大レベル問題集によく載っている解法で解ける素直な問題が多く、そのレベルの内容を、暗記ではなくしっかり理解しているかを試していると思われる問題が多い。まずは出題範囲の全単元について上位私大レベル典型問題の解法までは一通り身につけ、それらを丸暗記ではなくしっかり理解しておこう。年によっては面倒な問題や、考えさせる問題も出されている。また、'16から[4]は証明問題が入っている。上位私大レベル典型問題の解法をしっかり身につけた後は、上位国立大受験者向け問題集などで実戦力をつけると同時に記述の証明問題にも慣れておき、過去問を解いて問題の雰囲気や時間配分などにも慣れておこう。

英語　標準　合格点をとるためのカギは長文の説明問題、多くの類題で演習せよ

区分	読解							文法・語法						表現・作文		会話		
分野名	和訳	内容真偽	内容説明	空所補充	脱文挿入	文整序	表題選択	短文完成	語句整序	誤り指摘	語定義	発音・アクセント	同意・反意語句	英訳	テーマ型英作文	応答選択	空所補充	内容真偽
2023		●	●	●	●	●										○		
2022		●	●	●														
2021		●	●	●					●									
2020		○	●	●													○	
2019		●	●	●				○								○		

2023年度の出題分析

出題形式	記・マ
知識量	★★★★
スピード	★★★★
記述力	★★★★
応用力	★★★★

傾向　試験時間は'22から元の90分に戻った。単純に考えると、やや時間が伸びたことになり、長文1つに40分かけてもよさそうだ。大問数は3題で変わらず。内容は、[1]、[2]が長文、[3]が2～3行の短文で与えられている状況を説明する文を選択するもの(5問)。文法関連や会話文はなく、長文絡みで出題されていた語句整序もなし。[2]の長文は、内容真偽、文中語句補充選択、脱文挿入、文整序のマーク式のみだが、[1]は、説明を求める記述問題が目を引く。120-140字以内でというものもあり、わかりやすくまとめる力が必要だ。以前出題されていた普通の和訳や英訳の出題は姿を消している。出題傾向は後期も総じて同じ。

対策　'20からの計3題の出題形式、内容で新しい傾向が定着してきた感がある。時間が90分に戻ったことで、記述部分があるものの、取り組みに無理はなさそうだ。単独問題はないが、相応の文法力は不可欠であることは言うまでもないし、またイディオムなど語彙系の強化も怠ってはならないだろう。長文に関しては、配点が高いと思われる記述問題できちんと得点できるよう対策が必要だ。該当箇所がわかるだけで終わらせず、実際に書いて英文の要点をまとめる力を養っておくこと。'23の問題に準じた内容の過去問は全てあたって問題の特徴を把握しておき、類似した説明問題が問われている他私立医大から、可能なら国公立大までもチェックしておきたい。

化学　やや易　高得点を狙える構成。時間的にも余裕がある

区分	理論										無機		有機					
分野名	原子の構造・化学結合	化学量と化学式	物質の三態・気体の法則	溶解度・濃度	コロイド・希薄溶液	化学反応と反応熱	酸と塩基の反応	酸化・還元	電池・電気分解	反応の速さと化学平衡	周期表と非金属元素	金属元素	脂肪族	芳香族	糖	アミノ酸とタンパク質	生命化学	合成高分子化合物
2023						○					●		●			○		
2022		●								●	○		○					
2021						○				○	●						●	
2020			●		●	○			●	●				○		○		●
2019				●			●			●	●		○	●			●	

2023年度の出題分析

出題形式	記述
知識量	★★
スピード	★★
記述力	★★★
応用力	★★

傾向　'23は'21、'22に引き続き、大問2題での構成となった。2科目150分であることを考えると解答スピードもゆっくりでも大丈夫であろう。論述問題もあるが、深く考えなくてもそのまま書ければ大丈夫だ。典型問題で多くの受験生がみたことがあるものであった。[1]はアンモニアの燃焼に関する問題。窒素が酸化されにくい理由を論述する問題は、若干解答しずらいものだったかもしれないが、それを除くと易しい。[2]はタンパク質と油脂に関する問題。これもよくある典型問題であり難しくはなかった。しかし"タンパク質の一次構造とは何か"といった常識的なことを率直に尋ねる問題は、受験生には逆に戸惑いを感じるものだったのかもしれない。

対策　例年、出題される分野はバラバラであるので、満遍なく押さえておく必要がある。近年は易化傾向にある。高得点での勝負となっていることであろう。数問入っている論述問題を正しくこなす必要はある。あまり深く考えすぎずに、聞かれたことを率直に論ずることがポイントである。1行で論ずることを求める問題もあるが、解答用紙の大きさから考えると1行は40文字程度なので、これも気を付けたい。2科目150分であるので、おそらくは時間を余すこともできると考えられる。他の選択科目とうまく時間配分をすることにより、有利に試験を進められる可能性もあるので、そういった練習もしておきたい。

生 物　標準　2科目150分と試験時間が長いので、集中力の使いどころを考えること

区分	細胞		代謝		遺伝子			体内環境			生殖・発生			環境応答				生態系				進化・系統		
分野名	細胞の構造と組織	細胞膜の構造と物質輸送	タンパク質の構造と酵素反応	同化と異化	細胞周期とDNA合成	遺伝子の発現と調節・変異	バイオテクノロジー	体液・循環系の構成と働き	自律神経とホルモンによる調節	生体防御	配偶子形成と生殖・遺伝	初期発生と形態形成	幹細胞と再生	刺激の受容と感覚	神経系と筋肉	動物の行動	植物生理	バイオームの遷移と分布	個体群と相互作用	物質生産と物質循環	自然環境	地球の発展と古典的生物進化	分子進化と集団遺伝	生物の系統と分類
2023	●								○		○				●			●	○					●
2022		●		○			●	○	●					○								●		
2021										○					○								○	●
2020								○	●				●						○			○		
2019					○					○			●	○		●								

2023年度の出題分析

- 出題形式：記 述
- 知識量：★★★★
- スピード：★★★
- 記述力：★★★★
- 応用力：★★★

傾向　まず大きな傾向として、例年大問3題の出題である。テーマに沿った総合問題形式の出題が多くみられる。文章記述だけではなく図示する問題も過去には出題されている。また医学部受験生が苦手としがちな生態系や進化に関する問題も出題される。記述は文字数の多い記述を求められることはないが、端的に現象を説明させる問題が多い。'23では知識を問われる問題がやや多くなり、例年より難易度が下がった。次に'23の出題内容について記載する。[1]は配偶子形成に関する知識と卵細胞と精子の融合位置に関する実験問題が出題された。[2]は知識を中心とした問題として、恒常性・脳の機能・神経の興奮に関する問題が出題された。[3]は個体群と植物群落の分布に関する問題が出題された。

対策　'23では知識問題の比率が多くなり難易度が下がったが、次回の試験がどうなるかは不明であるため、例年通りの対策をするのがよいだろう。例年、知識問題と実験考察問題がバランスよく出題されている。問われる内容は教科書レベルの標準的なものが多い。ただし知識問題も問いが簡素であり、簡素だからこそ求められている正解を答えるのが難しい。記述式は一見すると関連することを書けば何でもいいように感じる受験生もいるだろう。しかし物事や現象には見る方向による見かたの優先順位があり、優先順位を取り違えた解答は答えになっていないことが多い。記述式の練習は念入りにしておきたい。大問のテーマ、文章の論点、設問の意図などを考え答えを導かなければならない。独りよがりの解答を作って満足しないよう注意してほしい。

物 理　標準　標準的な問題が中心であるから、全範囲を万遍なく学習しよう!!

区分	力学						電磁気学					波動			熱力学			原子		
分野名	等加速度運動・運動方程式・慣性力	力のモーメント・重心	運動量と力積・仕事とエネルギー	円運動・遠心力	単振動	万有引力とケプラーの法則	電場と電位	コンデンサー	直流回路	磁場・電磁誘導	交流回路・電気振動・電磁波	波の性質	音波	光波	熱量と温度	気体分子運動論	気体の状態変化	粒子性と波動性	原子の構造	放射線・核反応
2023			●		○			●		○			●	○			○			●
2022	○					●			●	○				○		●	○	●		
2021			●		○						○			○			●			○
2020		●	○						●	○			○	●			○			●
2019	●					○			○	●			○			○		●		

2023年度の出題分析

- 出題形式：記・穴
- 知識量：★★★
- スピード：★★★★
- 記述力：★★★
- 応用力：★★★

傾向　小問集合を含む大問5題で構成され、大問は力学、電磁気、波動、熱力学からの出題である。小問集合は、小球の粗い面上での運動、コンデンサーの合成容量、気柱の閉管と開管の共鳴、モリブデンのβ崩壊が出題されている。力学は鉛直ばね振り子のつり合いと単振動が出題され、電磁気は正方形コイルが磁場を通過する際の電磁誘導が出題されている。波動はくさび形空気層による干渉で反射型と透過型が出題されている。熱力学は定積・等温・断熱・定圧変化による熱サイクルが出題されている。基本的な問題から標準的な問題までが出題されたのでケアレスミスでの失点は避けたい。試験時間が75分あるので、手早く解けば解ききることが出来る。

対策　標準〜やや難の問題まで解いておくこと。小問集合を含めて、全分野から出題されるので、苦手な分野ややり残した分野はなくしておくことが必要である。例年描画や記述が出題されているので、過去問などを通して練習をしておくことも必要である。'11、'15は難度が'07以前と同様に高く、'08〜'10、'12、'16〜'19、'21、'22、'23の難度はあまり高くなく、'13、'14はより下がっている。'20は'15ほどではないが難度がやや高くなっている。解くスピードを上げておくことも必要である。'09の電磁波の種類と用途、'10の熱の伝わり方のような知識問題も出題されているので、教科書などに目を通しておくとよい。

小論文　テーマ型　資料文型　図表型　読解したことの説明や意見をまとめる力が求められる

年度	試験区分	内容	字数	時間
23	一般前期(1日目)	問.資料を参考にして、日本における若年層の自殺の現状と対策について考えを述べる。（資料1:「先進国及び韓国の若年層の死因原因及び自殺率」　資料2:「自殺予防のために周囲が求められる行動のポイント」）	800〜1000字	60分
	一般前期(2日目)	問.下記を参考のうえ、心停止後または脳死下の臓器提供による移植医療について考えを述べる。（①国内と韓・米・英・仏、西の臓器提供数②世界的な2つの提供制度の説明③日本の移植希望者と移植実施者の数。⑤国内の平均待機年数。）	800〜1000字	
	一般後期	次に挙げるユネスコの世界遺産から一つ選び、その意義、文化・社会的役割について考えを述べる。　例:屋久島・白神山地・原爆ドーム・古都京都の文化財・富岡製糸場と絹産業遺産群・長崎と天草地方の潜伏キリシタン関連遺産	800〜1000字	
22	一般前期(1日目)	ロイ・ポーター著目羅公和訳『身体と政治　イギリスにおける病気・死・医者』より　問1.ギズボーンの妥当性をまとめる。問2.傍線部に対して「科学的医学」以降の変化を推察する。問3.本文を踏まえ、現代における医師一患者関係をめぐる諸問題と解決可能性について考えを述べる。	30〜50字/100字/300〜400字	60分
	一般前期(2日目)	野田智義・金井壽宏『リーダーシップの旅　見えないものを見る』より　問1.①について説明。問2.理由を説明。問3.医療現場におけるリーダーのあり方を述べる。	40字/100字/400字	
	一般後期	ジャレッド・ダイアモンド『マスク受け入れ　日米に差・・・』読売新聞「地球を読む」より　問1.①の説明。問2.②の理由説明。問3.③について農業人口の減少と海外文化の流入を踏まえ日本の文化的素地を述べる。	40〜60字/100字/400字	
21	一般前期(1日目)	村上陽一郎『死ねない時代の哲学』 問1.傍線部の意味。問2.傍線部の覚悟が指すもの。問2.文章を踏まえて安楽死、尊厳死の問題、医師の役割を述べる。	25字/50字/300〜400字	60分
	一般前期(2日目)	小林桜児『人を信じられない病　信頼障害としてのアディクション』 問1.アディクトが得ようとしているものは何か。　問2.二重の嘘について指示された三つの語句を使って説明。問3.　これまでのあなたのイメージとアディクトとの違いと共通点を述べる。	30〜40字/100字/400字	
	一般後期	西迫大裕『感染症と法の社会史:病が作る社会』 問1.種痘に関する議論の主旨をまとめる。　問2.現代の予防接種に関する国家の責任を述べる。	400字/400字	

聖マリアンナ大では長期間、資料文型で「タイトルをつける、説明する、設問要求にしたがって意見を述べる」という3問形式だった。ところが、'23は資料文型、図表型(前期)、テーマ型(後期)が出題された。文字数も800字〜1000字となった。このところ新課程移行を前に図表型の導入が増えてきている。テーマ型は結論で自分が選んだ世界遺産の「意義」、「文化・社会的役割」という語句を使用し、設問要求に応えていることを示す。また絵・図表型は、それを見ていない人にもわかるように文章化する練習から始めよう。臓器移植は「心停止後または脳死下」となっている点に注意する。近年、他大学も含めて出題がなかったので、意識的に覚えていた者は少ないと思われる。そこで心停止後でも移植できる臓器、脳死下でしか移植できない臓器、さらに日本に多い生体間移植など分類整理してみる。最近のニュースは、移植医療としてiPS細胞を使った注射での再生医療が開発され臨床試験も行われている。'22の前期は、科学的医学以前の医師の立場。当時は患者の方が身分や地位が上のことがあり、その際の医師の態度、処世術について書かれている。時代による職業観の違いを理解し、謙虚に意見を述べたい。リーダー、リーダーシップは面接でもいかせる話題である。'21の村上陽一郎の文章は繰り返し出題されている。昨年出題された3つのタイプをそれぞれ練習しておく必要がある。

東海大学　医学部医学科

学部所在地	〒259-1193　神奈川県伊勢原市下糟屋143
交通手段	小田急線伊勢原駅よりバス約10分または徒歩15分
創設者	松前　重義
学長	松前　義昭
設立年度	［昭和49年］東海大学医学部を開設

入試問い合わせ先

担当部署　湘南キャンパス入試広報担当
電話番号　0463-58-6422

医師国家試験状況

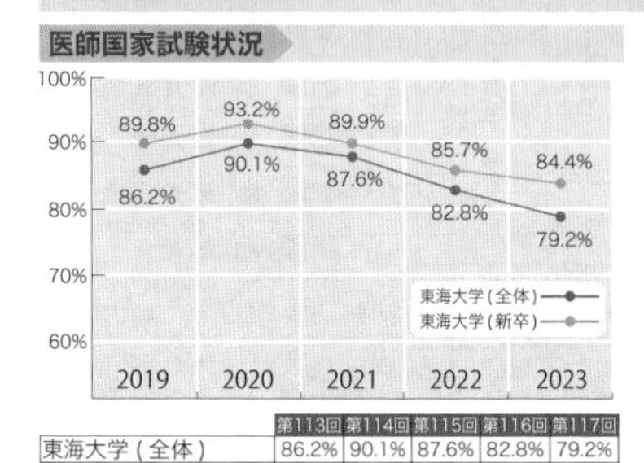

	第113回	第114回	第115回	第116回	第117回
東海大学（全体）	86.2%	90.1%	87.6%	82.8%	79.2%
東海大学（新卒）	89.8%	93.2%	89.9%	85.7%	84.4%

設置学部

文学部／文化社会学部／政治経済学部／法学部／教養学部／体育学部／健康学部／理学部／情報理工学部／工学部／観光学部／情報通信学部／海洋学部／経営学部／農学部／国際文化学部／生物学部／児童教育学部／国際学部／建築都市学部／人文学部／文理融合学部

2023年度入学者

主な附属病院

東海大学医学部付属病院
付属東京病院
付属八王子病院

2024年度学納金

1年次	入学金	¥1,000,000
	授業料	¥2,148,000
	施設設備費	¥2,100,000
	教育充実費	¥520,000
	教育運営費	¥632,000
	その他諸会費	¥273,200
	初年度納入金総額	¥6,673,200
	入学時最低納入金	¥3,790,200
2〜4年次の年額		¥5,769,000
5･6年次の年額		¥5,763,000
6年間の総額		¥35,506,200

※人件費及び国庫補助金の増減、物価動向、大学の財務状況などや社会状勢を勘案し改定することがあります。

繰上げ合格

合格者の入学手続の結果、欠員が生じた場合に限り不合格者の中から繰り上げて合格を決定することがあります。

特待生制度

なし。奨学金についての詳細は「医学部医学科パンフレット」P.34と大学HP参照。

補欠順位

あり

成績開示

なし

寄付金

教育環境の充実を図るため、入学後、任意の寄付をお願いしております。

入試結果

			2023	2022	2021
一般	募集人員		60	60	60
	志願者数		3,600	2,333	3,286
	受験者数	A	3,186	2,005	2,779
	一次合格者数	B	313	298	311
	一次合格倍率	A/B	**10.2**	**6.7**	**8.9**
	二次受験者数		252	208	252
	正規合格者数	C	69	86	92
	正規合格倍率	A/C	**46.2**	**23.3**	**30.2**
	補欠候補者数		159	97	114
	繰上合格者数	D	50(62)	16(24)	34
	総合格者数	C+D	**119(131)**	**102(110)**	**126**
	合格実質倍率	A/(C+D)	**26.8**	**19.7**	**22.1**
	入学者数		70	47	67
	合格最高点		—	—	—
	合格最低点		—	—	—
共テ利用	募集人員		10	10	10
	志願者数		657	445	615
	受験者数	E	654	442	605
	一次合格者数	F	120	121	122
	一次合格倍率	E/F	**5.5**	**3.7**	**5.0**
	二次受験者数		77	54	62
	正規合格者数	G	16	26	21
	正規合格倍率	E/G	**40.9**	**17.0**	**28.8**
	補欠候補者数		56	22	34
	繰上合格者数	H	27(38)	4(15)	26
	総合格者数	G+H	**43(54)**	**30(41)**	**47**
	合格実質倍率	E/(G+H)	**15.2**	**14.7**	**12.9**
	入学者数		10	10	10
	合格最高点		—	—	—
	合格最低点		—	—	—
神奈川県地域枠	募集人員		5	5	5
	志願者数		126	74	109
	受験者数	I	125	74	108
	一次合格者数	J	33	35	37
	一次合格倍率	I/J	**3.8**	**2.1**	**2.9**
	二次受験者数		27	29	22
	正規合格者数	K	5	5	5
	正規合格倍率	I/K	**25.0**	**14.8**	**21.6**
	補欠候補者数		18	20	12
	繰上合格者数	L	5(12)	7(8)	5
	総合格者数	K+L	**10(17)**	**12(13)**	**10**
	合格実質倍率	I/(K+L)	**12.5**	**6.2**	**10.8**
	入学者数		5	5	2
	合格最高点		—	—	—
	合格最低点		—	—	—
静岡県地域枠	募集人員		3	3	3
	志願者数		175	58	80
	受験者数	M	175	58	79
	一次合格者数	N	34	33	32
	一次合格倍率	M/N	**5.1**	**1.8**	**2.5**
	二次受験者数		27	25	14
	正規合格者数	O	3	3	3
	正規合格倍率	M/O	**58.3**	**19.3**	**26.3**
	補欠候補者数		19	16	8
	繰上合格者数	P	6(13)	4(4)	0
	総合格者数	O+P	**9(16)**	**7(7)**	**3**
	合格実質倍率	M/(O+P)	**19.4**	**8.3**	**26.3**
	入学者数		3	3	3
	合格最高点		—	—	—
	合格最低点		—	—	—
希望の星育成	募集人員		10	10	5
	志願者数		109	98	49
	受験者数	Q	108	98	49
	一次合格者数	R	45	54	30
	一次合格倍率	Q/R	**2.4**	**1.8**	**1.6**
	二次受験者数		37	44	29
	二次合格者数	S	15	24	22
	二次合格倍率	Q/S	**7.2**	**4.1**	**2.2**
	入学者数		6	18	4

※　繰上合格者数の無印は連絡の際に入学の意思を示した人数、(　)内は連絡をした人数

2024年度　募集要項　　東海大学 医学部医学科

入試日程

新型コロナウイルス感染拡大の影響により、入試内容、日程等、変更する可能性があります。変更が生じた場合は、東海大学オフィシャルサイトの受験・入学案内ニュースにて掲載いたします。

試験区分	募集人員	出願期間	試験日 1次試験	試験日 2次試験
一般	60名	2024年1月4日(木)～1月20日(土)23:59*1	2月2日(金)*2 2月3日(土)	2月11日(日・祝)*3 2月12日(月・休)
共テ利用	10名	2024年1月4日(木)～1月12日(金)23:59*4	共通テスト	2月11日(日・祝)*3 2月12日(月・休)
神奈川県地域枠	5名			
静岡県地域枠	3名			
総合型(希望の星育成)	10名	2023年9月20日(水)～10月10日(火)必着 2023年12月11日(月)～12月20日(水)必着	10月22日(日)	共通テスト
特別選抜(展学のすすめ)	10名	2023年9月11日(月)～9月29日(金)必着	10月28日(土)	11月19日(日)

*1 ネット登録後1月23日(火)必着　*2 受験日自由選択　*3 出願時に選択　*4 ネット登録後1月16日(火)必着

試験時間・配点

集合時間　試験開始10分前

試験区分		科目	試験時間	時間	配点	合計点	備考
一般	1次	英語	10:00～11:10	70分	100点	300点	
		数学	12:10～13:20	70分	100点		
		理科1科目選択	13:50～15:00	70分	100点		
	2次	小論文	9:30～10:15	45分	—	—	
		面接	10:45～	10～20分程度	—		

試験会場

試験区分	1次試験	2次試験
一般	東京(TOC有明コンベンションホール)・横浜(TKPガーデンシティPREMIUMみなとみらい)・名古屋(秀英予備校名古屋本部校)・大阪(CIVI研修センター新大阪東)・福岡(福岡県中小企業振興センター)・湘南(東海大学湘南キャンパス)	東海大学伊勢原キャンパス
共テ利用・地域枠		東海大学伊勢原キャンパス

合格発表日

試験区分	1次試験	2次試験	手続締切	辞退締切
一般	2月8日(木) 9:30	2月17日(土) 9:30	2月24日(土) 17:00	3月30日(土) 16:00
共テ利用・地域枠	2月8日(木) 9:30	2月17日(土) 9:30	2月24日(土) 17:00	3月30日(土) 16:00

合格発表方法

試験区分	1次試験	2次試験
一般	ネット一覧・ネット照会	ネット一覧・ネット照会
共テ利用・地域枠	ネット一覧・ネット照会	ネット一覧・ネット照会

入試情報

過去3年間入学者現浪比

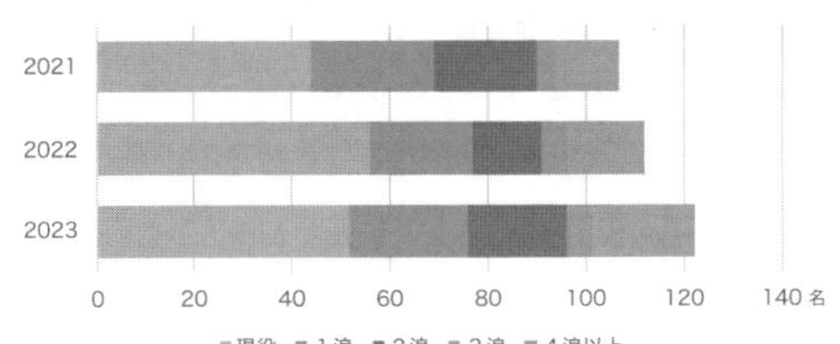

	2021	2022	2023
現役	44名 (41.1%)	56名 (50.0%)	52名 (42.6%)
1浪	25名 (23.4%)	21名 (18.8%)	24名 (19.7%)
2浪	21名 (19.6%)	14名 (12.5%)	20名 (16.4%)
3浪	4名 (3.7%)	5名 (4.5%)	5名 (4.1%)
4浪以上	13名 (12.1%)	16名 (14.3%)	21名 (17.2%)
入学者	107名	112名	122名

2023年度合格者現浪比

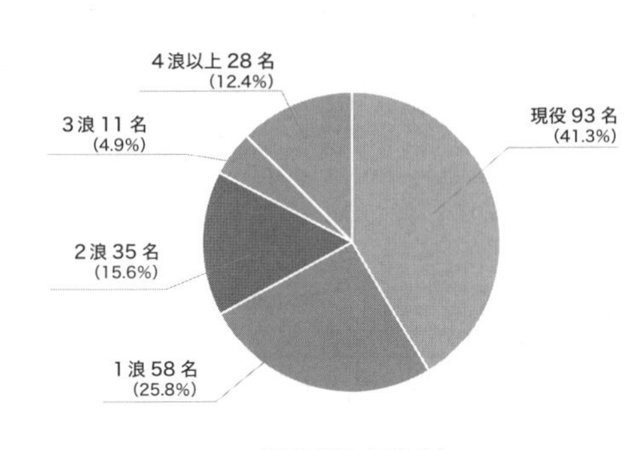

(総合格者 225名)

面接

メルリックス学院生からのアンケートをもとに作成しています

■ 所要時間　個人10～20分

■ 面接の進行

【質問内容】

<個人>

・医師志望理由
・本学志望理由
・高校時代に一番力を入れたこと
・浪人生活について
・これまでの経歴(再受験)
・友人からどう思われているか
・「良医」とは何か
・将来は海外で働きたいか
・コロナ以外の気になる医療ニュース
・医師の働き方改革について
・本学の大学病院についてどう思うか
・自己PR

面接官の人数:2名
受験生の人数:1名

○ 受験生　● 面接官

比較的和やかでリラックスした雰囲気の中で行われる。面接時間は10～20分となっており、掘り下げて人物を見たい時は長くなる場合もある。地域枠と併願している場合は、1回目の面接後に地域枠の面接が行われる。

東海大学　医学部医学科

一般選抜(１日目)出題傾向分析

数　学　標準　どの単元も上位私大レベルまではしっかり。総合問題で応用力も

区分	解析系									図形系					その他				
	Ⅰ	Ⅰ・Ⅱ	Ⅱ			B	Ⅲ			Ⅰ	Ⅱ	B	Ⅲ		Ⅰ	A			B
分野名	二次関数	数と式	指数・対数	三角関数	微分・積分	数列	いろいろな関数と極限	微分	積分	三角比	図形と方程式	ベクトル	いろいろな曲線	複素数平面	データの分析	整数	場合の数	確率	確率分布
2023			●	●	●	○				●		○				●	●		
2022			●	●		●		○	●	●				●					
2021		●					●		○		●	●		○					
2020	●	●		●	○				●		●					●		○	
2019					○		○		●	●				●	●				

2023年度の出題分析

出題形式　穴埋め
知識量　★★★
スピード　★★★
記述力　ー
応用力　★★★

傾向　'23より出題範囲がⅠAⅡBとなったが出題の形式は変わらず、穴埋め方式の大問3題。[1]は小問集合で、中堅私大レベル問題集でよく見るような問題が多く、例年通り少し考えさせる問題も混ざっていた。また[2]はベクトル、[3]は数列であり、分野は昨年までと異なったが、誘導形式の大問で、誘導に従って解けばよい。上位私大レベルの問題が多いが考えさせる問題が出される年もある。数Ⅲが出題範囲から除かれているが、これまでと難易度は変化していないように感じられるので、今後も同程度のレベルを維持していくと考えられる。[2]と[3]については今後どのような分野がきてもおかしくはないので、絞るべきではないと思われる。

対策　まず中堅私大レベル問題集などで全範囲の穴をなくし、このレベルの典型問題ならどの単元の問題もミスをせず確実に解けるようにしておこう。'20以降は若干難度が上がっているが、難問を解くための解法・テクニックは要求されておらず、上位私大レベル典型問題の解法の理解・定着と、やや複雑な条件を解きほぐし誘導の意図を読み取りながら解いていく力が試されている。ⅠAⅡBの上位私大レベル典型問題の解法をただ覚えるのではなくしっかり理解した上で身につけ、総合的な問題を解いて応用力をつけておこう。'23より出題範囲がⅠAⅡBとなったが、難易度はさほど変化していない。数Ⅲの分野でなければ過去問を演習する価値はありそうだ。

英　語　標準　和訳、英訳の記述対策必須、特に英訳は入念な準備が必要

区分	読解							文法・語法						表現・作文		会話		
分野名	和訳	内容真偽	内容説明	空所補充	脱文挿入	文整序	表題選択	短文完成	語句整序	誤り指摘	語定義	発音・アクセント	同意・反意語句	英訳	テーマ型英作文	応答選択	空所補充	内容真偽
2023	○	●				○		○					○	○				○
2022	○	●		○		○		○					○	○				○
2021	○	●		○		○		○					○	○				○
2020	○	●		○			●	○					○	○				○
2019	○	●				○	●	○					○	○				

2023年度の出題分析

出題形式　記・マ
知識量　★★★★
スピード　★★★
記述力　★★★★
応用力　★★★★

傾向　70分で大問8題。出題形式は'22と全く同様でマーク式と記述式の併用。2日目の試験も1日目と同じ。長文1題と短文完成(10問)、同意表現(10問)、長めの会話文2つ、文整序4問、グラフと表を用いた短文中の空所補充、和訳と英訳(それぞれ2箇所ずつ計4問)。[1]長文は、問いが段落指定されているので取り組みやすい。fractalという見慣れない語がテーマの文章だが、読み進めていくうちに自ずと判断できる。[2]短文完成は基礎～標準レベル。[3]同意表現は単語とイディオムの混合で概ね平易。[4]会話文は、若干長めでやや難解。どういう状況下での会話なのかを想像しながら取り組みたい。[7]、[8]の和訳、英訳は標準的だが、英訳は近年やや難度が上がってきている。

対策　出題傾向・内容は同様なので、過去問で全体像を把握し、類題演習をこなしてきていれば十分合格点は狙える。文法関連や同意表現で出来るだけ1問も落とさず迅速に処理する力を養成しておきたい。また、出来不出来で一番差がつきそうな和訳、英訳の記述対策を十分に行うことも重要。近年、レベルが上がってきている英訳に対処するには、大阪医科薬科大の過去問を演習材料にするといいだろう。和訳でも同じことが言えるが、文法をただ「わかる」だけでなく、きちんと「使える」レベルにまで引き上げておくのが理想的だ。日本語の表現を逐語的に英訳しようとするのではなく、文法的ミスのない平易な表現で無難にまとめあげる練習も必須。

化　学　やや易　基本に忠実に！満遍なく穴のない学習を心掛けよう

区分	理論										無機		有機					
分野名	原子の構造・化学結合	化学量と化学式	物質の三態・気体の法則	溶解度・濃度	コロイド・希薄溶液	化学反応と反応熱	酸と塩基の反応	酸化・還元	電池・電気分解	反応の速さと化学平衡	周期表と非金属元素	金属元素	脂肪族	芳香族	糖	アミノ酸とタンパク質	生命化学	合成高分子化合物
2023						●		●	●	○	●		○					○
2022	●	●				●			○	○	●		○					○
2021			○	○		○				●		●	●	●	●			
2020	○					●	●		●	●	○	○	●			○		
2019	○					●	○			○			○					

2023年度の出題分析

出題形式　マ・穴
知識量　★★★
スピード　★★★
記述力　★★★
応用力　★★★

傾向　例年、大問5～6題程度の出題であり、基本に忠実な問題が多い。'23も同様の傾向であった。1日目の[1]は酸化還元・電気分解に関する出題。計算も煩雑ではなく易しい。[2]は硫黄に関連する問題。溶解度積に関する問題は典型例題ではあるが、点差が付きやすかったかもしれない。[3]は平衡に関する問題。これも典型問題ではあったが、得手不得手の差が激しい分野なので点差は付いたであろう。[4]は合成高分子の問題で、易しい問題ではあったが、最後の正誤問題は若干難しい。[5]はアルコール類の問題で、細かい知識も必要であったため、有機化学の演習量が必要であったと感じる。全般的には難しくはないので、最低限の得点は取れないといけない。

対策　多くの問題が典型的な問題であり、基本に忠実に正しい理解がなされているのかを聞かれているものである。複雑なテクニックや細かすぎる知識を問われることは少ない。全般的に穴のない学習姿勢が必要となる。今年度は有機化学や平衡の分野で差のつきやすいと思われる問題が出題されている。現役生には手薄になってしまいがちな教科書の最後の方の分野まで、確実に理解・演習しておく必要がある。ただ、理科は1科目のみの選択なのである程度高い得点率が必要となる。以上から、基礎を穴のないようにまとめて、基本的な演習を積み重ねて、過去問演習で出題形式に慣れる、こういった対策で高得点を狙えるものと考えられる。

生物　やや難

知識、計算、考察、記述、総合的な実力をつけて試験に臨みたい。

区分	細胞		代謝		遺伝子			体内環境			生殖・発生			環境応答				生態系				進化・系統		
分野名	細胞の構造と組織	細胞膜の構造と物質輸送	タンパク質の構造と酵素反応	同化と異化	細胞周期とDNA合成	遺伝子の発現と調節・変異	バイオテクノロジー	体液・循環系の構成と働き	自律神経とホルモンによる調節	生体防御	配偶子形成と生殖・遺伝	初期発生と形態形成	幹細胞と再生	刺激の受容と感覚	神経系と筋肉	動物の行動	植物生理	バイオームの遷移と分布	個体群と相互作用	物質生産と物質循環	自然環境	地球の発展と古典的生物進化	分子進化と集団遺伝	生物の系統と分類
2023	●			○		○	●			●					○				○				○	
2022				○	○			○			○							●	●	●			●	
2021			●			○	○			○	○			○	●									
2020				●				○		○	●	○					○						○	
2019				○	○				○		○													

2023年度の出題分析

出題形式	記 述
知識量	★★★★
スピード	★★★★
記述力	★★★
応用力	★★★

傾向　例年大問5題となっている。出題テーマに関しては教科書や図説に乗っているような一般的なものが多い。記述式であること、計算問題や実験考察問題の内容を考えると試験時間はかなり厳しいものと思われる。例年、主に知識や計算力が問われる問題と実験考察問題のすべてのタイプの問題が出題される。次に'23の出題内容について記載する。[1]は代謝に関する総合的な問題が出題された。[2]は個体群に関する問題が出題された。[3]は進化とハーディ・ワインベルグの法則が出題された。[4]は筋肉に関する実験問題が出題され、計算問題が含まれる問題であった。[5]は免疫とスプライシングに関する問題で難度の高い問題であった。

対策　知識問題に関しては教科書や図説を利用した一般的な対策で十分であると考える。実験考察問題は難度の高い問題が出題される場合もあり、十分に対策をする必要があるだろう。実験考察問題は文章量が多い。実験やデータを読んでからの記述となるため、読解力が必要になるとともに、文章の内容をまとめて書く速さも必要とされる。文章の長さから考えると、国公立の二次試験の生物の問題を解く練習をするとよい。また空所補充等の知識問題は高い正答率が予想され、失点すると致命的である。計算問題も例年複数問出題されるため、問題集からピックアップして解きまくり、しっかり練習して慣れておこう。

物理　標準

'24は難度が上がる可能性が高いので、しっかりと準備しよう!!

区分	力学						電磁気学					波動			熱力学			原子		
分野名	等加速度運動・運動方程式・慣性力	力のモーメント・重心	運動量と力積・仕事とエネルギー	円運動・遠心力	単振動	万有引力とケプラーの法則	電場と電位	コンデンサー	直流回路	磁場・電磁誘導	交流回路・電気振動・電磁波	波の性質	音波	光波	熱量と温度	気体分子運動論	気体の状態変化	粒子性と波動性	原子の構造	放射線・核反応
2023					○					○				○			○			
2022		○						○					○				○			
2021		○								○							○	○		
2020	○						○							○				○		
2019					○					○				○				○		

2023年度の出題分析

出題形式	記・マ
知識量	★★★
スピード	★★★★
記述力	★★★
応用力	★★★★

傾向　大問4題で構成され、力学、電磁気、波動、熱力学からの出題である。力学は2つの物体をばねでつないだ時の単振動を重心から見て解く問題となっている。電磁気は2本の水平なレールの上で導体棒を単振動させた時の電磁誘導の問題で、コンデンサーとコイルも含む回路となっている。波動はくさび形空気層による干渉で、上下から見たり、下のガラス板をうごかしたり、上のガラス板を回転させる問題も含まれている。熱力学はばね付きピストンでの気体の状態変化が出題されている。標準〜やや難な問題が出題され、導体棒での電磁誘導では苦労した受験生もいただろう。試験時間は70分であるが解ける問題から優先的に解かなくてはいけない。

対策　標準〜やや難の問題を解いておくこと。標準問題もあるが、力学、電磁気、波動、原子では難度の高い問題が出題されることもあるので、しっかりとした準備が必要である。難度の高い問題では誘導にのれるだけの理解力が必要となる。出題範囲が幅広いので、全分野について勉強しておくことが重要である。'06と'07は易しくなっていたが、'08から難度がやや上がり、'11〜'13は難度が安定していたが、'14、'15、'17、'22はやや低く、'16、'18〜'21は高かった。'14、'15、'17、'23のレベルであれば、時間内に解くのは難しくないが、レベルの高い問題が多い場合には時間が足りないので効率よく問題を解いていこう。

小論文　資料文型

資料や設問が年度により変化中

<table>
<tr><th>年度</th><th>試験区分</th><th>内容</th><th>字数</th><th>時間</th></tr>
<tr><td rowspan="2">23</td><td>一般（1日目）</td><td>坂井律子著 『〈いのち〉とがん　患者になって考えたこと』</td><td></td><td rowspan="2">45分</td></tr>
<tr><td>一般（2日目）</td><td>「天声人語」を読んで考えを自由に述べる。</td><td>500字以内</td></tr>
<tr><td rowspan="2">22</td><td>一般（1日目）</td><td>アンデシュ・ハンセン著 久山葉子訳「スマホ脳」より精神科医の文章から自分の経験を含め考えたことを自由に述べる。</td><td>500字</td><td rowspan="2">45分</td></tr>
<tr><td>一般（2日目）</td><td>マグリット展より　作品「テーブルに着く男」が提示され、マグリットの功績と、自宅で死後にイーゼルに残されたこの絵の説明を読んで、絵を見て感じ考えたことを述べる。知識は不要。</td><td>500字</td></tr>
<tr><td rowspan="2">21</td><td>一般（1日目）</td><td>図が示された文章。問．あなたが考える医療専門職の professionalism と、そのためにどうすると良いと思うかを述べる。</td><td>500字</td><td rowspan="2">45分</td></tr>
<tr><td>一般（2日目）</td><td>写真が載っている文章。出典：LOUVRE ルーヴル美術館展　肖像芸術一人は人をどう表現してきたかより　問資料を見て、何を感じ、想像し、考えたかを述べる。（知識は問わない）</td><td>500字</td></tr>
</table>

例年30分500字だったが、'21から時間だけ延びて45分になった。提示される資料や設問の難易度が高いので、構成・構想も含め、過去問をみて、時間内に書き上げるための構想と論述を自分のレベルで設定しておきたい。良いものを目指すよりも標準を時間内に書き上げることが大切である。
'23は、絵や写真付きの課題がなく、2日間とも短い文章であった。哲学者の文章では「いのち」「からだ」と「生命」「身体」が使い分けられていることがある。うっかり「命」と書かないように。これは'22に出題された「スマホ脳」でも、資料文では「体験」と繰り返されているのに、設問は「経験について」となっているので要注意である。
出題された問題について考え出すと途端に難しくなるのが東海大学だが、45分、500字の入試であるから、たとえずれているのではないかと不安になっても、多少心配でも誤字脱字なく書いてしまおう。絵や写真の場合も作者の意識や意図の解釈には時間をかけずに、自分が感じた範囲で書き進めることが重要だ。ルネ・マグリットについては最後の作品について、記事や年度、作品名などもヒントにして書いてみよう。1度しか出てこない「枠」が本来は構想を進める大きなヒントだが、意外に読み落としている人が多い。それでも合格している生徒もいるから、前述のように迷わず最後まで書き切ることが重要だと思われる。'23は多少易しくなっているので、制限時間の45分ではなく、40分にして練習をしておく。絵・図表等が出題されているので、序論ではそれを見ていない人に説明するつもりで100字程度にまとめ、全体を3段落構成にする。なお、資料文型の読解と短い要約練習は、今までの東海大、愛知医大などの課題を解いて練習しておく。

金沢医科大学　医学部医学科

学部所在地	〒920-0293　石川県河北郡内灘町大学1-1
交通手段	北陸鉄道浅野川線内灘駅よりバス10分
理事長	高島　茂樹
学長	宮澤　克人
設立年度	［昭和47年］金沢医科大学開学

入試問い合わせ先

担当部署	入学センター
電話番号	076-218-8063（直通）

医師国家試験状況

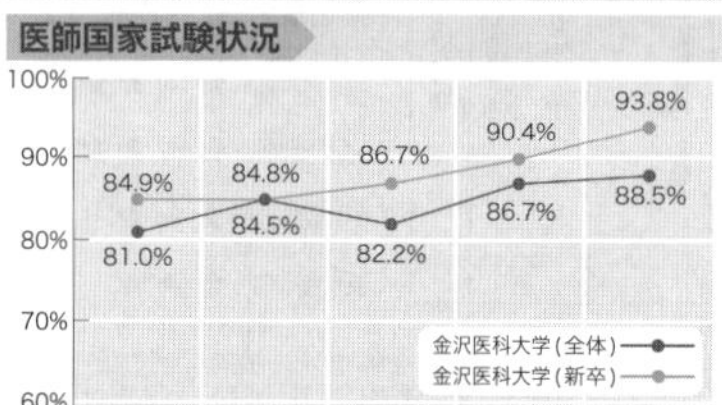

	第113回	第114回	第115回	第116回	第117回
金沢医科大学（全体）	81.0%	84.8%	82.2%	86.7%	88.5%
金沢医科大学（新卒）	84.9%	84.5%	86.7%	90.4%	93.8%

設置学部

看護学部看護学科

主な附属病院

金沢医科大学病院
・その他関連施設
金沢医科大学氷見市民病院
能登北部地域医療研究所

2023年度入学者

2024年度学納金

1年次	入学金	¥2,000,000
	授業料	¥3,300,000
	施設設備費	¥1,700,000
	教育充実費	¥4,000,000
	初年度納入金総額	¥11,000,000
	入学時最低納入金	¥6,500,000
2〜4年次の年額		¥6,000,000
5年次の年額		¥5,500,000
6年次の年額		¥5,000,000
6年間の総額		¥39,500,000

※その他委託徴収金（1年次）¥943,000
※総合型選抜及び学校推薦型選抜の入学者は初年度のみ一括納入となります

繰上げ合格

第2次選抜合格者発表と同時に繰上合格候補者（補欠）を決定し、本人（保護者住所宛）に文書で通知する。合格者に欠員が生じた場合、繰上合格候補者（補欠）の総合成績上位者から順次繰り上げて合格者を決定し、郵送又は電話にて通知する。繰上合格者には本人（保護者住所宛）に合格通知書及び入学手続書類を送付する。

補欠順位

あり

成績開示

あり

寄付金

入学後、教育振興基金として任意の寄付金と学校債を募集します。

入試結果

区分	項目		2023	2022	2021
一般（前期）	募集人員		72	65	65
	志願者数		3,490	3,914	2,481
	受験者数	A	3,008	3,396	2,205
	一次合格者数	B	539	497	465
	一次合格倍率	A/B	**5.6**	**6.8**	**4.7**
	二次受験者数		—	—	—
	正規合格者数	C	95	98	91
	正規合格倍率	A/C	**31.7**	**34.7**	**24.2**
	補欠候補者数		208	216	213
	繰上合格者数	D	108	63	104
	総合格者数	C+D	**203**	**161**	**195**
	合格実質倍率	A/（C+D）	**14.8**	**21.1**	**11.3**
	入学者数		73	65	66
	合格最高点		310/350	252.4/350	288/350
	合格最低点		214/350	201.5/350	204/350
一般（後期）	募集人員		10	10	10
	志願者数		1,295	1,326	1,323
	受験者数	E	1,161	1,180	1,179
	一次合格者数	F	77	80	75
	一次合格倍率	E/F	**15.1**	**14.8**	**15.7**
	二次受験者数		—	—	—
	正規合格者数	G	10	10	10
	正規合格倍率	E/G	**116.1**	**118.0**	**117.9**
	補欠候補者数		20	20	12
	繰上合格者数	H	4	5	8
	総合格者数	G+H	**14**	**15**	**18**
	合格実質倍率	E/（G+H）	**82.9**	**78.7**	**65.5**
	入学者数		10	10	10
	合格最高点		179/200	165/200	159/200
	合格最低点		131/200	133/200	129/200
総合型（AO）	募集人員		14	21	20
	志願者数		222	221	208
	受験者数	I	220	221	208
	一次合格者数	J	75	92	82
	一次合格倍率	I/J	**2.9**	**2.4**	**2.5**
	二次受験者数		—	—	—
	合格者数	K	18	22	19
	実質倍率	I/K	**12.2**	**10.0**	**10.9**
	入学者数		16	21	18

区分	項目		2023	2022	2021
総合型（卒業生）	募集人員		8	8	7
	志願者数		37	40	40
	受験者数	L	36	40	40
	一次合格者数	M	17	27	36
	一次合格倍率	L/M	**2.1**	**1.5**	**1.1**
	二次受験者数		—	—	—
	合格者数	N	8	8	8
	実質倍率	L/N	**4.5**	**5.0**	**5.0**
	入学者数		8	8	8
推薦（指定校・指定地域）	募集人員		6	6	5
	志願者数		8	14	10
	受験者数	O	8	14	10
	一次合格者数	P	3	11	10
	一次合格倍率	O/P	**2.7**	**1.3**	**1.0**
	二次受験者数		—	—	—
	合格者数	Q	3	6	5
	実質倍率	O/Q	**2.7**	**2.3**	**2.0**
	入学者数		3	6	5
総合型（研究医枠）	募集人員		1	1	1
	志願者数		10	1	17
	受験者数	R	10	1	16
	一次合格者数	S	6	0	6
	一次合格倍率	R/S	**1.7**	—	**2.7**
	二次受験者数		—	—	—
	合格者数	T	1	—	1
	実質倍率	R/T	**10.0**	—	**16.0**
	入学者数		1	0	1
総合型（研究医枠）再募	募集人員			1	
	志願者数			26	
	受験者数	U		25	
	一次合格者数	V		6	
	一次合格倍率	U/V		**4.2**	
	二次受験者数			—	
	合格者数	W		1	
	実質倍率	U/W		**25.0**	
	入学者数			1	

（注）合格最高点・最低点は一次合格者を対象

2024年度　募集要項

金沢医科大学 医学部医学科

入試日程

試験区分	募集人員	出願期間	試験日 1次試験	試験日 2次試験
総合型選抜(AO)	15名	2023年11月6日(月)～11月11日(土)消印有効	11月18日(土)	12月3日(日)
総合型選抜(卒業生子女)	8名			
学校推薦型選抜選抜(指定校・指定地域)	5名			
総合型選抜(研究医枠)	1名			
一般選抜(前期)	72名	2023年12月18日(月) ～ 2024年1月17日(水)消印有効	1月30日(火)*1 1月31日(水)	2月12日(月・祝)*2 2月13日(火)
一般選抜(後期)	10名	2024年1月15日(月)～2月17日(土)消印有効	3月1日(金)	3月11日(月)

*1 試験日自由選択制　*2 出願時に希望日選択

試験時間・配点

集合時間　前期1次：9：10　後期1次：9：40

試験区分		科目	試験時間	時間	配点	合計点	備考
一般選抜(前期)	1次	外国語(英語)	9:30～10:30	60分	100点	350点	*3 調査書含む
		数学	11:10～12:10	60分	100点		
		理科2科目	13:10～14:40	90分	150点		
	2次	小論文	第1次選抜合格者に通知	60分	60点	—	
		面接		1グループ約20分間	110点*3		
一般選抜(後期)	1次	外国語(英語)	10:00～11:00	60分	100点	200点	*3 調査書含む
		数学	11:30～12:30	60分	100点		
	2次	小論文	第1次選抜合格者に通知	60分	60点	—	
		面接		1グループ約20分間	110点*3		

試験会場

試験区分	1次試験	2次試験
総合型・推薦	本学	本学
一般選抜(前期)	本学・東京(東京流通センター)・大阪(大阪アカデミア)・名古屋(TKPガーデンシティ PREMIUM名古屋新幹線口)・福岡(福岡ガーデンパレス)	本学
一般選抜(後期)	本学・東京(東京流通センター)・大阪(天満研修センター)	本学

合格発表日

試験区分	1次試験	2次試験	手続締切	辞退締切
総合型・推薦	11月22日(水) 17:30	12月7日(木) 17:30	12月14日(木) 15:00	
一般選抜(前期)	2月6日(火) 17:30	2月15日(木) 17:30	2月22日(木) 15:00	3月30日(土) 12:00
一般選抜(後期)	3月5日(火) 17:30	3月13日(水) 17:30	3月21日(木) 15:00	3月30日(土) 12:00

合格発表方法

試験区分	1次試験	2次試験
総合型・推薦	ネット一覧・郵便(合格者)	ネット一覧・郵便(合格者)
一般選抜(前期)	ネット一覧・郵便(合格者)	ネット一覧・郵便(合格者)
一般選抜(後期)	ネット一覧・郵便(合格者)	ネット一覧・郵便(合格者)

入試情報

過去3年間入学者現浪比

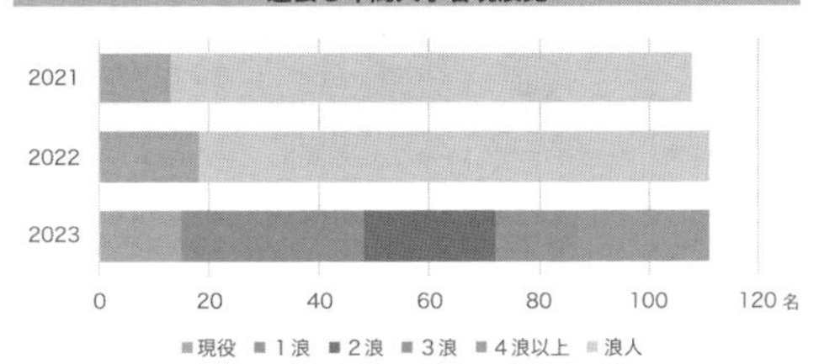

	2021	2022		2023
現役	13名 (12.0%)	18名 (16.2%)	現役	15名 (13.5%)
浪人	95名 (88.0%)	93名 (83.8%)	1浪	33名 (29.7%)
			2浪	24名 (21.6%)
			3浪	15名 (13.5%)
			4浪以上等	24名 (21.6%)
入学者	108名	111名		111名

2023年度合格者現浪比

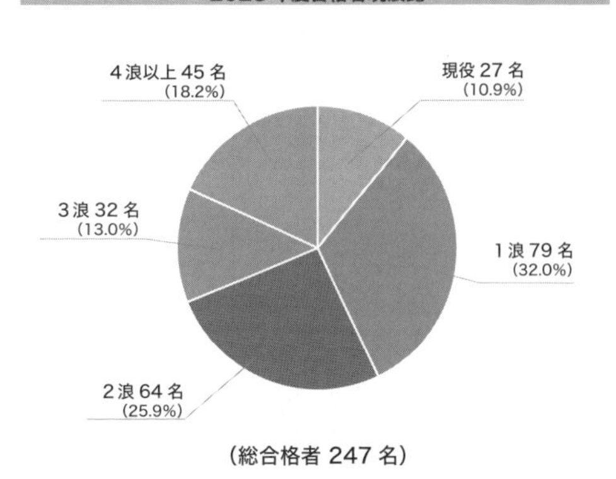

面接

メルリックス学院生からのアンケートをもとに作成しています

■ 所要時間　グループ討論15～20分

■ 面接の進行

はじめに面接官を背にして受験生が壁に向い、課題文を読み自分で要点をメモする。制限時間は7分。その後、課題文を置き、メモだけを持って面接室に移動。それぞれの机の上に質問シートが置かれており、質問の答と自分が話し合いたい討論のテーマを考える時間が2分間与えられる。順番に答えた後に討論スタート。

- 謝罪とは
- 空はなぜ青いのかとバクテリアの発見
- 自信を持つこと
- 診察の最後に患者に質問があるか聞くこと
- 科学者像について
- 制服について

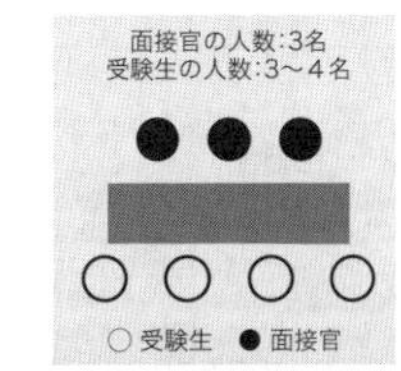

課題文は医療や社会問題に関するテーマだけでなく抽象的なものも出題される。討論の様子はビデオで撮影されているが意識する必要はない。時間が来たら討論の途中でもその場終了となる。

金沢医科大学　医学部医学科

一般選抜（前期１日目）出題傾向分析

数学　標準　確率やグラフ・図形絡みの出題頻度が高い。基礎の理解をしっかり

区分	解析系									図形系					その他				
	I	I・II	II	II	II	B	III	III	III	I	II	B	III	III	I	A	A	A	B
分野名	二次関数	数と式	指数・対数	三角関数	微分・積分	数列	いろいろな関数と極限	微分	積分	三角比	図形と方程式	ベクトル	いろいろな曲線	複素数平面	データの分析	整数	場合の数	確率	確率分布
2023								○	●		○	○						○	
2022					○				○			○						○	
2021					○	○			○									○	
2020					○				○			○						○	
2019						○			○		○							○	

2023年度の出題分析

出題形式	マーク
知識量	★★★
スピード	★★★
記述力	―
応用力	★★★

傾向　誘導形式の大問が4題。'16以降[1]は毎年確率の問題が出され、'16～'20は確率に図形や他の単元の絡んだやや総合的な問題が出されている。'16以降は中堅私大～上位私大レベル典型問題の解法がしっかり身についていれば解ける素直な問題ばかりである。また図形やグラフの絡んだ問題の出題頻度が高い。'23の[1]の確率は対数を絡めた問題だが、基本的にはサイコロを振った問題なので、表などを利用して手早く解き進めたい。難問を解くための解法・テクニックは必要なく、上位私大レベルの典型問題の解法をしっかり理解して身につけ、そのレベルの問題を解き慣れているかが試される出題となっている。

対策　'16以降はどれも中堅私大～上位私大レベル。まず中堅私大レベル典型問題の解法は一通り身につけ基礎レベルでの穴をなくし、その上で上位私大レベル典型問題や少しひねりのある問題までこなしておこう。図形やグラフの絡んだ問題が多いので、図形やグラフ絡みの問題は総合的でやや考えさせる問題もこなしておくべき。また、'16から8年連続で[1]で出されている「確率」も上位私大レベル典型問題でやや総合的な問題までしっかりやっておいたほうが良い。一見面倒そうでも誘導に乗れば楽に解ける問題や図を描いて考えると意外にあっさり解ける問題も目立つ。誘導と時間配分に慣れるためにも過去問でこの大学の問題に慣れておこう。

英語　標準　長文のみの出題、過去問をできる限り遡り形式に慣れておこう

区分	読解						文法・語法						表現・作文		会話		
分野名	和訳	内容真偽	内容説明	空所補充	脱文挿入	文整序	表題選択	短文完成	語句整序	誤り指摘	語定義	発音・アクセント	同意・反意語句	英訳	テーマ型英作文	応答選択	空所補充	内容真偽
2023		●		●								●	●					
2022		●		●	●							●	●					
2021		●		●								●	●					
2020		●		●	●							●	●					
2019		●		●	●							●	●					

2023年度の出題分析

出題形式	マーク
知識量	★★★
スピード	★★★★
記述力	―
応用力	★★★

傾向　'22から大問は4題から3題に減り、今年度も3題。時間は60分。'19よりオールマーク式の長文のみという形式は変わっていない。問題は、内容真偽、空所語句補充、同意表現、代名詞の指しているものの指摘、発音・アクセント、下線部の動詞を指摘させるものなどてんこ盛りである。しかし大問が一つ減り、一題20分の計算になるので時間がギリギリということはないだろう。3題中2題でグラフや表の問題が扱われているがこれも例年通りである。問題文は全て英語で書かれており、一見難しそうに見えるが、肝心な点は大文字で強調されているおり、一つ一つ丁寧に解けばそれほど難しくはない。

対策　'22からは長文3題のみの出題なのでそれに合わせた対策が必要だ。長文といえどもその中に文法や語彙、イディオム、発音やアクセントまで盛りだくさんなので、文法標準レベルの問題集などはやっておこう。必ず複雑な構文の本動詞を問われる問題が出るので、本動詞はどこにあるのかをいつも頭の中で意識しながら読んでいこう。長文のトピックは医学系のものだけとは限らないので、様々なトピックの問題を触れておくと良い。問題文が英文なので、医大ならば関西医大や近畿大や慈恵医大などの類似した形式に慣れておき、また医大に限らず他の私立の過去問などもやっておこう。図表が出題されやすいので、東京女子医大もやってみるとよい。

化学　やや易　教科書レベルの基本をマスターし、過去問題に徹底的に慣れる

区分	理論										無機		有機					
分野名	原子の構造・化学結合	化学量と化学式	物質の三態・気体の法則	溶解度・濃度	コロイド・希薄溶液	化学反応と反応熱	酸と塩基の反応	酸化・還元	電池・電気分解	反応の速さと化学平衡	周期表と非金属元素	金属元素	脂肪族	芳香族	糖	アミノ酸とタンパク質	生命化学	合成高分子化合物
2023	●							●	○	●	●	●	○			○		
2022	●						○				●		○			○		
2021	●			●				●		●	●		●	○	●	○		
2020	●	●		●			●	●	●					●		●		
2019	●	●					●	●	●			●	●	●	●	●		

2023年度の出題分析

出題形式	マーク
知識量	★★★
スピード	★★★
記述力	―
応用力	★★★

傾向　理科2科目で90分、小問5題、大問3題は'21・'22と変わっていない。解答時間の割には計算問題がやや多く、うまく時間配分する必要がある。全問マーク式だが、選択問題では「すべて選びなさい」形式があり、消去法が通用しない問題も少なくない。幅広く穴のない正確な知識が要求されている。水の電離度を求める問題はやったことがあるか無いかで差がついただろう。計算問題ではポリペプチドから集中して4問出題されていたが、最後の設問だったので時間配分を失敗すると完答できない可能性があった。問題レベルとしては、いずれも重要問題集などの標準的な問題集に載っているものがほとんどである。

対策　語句問題に関しては教科書の重要語句からの出題がほとんどなので、すべての分野において穴の無い学習が必要である。次に教科書傍用問題集などを利用して、典型問題を迷わず素早く解答できるように演習を積んでおきたい。また、有機分野では天然高分子（糖類・タンパク質・アミノ酸）から頻出なので十分対策しておきたい。2科目90分で解かなければならないことを考えると、正解できると判断した問題をスピーディーに解答したい。高得点が可能な問題レベルではあるが、問題形式に慣れておかないと時間切れで折角の高得点を逃すことになりかねない。過去問を演習して、金沢医科大学特有のマーク形式に十分慣れておくことが必須である。

生物　やや難　2科目90分、問題は平易であるがミスが許されない。正確な解答を

区分	細胞		代謝		遺伝子			体内環境			生殖・発生			環境応答				生態系				進化・系統		
分野名	細胞の構造と組織	細胞膜の構造と物質輸送	タンパク質の構造と酵素反応	同化と異化	細胞周期とDNA合成	遺伝子の発現と調節・変異	バイオテクノロジー	体液・循環系の構成と働き	自律神経とホルモンによる調節	生体防御	配偶子形成と生殖・遺伝	初期発生と形態形成	幹細胞と再生	刺激の受容と感覚	神経系と筋肉	動物の行動	植物生理	バイオームの遷移と分布	個体群と相互作用	物質生産と物質循環	自然環境	地球の発展と古典的生物進化	分子進化と集団遺伝	生物の系統と分類
2023		●	●	○		●		○	●			●			●	●	●		●				●	
2022		●		●		○	●					●			●		●				●			●
2021	●			●	●	●	○	●				●			○		●		●		●			
2020				●			●	●	○					●			●			●		●	○	
2019	●		●		●			●	●		○				●	○	●		●				●	

傾向　まず大きな傾向として、例年大問3題の出題である。他大学と違い2科目90分、1科目平均45分と試験時間が短い。しかし問題は教科書の章末問題や教科書準拠の問題集の基本問題程度であり平易である。合格最低点が7割程度とミスが許されない出題となっている。次に'22の出題内容について記載する。[1]は小問集合が7問であり、浸透圧、原核生物のタンパク質合成、ウニの受精、血縁度、葉の老化、分子系統樹、アメフラシのえら引っ込め反射についてと幅広い分野から出題された。[2]は呼吸と酵素について出題された。[3]は腎臓に関する問題が出題された。

対策　多くの問題が基礎・基本的な内容の知識を問う内容である。しかし、生物用語の意味や使い方・生活環・分類・計算なども出題されるので、分野に穴の無いように知識をつけたい。生物用語を覚えた上で、図説に載っているような実験問題はそのまま出題されるため内容を押さえておきたい。そのためには、教科書を十分に読んで、図を覚えることはもちろん、全体の流れも覚えるようにすると良い。また、図説に載っている人の名称と業績はセットにしてまとめるとよい。同時に、実験内容や分類の基準なども覚え、問題集の基本～標準問題で確認しながら勉強を進めるという方法をとることがよいだろう。進化、分類、生態系などの手薄になりがちの分野についてもしっかり対策をしておこう。

物理　やや易　試験時間が45分だが解ききれるので焦らずに解くことが大切!!

区分	力学						電磁気学					波動			熱力学			原子		
分野名	等加速度運動・運動方程式・慣性力	力のモーメント・重心	運動量と力積・仕事とエネルギー	円運動・遠心力	単振動	万有引力とケプラーの法則	電場と電位	コンデンサー	直流回路	磁場・電磁誘導	交流回路・電気振動・電磁波	波の性質	音波	光波	熱量と温度	気体分子運動論	気体の状態変化	粒子性と波動性	原子の構造	放射線・核反応
2023					○			○												
2022				○	○															
2021	○						○						○				○			
2020					○							○								
2019	●		○						●						○					○

2023年度の
出題分析
出題形式 マーク
知識量 ★★★
スピード ★★★
記述力 ー
応用力 ★★★

傾向　大問2題で構成され、力学、電磁気が出題されている。力学は上に板を取り付けた鉛直なばねに小球を自由落下させたときの衝突と単振動の問題で、2回目の衝突点が板のはじめの高さであることから小球の元の高さなどを問われる問題も含まれている。電磁気は2つの電池、3つのコンデンサー、2つの抵抗、2つのスイッチからなる直流回路の問題となっている。全体的に典型的な問題で、一度は解いたことがある問題ばかりであり、日頃の学習の成果が出る問題である。単振動と直流回路でのスイッチの切り替えは、苦手とする受験生もいるが解けるようにしておくべき問題である。試験時間は45分であるが問題数は多くないので、解ききることはできるだろう。

対策　基本～標準問題をしっかり解いておこう。出題範囲は広く、一般に出題の少ない問題、見慣れない問題が出題されることもあるので注意しよう。見慣れない問題であっても特別な法則があるわけではないので、特別な勉強は必要ない。難問ではないので、柔軟に考え、あせらず問題を読み、内容を正しく把握すればよい。また、誘導がつく時もあるので、誘導にのれるだけの読解力も鍛えておくことが大切である。基本～標準問題が中心であり、テンポよく問題を解けば、解ききることは可能だが、年によっては時間が足りなくなる場合がある。'20から試験時間が45分となっているので、問題を解く順序や時間配分に注意しながら解くことが大切である。

小論文　資料文型　図表型　読解したことを200字以内で要約し意見も述べる力が求められる

年度	試験区分	内容	字数	時間
23	一般前期(1日目)	上岡直見『自動車の社会的費用・再考』からの出題。設問１要約。設問２人口集中地区の人口密度と交通事故死者との関係を示したグラフを見てこのような結果になった原因を考察する。	200字/200字	60分
	一般前期(2日目)	濱島淑恵「子ども介護者ヤングケアラーの現実と社会の壁」よりｍ設問１要約。設問２「高校生の家庭生活と学校生活に関する調査報告書」のグラフ２種類からヤングケアラーへの支援を考察する。		
	一般後期	小澤祥司『うつも肥満も腸内環境に訊け』より設問１要約。設問２腸内細菌に関する実験（女性の双子４組とマウスを用いた）と結果を表すグラフどんなことが言えるか考察する。		
22	一般前期(1日目)	荒牧勇『脳をみれば能力が分かる？』（宮崎真他編『日常と非日常からみる　こころと脳の科学』より　問１.要約。問２.問にある図を読み取り、研究結果について説明する。	200字/200字	60分
	一般前期(2日目)	鈴木宏明『認知バイアス　心に潜む不思議な働き』より　問１.要約。　問２.問にある実験結果のグラフの結果について、資料文（図を含む）を参考にして原因を説明する。		
	一般後期	渡辺正峰『脳の意義　機械の意義』より　問１.要約。　問２.問にある図（錯視例）の錯覚と、資料文を参考にしてその要因を説明する。		
21	一般前期(1日目)	山本太郎『感染症と文明ー共生への道』より　問１.要約。　問２.図をみてこの結果について理由を問題文に基づいて説明する。	200字/200字	60分
	一般前期(2日目)	山本太郎『新型インフルエンザ　世界がふるえる日』より　問１.要約。　問２.日本の流行は欧米より少数だったという減少について基本生産数を踏まえた仮説を述べる。		
	一般後期/総合選抜	今井むつみ『学びとは何か　ーー（探求人になるために）』問１要約。問２.図を見てこの結果について理由を問題文に基づいて説明する。		

金沢医大は長きに渡り300字要約のみの設問だったが　'20から、問1.要約、問2.意見を述べるものとなった。要約、意見ともに200字なので、ごく簡潔にまとめる練習をしておこう。また'22,'21ともに資料文ではなく、設問に図表がついているので、長めの資料文の読解と、設問要求に答えるための時間配分に気をつけたい。国立大を含めて、類似の形式の過去問はないので金沢医科大の2年分に取り組んでおくこと。'20の山口育子は、'19の川崎医大と同じ著者。大阪のCOMLという患者と医師をつなぐ役割を果たす団体。川崎医大は研修医と模擬患者の会話が取り上げられ、医師の対応における問題点の有無を書くというものだった。前述のように、この2年対策として要約は北里大学の資料文を使うとよい。'21は、テーマ型だった大学でも資料文型や図表型になった大学が複数校見られたのでそういった過去問を使うのも良いだろう。

愛知医科大学　医学部医学科

学部所在地	〒480-1195　愛知県長久手市岩作雁又1-1
交通手段	地下鉄東山線藤が丘駅より名鉄バス約15分
学長	祖父江　元
設立年度	[昭和47年] 愛知医科大学開学

入試問い合わせ先

担当部署　医学部事務部入試課
電話番号　0561-61-5315（直通）

医師国家試験状況

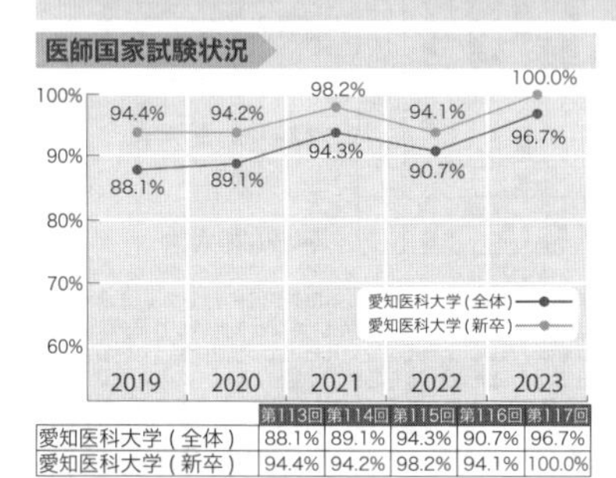

	第113回	第114回	第115回	第116回	第117回
愛知医科大学（全体）	88.1%	89.1%	94.3%	90.7%	96.7%
愛知医科大学（新卒）	94.4%	94.2%	98.2%	94.1%	100.0%

設置学部

看護学部

主な附属病院

愛知医科大学病院
愛知医科大学メディカルセンター
愛知医科大学メディカルクリニック
・その他関連施設
加齢医科学研究所／分子医科学研究所
研究創出支援センター／災害医療研究センター
国際交流センター／産業保健科学センター
運動療育センター／薬毒物分析センター
学際的痛みセンター／医学教育センター
シミュレーションセンター／総合医学研究機構
医学部IR室

2023年度入学者

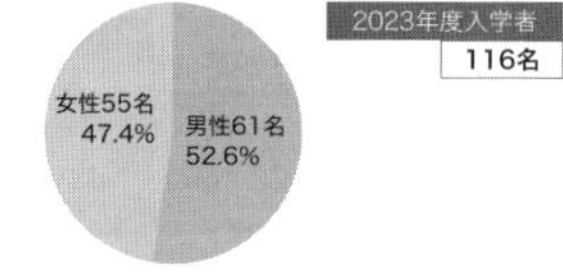

2024年度学納金

1年次	入学金	¥1,500,000
	授業料	¥3,000,000
	施設設備費	¥1,000,000
	教育充実費	¥2,700,000
	初年度納入金総額	¥8,200,000
	入学時最低納入金	¥6,200,000
2年次以降の年額		¥5,200,000
6年間の総額		¥34,200,000

繰上げ合格

合格者発表と同時に補欠者を発表し、募集人員に欠員を生じたときは、補欠者のうちから繰上合格者を決定し、随時連絡します。

補欠順位

あり

成績開示

あり

寄付金

教育・研究の施設・設備等の充実のため、別に定める募集趣意書により、入学後に大学債及び寄附金を募集します。任意ではありますが、是非ご協力をお願いします。

入試結果

			2023	2022	2021
一般	募集人員		約65	約65	約65
	志願者数		1,392	2,040	2,244
	受験者数	A	1,327	1,989	2,179
	一次合格者数	B	402	409	445
	一次合格倍率	A/B	**3.3**	**4.9**	**4.9**
	二次受験者数		341	398	428
	正規合格者数	C	130	188	181
	正規合格倍率	A/C	**10.2**	**10.6**	**12.0**
	補欠候補者数		1次:152 2次:59	1次:137 2次:73	1次:106 2次:137
	繰上合格者数	D	89	137	94
	総合格者数	C+D	**219**	**325**	**275**
	合格実質倍率	A/(C+D)	**6.1**	**6.1**	**7.9**
	入学者数		65	63	66
	合格最高点		418/500	414/500	406/500
	合格最低点		251/500	281/500	262/500
共テ前期	募集人員		約15	約15	約15
	志願者数		809	603	713
	受験者数	E	803	594	705
	一次合格者数	F	264	276	251
	一次合格倍率	E/F	**3.0**	**2.2**	**2.8**
	二次受験者数		102	122	115
	正規合格者数	G	38	30	31
	正規合格倍率	E/G	**21.1**	**19.8**	**22.7**
	補欠候補者数		1次:39 2次:25	1次:46 2次:46	1次:48 2次:36
	繰上合格者数	H	26	30	50
	総合格者数	G+H	**64**	**60**	**81**
	合格実質倍率	E/(G+H)	**12.5**	**9.9**	**8.7**
	入学者数		15	16	15
	合格者平均点		578.0/700	530.8/700	598.0/700
共テ後期	募集人員		約5	約5	約5
	志願者数		116	57	63
	受験者数	I	114	57	62
	一次合格者数	J	68	45	42
	一次合格倍率	I/J	**1.7**	**1.3**	**1.5**

			2023	2022	2021
共テ後期	二次受験者数		36	30	25
	正規合格者数	K	6	5	5
	正規合格倍率	I/K	**19.0**	**11.4**	**12.4**
	補欠候補者数		1次:24 2次:6	1次:19 2次:6	1次:17 2次:3
	繰上合格者数	L	1	3	8
	総合格者数	I/L	7	8	13
	合格実質倍率	I/(K+L)	**16.3**	**7.1**	**4.8**
	入学者数		5	6	5
	合格者平均点		651.5/800	599.1/800	685.0/800
地域枠B	募集人員		約5	約5	約5
	志願者数		47	41	35
	受験者数	M	47	41	35
	一次合格者数	N	39	37	28
	一次合格倍率	M/N	**1.2**	**1.1**	**1.3**
	二次受験者数		26	37	27
	正規合格者数	O	6	8	5
	正規合格倍率	M/O	**7.8**	**5.1**	**7.0**
	補欠候補者数		20	29	22
	繰上合格者数	P	6	17	8
	総合格者数	O+P	**12**	**25**	**13**
	合格実質倍率	M/(O+P)	**3.9**	**1.6**	**2.7**
	入学者数		6	8	5
	合格者平均点		587.7/700	549.6/700	599.2/700
公募制推薦	募集人員		約20	約20	約20
	志願者数		79	96	106
	受験者数	Q	77	95	105
	合格者数	R	20	20	20
	実質倍率	Q/R	**3.9**	**4.8**	**5.3**
	入学者数		20	20	20
地域枠A	募集人員		約5	約5	約5
	志願者数		12	12	25
	受験者数	S	12	12	25
	合格者数	T	4	2	5
	実質倍率	S/T	**3.0**	**6.0**	**5.0**
	入学者数		4	2	5

(注) 合格最高点・最低点・平均点は正規および繰上合格者を対象

2024年度　募集要項

愛知医科大学 医学部医学科

入試日程

試験区分	募集人員	出願期間	試験日	
			1次試験	2次試験
推薦型(公募制)	約20名*1	2023年11月1日(水)～11月10日(金)消印有効	11月25日(土)	
推薦型(地域枠A)	約5名*2			
一般	約65名	2023年12月4日(月)～2024年1月4日(木)消印有効	1月16日(火)	1月31日(水)*3 2月1日(木)
共テ利用(前期)	約15名	2023年12月4日(月)～2024年1月12日(金)消印有効	共通テスト	2月22日(木)
共テ利用(後期)	約5名*2	2023年12月4日(月)～2024年2月28日(水)消印有効		3月12日(火)
共テ利用(地域枠B)	約5名*2	2023年12月4日(月)～2024年2月28日(水)消印有効		3月12日(火)

*1 国際バカロレア選抜若干名を含む　*2 A方式・B方式合わせて10名を選抜　*3 出願時に希望日選択

試験時間・配点

集合時間　8：30～9：00

試験区分		科目	試験時間	時間	配点	合計点	備考
一般選抜	1次	理科2科目	9:30～11:10	100分	200点	500点	
		数学	12:30～13:50	80分	150点		
		英語	15:00～16:20	80分	150点		
	2次	小論文	12:10～13:10	60分	5段階評価	—	
		面接*4	午前の部　9:00～11:40 午後の部　13:30～	—	5段階評価		

試験会場

試験区分	1次試験	2次試験
推薦	本学	
一般	名古屋(名古屋コンベンションホール)・東京(東京流通センター)・大阪(ナレッジキャピタルコングレコンベンションセンター)・福岡(福岡ファッションビル)	本学
共テ利用(前期)		本学
共テ利用(後期)		本学

合格発表日

試験区分	1次試験	2次試験	手続締切	辞退締切
推薦	12月7日(木)18:00頃		12月19日(火)	
一般	1月25日(木) 11:00頃	2月8日(木) 18:00頃	2月19日(月)	3月31日(日) 17:00必着
共テ利用(前期)	2月8日(木) 18:00頃	2月29日(木) 18:00頃	3月8日(金)	3月31日(日) 17:00必着
共テ利用(後期)	3月7日(木) 11:00頃	3月14日(木) 18:00頃	3月22日(金)	3月31日(日) 17:00必着

合格発表方法

試験区分	1次試験	2次試験
推薦	ネット照会・郵便(合格者)	
一般	掲示・ネット一覧・ネット照会	ネット照会・郵便(合格者)
共テ利用(前期)	掲示・ネット一覧・ネット照会	ネット照会・郵便(合格者)
共テ利用(後期)	掲示・ネット一覧・ネット照会	ネット照会・郵便(合格者)

入試情報

過去3年間入学者現浪比

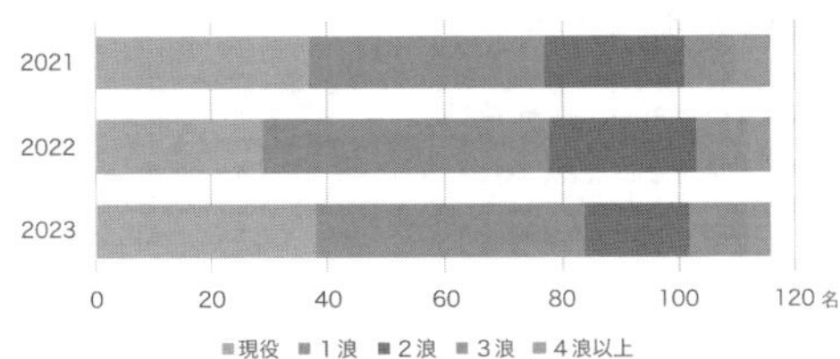

	2021	2022	2023
現役	37名 (31.9%)	29名 (25.0%)	38名 (32.8%)
1浪	40名 (34.5%)	49名 (42.2%)	46名 (39.7%)
2浪	24名 (20.7%)	25名 (21.6%)	18名 (15.5%)
3浪	9名 (7.8%)	9名 (7.8%)	10名 (8.6%)
4浪以上	6名 (5.2%)	4名 (3.4%)	4名 (3.4%)
入学者	116名	116名	116名

2023年度合格者現浪比

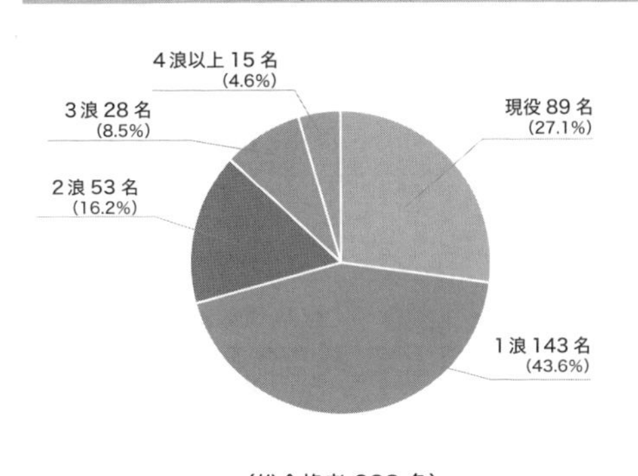

(総合格者 328名)

面接

メルリックス学院生からのアンケートをもとに作成しています

■ 所要時間　個人20～30分

■ 面接の進行

【質問内容】

＜個人＞

・医師志望理由
・本学志望理由
・共通テストの得点
・併願校とその結果
・自己管理について
・努力できることは才能だと思うか
・相手と意見がぶつかったらどうするか
・誠実という言葉についてどう思うか
・医師になる上での長所と短所3つずつ
・文章、詩、写真、絵を見せられて状況を説明する

面接官の人数:3名
受験生の人数:1名

○ 受験生　● 面接官

私立医学部の中では長く丁寧な面接が行われる。圧迫面接と言われることが多いが、実際はひとつひとつの質問に対してとても丁寧に尋ねてくる。考えさせる質問も多いので、答えるまでに少し時間がかかっても落ち着いて自分の考えを伝えたい。

愛知医科大学　医学部医学科

一般選抜出題傾向分析

数学　標準　上位私大～上位国公立大レベルの解法をしっかりと。証明問題も

区分	解析系								図形系					その他				
	I	I・II	II			B	III			I	II	B	III		I	A			B
分野名	二次関数	数と式	指数・対数	三角関数	微分・積分	数列	いろいろな関数と極限	微分	積分	三角比	図形と方程式	ベクトル	いろいろな曲線	複素数平面	データの分析	整数	場合の数	確率	確率分布
2023						●		●	○		○						●		
2022		●				●			○		○	●					●		
2021		●				○		○				●	●					●	
2020			○			●		●	●			○		●	●	○	●		
2019		●			○	●		○										●	

2023年度の出題分析

出題形式	記・穴
知識量	★★★
スピード	★★★
記述力	★★★★
応用力	★★★

傾向　[1]は完成式の中問集合。1題の中にさらに小問が2～3問。[2]以降記述の大問2～3題。微分・積分は最頻出。場合の数・確率が絡んだ問題も頻出。球面の絡む問題も多い。他には数列、ベクトル、整数も頻出。証明問題も時々出される。難易度に波はあるが、上位私大～上位国公立大レベルの典型問題に近い問題が多い。'21から難度が上がり、問題の解法そのものは上位私大～上位国公立大レベルで典型問題そのままではなく、若干ひねりがある問題や、図形やグラフの位置関係などをじっくり考えて解かせる問題も目立っている。'23も同様で「あまり見たことがない問題だが、問題の意図を読み取れれば典型問題の解法で解ける」問題が目立った。

対策　上位私大レベル典型問題の解法を身につけその場で考えれば解ける問題が多いが、上位国公立大で出されそうな問題が出される年もある。'18～20の問題はどれも中堅私大～上位私大レベルだが、'21以降は上位私大～上位国公立大レベルで典型問題そのままではなくじっくり考えて解かせる問題が目立っている。また、国公立大で出されそうな証明問題が出ることもある。まず上位私大レベルについてはどの単元も典型問題の解法は暗記でなくしっかり理解した上で身につけ、その上で、特に頻出である微分・積分、場合の数・確率、ベクトル、数列、整数等については、上位国公立大レベルの問題や総合的な問題を解いて応用力・実戦力をつけておこう。

英語　標準　出題は特徴的、近年の過去問研究とイディオム力の強化が必須

区分	読解							文法・語法						表現・作文		会話		
分野名	和訳	内容真偽	内容説明	空所補充	脱文挿入	文整序	表題選択	短文完成	語句整序	誤り指摘	語定義	発音・アクセント	同意・反意語句	英訳	テーマ型英作文	応答選択	空所補充	内容真偽
2023		●		●				○	○									
2022		●		●				○	○									
2021		●		●				○	○									
2020		●		●				○	○									
2019		●		●			●	○	○									

2023年度の出題分析

出題形式	マーク
知識量	★★★★
スピード	★★★★
記述力	―
応用力	★★★

傾向　80分で大問7題。全マーク問題。今年も愛知医大らしい問題となった。[1]短い会話形式の空所補充で各2箇所に入る語の組み合わせの選択　[2]定義文から単語のスペルを完成させる問題　[3]語句整序で空所に入る語の組み合わせの選択　[4]短文中の適切な位置に1語を挿入させる脱語(句)挿入　[5]～[7]はどれも短めの長文で、内容真偽、空所適語補充、語句整序、同意表現など。[1]はややハイレベルな表現も含まれている。[2]は標準的な語彙力があればどれも平易。[3]は不要語句ありで、しっかりした文法・語法力が必要。[5]～[7]の長文の穴埋め問題は同じものは使えなく、一つ間違えるともう一つ間違えてしまうので注意が必要。

対策　参考書にはあまり載っていない英語表現があるが、そういう問題は他の受験生もできないことが多いのでなるべく気にせず、取れるところをしっかり取るようにしよう。問題量が多いので[1]で時間を取らずサクサク行こう。[2]は単語を知っているか否かの問題なので落とさないよう。[3]の整序問題は一語不要なので多少時間がかかる。たくさんの整序問題の練習をしておこう。[4]は品詞と文法と意味に従って考えれば難しくはないので過去問などを使ってこの形式に慣れておこう。長文は短いが1問間違えると自動的に2問間違えることになるので、慎重に解く必要がある。しかし長文3題あるのでスピードも必要となる。過去問を解いてこの形式に慣れておこう。

化学　標準　幅広い知識を身に付け、題意を正確に読み取る学習が肝要

区分	理論										無機		有機					
分野名	原子の構造・化学結合	化学量と化学式	物質の三態・気体の法則	溶解度・濃度	コロイド・希薄溶液	化学反応と反応熱	酸と塩基の反応	酸化・還元	電池・電気分解	反応の速さと化学平衡	周期表と非金属元素	金属元素	脂肪族	芳香族	糖	アミノ酸とタンパク質	生命化学	合成高分子化合物
2023	●								●		●	○	○					
2022	●		○						●			○			●			
2021									○				○		○			
2020							○						●	●				○
2019					●			○						○	●			

2023年度の出題分析

出題形式	記・穴
知識量	★★★
スピード	★★★
記述力	★★★
応用力	★★★

傾向　昨年と同様に、'23も大問2題であった。[1]はアルミニウムを中心とする金属元素に関する問題であったが、(8)は溶融塩電解の計算問題、(9)は面心立方格子の計算問題、(11)は化学量の計算問題、(12)は熱化学方程式の計算問題が含まれていた。[2]は有機化学の脂肪族分野からアルコールの性質を中心に脱水反応とザイツェフの法則・付加反応・置換反応に関する推定問題が出題され、計算問題はほとんど含まれていなかった。問題レベルは昨年度よりやや易化傾向がみられ、いずれも基本から標準的な問題が多かった。2科目100分であることを考えると、受験生にとって時間にやや余裕があったと思われる。

対策　'23は設問内容が基本から標準的な問題で時間的に余裕があったが、'24はやや難化することを想定して準備しておきたい。対策としては、まず教科書レベルの知識内容をしっかりと押さえて十分反復学習しておく必要があるだろう。また、典型問題を時間を計って数多く解き、標準的な問題に素早く対応できる力を身に付けておきたい。特に長めの文章を読み取る能力を養うことが、余裕をもって解答できる秘訣となるだろう。計算問題に関しては、計算が複雑にならないよう工夫されている問題が多いが、簡単なものばかりでは無いので注意を要する。知識面では、重要語句集などを活用して十分な学習を心掛けたい。

生物　標準　データを読めるだけではなく、現象の説明を記述できるようになること

区分	細胞		代謝		遺伝子			体内環境			生殖・発生			環境応答				生態系				進化・系統		
分野名	細胞の構造と組織	細胞膜の構造と物質輸送	タンパク質の構造と酵素反応	同化と異化	細胞周期とDNA合成	遺伝子の発現と調節・変異	バイオテクノロジー	体液・循環系の構成と働き	自律神経とホルモンによる調節	生体防御	配偶子形成と生殖・遺伝	初期発生と形態形成	幹細胞と再生	刺激の受容と感覚	神経系と筋肉	動物の行動	植物生理	バイオームの遷移と分布	個体群と相互作用	物質生産と物質循環	自然環境	地球の発展と古典的生物進化	分子進化と集団遺伝	生物の系統と分類
2023				○		○		●										○	●					
2022					●	●	●	○																○
2021	●					○								○	●	○	●							
2020					○	●	○	○	○			●												●
2019	○		●			●	●	○	●		●	○					●							

2023年度の出題分析

出題形式	記述
知識量	★★★
スピード	★★★
記述力	★★★
応用力	★★★

傾向 まず大きな傾向として、例年大問3題となっている。問題自体の難易度は高くはなく、出題されるテーマは一般的なものが多い。現象の説明を記述させる問題が多数ある。また'22では出題されていなかったが、グラフの作図や図示をさせる問題なども過去に出題されていた。知識を問われる問題と実験考察問題がバランスよく出題されている。次に'23の出題内容について記載する。[1]は森林の植生と個体群の成長と相互作用に関する問題が出題された。[2]はファージの実験やコドン表の作成に関する実験の出題であった。[3]は会話文形式による呼吸や発酵、ミオグロビンとヘモグロビンの酸素解離曲線についての出題があった。

対策 グラフの作成や現象の説明、図示など様々な表現力を求められる。知識をつけるときに教科書や図説に載っているような一般的なグラフや図は描けるようにしておくとよいだろう。また、図説を注意して読むことが必要である。図説には多くの実験例題とグラフや解説が載っているので、隅々まで読んでおくと、実験の内容やグラフの読み方が分かってくる。また、有名な実験やグラフはまとめておき、入試直前に見直すと、試験で同じ実験やグラフがでるかもしれない。語句の確認は必要であるが、計算力も身につけ、基本的な計算問題はミスしないようにしよう。また、演習としては問題集の実験問題を多く解くことを勧める。受験の有無に関わらず他大学私立医学部や国公立の二次試験の問題を解くのもよいだろう。

物理　標準　解き慣れない問題の出題もあるので、読解力を上げておこう!!

区分	力学						電磁気学					波動			熱力学			原子		
分野名	等加速度運動・運動方程式・慣性力	力のモーメント・重心	運動量と力積・仕事とエネルギー	円運動・遠心力	単振動	万有引力とケプラーの法則	電場と電位	コンデンサー	直流回路	磁場・電磁誘導	交流回路・電気振動・電磁波	波の性質	音波	光波	熱量と温度	気体分子運動論	気体の状態変化	粒子性と波動性	原子の構造	放射線・核反応
2023			○					○						○						
2022					○		○						○							
2021			○							○				○						
2020				○					○									○		
2019					○					○							○			

2023年度の出題分析

出題形式	記述
知識量	★★★
スピード	★★★
記述力	★★★
応用力	★★★

傾向 大問3題で構成され、力学、波動、電磁気、熱力学からの出題である。力学はモンキーハンティングの問題で、全体の重心の座標や速度も問われている。波動はヤングの実験をテーマにした内容で、変位の式が与えられている問題となり、電子のド・ブロイ波長が問われ、暗線の間隔についても問われている。[3]の前半はコンデンサーの問題であり、後半はコンデンサー内の気体の状態変化の問題となっている。基本～標準問題が中心に出題されているが、重心の運動、変位の式、コンデンサー内の気体の状態変化などは解き慣れない受験生もいただろうが、設定をしっかりと読み取れれば解ける。時間に余裕はあまりないので、解ける問題から解いていこう。

対策 基本～やや難度の高い問題をしっかり解いておくこと。'06、'07は難度の高い問題はなく、'05よりも易しくなっていたが、'08、'09は難度の高い問題はないものの'07より若干難度が上がり、'10～'13はやや易化した。'14は難度が上がり、'15、'16は下がったが、'17～'21はより下がり、'22はやや上がっている。見慣れない問題も出題されるが、基本的な知識や法則は変わらないので、焦らず問題の内容を把握し、誘導に乗ることが重要である。そのためには日頃から単に問題を解くだけではなく、内容を把握し、考える習慣をつけておくことが大切である。熱力学の出題は少ないが'19、'23に出題されている。

小論文　テーマ型　資料文型　構想を練る力が求められる

年度	試験区分	内容	字数	時間
23	一般（1日目）	戸田智弘「ものの見方が変わる座右の寓話」から、ある男が「水車を知るには川を知らなければならない」という結論に至った寓話の教訓を説明し、それを材料にして自分が考えたことを記述する。「思考力」「判断力」を問う問題か。	600字以内	60分
	一般（2日目）	良寛作と言われる俳句「散る桜　残る桜も　散る桜」を鑑賞する。ただし、想定される「好意的意見」と批判的意見」をそれぞれ記述し、最後に自分の意見で締めくくる。「思考力」「判断力」ばかりでなく、新課程入試の「主体性」「多様性」「協働性」を意識した出題か。		
22	一般（1日目）	國分功一郎『哲学の先生と人生の話をしよう』より　問．あなたなら、この悩み相談者にどのようなアドバイスをするか記述する。	600字以内	60分
	一般（2日目）	R．D．レイン『自己と他者』より　問．ジルがどう感じるかとその理由から説き起こし、この後の二人の関係をあなたなりの未来予想図として自由に創作する。		
21	一般（1日目）	R．H．カー『歴史とは何か』より　問．下線部の主張をする2人の世に知られた紳士に対し、あなたならどのような意見を返すか。	600字以内	60分
	一般（2日目）	『谷川俊太郎質問箱より』文章内の、「人間はなぜ『国』を持たねばならないか、所属しない人は「無国籍者」で悪いのかといった問いかけについて考えを述べる。		

ここのところ、独自のテーマ型から資料文型が中心となってきた。'22は1日目と2日目の資料文の長さが1対5ほど違うが、設問は資料文が短い2日目の方がいろいろ要求が多い。テーマ型の時も含め、自分で構想を練るところにポイントがある。生徒に小論文の課題を聞いた時は、オリジナルのテーマ問題かと思ったが、R･D･レインが使われていており、資料文は4行と少し。設問が2行半である。もう一日は資料文が長く、こちらは他者の気持ちを推察の上、どう答えるかという設問である。このように相手に対してどう答えるのかという設問も見かけるので、今後医師となったときの患者との問答を踏まえて考えを述べるようにしたい。'21は谷川俊太郎の文章だったが、埼玉医科大でも出題された。かつて順天大、東海大では詩や絵が使われている。今回、解釈が難しいと思われる。'20は両日ともテーマ型であるが、1日目は結構長い。毎年、テーマはユニークである。じっくり構想を練り、分かりやすい構成を心がけたい。

藤田医科大学　医学部医学科

学部所在地　〒470-1192　愛知県豊明市沓掛町田楽ヶ窪1番地98
交通手段　名鉄名古屋本線前後駅よりバス15分
地下鉄桜通線徳重駅よりバス16分
理事長　星長　清隆
創設者　藤田　啓介
設立年度　［昭和47年］名古屋保健衛生大学医学部開学

入試問い合わせ先
担当部署　医学部入試係
電話番号　0562-93-2493

医師国家試験状況

	第113回	第114回	第115回	第116回	第117回
藤田医科大学（全体）	93.8%	94.2%	96.4%	95.7%	96.6%
藤田医科大学（新卒）	96.5%	94.6%	98.1%	96.5%	98.2%

設置学部

医療科学部
保健衛生学部

2023年度入学者

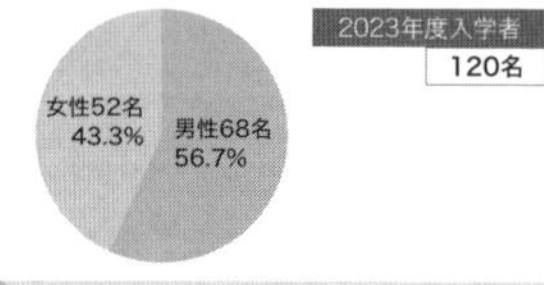

主な附属病院

藤田医科大学病院
藤田医科大学ばんたね病院
藤田医科大学七栗記念病院
藤田医科大学岡崎医療センター
・その他関連施設
藤田医科大学東京 先端医療研究センター
藤田医科大学 羽田クリニック
総合救命救急センター／中部国際空港診療所
総合医科学研究所
ダビンチ低侵襲手術トレーニング施設
低侵襲画像診断・治療センター／研究支援推進本部
地域包括ケア中核センター／がん医療研究センター

2024年度学納金

1年次	入学金	¥1,500,000
	授業料	¥2,500,000
	教育充実費	¥1,800,000
	実験実習教材費	¥500,000
	初年度納入金総額	¥6,300,000
	入学時最低納入金	¥6,300,000
2年次以降の年額		¥4,700,000
6年間の総額		¥29,800,000
※その他諸経費（1年次）		¥296,000

繰上げ合格

補欠者には合格発表と同時にインターネット出願画面のマイページに「補欠通知書」をアップします（詳細は学生募集要項をご確認ください）。学費等納入金の〈2次〉納入期限以降に欠員が生じた場合は、補欠者を順次繰り上げて合格者を決定します。補欠者全員を繰り上げた後も欠員が生じている場合は、2次試験不合格者の中から追加合格を出す場合があります。

特待生制度

成績優秀者奨学金制度を一般前期（愛知県地域枠除く）の入学者10名、それとは別に2年修了時に申請手続きをおこなった成績上位5名に適用。年額150万円を貸与する（5年を上限）。卒業後直ちに本学病院又は本学で指定した医療機関で奨学金貸与期間と同期間（ただし上限を5年とする）医師の業務に従事したときは返還を免除。

補欠順位

あり

成績開示

あり

寄付金

2024年4月1日以後に「寄付金」を募集（任意）。

入試結果

			2023	2022	2021
一般前期	募集人員		83	78	77
	志願者数		1,747	1,746	1,841
	受験者数	A	1,673	1,681	1,755
	一次合格者数	B	400*	325*	331*
	一次合格倍率	A/B	**4.2**	**5.2**	**5.3**
	二次受験者数		—	—	—
	正規合格者数	C	251	244	239
	正規合格倍率	A/C	**6.7**	**6.9**	**7.3**
	補欠候補者数		—	—	—
	繰上合格者数	D	19	74	49*
	総合格者数	C+D	**270**	**318**	**288**
	合格実質倍率	A/(C+D)	**6.2**	**5.3**	**6.1**
	入学者数		—	—	—
	合格最高点		474/600 (35/40)	512/600	451/600
	合格最低点		309/600 (10/40)	366/600	312/600
	合格平均点		358.6/600 (21.1/40)	402.2/600	357.8/600
一般後期	募集人員		10	15	13
	志願者数		581	605	671
	受験者数	E	517	549	580
	一次合格者数	F	64*	59*	52*
	一次合格倍率	E/F	**8.1**	**9.3**	**11.2**
	二次受験者数		—	—	—
	正規合格者数	G	11	15	13
	正規合格倍率	E/G	**32.3**	**36.6**	**44.6**
	補欠候補者数		—	—	—
	繰上合格者数	H	4*	10*	8*
	総合格者数	G+H	**15**	**25**	**21**
	合格実質倍率	E/(G+H)	**34.5**	**22.0**	**27.6**
	入学者数		—	—	—
	合格最高点		446/600 (30/40)	423/600	400/600
	合格最低点		395/600 20/40)	323/600	326/600
	合格平均点		414.1/600 (21/40)	356.9/600	350.3/600

			2023	2022	2021
共テ前期	募集人員		10	10	10
	志願者数		702	500	547
	受験者数	I	699	495	544
	一次合格者数	J	171*	—	—
	一次合格倍率	I/J	**4.1**	—	—
	二次受験者数		—	—	—
	正規合格者数	K	33	30	21
	正規合格倍率	I/K	**21.2**	**16.5**	**25.9**
	補欠候補者数		—	—	—
	繰上合格者数	L	15*	17*	10*
	総合格者数	K+L	**48**	**47**	**31**
	合格実質倍率	I/(K+L)	**14.6**	**10.5**	**17.5**
	入学者数		—	—	—
	合格最高点		647/700 (35/40)	635.5/700	662.0/700
	合格最低点		576/700 (15/40)	528.5/700	596.5/700
	合格平均点		600.8/700 (21.8/40)	554.8/700	618.5/700
共テ後期	募集人員		5	5	5
	志願者数		104	67	50
	受験者数	M	103	67	50
	一次合格者数	N	32*	34*	33*
	一次合格倍率	M/N	**3.2**	**2.0**	**1.5**
	二次受験者数		—	—	—
	正規合格者数	O	5	6	5
	正規合格倍率	M/O	**20.6**	**11.2**	**10.0**
	補欠候補者数		—	—	—
	繰上合格者数	P	3*	6*	4*
	総合格者数	O+P	**8**	**12**	**9**
	合格実質倍率	M/(O+P)	**12.9**	**5.6**	**5.6**
	入学者数		—	—	—
	合格最高点		610/700 [238.0/300] (25/40)	615.0/700 [187.5/300]	647.5/700 [196.0/300]
	合格最低点		571/700 [125.4/300] (20/40)	504.5/700 [80.0/300]	574.5/700 [119.0/300]
	合格平均点		580.7/700 [198.5/300] (20.6/40)	540.5/700 [147.3/300]	616.7/700 [155.0/300]

			2023	2022	2021
ふじた未来（高3）	募集人員		12(専願共通)	12(高卒共通)	12(高卒共通)
	志願者数		96	95	117
	受験者数	Q	94	95	116
	一次合格者数	R	40	33	18
	一次合格倍率	Q/R	**2.4**	**2.9**	**6.4**
	二次受験者数		—	—	—
	正規合格者数	S	12	12	12
	正規合格倍率	Q/S	**7.8**	**7.9**	**9.7**
	補欠候補者数		—	—	—
	繰上合格者数	T	1	0	1
	総合格者数	S+T	**13**	**12**	**13**
	合格実質倍率	Q/(S+T)	**7.2**	**7.9**	**8.9**
	入学者数		—	—	—
ふじた未来（高卒・専願）	募集人員		12(高3共通)	12(高3共通)	12(高3共通)
	志願者数		71	95	91
	受験者数	U	71	95	91
	一次合格者数	V	21	30	18
	一次合格倍率	U/V	**3.4**	**3.2**	**5.1**
	二次受験者数		—	—	—
	正規合格者数	W	3	7	9
	正規合格倍率	U/W	**23.7**	**13.6**	**10.1**
	補欠候補者数		—	—	—
	繰上合格者数	X	1	0	0
	総合格者数	W+X	**4**	**7**	**9**
	合格実質倍率	U/(W+X)	**17.8**	**13.6**	**10.1**
	入学者数		—	—	—

*メルリックス調べ

※1　一般前期・一般後期のデータには地域枠のデータを含む

※2　合格最高点・最低点の無印は学科試験4科目、[　　]内は総合問題＋口頭試問、(　　)内は面接試験

(注)合格最高点・最低点は正規および繰上合格者を対象

2024年度　募集要項　　藤田医科大学 医学部医学科

入試日程

試験区分		募集人員	出願期間	試験日 1次試験	試験日 2次試験
ふじた未来	高3一般枠	12名*1	2023年10月2日(月)～11月2日(木)まで*2	11月12日(日)	11月19日(日)
	独創一理枠				
一般前期		83名*3	2023年12月11日(月)～2024年1月26日(金)まで*4	2月4日(日)	2月12日(月･祝)*5 2月13日(火)
一般後期		10名*6	2024年1月23日(火)～2月27日(火)まで*7	3月3日(日)*8	3月14日(木)
共テ利用前期		10名	2023年12月11日(月)～2024年1月12日(金)まで*9	共通テスト	2月12日(月･祝)*5 2月13日(火)
共テ利用後期		5名	2024年1月23日(火)～2月27日(火)まで*7		3月14日(木)

*1 高3一般枠と独創一理枠あわせて12名 *2 書類11月6日(月)必着 *3 愛知県地域枠(5名)を含む *4 書類1月29日(月)必着 *5 出願時に自由選択 *6 愛知県地域枠(5名)を含む *7 書類2月28日(水)必着 *8 試験日は変更になる可能性があります。募集要項でご確認ください。 *9 書類1月15日(月)必着

試験時間･配点　集合時間　8:00～8:40

試験区分		科目	試験時間	時間	配点	合計点	備考
一般前期 一般後期	1次	英語	9:00～10:30	90分	200点	600点	*10 提出書類は面接評価に含みます
		数学	11:10～12:50	100分	200点		
		理科2科目	13:50～15:50	120分	200点		
	2次	面接*4	入室後順次	—	40点(5段階評価)*10		

試験会場

試験区分	1次試験	2次試験
ふじた未来	本学	
一般前期	名古屋国際会議場･東京(五反田TOCビル)･大阪(新梅田研修センター)･本学	本学
一般後期	名古屋コンベンションホール･東京(五反田TOCビル)	本学
共テ利用前期		本学
共テ利用後期		本学

合格発表日

試験区分	1次試験	2次試験	手続締切	辞退締切
ふじた未来	11月16日(木) 14:00頃	11月22日(水) 10:00頃	11月29日(水)	
一般前期	2月8日(木)	2月14日(水)	2月21日(水) 3月11日(月)	3月29日(金)*11
一般後期	3月7日(木)	3月15日(金)	3月22日(金)	3月29日(金)*11
共テ利用前期	2月8日(木)	2月14日(水)	2月21日(水) 3月11日(月)	3月29日(金)*11
共テ利用後期	3月7日(木)	3月15日(金)	3月22日(金)	3月29日(金)*11

*11 3月31日(日)9:00～17:00窓口対応

合格発表方法

試験区分	1次試験	2次試験
ふじた未来	ネット一覧	ネット一覧
一般前期	ネット一覧	ネット一覧
一般後期	ネット一覧	ネット一覧
共テ利用前期	ネット一覧	ネット一覧
共テ利用後期	ネット一覧	ネット一覧

入試情報

過去3年間入学者現浪比

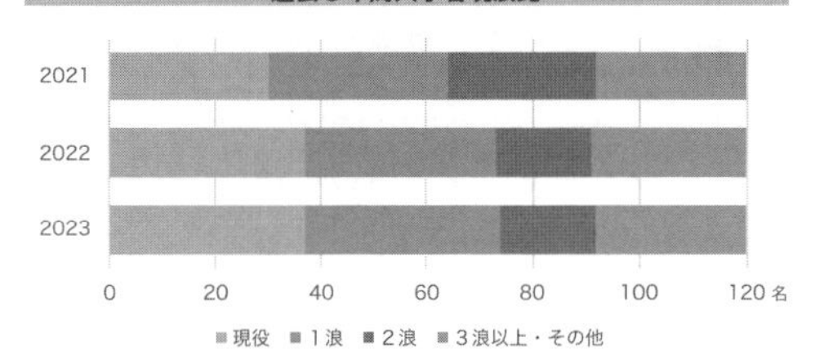

	2021	2022	2023
現役	30名 (25.0%)	37名 (30.8%)	37名 (30.8%)
1浪	34名 (28.3%)	36名 (30.0%)	37名 (30.8%)
2浪	28名 (23.3%)	18名 (15.0%)	18名 (15.0%)
3浪以上・その他	28名 (23.3%)	29名 (24.2%)	28名 (23.4%)
入学者	120名	120名	120名

2023年度合格者現浪比

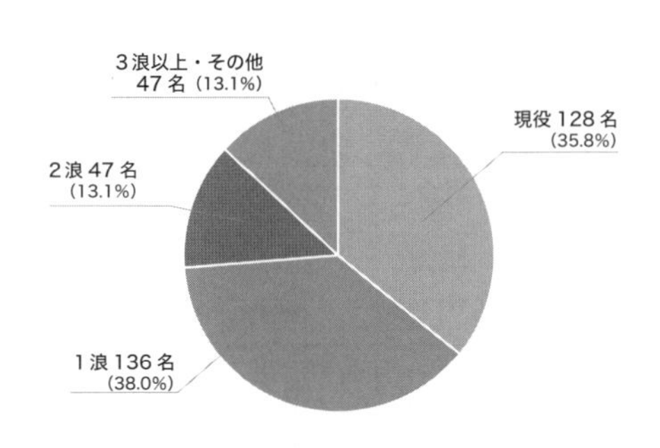

(総合格者 358名)

面接

メルリックス学院生からのアンケートをもとに作成しています

■ 所要時間　個人約20分×1回　　MMI 3分×2回

■ 面接の進行【質問内容】

【アンケート】あり　　共通テストの得点、併願校と志望順位

【質問内容】

<個人×2回>

事前に書いたアンケートを面接官に渡してスタート。

・アドミッションポリシーの中で自分が当てはまること
・誓約書と本学の理念について

<MMI×2回>

最初に1分間、渡された資料を読んで自分の考えを答える。答え終わったら3分経つまでそのまま無言で待つ。

・新幹線で老夫婦が自分の指定席に座っていた。老夫婦は疲れている様子である。あなたならどうするか。

<個人>
面接官の人数:1名
受験生の人数:1名
○ 受験生 ● 面接官

<MMI>
面接官の人数:1名
受験生の人数:1名
○ 受験生 ● 面接官

一般選抜では通常の個人面接2回、Multiple Mini Interviewと呼ばれる面接が2回行われる。MMIは同時に10名ほどが面接しているので大きな声を出す必要がある。制服など所属がわかる物の着用は禁止されている。

藤田医科大学　医学部医学科

一般選抜(前期)出題傾向分析

数　学　標準　上位国公立2次タイプの問題をしっかりやっておこう

区分	解析系									図形系					その他				
	I	I・II	II			B	III			I	II	B	III		I	A			B
分野名	二次関数	数と式	指数・対数	三角関数	微分・積分	数列	いろいろな関数と極限	微分	積分	三角比	図形と方程式	ベクトル	いろいろな曲線	複素数平面	データの分析	整数	場合の数	確率	確率分布
2023	●	●				●	●	●	○					●		○	●	●	
2022		●	●	●		●	●	●	○			●			●		○	●	
2021		●	●	●	●	●		●	○	●		●		●	●			○	
2020			●	●	●	●	●		○	●	●	●			●	●		○	
2019		●		●	●	○		●	○	●		●		●	●	●		●	

傾向　'16に形式と傾向が変わりその後も若干の変化はあったが、今は形式も難易度も安定している。[1]の小問集は中堅私大～上位私大受験者向け問題集レベルの問題が様々な単元から出されている。[2]と[3]は'16から記述式で、'18と'19、'22と'23には証明問題も出され形式も内容も中堅国公立～上位国公立大の2次試験で出そうな問題。'20～'22は[2]が「確率」や「場合の数」、[3]が「積分」の問題で'22は媒介変数で表された関数。'23は[2]が逆関数と積分と[3]が整数の分野の証明と難易度や解法は上位私大～上位国公立大レベル、そのレベルの解法を上手く適用する力を見る問題が目立つ。

対策　[1]の小問集をできるだけ早く正確に解いて着実に点数を取って[2]や[3]に臨めるよう、まず中堅～上位私大受験者レベル問題集によく載っている典型問題は、どの単元の問題でも解けるようにして基礎レベルの穴をなくしておこう。[2]や[3]で出されている記述問題で点数を取るには上位国公立大レベルの問題にも慣れ、証明問題にも対応できるようにしておくべき。国公立大2次試験のような答案の作成にも慣れておいた方が良い。中堅～上位私大レベルが固まり次第、上位国公立大受験者向けの問題集と'16からの過去問等で実戦力と記述力をつけておこう。面倒な問題が混ざっていることもある。本番では解ける問題から解いていこう。

英　語　やや難　日本語での説明や英訳は入念な対策が必須、文法・語法も強化せよ

区分	読解							文法・語法						表現・作文		会話		
分野名	和訳	内容真偽	内容説明	空所補充	脱文挿入	文整序	表題選択	短文完成	語句整序	誤り指摘	語定義	発音・アクセント	同意・反意語句	英訳	テーマ型英作文	応答選択	空所補充	内容真偽
2023		●	●	●	●			○	○					○				
2022		●	●	●	●			○	○					○				
2021		●	●	●	●			○	○					○				
2020	●	●	●	●	●			○	○					○				
2019	●	●	●	●	●			○	○					○				

2023 年度の
出題分析

出題形式　記・マ
知識量　★★★★
スピード　★★★★
記述力　★★★★★
応用力　★★★★

傾向　'22より大問が5→6題に微増されたが、大問構成は'23もそのまま据え置きになった。'17より文法の単独問題が出題されており、[1]、[2]がマーク式の文法語法問題(短文完成、語句整序)、[3]～[5]が長文で、[3]·[4]はマーク式の内容真偽と語句補充、[5]は長文中で脱落された段落を挿入する問題以外は全て記述式(すべて内容説明で和訳はなし)の出題形式が定着した。[6]の英訳問題は、長文(A4判1枚程度)中の日本語部分3ヶ所('21に4→3ヶ所に減)を英語に直すもの。英訳の際に用いる、少し悩ましい語句は長文中で登場していることが多いので、必ず拾い上げながら英作文したい。文型構造·文法·構文上のミスのない英文をきちんと作成することができれば、確実に得点はできるだろう。

対策　短文完成と語句整序では、標準レベルのものもあれば新奇なものも必ず数問出題されている。基礎～標準レベルのクリアは必至として、ややハイレベルな事項や慣用表現まで幅広く演習しておこう。特に整序は問題を見て素早く解答のポイントを把握し時間をかけずにできるようにしたい。長文[5]の日本語での説明問題は、該当箇所を的確に捉え、内容を的確にわかりやすく説明する訓練が不可欠。近年の過去問の演習に加え、国公立大の日本語説明問題を練習材料として使うこともできる。テーマとしては、医学系の出題もあれば、医学部志望者にとってなじみの薄い、世界史や考古学などのテーマの出題もあるので、あらかじめ読み慣らしておきたい。[6]の英訳に関しては東海大が一番形が近しいが、形式にこだわらず、ミスのない英文を書くという、通常の英作文の訓練をしておけばよいだろう。

化　学　標準　各分野の穴を無くすことと、有機の高分子分野を極めたい

区分	理論										無機		有機					
分野名	原子の構造・化学結合	化学量と化学式	物質の三態・気体の法則	溶解度・濃度	コロイド・希薄溶液	化学反応と反応熱	酸と塩基の反応	酸化・還元	電池・電気分解	反応の速さと化学平衡	周期表と非金属元素	金属元素	脂肪族	芳香族	糖	アミノ酸とタンパク質	生命化学	合成高分子化合物
2023					●			○		○	●	○	●	○	○			●
2022	●				●			○		○	●	●	●	○		●		●
2021			○			●			○	○		●	○	○		○		
2020				●		●	●		○	●	●	○	○		○			
2019	●				●	●			○	○	●	●	●	○				●

2023 年度の
出題分析

出題形式　記・穴
知識量　★★★
スピード　★★★★
記述力　★★★
応用力　★★★

傾向　'23は、昨年と同様の6題構成であった。例年5～7題となっている。第1問は硫化水素の電離平衡と溶解度積からの定番問題。第2問は酸化還元反応の問題。第3問は選択問題で①～㉕から一つ解答を選ぶ問題で幅広い知識を要する。第4問は無機分野から塩の推定問題で非金属·金属両方の知識を要する。第5問は糖類からの出題で、問4, 問5, 問6で正解できたかどうかが合否を左右した可能性が高い。第6問はエステルからの出題であったが、問3の脂肪酸の分子式が決定出来ないと問4のオゾン分解、問5の質量計算が連動しているため、ここも得点に差が出た大きな要因と予想される。各設問とも標準問題であったが、受験生は時間配分にやや苦労したであろう。

対策　理論·無機分野からの出題では標準的な問題が多いので、まずは教科書を中心に基本事項を反復学習しておく必要がある。基盤をしっかり押さえたうえで、入試問題集などを使って典型的な問題を素早く解答できるようにトレーニングしておきたい。昨年度·今年度ともに有機化学分野で差のつきやすい問題が出題されていた。特に高分子分野でやや考えにくい問題が出題される場合が多く、現役生に取ってはやや厳しいと言わざるを得ない。早い段階から有機分野の問題(特に高分子)に慣れておく必要があるだろう。また、標準問題を確実に得点するには、日頃から標準より1レベル上の問題を解いておきたいところである。

生物　やや難　文章読解力をつけることと記述式になれることで対策を

区分	細胞		代謝		遺伝子			体内環境			生殖・発生			環境応答				生態系				進化・系統		
分野名	細胞の構造と組織	細胞膜の構造と物質輸送	タンパク質の構造と酵素反応	同化と異化	細胞周期とDNA合成	遺伝子の発現と調節・変異	バイオテクノロジー	体液・循環系の構成と働き	自律神経とホルモンによる調節	生体防御	配偶子形成と生殖・遺伝	初期発生と形態形成	幹細胞と再生	刺激の受容と感覚	神経系と筋肉	動物の行動	植物生理	バイオームの遷移と分布	個体群と相互作用	物質生産と物質循環	自然環境	地球の発展と古典的生物進化	分子進化と集団遺伝	生物の系統と分類
2023					○	●			○									○					○	
2022			○	●		●	○	○	●		○													
2021				●	○		●	○		○					○									
2020						○								○		○			○					
2019		○		○				○		●								○						

2023年度の出題分析

- 出題形式　記述
- 知識量　★★★★
- スピード　★★★
- 記述力　★★★
- 応用力　★★★

傾向　まず大きな傾向として、例年大問4題である。出題テーマや問題自体は一般的なものが多く平易である。実験問題に関しても教科書や図説に載っている程度であり、受験生なら誰しも見たことがあるようなものが出題される傾向にある。例年、1問はデータの読み取りなどの実験問題が出題されるが、それ以外は覚えている知識そのままで解ける問題が多い。また語句を記述したり、説明を求められる問題もある。次に'23の出題内容について記載する。[1]はホメオスタシスに関する問題が出題された。[2]はDNAの変異と修復に関する問題が出題された。[3]は家畜とヒトの進化に関する問題が出題された。[4]は遷移とバイオームに関する問題が出題された。

対策　近年、生態系や生物の行動、生物と環境の問題がよく出題される。また医学部ということもあり、DNA関係は出題の頻度が高く、複製や転写・翻訳のしくみやバイオテクノロジーなどはしくみを含めしっかりと覚えておきたい。内容的には難解なものは少ない。基礎・基本的な内容を確認するような問題が多いので、教科書を中心とした学習と標準的な問題集をしっかりと解けるようになればよいだろう。また、基本的な計算は確実に解ける様に訓練をしてほしい。実験考察問題は、読解力が必要となるため、知識だけ詰め込んでも仕方がない。記述で説明を求められる問題もあるため、選択肢から解答が選べるようになった後に、簡単でよいから自分の言葉で表現をする訓練をしておくべきである。

物理　やや難　'24も難度が高くなる可能性があるので、しっかり準備しよう!!

区分	力学						電磁気学					波動			熱力学			原子		
分野名	等加速度運動・運動方程式・慣性力	力のモーメント・重心	運動量と力積・仕事とエネルギー	円運動・遠心力	単振動	万有引力とケプラーの法則	電場と電位	コンデンサー	直流回路	磁場・電磁誘導	交流回路・電気振動・電磁波	波の性質	音波	光波	熱量と温度	気体分子運動論	気体の状態変化	粒子性と波動性	原子の構造	放射線・核反応
2023	○	○										○					○			
2022			○						○	○						○				
2021	○			○					○								○			
2020		○	○							○							○			
2019		○			○				○								○			

2023年度の出題分析

- 出題形式　記・穴
- 知識量　★★★
- スピード　★★★★
- 記述力　★★★★
- 応用力　★★★★

傾向　大問4題で構成され、力学2題と熱力学、波動が各1題出題されている。力学の[1]は2本のばねで吊された軽い棒におもりを吊したときの力のモーメントのつり合いで、熱力学はばね付きピストンがある容器と中が真空の容器との連結、気体の入っている容器と中が真空の容器の連結が出題されている。波動は正弦波での進行波、反射波、合成波の式の誘導問題で固定端と自由端、閉管も出題されている。力学の[2]は斜面上の小球と糸でつながれた定滑車に吊された2つの物体の運動が出題されている。標準的な問題が中心であるが、力学の[2]は類題を解いていない受験生は苦労しただろう。熱力学はやや解きやすく、波動は誘導に乗れば解けるだろう。

対策　やや難度の高い問題も解いておくこと。全分野から幅広く出題されるので、苦手な分野ややり残している分野は減らしておくことが大切であり、苦手な分野であっても基本問題は出来るようにしておくことが必要である。典型的な問題が中心となっていたが、ここ数年見慣れない問題や題意のつかみ難い問題が多く出題されている。'18～'22は難度が高い問題はあまり出題されなかったが、難度が高くなることも予想される。描画や記述も出題されるので、過去問等でしっかりと練習をしておくこと。問題に図がないこともあるので問題文から自分で図を描けることが大切であり、日頃から自分で図を描いて問題を把握する習慣をつけておくことが大切である。

小論文

（実施しない）

大阪医科薬科大学　医学部医学科

学部所在地	〒569-8686　大阪府高槻市大学町2-7
交通手段	阪急京都線高槻市駅前　JR京都線高槻駅より徒歩8分
創設者	吉津　度
理事長	植木　實
学長	佐野　浩一
設立年度	［昭和　2年］大阪高等医学専門学校を設立

入試問い合わせ先

担当部署　アドミッションセンター（本部キャンパス）
電話番号　072-684-7117（直通）

医師国家試験状況

	第113回	第114回	第115回	第116回	第117回
大阪医科薬科大学（全体）	91.5%	100.0%	85.6%	94.5%	93.0%
大阪医科薬科大学（新卒）	93.7%	100.0%	85.6%	97.3%	93.5%

設置学部

薬学部
看護学部

主な附属病院

大阪医科薬科大学病院
大阪医科薬科大学三島南病院
・その他関連施設
LD（学習障害）センター／歴史資料館
健康科学クリニック／訪問看護ステーション
関西BNCT共同医療センター

2023年度入学者

2023年度入学者　112名

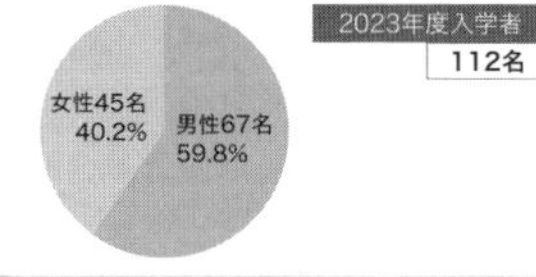

2024年度学納金

1年次	入学金	¥1,000,000
	授業料	¥1,880,000
	施設拡充費	¥1,260,000
	教育充実費	¥1,500,000
	実験実習費	¥345,000
	初年度納入金総額	¥5,985,000
	入学時最低納入金	¥3,492,500
2年次以降の年額		¥4,485,000
6年間の総額		¥28,410,000
※その他委託徴収金（1年次）		¥115,000

繰上げ合格

各試験合格者発表と同時に繰上合格候補者を決定の上、掲示及び通知します。合格者に欠員が生じた場合に限り、順次繰り上げて合格者を決定し通知します。一般（前期）は1次試験合格者と、一般（後期）及び共通テスト利用は2次試験合格者と同時に発表。

特待生制度

なし

補欠順位

あり

成績開示

あり

寄付金

入学後、「募金趣意書」により任意の寄付金をお願いします。※入学前の寄付金募集は行っておりません。

入試結果

			2023	2022	2021
一般前期	募集人員		75	77	84
	志願者数		1,802	1,575	1,593
	受験者数	A	1,590	1,370	1,399
	一次合格者数	B	200	200	203
	一次合格倍率	A/B	**8.0**	**6.9**	**6.9**
	二次受験者数		168	168	158
	正規合格者数	C	163	165	158
	正規合格倍率	A/C	**9.8**	**8.3**	**8.9**
	補欠候補者数		168*	163*	166*
	繰上合格者数	D	40	87	60
	総合格者数	C+D	**203**	**253**	**218**
	合格実質倍率	A/(C+D)	**7.8**	**5.4**	**6.4**
	入学者数		81	86	87
	合格最高点		—	—	—
	合格最低点		252/400 (252/400) [234/400] <245/400>	255/400 (255/400) [238/400] <241/400>	263/400 (263/400) [241/400] <252/400>
	合格平均点		191/400	200/400	201/400
一般後期	募集人員		15	15	15
	志願者数		920	798	853
	受験者数	E	701	595	658
	一次合格者数	F	34	34	31
	一次合格倍率	E/F	**20.6**	**17.5**	**21.2**
	二次受験者数		29	32	27
	正規合格者数	G	15	15	15
	正規合格倍率	E/G	**46.7**	**39.7**	**43.9**
	補欠候補者数		12*	9*	12*
	繰上合格者数	H	1	5	4
	総合格者数	G+H	**16**	**20**	**19**
	合格実質倍率	E/(G+H)	**43.8**	**29.8**	**34.6**
	入学者数		12	15	15
	合格最高点		—	—	—
	合格最低点		231/400 (240/400) [231/400] <238/400>	250/400 (258/400) [250/400] <253/400>	251/400 (256/400) [251/400] <254/400>
	合格平均点		158/400	178/400	174/400

※2021の一般前期には大阪府地域枠含む
（注）合格最低点の無印は1次合格者、（　）内は正規合格者、［　］内は繰上合格候補者、<　>内は入学者の最低点

			2023	2022	2021
共テ利用	募集人員		10	10	10
	志願者数		675	461	422
	受験者数	I	672	454	420
	一次合格者数	J	150	100	100
	一次合格倍率	I/J	**4.5**	**4.5**	**4.2**
	二次受験者数		92	45	48
	正規合格者数	K	60	31	37
	正規合格倍率	I/K	**11.2**	**14.6**	**11.4**
	補欠候補者数		—	—	—
	繰上合格者数	L	0	13	3
	総合格者数	K+L	**60**	**44**	**40**
	合格実質倍率	I/(K+L)	**11.2**	**10.3**	**10.5**
	入学者数		13	6	10
	合格最高点		—	—	—
	合格最低点		599/700 (609/700) [600/700] <609/700>	559/700 (568/700) [559/700] <560/700>	604/700 (616/700) [604/700] <612/700>
	合格平均点		537/700	501/700	555/700
至誠仁術（専願）	募集人員		3	3	3
	志願者数		9	13	8
	受験者数	M	9	13	8
	一次合格者数	N	4	7	4
	一次合格倍率	M/N	**2.3**	**1.9**	**2.0**
	二次受験者数		4	7	4
	二次合格者数	O	3	3	2
	二次合格倍率	M/O	**3.0**	**4.3**	**4.0**
	最終合格者数	P	1	0	0
	合格実質倍率	M/P	**9.0**	—	—
	入学者数		1	1	0
至誠仁術（併願）	募集人員		5	5	
	志願者数		53	68	
	受験者数	Q	53	63	
	一次合格者数	R	14	28	
	一次合格倍率	Q/R	**3.8**	**2.3**	
	二次受験者数		3	7	
	二次合格者数	S	3	3	
	二次合格倍率	Q/S	**17.7**	**21.0**	
	入学者数		1	2	

*メルリックス調べ

2024年度　募集要項　大阪医科薬科大学 医学部医学科

入試日程

試験区分	募集人員	出願期間	試験日 1次試験	試験日 2次試験
「至誠仁術」入試(併願制)	5名	2023年12月11日(月)～2024年1月12日(金)消印有効	共通テスト	3月12日(火)
指定校制推薦入試(専願制)	2名	各高校に通達		
公募制推薦入試(専願制)	10名	2023年11月1日(水)～11月8日(水)消印有効	11月18日(土)	
一般選抜(前期)	68名	2023年12月11日(月)～2024年1月23日(火)消印有効	2月10日(土)	2月20日(火)*1
一般選抜(後期)	15名	2023年12月11日(月)～2024年2月28日(水)消印有効	3月10日(日)	3月18日(月)
共テ利用	10名	2023年12月11日(月)～2024年1月12日(金)消印有効	共通テスト	2月28日(水)
大阪府地域枠	2名*2	2023年12月11日(月)～2024年1月23日(火)消印有効	2月10日(土)	2月20日(火)*1

*1 繰上2次試験日3月4日(月)　*2 設置認可申請中

試験時間・配点　集合時間　1次：8：40

試験区分		科目	試験時間	時間	配点	合計点	備考
一般選抜(前期) 一般選抜(後期)	1次	数学	9:00～10:30	90分	100点	400点	*3 小論文は1次試験合格者を対象に2次試験の評価時に使用します。
		理科	11:40～13:40	120分	200点		
		外国語(英語)	14:30～15:50	80分	100点		
		小論文	16:20～16:50	30分	段階評価		
	2次	面接*4	1次発表時に指定	—	段階評価	—	

試験会場

試験区分	1次試験	2次試験
「至誠仁術」入試(併願制)	共テ受験地	本学
公募制推薦入試(専願制)	本学	
一般選抜(前期) (大阪府地域枠含む)	大阪(関西大学千里山キャンパス　第1学舎)・東京(大手町サンケイプラザ)・名古屋(TKPガーデンシティPREMIUM名古屋駅前)	本学
一般選抜(後期)	大阪(関西大学千里山キャンパス　第2学舎)・東京(大手町サンケイプラザ)	本学
共テ利用		本学

合格発表日

試験区分	1次試験	2次試験	手続締切	辞退締切
「至誠仁術」入試(併願制)	2月14日(水) 13:00	3月15日(金) 13:00	3月22日(金) 15:00	3月31日(日) 17:00
公募制推薦入試(専願制)	12月1日(金)		12月15日(金) 15:00	
一般選抜(前期) (大阪府地域枠含む)	2月17日(土) 13:00	2月22日(木) 13:00	3月1日(金) 15:00	3月31日(日) 17:00
一般選抜(後期)	3月15日(金) 13:00	3月21日(木) 13:00	3月26日(火) 15:00	3月31日(日) 17:00
共テ利用	2月17日(土) 13:00	3月1日(金) 13:00	3月8日(金) 15:00	3月31日(日) 17:00

合格発表方法

試験区分	1次試験	2次試験
「至誠仁術」入試(併願制)	掲示・ネット一覧	掲示・ネット一覧・郵便(合格者)
公募制推薦入試(専願制)	掲示・ネット一覧・郵便(合格者)	
一般選抜(前期) (大阪府地域枠含む)	掲示・ネット一覧	掲示・ネット一覧・郵便(合格者)
一般選抜(後期)	掲示・ネット一覧	掲示・ネット一覧・郵便(合格者)
共テ利用	掲示・ネット一覧	掲示・ネット一覧・郵便(合格者)

入試情報

過去3年間入学者現浪比

■現役 ■1浪 ■2浪 ■3浪以上

	2021	2022	2023
現役	32名 (28.6%)	24名 (21.4%)	41名 (36.6%)
1浪	43名 (38.4%)	51名 (45.5%)	32名 (28.6%)
2浪	9名 (8.0%)	18名 (16.1%)	17名 (15.2%)
3浪以上	28名 (25.0%)	19名 (17.0%)	22名 (19.6%)
入学者	112名	112名	112名

2023年度合格者現浪比

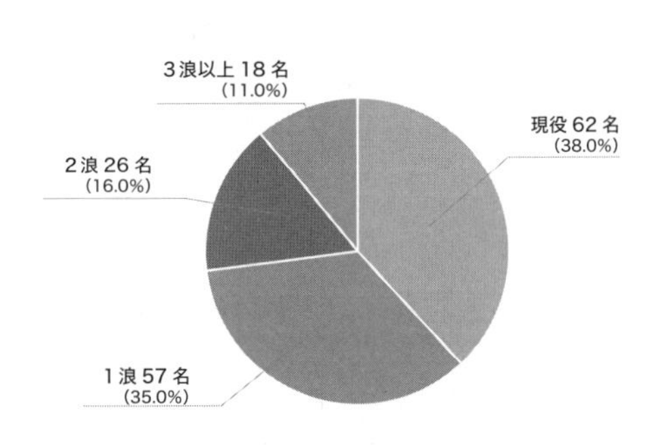

(一般前期正規合格者 163名)

面接

メルリックス学院生からのアンケートをもとに作成しています

■ 所要時間　個人10～15分×2回

■ 面接の進行

【アンケート】あり　併願校とその合否、共通テストの点数　など

【質問内容】

<個人 1回目>

- 医師志望理由
- 本学志望理由
- 併願校に受かったらどこに行くか
- 高校生活について
- 大学ではどの部活に入るつもりか
- 自分の長所、短所
- アドミッションポリシーについて
- 他人と意見が対立したらどうするか
- チームで協力して行った経験はあるか

<個人 2回目>

- 小論文について

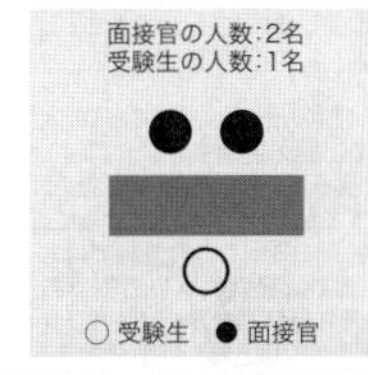

個人面接が2回行われる。1回目はオーソドックスな面接、2回目は自分が書いた小論文の内容について聞かれる。アドミッションポリシーは事前に読んでおいた方がいい。併願校や受かったらどこに行くかなどは背伸びせず素直に答えること。

大阪医科薬科大学　医学部医学科

一般選抜(前期)出題傾向分析

数　学　やや難　私大医学部というより国公立大の問題。しっかりした実力が必要

区分	解析系									図形系					その他				
	Ⅰ	Ⅰ・Ⅱ	Ⅱ			B	Ⅲ			Ⅰ	Ⅱ	B	Ⅲ		Ⅰ	A			B
分野名	二次関数	数と式	指数・対数	三角関数	微分・積分	数列	いろいろな関数と極限	微分	積分	三角比	図形と方程式	ベクトル	いろいろな曲線	複素数平面	データの分析	整数	場合の数	確率	確率分布
2023							○		○					○		○		○	
2022						○		○	○					○				○	
2021								○	○					○		○		○	
2020		○		○			○		○									○	
2019								○	○					○		○		○	

2023年度の出題分析

- 出題形式　記 述
- 知 識 量　★★★
- スピード　★★★★
- 記 述 力　★★★★★
- 応 用 力　★★★★

傾向　記述の大問5題。その場で考えて解かせる練られた問題が多く、国公立大2次試験で出そうな誘導問題が多い。全問記述式で証明問題も多く、'22では5題全てに証明問題が入っていた。形式も内容も京都大を彷彿とさせるような国公立大2次試験のような内容。数学Ⅲの微分・積分の割合が大きく'16は5題中3題、'17〜'19と'21〜'23は5題中2題が微分・積分。また毎年どれか1題が場合の数・確率の絡む問題。図形絡みの出題も続いている。記述の答案を作成する必要があることも考えると、やや時間が足りなくなるのではないかと思われる年も多い。'18〜'21は易化傾向にあったが'22、'23は連続して難化傾向にある。

対策　難問の解き方を知っているかどうかではなく、基本的で重要な考え方・解法をしっかり理解しそれらを使いこなせるかを見る問題がほとんどである。他の私大医学部に比べ制限時間がやや長く、記述力を見る問題が多く、一般的な私大医学部の問題よりも国立大2次試験の問題に近い。一般的な私大医学部に合わせた勉強をしている人は、この大学を受けるなら中堅〜上位国立大2次試験向けの問題集もやっておいた方がよい。特に必出単元である「微分・積分」と「確率」は総合的な問題までやり込んでおこう。制限時間は長いがそれなりにボリュームがあり制限時間内に完答するのは難しい年もある。過去問を解きこの大学の傾向と時間配分に慣れておこう。

英　語　やや難　時間をかけた確かな和訳・英訳力養成が不可欠、「書いて」演習せよ

区分	読解							文法・語法						表現・作文		会話		
分野名	和訳	内容真偽	内容説明	空所補充	脱文挿入	文整序	表題選択	短文完成	語句整序	誤り指摘	語定義	発音・アクセント	同意・反意語句	英訳	テーマ型英作文	応答選択	空所補充	内容真偽
2023	○		●											○				
2022	○		●											○				
2021	○		●											○				
2020	○		●											○				
2019	○		●											○				

2023年度の出題分析

- 出題形式　記 述
- 知 識 量　★★★★
- スピード　★★★
- 記 述 力　★★★★★
- 応 用 力　★★★★

傾向　時間80分、長文2問と英訳1問というシンプルな出題内容は変わらず。和訳はそれぞれ3つずつ計6箇所の下線部和訳(代名詞の指すものを明らかにという指示もあり)、加えて下線部の内容説明(50字以内)が1問 。極めて重層構造な英文などの和訳はないが、どの下線部もクリアしなければならない文法事項・構文事項、あるいは、文脈上訳出を考えるべき語句が含まれている。総じて、英文から読み取った内容を、英文の構造や文法事項に留意しながら、的確な日本語で表現できる能力が要求されている。英訳は短い日本文の中で3箇所を英作文させるもので従来と同様。本学の英訳は、和文をそのまま英文にできるものが多く、和文の読み換えを求められるケースは少ない。

対策　対策は、とにかく和訳と英訳の力を磨くことに尽きる。どちらにしてもしっかりした文法・構造力が不可欠なので土台作りを怠ってはならないし、「使える」語彙やイディオムの増強も必要。文法は、ただ「頭でわかる」だけでなく、それを生かして和訳文を作る、英文を書く演習を徹底的に積むこと。和訳は、下線部の英文構造を正確に把握し、その直訳を念頭に置いたうえで、「わかりやすさ」を第一とした「読み手に伝わる」訳文作りを心がけること。たとえば、無生物主語構文は奇妙な日本語にならないように、処理の手法に訓練を重ねておきたい。英訳では、読み取った和文から想定される文法・構文事項、そして語句をいかに正確に運用できるかがカギで、減点されない英文を書くことが得点奪取のポイントとなる。

化　学　やや難　化学本道を感じる出題。記述形式の大問4題

区分	理論									無機		有機					
分野名	原子の構造・化学結合	化学量と化学式	物質の三態・気体の法則	溶解度・濃度	コロイド・希薄溶液	化学反応と反応熱	酸と塩基の反応	酸化・還元	電池・電気分解	反応の速さと化学平衡	周期表と非金属元素	金属元素	脂肪族	芳香族	糖	アミノ酸とタンパク質	生命化学	合成高分子化合物
2023	○						○			○					○			
2022					○	●	●	●				○	○					
2021			○						○	○						○		
2020						○			○						○			○
2019										○		○	○	○				●

2023年度の出題分析

- 出題形式　記・穴
- 知 識 量　★★★★
- スピード　★★★
- 記 述 力　★★★★
- 応 用 力　★★★★

傾向　例年大問4題の出題が続いており、大半が記述形式である。'22は例年とは異なる出題分野が多くなっていたが、'23は、化学平衡・高分子(糖類)など、元の出題傾向に戻っている。出題内容はしっかりとした考察を必要とする問題が多く、化学を得意とするかそうでないかによって、得点差が生じやすいように感じる。Ⅰは閃亜鉛鉱型結晶格子に関しての典型題ではあるが、初見の人には難しかったであろう。Ⅱは普段の学習では見慣れない出題であったので、拒否反応が起こった人も多かったであろう。そこを粘れたか。Ⅳはガラクトースの構造を覚えていただろうか。やはり化学好きな人でないと難しい部分もあっただろう。

対策　決して簡単な問題構成ではないが、難問続きということでもない。しっかりとした重みのある問題構成であるので、普段からよく考えながら学習していることが要求されている。その考えの基になっていくのは典型問題の演習である。教科書レベルの知識のまとめを手早く終えて、演習を積みながら化学的な思考力を鍛えて、過去問演習を積んでほしい。これにより、この大学が要求している化学力を感じることができるであろう。そして現役生はどうしても学習が遅れてしまいがちな、教科書の後の方の分野(高分子や生命化学など)に関しても出題が多くみられるので、隅から隅まで甘くならないように備えたい。

生物　標準

教科書や図説の生命現象を端的に説明・記述できるようにしておくこと

区分	細胞		代謝		遺伝子			体内環境			生殖・発生			環境応答				生態系				進化・系統		
分野名	細胞の構造と組織	細胞膜の構造と物質輸送	タンパク質の構造と酵素反応	同化と異化	細胞周期とDNA合成	遺伝子の発現と調節・変異	バイオテクノロジー	体液・循環系の構成と働き	自律神経とホルモンによる調節	生体防御	配偶子形成と生殖・遺伝	初期発生と形態形成	幹細胞と再生	刺激の受容と感覚	神経系と筋肉	動物の行動	植物生理	バイオームの遷移と分布	個体群と相互作用	物質生産と物質循環	自然環境	地球の発展と古典的生物進化	分子進化と集団遺伝	生物の系統と分類
2023				○					○			○		○										●
2022									●	●		●		○	●		○							○
2021				○		○				○	○													
2020				○									○	○			●		●	○				
2019				●		○		○		○					○		●							

傾向 まず大きな傾向として、例年大問4題となっている。記述問題が多く、選択問題は少ない。記述は25字～50字程度と端的な説明を求められる問題が多い。いずれの問題も内容は教科書や図説に載っているのが多く、持っている知識をきちんと表現できるかが問われている。次に'23の出題内容について記載する。[1]は神経伝導速度を求める計算や、動物の反応について出題された。[2]は呼吸、呼吸商の計算についての問題が出題された。[3]は遺伝子の発現調節に関しての問題が出題された。[4]は恒常性についての出題であった。

対策 すべてが記入式なので、正確に語句を覚えておく必要がある。また語句や現象に関する論述や説明を簡潔に求める問題が多い。問題そのものは基本的な内容が多いので、特別に難しい内容まで細かく覚えることは不要である。対策としては生物用語を覚えるときに生物用語の説明が自分の言葉で表現できるようにするとよいだろう。また教科書や図説に載っているグラフや実験問題の自分で要約をし、現象を文章として表現できるようにすること。文章を書くのは存外難しいもので、自分はわかるが他者にはわからない文章になりがちである。他者に伝わる文章を素早く書くためには相応の訓練が必要である。記述の訓練は先生に添削してもらうのが効果的である。

物理　標準

'24は難度が上がるだろうから、しっかりと準備しておこう!!

区分	力学						電磁気学					波動			熱力学			原子		
分野名	等加速度運動・運動方程式・慣性力	力のモーメント・重心	運動量と力積・仕事とエネルギー	円運動・遠心力	単振動	万有引力とケプラーの法則	電場と電位	コンデンサー	直流回路	磁場・電磁誘導	交流回路・電気振動・電磁波	波の性質	音波	光波	熱量と温度	気体分子運動論	気体の状態変化	粒子性と波動性	原子の構造	放射線・核反応
2023					○		○		●					●			○			
2022		●				○				○							○			●
2021		●		○					●	○			○				●			
2020					○				●	○					●		○			
2019	●					○			●	○				○			●			

2023年度の出題分析

出題形式	記・穴
知識量	★★★
スピード	★★★
記述力	★★★
応用力	★★★

傾向 大問4題で構成され、力学、熱力学、電磁気、小問集合が出題されている。力学は斜面上でのばねでつながれた2つの小球の単振動で、片方を固定した場合と固定しない場合が出題されている。熱力学はピストン付き容器と体積一定である容器を連結した状態での気体の状態変化が出題されている。電磁気はミリカンの油滴の実験で、浮力も考慮する問題となっている。小問集合は5本の抵抗による直流回路、ガラスの屈折率とガラス球を通過する角度、物理の単位を基本単位で表すが出題されている。標準問題を中心に出題されているが、2つの小球の単振動とミリカンの油滴の実験は誘導に乗れないと苦労しただろう。焦らず手早く解けば解ききるだろう。

対策 標準～やや難の問題までをしっかり解いておくこと。出題範囲が広く、全分野から満遍なく出題されるので苦手な分野やり残した分野は無くしておくことが大切である。見慣れない問題や難度の高い問題も出題されるので、単に答えが出ればよいとは考えず、問題をしっかり読んで内容を正しく把握する習慣をつけておくことが重要である。そのことで、問題を読む力がつき、難度の高い問題も解けるようになる。'16～'23は'11～'15よりやや易しくなっているが、効率よく問題を解く習慣を身につけていくことは必要である。また、'24が'10と同様に高い難度であれば解ける問題を優先的に解き、解かない問題を決める必要もあるだろう。

小論文　テーマ型

医療知識とは異なる一般的な常識を「本当に必要か」考察する作文

年度	試験区分	内容	字数	時間
23	一般前期	「マイナンバー制度は本当に必要か」について述べる。	400字	30分
	一般後期	「墓は本当に必要か」について述べる。		
22	一般前期	「スマートフォンは本当に必要か」というテーマについて述べる。	400字	30分
	一般後期	「年金制度は本当に必要か」というテーマについて述べる。		
21	一般前期	以下の問題1，2から1題選択する。 1．医師に求められる「品位」とはどういうものと考えるか。 2．大きな大学と小さな大学のどちらがいいと考えるか。"	400字	60分
	一般後期	以下の問題1，2から1題選択する。 1．医学部在学中に、医学以外で学んでみたいことは何ですか。それはなぜですか。 2．東京一極集中についてどう考えますか。"		

校名変更前から、小論文はテーマ型が出題されていた。'21は、医療に関するテーマを60分400字で書くものだったが、'22は「○○は本当に必要か」という問になっている。「本当に」という言葉がついているところがポイントだ。厳密に考えると本当に必要なものはあるのかと言うことになるが、「スマートフォンは本当に必要か」といわれても、皆さんにとってはない生活は考えられないのではないか。だが、他大学でも「スマホの功罪」について問われているので、必要だけれども、リスクやマイナス面についても考えてみよう。また、「年金は本当に必要か」についてだが、社会的には少子高齢化の中で年金破綻と言う懸念がニュースになることがある。だんだん、年金をもらえる年齢が上がってきている。皆さんが年金をもらえるかどうかは深刻な問題である。年金のない社会になったときにどのようにライフスタイルを考えるか。色々構想を練ってから論述する。簡単な構想・構想メモを作って書くようにしたい。

関西医科大学　医学部医学科

学部所在地	〒573-1010　大阪府枚方市新町2-5-1
交通手段	京阪本線枚方市駅より徒歩5分
創設者	濱地　藤太郎
学長	木梨　達雄
設立年度	［昭和　3年］大阪女子高等医学専門学校を設立

入試問い合わせ先

担当部署　入試センター

電話番号　072-804-0101

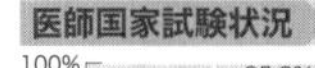

医師国家試験状況

	第113回	第114回	第115回	第116回	第117回
関西医科大学（全体）	91.1%	94.8%	88.8%	94.6%	91.0%
関西医科大学（新卒）	92.0%	95.2%	92.7%	98.0%	93.9%

設置学部

看護学部
リハビリテーション学部

2023年度入学者

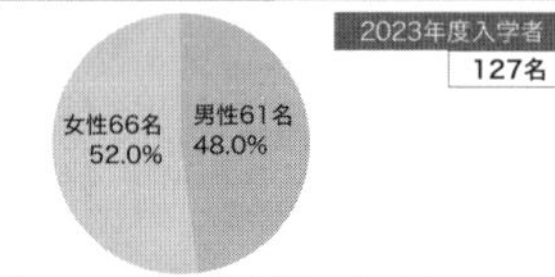

主な附属病院

関西医科大学附属病院
総合医療センター
香里病院
くずは病院
・その他関連施設
附属光免疫医学研究所／天満橋総合クリニック
くずは駅中センター

2024年度学納金

1年次	入学金	¥1,000,000
	授業料	¥1,600,000
	施設設備費	¥100,000
	教育充実費	¥100,000
	実験実習費	¥100,000
	初年度納入金総額	¥2,900,000
	入学時最低納入金	¥1,950,000
2年次以降の年額		¥3,620,000
6年間の総額		¥21,000,000
※その他納入金（1年次）		¥160,000

繰上げ合格

合格発表と同時に補欠者の発表を行う。合格者に欠員が生じた場合に補欠者の中から、成績順に繰上合格の発表を郵便にて行う。

特待生制度

一般選抜試験（前期）合格者のうち上位30名には、初年度納入金のうち授業料、実験実習費、施設設備費および教育充実費の全額、合計190万円を免除する。

補欠順位

未定

成績開示

あり

寄付金

教育、研究施設設備の整備拡充のため、任意の寄付金を入学後に改めて案内する。

入試結果

			2023	2022	2021
一般前期	募集人員		55	55	55
	志願者数		2,224	1,755	1,764
	受験者数	A	2,086	1,616	1,612
	一次合格者数	B	352	313	312
	一次合格倍率	A/B	5.9	5.2	5.2
	二次受験者数		324	282	280
	正規合格者数	C	127	110	110
	正規合格倍率	A/C	16.4	14.7	14.7
	補欠候補者数		187	166	163
	繰上合格者数	D	55	—	—
	総合格者数	C+D	182	—	—
	合格実質倍率	A/(C+D)	11.5	—	—
	入学者数		69	58	59
	合格最高点		351/400	304/400	364/400
	合格最低点		254/400	250/400	272/400
一般後期	募集人員		5	5	10
	志願者数		468	486	589
	受験者数	E	374	393	513
	一次合格者数	F	35	18	71
	一次合格倍率	E/F	10.7	21.8	7.2
	二次受験者数		27	17	58
	正規合格者数	G	3	5	8
	正規合格倍率	E/G	124.7	78.6	64.1
	補欠候補者数		21	10	46
	繰上合格者数	H	3	—	—
	総合格者数	G+H	6	—	—
	合格実質倍率	E/(G+H)	62.3	—	—
	入学者数		5	10	7
	合格最高点		314/400	284/400	285/400
	合格最低点		291/400	255/400	261/400
共テ前期	募集人員		12	12	10
	志願者数		1,115	590	561
	受験者数	I	1,109	584	557
	一次合格者数	J	146	137	101
	一次合格倍率	I/J	7.6	4.3	5.5
	二次受験者数		125	103	79
	正規合格者数	K	53	84	48
	正規合格倍率	I/K	20.9	7.0	11.6
	補欠候補者数		72	18	29
	繰上合格者数	L	6	—	—
	総合格者数	K+L	59	—	—
	合格実質倍率	I/(K+L)	18.8	—	—
	入学者数		4	12	5
	合格最高点		763/800	743/800	786/800
	合格最低点		688/800	625/800	690/800
併用	募集人員		13	13	10
	志願者数		931	485	469
	受験者数	M	880	457	433
	一次合格者数	N	199	130	121
	一次合格倍率	M/N	4.4	3.5	3.6
	二次受験者数		179	116	110
	正規合格者数	O	68	79	67
	正規合格倍率	M/O	12.9	5.8	6.5
	補欠候補者数		103	35	39
	繰上合格者数	P	22	—	—
	総合格者数	O+P	90	—	—
	合格実質倍率	M/(O+P)	9.8	—	—
	入学者数		13	11	10
	合格最高点		1036.5/1200	986.7/1200	1120/1200
	合格最低点		840.2/1200	784.5/1200	876/1200
共テ後期	募集人員		5	5	10
	志願者数		135	77	59
	受験者数	Q	134	77	59
	一次合格者数	R	32	13	18
	一次合格倍率	Q/R	4.2	5.9	3.3
	二次受験者数		3	2	7
	正規合格者数	S	3	0	2
	正規合格倍率	Q/S	44.7	—	29.5
	補欠候補者数		0	0	5
	繰上合格者数	T	0	—	—
	総合格者数	S+T	3	—	—
	合格実質倍率	Q/(S+T)	44.7	—	—
	入学者数		1	0	3
	合格最高点		581/600	549.5/600	576/600
	合格最低点		540/600	510.5/600	522/600
推薦（特別枠）	募集人員		10	10	10
	志願者数		60	43	40
	受験者数	U	60	41	40
	一次合格者数	V	15	16	17
	一次合格倍率	U/V	4.0	2.6	2.4
	二次受験者数		14	15	17
	合格者数	W	10	10	10
	実質倍率	U/W	6.0	4.1	4.0
	入学者数		10	10	10
推薦（大阪府）	募集人員		5	5	
	志願者数		31	43	
	受験者数	X	30	43	
	一次合格者数	Y	8	9	
	一次合格倍率	X/Y	3.8	4.8	
	二次受験者数		8	9	
	合格者数	Z	5	5	
	実質倍率	X/Z	6.0	8.6	
	入学者数		5	5	
推薦（静岡県）	募集人員		8	8	
	志願者数		46	45	
	受験者数	α	46	45	
	一次合格者数	β	12	17	
	一次合格倍率	α / β	3.8	2.6	
	二次受験者数		12	17	
	合格者数	γ	8	8	
	実質倍率	α / γ	5.8	5.6	
	入学者数		8	8	
推薦（新潟県）	募集人員		2	2	
	志願者数		11	18	
	受験者数	δ	11	18	
	一次合格者数	ε	3	7	
	一次合格倍率	δ / ε	3.7	2.6	
	二次受験者数		3	7	
	合格者数	ζ	2	2	
	実質倍率	δ / ζ	5.5	9.0	
	入学者数		2	2	
推薦（地域枠）	募集人員				15
	志願者数				100
	受験者数	η			100
	一次合格者数	θ			34
	一次合格倍率	η / θ			2.9
	二次受験者数				34
	合格者数	ι			15
	実質倍率	η / ι			6.7
	入学者数				15
推薦（一般枠）	募集人員		10	10	10
	志願者数		348	256	209
	受験者数	κ	331	237	204
	一次合格者数	λ	17	25	18
	一次合格倍率	κ / λ	19.5	9.5	11.3
	二次受験者数		17	25	17
	合格者数	μ	16	16	17
	実質倍率	κ / μ	20.7	14.8	12.0
	入学者数		4	4	11
特色	募集人員		7	7	7
	志願者数		68	63	49
	受験者数	ν	66	58	47
	一次合格者数	ξ	12	15	15
	一次合格倍率	ν / ξ	5.5	3.9	3.1
	二次受験者数		12	15	14
	合格者数	o	11	14	14
	実質倍率	ν / o	6.0	4.1	3.4
	入学者数		6	7	7

※1　繰上合格者数は連絡の際に入学の意思を示した人数
※2　一般後期と共テ後期の募集人員は合わせて5名
※3　地域枠推薦は2021のみ大阪府・静岡県・新潟県をまとめて掲載
（注）合格最高点・最低点は、一般前期・後期は正規合格者を対象。共テ前期・後期と併用は一次合格者を対象

2024年度　募集要項　関西医科大学 医学部医学科

入試日程

試験区分	募集人員	出願期間*1	試験日 1次試験	試験日 2次試験
推薦(特別枠)	10名	2023年11月1日(水)～11月27日(月)消印有効	12月10日(日)	12月16日(土)
推薦(地域枠)	15名	2023年11月9日(木)～11月27日(月)消印有効		
推薦(一般枠)	10名	2023年11月1日(水)～11月27日(月)消印有効		
特色	7名			
一般(前期)	55名	2023年12月23日(土)～2024年1月11日(木)消印有効	1月27日(土)	2月10日(土)
共通テスト・一般併用	13名		①共通テスト ②1月27日(土)	2月17日(土)
共テ利用(前期)	12名		共通テスト	2月17日(土)
共テ利用(後期)	5名	2024年2月1日(木)～2月16日(金)消印有効		3月12日(火)
一般(後期)			3月2日(土)	

*1 インターネットでの出願登録後、印刷した書類を郵送提出することで出願完了となります。

試験時間・配点　集合時間　9：15

試験区分		科目	試験時間	時間	配点	合計点	備考
一般	1次	理科2科目	9:30～11:30	120分	200点	400点	*2 集合時間等については第1次試験合格発表時に通知します。
		外国語(英語)	12:50～14:10	80分	100点		
		数学	14:50～16:20	90分	100点		
	2次	面接*2			段階評価		

試験会場

試験区分	1次試験	2次試験
推薦・特色	本学枚方キャンパス医学部棟	本学枚方キャンパス医学部棟
一般(前期)	大阪(インテックス大阪)・東京(ベルサール新宿グランドコンファレンスセンター)・名古屋(TKPガーデンシティPREMIUM名古屋ルーセントタワー)・福岡(南近代ビル)	
一般(後期)	本学枚方キャンパス医学部棟	
共通テスト・一般併用	①大学入学共通テスト受験地 ②大阪(インテックス大阪)・東京(ベルサール新宿グランドコンファレンスセンター)・名古屋(TKPガーデンシティPREMIUM名古屋ルーセントタワー)・福岡(南近代ビル)	
共テ利用(前期)	大学入学共通テスト受験地	
共テ利用(後期)		

合格発表日

試験区分	1次試験	2次試験	手続締切	辞退締切
推薦・特色	12月13日(水) 10:00	12月22日(金) 10:00	1月5日(金) 15:00	3月31日(日) 17:00
一般(前期)	2月6日(火) 10:00	2月15日(木) 10:00	2月26日(月) 15:00	3月31日(日) 17:00
併用・共通(前期)	2月9日(金) 10:00	2月22日(木) 10:00	3月1日(金) 15:00	3月31日(日) 17:00
一般(後期)・共通(後期)	3月8日(金) 10:00	3月15日(金) 10:00	3月22日(金) 15:00	3月31日(日) 17:00

合格発表方法

試験区分	1次試験	2次試験
推薦・特色	ネット一覧・郵便(高等学校長)	ネット一覧・郵便(合格者)
一般(前期)	ネット一覧	ネット一覧・郵便(合格者)
併用・共通(前期)	ネット一覧	ネット一覧・郵便(合格者)
一般(後期)・共通(後期)	ネット一覧	ネット一覧・郵便(合格者)

入試情報

過去3年間入学者現浪比

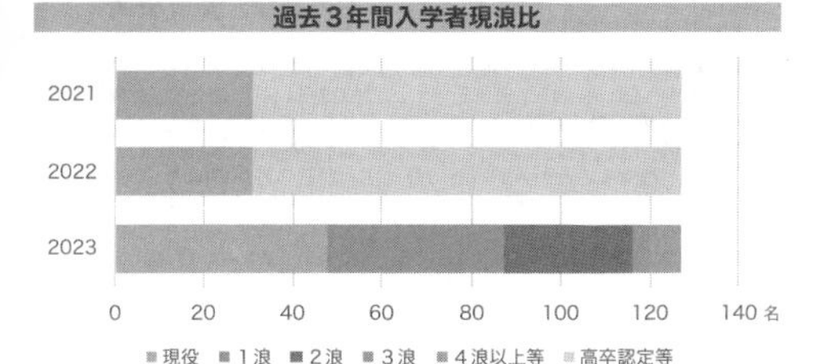

	2021	2022		2023
現役	31名 (24.4%)	31名 (24.4%)	現役	48名 (37.8%)
浪人	96名 (75.6%)	96名 (75.6%)	1浪	39名 (30.7%)
			2浪	29名 (22.8%)
			3浪	4名 (3.1%)
			4浪以上等	7名 (5.5%)
入学者	127名	127名		127名

2023年度合格者現浪比

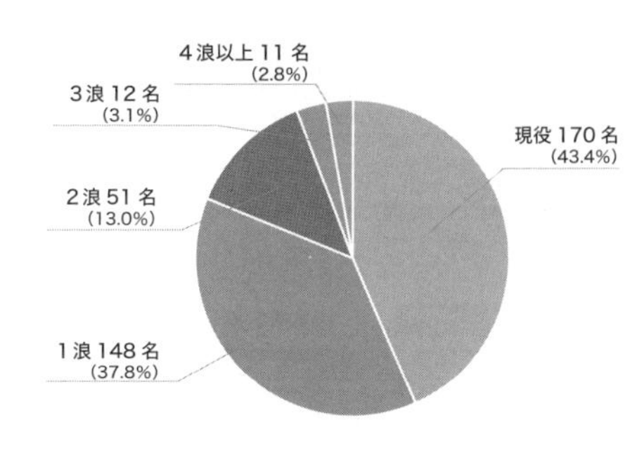

(総合格者 392名)

面接

メルリックス学院生からのアンケートをもとに作成しています

■ 所要時間　個人10～20分(2回行う場合あり)

■ 面接の進行

【質問内容】

＜個人＞

・医師志望理由
・本学志望理由
・併願校について
・高校生活(部活動)について
・なぜ何年も浪人したか
・浪人生活で得たものはあるか
・苦手科目とその克服法
・趣味について
・大学に入ってしたいこと
・周囲と上手くやっていく自信はあるか
・自分が医師に向いていると思う点
・将来、何科で働いてみたいか
・最近読んだ本
・慈仁心鏡の意味を知っているか
・文章を読んで作者の考えについて答える

面接官の人数:3名
受験生の人数:1名

○ 受験生　● 面接官

雰囲気は和やかで、答に詰まると面接官の方から助け舟を出してくれる。建学の精神については調べておきたい。文章を渡されてその内容について答える形式が最近の新傾向である。受験生によっては2回目の面接がある。

関西医科大学　医学部医学科

一般選抜(前期)出題傾向分析

数学　やや難　グラフが必出。まず上位国公立大レベルの解法はしっかり固めて

区分	解析系									図形系					その他				
	I	I・II	II			B	III			I	II	B	III		I	A			B
分野名	二次関数	数と式	指数・対数	三角関数	微分・積分	数列	いろいろな関数と極限	微分	積分	三角比	図形と方程式	ベクトル	いろいろな曲線	複素数平面	データの分析	整数	場合の数	確率	確率分布
2023						○			○			○				○			
2022		○						○	○									○	
2021							○		○			●		○		●		●	
2020		●	●				○							○				○	
2019						○			○			○				○			

2023年度の出題分析

- 出題形式　記述
- 知識量　★★★
- スピード　★★★★
- 記述力　★★★★
- 応用力　★★★★

傾向　'21まで大問4題だったが'22は5題、'23は再び4題。ここ5、6年は小問集合があったりなかったりと何かしら出題形式に変更がある。グラフをかく問題が必出。難易度は上位私大問題レベル～難関私大レベルの間で変化しており、上位私大～上位国公立大レベル問題集でよく見る解法が身についていれば解ける問題がほとんどだが、難関私大レベルの問題が入る年もある。'20は易しめでほとんどが中堅私大～上位私大頻出レベル。'21～'23は難度が上がり、上位国公立大～難関私大レベルで手間のかかる問題や処理にテクニックが要求される問題が後半で目立つ。'22、'23は証明も入り記述の答案を上手く書く力も必要。

対策　以前は解きやすい問題が多かったが、'15 以降は上位国公立大レベル以上の難易度の問題が多く出されている。また、ボリュームがある年もあり、早く正確に、上手く処理する力が要求される問題が出される年もある。まず上位私大～上位国公立大レベルの典型問題なら迷わず、早く正確に解けるようにしておこう。この大学の入試ランキングを考えると難関私大レベルの問題まで解いて応用力と実戦力をつけておいた方が良い。形式上は記述の量や問題数が増えたり減ったりと変化しているが、問題の内容はそれほど大きく変わっていない。'15 以降の過去問を解いてこの大学の問題や時間配分、そして必出となっているグラフをかく問題に慣れておこう。

英語　やや難　大幅な出題形式の変更あり、長文内容真偽と自由英作文が合否のカギに

区分	読解							文法・語法						表現・作文		会話		
分野名	和訳	内容真偽	内容説明	空所補充	脱文挿入	文整序	表題選択	短文完成	語句整序	誤り指摘	語定義	発音・アクセント	同意・反意語句	英訳	テーマ型英作文	応答選択	空所補充	内容真偽
2023		○	●	●					●				●		○			
2022	●			●					●									
2021	●	●		●					●									
2020	●	●		●					●									
2019		●		●				○	●			○					○	

2023年度の出題分析

- 出題形式　記・マ
- 知識量　★★★★
- スピード　★★★★
- 記述力　★★★★
- 応用力　★★★★

傾向　本年度から解答用紙にマークシートが導入され、出題形式に変化が生じた。長文問題2題と、本学で出題のなかった自由英作文1題という大問構成になった。[1]はB5判3ページ半程度の長文問題で、20問の内容真偽問題のみの出題。[2]はB5判3ページ強の長さの長文問題でマーク式と記述式の両問題形式でできていた。マーク式問題では、内容真偽問題や下線部の内容説明、記述式問題では、resilienceという語についての25字の内容説明、指示内容を特定し英語のまま抜き出すもの、適語補充、整序問題がそれぞれ出題された。[3]は長文[2]で読解した内容を踏まえて、「医師に対するレジリエンスの重要性」について100語で自由英作文するという問題。本学で自由英作文が出題されたのは歴代初のことだったので、面食らった受験生も多かっただろう。

対策　出題形式に大幅な変更が生じたが、過去問も似た種類の問題を出題しているため、遡って演習を行うことができる。[1]の長文内容真偽問題は、長文の流れと問題の順序が同じなので、「読み進めながら」内容真偽をする手法を取り、時間を節約したい。内容真偽をする際は、本文の該当箇所と選択肢をしっかりと精読し、正誤判断することが大切。[2]の長文総合問題の方が[1]よりも難易度が穏当なので、過去問を通じて問題形式に慣れ、本学の出題傾向を知り、しっかりと得点したい。[3]の自由英作文は、論理的な英文を上手な展開で書くことができるかどうかで合否を分ける問題になると言える。文法・構文上のミスを最小限におさえることは前提として、英文展開として自然な書き方ができるかをポイントとして、できれば英文添削を受けながら作文の学習を進めてほしい。

化学　やや難　計算量も多く、細かい知識を問われる部分もある

区分	理論										無機		有機					
分野名	原子の構造・化学結合	化学量と化学式	物質の三態・気体の法則	溶解度・濃度	コロイド・希薄溶液	化学反応と反応熱	酸と塩基の反応	酸化・還元	電池・電気分解	反応の速さと化学平衡	周期表と非金属元素	金属元素	脂肪族	芳香族	糖	アミノ酸とタンパク質	生命化学	合成高分子化合物
2023			○			●						○			●	●		○
2022		○	●	●		●		○	●	○	○		○					
2021		●				○			●	○		○	●			○		
2020	●	●	○							●		●	○					
2019									○			●	●		○			○

2023年度の出題分析

- 出題形式　記・穴
- 知識量　★★★★
- スピード　★★★★
- 記述力　★★★
- 応用力　★★★

傾向　例年大問4題の出題が続いており、穴埋めを含む記述式の問題である。[1]は気体の法則や熱化学などの問題であった。これはいろんな意味で難問である。計算も多く、正解に辿り着けたとしてもスッキリしないものだ。この問題を一旦保留にしておく方がよかったのかもしれない。[2]は無機の定番問題のように思えるのだが、最初の問題が混乱を生じさせる問題だ。ヘキサシアニド鉄(II)カリウムが関わるのは濃青色沈殿の紺青が定番。逆側の青白色沈殿が聞かれるのは極めて稀。多くの受験生はノーマークであっただろう。[3]・[4]も定番と言えば間違いないが、計算が重かったり経験則が必要であったりするもので、苦労した受験生も多いだろう。

対策　'22はやや易化していたが、'23はまた関医らしいストレスを感じる問題であった。定番問題の中に困難な思考や計算を潜ませて受験生を翻弄していく形式もある。また、細かい知識を聞かれたり、実戦経験の中での判断力を必要とするものもある。入試時間中は、すべての受験生が極限状態で問題と取り組んでいるだろうことが予想される。普段から丁寧に基本を拾い上げていく学習をすることは勿論、耐性力を鍛えるトレーニングも必要となる。教科書や定番問題集で演習を積んだ後には、過去問演習をやってみてこの苦難にも適応できる能力を付けていくことにしよう。とにかく一つ一つ諦めないで、折れない気持ちをもって取り組むことが必要だ。

生物　標準　計算問題、選択肢の選び方が難易度を上げている。時間との勝負

区分	細胞		代謝		遺伝子			体内環境			生殖・発生			環境応答				生態系				進化・系統		
分野名	細胞の構造と組織	細胞膜の構造と物質輸送	タンパク質の構造と酵素反応	同化と異化	細胞周期とDNA合成	遺伝子の発現と調節・変異	バイオテクノロジー	体液・循環系の構成と働き	自律神経とホルモンによる調節	生体防御	配偶子形成と生殖・遺伝	初期発生と形態形成	幹細胞と再生	刺激の受容と感覚	神経系と筋肉	動物の行動	植物生理	バイオームの遷移と分布	個体群と相互作用	物質生産と物質循環	自然環境	地球の発展と古典的生物進化	分子進化と集団遺伝	生物の系統と分類
2023	●			●		○		●	○						●		●		●	●			○	
2022			●		○			○			○	●		●	●		●		●					●
2021		●		○		●	○			●	○	●					●			●				●
2020	●		●	○	●	●	●	●			●	●					○	○			●	●		●
2019				○	●		○	●	●	●		○			○				●	●		●		

傾向 まず大きな傾向として、大問4題の出題である。記述式の問題であるが、説明を記述する問題はない。問題が語句や選択肢を記入する問題が多い。ただし選択肢は「すべて」を選ぶ問題がほとんどであり正答の数が不明である。また選択肢の順番を並べ替えたり、計算問題も出題される。　この内容で問題数が50問を超えるため時間内に解ききれない受験生が多くいるだろう。次に'23の出題内容について記載する。[1]は多岐にわたる分野から小問集合が8問出題された。[2]はレーウィの実験について出題された。[3]は原核生物の転写･翻訳、オペロン説についての問題が出題された。[4]はABO式血液型の集団遺伝に関する問題が出題された。

対策 記述式の問題ではあるがほぼすべての問題は選択問題である。選択肢から「すべて」を選ぶ問題は正答数がわからなため消去法などで答えを選ぶ方法がとれない。選択肢を1つずつ精査していくため時間がかかる。知識問題であれば、あいまいな知識を、より正確な知識として身に着けることで対処できる。しかし実験問題やグラフの読み取りではきちんとした読解力が必要となり、難しい出題形式といえるだろう。この出題形式の対策は文章記述式の大学と同等の対策をするのがよい。正確に相手に伝えられる文章が書けるということは、他者の書いた文章を正確に読み取ることができるようになるということである。また計算問題は一般的なものもあるが、時間が掛かる問題もあり、ミスをしないように注意したい。

物理　やや難　難度がやや高めになっているので、しっかり準備をしておこう!!

区分	力学						電磁気学					波動			熱力学			原子		
分野名	等加速度運動・運動方程式・慣性力	力のモーメント・重心	運動量と力積・仕事とエネルギー	円運動・遠心力	単振動	万有引力とケプラーの法則	電場と電位	コンデンサー	直流回路	磁場・電磁誘導	交流回路・電気振動・電磁波	波の性質	音波	光波	熱量と温度	気体分子運動論	気体の状態変化	粒子性と波動性	原子の構造	放射線・核反応
2023	○								○					○			○			
2022					○						○			○						○
2021		○						○					○					○		
2020	○								○					○				○		
2019		○							○					○			○			

2023 年度の
出題分析

出題形式 記・穴
知 識 量 ★★★★
スピード ★★★★
記 述 力 ★★★★
応 用 力 ★★★★

傾向 大問4題で構成され、力学、電磁気、波動、熱力学からの出題である。力学は可動台と小物体の相対運動の問題で、可動台に力を加えた状態から力を除いた状態へと変化させるもので、v－tグラフの描図も出題されている。電磁気は可変抵抗を含む直流回路の問題で、ホイートストーン･ブリッジ回路も含まれている。波動は反射型回折格子の問題で、反射面が斜めになっている。熱力学はシリンダー内で可動ピストンにより仕切られた2つの気体の状態変化の問題となっている。標準的な問題が中心に出題されているが、反射型回折格子は誘導に乗れないと苦労しただろう。計算に手間がかかる問題もあるので、解ける問題から優先的に解いていくことが必要となる。

対策 やや難の問題もしっかり解いておくこと。全分野から幅広く出題されるので、苦手な分野でも基本的な知識は身につけておくことが必要である。特に出題が少ないタイプの問題である、素粒子、トランジスタ、真空管、オクターブ、被爆、誘導加熱、X線の集光、発光ダイオード、フェーン現象、視細胞の受け取るエネルギーと光の粒子性、タッチパネル、PET、イオンチャンネル、浮力と抵抗力と台はかりの値、球形レンズ1個の顕微鏡、キログラムの定義などが出題されている。記述や描画が出題されることも多いので準備が必要である。'18～'21はやや難度が下がっていたが、'22、'23は難度が上がっているので、十分な準備が必要である。

小論文

(実施しない)

近畿大学　医学部医学科

学部所在地	〒589-8511　大阪府大阪狭山市大野東377-2
交通手段	南海電鉄高野線金剛駅または泉北高速鉄道泉ヶ丘駅よりバス約15分
創設者	世耕　弘一
理事長	世耕　弘成
学長	細井　美彦
設立年度	［昭和49年］近畿大学医学部を開設

入試問い合わせ先

担当部署　医学部学生センター学務課
電話番号　072-366-0221

医師国家試験状況

	第113回	第114回	第115回	第116回	第117回
近畿大学(全体)	92.1%	97.3%	87.3%	97.0%	93.9%
近畿大学(新卒)	95.1%	98.1%	87.8%	98.3%	94.6%

設置学部

法学部／経済学部／経営学部／文芸学部／理工学部／生物理工学部／工学部／産業理工学部／農学部／薬学部／総合社会学部／建築学部／国際学部／短期大学部／情報学部

主な附属病院

近畿大学病院
近畿大学奈良病院
・その他関連施設
東洋医学研究所／ライフサイエンス研究所
関西国際空港クリニック

2023年度入学者

2023年度入学者　111名

女性33名　29.7%
男性78名　70.3%

2024年度学納金

1年次	入学金	¥1,000,000
	授業料	¥5,800,000
	その他(学生健保共済会費)	¥4,500
	初年度納入金総額	¥6,804,500
	入学時納入金	¥3,904,500
2年次以降の年額		¥5,804,500
6年間の総額		¥35,827,000

※校友会終身会費　¥30,000
(入学年次:¥20,000、
最終学年次¥10,000)

繰上げ合格

募集定員に欠員が生じた場合、所定の期日までに順次合格を通知します。

特待生制度

なし

補欠順位

あり

成績開示

あり(不合格者のみ)

寄付金

募集しておりません。

入試結果

区分	項目	記号	2023	2022	2021
一般前期	募集人員		55	55	55
	志願者数		1,522	1,496	1,618
	受験者数	A	1,426	1,397	1,494
	一次合格者数	B	228	218	223
	一次合格倍率	A/B	6.3	6.4	6.7
	二次受験者数		—	—	—
	正規合格者数	C	108	104	96
	正規合格倍率	A/C	13.2	13.4	15.6
	補欠候補者数		—	—	—
	繰上合格者数	D	—	—	—
	総合格者数	C+D	—	—	—
	合格実質倍率	A/(C+D)	—	—	—
	入学者数		46	47	46
	合格最高点		—	—	—
	合格最低点		213/400	214/400	233/400
一般前期(大阪府)	募集人員		3	3	
	志願者数		39	28	
	受験者数	E	38	28	
	一次合格者数	F	6	6	
	一次合格倍率	E/F	6.3	4.7	
	二次受験者数		—	—	
	正規合格者数	G	3	3	
	正規合格倍率	E/G	12.7	9.3	
	補欠候補者数		—	—	
	繰上合格者数	H	—	—	
	総合格者数	G+H	—	—	
	合格実質倍率	E/(G+H)	—	—	
	入学者数		—	3	
	合格最高点		—	—	
	合格最低点		198/400	194/400	
一般前期(奈良県)	募集人員		2	2	
	志願者数		34	32	
	受験者数	I	33	31	
	一次合格者数	J	5	5	
	一次合格倍率	I/J	6.6	6.2	
	二次受験者数		—	—	
	正規合格者数	K	2	2	
	正規合格倍率	I/K	16.5	15.5	
	補欠候補者数		—	—	
	繰上合格者数	L	—	—	
	総合格者数	K+L	—	—	
	合格実質倍率	I/(K+L)	—	—	
	入学者数		—	2	
	合格最高点		—	—	
	合格最低点		198/400	191/400	
一般前期(和歌山県)	募集人員		2	2	
	志願者数		18	31	
	受験者数	M	18	31	
	一次合格者数	N	5	5	
	一次合格倍率	M/N	3.6	6.2	
	二次受験者数		—	—	
	正規合格者数	O	2	2	
	正規合格倍率	M/O	9.0	15.5	
	補欠候補者数		—	—	
	繰上合格者数	P	—	—	
	総合格者数	O+P	—	—	
	合格実質倍率	M/(O+P)	—	—	
	入学者数		—	2	
	合格最高点		—	—	
	合格最低点		191/400	202/400	

区分	項目	記号	2023	2022	2021
一般前期(静岡県)	募集人員		6(4)	6(4)	3(2)
	志願者数		73(102)	77(95)	87(62)
	受験者数	Q	70(93)	72(85)	81(58)
	一次合格者数	R	12(17)	12(14)	9(17)
	一次合格倍率	Q/R	5.8(5.5)	6.0(6.1)	9.0(3.4)
	二次受験者数		—	—	—
	正規合格者数	S	5(5)	6(6)	2(3)
	正規合格倍率	Q/S	14.0 (18.6)	12.0 (14.2)	40.5 (19.3)
	補欠候補者数		—	—	—
	繰上合格者数	T	—	—	—
	総合格者数	S+T	—	—	—
	合格実質倍率	Q/(S+T)	—	—	—
	入学者数		—	4(6)	2(3)
	合格最高点		—	—	—
	合格最低点		197(217)/400	198(212)/400	225(205)/400
一般後期	募集人員		5	5	5
	志願者数		686	534	722
	受験者数	U	557	444	593
	一次合格者数	V	50	45	47
	一次合格倍率	U/V	11.1	9.9	12.6
	二次受験者数		—	—	—
	正規合格者数	W	13	13	14
	正規合格倍率	U/W	42.8	34.2	42.4
	補欠候補者数		—	—	—
	繰上合格者数	X	—	—	—
	総合格者数	W+X	—	—	—
	合格実質倍率	U/(W+X)	—	—	—
	入学者数		—	9	8
	合格最高点		—	—	—
	合格最低点		230/400	222/400	242/400
共テ前期	募集人員		5	5	5
	志願者数		557	451	404
	受験者数	α	—	—	—
	一次合格者数	β	102	99	86
	一次合格倍率	α/β	—	—	—
	二次受験者数		—	—	—
	正規合格者数	γ	32	31	26
	正規合格倍率	α/γ	—	—	—
	補欠候補者数		—	—	—
	繰上合格者数	δ	—	—	—
	総合格者数	$\gamma+\delta$	—	—	—
	合格実質倍率	$\alpha/(\gamma+\delta)$	—	—	—
	入学者数		—	8	5
	合格最高点		—	—	—
	合格最低点		419/500	—	—
共テ中期	募集人員		3	3	3
	志願者数		213	201	178
	受験者数	ε	—	-	—
	一次合格者数	ζ	49	47	49
	一次合格倍率	ε/ζ	—	—	—
	二次受験者数		—	—	—
	正規合格者数	η	18	21	20
	正規合格倍率	ε/η	—	—	—
	補欠候補者数		—	—	—
	繰上合格者数	θ	—	—	—
	総合格者数	$\eta+\theta$	—	—	—
	合格実質倍率	$\varepsilon/(\eta+\theta)$	—	—	—
	入学者数		—	3	4
	合格最高点		—	—	—
	合格最低点		340/400	—	—

区分	項目	記号	2023	2022	2021
共テ後期	募集人員		2	2	2
	志願者数		144	95	103
	受験者数	ι	—	—	—
	一次合格者数	κ	41	43	39
	一次合格倍率	ι/κ	—	—	—
	二次受験者数		—	—	—
	正規合格者数	λ	6	6	9
	正規合格倍率	ι/λ	—	—	—
	補欠候補者数		—	—	—
	繰上合格者数	μ	—	—	—
	総合格者数	$\lambda+\mu$	—	—	—
	合格実質倍率	$\iota/(\lambda+\mu)$	—	—	—
	入学者数		—	5	9
	合格最高点		—	—	—
	合格最低点		258/300	—	—
推薦	募集人員		25	25	25
	志願者数		681	608	561
	受験者数	ν	677	605	537
	一次合格者数	ξ	77	80	70
	一次合格倍率	ν/ξ	8.8	7.6	7.7
	二次受験者数		—	—	—
	合格者数	o	55	60	52
	実質倍率	ν/o	12.3	10.1	10.3
	入学者数		—	13	11
	合格最高点		—	—	—
	合格最低点		222/300	182/300	208/300

*メルリックス調べ

※ 一般前期(静岡県)の無印は前期、(　　)内は後期
(注)合格最低点は1次合格者を対象

2024年度　募集要項

入試日程

試験区分	募集人員	出願期間	試験日	
			1次試験	2次試験
推薦(一般公募)	25名	2023年11月1日(水)～11月9日(木)消印有効	11月19日(日)	12月3日(日)
一般入試・前期	55名*	2023年12月15日(金)～2024年1月11日(木)消印有効	1月28日(日)	2月11日(日)
一般入試・後期	5名*	2024年2月1日(木)～2月13日(火)消印有効	2月24日(土)	3月7日(木)
共通テスト利用方式(前期)	5名	2024年1月3日(水)～1月12日(金)消印有効	共通テスト	2月18日(日)
共通テスト利用方式(中期)	3名	2024年1月3日(水)～2月1日(木)消印有効		2月18日(日)
共通テスト利用方式(後期)	2名	2024年2月2日(金)～2月22日(木)消印有効		3月7日(木)

* 試験区分の募集人員内に地域枠の募集人員を含んでいません。別区分で募集します。

試験時間・配点

入室時間　1次:9:30　2次:10:00

試験区分		科目	試験時間	時間	配点	合計点	備考
一般前期 一般後期	1次	理科2科目	10:00～12:00	120分	200点	400点	
		数学	13:00～14:00	60分	100点		
		外国語	14:40～15:40	60分	100点		
	2次	小論文	10:30～11:10	40分	段階評価		
		面接	順次	10分程度	段階評価		

試験会場

試験区分	1次試験	2次試験
推薦	本学(東大阪キャンパス)・東京(TKP東京駅大手町カンファレンスセンター)	本学(大阪狭山キャンパス)
一般入試・前期	本学(東大阪キャンパス)・東京(大手町プレイスカンファレンスセンター)・名古屋(TKP名古屋駅前カンファレンスセンター)・広島(TKP広島本通駅前カンファレンスセンター)・福岡(北九州予備校博多駅校)	本学(大阪狭山キャンパス)
一般入試・後期	本学(東大阪キャンパス)・東京(TKPガーデンシティPREMIUM田町)	本学(大阪狭山キャンパス)
共テ利用前期・中期・後期		本学(大阪狭山キャンパス)

合格発表日

試験区分	1次試験	2次試験	手続締切	辞退締切
推薦	11月29日(水) 10:00	12月13日(水) 10:00	12月21日(木)	3月31日(日)
一般前期	2月7日(水) 10:00	2月23日(金) 10:00	3月1日(金)	3月31日(日)
一般後期・ 共テ利用後期	3月2日(土) 10:00	3月15日(金) 10:00	3月21日(木)	3月31日(日)
共テ利用前期・ 中期	2月14日(水) 10:00	2月27日(火) 10:00	3月6日(水)	3月31日(日)

※UCARO「合否照会」で合格発表前日21:00～公開

合格発表方法

試験区分	1次試験	2次試験
推薦	ネット一覧・ネット照会・郵便(合格者)	ネット一覧・ネット照会・郵便(合格者)
一般前期	ネット一覧・ネット照会・郵便(合格者)	ネット一覧・ネット照会・郵便(合格者)
一般後期	ネット一覧・ネット照会・郵便(合格者)	ネット一覧・ネット照会・郵便(合格者)
共テ利用前期	ネット一覧・ネット照会・郵便(合格者)	ネット一覧・ネット照会・郵便(合格者)
共テ利用前期	ネット一覧・ネット照会・郵便(合格者)	ネット一覧・ネット照会・郵便(合格者)
共テ利用後期	ネット一覧・ネット照会・郵便(合格者)	ネット一覧・ネット照会・郵便(合格者)

入試情報

過去3年間入学者現浪比

2021
2022
2023
0 20 40 60 80 100 120名
■現役 ■1浪 ■2浪 ■3浪 ■4浪以上

	2021	2022	2023
現役	29名 (25.9%)	28名 (25.0%)	27名 (24.3%)
1浪	43名 (38.4%)	32名 (28.6%)	43名 (38.7%)
2浪	13名 (11.6%)	14名 (12.5%)	13名 (11.7%)
3浪	10名 (8.9%)	13名 (11.6%)	14名 (12.6%)
4浪以上	17名 (15.2%)	25名 (22.3%)	14名 (12.6%)
入学者	112名	112名	111名

2023年度合格者現浪比

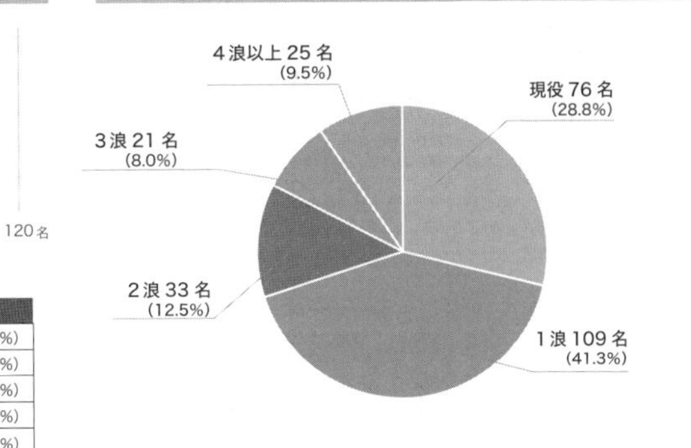

(総合格者 264名)

面接

メルリックス学院生からのアンケートをもとに作成しています

■ 所要時間　個人10分

■ 面接の進行

【アンケート】あり　①A.患者から信頼される医師／B.社会に貢献する医師/C.専門分野に特化した医師について100字以内で書き、志望順に順位をつける。②自分の長所と短所、長所が医師になった時どのように役に立つか。③将来なりたい医師像とその理由。

面接官の人数:2名
受験生の人数:1名
○受験生 ●面接官

【質問内容】

<個人>

- 医師志望理由
- アンケートの内容
- 大阪になじめるか
- 読書はするか
- 嫌いな人とどのように接するか
- 人生で一番感動したこと
- リーダーシップ以外で医師に必要なもの
- チーム医療について
- 良い医師とはどのような医師か
- 精神が不安定な高齢患者に末期がんの宣告をするか
- 自己PR
- なぜ地域枠に出願したか(地域枠)

面接前に記入するアンケートは文字数が多いため、あらかじめどんなことを書くか準備していった方がよい。受験生の経歴や志望理由よりも考え方を重視していると思われる質問が多い。

近畿大学　医学部医学科

一般選抜（前期）出題傾向分析

数学　標準　上位私大レベル典型問題の解法をしっかり。計算等も面倒がらずに

区分	解析系									図形系					その他				
	I	I・II	II			B	III			I	II	B	III		I	A			B
分野名	二次関数	数と式	指数・対数	三角関数	微分・積分	数列	いろいろな関数と極限	微分	積分	三角比	図形と方程式	ベクトル	いろいろな曲線	複素数平面	データの分析	整数	場合の数	確率	確率分布
2023										○					○			○	
2022					○	○				○									
2021								○				○						○	
2020				●		○										○			
2019					○	○											○		

2023年度の出題分析

- 出題形式　記・穴
- 知識量　★★★
- スピード　★★★★
- 記述力　★★★
- 応用力　★★★

傾向　大問3題。[1]は穴埋めで[2]と[3]は記述。上位私大受験レベルの問題集によく載っている考え方を用いて誘導に従えば解ける問題となっていることが多い。しかし、計算や場合の数の数え上げ、場合分け等が面倒な問題が入っている年もあり、難しくはないが制限時間の割には手間のかかる問題が出される年が多い。図形の絡んだ問題の出題頻度が高く、ここ数年、'20以外は図形絡みの問題が毎年出されている。'23では[1]で読解力や問題設定の理解力、[2]は手際の良さ、[3]では図形感覚が問われる出題となっていて、本学らしい雰囲気ではあるものの得点しにくいセットとなった。頻出である微分・積分が出題されなかったのも特徴的。

対策　中堅私大受験レベルの問題集、共通テスト対策問題集によくある典型問題は、どの単元の問題も確実に解けるようにしておくべき。特に図形の絡んだ問題など出題頻度の高い問題はしっかりやっておこう。どの問題も誘導がつくことが多い。誘導問題を多く解いて典型的な誘導問題の流れをあらかじめ知っておくと同時に、前半で出てきた結果を後半でどう使うのか等を考えて誘導の意図をつかむ訓練をしておこう。2024年入試からは他学部と共通のマーク式問題となる。過去の他学部の過去問を見ると医学部より難度は下がるが量が多い傾向にある。手際良く素早く解く訓練をしておこう。

英語　標準　英問英答式の長文演習を中心に、語彙力増強は早期から心がけよ

区分	読解							文法・語法						表現・作文		会話		
分野名	和訳	内容真偽	内容説明	空所補充	脱文挿入	文整序	表題選択	短文完成	語句整序	誤り指摘	語定義	発音・アクセント	同意・反意語句	英訳	テーマ型英作文	応答選択	空所補充	内容真偽
2023		●		●				●					●					
2022		●		●				●					●					
2021		●		●			●	●					●					
2020		●		○				○	○	○								
2019		●		○				○	○	○								

2023年度の出題分析

- 出題形式　マーク
- 知識量　★★★★
- スピード　★★★★
- 記述力　—
- 応用力　★★★

傾向　時間60分、オールマーク式で、大問数は4（問題番号はふられていない）、全小問数は39問（'22は39、'21は38）で、内容・傾向は変わらず。[1]が3分割されており、(A)短文完成4問、(B)短文中の下線部語句の同意表現2問、(C)短い英文中の空所補充1問（解答箇所は計9）。[2]～[4]が長文で、[2]・[3]はB5判で1枚分の短めの英文、[4]はB5判3枚弱の長さの英文。問題は、内容真偽（True or Falseの2択は、'21の7問→'22の4問→'23の2問で減少傾向）や下線部同意表現選択などだが、段落同士の関連性を問うものも見られた。[2]は「miniprotainの可能性」、[3]は「科学と芸術に共通する美しさについて」、[4]は「イーロン・マスクのSpaceXによる宇宙開発」が題材の長文であった。この出題形式が定着してからは、英文テーマは医学分野だけでなく、多岐にわたっている。

対策　文法問題はほんのわずかな短文完成のみになり、それほど長くはないにせよ長文中心の出題になっている。近年では抑えられているが、[1]～[3]の語句関連の問題で用いられる語彙レベルは高いことがあるので、早期からコツコツ増強しておく必要がある。市販の英単語帳のレベルを超えているため、読んだ英文から語句を拾い上げて覚えていくという愚直な学習を心がけたい。[2]～[4]の長文問題で安定して得点できることが合否を分けるカギになる。英問英答の問題処理に慣れることは絶対条件で、加えて、英問での内容真偽問題の精度を高める練習をしたい。内容真偽の際には長文中から正確に該当箇所を特定し、消去法を駆使しながら解答する手法を行うのが理想。さらに、長文中に語注がないので、長文内容を正確に把握し、語義を類推する力も磨きたい。

化学　標準　標準的難度の問題に、所々厳しい問題が混ざりこむ

区分	理論									無機		有機					
分野名	原子の構造・化学結合	化学量と化学式	物質の三態・気体の法則	溶解度・濃度	コロイド・希薄溶液	化学反応と反応熱	酸と塩基の反応	酸化・還元	電池・電気分解	反応の速さと化学平衡	周期表と非金属元素	金属元素	脂肪族	芳香族	糖	アミノ酸とタンパク質	生命化学	合成高分子化合物
2023			○			●			○		○			○				
2022		●		●	●				●		●	●		●				●
2021	●		○						●	●	●	●	○	●				
2020	●		●				●			●	●	●	●	●				
2019							●				●		●			○	●	

2023年度の出題分析

- 出題形式　記・穴
- 知識量　★★★★
- スピード　★★★
- 記述力　★★
- 応用力　★★★★

傾向　例年大問3題の出題であり穴埋めを含む記述式の問題である。問題内容は大半が標準的であるが、一部難易度が高めの問題が出題されることもある。また、論述問題も数題出題される。'23前期では、[1]がソルベー法（アンモニアソーダ法）と電気化学の基本的問題で、しっかりと演習を積めている受験生は落ち着いて滑り出すことができたのではないか。[2]は気体関連と熱化学の問題で、厳しすぎるという問題でもない。標準的な学習で賄えるものであった。得点差が付いたのは[3]の有機化学であろう。落ち着いて解答出来ていないと、一気に瓦解して落としてしまうようなものがあった。また馴染みのない化合物の名前に困惑した受験生もいるだろう。

対策　厳しすぎる問題構成ではないものの、なかなか歯ごたえのある問題もあり油断ならない構成である。大問3題構成ではあるが、問題内で内容が分かれており、事実上6題構成となっていて、時間管理も難しいものである。少しでもトラブルを起こすと、最後まで到達できなかったり、他科目との時間バランスを欠いてしまうこともあり得る。このため、典型例題を手早くこなせる技術と経験力は必須となる。教科書レベルの基礎事項を早めに押さえたら、教科書傍用問題集や入試基礎問題集などで演習を積んでいきたい。その上で今年度の[3]のように粘りが要求される問題にも取り組めるようになりたい。過去問と類似する形式も多いので、少なくとも5年分ぐらいは目を通しておきたい。

生物 **やや難** **普段から生物学的意義を考えるように勉強することが重要**

区分	細胞		代謝		遺伝子			体内環境			生殖・発生			環境応答				生態系				進化・系統		
分野名	細胞の構造と組織	細胞膜の構造と物質輸送	タンパク質の構造と酵素反応	同化と異化	細胞周期とDNA合成	遺伝子の発現と調節・変異	バイオテクノロジー	体液・循環系の構成と働き	自律神経とホルモンによる調節	生体防御	配偶子形成と生殖・遺伝	初期発生と形態形成	幹細胞と再生	刺激の受容と感覚	神経系と筋肉	動物の行動	植物生理	バイオームの遷移と分布	個体群と相互作用	物質生産と物質循環	自然環境	地球の発展と生物の進化	分子進化と集団遺伝	生物の系統と分類
2023							○	○				○												
2022		○	○	○								●		○										
2021				○	○			○	●	○							●			●				
2020								○		○				○			○							
2019					○				○	○						○								

傾向 まず大きな傾向として、例年大問3題となっている。空所補充や文章読解問題などバランスの良い出題内容である。また文章の記述は10字～150字程度と幅が広い。文章記述では生物学的な意義の説明を求められる問題が長い字数制限の記述になる傾向がある。次に'23の出題内容について記載する。[1]はプラスミドを用いた遺伝子組み換え実験が出題された。50字の記述問題が2題含まれていた。[2]はヒトの血液について、ヘモグロビンのはたらきや胎児と母体の関係について出題された。50字の記述問題が含まれていた。[3]はガードンの実験やヒストン修飾についての問題が出題された。15字、50字、60字、150字の記述問題が含まれていた。

対策 まず空所補充問題への対策であるが、生物用語の意味を正確に覚えること。そして問題集や過去問を解くとき、リード文にただ眼を通すだけでなく、文章中での用語の使われ方に気を配るとよい。教科書の本文を読み込むと生物用語の正しい使い方が身につくのでやってみるとよい。次に記述に関してであるが、一般的な知識に対する記述であれば生物用語を覚えるとともに表現する訓練をすればよいだろう。ただし、近畿大学では一般的な知識だけではなく、生命現象における生物学的意義が問われることがある。そのため単純な知識に対する解答記述では書ききれないだろう。普段から現象に対しての生物的な意義を考えておくのがよい。生物・生命に関する興味と本質的な理解がどれだけあるかが問われている。

物理 **標準** **見慣れない問題であっても誘導に乗れれば解けるので焦らない!!**

区分	力学						電磁気学					波動			熱力学			原子		
分野名	等加速度運動・運動方程式・慣性力	力のモーメント・重心	運動量と力積・仕事とエネルギー	円運動・遠心力	単振動	万有引力とケプラーの法則	電場と電位	コンデンサー	直流回路	磁場・電磁誘導	交流回路・電気振動・電磁波	波の性質	音波	光波	熱量と温度	気体分子運動論	気体の状態変化	粒子性と波動性	原子の構造	放射線・核反応
2023	○							○												○
2022				○				○									○			
2021					○				○									○		
2020					○						○							○		
2019					○						○						○			

2023 年度の
出題分析

- 出題形式 穴埋め
- 知 識 量 ★★★
- スピード ★★★
- 記 述 力 ★★★★
- 応 用 力 ★★★★

傾向 大問3題で構成され、力学、電磁気、原子からの出題である。力学は斜面と水平面の上でひもによりつながれた2つの物体の運動であり、どちらかが斜面上にある状態であり、位置や速さのグラフも書かなくてはいけない。電磁気は2つのコンデンサー、2つのスイッチ、電池、抵抗でつくられた直流回路の問題が出題され、スイッチの切り替えによる電圧と電気量が問われている。原子は放射性崩壊で、放射線の強さを表す式をつくり、計算をする問題となっている。基本～標準問題が出題されているが、力学のグラフ、直流回路の後半は解きずらかっただろう。また放射線の強さでは誘導の乗れないと苦労するだろう。時間にあまり余裕はないので手早く解こう。

対策 標準～やや難の問題を解いておくこと。典型的な問題が中心であるが、'14のプリズム、'13の平面波の合成、'12の荷電粒子の運動や凸レンズと平面鏡による像、'11のガウスの法則やビーズ球の円運動、'10の小球の繰り返し衝突などのように出題の少ない問題や見慣れない問題、やや難度が高い問題なども出題される。その際は、焦らずにしっかりと問題を読み、誘導に乗ることが大切であり、題意が読み取りにくい場合は後まわしにしたほうがよい。'19では微分で式をつくることが求められている。時間に余裕のある年もあるが、効率よく問題を解く習慣をつけておくことである。'22、'23では描画が出題されたので準備は必要となる。

小論文 **テーマ型** **短い字数で、用語知識や社会的問題をまとめる**

年度	試験区分	内容	字数	時間
23	一般 前期	良医への学修を始めるにあたって、自らの問題点は何であると考えているか。また、それを克服するために実行しようと考えていることは何か。思うところを述べる。志望動機に関わる基本的な問題。	400 字	40 分
	C 方式前期・中期	人生 100 年時代における医師の役割について述べてください。 志望動機に関わる基本的な問題。		
	一般後期・C 方式後期	2022 年のノーベル生理学・医学賞学者のスバンテ・ペーボ博士は、「ネアンデルタール人の遺伝情報と、現代の人類であるホモ・サピエンスのものを比較し、遺伝情報の一部を受け継いでいること」を明らかにした。さらに、「ネアンデルタール人から受け継がれた遺伝情報は、標高の高い土地での生存を有利にすること」や、「ウイルスに対する免疫応答に影響を与える」ことが示された。この研究業績をさらに発展させるとしたらどのようなことを考えるか。一般知識から論理的な思考ができるかを問う問題。		
22	一般 前期	本学が目指す「人に愛され、信頼され、尊敬される」医師の育成に当たり、学生の立場で何を学べばそういう医師になれるか思うところを述べる。	400 字	40 分
	C 方式前期・中期	ＳＤＧｓの「すべての人に健康と福祉を」という目標について将来医師としてどのように貢献したいか考えを述べる。		
	一般後期・C 方式後期	新型コロナウイルス感染症ワクチンの副作用が若者に及ぼす影響について科学的・社会的な側面から考察する。		
21	一般 前期	「今後も起こりうる様々な社会的変化に対応できる医師の養成」に対し、必要な能力と医学部での学修を関連付けて記す。	400 字	40 分
	C 方式前期・中期	患者に対する優しさ、思いやりの他に大切な医師の資質を説明し、それを生かして将来どのように社会貢献したいかを述べる。		
	一般後期・C 方式後期	新型コロナ感染症が流行しているが医師となった場合、このような事態にどのような行動したいか。		

長めのテーマ型である。前期日程を中心にこの3年、医師としての資質、あり方が問われている。金沢医大、北里大、東海のプロフェッショナルに関する出題にもその傾向が見られる。また、例年の傾向として最近話題の医療に関心を持っておく。40分400字なので、知識・情報は少しで十分。最近他校も含めて出題のない移植医療(日本医科大では免疫抑制剤の副反応と生活の質は出た)だが、先日海外渡航での移植が問題になっていた。先端的な医療としてはオルガノイド(人工臓器)による初の臨床試験や、骨髄損傷患者に対する初のiPS細胞を使った再生医療が行われてる。また、新型出生前診断や生殖医療などのチェックをしておく。社会的なことだと、18歳成人や認知症高齢者、環境問題の温暖化、災害など。'21は医師としての資質などが問われているので、上記枠内を参考にして書いておく。AIは既出だが、遠隔診療や画像診断、問診アプリなどすでに身近な存在としての利用されている。日本では医師教育・研修にVR、IR活用も模索中だが海外では国主導の医療DXもさかんになっている。 地域医療、地域包括ケアシステム、多職種連携、ACP(アドバンスケア・プランニング)も簡単に説明できるようにしておく。 面接対策を兼ねた知識の補強には、メルリックスの『医系小論文・面接用語集』は便利である。

兵庫医科大学　医学部医学科

学部所在地	〒663-8501　兵庫県西宮市武庫川町1-1
交通手段	阪神電鉄武庫川駅より徒歩5分
創設者	森村　茂樹
理事長	太城　力良
学長	鈴木　敬一郎
設立年度	［昭和47年］兵庫医科大学開学

入試問い合わせ先

担当部署　西宮キャンパス入試センター

電話番号　0798-45-6162

医師国家試験状況

	第113回	第114回	第115回	第116回	第117回
兵庫医科大学（全体）	94.0%	97.5%	93.3%	96.5%	97.4%
兵庫医科大学（新卒）	93.9%	97.3%	93.1%	96.3%	98.2%

設置学部

薬学部
看護学部
リハビリテーション学部

主な附属病院

兵庫医科大学病院
兵庫医科大学ささやま医療センター
・その他関連施設
先端医学研究所／臨床教育統括センター
ささやま老人保健施設／ささやま居宅サービスセンター

2023年度入学者

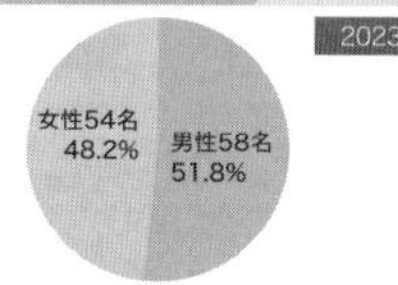

2023年度入学者　112名

2024年度学納金

1年次	入学金	¥2,000,000
	授業料	¥2,200,000
	施設設備費	¥1,300,000
	教育充実費	¥2,000,000
	実験実習費	¥1,000,000
	初年度納入金総額	¥8,500,000
	入学時最低納入金	¥5,250,000
2年次以降の年額		¥5,700,000
6年間の総額		¥37,000,000
※その他委託徴収金（1年次）		¥525,000
（2年次以降）		¥15,000

繰上げ合格

補欠者は合格発表と同時に本人あて補欠通知書を簡易書留郵便で送付する。合格者に欠員が生じた場合、順次繰り上げて、合格者を決定し、郵送又は電話にて通知する。

特待生制度

一般選抜Aの成績上位者5名に対し、入学手続時納付金のうち215万円を免除。また、別途奨学金制度として以下のものがある。
・「特定診療科医師養成奨学制度」指定診療科を志望する者について修学資金を貸与。指定診療科において卒業後5 年間勤務することにより、修学資金の返還を全額免除。（貸与金額：総額1,710万円）
・「兵庫県推薦入学制度」兵庫県内の地域医療の向上とへき地（医師不足地域等）に勤務する医師の確保を目的とした制度であり、入学金、授業料等を貸与。県の指定するへき地の病院等に、卒業後、医師として9 年間勤務することにより修学資金の返還を全額免除。（貸与金額：修学に関する全ての費用）

補欠順位

あり

成績開示

あり

寄付金

教育・研究・診療活動の基盤整備等のため、入学後に任意の協力金として寄付金の募集をする。

入試結果

			2023	2022	2021
一般A	募集人員		約78	約85	約85
	志願者数		1,664	1,478	1,540
	受験者数	A	1,568	1,396	1,452
	一次合格者数	B	413	438	449
	一次合格倍率	A/B	**3.8**	**3.2**	**3.2**
	二次受験者数		—	—	—
	正規合格者数	C	137	146	149
	正規合格倍率	A/C	**11.4**	**9.6**	**9.7**
	補欠候補者数		—	—	—
	繰上合格者数	D	41	60	61
	総合格者数	C+D	**178**	**206**	**210**
	合格実質倍率	A/(C+D)	**8.8**	**6.8**	**6.9**
	入学者数		74	83	84
	合格最高点		—	—	—
	合格最低点		427.0/650	387.0/650	401.0/650
一般B	募集人員		約10	約10	約10
	志願者数		253	232	248
	受験者数	E	243	226	238
	一次合格者数	F	90	88	89
	一次合格倍率	E/F	**2.7**	**2.6**	**2.7**
	二次受験者数		—	—	—
	正規合格者数	G	10	10	10
	正規合格倍率	E/G	**24.3**	**22.6**	**23.8**
	補欠候補者数		—	—	—
	繰上合格者数	H	5	9	3
	総合格者数	G+H	**15**	**19**	**13**
	合格実質倍率	E/(G+H)	**16.2**	**11.9**	**18.3**
	入学者数		10	10	10
	合格最高点		—	—	—
	合格最低点		346.5/530	324.0/530	324.4/530
推薦（一般公募）	募集人員		約13	約12	約12
	志願者数		43	55	51
	受験者数	I	43	55	51
	合格者数	J	17	14	13
	実質倍率	I/J	**2.5**	**3.9**	**3.9**
	入学者数		17	14	13
	合格最高点		—	—	—
	合格最低点		255.0/430	278.3/430	289.0/430

			2023	2022	2021
推薦（地域指定制）	募集人員		5以内	5以内	5以内
	志願者数		31	34	36
	受験者数	K	31	34	36
	合格者数	L	5	5	5
	実質倍率	K/L	**6.2**	**6.8**	**7.2**
	入学者数		5	5	5
	合格最高点		—	—	—
	合格最低点		272.0/430	295.7/430	292.8/400
総合型（一般）	募集人員		3以内		
	志願者数		41		
	受験者数	M	41		
	一次合格者数	N	41		
	一次合格倍率	M/N	**1.0**		
	二次受験者数		—		
	二次合格者数		—		
	二次合格者倍率		—		
	三次受験者数		—		
	合格者数	O	3		
	実質倍率	M/O	**13.7**		
	入学者数		3		
	合格最高点		—		
	合格最低点		288.8/450		
総合型（卒業生）	募集人員		3以内		
	志願者数		21		
	受験者数	P	21		
	一次合格者数	Q	21		
	一次合格倍率	P/Q	**1.0**		
	二次受験者数		—		
	二次合格者数		—		
	二次合格者倍率		—		
	三次受験者数		—		
	合格者数	R	3		
	実質倍率	P/R	**7.0**		
	入学者数		3		
	合格最高点		—		
	合格最低点		260.8/450		

※　繰上合格者数は連絡の際に入学の意思を示した人数
（注）合格最低点は正規合格者を対象

2024年度　募集要項　　兵庫医科大学 医学部医学科

入試日程

試験区分	募集人員	出願期間	試験日 1次試験	試験日 2次試験
総合型選抜(一般枠)	約5名	2023年10月16日(月)～10月31日(火)消印有効	11月19日(日)	12月3日(日)
総合型選抜(卒業生子女枠)	3名以内			
学校推薦型選抜(一般公募制)	約15名*1	2023年11月1日(水)～11月9日(木)消印有効	11月19日(日)	
学校推薦型選抜(地域指定制)	5名以内			
一般選抜A(4科目型)	約67名 兵庫県推薦枠3名	2023年12月11日(月)～2024年1月15日(月)消印有効	1月24日(水)	2月3日(土)*2 2月4日(日)
一般選抜B(高大接続型)	約10名	2023年12月11日(月)～2024年1月15日(月)消印有効	1月24日(水)	2月12日(月・祝)

*1 学校推薦型選抜(特別選抜)3名以内を含む　*2 出願時に希望日選択

試験時間・配点　入室時間　一般A：8：45　一般Bのみ：10：45

試験区分		科目	試験時間	時間	配点	合計点	備考
一般A(4科目型)	1次	外国語(英語)	9:00～10:30	90分	150点	650点	*3 小論文の評価は第2次試験合格者選抜の時に使用
		数学	11:00～12:30	90分	150点		
		理科2科目	13:30～15:30	120分	200点		
		小論文*3	16:10～17:10	60分	50点		
	2次	面接・調査書	合格発表時に通知	—	100点		
一般B(高大接続型)	1次	数学	11:00～12:30	90分	150点	530点	
		理科1科目	14:00～15:00	60分	100点		
		小論文*3	16:10～17:10	60分	50点		
	2次	英語	合格発表時に通知	90分	150点		
		課題型面接・個人面接		—	40点		
		英語資格検定試験・調査書		—	40点		

試験会場

試験区分	1次試験	2次試験
総合型	本学	本学
推薦	本学	
一般A	大阪(ATCホール)・東京(TOC有明)・福岡(福岡ファッションビル)	本学
一般B	大阪(ATCホール)	本学

合格発表日

試験区分	1次試験	2次試験	手続締切	辞退締切
総合型	12月1日(金) 10:00	12月8日(金) 10:00	12月15日(金)	
推薦	12月1日(金)10:00		12月8日(金)	
一般A	2月1日(木) 17:00	2月9日(金) 10:00	2月16日(金)	3月31日(日) 16:30
一般B	2月9日(金) 10:00	2月20日(火) 10:00	2月29日(木)	3月31日(日) 16:30

合格発表方法

試験区分	1次試験	2次試験
総合型	ネット一覧	ネット一覧・郵便(合格者)
推薦	ネット一覧・郵便(全員)	
一般A	ネット一覧	ネット一覧・ネット照会・郵便(合格者)
一般B	ネット一覧	ネット一覧・ネット照会・郵便(合格者)

入試情報

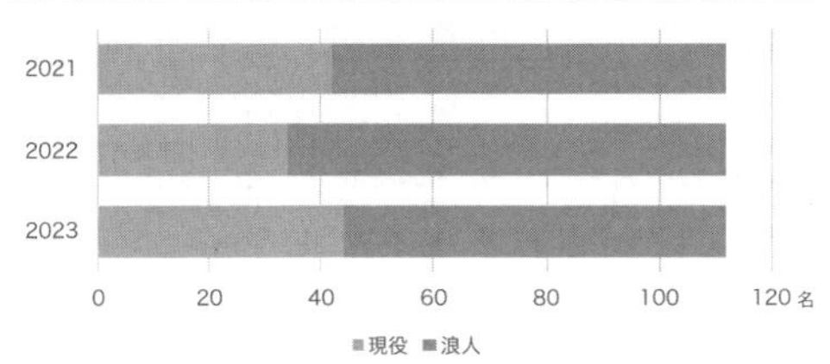

	2021	2022	2023
現役	42 名 (37.5%)	34 名 (30.4%)	44 名 (39.3%)
浪人	70 名 (62.5%)	78 名 (69.6%)	68 名 (60.7%)
入学者	112 名	112 名	112 名

2023 年度合格者現浪比

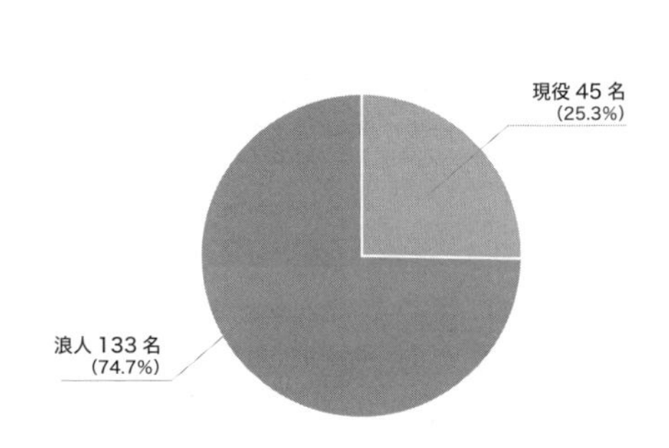

(一般 A 総合格者 178 名)

面接

メルリックス学院生からのアンケートをもとに作成しています

■ 所要時間　個人10分(2回行う場合あり)

■ 面接の進行

【質問内容】

<個人>

・医師志望理由
・本学志望理由
・関西に知り合いはいるか
・併願校について
・共通テストについて
・浪人して得たもの
・大学入学後にやりたいこと
・リーダーシップについて
・ストレス解消法は何か
・座右の銘について
・最近気になったニュース
・自己PR

面接官の人数：2名
受験生の人数：1名

○ 受験生　● 面接官

10分経ったらそこで終了する。1回の面接だけで判断がつかなかった場合は、面接官を替えて2次面接が行われる。一般BではMMIに似た課題型面接が行われる。

兵庫医科大学　医学部医学科

一般選抜(A)出題傾向分析

数学　標準　上位私大レベル典型問題を固め、頻出単元は難関私大レベルまで

区分	解析系									図形系					その他				
	I	I・II	II			B	III			I	II	B	III		I	A			B
分野名	二次関数	数と式	指数・対数	三角関数	微分・積分	数列	いろいろな関数と極限	微分	積分	三角比	図形と方程式	ベクトル	いろいろな曲線	複素数平面	データの分析	整数	場合の数	確率	確率分布
2023			●			○			●		●	●		○					
2022		○	●						○	●						●		●	
2021			○	●					●	○		●				●		●	
2020		●		●				●	●					○				●	
2019			●			●			○	○		●					●		

2023年度の出題分析
- 出題形式　記述
- 知識量　★★★
- スピード　★★★
- 記述力　★★★★
- 応用力　★★★

傾向　大問3題の記述式。[1]は小問集。[2]と[3]は大問、いずれも上位私立大レベルの問題が多いが難関私大レベルの問題が入ることもある。90分で解くにはやや量が多い。問題の難易度は'21～'23はどれも中堅私大～上位私大レベル。'23では、[1](1)～(4)は教科書～中堅私大レベルの問題だが(5)は統計学で有名なパラドックスを題材にした見慣れない問題だったのが特徴的。[2]は複素数平面、[3]は部分分数分解を用いた数列の和を求める問題だったが、いずれもあまり見慣れない設問が含まれていて受験生は解きにくさを感じただろう。このようにややマイナーだったり見慣れない問題を出題する傾向にある。

対策　[1]の小問集は中堅私大～上位私大入試レベルの典型問題が多いが大問以上に解きにくい問題が混ざっている年もある。なかなか解けない問題があったら次の問題に進んだ方がよい。難易度は年によって異なるが、上位私立～難関私大レベル入試問題集でよく見るような典型問題・総合的な問題が多いので、まずその類の問題で実力をつけ、それから過去問を解きこの大学の問題に慣れておこう。頻出の数学IIIの微分・積分や確率、複素数平面の問題は難関私大レベルまでしっかりやっておくべき。制限時間の割には問題量がやや多い年が多い。典型問題は手早く解けるようにしておき、過去問を解いて本学の出題傾向や時間配分に慣れておこう。

英語　標準　和訳と英訳など記述が多くレベルも高くしっかり対策が必要

区分	読解							文法・語法						表現・作文		会話		
分野名	和訳	内容真偽	内容説明	空所補充	脱文挿入	文整序	表題選択	短文完成	語句整序	誤り指摘	語定義	発音・アクセント	同意・反意語句	英訳	テーマ型英作文	応答選択	空所補充	内容真偽
2023	●		●	○					●					○				
2022	○		●	○					●					○				
2021	○			○										○				
2020	●		●	○										○				
2019	○			●					○				●	○				

2023年度の出題分析
- 出題形式　記述
- 知識量　★★★
- スピード　★★★★
- 記述力　★★★★
- 応用力　★★★★

傾向　昨年度から大問が1題減り全部で4題。時間は90分。[1]、[2]、[3]が長文で、[4]が和文英訳という内容。[1]は神経芽細胞種に冒された少年の理学療法による回復の話。問題は下線部内容説明と語句整序だが、比較的平易なもので得点源にできる。[2]は代謝調節の重要性に関する話で設問は空所補充選択と和訳2問。自然な日本語にする必要はあるが読みやすく標準レベル。[3]は冬眠とアルツハイマーとの類似性に関する内容。設問は和訳と空所補充など。3題とも医療系の話題だが日頃から医療系長文に触れていればそれほど難しくはないだろう。[4]は健康に関する4文にわたる日本語を英作するもの。このような英作はかなり慣れが必要。

対策　長文は3題とも医学系の内容になっていて、多少わかりにくいところはあるものの、全体としてそこまでの難易度ではないので、焦らず確実にとっていくことが大事である。日ごろからたくさんの長文に触れ、自然な日本語訳になる練習も積んでおこう。和文の大問が1題減り、例年より時間的な余裕ができたため、大問4の英訳にしっかり時間をかけることができるようになった。和文4行の英作は覚悟はいるものの、奇をてらわずシンプルに考え、文法に従いきちんと書く練習をしておけばそれほど恐れるものでもなくなってくるのでたくさん練習を積もう。東海大の問題はもちろん、藤田医科大や大阪医科大、それに国公立大上位校の問題を利用して実力をつけておこう。

化学　標準　易化傾向があり、例年よりも高い得点率を求められた

区分	理論										無機		有機					
分野名	原子の構造・化学結合	化学量と化学式	物質の三態・気体の法則	溶解度・濃度	コロイド・希薄溶液	化学反応と反応熱	酸と塩基の反応	酸化・還元	電池・電気分解	反応の速さと化学平衡	周期表と非金属元素	金属元素	脂肪族	芳香族	糖	アミノ酸とタンパク質	生命化学	合成高分子化合物
2023	●					●				●		○		○				
2022								○		○				○			●	
2021					○								●	○				
2020									○			○	○	○				
2019			○									○						

2023年度の出題分析
- 出題形式　記・穴
- 知識量　★★★
- スピード　★★★
- 記述力　★★★★
- 応用力　★★★

傾向　例年は若干難し目の問題も出題されていたが、今年度は易化している様子である。その分だけ、ミスが命取りになるであろう。[問1]の小問集合は基本的な問題ばかりであった。出題ミスがあり混乱を生じたかもしれないが、それも入試の一要素なので気を付けたい。[問2]は鉛をテーマにした混成問題で、兵医定番のグラフ問題もあった。兵医志望者ならば気を付けておかねばならない。[問3]は芳香族の構造決定であった。これは教科書傍用問題集にも収録されているような、典型的例題であった。このように'23は割と平易な問題が多かったのだが、'22までは結構歯ごたえのある問題も多く、'24以降はどのような出題の流れになるのかは、分からないので注意が必要である。

対策　'23は例年よりも解きやすい問題が多かったが、それでも国公立大学のような出題の影は残っている。[問2]は鉛でテーマを統一して、様々に内容を広げていくものであった。これは国公立大学でよく見られるものだ。今年度は問題が短く読みやすいものであったので解答しやすいものではあったが、これが長文化すると頭が混乱して付いていけなくなることもある。兵医の化学に対応するためには、教科書レベルの知識事項をしっかりと学習した後に、典型問題で訓練を積み、更に長文問題にも挑戦していくことを必要とする。演習を積み重ねていく中で、化学に関する耐性力を上げていく。仮に難問が出題されても諦めることなく、出来ることを尽くせる能力を身につけていきたい。

生物　やや難

多岐にわたる知識問題が多く、問題を解く順番が合否を分ける。

区分	細胞		代謝		遺伝子			体内環境			生殖・発生			環境応答				生態系				進化・系統		
分野名	細胞の構造と組織	細胞膜の構造と物質輸送	タンパク質の構造と酵素反応	同化と異化	細胞周期とDNA合成	遺伝子の発現と調節・変異	バイオテクノロジー	体液・循環系の構成と働き	自律神経とホルモンによる調節	生体防御	配偶子形成と生殖・遺伝	初期発生と形態形成	幹細胞と再生	刺激の受容と感覚	神経系と筋肉	動物の行動	植物生理	バイオームの遷移と分布	個体群と相互作用	物質生産と物質循環	自然環境	地球の発展と古典的生物進化	分子進化と集団遺伝	生物の系統と分類
2023	●		●	●			○			●	●						○	●	○			○		●
2022	●			○		●	●	○	●	●	○			●	○	●	●			●	●			●
2021	○	●	●	●		○		○	●	●		●		●	●		●		●	○		●		
2020	●		●	○	●	○		●		○	○	●		●	●		●	●	●		●	●	●	
2019	●			○	○		●	●	●	●	○	●			●		●	●	●			○	○	

2023年度の出題分析

出題形式	記述
知識量	★★★
スピード	★★★★
記述力	★★★★
応用力	★★★★

傾向　まず大きな傾向として、'20以降大問5題の出題となっている。知識を問われる問題が多く、問われる知識は教科書や図説などで目にするものが多い。記述に関しては各大問で必ず1問は説明を求められる。端的な説明を求められるものから、しっかりとした理由を求められるものまで出題される傾向にある。次に'23の出題内容について記載する。[1]は小問集合が16問出題された。[2]は植物の一生と植物ホルモンに関連する問題が出題された。[3]は個体群内の相互作用、血縁度に関して出題された。[4]は化学進化について出題された。[5]はゲノム編集について出題された。

対策　小問集合で幅の広い知識を問われるために分野を絞った勉強はできない。分野に穴を作らないよう、生物に関する知識はしっかりとつけておきたい。問題のテーマや内容は記述以外に関しては一般的にみられるものである、教科書や図説の内容をしっかりと把握してほしい。記述に対しては単純な現象の説明だけでなく、その現象がどのような影響を生物に及ぼすかなど、生物学的な意義を問われる問題もある。また説明の記述に関しては、年度によって多少の違いはあるが、30字から90字程度となっており、要約する能力及び問に対する優先順位をつけて文章化する能力が問われている。長い字数の記述はしっかりと文章作成の訓練をしないと、他者にわかり辛い文章になりがちである。他者に伝わる文章を素早く書くためには相応の訓練が必要である。記述の訓練は先生に添削をしてもらうのが効果的である。

物理　標準

標準的な問題が多いが出題範囲が広いのでしっかり準備しよう!!

区分	力学						電磁気学					波動			熱力学			原子		
分野名	等加速度運動・運動方程式・慣性力	力のモーメント・重心	運動量と力積・仕事とエネルギー	円運動・遠心力	単振動	万有引力とケプラーの法則	電場と電位	コンデンサー	直流回路	磁場・電磁誘導	交流回路・電気振動・電磁波	波の性質	音波	光波	熱量と温度	気体分子運動論	気体の状態変化	粒子性と波動性	原子の構造	放射線・核反応
2023			○							○			○				○			○
2022	○							○						○			○	○		
2021	○							○		○				○			○			
2020	○									○			○			○				○
2019	●			○				○		●				○			○	●		●

2023年度の出題分析

出題形式	記述
知識量	★★★
スピード	★★★★
記述力	★★★
応用力	★★★★

傾向　大問5題で構成され、電磁気、力学、波動、熱力学、原子が出題されている。電磁気は磁場内の水平なレール上を運動する導体棒の電磁誘導の問題であり、レールに摩擦もある。力学は小球がついた棒の力のモーメントのつり合いと、その小球と他の小球の衝突が出題されている。波動は反射体がある場合のドップラー効果が出題されている。熱力学は薄い弾性膜による球形容器内での気体の状態変化が出題されている。原子はホウ素と中性子による核反応の問題で、存在比や反応熱も問われている。基本～標準問題を中心に出題されているが、弾性膜による球形容器などは慣れないために戸惑った受験生も多いだろう。すべての問題で導出過程の記述が必要である。

対策　標準～やや難度の高い問題をしっかり解いておくこと。小問集合が出題された場合には時間がかかる問題もあるので、解くスピードをつけることも大切だが、時間がかかると予想される問題は後回しにする決断も必要である。全体的に標準問題が中心であるが、やや難度の高い問題も出題されるので、しっかりとした準備が必要である。対策としては、難問ではないが難度の高い問題を解いておくことである。'09と'10はそれ以前より難度がやや下がり、'11～'15は高めで、'16～'18では低かったが'19では上がり'20、'21ではやや下がっている。'21と'22ではグラフの描図、理由の説明などの記述が多かったので、要注意である。

小論文　資料文型　図表型

下線部の説明や意見を簡潔に述べる力が求められている

年度	試験区分	内容	字数	時間
23	一般	久野愛『視覚化する味覚―職を彩る資本主義』より、設問１本文「そうした消費者の視覚経験」について、設問２本文「食品サンプルに似た機能を果たす」について説明する、設問３本文「ネックになっている」、設問４「ネットスーパーを利用する人の増加」それぞれの理由を説明。設問５日本の社会状況を考慮して今後のネットスーパーについてどのような存在になるか考察する。	60字/80字/80字/30字/400字以内	60分
22	一般	NHKスペシャル取材班『縮小ニッポンの衝撃』より　問１．豊島区が「消滅可能性都市」にあげられた理由。　問２．図２，３から「豊島区の転出入」について判断できることを述べる。　問３．「自然増」について説明する。　問４．資料文の続きの説明があり、それもヒントにして豊島区の人口が自然増に転じる方策について考える。	100字/50字/30字/500字以内	60分
21	一般	エドワード・O・ウィルソン　『若き科学者への手紙』より　問１．下線Ｊの朗報について考えを述べる。問２．下線について著者の考えを説明する。　問３．下線について本文中の同じ意味の言葉を答える。　問４．下線部についてなぜそう言えるのか考えを述べる。　問５．ルイ・パスツールの言葉について考えを述べる。	20字/50字/10字/400字以内	60分

私立医学部の中では資料文は長い方で、A4で1枚半から2枚程度。また、問いが複数ある点に留意する。そこで先に小問全体に目を通した上で、資料を読むこと。資料文中の空欄に語句を補充する問題も出ていたが今回は図表中心の資料である。解答用紙は一問ずつマス目付きなので記入はしやすい。私大では北里大、聖マリアンナ大も3問あるがタイプが違うので、心配なら国立の過去問で探してみると良い。'22は図表が複数あり、内容も画期的である。東京都豊島区池袋は繁華街やデパート、大きな本屋も残っている。事件や事故などニュースで全国的な話題になる街でもある。そこが消滅予想の都市といわれると一体日本のどこが残るというのか。実は豊島区は東京都内で高齢化がいち早く進み、区ではフレイル予防に力を入れているくらいである。本年の「公衆衛生」に「川崎市のリハビリ計画」が掲載されていたが、川崎市と福岡市は高齢化率が日本の中では低く15歳未満の率は高いほうだが、神戸市、大阪市は、かなりの高齢化率であった。田舎の地域医を目指す方は自分の居住地はどうか災害対策、保健衛生なども含めて調べておこう。'21の資料文は、繰り返し出題されて来た寺田寅彦の「あたま」のいい科学者と「あたま」の悪い科学者の話や、ノーベル賞受賞者とセレンディピティの逸話と似ていて大変読解しやすい。最初に過去問は3年分位は書いて先生に添削してもらおう。

川崎医科大学　医学部医学科

学部所在地	〒701-0192　岡山県倉敷市松島577
交通手段	JR中庄駅より徒歩約15分
創設者	川﨑　祐宣
理事長	川﨑　誠治
学長	砂田　芳秀
設立年度	[昭和45年] 川崎医科大学開学

入試問い合わせ先

担当部署　教務課入試係
電話番号　086-464-1012

医師国家試験状況

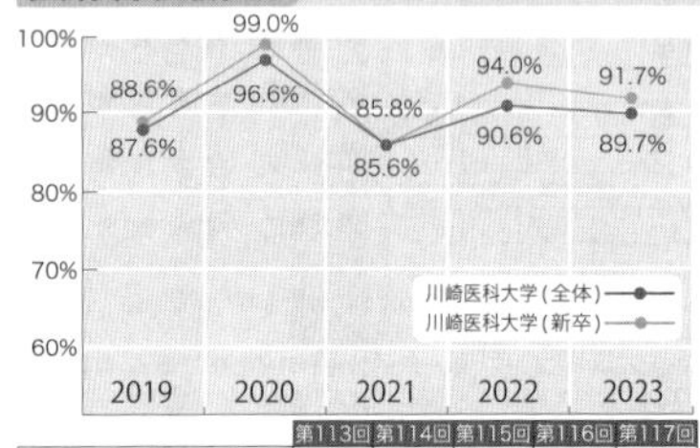

	第113回	第114回	第115回	第116回	第117回
川崎医科大学(全体)	87.6%	96.6%	85.8%	90.6%	89.7%
川崎医科大学(新卒)	88.6%	99.0%	85.6%	94.0%	91.7%

設置学部

主な附属病院

川崎医科大学附属病院
川崎医科大学総合医療センター
川崎医科大学高齢者医療センター
・その他関連施設
高度救命救急センター／現代医学教育博物館

2023年度入学者

2023年度入学者
126名

2024年度学納金

1年次	入学金	¥2,000,000
	授業料	¥2,000,000
	教育充実費	¥6,500,000
	その他	¥1,750,000
	初年度納入金総額	¥12,250,000
	入学時最低納入金	¥12,250,000
2年次以降の年額		¥7,030,000
6年間の総額		¥47,400,000

繰上げ合格

合格者の入学手続状況により欠員が生じた場合は順次繰り上げて追加合格者を決定します。(一般選抜のみ)

特待生制度

本学学生表彰基程に基づき、1学年～5学年の成績優秀者には翌年度の特待生として学校法人川崎学園育英会から授業料相当額の奨学金が給付されます。

補欠順位

なし

成績開示

あり

寄附金

本学では、医学教育の更なる振興を図るため、入学式後において任意による寄附金を募ることにしております。ご理解とご協力をお願いいたします。

入試結果

区分	項目		2023	2022	2021
一般	募集人員		約45	約50	約50
	志願者数		1,284	1,351	1,427
	受験者数	A	1,252	1,296	1,393
	一次合格者数	B	403	368	330
	一次合格倍率	A/B	**3.1**	**3.5**	**4.2**
	二次受験者数		—	—	—
	正規合格者数	C	67*	106*	91*
	正規合格倍率	A/C	**18.7**	**12.2**	**15.3**
	補欠候補者数		—	—	—
	繰上合格者数	D	—	—	—
	総合格者数	C+D	—	—	—
	合格実質倍率	A/(C+D)	—	—	—
	入学者数		49	68	61
	合格最高点		—	—	—
	合格最低点		206.3/350	208.5/350	229.8/350
地域枠(岡山県)	募集人員		約10	約10	約10
	志願者数		53	73	64
	受験者数	E	53	72	64
	一次合格者数	F	18	15	15
	一次合格倍率	E/F	**2.9**	**4.8**	**4.3**
	二次受験者数		—	—	—
	正規合格者数	G	10*	10*	9*
	正規合格倍率	E/G	**5.3**	**7.2**	**7.1**
	補欠候補者数		—	—	—
	繰上合格者数	H	—	—	—
	総合格者数	G+H	—	—	—
	合格実質倍率	E/(G+H)	—	—	—
	入学者数		10	10	9
	合格最高点		—	—	—
	合格最低点		—	—	—
地域枠(静岡県)	募集人員		10	10	10
	志願者数		60	70	67
	受験者数	I	58	69	67
	一次合格者数	J	20	15	15
	一次合格倍率	I/J	**2.9**	**4.6**	**4.5**
	二次受験者数		—	—	—
	正規合格者数	K	10*	10*	10*
	正規合格倍率	I/K	**5.8**	**6.9**	**6.7**
	補欠候補者数		—	—	—
	繰上合格者数	L	—	—	—
	総合格者数	K+L	—	—	—
	合格実質倍率	I/(K+L)	—	—	—
	入学者数		10	9	10
	合格最高点		—	—	—
	合格最低点		—	—	—

区分	項目		2023	2022	2021
地域枠(長崎県)	募集人員		6	6	4
	志願者数		38	36	30
	受験者数	M	38	34	30
	一次合格者数	N	11	11	10
	一次合格倍率	M/N	**3.5**	**3.1**	**3.0**
	二次受験者数		—	—	—
	正規合格者数	O	6*	6*	4*
	正規合格倍率	M/O	**6.3**	**5.7**	**7.5**
	補欠候補者数		—	—	—
	繰上合格者数	P	—	—	—
	総合格者数	O+P	—	—	—
	合格実質倍率	M/(O+P)	—	—	—
	入学者数		6	6	4
	合格最高点		—	—	—
	合格最低点		—	—	—
総合型(中国・四国枠)	募集人員		約20	約20	約20
	志願者数		56	68	72
	受験者数	Q	56	68	71
	一次合格者数	R	31	31	30
	一次合格倍率	Q/R	**1.8**	**2.2**	**2.4**
	二次受験者数		—	—	—
	正規合格者数	S	20	20	20
	正規合格倍率	Q/S	**2.8**	**3.4**	**3.6**
	入学者数		20	20	20
総合型(霧島市枠)	募集人員		約1		
	志願者数		1		
	受験者数	T	1		
	一次合格者数	U	1		
	一次合格倍率	T/U	**1.0**		
	二次受験者数		—		
	正規合格者数	V	1		
	正規合格倍率	T/V	**1.0**		
	入学者数		1		
総合型(特定診療科枠)	募集人員		約4		
	志願者数		19		
	受験者数	X	19		
	一次合格者数	Y	13		
	一次合格倍率	X/Y	**1.5**		
	二次受験者数		—		
	正規合格者数	Z	4		
	正規合格倍率	X/Z	**4.8**		
	入学者数		4		

*メルリックス調べ

(注)合格最低点は一次合格者を対象

2024年度　募集要項

入試日程

試験区分	募集人員	出願期間	試験日	
			1次試験	2次試験
総合型選抜(中国・四国枠)	約20名	2023年11月1日(水)〜11月7日(火)必着	11月11日(土)	11月18日(土)
総合型選抜(霧島市枠)	約1名			
総合型選抜(特定診療科枠)	約4名			
一般選抜	約45名	2023年12月1日(金)〜2024年1月10日(水)必着	1月21日(日)	1月29日(月)*2 1月30日(火)
地域枠選抜	約26名*1			

*1 岡山県地域枠約10名、静岡県地域枠10名・長崎県地域枠6名(認可申請予定)

*2 大学が指定する日

試験時間・配点　集合時間　8：45

試験区分		科目	試験時間	時間	配点	合計点	備考
一般・地域枠	1次	英語	9:00〜10:20	80分	100点	—	*3 小論文の評価は第2次試験合格判定に使用します。 *4 面接の配点は 一般選抜:100点+段階評価 地域枠選抜:150点+段階評価
		数学	11:00〜12:20	80分	100点		
		理科	13:30〜15:30	120分	150点		
		小論文*3	16:10〜17:00	50分	—		
	2次	面接*4	1次発表時に指定		—		

試験会場

試験区分	1次試験	2次試験
総合型	本学	本学
一般・地域枠	本学	本学

合格発表日

試験区分	1次試験	2次試験	手続締切	辞退締切
総合型	11月14日(火) 12:00	11月21日(火) 12:00	11月29日(水)	
一般・地域枠	1月23日(火) 12:00	2月1日(木) 12:00	2月6日(火)	3月31日(日) 17:00必着*4

*4　一般のみ

合格発表方法

試験区分	1次試験	2次試験
総合型	掲示・ネット照会	掲示・ネット照会・郵便(推薦者)
一般・地域枠	掲示・ネット照会	掲示・ネット照会

入試情報

過去3年間入学者現浪比

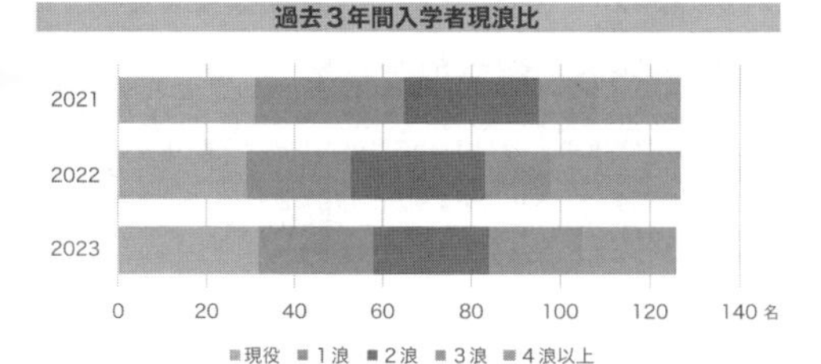

	2021	2022	2023
現役	31名(24.4%)	29名(22.8%)	32名(25.4%)
1浪	34名(26.8%)	24名(18.9%)	26名(20.6%)
2浪	30名(23.6%)	30名(23.6%)	26名(20.6%)
3浪	13名(10.2%)	15名(11.8%)	21名(16.7%)
4浪以上	19名(15.0%)	29名(22.8%)	21名(16.7%)
入学者	127名	127名	126名

2023年度合格者現浪比

(非公表)

面接

メルリックス学院生からのアンケートをもとに作成しています

■ 所要時間　個人10〜15分

■ 面接の進行

【アンケート】あり　　共通テストの点数、併願校

【質問内容】

<個人>

・医師志望理由
・本学志望理由
・岡山に来たことはあるか
・寮の規則を守れるか
・寮生活のメリット
・高校生活について
・浪人生活について
・リーダーを経験したことはあるか
・医師偏在の原因と解決法
・たばこを吸うか
・地域枠の志望理由(地域枠)
・合格したら専願だが大丈夫か(地域枠)

面接官の人数:3名
受験生の人数:1名

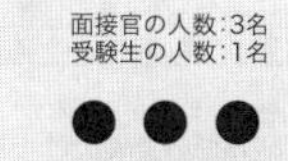

○受験生　●面接官

1年次は全寮制なので、面接の最初に寮の規則を守れるかについて質問される。出願書類からもよく質問されるので、自分が書いたことを見直しておくとよい。地域枠出願者は地域医療についても聞かれる。

川崎医科大学　医学部医学科

一般選抜出題傾向分析

数学　標準　積分や図形絡み問題に注意。典型問題の解法を身につけ誘導に乗る

区分	解析系									図形系					その他				
	I	I・II	II			B	III			I	II	B	III		I	A			B
分野名	二次関数	数と式	指数・対数	三角関数	微分・積分	数列	いろいろな関数と極限	微分	積分	三角比	図形と方程式	ベクトル	いろいろな曲線	複素数平面	データの分析	整数	場合の数	確率	確率分布
2023							○		○					○					
2022							○		○		○								
2021									○			○				●	●		
2020							○		○					○					
2019									○			○						○	

2023年度の出題分析

- 出題形式　マーク
- 知識量　★★★
- スピード　★★★★
- 記述力　—
- 応用力　★★★

傾向　積分が必出。場合の数・確率、ベクトル、極限などが頻出。'18以降は極限を求める問題が毎年出されている。図形も頻出で、'17は[1]と[2]、'18は[3]、'19は[1]のベクトル、'20は[1]の複素数平面、'21は[2]のベクトル、'22は[1]の複素数平面で図形が絡む。共通テストのような誘導形式で、複数分野の典型問題の解法をいろいろ使わせる事が多い。このように1つの大問に複数分野を詰め込むために、前半で行き詰まっても後半の問題が解けるということがある。上位私立大レベル典型問題の解法で解ける問題がほとんどだが、誘導に乗る訓練が必要で、ボリュームある計算に耐える力も必要。

対策　誘導に乗り典型問題の解法を組み合わせて解く総合的な問題が多い。頻出の「微分積分」「場合の数・確率」「複素数平面」「極限」等については上位私大レベルの典型問題なら迷わず手早く解けるようにしておこう。また、様々な単元の絡んだ総合的な問題や図形絡みの問題もできるだけ解こう。制限時間の割に問題量がやや多く、誘導の意図を読み取るのに慣れが要る問題が出る年もある。過去問を解き誘導の意図を読み取る練習をしつつ時間配分等に慣れておこう。1題が長いので、後半の設問が前半と関係なく解けることがある。途中で行き詰まっても問題文章は最後まで目を通すように。

英語　標準　長文パートに余裕を生むには、文法関連の迅速処理がカギ

区分	読解							文法・語法						表現・作文		会話		
分野名	和訳	内容真偽	内容説明	空所補充	脱文挿入	文整序	表題選択	短文完成	語句整序	誤り指摘	語定義	発音・アクセント	同意・反意語句	英訳	テーマ型英作文	応答選択	空所補充	内容真偽
2023		●		●				○	●									
2022		●		●				○	●				●					
2021		●		●				○	●									
2020		●		○				○	○									
2019		●		○				○	○									

2023年度の出題分析

- 出題形式　マーク
- 知識量　★★★★
- スピード　★★★
- 記述力　—
- 応用力　★★★

傾向　例年通り、時間は80分で問題数は3題(文法・短文完成1題と長文2題)。[1]の短文完成は18問でこれも変わらずだが、他大学に比してやや多めといえる。イディオムも含まれるが、概ね基本に照らした問題ばかりなので英語を得点源にしたい人は9割ほど取りたいところである。そうでない人も7割正解は目指そう。長文は毎年医療系のトピックとそれ以外のトピックで2題となっている。[2][3]の問題はどちらも内容真偽と文中語句補充、下線部の意味内容選択などとなっている。少し長めの長文だが、作者の言っていることを理解できればスムーズに読めてくるので、日頃さまざまなトピックの長文を読むよう心がけ、長めの長文にも慣れておこう。

対策　大問1の文法問題は殆どが標準的な問題で、やや難のレベルが1～2問なので、文法・語法の総合問題集をしっかり演習し、イディオムも覚えておけば高得点が狙えるだろう。長文はやや長め(800～1000語レベル)の英文となっている。[2]は感情は伝染して行くという内容で比較的読みやすかったのではないか。[3]はナチュラルな英語表現が出てくるので読みづらいと感じたかもしれない。パラグラフ毎に何を述べているのかを理解するざっくりな読み方と、内容真偽と下線部の意味を言い換えた設問では、しっかり読むというメリハリのある読み方をする必要がある。ジャンルにこだわらず、幅広いテーマの英文を読んでおくとよい。

化学　やや易　全範囲から満遍なく出題される。まさしく基本問題が中心

区分	理論										無機		有機					
分野名	原子の構造・化学結合	化学量と化学式	物質の三態・気体の法則	溶解度・濃度	コロイド・希薄溶液	化学反応と反応熱	酸と塩基の反応	酸化・還元	電池・電気分解	反応の速さと化学平衡	周期表と非金属元素	金属元素	脂肪族	芳香族	糖	アミノ酸とタンパク質	生命化学	合成高分子化合物
2023	●	●		●	●	●	●	●	●	●	●	●		●		●		
2022	●	●		●	●	●	●	●	●	●	●	●	●	●	●	●		
2021	●	●		●	●	●	●	●	●	●	●	●	●	●				
2020	●			●	●	●	●	●	●	●	●	●	●	●		●	●	
2019	●	●	●	●	●	●	●	●	●	●	●	●	●	●		●	●	●

2023年度の出題分析

- 出題形式　マーク
- 知識量　★★
- スピード　★★★
- 記述力　—
- 応用力　★★★

傾向　例年幅広い分野から基本かつ標準的な問題が出題され続けている。そしてこの傾向は今後も変わらないであろう。全体的に問題数がやや多く計算問題も数問出題されているが複雑な問題はほとんどないため、一問一問落ち着いて解答をしていけば時間が足りないということもないであろう。化学の全範囲をもれなくきっちりと学習している受験生であればかなりの高得点が得られるはずである。近年では生命に関する問題も出題され始めている。また実験の操作の問題が出題されたり、化学の基本法則や科学史に関する問題が出題されたりと、学習がおろそかになりかねない分野からの出題がなされることもある。よって科学者の名前、実績なども押さえておきたい。

対策　易しい問題が多いのだが、幅広く全範囲から出題されるので、穴のないように準備しておきたい。まずは教科書と教科書準拠の問題集の演習をしっかりとやりきることである。またセンター試験や共通テストの過去問やマーク式の予想問題集を早く正確に解く訓練も対策となるであろう。また、難易度は高くないが計算問題からの出題も比較的ので計算問題が苦手な受験生は大いに注意をしておきたい。さらに、実験の器具や操作の注意点、または化学の基本法則などの学習も怠りなく行っておきたい。合格にはかなりの高得点が必要であると思われるため、教科書の範囲を隅々までしっかりとマスターして自信をもって受験に臨みたい。

生物　やや易　浅くてもいい、広い知識を早く正確に出力できることが求められる

区分	細胞		代謝		遺伝子			体内環境			生殖・発生			環境応答				生態系				進化・系統		
分野名	細胞の構造と組織	細胞膜の構造と物質輸送	タンパク質の構造と酵素反応	同化と異化	細胞周期とDNA合成	遺伝子の発現と調節・変異	バイオテクノロジー	体液・循環系の構成と働き	自律神経とホルモンによる調節	生体防御	配偶子形成と生殖・遺伝	初期発生と形態形成	幹細胞と再生	刺激の受容と感覚	神経系と筋肉	動物の行動	植物生理	バイオームの遷移と分布	個体群と相互作用	物質生産と物質循環	自然環境	地球の発展と古典的生物進化	分子進化と集団遺伝	生物の系統と分類
2023	●	●										●				●					●			
2022		●					●							●		●	●							●
2021				●	●	●		●		●		●					●							
2020	●			●		●		●	●	●									●	●				
2019				●	●	●	●				●				●			●				●	●	

2023年度の出題分析

出題形式	マーク
知識量	★★
スピード	★★★
記述力	―
応用力	★★

傾向 まず大きな傾向として、'22より大問2題となった。[1]には中問が4問、[2]には中問が3問ある。各中問はそれぞれ設問が3問程度あり、中問どうしは異なる分野であるためある程度広い分野から出題されている。問題の難易度は平易であり、図やグラフなども受験勉強をやっていれば少なくとも一度は目にしたことがあるものが多く出題されているが、中には時間のかかる実験問題も含まれているため早く処理しなければ全問解答できない。次に'23の出題内容について記載する。[1]は細胞について、細胞骨格について、細胞接着について、細胞分についての問題が出題された。[2]はウニの発生、動物の行動、生態系に関する問題が出題された。

対策 出題傾向を考えると、難しい問題を解く必要はなく、基礎的な知識や一般的な実験について、どれだけ正確に知識を出力できるかが問われている。正誤問題や選択問題は、生物用語をどれだけ正確に覚えているかと、どれだけ早く知識を出力できるかである。そのためには、教科書を十分に読み、生物用語の使い方や意味をしっかりと覚えたら、次に問題演習で出力できるかの確認を繰り返すのがよいだろう。また、基本的な計算問題も出題される。章末問題や問題集の基本問題程度の計算問題は解けるようになること。特にミクロメーターの扱いや光合成・呼吸に関する計算は十分に訓練するとよい。また、問題演習では単に問題を解くだけでなく、問題ごとに時間を計って演習すると効果的である。

物理　標準　'24はさらに難度が上がる可能性があるので準備をしておこう!!

区分	力学						電磁気学					波動			熱力学			原子		
分野名	等加速度運動・運動方程式・慣性力	力のモーメント・重心	運動量と力積・仕事とエネルギー	円運動・遠心力	単振動	万有引力とケプラーの法則	電場と電位	コンデンサー	直流回路	磁場・電磁誘導	交流回路・電気振動・電磁波	波の性質	音波	光波	熱量と温度	気体分子運動論	気体の状態変化	粒子性と波動性	原子の構造	放射線・核反応
2023	○				○						○	●	●	●						
2022			○			○					○					○				○
2021	○			○							○		○		○					
2020			○							○										○
2019		○								○				○		○				

2023年度の出題分析

出題形式	マーク
知識量	★★★★
スピード	★★★
記述力	―
応用力	★★★

傾向 大問4題で構成され、力学が2題、波動、電磁気が1題ずつ出題されている。力学の[1]はモンキーハンティングの問題で衝突後の運動も問われている。力学の[2]は2つの小球でばねをはさんだ問題で片方を固定した場合と固定しない場合が出題され、各小球と重心の運動のグラフも問われている。波動は回折格子、ドップラー効果、波の屈折が出題されている。電磁気は抵抗とコンデンサーとコイルがある回路で、電気振動も含まれている。基本～標準問題が出題されているが、斜方投射では計算に時間がかかり、単振動のグラフや電気振動では手こずった受験生もいただろう。やや難度が上がっているので、ケアレスミスでの失点には十分注意すること。

対策 基本～標準問題を解いておこう。'03と'07は2つのテーマが出題されていたが、'09～'11, '13, '14, '18, '20, '23は3分野からの出題で、'08, '12, '19, '21, '22は4分野、'16, '17は全分野からの出題であった。力学では幅広く出題されているので、苦手な内容でも基本問題は完全にしておくことが必要である。'10ではダイオードの記号や物理量の計算などが出題され、知識量や柔軟性を試されている。ここ数年、川崎医科大学はいろいろな面で変化を加えているので、'24も問題や傾向に変化があるかもしれない。それに対処する方法は基礎固めの上にしっかりとした実力を身につけることである。

小論文　資料文型　図表型　読解力と解釈力が求められる

年度	試験区分	内容	字数	時間
23	一般	福沢諭吉著　齊藤孝訳「学問のすすめ」より、傍線部「では、人間の見識、品格を高めるにはどうしたらいいのだろうか。」に対する受験生の考えを問う問題。	800字	50分
22	一般	資料1　田辺俊介　「外国人へのまなざしと政治意識」　資料2　「誰一人取り残さない社会に向けて　―つながり・重なり・支え合う地域共生社会へ―」(図) を読み、あなたが考える「共生社会」とはどのようなものか。	800字	50分
21	一般	青山拓央『心にとって時間とは何か』より　問．下線部の筆者の主張について自分の考えを述べる。	800字	50分

テーマ型から資料文型へ。さらに'22は、図と資料文という課題へと変化したが、'23はまだ資料文のみの形式に戻った。図と資料文が出題される傾向は他大学でも共通テスト導入時から見られる。そのため、読解力や図表を読み取って文章化する力が必要になる。今後も出題されるかもしれないため、他大学の過去問などで書き慣れておきたい。'21は、文章も設問も「難しかった」と生徒達が言っていた。また、この年のように小問が2問あり、合計800字のこともあるので、両タイプの練習をしておくと良い。800字の時は4段落程度で展開すると、読み手に伝わりやすい。序論で資料文の要旨をまとめると時間と文字数の効率化をはかることができ、結論では設問要求の語句を使って意見をまとめ、設問要求に答えていることを示す。前後の段落の内容が関連しているか、論展開に注意する。

医療制度や医学部初出の語句・概念が出題され、医療の現状に迫るテーマが続いていた(「混合診療」、EBM(エビデンス・ベイスト・メディシン・根拠のある医療)など)。「健康長寿社会」、「先制医療」「フレイル」(17)、「医療とテクノロジー」なども出題されてきた。安楽死・尊厳死、再生医療と臓器移植、災害医療とDHEATなどまだ出ていないものも最近の記事などでみておくとよい。
知識も兼ねた資料文型だと北里大、聖マリアンナ医大、金沢医大、混合診療や、先進医療などの語句はテーマ型の近畿大。新しいテーマだと昭和大が役立つ。図と文章のセットでは'22の産業医科大学の1問目が近い。また、北里大や聖マリアンナ医大は下線部説明や意見論述の対策も兼ねる練習には最適である。

久留米大学　医学部医学科

学部所在地 〒830-0011　福岡県久留米市旭町67
交通手段 JR久留米駅よりバス7分
学長 内村　直尚
設立年度 ［昭和　3年］九州医学専門学校を設立

入試問い合わせ先
担当部署 入試課
電話番号 0942-44-2160

医師国家試験状況

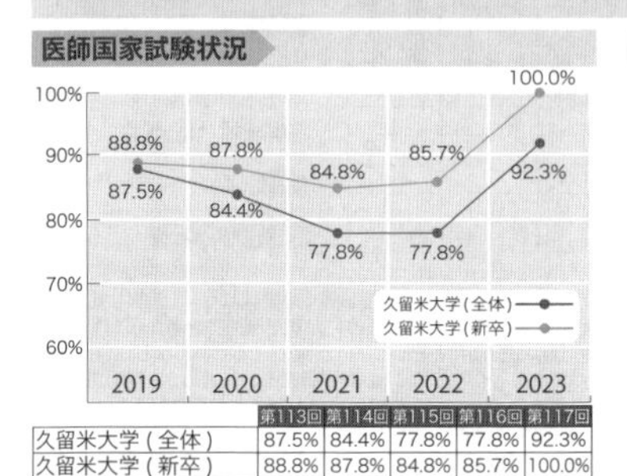

	第113回	第114回	第115回	第116回	第117回
久留米大学（全体）	87.5%	84.4%	77.8%	77.8%	92.3%
久留米大学（新卒）	88.8%	87.8%	84.8%	85.7%	100.0%

設置学部

文学部／人間健康学部／法学部／経済学部／商学部／医学部看護学科／医学部医療検査学科(2024年4月新設)

主な附属病院

久留米大学医学部附属病院
久留米大学医療センター
・その他関連施設
分子生命科学研究所／先端癌治療研究センター
循環器病研究所／高次脳疾患研究所
バイオ統計センター／皮膚細胞生物学研究所

2023年度入学者

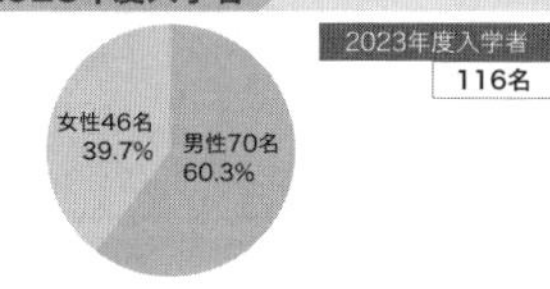

2024年度学納金

1年次	入学金	¥1,000,000
	授業料	¥2,700,000
	施設設備費	¥1,500,000
	教育充実費	¥4,000,000
	初年度納入金総額	¥9,200,000
	入学時最低納入金	¥6,400,000
2年次以降の年額		¥6,200,000
3～6年次の年額		¥5,200,000
6年間の総額		¥36,200,000
※(別途委託徴収金)		¥113,000
(2年次以降)		¥13,000

繰上げ合格

正規合格者発表と同時に繰上合格候補者を発表する。合格者の入学手続きの結果、欠員が生じた場合に繰上合格候補者の順位に従い順次合格者を決定します。電話にて入学の意志を確認のうえ、合格通知および入学手続書類をUCAROへアップロードします。※郵送はしません。

特待生制度

教育充実料について第1学年は入学時の成績、第2学年以降は前年度の成績により全額及び半額免除の減額措置あり。

補欠順位

あり

成績開示

あり

寄付金

なし

入試結果

			2023	2022	2021
一般前期	募集人員		約75	約75	約75
	志願者数		1,279	1,571	2,034
	受験者数	A	1,183	1,398	1,888
	一次合格者数	B	351	353	352
	一次合格倍率	A/B	**3.4**	**4.0**	**5.4**
	二次受験者数		302	265	294
	正規合格者数	C	130	115	127
	正規合格倍率	A/C	**9.1**	**12.2**	**14.9**
	補欠候補者数		—	—	—
	繰上合格者数	D	34	34	27
	総合格者数	C+D	**164**	**149**	**154**
	合格実質倍率	A/(C+D)	**7.2**	**9.4**	**12.3**
	入学者数		—	78	—
	合格最高点		—	—	—
	合格最低点		226/400 (319/500)	234/400 (321/500)	264/400 (350/500)
一般後期	募集人員		約5	約5	約5
	志願者数		609	650	688
	受験者数	E	519	558	587
	一次合格者数	F	48	46	49
	一次合格倍率	E/F	**10.8**	**12.1**	**12.0**
	二次受験者数		45	43	46
	正規合格者数	G	5	5	6
	正規合格倍率	E/G	**103.8**	**111.6**	**97.8**
	補欠候補者数		—	—	—
	繰上合格者数	H	0	0	3
	総合格者数	G+H	**5**	**5**	**9**
	合格実質倍率	E/(G+H)	**103.8**	**111.6**	**65.2**
	入学者数		—	3	—
	合格最高点		—	—	—
	合格最低点		252/400 (351/500)	267/400 (367/500)	264/400 (368/500)

			2023	2022	2021
推薦A（一般）	募集人員		約10	約10	約10
	志願者数		68	81	138
	受験者数	I	68	81	137
	合格者数	J	10	10	10
	実質倍率	I/J	**6.8**	**8.1**	**13.7**
	入学者数		—	10	—
推薦（地域枠）	募集人員		約20	約20	約20
	志願者数		107	117	174
	受験者数	K	107	117	173
	合格者数	L	20	20	20
	実質倍率	K/L	**5.4**	**5.9**	**8.7**
	入学者数		—	20	—
推薦（福岡県）	募集人員		5	5	5
	志願者数		32	49	76
	受験者数	M	32	49	76
	合格者数	N	5	5	5
	実質倍率	M/N	**6.4**	**9.8**	**15.2**
	入学者数		—	5	—

※　繰上合格者数は連絡の際に入学の意思を示した人数
(注)合格最低点は無印は1次合格者、(　　)内は正規合格者を対象

2024年度　募集要項

久留米大学 医学部医学科

入試日程

試験区分	募集人員	出願期間	試験日	
			1次試験	2次試験
学校推薦型選抜（一般）A日程	約10名	2023年11月1日（水）～ 11月8日（水）必着	11月18日（土）	
久留米大学特別枠推薦型選抜	約20名			
福岡県特別枠推薦型選抜	5名			
自己推薦型選抜	約2名			
前期一般選抜	約75名	2023年12月11日（月）～2024年1月11日（木）必着	2月1日（木）	2月13日（火）
後期一般選抜	約5名	2024年2月6日（火）～2月26日（月）必着	3月8日（金）	3月16日（土）

試験時間・配点

集合時間　8：45

試験区分		科目	試験時間	時間	配点	合計点	備考
前期一般選抜 後期一般選抜	1次	外国語（英語）	9:30～11:00	90分	100点	400点	
		理科2科目	12:10～14:10	120分	200点		
		数学	15:00～16:30	90分	100点		
前期一般選抜	2次	小論文	10:00～11:00	60分	50点	100点	
		面接	12:30～17:00（予定）		50点		
後期一般選抜	2次	小論文	9:00～10:00	60分	50点	100点	
		面接	10:30～12:30（予定）		50点		

試験会場

試験区分	1次試験	2次試験
推薦	本学旭町キャンパス	
前期一般選抜	本学御井キャンパス・東京（ベルサール汐留）	本学御井キャンパス
後期一般選抜	本学御井キャンパス	本学旭町キャンパス

合格発表日

試験区分	1次試験	2次試験	手続締切	辞退締切
推薦	12月1日（金）10:00		12月19日（火）17:00	
前期一般選抜	2月7日（水）10:00	2月21日（水）10:00	2月29日（木）入学金 3月21日（木）学納金	3月31日（日）
後期一般選抜	3月12日（火）10:00	3月19日（火）10:00	3月25日（月）	3月31日（日）

合格発表方法

試験区分	1次試験	2次試験
推薦	ネット照会	ネット照会
前期一般選抜	ネット照会	ネット照会
後期一般選抜	ネット照会	ネット照会

入試情報

過去3年間入学者現浪比

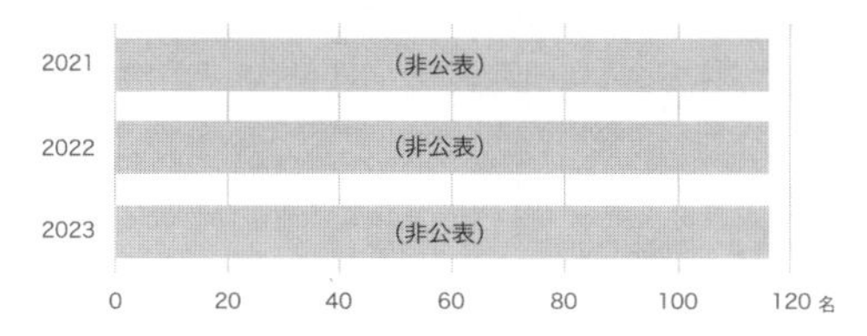

	2021	2022	2023
現役	非公表	非公表	非公表
1浪			
2浪			
3浪			
4浪以上			
入学者	116名	116名	116名

2023年度合格者現浪比

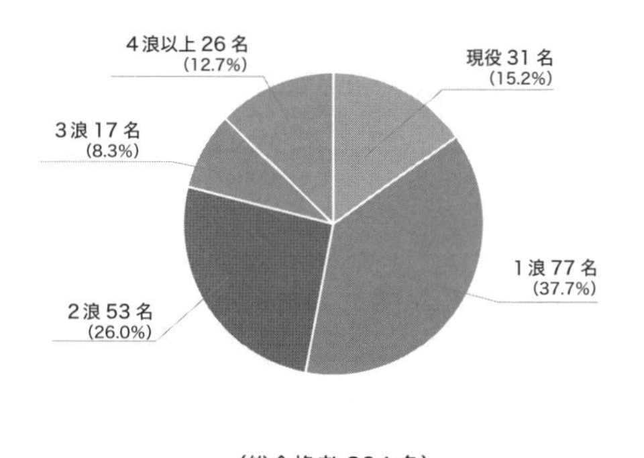

（総合格者 204名）

面接

メルリックス学院生からのアンケートをもとに作成しています

■ 所要時間　個人10～15分

■ 面接の進行

【質問内容】

<個人>

・医師志望理由
・本学志望理由
・小論文について
・1次試験の出来はどうだったか
・高校時代に頑張ったこと
・なぜ浪人したと思うか
・卒業後本学に残るか
・どのような医師になりたいか
・写真を見て思ったこと、感じたこと
・校内は全面禁煙だが喫煙はするか（全員に）

面接官の人数：3名
受験生の人数：1名

○ 受験生　● 面接官

質問内容は、医師や本学志望動機など、オーソドックスなものが多いが、小論文については自分の書いた内容を整理しておくこと。面接室の前で調査書などの書類を渡され、受験生本人が書類の入った封筒を面接官に渡す。

久留米大学　医学部医学科

一般選抜（前期）出題傾向分析

数　学　標準　典型問題をこなし、面倒そうな計算等もしっかり取り組む

区分	解析系									図形系					その他				
	Ⅰ	Ⅰ・Ⅱ	Ⅱ			B	Ⅲ			Ⅰ	Ⅱ	B	Ⅲ		Ⅰ	A			B
分野名	二次関数	数と式	指数・対数	三角関数	微分・積分	数列	いろいろな関数と極限	微分	積分	三角比	図形と方程式	ベクトル	いろいろな曲線	複素数平面	データの分析	整数	場合の数	確率	確率分布
2023						○			○	○		○						○	
2022							○		○				○	○		○	○		
2021	○						○		○		○			○			○		
2020		○				○		○			○	○					○		
2019						○			○		○	○			○			○	

2023年度の出題分析

- 出題形式　マーク
- 知識量　★★★
- スピード　★★★
- 記述力　―
- 応用力　★★★

傾向　'23は小型の大問が5題、'22までは小型の大問が6題。'19まで穴埋めで'20以降はマークシート。'17～'20は中堅～上位私大レベル典型問題の解法で解ける問題が多く医学部の入試問題としてはかなり易しめ。'21は難化し上位国立大レベル以上の難易度となり考えさせる部分も作業量も多い。'22·'23はどれも解法は上位私大レベル典型問題で、少し考えさせる問題もある。いずれにしても計算量は少し多めである。'17～'20の問題は医学部入試問題としては易し過ぎ点数に差がつきにくいように思え、'21は難しすぎたように思え、今後は'22·'23と同程度の難易度の出題が続く可能性が高そうである。

対策　'17～'20は中堅～上位私大レベル典型問題の解法が身についていれば解ける問題ばかりであった。'21は問題の難度がぐっと上がったが、'22と'23は'17～'20と'21の中間ぐらいの難易度。'22と'23くらいの難易度が適当なように思え、今後はこの難易度の出題が続く可能性が高いだろう。中堅私大～上位私大レベル典型問題を多く解いてその解法をしっかり使いこなせるようにしておこう。中堅私大～上位私大レベル典型問題が固まったら上位私大～上位国公立大レベル典型問題もこなし応用力もつけておこう。また要求している計算力は高いので、計算を早くできるように、計算練習用の問題集を用いて、訓練を積むことは大切であろう。

英　語　標準　種々雑多な出題の大問形式、苦手な問題形式をなくすべく対策を

区分	読解							文法・語法						表現・作文		会話		
分野名	和訳	内容真偽	内容説明	空所補充	脱文挿入	文整序	表題選択	短文完成	語句整序	誤り指摘	語定義	発音・アクセント	同意・反意語句	英訳	テーマ型英作文	応答選択	空所補充	内容真偽
2023		●	●	●				○	○	○					●			
2022		●	●	●				○	○	○					●			
2021		○	○	●				○	○	○					●			
2020		○	●					○	○	○				●				
2019	●	●		●				○	○	○				●				

2023年度の出題分析

- 出題形式　記・マ
- 知識量　★★★★
- スピード　★★★★
- 記述力　★★★★
- 応用力　★★★★

傾向　時間90分、大問6題は変わらず。[1]は短文完成8問で、選択肢の中に難しめの単語が混在している。[2]はそれぞれ10行足らずの2つの英文から文脈上不要な1文を取り除くもので、以前のセンター試験で見られた形態。[3]は恒例の英文中の語句整序(4問)で、文意を正確に汲み取ることと英文の構築力が求められる。[4]は空所の単語補充と内容真偽で従来通りの定番問題。[5]は長文の内容真偽問題だが、下線部の文意を問うものもあり。唯一の記述問題となる[6]は、短い日本文を英語(30語程度)で、英文を日本語(50字程度)でそれぞれまとめるもので、この形式が定着したようだ。どちらも長くは書けないので、文のポイントを簡潔にまとめる力が求められる。

対策　出題傾向、内容はほぼ定着しているので、近年の問題はもちろん、できるだけ過去に遡り演習しておくことが望ましい。出来不出来で顕著な差が出ると予想されるのは、[3]·[4]·[5]·[6]である。これらは確実に苦手意識を克服して試験に臨みたい。特に本学特有の英文中の語句整序[3]は、10年分くらいは必ずあたりたい。[4]の内容真偽問題は本文と選択肢の順序が一致しないのが特徴だが、本文の該当箇所を見つけて真偽を判定するステップを必ず踏むようにしたい。[6]の要約問題は、いわゆる「和訳、英訳」ではなく、要旨をコンパクトにまとめる力が重要だ。長文演習で用いた英文から短いパラグラフを選んで日英双方でできるだけ少ない語数、字数で「実際に自分で書く」演習も有効だろう。

化　学　やや易　基礎から標準的な問題が多い。高得点が必要とされる。

区分	理論										無機		有機					
分野名	原子の構造・化学結合	化学量と化学式	物質の三態・気体の法則	溶解度・濃度	コロイド・希薄溶液	化学反応と反応熱	酸と塩基の反応	酸化・還元	電池・電気分解	反応の速さと化学平衡	周期表と非金属元素	金属元素	脂肪族	芳香族	糖	アミノ酸とタンパク質	生命化学	合成高分子化合物
2023			●	●						○		○	○					
2022		●	○			●		●	●			○	○					●
2021	●				○							○		○				
2020		●							○		●		○			●		
2019	○	●							●		○		○					

2023年度の出題分析

- 出題形式　記・穴
- 知識量　★★★
- スピード　★★★
- 記述力　★★★
- 応用力　★★

傾向　例年大問3題から4題の出題で、穴埋めを含む記述式の問題である。大半が典型的かつ基本的な問題内容の出題で論述問題も数題出題される。'23前期試験は、[1]は小問集合であった。出だしを軽快にいきたいが、計算ミスや有効数字ミスなどで失点してしまうことは避けたい。[2]はアンモニアの製法に関する問題。受験生には馴染み深い定番問題である。[3]は亜鉛·水銀などに関する問題であった。これが最も得点差の付く問題であっただろう。硫化水銀が昔は神社の鳥居の朱塗りに使われていたことを知っていたか、水銀が体温計に使われたいた理由を知っていたか。それは受験生には盲点だろう。[4]の有機化学は易しい問題であった。逆に易しすぎて迷ったかもしれないが。

対策　このレベルの問題であれば、高得点勝負は必至となってくる。受験用の問題集や予備校のテキストなどを繰り返し学習し、問題の解き方などをしっかりと自分のものにしておくような学習が効果的だろう。今年度の問題には、マニアックな問題もあったが、これは取れなくても仕方ないか。こういった問題を取るには、化学に興味を持って化学図説などを見ておくことが必須となる。今回の水銀に関する知識も、図説には載っている事項であった。結局、合格力を得たいということであれば、基本的な知識を間違うことなく習得できているかということ、定番問題での演習量が十分であるかということ、そこが大きなテーマとなってくるだろう。

生物　標準　問題数は少なく、時間的に余裕がある。記述力で差がつく

区分	細胞		代謝		遺伝子			体内環境			生殖・発生			環境応答				生態系				進化・系統		
分野名	細胞の構造と組織	細胞膜の構造と物質輸送	タンパク質の構造と酵素反応	同化と異化	細胞周期とDNA合成	遺伝子の発現と調節・変異	バイオテクノロジー	体液・循環系の構成と働き	自律神経とホルモンによる調節	生体防御	配偶子形成と生殖・遺伝	初期発生と形態形成	幹細胞と再生	刺激の受容と感覚	神経系と筋肉	動物の行動	植物生理	バイオームの遷移と分布	個体群と相互作用	物質生産と物質循環	自然環境	地球の発展と古典的生物進化	分子進化と集団遺伝	生物の系統と分類
2023										○	○							●	○					
2022							○	○		○				○										
2021		○						○					○		○									
2020			○						○	○					○									
2019					○			○			○				○									

2023年度の出題分析
- 出題形式　記・穴
- 知識量　★★★
- スピード　★★★
- 記述力　★★★
- 応用力　★★

傾向　まず大きな傾向として、例年大問4題となっている。どの問題も難易度は平易であるが、難しい問題もちりばめられている。文章の記述に関しては比較的しっかりとした記述が求められる。計算問題は教科書の章末問題や問題集の基本問題程度の問題で、丁寧に解けば間違うことは無いだろう。合格最低点が7割程度と高得点の争いとなっている。次に'23の出題内容について記載する。[1]はES細胞やiPS細胞に関して出題された。25字と50字の記述が求められた。[2]は共生関係に関する問題と、遷移について出題された。100字の記述が求められた。[3]はウニの受精に関する問題で、記述はなかった。[4]はウイルスの構造とmRNAワクチンについての問題が出題された。100字の記述が求められた。

対策　合格最低点が高く、高得点争いになるが、問題量に対して時間に余裕がある。したがって解答を時間をかけて慎重に作り上げる訓練が一番である。また30字～100字程度の記述も例年見られるため、記述力の強化が必要である。問題集や過去問を解くときに余裕のある制限時間を設け、必ず見直しをする訓練をするとよい。見直しをする訓練をしていくと、自分がどのようなミスや間違いを犯しやすいかの傾向がつかめる。自分の傾向がつかめれば試験中はそれから見直しをしていくと効率の良い見直しになるだろう。難しい問題を解く必要はない。典型的な問題をたくさん解き、ミスのない解答作りを目指してほしい。また、論述に関しては必ず先生に添削してもらい、相手に伝わる文章を書く練習をしておくべきである。

物理　標準　基本～標準問題が中心となっているが難度が上がることもある!!

区分	力学						電磁気学					波動			熱力学			原子		
分野名	等加速度運動・運動方程式・慣性力	力のモーメント・重心	運動量と力積・仕事とエネルギー	円運動・遠心力	単振動	万有引力とケプラーの法則	電場と電位	コンデンサー	直流回路	磁場・電磁誘導	交流回路・電気振動・電磁波	波の性質	音波	光波	熱量と温度	気体分子運動論	気体の状態変化	粒子性と波動性	原子の構造	放射線・核反応
2023					○					○				○						
2022				○						○							○			
2021			○							○							○			
2020		○						○						○						
2019			○								○						○			

2023年度の出題分析
- 出題形式　記述
- 知識量　★★★
- スピード　★★★
- 記述力　★★★
- 応用力　★★★

傾向　大問3題で構成され、力学、波動、電磁気が出題されている。力学は鉛直ばね振り子の単振動、万有引力による地球を貫く単振動が出題されている。波動はマイケルソン干渉計で、鏡を動かした場合や波長を変える場合が出題されている。電磁気は3本の直線電流による磁場の問題で、1巻きの円形コイルに置き換える場合も出題されている。基本から標準問題まで出題されているが、地球を貫く単振動は類題を解いていないと戸惑うだろう。また、電流による磁場の問題は図を見れば解きやすい角度であることが分かるのでしっかりと図を書く必要があり、計算に時間もかかるので、注意すること。ケアレスミスによる失点をしないように解くことが大切である。

対策　標準～やや難度の高い問題までを解いておこう。'06から出題の多かった原子の出題がなくなり、波動が7回出題され、'08、'11、'14、'15、'17～'19、'21、'22は熱力学が出題された。新課程では原子が必修になったが、'16～'21では試験範囲外である。出題範囲は変更されることもあるので確認することが大切である。出題範囲は広く、難度の高い問題が出題されることもあるが、ここ数年は基本～標準問題からの出題となっている。ミスなく手早く問題を解くことが重要であり、記述や描画も出題されるので、準備をしておくことが必要で、法則名などが出題されることがあるので教科書などで確認をしておいたほうがよい。

小論文　テーマ型　医療や受験校に対する知識・情報が問われる

年度	試験区分	内容	字数	時間
23	一般前期	「医師に必要な資質や適性とは何か」（適性は「適正」という表記なっているが「適性」が正しいものと思われる）	800字	60分
	一般後期	新型コロナウィルス感染症が高齢化社会へ与えた影響とその対応について		
22	一般前期	「人工知能（AI）の医療への応用」について述べる。	800字	60分
	一般後期	「新型コロナウイルス感染拡大が日本の医療に与えた影響」について述べる。		
21	一般前期	コロナ禍におけるの医療崩壊を防ぐために必要だと思うこと	800字	60分
	一般後期	我が国の予防医療について		

例年、短めのテーマ型である。このところ資料文型から図表型へと転換を図る大学が見られる中にあって非常に希有な存在と言える。'23は「医師に必要な適正(適性)」と、'22に引き続き「新型コロナウイルス感染症」に関するテーマが出題された。これでコロナは3年連続の出題である。
'21で出題された「予防医療」というテーマだが、予防医学の中の1次予防には食や運動など自分で取り組む健康活動の他に、ワクチンも含まれている。2次が早期発見、早期治療で、かつての日本はこれを推奨していたが、検査も含めて医療費がかかるので現在は生活習慣病予防に1次を重視している。3次は社会復帰のためのリハビリテーション。高齢化において、またがんや心疾患においてもリハビリは大切である。テーマ型なので、自分の知識や情報を使ってまず、構想・構成メモを作成してから書く。
テーマ型小論文の対策としては、近畿大、関西医大、昭和大の課題を使う。先に、北里大、聖マリアンナ医大、川崎医大などの医療に関する資料文を読むと知識や考え方の幅が広がる。800字あるので、しっかりとした構成が必要である。練習の際には、医系の小論文に慣れた先生の目で添削や講評をしてもらうこと。メルリックスの『医系小論文・面接用語集』もシンプルにまとめられていて使いやすい。

産業医科大学　医学部医学科

学部所在地　〒807-8555　福岡県北九州市八幡西区医生ヶ丘1-1
交通手段　JR折尾駅よりバス10分
学長　上田　陽一
設立年度　[昭和53年]　産業医科大学開学

入試問い合わせ先
担当部署　入試事務室
電話番号　093-691-7295

医師国家試験状況

	第113回	第114回	第115回	第116回	第117回
産業医科大学（全体）	88.4%	100.0%	96.6%	94.3%	98.0%
産業医科大学（新卒）	89.6%	100.0%	96.6%	94.2%	97.9%

設置学部

産業保健学部

主な附属病院

産業医科大学病院
産業医科大学若松病院
・その他関連施設
産業生態科学研究所／産業医実務研修センター

2023年度入学者

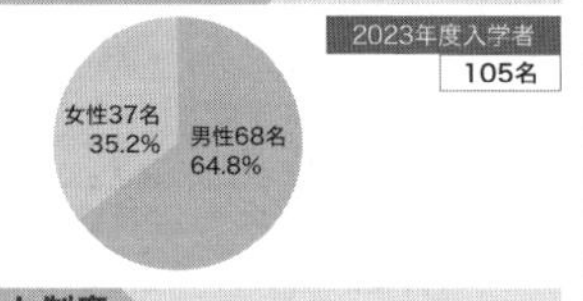

2024年度学納金

1年次	入学金	¥282,000
	授業料	¥535,800
	施設設備費	¥1,300,000
	初年度納入金総額	¥2,117,800
	入学時最低納入金	¥282,000
2年次以降の年額		¥1,835,800
6年間の総額		¥11,296,800
※諸会費・保険料（入学時）		¥207,800

修学資金貸与制度・・・入学者全員に修学資金（6年間で1900万円強）を貸与。それにより学納金の総額が3049万円から1130万円程度となる。卒業後9～11年間、産業医等の職を務めると、貸与した全額が返還免除となる。

繰上げ合格

入学手続完了者が募集人員に満たない場合、追加合格を行う。

学費サポート制度

(1)授業料免除制度　経済的理由により授業料の納入が困難であり、かつ、学業優秀と認められる学生のうち半期毎の選考により授業料（半期267,900円）の全額または半額を免除します。（全学免除:全学年から40名程度　半額免除:全学年から30名程度）
(2)医学部キャリア形成サポート奨学金給付制度　本学が指定する奨学ローンを借用した場合、在学期間中の利息相当額を本学が奨学金として給付します。（在学中自己負担ゼロ）詳細については、ホームページをご覧ください。

補欠順位

あり

成績開示

あり

寄付金

なし

入試結果

			2023	2022	2021
一般	募集人員		約80	約80	約85
	志願者数		1,315	1,265	1,248
	受験者数	A	1,094	1,056	1,071
	一次合格者数	B	424	428	424
	一次合格倍率	A／B	**2.6**	**2.5**	**2.5**
	二次受験者数		168	186	175
	正規合格者数	C	80	80	85
	正規合格倍率	A／C	**13.7**	**13.2**	**12.6**
	補欠候補者数		—	20*	25*
	繰上合格者数	D	18	19	32
	総合格者数	C＋D	**98**	**99**	**117**
	合格実質倍率	A／（C＋D）	**11.2**	**10.7**	**9.2**
	入学者数		80	78	85
	合格最高点		—	—	—
	合格最低点		189/300 (325/600) [22/50 <606/950>	192/300 (302/600) [21/50] <572/950>	213/300 (308/600) [20/50] <606/950>
推薦	募集人員		25 以内	25 以内	20 以内
	志願者数		100	82	69
	受験者数	E	100	82	68
	合格者数	F	25	27	20
	実質倍率	E／F	**4.0**	**3.0**	**3.4**
	入学者数		25	27	20

*メルリックス調べ

(注)合格最低点は一次合格者を対象、(　)内は2次試験学力検査、[　]内は2次試験小論文、
<　>内は合計点の合格最低点

2024年度　募集要項

産業医科大学 医学部医学科

入試日程

試験区分	募集人員	出願期間	試験日	
			1次試験	2次試験
総合型選抜	10名以内	2023年10月1日(日)～10月28日(土)消印有効	11月25日(土)	共通テスト
学校推薦型選抜	25名以内	2023年11月1日(水)～11月7日(火)消印有効	12月6日(水)	
一般選抜(A方式)	約60名	2023年12月1日(金)～2024年1月12日(金)消印有効	共通テスト	【学力検査】2月12日(月・祝) 【小論文・面接】3月12日(火)
一般選抜(B方式)	5名以内	2023年12月1日(金)～2024年1月19日(金)消印有効	2月12日(月・祝)	3月12日(火)
一般選抜(C方式)	5名以内	2024年2月19日(月)～ 2月29日(木)必着	共通テスト	3月12日(火)

試験時間・配点

入室時間　1次：9：30　2次：10：00

試験区分		科目	試験時間	時間	配点	合計点	備考
一般(A方式) 一般(C方式)	共通テスト	*1				300点 900点	*1　共通テスト利用の詳細は共テ利用のページをご覧ください。
一般(A方式) 一般(B方式)	学力検査 2月12日(月・祝)実施	数学	10:20～12:00	100分	200点	600点	
		理科2科目	13:20～15:00	100分	200点		
		外国語(英語)	16:00～17:40	100分	200点		
一般(A方式) 一般(B方式) 一般(C方式)	小論文・面接検査 3月12日(火)実施	小論文	9:00～11:00	120分	50点	50点	
		面接	12:20～	約20分	重視		

試験会場

試験区分	1次試験	2次試験
総合型	本学	
推薦	本学	
一般選抜(A方式)		【学力検査】北九州(西日本総合展示場)・東京(ベルサール汐留) 【小論文・面接】本学
一般選抜(B方式)	北九州(西日本総合展示場)・東京(ベルサール汐留)	本学
一般選抜(C方式)		本学

合格発表日

試験区分	1次試験	2次試験	手続締切	辞退締切
総合型	12月1日(金) 16:00頃*2	2月16日(金) 16:00頃	2月26日(月)	
推薦	12月15日(金)16:00頃		12月21日(木)	
一般選抜(A方式)	*3	2月26日(月) 16:00頃*4 3月19日(火) 16:00頃	3月25日(月)	
一般選抜(B方式)	2月26日(月) 16:00頃	3月19日(火) 16:00頃	3月25日(月)	
一般選抜(C方式)	3月5日(火) 16:00頃	3月19日(火) 16:00頃	3月25日(月)	

*2 志願者が定員の4倍を超えた場合には第1段階選抜を行うことがあります。
*3 志願者が定員の40倍を超えた場合には、第1段階選抜を行うことがあります。
*4 小論文・面接受験資格者発表

合格発表方法

試験区分	1次試験	2次試験
総合型	掲示・ネット一覧	掲示・ネット一覧・郵便(合格者)
推薦	掲示・ネット一覧・郵便(合格者)	
一般選抜(A方式)		【学力検査】掲示・ネット一覧・郵便(全員) 【小論文・面接】掲示・ネット一覧・郵便(合格者)
一般選抜(B方式)	掲示・ネット一覧・郵便(全員)	掲示・ネット一覧・郵便(合格者)
一般選抜(C方式)	掲示・ネット一覧・郵便(全員)	掲示・ネット一覧・郵便(合格者)

入試情報

過去3年間入学者現浪比

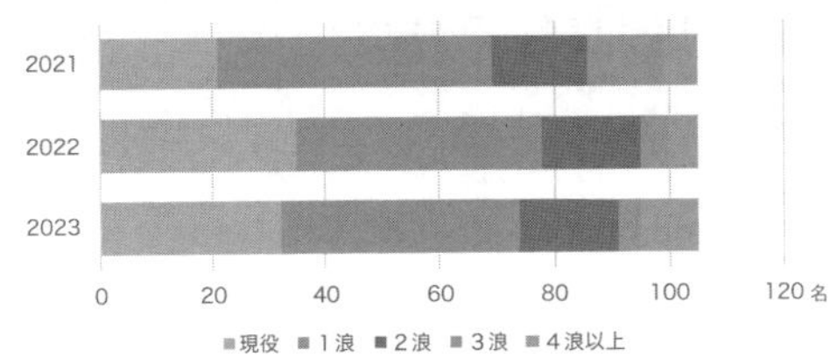

	2021	2022	2023
現役	21 名 (20.0%)	35 名 (33.3%)	32 名 (30.5%)
1浪	48 名 (45.7%)	43 名 (41.0%)	42 名 (40.0%)
2浪	17 名 (16.2%)	17 名 (16.2%)	17 名 (16.2%)
3浪	13 名 (12.4%)	5 名 (4.8%)	4 名 (3.8%)
4浪以上	6 名 (5.7%)	5 名 (4.8%)	10 名 (9.5%)
入学者	105 名	105 名	105 名

2023年度合格者現浪比

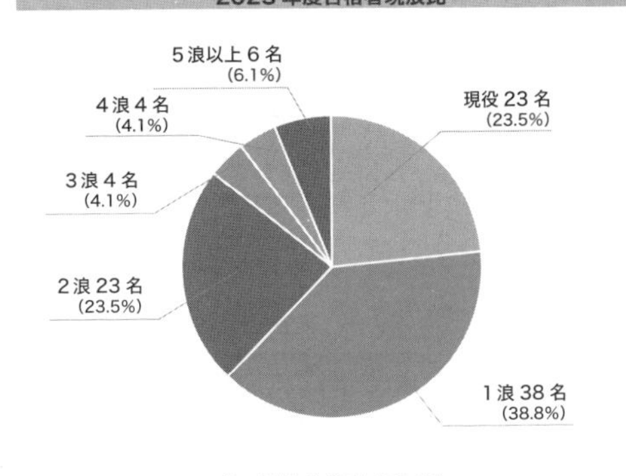

(一般総合格者 98 名)

面接

メルリックス学院生からのアンケートをもとに作成しています

■ 所要時間　個人20分

■ 面接の進行

【質問内容】

＜個人＞

- 本学志望理由
- 併願校について
- なぜ産業医を目指すのか
- 産業医をどこで知ったか
- 産業医とはどのようなものか
- 産業医の今後について
- 産業医と臨床医の違い
- 修学資金貸与制度について
- 部活動について
- 自分の長所、短所
- 大学でやってみたいことは何か
- キャリア形成プランについて

面接官の人数：3名
受験生の人数：1名

○ 受験生　● 面接官

産業医への理解が試されるので、産業医の仕事内容、産業医への期待など、できる限り自分で調べておくことは欠かせない。なぜあえて産業医を目指すのかについても、明確な答えが必要である。

産業医科大学　医学部医学科

一般選抜出題傾向分析

数学　やや難　手際良さや初見問題への対応力、難問への耐性など幅広い訓練必須

区分	解析系									図形系					その他				
	I	I・II	II			B	III			I	II	B	III		I	A			B
分野名	二次関数	数と式	指数・対数	三角関数	微分・積分	数列	いろいろな関数と極限	微分	積分	三角比	図形と方程式	ベクトル	いろいろな曲線	複素数平面	データの分析	整数	場合の数	確率	確率分布
2023		●		●	●	●			●	●		○		●		●	●		
2022		○		○		○		●	●	●	●	●	●					●	
2021	●	○	●		○	●					●	●	○	●		●		●	
2020							●	●	●	●		●	●	○		●	●		
2019		●	●	●		●			●	●	●			●		○			

2023年度の出題分析
- 出題形式　記・穴
- 知識量　★★★
- スピード　★★★★
- 記述力　★★★
- 応用力　★★★★

傾向　'21以降は[1]において血流量の計算のような医学に関連した出題が続いているのが特徴。見慣れない形式だが実質は理科における濃度単位換算レベルの問題なので恐れるに足らぬ。出題形式は、前半の大問は難易度がバラバラの空所補充の小問集、後半は記述式のスタイルだが、小問数·大問数ともにそれほど一貫していない。'22はそれ以前から難化し、物理の波動を彷彿とさせるようなあまり目にしない出題があったが、'23は揺り戻しか少し易化し、[1]以外は標準的な問題が並んだ。この3年間、難易度が一貫していないが、標準レベルの典型題を手際よく解く力、見慣れない問題への対応力、国公立レベルの難問への対応力が問われるだろう。

対策　この3年[1]において独特の出題が続いており、これら過去問を解いておくのは必須。'22には唐突に物理の波動を題材にしたかのような「初見の問題設定に対し基本知識を応用できるか」が問われる問題が出題された。このような独特の問題に面食らわないよう'22の過去問は必ず解いておこう。前半は標準レベルの小問集合、後半は大問というスタイルだが、設問数も難易度もこの数年でそれほど一貫していない。ただし初見題への対応力を見たいという出題者の意図が感じられる設問が含まれていることが多い。これらを踏まえると、小問集への手際良さ、見慣れない問題への対応力、難関私大〜国公立レベルの応用力を鍛えておく必要があるだろう。

英語　標準　和訳、説明、テーマ型英作文の3本柱で入念な記述対策が必須

区分	読解							文法・語法						表現・作文		会話		
分野名	和訳	内容真偽	内容説明	空所補充	脱文挿入	文整序	表題選択	短文完成	語句整序	誤り指摘	語定義	発音・アクセント	同意・反意語句	英訳	テーマ型英作文	応答選択	空所補充	内容真偽
2023	●	●	●	○											○			
2022	●	●	●	○											○			
2021	●	●	●	○											○			
2020	●	●	●	○											○			
2019	●	●	●	○											○			

2023年度の出題分析
- 出題形式　記・マ
- 知識量　★★★
- スピード　★★★★
- 記述力　★★★★
- 応用力　★★★★

傾向　例年通り時間は100分。長文3題＋テーマ型英作文1題(100語程度)の計4題。[1]は定番となっている英文中の記述式空所補充(12問)。一読して思いつく語が多くこの形式に慣れればさほど難解ではない。[2]、[3]の長文の問題は「仕事が人生の全てだった」と「木々のソーシャルネットワーク」がテーマ。問題は、内容真偽に加え、和訳や内容説明などの記述問題が多い。和訳は構文上の難しさはないものの、自然な日本語訳を作るには慣れが必要だろう。[4]の英作文はインターネットがなくなったら世界はどうなるかを述べるもの。高い記述力は必要だが、身近な話題なのでポイントを絞れば比較的書きやすかったのではないか。

対策　昨年同様最初の長文2題は比較的読みやすい。しかし[1]は英文中の空所1語を自分で補充する問題で練習が必要。しかしこのような形式の問題は少ないので、過去問等を利用しつつ日ごろから長文を読む際に空所補充問題になりそうな箇所を意識しながら読むとよい。残りの長文2題は内容真偽以外は記述式なので、日英双方の記述力養成が不可欠だ。テーマにはあまりこだわらず、できれば国公立大の問題で、「分かりやすい訳文」を作る力と「要点をまとめる」力を養いたい。私立大では藤田医科大や日本医科大、大阪医科薬科大なども利用価値がある。そして[4]の自由英作は大きく差がつくところなので、国公立大の問題等を利用ししっかり練習しよう。

化学　やや難　定番だが本格的問題、有機化学からの出題頻度高め

区分	理論										無機		有機					
分野名	原子の構造・化学結合	化学量と化学式	物質の三態・気体の法則	溶解度・濃度	コロイド・希薄溶液	化学反応と反応熱	酸と塩基の反応	酸化・還元	電池・電気分解	反応の速さと化学平衡	周期表と非金属元素	金属元素	脂肪族	芳香族	糖	アミノ酸とタンパク質	生命化学	合成高分子化合物
2023					●		●			○	○		●		○			
2022		●	●								●		○					○
2021		○	●		●				○				○					
2020							○							○				○
2019							○		○	○				○				

2023年度の出題分析
- 出題形式　記・穴
- 知識量　★★★
- スピード　★★★★
- 記述力　★★★
- 応用力　★★★★

傾向　以前は大問4題の出題が続いていたが、'20以降は大問3題となり、'23も3題であった。'21は難易度が高く計算量も多い問題であったが、'22·'23はやや易化し計算量も減少したようである。'23の出題内容は[1]はハーバー·ボッシュ法と熱化学に関する問題。[2]は酢酸エステルの加水分解による反応速度の問題。[3]は糖類からフルクトースとイヌリンに関する問題であった。計算問題数がやや多く、定番問題とは言え本格的な問題である。有機化学の割合が比較的多く、その中でも構造決定の問題が多い。大問数は3題であるが、考えさせる問題が多く、理科2科目で100分の解答時間としてはそれほど時間的に余裕はない。

対策　昨年までは難関国公立で出題されそうな問題で各設問が構成されていたが、'23はやや易化したようである。とは言え、難易度は決して低くは無いので十分な準備が必要である。まず対策としては、定番問題の解法を熟知した上で、題意を正確に読み取り速やかに立式ができる力を養いたい。表面的な薄い知識だけでは通用しない問題が多いので、各単元の内容を深く理解する学習が必要である。また、有機化学からの出題では、あまり見かけない物質が登場する場合が散見されるので注意したい。しかし、基礎がしっかり身に付いていれば解法を推理することは十分可能である。記述式を採用している入試標準問題をできるだけ多く解いておきたい。

生物　標準　出題分野は少ないが、生命現象と医療を結びつけて考えておくように

区分	細胞		代謝		遺伝子			体内環境			生殖・発生			環境応答				生態系				進化・系統		
分野名	細胞の構造と組織	細胞膜の構造と物質輸送	タンパク質の構造と酵素反応	同化と異化	細胞周期とDNA合成	遺伝子の発現と調節・変異	バイオテクノロジー	体液・循環系の構成と働き	自律神経とホルモンによる調節	生体防御	配偶子形成と生殖・遺伝	初期発生と形態形成	幹細胞と再生	刺激の受容と感覚	神経系と筋肉	動物の行動	植物生理	バイオームの遷移と分布	個体群と相互作用	物質生産と物質循環	自然環境	地球の発展と古典的生物進化	分子進化と集団遺伝	生物の系統と分類
2023					●		○	○		○														
2022	○							○	○															
2021				○		○		○																
2020		○		○			○	○																
2019	○		●						○					○	○									

2023年度の出題分析

- 出題形式　記述
- 知識量　★★★
- スピード　★★★
- 記述力　★★★
- 応用力　★★★

傾向　まず大きな傾向として、例年大問4題となっていたが'21以降では大問3題と1題減少した。出題の内容について、実験は教科書や図説に載っているものが多くみられるが、説明を記述させる内容が多く、図示させる問題もある。また生命現象と医療の結びつきを考えさせる問題が毎年出題されているのが特徴であり、新型コロナウイルスに関する問題なども出題されている。次に'23の出題内容について記載する。[1]は細胞に関する問題で細胞分裂やウイルスと免疫について出題された。[2]は遺伝子組換えに関する問題で、プラスミドの実験について出題された。[3]は肝臓に関する問題で、肝臓の機能に関する問題や窒素排出物の問題が出題された。

対策　生物の用語を正確に覚えることは必須である。同時に、図説を活用しよう。特に、図説に載っている細胞の図やタンパク質の構造図など、一般には不要と思われる内容も覚えるようにすると良い。また、グラフ問題に対応するには、同じく図説の中に載っている実験の図は覚えるとともに、実験の内容や意味を理解し、できれば自身でグラフや実験内容を説明できるようにすると良い。高等学校の教科書には載っていない内容の問題が出る事も多いので、解ける問題を確実に得点するのが良い。また医療と関係のある内容が出題されるため、普段から生物の学習内容と医療の関係性を考えておくのがよいだろう。特にウィルスやワクチンに関しては考えておくべきである。

物理　標準　'24は難度が上がると予想される、しっかりと準備しておこう!!

区分	力学						電磁気学					波動			熱力学			原子		
分野名	等加速度運動・運動方程式・慣性力	力のモーメント・重心	運動量と力積・仕事とエネルギー	円運動・遠心力	単振動	万有引力とケプラーの法則	電場と電位	コンデンサー	直流回路	磁場・電磁誘導	交流回路・電気振動・電磁波	波の性質	音波	光波	熱量と温度	気体分子運動論	気体の状態変化	粒子性と波動性	原子の構造	放射線・核反応
2023		○															○	○		
2022						○			○					○						
2021		○					○						○							
2020					○		○							○		○				
2019		●							●				○					○		

2023年度の出題分析

- 出題形式　記述
- 知識量　★★★
- スピード　★★★
- 記述力　★★★
- 応用力　★★★★

傾向　大問3題で構成され、熱力学、力学、原子が出題されている。熱力学はP－Vグラフがある理想気体の状態変化の問題で、定積変化、定圧変化、断熱変化、等温変化が含まれている。力学は2つの球を1本の糸でつなぎ釘にかけて静止させた問題で、2つの球が同じ大きさの場合と異なる大きさの場合の2種類が出題されている。原子はコンプトン効果が出題されている。気体の状態変化とコンプトン効果は見慣れた問題で解きやすいが、力学で球の大きさが異なる場合は解きずらい問題となっている。試験時間は50分と短めなので解きやすい問題から解いていき、ケアレスミスでの失点をしないようにすることが大切である。'22より難度は低めとなっている。

対策　標準～やや難の問題をしっかり解いておくこと。力学と電磁気を中心に波動、熱力学、原子を勉強しておくことが必要である。以前のような個性的な問題は減っていたが、'19の重心動揺計、'16の音の干渉と風向き、'15の血流量、'07の小問集合と'13の熱力学では日常生活の中での物理現象、知識問題も出題されている。知識問題の対処法は教科書に目を通しておくことである。'13～'16はそれ以前より難度が上がり、問題文の誘導に乗れないと解けない問題や応用性の高い問題が多くなっていた。'17はやや難度が下がり、'18でやや上がり、'19、'20はやや下がり'21と'22ではやや上がり、'23ではやや下がっている。

小論文　テーマ型　資料文型　図表型　資料文を理解し簡潔にまとめる力が問われている

年度	試験区分	内容	字数	時間
23	一般	(1) 大学のアドミッション・ポリシーを示し、最もあてはまる項目を選び、どのようにあてはまるかを具体的に記述する。(草稿用紙は A4 用紙 1 枚分) (2) ジェローム・グループマン「医者は現場でどう考えるか」より、 設問 1 医師の診断過程における「ヒューリスティクス」(発見的問題解決法) の利点と問題点を説明する。設問 2「ヤークス・ドットソンの法則」が医師の診断に与える影響について図と文章で説明する。	字数不明 /400 字以内 / 図と文章で説明	120 分
22	一般	1．内閣府ホームページ https：//www8.cao.go.jp/cstp/society5.0 より　問 1.society5.0 はどんな社会の実現を目指すのかを書く。問 2．問 1 に対する意思の役割について考えを述べる。 2．中屋敷均『科学と非科学　その正体を探る』より　問 1．「昨日も今日も阪神が勝ったので、明日も阪神が勝つ」という予測と、「リンゴを枝から切り離せば地上に落下する」という法則の違いを説明。問 2．医学に資料文の「科学的な真理」は存在するかを述べる。	200 字以内 /400 字以内	120 分
21	一般	1．『働く人の病』ベルナルディーノ・ラマツィーニ著　東敏昭監訳　問 1．裁判の客観的な判断のための情報について述べる。　問 2．この一連の出来事に対するあなたの考え　2．中山和弘 『ヘルスリテラシーと女性の健康を決める力 「更年期と加齢のヘルスケア」』より　問．著者は女性の健康とヘルスリテラシーについて書いているが、日常生活におけるあなた自身のヘルスリテラシーについて考えを述べる。	400 字以内 /400 字以内	120 分

このところ大問は2題から3題。マス目のない解答用紙もあるので、原稿用紙以上に読みやすい大きさで、丁寧な字を書くように心がけること。
'23はこれまでと趣向が変わり、産業医科大学のアドミッションポリシーが示され、自分がそれにどう当てはまっているかを書く問題が[1]で出題された。これは私立医学部の面接で時折問われる形式であり、特に藤田医大では毎年のように面接で聞かれる。医学部受験生としては考えておきたい。'22は、資料文と図がついている課題が入っている。Ｓｏｃｉｅｔｙ5.0については日大(歯)が先行している。昭和大と日大(歯)はオンライン診療など例年他校に先駆けた話題が出るので参考にする。一方、意表を突く短いテーマ問題が入っていることもあるので、MMI面接のように瞬発力を鍛えよう。課題は先に読んで、設問や資料の量から時間配分をしておく。

福岡大学　医学部医学科

学部所在地　〒814-0180　福岡県福岡市城南区七隈7-45-1
交通手段　ＪＲ博多駅よりバス40分
地下鉄七隈線 博多駅より20分、天神南駅より16分
学長　朔　啓二郎
設立年度　［昭和47年］福岡大学医学部を開設

入試問い合わせ先
担当部署　入学センター
電話番号　092-871-6631（代表）

医師国家試験状況

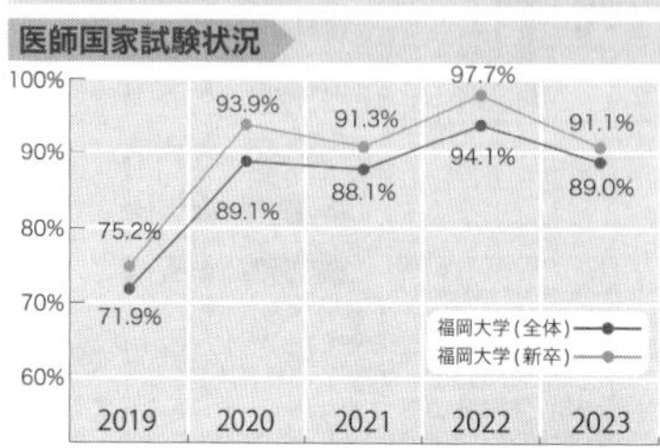

	第113回	第114回	第115回	第116回	第117回
福岡大学(全体)	71.9%	89.1%	88.1%	94.1%	89.0%
福岡大学(新卒)	75.2%	93.9%	91.3%	97.7%	91.1%

設置学部

人文学部／法学部／経済学部／商学部／商学部第二部／理学部／工学部／医学部看護学科／薬学部／スポーツ科学部

主な附属病院

福岡大学病院／福岡大学筑紫病院
・その他関連施設
福岡大学西新病院／RIセンター
アニマルセンター／てんかん分子病態研究所
先端分子医学研究所／再生医学研究所／腓島研究所
医学情報センター棟／医学部看護学科棟

2023年度入学者

2024年度学納金

1年次	入学金	¥1,000,000
	授業料	¥3,912,000
	教育充実費	¥3,688,000
	その他(委託徴収金)	¥26,710
	初年度納入金総額	¥8,626,710
	入学時最低納入金	¥6,326,710
2・3年次の年額		¥7,625,610
4年次の年額		¥4,626,110
5・6年次の年額		¥4,617,110
6年間の総額		¥37,738,260

繰上げ合格

2/22(木)の2次合格発表と同時に追加合格予定者として通知する。尚、追加合格者については、追加合格予定者の中から決定次第本人宛に3/31(日)までに郵送または電話にて通知する。

特待生制度

2年次以降、学業成績ならびに日々の行いが特に優秀な学生を表彰する。選ばれた学生には奨学金(30万円)が授与される。

補欠順位

あり

成績開示

あり※条件あり

寄付金

任意の寄付金の協力をお願いする。

入試結果

			2023	2022	2021
一般系統別	募集人員		65	65	65
	志願者数		2,127	2,135	2,340
	受験者数	A	1,920	1,991	2,107
	一次合格者数	B	467	464	457
	一次合格倍率	A/B	**4.1**	**4.3**	**4.6**
	二次受験者数		380	376	354
	正規合格者数	C	135	125	125
	正規合格倍率	A/C	**14.2**	**15.9**	**16.9**
	補欠候補者数		—	—	—
	繰上合格者数	D	16	65	54
	総合格者数	C+D	**151**	**190**	**179**
	合格実質倍率	A/(C+D)	**12.7**	**10.5**	**11.8**
	入学者数		64	65	69
	合格最高点		348/400	346/400	365/400
	合格最低点		250/400	246/400	269/400
共テ利用	募集人員		5	5	5
	志願者数		434	484	99
	受験者数	E	432	479	99
	一次合格者数	F	152	145	60
	一次合格倍率	E/F	**2.8**	**3.3**	**1.7**
	二次受験者数		101	113	47
	正規合格者数	G	26	16	5
	正規合格倍率	E/G	**16.6**	**29.9**	**19.8**
	補欠候補者数		—	—	—
	繰上合格者数	H	5	35	17
	総合格者数	G+H	**31**	**51**	**22**
	合格実質倍率	E/(G+H)	**13.9**	**9.4**	**4.5**
	入学者数		5	5	5
	合格最高点		—	—	—
	合格最低点		—	—	—

			2023	2022	2021
推薦A	募集人員		40	40	40
	志願者数		134	114	123
	受験者数	I	131	114	122
	合格者数	J	29	25	24
	実質倍率	I/J	**4.5**	**4.6**	**5.1**
	入学者数		29	25	24
地域枠推薦	募集人員		10	10	10
	志願者数		38	40	31
	受験者数	K	38	40	31
	合格者数	L	10	10	8
	実質倍率	K/L	**3.8**	**4.0**	**3.9**
	入学者数		10	10	8

※1　2023・2022は共テ利用Ⅰ期、2021は共テ利用Ⅲ期
※2　推薦Ａの募集人員40人には地域枠推薦（10人）と附属校推薦（最大8人）の募集人員を含む
(注)合格最高点・最低点は一次合格者を対象

2024年度　募集要項

福岡大学 医学部医学科

入試日程

試験区分	募集人員	出願期間	試験日 1次試験	試験日 2次試験
A方式推薦 地域枠推薦 附属校推薦	40名*1	2023年11月1日(水) ～ 11月9日(木)消印有効	11月26日(日)	
一般選抜(系統別日程)	65名	2023年12月21日(木)～2024年1月12日(金)消印有効	2月2日(金)	2月14日(水)
共テ利用型(Ⅰ期)	5名	2023年12月21日(木)～2024年1月12日(金)消印有効	共通テスト	2月14日(水)

*1 地域枠推薦(10名)と附属校推薦(最大8名)の募集人員を含みます。

試験時間・配点

集合時間　9：45

試験区分		科目	試験時間	時間	配点	合計点	備考
一般選抜(系統別日程)	1次	英語	10:00～11:10	70分	100点	400点	*2 調査書等の提出書類・小論文は、面接評価に活用します。なお、小論文は1次選考日に課します。※詳細は入試要項等で確認してください。
		数学	12:20～13:50	90分	100点		
		理科2科目	14:30～16:30	120分	200点		
		小論文*2	17:10～18:00	50分	—	50点*2	
	2次	面接	1次発表時に指定		段階評価		

試験会場

試験区分	1次試験	2次試験
推薦	本学	
一般(系統別)	本学・東京(ベルサール汐留)・名古屋・大阪	本学
共テ利用(Ⅰ期)		本学

合格発表日

試験区分	1次試験	2次試験	手続締切	辞退締切
推薦	12月8日(金) 10:00		12月20日(水)	
一般(系統別)	2月8日(木)	2月22日(木)	2月29日(木)入学金 3月8日(金)学納金	3月31日(日)12:00
共テ利用(Ⅰ期)	2月8日(木)	2月22日(木)	2月29日(木)入学金 3月8日(金)学納金	3月31日(日)12:00

合格発表方法

試験区分	1次試験	2次試験
推薦	ネット照会・郵便(合格者)	
一般(系統別)	ネット照会・郵便(合格者)	ネット照会・郵便(合格者)
共テ利用(Ⅰ期)	ネット照会・郵便(合格者)	ネット照会・郵便(合格者)

入試情報

過去3年間入学者現浪比

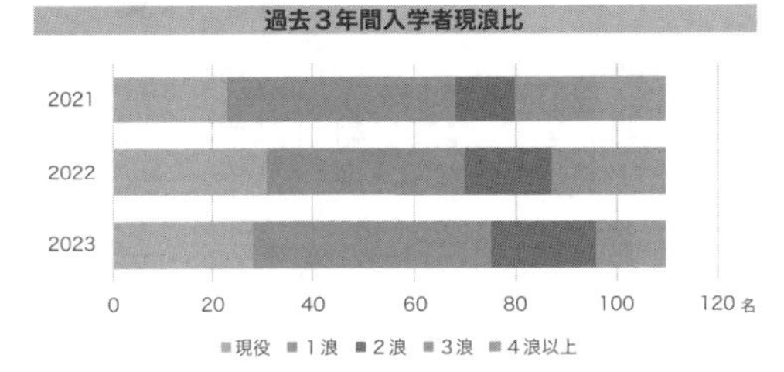

	2021	2022	2023
現役	23名 (20.9%)	31名 (28.2%)	28名 (25.5%)
1浪	45名 (40.9%)	39名 (35.5%)	47名 (42.7%)
2浪	12名 (10.9%)	17名 (15.5%)	21名 (19.1%)
3浪	16名 (14.5%)	9名 (8.2%)	7名 (6.4%)
4浪以上	14名 (12.7%)	14名 (12.7%)	7名 (6.4%)
入学者	110名	110名	110名

2023年度合格者現浪比

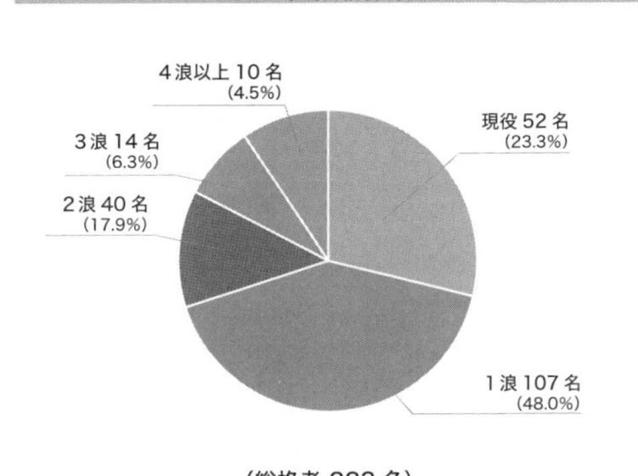

(総格者 223名)

面接

メルリックス学院生からのアンケートをもとに作成しています

■ 所要時間　グループ面接30～40分

■ 面接の進行

【質問内容】

<グループ面接>

1人1分程度の自己紹介の後、面接官の質問に受験生が順番に答えていく。

- 自己紹介(志望理由を含めて簡潔に)
- オンライン診療のメリットとデメリット
- 医師の働き方改革
- 少子高齢化の問題点と解決策
- 介護殺人や児童虐待はなぜ起きるか
- 医師の偏在とその解決策
- コロナが収束した後に大切なことは何か
- 他人に感動を与えたことはあるか
- 総合医と専門医どちらになりたいか
- 人工知能(AI)について

面接官の人数:3名
受験生の人数:4～6名

○ 受験生　● 面接官

面接官によって進行が異なる。1つのテーマについてずっと話し合うグループもあれば、面接官から複数の質問がされ、それに受験生が順番に答えていく形式もある。調査書が高校から発行されない場合、グループ討論の後で個人面接に呼ばれる場合がある。

福岡大学　医学部医学科

一般選抜出題傾向分析

数学　標準　積分をしっかり。どの単元も上位私大レベルまでは固めて

区分	解析系									図形系					その他				
	I	I・II	II			B	III			I	II	B	III		I	A			B
分野名	二次関数	数と式	指数・対数	三角関数	微分・積分	数列	いろいろな関数と極限	微分	積分	三角比	図形と方程式	ベクトル	いろいろな曲線	複素数平面	データの分析	整数	場合の数	確率	確率分布
2023	●	●	●				●		○			●						●	
2022		●	●						○			●	●					●	
2021	●		●						○		●	●				●			
2020									○		●			●	●	●			
2019						●		●	○				●		●	●			

2023年度の出題分析

- 出題形式　記・穴
- 知識量　★★★
- スピード　★★
- 記述力　★★★
- 応用力　★★★

傾向　大問3題。以前は問題が易しめで満点近くを取る受験生も多かったろうと思われる年が多かった。しかし'15に難化。'17以降は上位私大レベル典型問題を解き慣れているかが試されるような問題中心となり、この難易度と傾向が今も続いている。[1]、[2]の小問集では主に上位私大レベルの問題が様々な単元から幅広く出されるが解きにくい問題が混ざる年もある。ベクトルや指数対数など連続して出題される分野もあるが幅広く押さえておきたい。[3]の記述は毎年数学IIIの微分・積分で面積や体積を求める問題がほとんどで、'22は媒介変数表示の関数のグラフで囲まれる部分の面積であった。'23は極大や変曲点を素直に求め、面積を求める問題であった。

対策　以前は易しめの問題が多かった。しかし今は上位私大レベルの問題が中心で、やや解きにくい問題も少し混ざっている。医学部の問題としては'17以降の難易度でないと点数に差がつかないと思われ、実際にその難易度が続いていることから、今後も'17以降と同程度の出題が続く可能性が高い。まず出題範囲の全範囲について上位私大レベルの典型問題の解法はしっかり身につけ、問題を多く解いてその解法をしっかり使いこなせるようにしておこう。特に毎年[3]で出される数学IIIの積分は上位私大レベルの典型問題をたくさん解いて慣れておこう。[1]と[2]の小問集に面倒な問題が混ざっている年もある。本番では解ける問題から解いていこう。

英語　標準　高得点勝負でミスは命取り、「なんとなく」ではなく「確実に」得点できる実力を

区分	読解							文法・語法						表現・作文		会話		
分野名	和訳	内容真偽	内容説明	空所補充	脱文挿入	文整序	表題選択	短文完成	語句整序	誤り指摘	語定義	発音・アクセント	同意・反意語句	英訳	テーマ型英作文	応答選択	空所補充	内容真偽
2023	○	○						○	○			○						
2022	○	○						○	○			○						
2021	○	○						○	○			○						
2020	○	○						○	○			○						
2019	○	○						○	○			○						

2023年度の出題分析

- 出題形式　記・マ
- 知識量　★★★★
- スピード　★★
- 記述力　★★★★
- 応用力　★★★

傾向　出題内容は例年同様70分で大問5題。[1]和訳のみが記述式で、他は全てマーク式。[1]は文構造はシンプルだが、挿入文による追加説明をどのように日本語で適切に表現するかに困惑するかもしれない。[2]の長文は「風力発電を応用し、代替エネルギーとしての水素を産出する試み」についての英文で標準レベル。パラグラフと選択肢を対照させながら読み進めたい。[3]の短文完成(8問)は'20、'21では「不適のもの」の選択だったが、'22以来「適したもの」の選択に戻っている。'22より'23は平易であった。[4]は発音・アクセントの混合問題。例年、母音について「同じもの」を問う出題であったのが、'23は「異なるもの」が問われている。[5]は「使用しない語」が含まれているは語句整序整序(4問)。

対策　[3]短文完成や[5]語句整序は、問われている文法・構文事項を正確に把握し、すぐさま適切に対処できるほど、過去問はもちろん類題に多くあたっておくこと。[3]は'22より易化したとはいえ、選択肢の中に悩ましいものが含まれる問題もあるので注意。消去法から答えをあぶりだす能力も必要。[1]和訳問題は、難解ではないが、相応の演習を積んできていないと不十分な解答しか書けない可能性がある。各種の文法・構文事項に関して、「なんとなくわかる」ではなく「和訳がきちんと書ける」ところまで実力を高めたい。[2]長文内容一致問題はで満点できる自信がつくまで練習しておきたい。あまりジャンルにこだわらず、内容真偽の演習を重ねること。本文の記述と選択肢の記述の比較をし、表現の言い換えの可否を考え、的確に内容真偽ができる状態が目指そう。

化学　標準　典型的例題が中心ではあるが、雑な勉強をしていると失点する

区分	理論										無機		有機					
分野名	原子の構造・化学結合	化学量と化学式	物質の三態・気体の法則	溶解度・濃度	コロイド・希薄溶液	化学反応と反応熱	酸と塩基の反応	酸化・還元	電池・電気分解	反応の速さと化学平衡	周期表と非金属元素	金属元素	脂肪族	芳香族	糖	アミノ酸とタンパク質	生命化学	合成高分子化合物
2023			●			○					○	●	○					●
2022		●				●	●		●	●		○	●	○				
2021		●							●	○		○		●		○		
2020								●		○		○	●		○			
2019									○	●	●	○		○			●	

2023年度の出題分析

- 出題形式　記・穴
- 知識量　★★★
- スピード　★★★
- 記述力　★★★
- 応用力　★★★

傾向　例年大問3～4題の出題で記述形式ではあるが、穴埋め、選択式問題が多い。平易な問題も多く、解答にストレスは感じないが、点差を付けようとしている問題もあるので、注意しないといけない。フワっとした解答をしていると、徐々に失点して合格点に到達できないこともあるだろう。今年度は大問3のような新課程を意識した新傾向の出題もされている。基本的な化学的な観念を確認するものであった。正しく理解していることが求められ、付け焼刃では落としてしまうようなものであった。ただ全般的には得点しやすい問題が多く、アドバンテージを取るためには、最低でも8割は確保しておかねばならない。エラーを最小限に抑えないと合格は見えてこない。

対策　まずは教科書を隅々まで把握することが大切である。小さな文字で注意事項として書いてあることも、すべて拾い尽くしていこう。更にその内容が正しく認識できているかのチェックと、アウトプットを素早くできるように例題演習を積んでいく必要がある。高分子化合物・生活と生命といった他大学では出題の多くはない分野も出題されることもある。難問を解けるようになる必要はないのだが、決して侮ってよい入試ではない。僅かな油断が合否を分ける要素となってしまう問題構成になっている。日頃の学習で生じたちょっとした勘違い・記憶違い・計算ミスなどを軽微なものだと考えず、しっかりと見つめ直して、同じ轍を決して踏まないように心掛けることが大切である。

生物　標準　基本的な問題が多く、合格最低点も高い。ミスをなくし確実に得点を

区分	細胞		代謝		遺伝子			体内環境			生殖・発生			環境応答				生態系				進化・系統		
分野名	細胞の構造と組織	細胞膜の構造と物質輸送	タンパク質の構造と酵素反応	同化と異化	細胞周期とDNA合成	遺伝子の発現と調節・変異	バイオテクノロジー	体液・循環系の構成と働き	自律神経とホルモンによる調節	生体防御	配偶子形成と生殖・遺伝	初期発生と形態形成	幹細胞と再生	刺激の受容と感覚	神経系と筋肉	動物の行動	植物生理	バイオームの遷移と分布	個体群と相互作用	物質生産と物質循環	自然環境	地球の発展と古典的生物進化	分子進化と集団遺伝	生物の系統と分類
2023			○						○	○					○							○		
2022		○						●		●		○									○			
2021		○				●				○		○			○					○				
2020								○	○					○	○									○
2019				○			○			○	○			○										

傾向　まず大きな傾向として、例年大問5題の問題構成となっている。教科書レベルの知識問題や図説等に掲載されている図や受験問題の典型的な問題が多い。問題数に対する制限時間も適切で真面目に受験勉強した受験生が評価される試験内容となっている。ただし用語などは記述式なので正確に覚えておく必要がある。次に'23の出題内容を記載する。[1]はリゾチームを題材にしたタンパク質の構造や機能についての知識や実験問題が出題された。[2]は免疫に関与するタンパク質の問題が出題された。[3]は体内環境に関する問題が出題された。[4]は神経系と筋収縮に関する問題が出題された。[5]は進化と遺伝子に関係する問題が出題された。

対策　基本的な内容を問う内容が多い。教科書の内容を理解するとともに、図説を活用して、実験内容の確認と理解を深めておくとよい。問題集や参考書の実験に関する問題は重点的に解いて覚えよう。また、生物用語を記述で答えるため、知識に関してはあいまいさをなくしておくとよい。生物用語を正確に覚えるには、教科書を十分に読んで、生物用語の意味や使い方をまとめておくとよい。また、標準問題集や発展問題の、語句説明問題や空所補充の問題を使って、語句の使い方と意味を覚えるがよい。また共通テストの実験考察問題はよく考えられており、少ない知識で実験考察問題を読み解く力をつけるのに役に立つので、取り組んでおくとよい。

物理　やや易　見慣れない問題が出題される場合もある読解力を上げておこう!!

区分	力学						電磁気学					波動			熱力学			原子		
分野名	等加速度運動・運動方程式・慣性力	力のモーメント・重心	運動量と力積・仕事とエネルギー	円運動・遠心力	単振動	万有引力とケプラーの法則	電場と電位	コンデンサー	直流回路	磁場・電磁誘導	交流回路・電気振動・電磁波	波の性質	音波	光波	熱量と温度	気体分子運動論	気体の状態変化	粒子性と波動性	原子の構造	放射線・核反応
2023				○							○						○			
2022					○				○								○			
2021			○					○									○			
2020	○								○					○						
2019	○										○			○						

2023年度の出題分析

- 出題形式　記・マ
- 知識量　★★★
- スピード　★★★
- 記述力　★★★
- 応用力　★★★

傾向　大問3題で構成され、力学、熱力学、電磁気からの出題である。力学は水平で滑らかな床の上での円錐振り子による等速円運動の問題で、回転数を上げて空中で回転する問題も含まれている。熱力学はP−Vがある気体の状態変化の問題で、定積変化、定圧変化、等温変化を組み合わせた熱サイクルの問題で2種類の過程での熱効率も問われている。電磁気は抵抗、コンデンサー、コイルによる直流回路と交流回路の問題が出題されている。基本～標準問題が中心であり、円錐振り子、気体の状態変化は解きやすいが、直流回路と交流回路は問題をしっかりと把握しなくてはいけない。時間のかかる問題は多くないので、ケアレスミスをしないように手早く解いていこう。

対策　標準～やや難度の高い問題までを解いておくこと。出題範囲が広いので、苦手な分野ややり残した分野をなくしておくことが大切である。やや難度の高い問題が出題される時は誘導がある場合が多いが、誘導に乗るための読解力、思考力が必要となるので、日頃からそれらを身につける勉強をすることが大切である。そのためには、難問ではないが難度が高めの問題を解答の過程をしっかりと確認しながら解いていくことが重要である。記述や描画も出題されるので、日頃から自分自身で解答作りをしておくことが大切である。'17～'23ではやや難度が下がっているが'19、'23は受験生の避けている傾向がある交流が出題されているので注意しよう。

小論文　資料文型　図表型　資料文の理解と簡潔にまとめる力が求められる。'24から試験時間50分に

年度	試験区分	内容	字数	時間
23	一般・共テ利用	『徹底調査　子どもの貧困が日本を滅ぼす　社会的損失40兆円の衝撃』より、貧困状態にある子供の教育機会が失われることによる①子供への直接的影響、②社会全体における損失、③それらに対する対応策（金銭的、それ以外の支援）、④期待される効果について考えをまとめる。	600字程度	60分
22	一般・共テ利用	厚労省「新型コロナウイルス感染症によりなくなられた方及びその疑いのある方の処置、搬送、葬儀、火葬等に関するガイドライン令和2年7月29日（第1版）」より　問．自分の肉親がこの感染症で亡くなったことを念頭に置き、葬儀等を含めて配慮すべき事項について考えを述べる。	罫線のみ	60分
21	一般・共テ利用	山本太郎『感染症と文明－共生への道』より　問1．図を見て日本と諸外国の違いと背景について考えを述べる。問2．感染症との共生について考えを述べる。	300字以内/400字以内	60分

福岡大は、今まで色々なテーマや著者を取り上げてきた。'23では子供どもの貧困についての対応策と期待される効果ということで、福岡大のグループ討論でも取り上げられそうなテーマであった。'22の設問…[そこで新型コロナウイルス感染症で自分の肉親が亡くなった場合を念頭におき、その葬儀等を含め配慮すべき事項について考えを述べなさい]という問は、医学部を含む医療系では初登場だと思われる。志望理由書も含め、患者の立場に立つ、寄り添うと書く生徒が多い中、福岡大では数年前に医師が安易に患者の立場に立つと言うことへの批判が出題されている。また、コロナ禍においては、看取りどころかご遺体とも対面できなかったご遺族も多かった。葬儀屋さんも必死の覚悟でのご遺体を引き取り荼毘に付してくれた。未だ、入院患者や入所者への面会も制限されている中での別れにどういうナラティブ(物語)を紡ぐのだろうか。究極の当事者意識が問われている。課題の形式としては、資料文型が続いている。文字数については、'22は罫線のみの用紙がついていて、特に文字数の指示はない。このところ、600字程度、あるいは600字以内となっていた。'21は設問が2問になっている。しっかりと資料文を読んで、設問要求に応える。

歯学部ランキング①

【入試難易度ランキング】

順位	大学名	入試難易度*
1	東京歯科大学	56.5
2	昭和大学	55.0
2	日本歯科大学(生命歯)	55.0
4	日本大学(歯)	53.0
4	大阪歯科大学	53.0
6	愛知学院大学	48.5
7	明海大学	47.0
7	日本大学(松戸歯)	47.0
9	日本歯科大学(新潟生命歯)	46.0
10	神奈川歯科大学	45.0
10	朝日大学	45.0
12	松本歯科大学	44.5
13	岩手医科大学	44.0
13	鶴見大学	44.0
13	北海道医療大学	44.0
13	福岡歯科大学	44.0
17	奥羽大学	43.0

* 入試難易度は以下のデータを総合的に解析して算出している
(1) メルリックス学院内部生の模試結果と入試結果
(2) メルリックスが独自に入手した入試情報

【設立年度ランキング】

順位	大学名	設立年度
1	東京歯科大学	明治23年
2	日本歯科大学(生命歯)	明治40年
3	神奈川歯科大学	明治43年
4	大阪歯科大学	明治44年
5	日本大学(歯)	大正5年
6	岩手医科大学	昭和3年
7	愛知学院大学	昭和36年
8	明海大学	昭和45年
8	鶴見大学	昭和45年
10	日本大学(松戸歯)	昭和46年
10	朝日大学	昭和46年
12	奥羽大学	昭和47年
12	日本歯科大学(新潟生命歯)	昭和47年
12	松本歯科大学	昭和47年
15	福岡歯科大学	昭和48年
16	昭和大学	昭和52年
17	北海道医療大学	昭和53年

【国家試験合格率(新卒)ランキング】

順位	大学名	新卒合格率(%)
1	東京歯科大学	94.1%
2	松本歯科大学	93.1%
3	日本歯科大学(生命歯)	86.3%
4	朝日大学	86.0%
5	岩手医科大学	83.3%
5	日本歯科大学(新潟生命歯)	83.3%
7	鶴見大学	81.8%
8	昭和大学	80.9%
9	大阪歯科大学	79.0%
10	明海大学	77.9%
11	日本大学(松戸歯)	74.2%
12	北海道医療大学	70.9%
13	神奈川歯科大学	69.1%
14	日本大学(歯)	67.4%
15	奥羽大学	64.6%
16	愛知学院大学	53.4%
17	福岡歯科大学	45.0%

【国家試験合格率(全体)ランキング】

順位	大学名	全体合格率(%)
1	東京歯科大学	92.7%
2	昭和大学	77.3%
3	日本歯科大学(生命歯)	76.5%
4	日本歯科大学(新潟生命歯)	75.8%
5	松本歯科大学	70.5%
6	大阪歯科大学	67.6%
7	神奈川歯科大学	64.4%
8	岩手医科大学	59.6%
9	明海大学	58.3%
10	日本大学(歯)	56.0%
11	日本大学(松戸歯)	55.3%
12	北海道医療大学	55.2%
13	鶴見大学	54.2%
14	愛知学院大学	54.0%
15	朝日大学	53.2%
16	福岡歯科大学	39.3%
17	奥羽大学	38.6%

Chapter4

私立大学歯学部・歯学科情報

北海道医療大学　歯学部歯学科

学部所在地	〒061-0293　北海道石狩郡当別町金沢1757
交通手段	ＪＲ学園都市線北海道医療大学駅直結
学長	浅香 正博
設立年度	［昭和53年］東日本学園大学歯学部を開設

入試問い合わせ先

担当部署	入試広報課
電話番号	☎0120-068-222

歯科医師国家試験状況

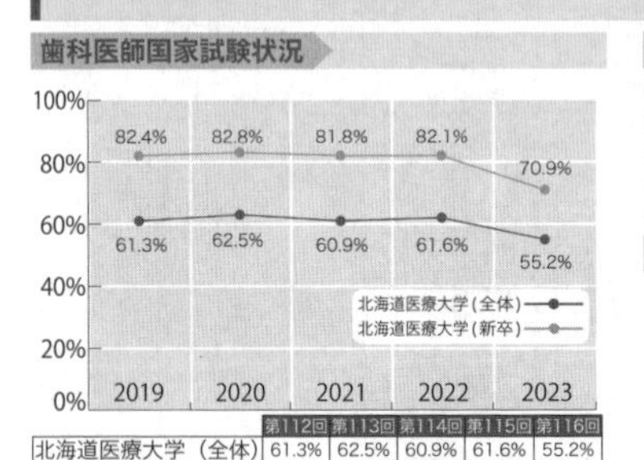

	第112回	第113回	第114回	第115回	第116回
北海道医療大学（全体）	61.3%	62.5%	60.9%	61.6%	55.2%
北海道医療大学（新卒）	82.4%	82.8%	81.8%	82.1%	70.9%

設置学部

薬学部
看護福祉学部
心理科学部
リハビリテーション科学部
医療技術学部

主な附属病院

北海道医療大学病院
・その他関連施設
歯科クリニック／先端研究推進センター
歯学部附属歯科衛生士専門学校

2023年度入学者

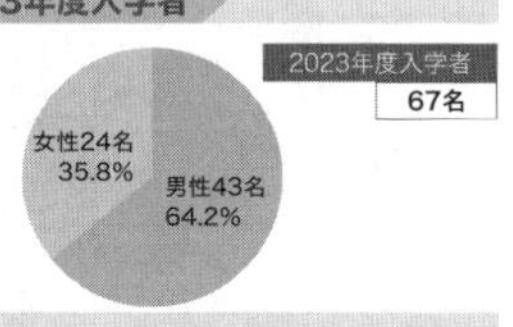

2024年度学納金

1年次	入学金	¥300,000
	授業料	¥3,800,000
	初年度納入金総額	¥4,100,000
	入学時最低納入金	¥2,050,000
2年次以降の年額		¥4,100,000
6年間の総額		¥24,600,000
※その他委託徴収金（1年次）		¥75,000
（2年次以降）		¥70,000

繰上げ合格

合格発表と同時に補欠者本人宛書状にて通知する。合格者の入学手続き状況により欠員が生じた場合に順次繰上合格の通知を電話連絡にて行う。

補欠順位

なし

成績開示

なし

特待生制度

「歯学部特待奨学生」：Ⅰ期：一般選抜（前期）（1月29日・1月30日）※、共通テスト利用選抜（前期A・前期B）　Ⅱ期：一般選抜（後期）、共通テスト利用選抜（後期）　Ⅲ期：一般選抜（後期B）、共通テスト利用選抜（後期B）において、将来、歯科医学・歯科医療の分野をリードするという高い志を持ち、人物学業成績とも優れている者を支援する。S特待の対象者は本学歯学部卒業までの授業料を国立大学と同水準に、A特待は授業料の半額相当額を免除する。
※一般選抜（前期）1月31日は特待奨学生の選考対象外。

寄付金

募集している。

入試結果

一般前期		2023	2022	2021
募集人員		25	25	25
志願者数		208	164	68/95
受験者数	A	191	152	59/53
正規合格者数	B	—	—	—
正規合格倍率	A/B	—	—	—
補欠候補者数		—	—	—
繰上合格者数	C	—	—	—
総合格者数	B+C	110	94	41/35
合格実質倍率	A/(B+C)	1.7	1.6	1.4/1.5
入学者数		33	31	5/5
合格平均点		143.8/200 (155.2/200) [201.1/300]	145.0/200 (134.2/200) [228.4/300]	144.0/200 (141.9/200)

一般後期		2023	2022	2021
募集人員		7	7	7
志願者数		36	38	48
受験者数	D	30	32	47
正規合格者数	E	—	—	—
正規合格倍率	D/E	—	—	—
補欠候補者数		—	—	—
繰上合格者数	F	—	—	—
総合格者数	E+F	25	31	40
合格実質倍率	D/(E+F)	1.2	1.0	1.2
入学者数		4	9	7
合格平均点		135.2/200	112.4/200	135.7/200

共通前期A		2023	2022	2021
募集人員		6	6	6
志願者数		69	67	84
受験者数	G	69	67	84
正規合格者数	H	—	—	—
正規合格倍率	G/H	—	—	—
補欠候補者数		—	—	—
繰上合格者数	I	—	—	—
総合格者数	H+I	59	58	74
合格実質倍率	G/(H+I)	1.2	1.2	1.1
入学者数		11	5	4
合格平均点		183.7/300	168.0/300	181.9/300

共通前期B		2023	2022	2021
募集人員		2	2	2
志願者数		25	30	44
受験者数	J	25	30	44
正規合格者数	K	—	—	—
正規合格倍率	J/K	—	—	—
補欠候補者数		—	—	—
繰上合格者数	L	—	—	—
総合格者数	K+L	24	24	41
合格実質倍率	J/(K+L)	1.0	1.3	1.1
入学者数		2	1	3
合格平均点		119.6/200	119.9/200	131.3/200

共通後期		2023	2022	2021
募集人員		4	4	4
志願者数		15	10	27
受験者数	M	15	10	27
正規合格者数	N	—	—	—
正規合格倍率	M/N	—	—	—
補欠候補者数		—	—	—
繰上合格者数	O	—	—	—
総合格者数	N+O	15	10	26
合格実質倍率	M/(N+O)	1.0	1.0	1.0
入学者数		2	0	6
合格平均点		115.0/200	158.0/200	144.0/200

推薦（公募）		2023	2022	2021
募集人員		8	8	8
志願者数		1	0	1
受験者数	P	1	0	1
合格者数	Q	1	0	1
実質倍率	P/Q	1.0	—	1.0
入学者数		0	0	0
合格平均点		255.0/300	—	263.0/300

推薦（指定校）		2023	2022	2021
募集人員		8	8	8
志願者数		7	5	6
受験者数	R	7	5	6
合格者数	S	7	5	6
実質倍率	R/S	1.0	1.0	1.0
入学者数		6	5	6
合格平均点		—	—	—

総合型		2023	2022	2021
募集人員		20	20	20
志願者数		16	19	20
受験者数	T	16	19	20
合格者数	U	8	17	16
実質倍率	T/U	2.0	1.1	1.3
入学者数		7	16	16
合格平均点		143.3/200	153.2/200	158.9/200

※1 2021の一般前期は前期A/前期のデータ
※2 一般前期の合格平均点は無印が1月29日、(　)内が1月30日、[　]内が1月31日
※3 一般後期は後期/後期Bのデータ
※4 共テ後期は後期/後期Bのデータ
(注)合格平均点は総合格者を対象

2024年度　募集要項　　北海道医療大学 歯学部歯学科

入試日程

試験区分	募集人員	出願期間	試験日	備考
総合型Ⅰ期	20名	2023年9月21日(木)～10月12日(木)23:59	10月22日(日)	
総合型Ⅱ期		2023年11月1日(水)～2024年1月20日(土)23:59	1月31日(水)	
総合型Ⅲ期		2024年2月9日(金)～3月3日(日)23:59	3月7日(木)	
学校推薦型選抜(一般)	8名	2023年11月1日(水)～11月13日(月)23:59	11月19日(日)	
学校推薦型選抜(指定校)	8名			
一般選抜(前期)	25名	2023年12月22日(金)～2024年1月22日(月)23:59	1月29日(月) 1月30日(火) 1月31日(水)	1月29日・1月30日で 歯学部特待奨学生を選考
一般選抜(後期)	4名	2024年2月9日(金)～年3月3日(日)23:59	3月7日(木)	歯学部特待奨学生を選考
一般選抜(後期B)	3名	2024年3月4日(月)～2024年3月16日(土)23:59	3月19日(火)	歯学部特待奨学生を選考
共通テスト(前期A)	6名	2023年12月22日(金)～2024年1月12日(金)23:59	共通テストのみ	
共通テスト(前期B)	2名	2024年1月15日(月)～1月31日(水)23:59	共通テストのみ	歯学部特待奨学生を選考
共通テスト(後期)	2名	2024年2月9日(金)～3月6日(水)23:59	共通テストのみ	歯学部特待奨学生を選考
共通テスト(後期B)	2名	2024年3月4日(月)～3月16日(土)23:59	共通テストのみ	歯学部特待奨学生を選考
編入Ⅰ期(2年次)(3年次)	若干名	2023年11月1日(水)～11月9日(木)必着	11月19日(日)	
編入Ⅱ期(2年次)(3年次)	若干名	2023年12月22日(金)～2024年1月12日(金)	1月30日(火)	

*1出願書類はインターネット出願期間最終日の翌日までに必着で提出(編入学は対象外)

試験時間・配点

試験区分	科目		試験時間	時間	配点	合計点	備考
一般前期 一般後期 一般後期B	英語		10:00～11:00	60分	100点	200点	*2 両科目を受験した場合には高得点の方を合否判定に使用します *3 歯学部特待奨学生の選考対象は3教科(300点満点)を受験した方になります。
	理科	より1科目*2	11:30～12:30	60分	100点		
	数学		13:30～14:30	60分			

試験会場

試験区分	会場
推薦	本学(当別キャンパス)・帯広・北見・函館・仙台・東京・大阪・那覇
一般前期	札幌・旭川・帯広・北見・函館・青森・秋田・仙台・東京・大阪・福岡・高松(1/29・30のみ)
一般後期・一般後期B	札幌・東京

合格発表日

試験区分	合格発表	手続締切	辞退締切
推薦	12月1日(金)	12月8日(金)	
一般前期	2月3日(土)	2月20日(火)	3月29日(金) 16:00
共テ前期A・B	2月8日(木)	2月20日(火)	3月29日(金) 16:00
一般後期・ 共テ後期	3月13日(水)	3月22日(金)	3月29日(金) 16:00
一般後期B・ 共テ後期B	3月23日(土)	3月28日(木)	3月29日(金) 16:00

合格発表方法

試験区分	発表方法
推薦	ネット一覧・郵便(全員)
一般前期	ネット一覧・郵便(合格者)
共テ前期A・B	ネット一覧・郵便(合格者)
一般後期・共テ後期	ネット一覧・郵便(合格者)
一般後期B・共テ後期B	ネット一覧・郵便(合格者)

入試情報

過去3年間入学者現浪比

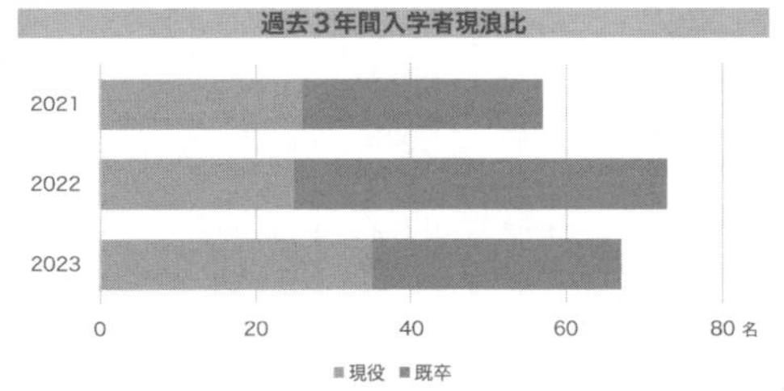

	2021	2022		2023
現役	26名 (45.6%)	25名 (34.2%)	現役	34名 (50.7%)
既卒	31名 (54.4%)	48名 (65.8%)	1浪	9名 (13.4%)
			2浪	5名 (7.5%)
			3浪	2名 (3.0%)
			4浪以上・その他	17名 (25.4%)
入学者	57名	73名		67名

2023年度合格者現浪比

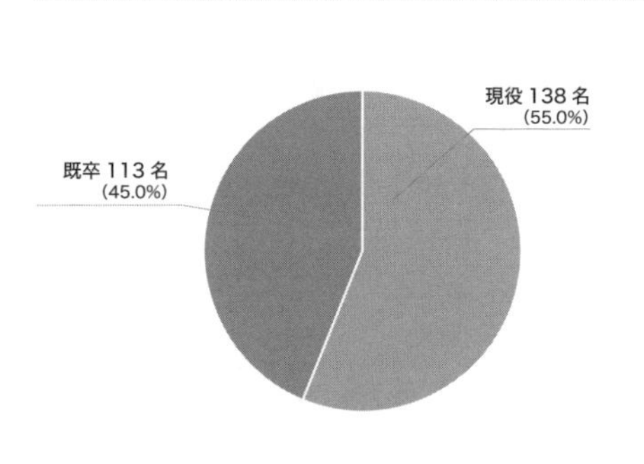

(総合格者 251 名)

岩手医科大学　歯学部歯学科

学部所在地	〒028-3694　岩手県紫波郡矢巾町医大通1-1-1
交通手段	JR矢幅駅より徒歩15分
創設者	三田　俊次郎
理事長	小川　彰
学長	祖父江　憲治
設立年度	［昭和　3年］私立岩手医学専門学校を設立

入試問い合わせ先

担当部署　入試・キャリア支援課

電話番号　019-651-5110（内線5105）

歯科医師国家試験状況

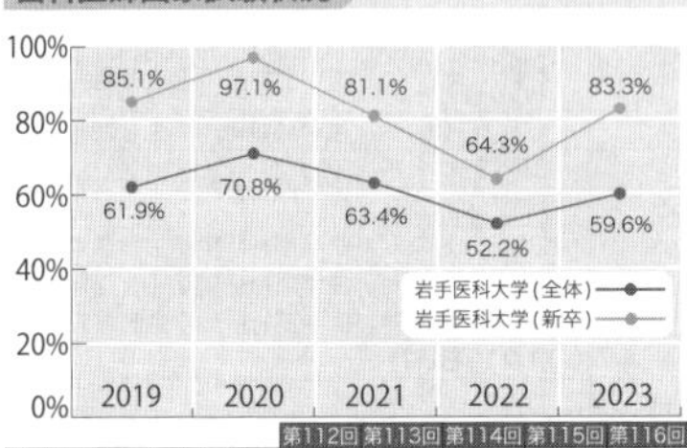

	第112回	第113回	第114回	第115回	第116回
岩手医科大学（全体）	61.9%	70.8%	63.4%	52.2%	59.6%
岩手医科大学（新卒）	85.1%	97.1%	81.1%	64.3%	83.3%

設置学部

医学部
薬学部
看護学部

主な附属病院

岩手医科大学附属病院歯科医療センター

2023年度入学者

2024年度学納金

1年次	入学金	¥600,000
	授業料	¥2,500,000
	施設設備費	¥1,000,000
	教育充実費	¥2,000,000
	初年度納入金総額	¥6,100,000
	入学時最低納入金	¥3,350,000
2年次以降の年額		¥4,300,000
6年間の総額		¥27,600,000
※その他諸会費(1年次)		¥400,000

繰上げ合格

入学手続期間終了後、募集人員に欠員が生じた場合は、繰上合格の決定を行う場合があります。繰上合格の連絡は、志願書に記入された連絡先を通じて、志願者本人等に電話で通知します。

補欠順位

なし

成績開示

あり

寄付金

入学後に「寄付金募集趣意書」により任意の寄付を募集する。

入試結果

			2023	2022	2021
一般前期	募集人員		25	25	25
	志願者数		41	40	69
	受験者数	A	37	35	53
	正規合格者数	B	—	—	—
	正規合格倍率	A/B	—	—	—
	補欠候補者数		—	—	—
	繰上合格者数	C	—	—	—
	総合格者数	B+C	**31**	**27**	**50**
	合格実質倍率	A/(B+C)	**1.2**	**1.3**	**1.1**
	入学者数		11	14	26
	合格最高点		290/350	241/350	264/350
	合格最低点		130/350	122/350	85/350
一般後期	募集人員		7	7	7
	志願者数		11	16	14
	受験者数	D	10	12	9
	正規合格者数	E	—	—	—
	正規合格倍率	D/E	—	—	—
	補欠候補者数		—	—	—
	繰上合格者数	F	—	—	—
	総合格者数	E+F	**8**	**11**	**8**
	合格実質倍率	D/(E+F)	**1.3**	**1.1**	**1.1**
	入学者数		2	6	6
	合格最高点		260/350	253/350	205/350
	合格最低点		150/350	115/350	145/350

			2023	2022	2021
共テ前期	募集人員		7	7	7
	志願者数		19	28	20
	受験者数	G	18	25	16
	正規合格者数	H	—	—	—
	正規合格倍率	G/H	—	—	—
	補欠候補者数		—	—	—
	繰上合格者数	I	—	—	—
	総合格者数	H+I	**18**	**24**	**16**
	合格実質倍率	G/(H+I)	**1.0**	**1.0**	**1.0**
	入学者数		6	3	1
	合格最高点		296/350	302/350	293/350
	合格最低点		134/350	134/350	123/350
共テ後期	募集人員		3	3	3
	志願者数		4	2	6
	受験者数	J	3	2	4
	正規合格者数	K	—	—	—
	正規合格倍率	J/K	—	—	—
	補欠候補者数		—	—	—
	繰上合格者数	L	—	—	—
	総合格者数	K+L	**3**	**2**	**3**
	合格実質倍率	J/(K+L)	**1.0**	**1.0**	**1.3**
	入学者数		1	0	1
	合格最高点		266/350	252/350	280/350
	合格最低点		172/350	240/350	253/350
推薦	募集人員		15	15	15
	志願者数		2(8)	4(5)	5(1)
	受験者数	M	2(8)	4(5)	5(1)
	合格者数	N	2(8)	4(5)	5(1)
	実質倍率	M/N	**1.0(1.0)**	**1.0(1.0)**	**1.0(1.0)**
	入学者数		2(8)	4(5)	5(1)
	合格最高点		134(164)/200	156(150)/200	162(140)/200
	合格最低点		122(146)/200	120(124)/200	116(140)/200

※　推薦の無印は公募制、(　　)内は指定校制
(注)合格最高点･最低点は総合格者を対象

2024年度　募集要項　岩手医科大学 歯学部歯学科

入試日程

試験区分	募集人員	出願期間	試験日	備考
推薦(指定校含む)	5名	2023年11月1日(水)～11月10日(金)消印有効	11月19日(日)	
一般前期	25名	2024年1月4日(木)～1月25日(木)消印有効	2月2日(金)	
一般後期	7名	2024年2月19日(月)～2月29日(木)消印有効	3月11日(月)	
共テ利用前期	7名	2024年1月4日(木)～1月25日(木)消印有効	2月2日(金)	
共テ利用後期	3名	2024年2月19日(月)～2月29日(木)消印有効	3月11日(月)	
医学部入学試験利用選抜前期	3名	2023年12月4日(月)～2024年1月5日(金)消印有効	医学部学科試験 1月17日(水) 個別試験(面接) 2月2日(金)	
医学部入学試験利用選抜後期	7名	2024年2月19日(月)～2月29日(木)消印有効	医学部学科試験 1月17日(水) 個別試験(面接) 3月11日(月)	
編入前期	若干名	2023年11月1日(水)～11月10日(金)消印有効	11月19日(日)	
編入後期	若干名	2024年2月19日(月)～2月29日(木)消印有効	3月11日(月)	

試験時間・配点

試験区分	科目	試験時間	時間	配点	合計点	備考
一般前期 一般後期	理科	9:00～10:00	60分	100点	350点	
	数学・英語	10:30～12:30	120分	100点×2		
	面接	13:30～	15分	50点		

試験会場

試験区分	会場
推薦	本学矢巾キャンパス
一般前期・共テ前期	本学矢巾キャンパス・東京(ベルサール神田)・仙台(仙台ガーデンパレス)・大阪(大阪ガーデンパレス)
一般後期・共テ後期	本学矢巾キャンパス・東京(アルカディア市ヶ谷)
医学部利用前期	【医学部一般選抜】本学矢巾キャンパス・東京・大阪・札幌・名古屋・福岡【個別試験】本学矢巾キャンパス・東京・仙台・大阪
医学部利用後期	【医学部一般選抜】本学矢巾キャンパス・東京・大阪・札幌・名古屋・福岡【個別試験】本学矢巾キャンパス・東京

合格発表日

試験区分	合格発表	手続締切	辞退締切
推薦	12月1日(金) 17:00	12月11日(月)	
一般前期・共テ前期 医学部利用前期	2月13日(火) 17:00	2月19日(月)	3月29日(金) 17:00
一般後期・共テ後期 医学部利用後期	3月15日(金) 14:00	3月21日(木)	3月29日(金) 17:00

合格発表方法

試験区分	発表方法
推薦	ネット照会・郵便(合格者)
一般前期・共テ前期 医学部利用前期	ネット照会・郵便(合格者)
一般後期・共テ後期 医学部利用後期	ネット照会・郵便(合格者)

入試情報

過去3年間入学者現浪比

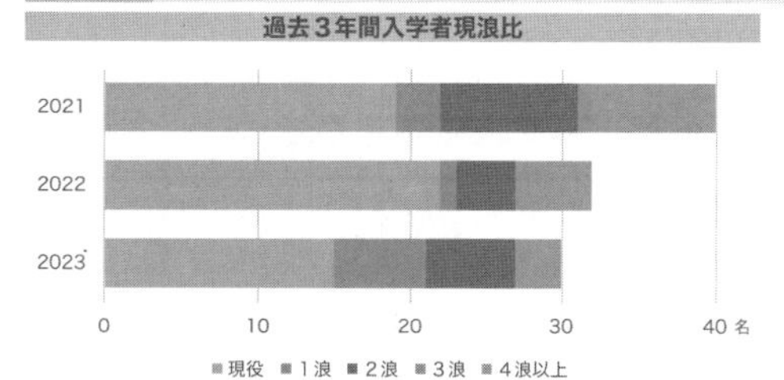

	2021	2022	2023
現役	19名 (47.5%)	22名 (68.8%)	15名 (50.0%)
1浪	3名 (7.5%)	1名 (3.1%)	6名 (20.0%)
2浪	9名 (22.5%)	4名 (12.5%)	6名 (20.0%)
3浪	1名 (2.5%)	0名 (0.0%)	0名 (0.0%)
4浪以上	8名 (20.0%)	5名 (15.6%)	3名 (10.0%)
入学者	40名	32名	30名

2023年度合格者現浪比

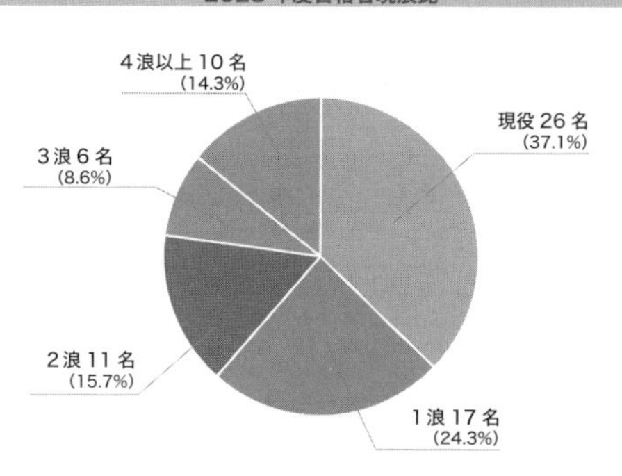

(総合格者 70名)

奥羽大学　歯学部歯学科

学部所在地	〒963-8611　福島県郡山市富田町字三角堂31-1
交通手段	JR郡山駅よりバス10分 JR郡山富田駅より徒歩3分
創設者	影山 四郎
理事長	大桶 志延
設立年度	[昭和47年] 東北歯科大学附属病院開院

入試問い合わせ先

担当部署	学事部入試係
電話番号	024-932-9055

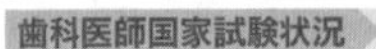

歯科医師国家試験状況

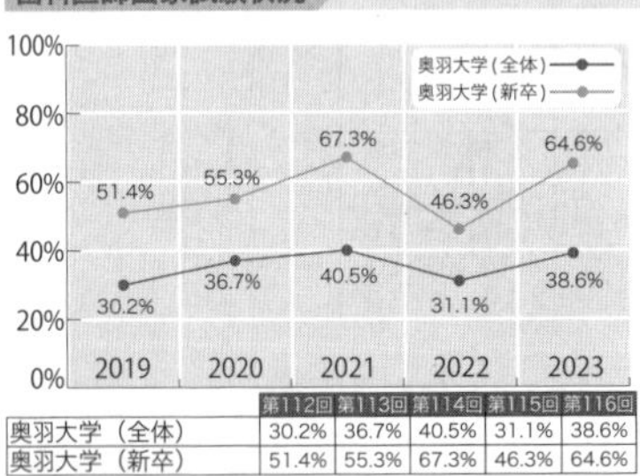

	第112回	第113回	第114回	第115回	第116回
奥羽大学（全体）	30.2%	36.7%	40.5%	31.1%	38.6%
奥羽大学（新卒）	51.4%	55.3%	67.3%	46.3%	64.6%

設置学部

薬学部

主な附属病院

奥羽大学歯学部附属病院

2023年度入学者

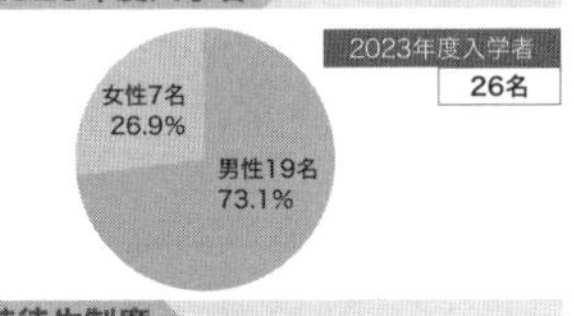

2024年度学納金

1年次	入学金	¥500,000
	授業料	¥3,500,000
	初年度納入金総額	¥4,000,000
	入学時最低納入金	¥2,250,000
2年次以降の年額		¥3,500,000
6年間の総額		¥21,500,000
※その他委託徴収金(1年次)		¥50,000
(2年次～6年次)		¥40,000

繰上げ合格

補欠者が生じた場合は合格発表と同時に掲示します。合格者の手続状況等により欠員が生じた場合に、順次合格とし、簡易書留速達で通知します。

特待生制度

6年間の授業料全額免除となる特待生を特待生選抜一期20名、二期5名、三期5名で募集する。

補欠順位

なし

成績開示

なし

寄付金

なし

入試結果

			2023	2022	2021
一般一期	募集人員		20(20)	30(20)	30(20)
	志願者数		13(54)	30(53)	45(65)
	受験者数	A	13(54)	30(49)	44(65)
	正規合格者数	B	—	—	—
	正規合格倍率	A/B	—	—	—
	補欠候補者数		—	—	—
	繰上合格者数	C	—	—	—
	総合格者数	B+C	**12(45)**	**28(22)**	**42(30)**
	合格実質倍率	A/(B+C)	**1.0(1.2)**	**1.1(2.2)**	**1.0(2.2)**
	入学者数		—	—	4(15)
	合格最高点		—	—	—
	合格最低点		—	—	—
一般二期	募集人員		10(5)	10(5)	10(5)
	志願者数		13(22)	18(31)	20(28)
	受験者数	D	12(22)	17(31)	17(27)
	正規合格者数	E	—	—	—
	正規合格倍率	D/E	—	—	—
	補欠候補者数		—	—	—
	繰上合格者数	F	—	—	—
	総合格者数	E+F	**11(8)**	**14(11)**	**17(12)**
	合格実質倍率	D/(E+F)	**1.1(2.8)**	**1.2(2.8)**	**1.0(2.3)**
	入学者数		—	—	1(9)
	合格最高点		—	—	—
	合格最低点		—	—	—

			2023	2022	2021
一般三期	募集人員		5(5)	6(5)	6(5)
	志願者数		11(15)	4(18)	22(23)
	受験者数	G	10(13)	3(15)	20(21)
	正規合格者数	H	—	—	—
	正規合格倍率	G/H	—	—	—
	補欠候補者数		—	—	—
	繰上合格者数	I	—	—	—
	総合格者数	H+I	**10(4)**	**2(9)**	**19(6)**
	合格実質倍率	G/(H+I)	**1.0(3.3)**	**1.5(1.7)**	**1.1(3.5)**
	入学者数		—	—	3(2)
	合格最高点		—	—	—
	合格最低点		—	—	—
推薦	募集人員		5	10	10
	志願者数		3	3	3
	受験者数	J	3	3	3
	合格者数	K	3	3	3
	実質倍率	J/K	**1.0**	**1.0**	**1.0**
	入学者数		—	3	3
総合型	募集人員		5	5	5
	志願者数		2	2	2
	受験者数	L	2	2	2
	合格者数	M	2	2	2
	実質倍率	L/M	**1.0**	**1.0**	**1.0**
	入学者数		—	—	—

※　一般一期・一般二期・一般三期の(　　)内は特待生選抜のデータ

入試日程

試験区分	募集人員	出願期間	試験日	備考
学校推薦型選抜	5名	2023 年11月13日(月)～11月27日(月)必着	12月4日(月)	* 10月26日(木)・12月4日(月)・1月25日(木)・2月21日(水)・3月15日(金)・3月26日(火)
一般選抜一期	20名	2024年1月9日(火)～ 1月19日(金)必着	1月25日(木)	
一般選抜二期	10名	2024年2月1日(木)～2月16日(金)必着	2月21日(水)	
一般選抜三期	5名	2024年2月28日(水)～3月12日(火)必着	3月15日(金)	
特待生選抜一期	20名	2024年1月9日(火)～ 1月19日(金)必着	1月25日(木)	
特待生選抜二期	5名	2024年2月1日(木)～2月16日(金)必着	2月21日(水)	
特待生選抜三期	5名	2024年2月28日(水)～3月12日(火)必着	3月15日(金)	
総合型選抜	5名	2023年10月2日(月)～10月23日(月)必着	10月26日(木)	
社会人特別入学(1年次)	若干名	2023年9月4日(金) ～ 2024年3月22日(金)必着	随時	
編入学(2年次)	若干名	2023年9月4日(金) ～ 2024年3月22日(金)必着	全6回*	
編入学(3年次・4年次)一期	若干名	2024年2月1日(木)～2月16日(金)必着	2月21日(水)	
編入学(3年次・4年次)二期	若干名	2024年3月1日(金)～3月22日(金)必着	3月26日(火)	

試験時間・配点

試験区分	科目	試験時間	時間	配点	合計点	備考
一般選抜一期 一般選抜二期 一般選抜三期	英語	9:00～10:00	60分	100点	300点	
	数学または 理科1科目	10:20～11:20	60分	100点		
	面接	12:30～	15分	100点		
特待生選抜一期 特待生選抜二期 特待生選抜三期	英語	9:00～10:00	60分	100点	300点	
	数学	10:20～12:20	120分	100点		
	理科			100点		
	面接	13:00～				

試験会場

試験区分	会場
学校推薦型選抜	本学
一般選抜一期 一般選抜二期 一般選抜三期	本学
特待生選抜一期 特待生選抜二期 特待生選抜三期	本学

合格発表日

試験区分	合格発表	手続締切	辞退締切
学校推薦型選抜	12月6日(水)	12月14日(木)	
一般選抜一期 特待生選抜一期	1月31日(水)	2月8日(木)	3月29日(金)
一般選抜二期 特待生選抜二期	2月27日(火)	3月6日(水)	3月29日(金)
一般選抜三期 特待生選抜三期	3月19日(火)	3月28日(木)	3月29日(金)

合格発表方法

試験区分	発表方法
学校推薦型選抜	郵便(推薦学校長・合格者)
一般選抜一期 特待生選抜一期	ネット一覧・郵便(合格者)
一般選抜二期 特待生選抜二期	ネット一覧・郵便(合格者)
一般選抜三期 特待生選抜三期	ネット一覧・郵便(合格者)

入試情報

過去3年間入学者現浪比

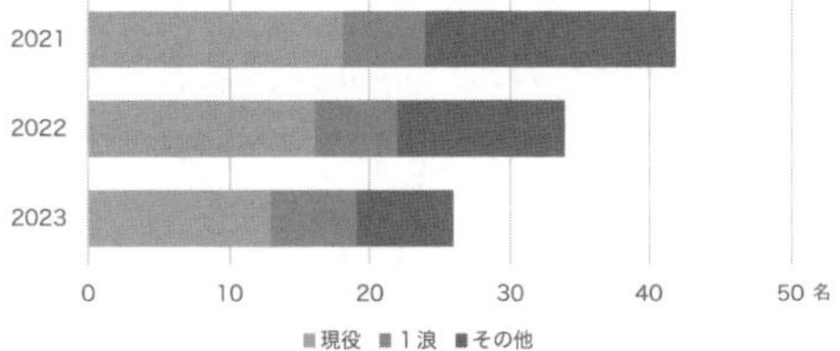

	2021	2022	2023
現役	18 名 (42.9%)	16 名 (47.1%)	13 名 (50.0%)
1浪	6 名 (14.3%)	6 名 (17.6%)	6 名 (23.1%)
その他	18 名 (42.9%)	12 名 (35.3%)	7 名 (26.9%)
入学者	42 名	34 名	26 名

2023 年度合格者現浪比

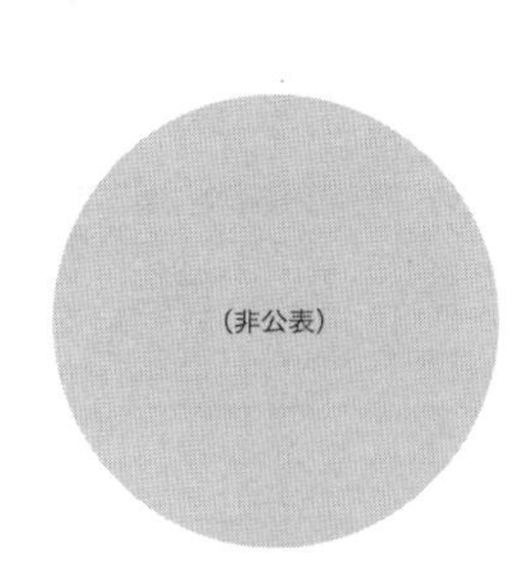

明海大学　歯学部歯学科

学部所在地	〒350-0283 埼玉県坂戸市けやき台1番1号
交通手段	東武越生線川角駅より徒歩10分
創設者	宮田　慶三郎
理事長	宮田　淳
学長	中嶌　裕
設立年度	［昭和45年］城西歯科大学開学・付属病院開院

入試問い合わせ先

担当部署　歯学部入試事務室
電話番号　049-279-2852

歯科医師国家試験状況

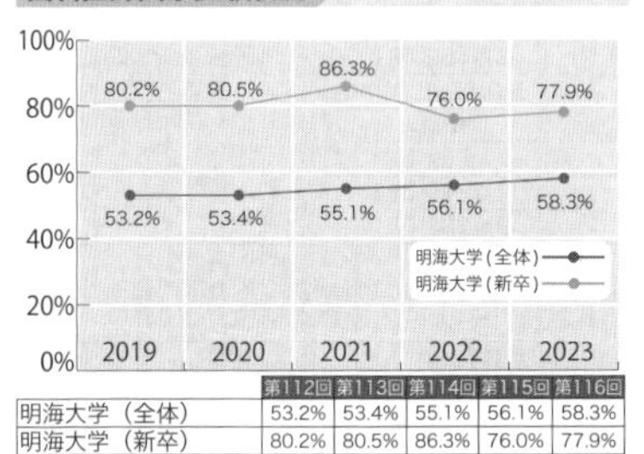

	第112回	第113回	第114回	第115回	第116回
明海大学（全体）	53.2%	53.4%	55.1%	56.1%	58.3%
明海大学（新卒）	80.2%	80.5%	86.3%	76.0%	77.9%

繰上げ合格

合格者の入学手続き状況により欠員が生じた場合、順次繰上合格の手続きを行う。

設置学部

外国語学部／経済学部／不動産学部／ホスピタリティ・ツーリズム学部／保健医療学部

2023年度入学者

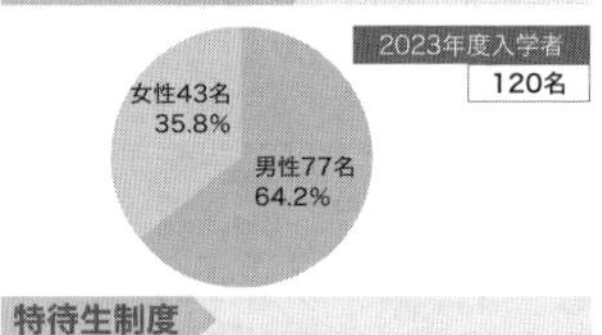

特待生制度

主な附属病院

付属明海大学病院

・その他関連施設
明海大学PDI埼玉歯科診療所
明海大学PDI東京歯科診療所
明海大学PDI浦安歯科診療所

2024年度学納金

1年次	入学金	¥400,000
	授業料	¥950,000
	施設設備費	¥400,000
	教育充実費	¥780,000
	実験実習費	※
	その他	¥32,000
	初年度納入金総額	¥2,562,000
	入学時最低納入金	¥1,497,000
2年次以降の年額		¥3,160,000
6年間の総額		¥18,362,000

※実験実習費：おおよそ6年間で180万円程度

補欠順位

なし

成績開示

なし

寄付金

学校債・寄付金などはいっさい募集いたしません。

入試結果

日程	項目		2023	2022	2021
一般A日程	募集人員		50	50	50
	志願者数		185	184	168
	受験者数	A	179	178	163
	正規合格者数	B	—	—	—
	正規合格倍率	A/B	—	—	—
	補欠候補者数		—	—	—
	繰上合格者数	C	—	—	—
	総合格者数	B+C	155	169	130
	合格実質倍率	A/(B+C)	1.2	1.1	1.3
	入学者数		55	63	50
	合格最高点		—	—	—
	合格最低点		—	—	—
一般B日程	募集人員		50	50	50
	志願者数		51	61	66
	受験者数	D	46	49	62
	正規合格者数	E	—	—	—
	正規合格倍率	D/E	—	—	—
	補欠候補者数		—	—	—
	繰上合格者数	F	—	—	—
	総合格者数	E+F	38	48	50
	合格実質倍率	D/(E+F)	1.2	1.0	1.2
	入学者数		19	22	30
	合格最高点		—	—	—
	合格最低点		—	—	—
共通A日程	募集人員		10	10	15
	志願者数		73	75	75
	受験者数	G	73	71	72
	正規合格者数	H	—	—	—
	正規合格倍率	G/H	—	—	—
	補欠候補者数		—	—	—
	繰上合格者数	I	—	—	—
	総合格者数	H+I	21	8	26
	合格実質倍率	G/(H+I)	3.5	8.9	2.8
	入学者数		2	0	1
	合格最高点		—	—	—
	合格最低点		—	—	—
共通B日程	募集人員		10	10	15
	志願者数		5	12	19
	受験者数	J	5	9	17
	正規合格者数	K	—	—	—
	正規合格倍率	J/K	—	—	—
	補欠候補者数		—	—	—
	繰上合格者数	L	—	—	—
	総合格者数	K+L	0	5	11
	合格実質倍率	J/(K+L)	—	1.8	1.5
	入学者数		0	0	4
	含格最高点		—	—	—
	合格最低点		—	—	—

日程	項目		2023	2022	2021
共通C日程	募集人員		10	10	15
	志願者数		13	6	5
	受験者数	M	13	5	3
	正規合格者数	N	—	—	—
	正規合格倍率	M/N	—	—	—
	補欠候補者数		—	—	—
	繰上合格者数	O	—	—	—
	総合格者数	N+O	4	3	3
	合格実質倍率	M/(N+O)	3.3	1.7	1.0
	入学者数		1	1	2
	合格最高点		—	—	—
	合格最低点		—	—	—
共通プラスA日程	募集人員		10	10	15
	志願者数		58	62	62
	受験者数	P	58	61	60
	正規合格者数	Q	—	—	—
	正規合格倍率	P/Q	—	—	—
	補欠候補者数		—	—	—
	繰上合格者数	R	—	—	—
	総合格者数	Q+R	12	6	14
	合格実質倍率	P/(Q+R)	4.8	10.2	4.3
	入学者数		0	0	0
	合格最高点		—	-	—
	合格最低点		—	-	—
共通プラスB日程	募集人員		10	10	15
	志願者数		4	9	11
	受験者数	S	4	6	11
	正規合格者数	T	—	—	—
	正規合格倍率	S/T	—	—	—
	補欠候補者数		—	—	—
	繰上合格者数	U	—	—	—
	総合格者数	T+U	1	5	3
	合格実質倍率	S/(T+U)	4.0	1.2	3.7
	入学者数		0	2	0
	合格最高点		—	—	—
	合格最低点		—	—	—
指定校推薦	募集人員		5	5	5
	志願者数		9	3	3
	受験者数	V	9	3	3
	合格者数	W	9	3	3
	実質倍率	V/W	1.0	1.0	1.0
	入学者数		9	3	3
総合型(AO)	募集人員		20	20	20
	志願者数		24	21	28
	受験者数	X	24	21	28
	合格者数	Y	19	17	23
	実質倍率	X/Y	1.3	1.2	1.2
	入学者数		18	17	23

日程	項目		2023	2022	2021
総合型(自己Ⅰ期)	募集人員		15	15	15
	志願者数		10	8	14
	受験者数	Z	10	8	12
	合格者数	α	8	5	11
	実質倍率	Z/α	1.3	1.6	1.1
	入学者数		6	4	7
総合型(自己Ⅱ期)	募集人員		15	15	15
	志願者数		7	8	2
	受験者数	β	7	8	0
	合格者数	γ	5	7	0
	実質倍率	β/γ	1.4	1.1	—
	入学者数		4	5	0
総合型(自己Ⅲ期)	募集人員		15	15	
	志願者数		5	6	
	受験者数	δ	5	5	
	合格者数	ε	2	3	
	実質倍率	δ/ε	2.5	1.7	
	入学者数		1	3	

※1　一般A日程・B日程の募集人員は合わせて50名
※2 共テA日程・B日程・C日程の募集人員は合わせて10名
※3 共テプラスA日程・B日程の2022・2023の募集人員は合わせて10名、2021の募集人員は合わせて15名
※4 総合型（自己）Ⅰ期・Ⅱ期・Ⅲ期の募集人員は合わせて15名

2024年度　募集要項

明海大学 歯学部歯学科

入試日程

試験区分	募集人員	出願期間	試験日	備考
総合型(AO)	20名	2023年10月2日(月)～10月14日(土)必着	10月21日(土)	
総合型(自己推薦型)Ⅰ期	15名	2023年11月10日(金)～11月18日(土)必着	11月25日(土)	
総合型(自己推薦型)Ⅱ期		2023年11月29日(水)～12月11日(月)必着	12月16日(土)	
総合型(自己推薦型)Ⅲ期		2024年2月27日(火)～3月9日(土)必着	3月16日(土)	
指定校推薦	5名	2023年11月10日(金)～11月18日(土)必着	11月25日(土)	
一般(統一試験)	50名	2024年1月5日(金)～1月18日(木)必着	2月1日(木)	
一般A日程		2024年1月6日(土)～1月17日(水)必着	1月23日(火)	
一般B日程		2024年2月5日(月)～2月19日(月)必着	2月25日(日)	
共通プラスA日程	10名	2024年1月6日(土)～1月17日(水)必着	1月23日(火)	
共通プラスB日程		2024年2月5日(月)～2月19日(月)必着	2月25日(日)	
共通テストA日程	10名	2024年1月6日(土)～1月17日(水)必着	1月23日(火)	
共通テストB日程		2024年2月5日(月)～2月19日(月)必着	2月25日(日)	
共通テストC日程		2024年2月27日(火)～3月9日(土)必着	3月16日(土)	
欠員補充Ⅰ期	若干名	2023年11月29日(水)～12月11日(月)必着	12月16日(土)	
欠員補充Ⅱ期	若干名	2024年2月27日(火)～3月9日(土)必着	3月16日(土)	

試験時間・配点

試験区分	科目	試験時間	時間	配点	合計点	備考
一般A日程 一般B日程	数学・理科より1科目・論述試験	9:30～10:45	75分	100点 (論述試験は段階評価)	200点	*1 2022年度から2023年度に本学が指定する英語検定試験で所定の基準を満たしている者に対し、試験の満点を上限に得点を加点する。(CEFR B2:10点、CEFR C1以上:20点) *2 共通テスト利用または共通テストプラスと併願の場合、面接は1回のみ受験する。
	英語*1	11:15～12:15	60分	100点		
	面接*2	13:15～				

試験会場

試験区分	会場
指定校推薦	本学坂戸キャンパス
一般A・B	本学坂戸キャンパス
一般(統一)	本学浦安キャンパス
共テプラスA・B	本学坂戸キャンパス
共テ利用A	東京(アルカディア市ヶ谷)・福岡(福岡ガーデンパレス)
共テ利用B・C	本学坂戸キャンパス

合格発表日

試験区分	合格発表	手続締切	辞退締切
指定校推薦	12月1日(金) 14:00	12月9日(土)	
一般A	1月29日(月) 14:00	2月8日(木)	3月29日(金) 17:00
一般(統一)・ 共テプラスA・ 共テ利用A	2月9日(金) 13:00	2月22日(木)	3月29日(金) 17:00
一般B・ 共テプラスB・ 共テ利用B	2月29日(木) 14:00	3月8日(金)	3月29日(金) 17:00
共テ利用C	3月22日(金) 14:00	3月27日(水)	3月29日(金) 17:00

合格発表方法

試験区分	発表方法
指定校推薦	ネット照会・郵便(高校長・合格者)
一般A	ネット照会・郵便(合格者)
一般(統一)・ 共テプラスA・ 共テ利用A	ネット照会・郵便(合格者)
一般B・ 共テプラスB・ 共テ利用B	ネット照会・郵便(合格者)
共テ利用C	ネット照会・郵便(合格者)

入試情報

過去3年間入学者現浪比

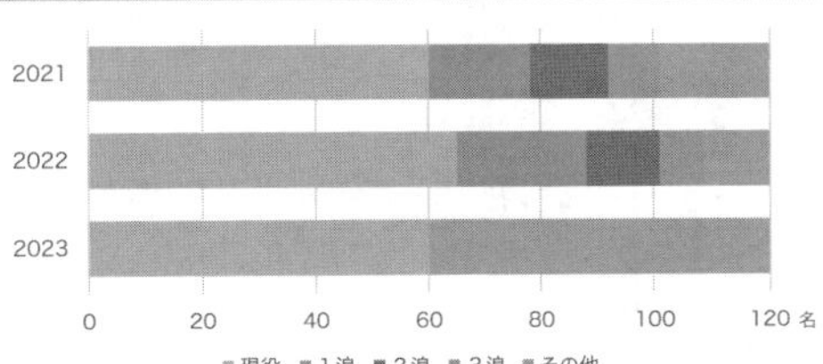

	2021	2022	2023
現役	60名 (50.0%)	65名 (54.2%)	60名 (50.0%)
1浪	18名 (15.0%)	23名 (19.2%)	60名 (50.0%)
2浪	14名 (11.7%)	13名 (10.8%)	
3浪	9名 (7.5%)	8名 (6.7%)	
その他	19名 (15.8%)	11名 (9.2%)	
入学者	120名	120名	120名

2023年度合格者現浪比

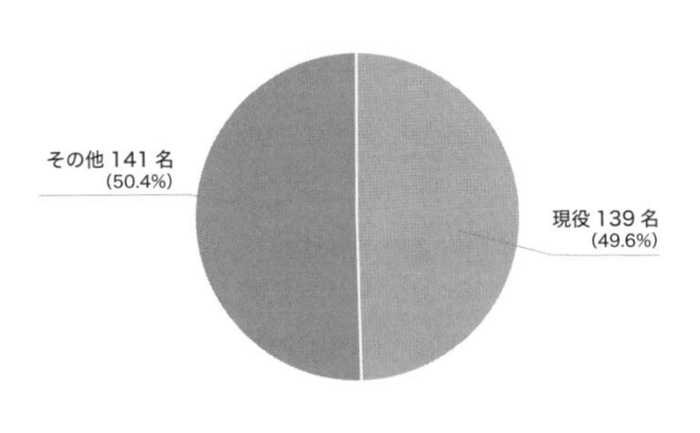

(総合格者 280名)

日本大学　松戸歯学部歯学科

学部所在地	〒271-8587 千葉県松戸市栄町西2-870-1
交通手段	JR常磐線・東京メトロ千代田線・新京成電鉄「松戸」駅西口よりバス20分、「日大歯科病院」下車。JR武蔵野線・つくばエクスプレス「南流山」駅南口よりバス20分、「日大歯科病院」もしくは「日大病院入口」下車。
学長	酒井 健夫
学部長	福本 雅彦
設立年度	[昭和46年] 日本大学松戸歯科大学開学・付属歯科病院開院

入試問い合わせ先

担当部署　学務部入学課

電話番号　03-5275-8001

047-360-9339（松戸歯学部教務課入試係）

歯科医師国家試験状況

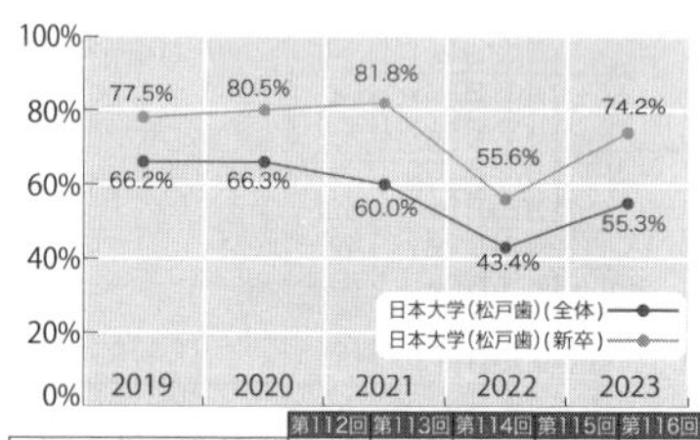

	第112回	第113回	第114回	第115回	第116回
日本大学（松戸歯）（全体）	66.2%	66.3%	60.0%	43.4%	55.3%
日本大学（松戸歯）（新卒）	77.5%	80.5%	81.8%	55.6%	74.2%

設置学部

法学部／文理学部／経済学部／商学部／芸術学部／国際関係学部／危機管理学部／スポーツ科学部／理工学部／生産工学部／工学部／医学部／歯学部／生物資源科学部／／薬学部／通信教育部／短期大学部／日本大学松戸歯学部附属歯科衛生専門学校

主な附属病院

日本大学松戸歯学部付属病院

・その他関連施設

日本大学松戸歯学部附属歯科衛生専門学校

2023年度入学者

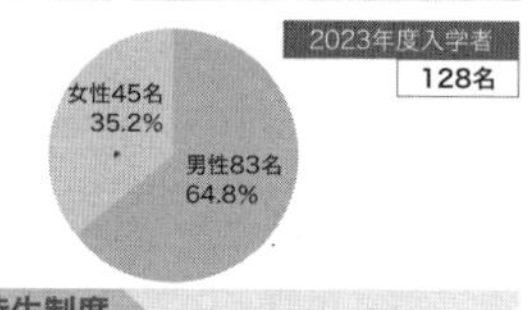

2024年度学納金

1年次	入学金	¥600,000
	授業料	¥3,500,000
	施設設備費	¥800,000
	教育充実費	¥2,000,000
	初年度納入金総額	¥6,900,000
	入学時最低納入金	¥3,750,000
2年次以降の年額		¥5,300,000
3～6年次の年額		¥4,300,000
6年間の総額		¥29,400,000
※その他諸会費(1年次)		¥140,000

繰上げ合格

定員に欠員が生じた場合、繰上順位の上位者から補欠合格とし、随時電話にて連絡する。

特待生制度

2年次以降の成績優秀者には授業料相当額が奨学金として給付されます。また、入試の成績優秀者には教育充実料200万円（初年度200万円）が減じられ、6年間の合計は2,740万円となります。

補欠順位

あり

成績開示

一般選抜のみあり

寄付金

寄付金・学債等は一切徴収しません。

入試結果

一般A方式1期

		2023	2022	2021
募集人員		45	45	52
志願者数		145	145	122
受験者数	A	119	123	102
正規合格者数	B	105	106	77
正規合格倍率	A/B	1.1	1.2	1.3
補欠候補者数		12	15	20
繰上合格者数	C	12	13	13
総合格者数	B+C	117	119	90
合格実質倍率	A/(B+C)	1.0	1.0	1.1
入学者数		43	46	44
合格最高点		261/300	263/300	267/300
合格最低点		113/300	113/300	161/300

一般A方式2期

		2023	2022	2021
募集人員		10	10	10
志願者数		32	51	60
受験者数	D	21	29	42
正規合格者数	E	21	23	26
正規合格倍率	D/E	1.0	1.3	1.6
補欠候補者数		0	0	14
繰上合格者数	F	0	0	3
総合格者数	E+F	21	23	29
合格実質倍率	D/(E+F)	1.0	1.3	1.4
入学者数		10	9	14
合格最高点		266/300	260/300	263/300
合格最低点		143/300	170/300	173/300

一般N方式1期

		2023	2022	2021
募集人員		8	8	4
志願者数		142	144	84
受験者数	G	130	137	74
正規合格者数	H	111	110	50
正規合格倍率	G/H	1.2	1.2	1.5
補欠候補者数		13	22	15
繰上合格者数	I	13	18	9
総合格者数	H+I	124	128	59
合格実質倍率	G/(H+I)	1.0	1.1	1.3
入学者数		12	13	6
合格最高点		169/200	182/200	177/200
合格最低点		56/200	63/200	81/200

一般N方式2期

		2023	2022	2021
募集人員		2	2	
志願者数		62	63	
受験者数	J	58	51	
正規合格者数	K	41	27	
正規合格倍率	J/K	1.4	1.9	
補欠候補者数		10	24	
繰上合格者数	L	10	24	
総合格者数	K+L	51	51	
合格実質倍率	J/(K+L)	1.1	1.0	
入学者数		10	11	
合格最高点		162/200	166/200	
合格最低点		53/200	47/200	

C方式1期

		2023	2022	2021
募集人員		3	3	3
志願者数		56	50	32
受験者数	M	48	47	32
正規合格者数	N	43	40	21
正規合格倍率	M/N	1.1	1.2	1.5
補欠候補者数		0	0	5
繰上合格者数	O	0	0	0
総合格者数	N+O	43	40	21
合格実質倍率	M/(N+O)	1.1	1.2	1.5
入学者数		8	3	0
合格最高点		—	—	—
合格最低点		—	—	—

C方式2期

		2023	2022	2021
募集人員		2	2	2
志願者数		24	11	21
受験者数	P	24	11	21
正規合格者数	Q	18	11	2
正規合格倍率	P/Q	1.3	1.0	10.5
補欠候補者数		6	0	0
繰上合格者数	R	6	0	0
総合格者数	Q+R	24	11	2
合格実質倍率	P/(Q+R)	1.0	1.0	10.5
入学者数		1	0	0
合格最高点		—	—	—
合格最低点		—	—	—

推薦（公募）

		2023	2022	2021
募集人員		3	3	3
志願者数		2	1	3
受験者数	S	2	1	3
合格者数	T	2	1	2
実質倍率	S/T	1.0	1.0	1.5
入学者数		2	1	2

推薦（指定校）

		2023	2022	2021
募集人員		3	3	3
志願者数		10	8	10
受験者数	U	10	8	10
合格者数	V	10	8	10
実質倍率	U/V	1.0	1.0	1.0
入学者数		10	8	10

総合型1期

		2023	2022	2021
募集人員		18	18	15
志願者数		9	11	16
受験者数	W	8	11	16
合格者数	X	8	11	15
実質倍率	W/X	1.0	1.0	1.1
入学者数		8	9	12

総合型2期

		2023	2022	2021
募集人員		4	4	4
志願者数		3	2	3
受験者数	Y	2	2	3
合格者数	Z	2	2	3
実質倍率	Y/Z	1.0	1.0	1.0
入学者数		2	2	3

（注）合格最高点・最低点は総合格者を対象

入試日程

試験区分	募集人員	出願期間	試験日	備考
総合型第1期	12名	エントリー:2023年9月1日(金)～9月15日(金)必着 出願:2023年9月16日(土)～9月30日(土)必着	10月21日(土)	
総合型第2期	3名	エントリー:2023年11月1日(水)～12月6日(水)必着 出願:2023年12月7日(木)～12月21日(木)必着	1月20日(土)	
総合型第3期	2名	エントリー:2024年2月19日(月)～3月4日(月)必着 出願:2024年2月26日(月)～3月4日(月)必着	3月9日(土)	
公募制推薦	3名	2023年11月1日(水)～11月10日(金)必着	11月18日(土)	
指定校制推薦	7名			
一般N方式1期	8名	2024年1月5日(金)～1月19日(金)必着	2月1日(木)	
一般N方式2期	2名	2024年1月5日(金)～2月23日(金)必着	3月4日(月)	
一般A方式1期	45名	2024年1月5日(金)～1月22日(月)必着	2月4日(日)	
一般A方式2期	10名	2024年1月5日(金)～2月14日(水)必着	2月25日(日)	
一般C方式1期	3名	2024年1月5日(金)～1月19日(金)必着	共通テストのみ	
一般C方式2期	2名	2024年1月5日(金)～2月16日(金)必着	共通テストのみ	
編入1期	若干名	2023年11月1日(水)～11月10日(金)必着	11月18日(土)	
編入2期	若干名	2024年2月26日(月)～3月4日(月)必着	3月9日(土)	

試験時間・配点

試験区分	科目	試験時間	時間	配点	合計点	備考
一般N方式1期 一般N方式2期	外国語(英語)	12:50～13:50	60分	100点	200点	* 両科目を受験した場合には高得点の方を合否判定に使用します
	理科 より1科目*	10:40～11:40	60分	100点		
	数学 より1科目*	16:30～17:30	60分			
一般A方式1期 一般A方式2期	外国語(英語)	10:00～11:00	60分	100点	300点	
	数学・理科より1科目	11:30～12:30	60分	100点		
	小論文	13:30～14:30	60分	50点		
	面接	15:00～	約10分	50点		

試験会場

試験区分	会場
推薦(公募制・指定校制)	本学松戸歯学部校舎
一般N方式1期	東京・横浜・札幌・仙台・名古屋・大阪・広島・福岡など全国20ヶ所
一般N方式2期	東京・湘南・千葉・郡山
一般A方式1期・2期	本学松戸歯学部校舎

合格発表日

試験区分	合格発表	手続締切	辞退締切
推薦(公募制・指定校制)	12月1日(金)	12月8日(金)	
一般N1期・一般A1期	2月14日(水)	2月21日(水)	3月30日(土)
一般C1期	2月14日(水)	2月21日(水)	3月30日(土)
一般A2期・一般C2期	3月4日(月)	3月18日(月)	3月30日(土)
一般N2期	3月13日(水)	3月18日(月)	3月30日(土)

合格発表方法

試験区分	発表方法
推薦(公募制・指定校制)	ネット照会
一般N方式1期・2期	ネット照会
一般A方式1期・2期	ネット照会
一般C1期・C2期	ネット照会

入試情報

過去3年間入学者現浪比

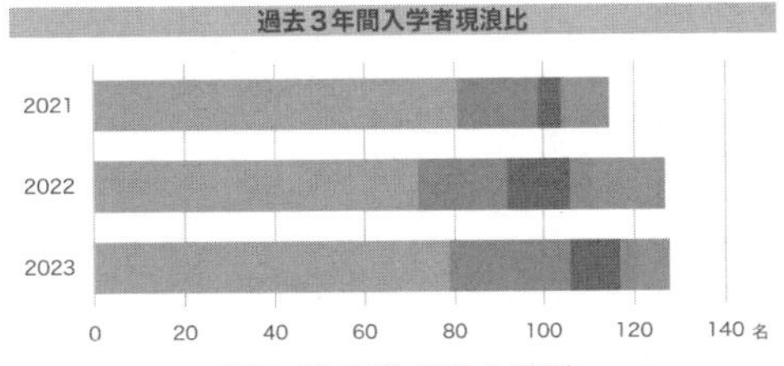

	2021	2022	2023
現役	81名 (70.4%)	72名 (56.7%)	79名 (61.7%)
1浪	18名 (15.7%)	20名 (15.7%)	27名 (21.1%)
2浪	5名 (4.3%)	14名 (11.0%)	11名 (8.6%)
3浪	1名 (0.9%)	5名 (3.9%)	4名 (3.1%)
その他	10名 (8.7%)	16名 (12.6%)	7名 (5.5%)
入学者	115名	127名	128名

2023年度合格者現浪比

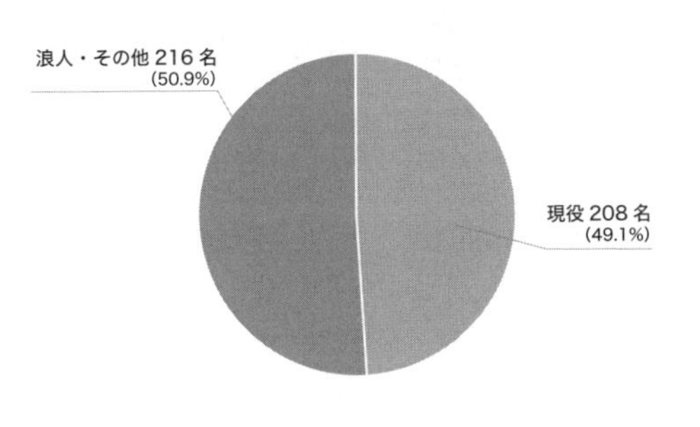

(総合格者 424名)

昭和大学　歯学部歯学科

学部所在地	〒142-8555　東京都品川区旗の台1-5-8
交通手段	東急池上線・大井町線旗の台駅より徒歩5分
創設者	上條　秀介
学長	久光　正
設立年度	［昭和52年］昭和大学歯学部を開設・歯学部附属病院開院

昭和大学
受験生サイト

入試問い合わせ先

担当部署	学事部入学支援課
電話番号	03-3784-8026

歯科医師国家試験状況

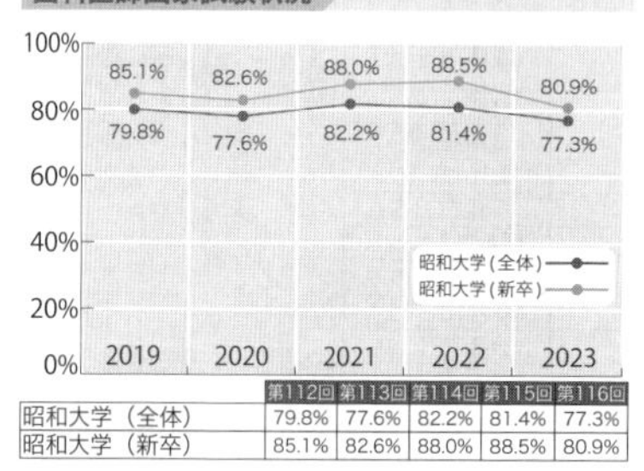

	第112回	第113回	第114回	第115回	第116回
昭和大学（全体）	79.8%	77.6%	82.2%	81.4%	77.3%
昭和大学（新卒）	85.1%	82.6%	88.0%	88.5%	80.9%

設置学部

医学部
薬学部
保健医療学部

主な附属病院

昭和大学歯科病院

・その他関連施設
昭和大学病院／昭和大学病院附属東病院
藤が丘病院／藤が丘リハビリテーション病院
横浜市北部病院／江東豊洲病院／烏山病院

2023年度入学者

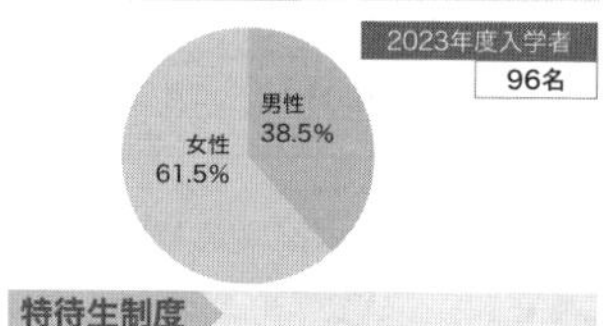

2024年度学納金

1年次	入学金	¥1,500,000
	授業料	¥3,000,000
	初年度納入金総額	¥4,500,000
	入学時最低納入金	¥3,000,000
2年次以降の年額		¥4,500,000
6年間の総額		¥27,000,000
※寮関係の費用　(1年次)		¥800,000
※その他の費用　(1年次)		¥95,000
(2年次以降)		¥50,000

繰上げ合格

補欠者は合格発表と同時に公表します。合格者の手続状況等により欠員が生じた場合に、順次合格とし、電話連絡の上、入学の意思を確認する。

特待生制度

一般選抜入試Ⅰ期の上位合格者は、初年度の授業料を免除。

補欠順位

なし

成績開示

あり（不合格者のみ）※申込あり

寄付金

入学後、本学の教育研究環境の整備充実等のため、任意の寄付金を募集いたします。

入試結果

区分	項目		2023	2022	2021
選抜Ⅰ期	募集人員		44	44	44
	志願者数		410	383	351
	受験者数	A	359	344	322
	正規合格者数	B	—	—	—
	正規合格倍率	A/B	—	—	—
	補欠候補者数		—	—	—
	繰上合格者数	C	—	—	—
	総合格者数	B+C	**96**	**102**	**103**
	合格実質倍率	A/(B+C)	**3.7**	**3.4**	**3.1**
	入学者数		—	—	—
	合格最高点		—	—	—
	合格最低点		192/300	220/300	180/300
選抜Ⅱ期	募集人員		10	10	8
	志願者数		119	110	126
	受験者数	D	101	93	93
	正規合格者数	E	—	—	—
	正規合格倍率	D/E	—	—	—
	補欠候補者数		—	—	—
	繰上合格者数	F	—	—	—
	総合格者数	E+F	**13**	**16**	**14**
	合格実質倍率	D/(E+F)	**7.8**	**5.8**	**6.6**
	入学者数		—	—	—
	合格最高点		—	—	—
	合格最低点		223/300	218/300	222/300
医学部Ⅰ期利用併願	募集人員			3	3
	志願者数			113	127
	受験者数	G		100	121
	一次合格者数	H		46	41
	一次合格倍率	G/H		2.2	3.0
	二次受験者数			23	23
	正規合格者数	I		—	—
	正規合格倍率	G/I		—	—
	補欠候補者数			—	—
	繰上合格者数	J		—	—
	総合格者数	I+J		**18**	**14**
	合格実質倍率	G/(I+J)		**5.6**	**8.6**
	入学者数			—	—
	合格最高点			—	—
	合格最低点			254/400	207/400

区分	項目		2023	2022	2021
共テ利用	募集人員		5	5	10
	志願者数		154	168	175
	受験者数	K	137	149	166
	正規合格者数	L	—	—	—
	正規合格倍率	K/L	—	—	—
	補欠候補者数		—	—	—
	繰上合格者数	M	—	—	—
	総合格者数	L+M	**31**	**36**	**68**
	合格実質倍率	K/(L+M)	**4.4**	**4.1**	**2.4**
	入学者数		—	—	—
	合格最高点		—	—	—
	合格最低点		205/300	229/300	202/300
学校推薦	募集人員		27	25	25
	志願者数		41	40	46
	受験者数	N	41	40	46
	合格者数	O	22	27	25
	実質倍率	N/O	**1.9**	**1.5**	**1.8**
	入学者数		—	—	—
卒業生推薦	募集人員		5	5	
	志願者数		14	10	
	受験者数	P	14	10	
	合格者数	Q	10	6	
	実質倍率	P/Q	**1.4**	**1.7**	
	入学者数		—	—	
総合型	募集人員		5	4	
	志願者数		41	30	
	受験者数	R	41	30	
	一次合格者数	S	30	16	
	一次合格倍率	R/S	1.4	1.9	
	二次受験者数		29	16	
	正規合格者数	T	6	4	
	正規合格倍率	R/T	**6.8**	**7.5**	
	入学者数		—	—	

※　学校推薦のデータには特別協定校・指定校を含む
(注) 合格最低点は総合格者を対象

2024年度　募集要項

昭和大学 歯学部歯学科

入試日程

試験区分	募集人員	出願期間	試験日	備考
総合型選抜入試	10名	2023 年9月1日(金)～9月15日(金)必着	1次:10月8日(日) 書類審査のみ 2次:10月28日(土)	
学校推薦型選抜入試 (指定校・特別協定校を含む)	27名	2023年11月1日(水)～11月10日(金)必着	11月25日(土)	
卒業生推薦入試	7名			
一般選抜入試Ⅰ期	42名	2023年12月6日(水)～2024年1月16日(火)必着	2月1日(木)	
一般選抜入試Ⅱ期	5名	2024年2月1日(木)～2月14日(水)必着	3月3日(日)	
大学入学共通テスト利用入試	5名	2023年12月6日(水)～2024年1月16日(火)必着	面接:2月1日(木)	
編入学試験(2年次)	若干名	2023年11月1日(水)～11月10日(金)必着	11月25日(土)	

試験時間・配点

集合時間　8:00

試験区分	科目	試験時間	時間	配点	合計点	備考
一般選抜入試Ⅰ期 一般選抜入試Ⅱ期	英語・数学または国語	8:30～10:30	120分	100点×2	400点	
	理科1科目	11:30～12:30	60分	100点		
	面接	13:30～	約6分	100点		

試験会場

試験区分	会場
学校推薦型選抜・卒業生推薦	本学(旗の台キャンパス)
一般選抜入試Ⅰ期・共通テスト	横浜(パシフィコ横浜ノース)・大阪(AP大阪茶屋町)・福岡(南近代ビル)
一般選抜入試Ⅱ期	本学(旗の台キャンパス)

合格発表日

試験区分	合格発表	手続締切	辞退締切
学校推薦型選抜・ 卒業生推薦	12月1日(金) 15:00	12月8日(金) 12:00	
一般選抜入試Ⅰ期・ 共通テスト	2月7日(水) 15:00	2月14日(水) 12:00	3月31日(日) 12:00
一般選抜入試Ⅱ期	3月5日(火) 15:00	3月12日(火) 12:00	3月31日(日) 12:00

合格発表方法

試験区分	発表方法
学校推薦型選抜・ 卒業生推薦	ネット照会・郵便(合格者)
一般選抜入試Ⅰ期・ 共通テスト	ネット照会・郵便(合格者)
一般選抜入試Ⅱ期	ネット照会・郵便(合格者)

入試情報

過去3年間入学者現浪比

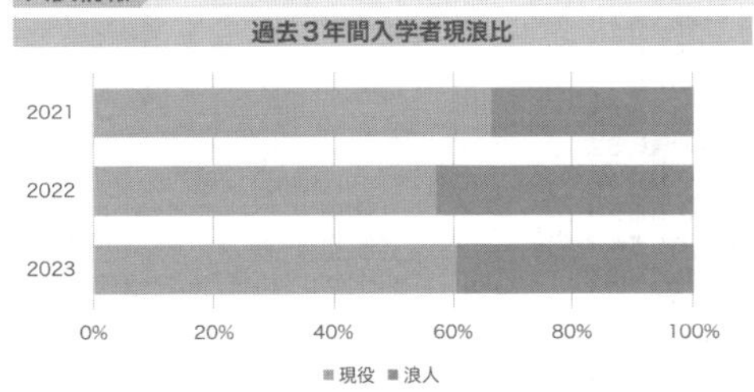

	2021	2022	2023
現役	66.7%	57.3%	60.4%
浪人	33.3%	42.7%	39.6%

2023年度合格者現浪比

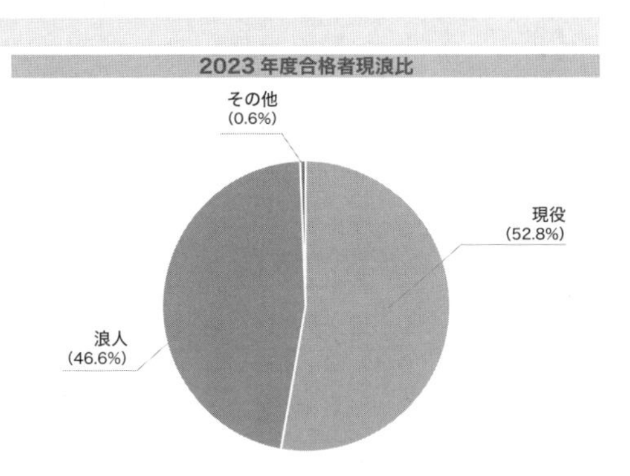

東京歯科大学　歯学部歯学科

学部所在地	〒101-0061　東京都千代田区神田三崎町2-9-18
交通手段	JR水道橋駅東口を出て右手すぐ
創設者	高山 紀齋
学長	一戸　達也
設立年度	［明治23年］高山歯科医学院を設立

入試問い合わせ先

担当部署　教務部

電話番号　03-6380-9528

歯科医師国家試験状況

	第112回	第113回	第114回	第115回	第116回
東京歯科大学（全体）	96.3%	96.4%	94.2%	94.8%	92.7%
東京歯科大学（新卒）	96.1%	96.3%	95.5%	96.0%	94.1%

設置学部

主な附属病院

東京歯科大学水道橋病院
東京歯科大学市川総合病院
東京歯科大学千葉歯科医療センター
・その他関連施設
口腔科学研究センター／歯科医学教育開発センター
口腔がんセンター

2023年度入学者

2024年度学納金

1年次	入学金	¥600,000
	授業料	¥3,500,000
	施設設備費	¥1,000,000
	教育充実費	¥4,300,000
	実験実習費	※
	初年度納入金総額	¥9,400,000
	入学時最低納入金	¥7,650,000
2年次以降の年額		¥4,500,000
6年間の総額		¥31,900,000
※その他委託徴収金(1年次)		¥57,000
(2年次以降)		¥37,000

※年度により異なる

繰上げ合格

補欠者には「補欠通知書」を郵送する。合格者に入学辞退が生じた場合、電話連絡の上、繰上合格を文書をもって通知する。

特待生制度

補欠順位

あり

成績開示

なし

寄付金

学債および寄付金の募集はしない。

入試結果

			2023	2022	2021
一般Ⅰ期	募集人員		約50	約50	約50
	志願者数		358	396	508
	受験者数	A	323	363	455
	正規合格者数	B	—	—	—
	正規合格倍率	A/B	—	—	—
	補欠候補者数		—	—	—
	繰上合格者数	C	—	—	—
	総合格者数	B+C	84	88	84
	合格実質倍率	A/(B+C)	3.8	4.1	5.4
	入学者数		—	—	—
	合格最高点		—	—	—
	合格最低点		—	—	—
一般Ⅱ期	募集人員		約15	約15	約15
	志願者数		169	169	247
	受験者数	D	133	141	198
	正規合格者数	E	—	—	—
	正規合格倍率	D/E	—	—	—
	補欠候補者数		—	—	—
	繰上合格者数	F	—	—	—
	総合格者数	E+F	21	15	25
	合格実質倍率	D/(E+F)	6.3	9.4	7.9
	入学者数		—	—	—
	合格最高点		—	—	—
	合格最低点		—	—	—

			2023	2022	2021
共通テストⅠ期	募集人員		8	8	
	志願者数		152	157	
	受験者数	G	137	147	
	正規合格者数	H	—	—	
	正規合格倍率	G/H	—	—	
	補欠候補者数		—	—	
	繰上合格者数	I	—	—	
	総合格者数	H+I	47	33	
	合格実質倍率	G/(H+I)	2.9	4.5	
	入学者数		—	—	
	合格最高点		—	—	
	合格最低点		—	—	
共通テストⅡ期	募集人員		5	5	13
	志願者数		24	17	48
	受験者数	J	18	13	35
	正規合格者数	K	—	—	—
	正規合格倍率	J/K	—	—	—
	補欠候補者数		—	—	—
	繰上合格者数	L	—	—	—
	総合格者数	K+L	6	5	11
	合格実質倍率	J/(K+L)	3.0	2.6	3.2
	入学者数		—	—	—
	合格最高点		—	—	—
	合格最低点		—	—	—
推薦	募集人員		約50	約50	約50
	志願者数		102	147	91
	受験者数	M	102	147	91
	合格者数	N	64	64	62
	実質倍率	M/N	1.6	2.3	1.5
	入学者数		—	—	—

※　推薦のデータには指定校を含む

入試日程

試験区分	募集人員	出願期間	試験日	備考
推薦(指定校含む)	約50名	2023年11月2日(木)～2023年11月10日(金)必着	11月19日(日)	
一般選抜(Ⅰ期)	約50名	2023年12月13日(水)～2024年1月12日(金)必着	2月2日(金)	
一般選抜(Ⅱ期)	約15名	2024年2月15日(木)～2024年3月1日(金)必着	3月9日(土)	
共テ利用(Ⅰ期)	8名	2023年12月13日(水)～2024年1月12日(金)必着	2月2日(金)	
共テ利用(Ⅱ期)	5名	2024年2月15日(木)～2024年3月1日(金)必着	3月9日(土)	
編入学A・学士等特別選抜A	若干名	2023年11月2日(木)～11月10日(金)必着	11月19日(日)	
編入学B・学士等特別選抜B	若干名	2024年2月15日(木)～3月1日(金)必着	3月9日(土)	

試験時間・配点

試験区分	科目	試験時間	時間	配点	合計点	備考
一般Ⅰ期	英語	9:00～10:10	70分	—	—	
	数学	10:35～11:45	70分	—		
	理科1科目	12:35～13:45	70分	—		
	小論文	14:10～15:00	50分	—		
	面接	15:20～		—		
一般Ⅱ期	英語	9:00～10:10	70分	—	—	
	数学・理科より1科目	10:35～11:45	70分	—		
	小論文	12:35～13:25	50分	—		
	面接	13:45～		—		

試験会場

試験区分	会場
推薦(指定校含む)	本学水道橋校舎本館
一般Ⅰ期・共テ利用Ⅰ期	本学水道橋校舎本館・新館、大阪(TKP新大阪ビジネスセンター)、福岡(TKP博多駅前シティセンター)
一般Ⅱ期・共テ利用Ⅱ期	本学水道橋校舎本館

合格発表日

試験区分	合格発表	手続締切	辞退締切
推薦(指定校含む)	12月1日(金) 夕刻	12月11日(月) 12:00	
一般Ⅰ期・共テ利用Ⅰ期	2月6日(火) 夕刻	2月14日(水) 12:00	3月30日(土) 12:00
一般Ⅱ期・共テ利用Ⅱ期	3月12日(火) 夕刻	3月18日(月) 12:00	3月30日(土) 12:00

合格発表方法

試験区分	発表方法
推薦(指定校含む)	郵便(全員)
一般Ⅰ期・共テ利用Ⅰ期	郵便(合格者)(ネット照会)
一般Ⅱ期・共テ利用Ⅱ期	郵便(合格者)(ネット照会)

入試情報

過去3年間入学者現浪比

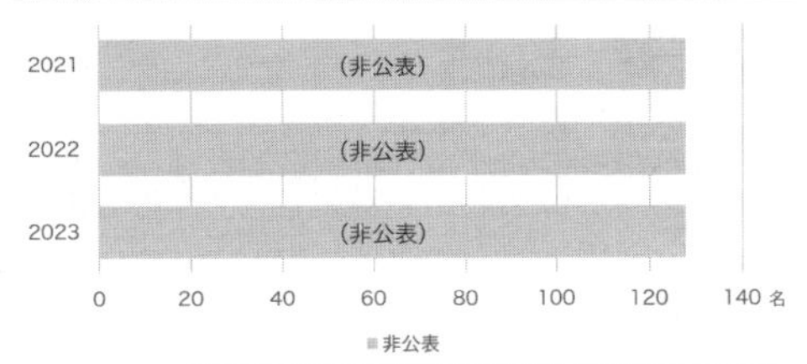

	2021	2022	2023
現役	非公表	非公表	非公表
浪人			
入学者	128名	128名	128名

2023年度合格者現浪比

日本大学　歯学部歯学科

学部所在地	〒101-8310　東京都千代田区神田駿河台1-8-13
交通手段	JR・東京メトロ丸の内線御茶ノ水駅徒歩2～5分 東京メトロ千代田線新御茶ノ水駅徒歩2分
創設者	佐藤　運雄
学部長	飯沼　利光
設立年度	［大正5年］東洋歯科医学校創立

入試問い合わせ先

担当部署	本部学務部入学課03-5275-8001
電話番号	（歯学部教務課）03-3219-8002

歯科医師国家試験状況

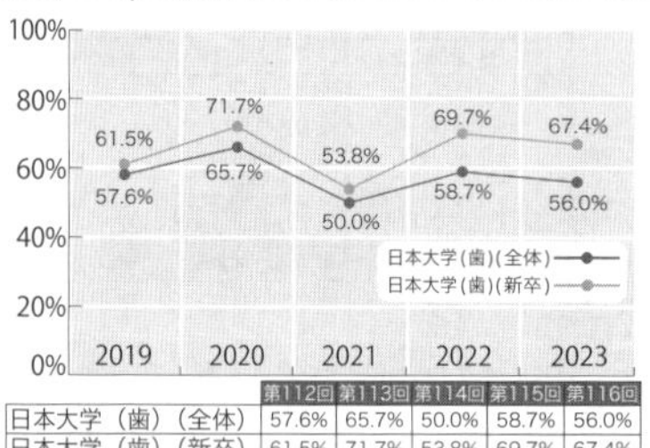

	第112回	第113回	第114回	第115回	第116回
日本大学（歯）（全体）	57.6%	65.7%	50.0%	58.7%	56.0%
日本大学（歯）（新卒）	61.5%	71.7%	53.8%	69.7%	67.4%

設置学部

法学部／文理学部／経済学部／商学部／芸術学部／国際関係学部／危機管理学部／スポーツ科学部／理工学部／生産工学部／工学部／医学部／松戸歯学部／生物資源科学部／薬学部／通信教育部／短期大学部

主な附属病院

日本大学歯学部付属歯科病院

・その他関連施設
日本大学歯学部附属歯科技工専門学校
日本大学歯学部附属歯科衛生専門学校

2023年度入学者

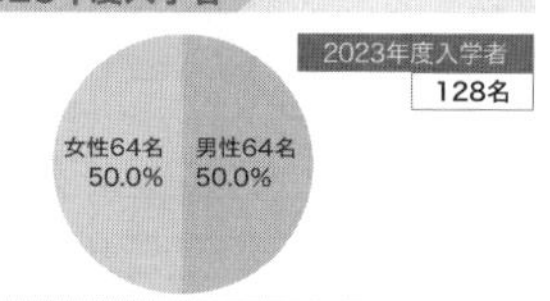

2024年度学納金

1年次	入学金	¥600,000
	授業料	¥3,500,000
	施設設備費	¥1,200,000
	教育充実費	¥1,600,000
	初年度納入金総額	¥6,900,000
	入学時最低納入金	¥3,750,000
2・3年次以降の年額		¥5,300,000
4～6年次以降の年額		¥4,700,000
6年間の総額		¥31,600,000
※その他委託徴収金(1年次)		¥140,000
(2年次以降)		¥40,000

※その他、教科書、実習器材費あり

繰上げ合格

欠員が生じた場合、随時補欠候補者の上位者に電話連絡の上、入学の意志を確認する。

特待生制度

成績優秀者に対し特待生奨学金を給付。甲種：授業料1年分相当額の半額＋図書費、乙種：授業料1年分相当額の半額

補欠順位

なし

成績開示

あり（A個別方式・N全学統一方式のみ）

寄付金

任意での寄付をお受けしております。

入試結果

			2023	2022	2021
A個別方式	募集人員		57	57	57
	志願者数		275	290	311
	受験者数	A	251	250	270
	正規合格者数	B	—	—	—
	正規合格倍率	A/B	—	—	—
	補欠候補者数		—	—	—
	繰上合格者数	C	—	—	—
	総合格者数	B+C	162	138	163
	合格実質倍率	A/(B+C)	1.5	1.8	1.7
	入学者数		—	—	—
	合格最高点		—	—	—
	合格最低点		222/380	227/380	206/380
N全学統一方式第1期	募集人員		7	7	5
	志願者数		243	247	153
	受験者数	D	181	186	122
	正規合格者数	E	—	—	—
	正規合格倍率	D/E	—	—	—
	補欠候補者数		—	—	—
	繰上合格者数	F	—	—	—
	総合格者数	E+F	86	87	68
	合格実質倍率	D/(E+F)	2.1	2.1	1.8
	入学者数		—	—	—
	合格最高点		—	—	—
	合格最低点		160.51/300	163.7/300	181/300
N全学統一方式第2期	募集人員		3	3	
	志願者数		123	127	
	受験者数	G	97	90	
	正規合格者数	H	—	—	
	正規合格倍率	G/H	—	—	
	補欠候補者数		—	—	
	繰上合格者数	I	—	—	
	総合格者数	H+I	37	30	
	合格実質倍率	G/(H+I)	2.6	3.0	
	入学者数		—	—	
	合格最高点		—		
	合格最低点		162.58/300	162.5/300	

			2023	2022	2021
C共通テスト方式第1期	募集人員		10	10	10
	志願者数		143	117	112
	受験者数	J	131	108	108
	正規合格者数	K	—	—	—
	正規合格倍率	J/K	—	—	—
	補欠候補者数		—	—	—
	繰上合格者数	L	—	—	—
	総合格者数	K+L	40	50	45
	合格実質倍率	J/(K+L)	3.3	2.2	2.4
	入学者数		—	—	—
	合格最高点		—	—	—
	合格最低点		—	—	—
C共通テスト方式第2期	募集人員		2	2	3
	志願者数		40	23	41
	受験者数	M	40	22	41
	正規合格者数	N	—	—	—
	正規合格倍率	M/N	—	—	—
	補欠候補者数		—	—	—
	繰上合格者数	O	—	—	—
	総合格者数	N+O	12	16	10
	合格実質倍率	M/(N+O)	3.3	1.4	4.1
	入学者数		—	—	—
	合格最高点		—	—	—
	合格最低点		—	—	—
学校推薦型選抜(公募制)	募集人員		7	7	10
	志願者数		12	12	9
	受験者数	P	12	12	9
	合格者数	Q	9	12	9
	実質倍率	P/Q	1.3	1.0	1.0
	入学者数		—	—	—

(注)合格最低点は総合格者を対象、(　　)内は総点

2024年度　募集要項　日本大学 歯学部歯学科

入試日程

試験区分	募集人員	出願期間	試験日	備考
学校推薦型選抜(公募制)	7名	2023年5年11月1日(水)～ 11月9日(木)必着	11月18日(土)	
N全学統一方式第1期	9名	2024年1月5日(金)～ 1月19日(金)必着	2月1日(木)	
N全学統一方式第2期	3名	2024年1月5日(金)～ 2月23日(金・祝)必着	3月4日(月)	
A個別方式	60名	2024年1月5日(金)～1月19日(金)必着	2月3日(土)	
C共通テスト利用方式第1期	10名	2024年1月5日(金)～ 1月19日(金)必着	共通テストのみ	
C共通テスト利用方式第2期	2名	2024年1月5日(金)～2月16日(金)必着	共通テストのみ	
編入学	2名	2023年10月2日(月)～10月12日(木)必着	10月21日(土)	

試験時間・配点

試験区分	科目	試験時間	時間	配点	合計点	備考
N全学統一方式第1期 N全学統一方式第2期	数学①	一般選抜募集要項を参照	60分	100点	300点	
	外国語(英語)		60分	100点		
	理科1科目選択		60分	100点		
A個別方式	外国語(英語)	一般選抜募集要項を参照	60分	100点	380点	
	数学		60分	100点		
	理科1科目選択		60分	100点		
	小論文		60分	50点		
	面接			30点		

試験会場

試験区分	会場
学校推薦型選抜(公募制)	本学歯学部校舎
N全学統一方式第1期	東京・横浜・札幌・仙台・名古屋・大阪・広島・福岡など全国20ヶ所※
N全学統一方式第2期	東京・湘南・千葉・郡山
A個別方式	本学歯学部校舎

※変更になる場合あり。最終的な試験場については、必ず募集要項で確認すること。

合格発表日

試験区分	合格発表	手続締切	辞退締切
学校推薦型選抜(公募制)	12月1日(金) 15:00	12月8日(金)	
N全学統一方式第1期 A個別方式	2月10日(土) 12:00	2月19日(月)	3月31日(日)
C共通テスト方式第1期	2月19日(月) 15:00	2月26日(月)	3月31日(日)
C共通テスト方式第2期	2月29日(木) 15:00	3月11日(月)	3月31日(日)
N全学統一方式第2期	3月14日(木) 15:00	3月21日(木)	3月31日(日)

合格発表方法

試験区分	発表方法
学校推薦型選抜(公募制)	ネット照会
N全学統一方式第1期 A個別方式	ネット照会
C共通テスト方式第1期	ネット照会
C共通テスト方式第2期	ネット照会
N全学統一方式第2期	ネット照会

入試情報

過去3年間入学者現浪比

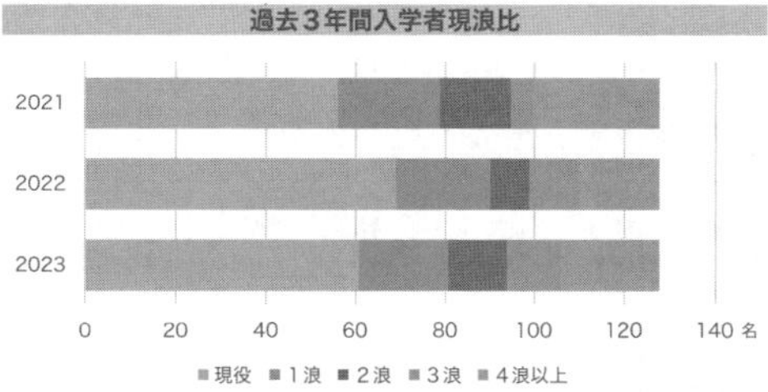

	2021	2022	2023
現役	56名 (43.8%)	69名 (53.9%)	61名 (47.7%)
1浪	23名 (18.0%)	21名 (16.4%)	20名 (15.6%)
2浪	16名 (12.5%)	9名 (7.0%)	13名 (10.2%)
3浪	5名 (3.9%)	11名 (8.6%)	12名 (9.4%)
その他	28名 (21.9%)	18名 (14.1%)	22名 (17.1%)
入学者	128名	128名	128名

2023年度合格者現浪比

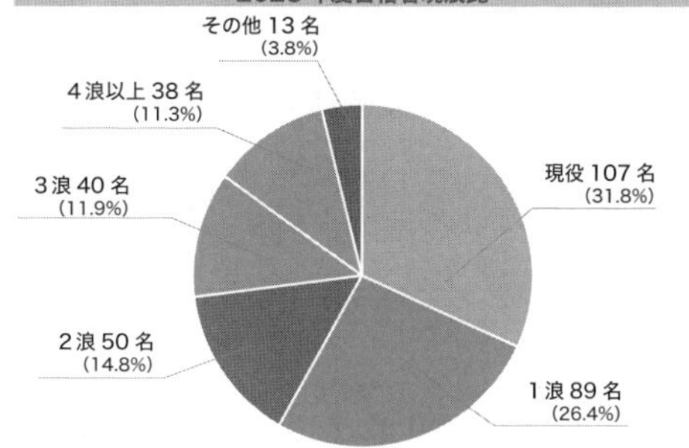

(一般選抜総合格者 337名)

日本歯科大学　生命歯学部生命歯学科

学部所在地	〒102-8159 東京都千代田区富士見1 -9-20
交通手段	JR飯田橋駅より徒歩5分
創設者	中原 市五郎
理事長	中原 泉
設立年度	[明治40年] 私立共立歯科医学校を創立

入試問い合わせ先

担当部署	教務・学生部（入試課）
電話番号	03-3261-8400

歯科医師国家試験状況

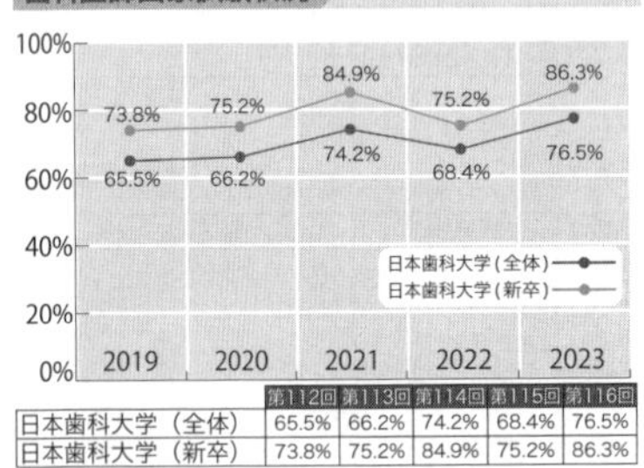

	第112回	第113回	第114回	第115回	第116回
日本歯科大学（全体）	65.5%	66.2%	74.2%	68.4%	76.5%
日本歯科大学（新卒）	73.8%	75.2%	84.9%	75.2%	86.3%

繰上げ合格

入学予定者に欠員が生じた場合に、本人宛に「入学手続要項」を郵送する。

補欠順位

なし

成績開示

あり（不合格者のみ）

設置学部

新潟生命歯学部

2023年度入学者

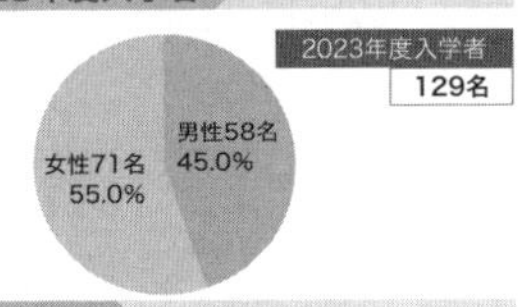

特待生制度

1. 入学試験（一般選抜・共通テスト利用ともに前期）の成績が特に優秀で、品行方正等ほかの学生の模範となりえる若干名を特待生とします。
2. 入学金（入学時のみ600,000円）、授業料（年間3,800,000円）、教育充実費（年間730,000円）、施設維持費（年間600,000円）を、毎年度すべて半額とします。
3. 6カ年の学費総額は15,690,000円とします。
4. 該当生は、合格発表時に発表します。

主な附属病院

日本歯科大学附属病院
日本歯科大学口腔リハビリテーション多摩クリニック

・その他関連施設
日本歯科大学東京短期大学／日本歯科大学新潟短期大学
日本歯科大学新潟病院歯科部門・医科部門
医の博物館／在宅ケア新潟クリニック

2024年度学納金

1年次	入学金	¥600,000
	授業料	¥3,800,000
	施設設備費	¥600,000
	教育充実費	¥730,000
	その他（1年次）	¥35,000
	（2～6年次）	¥23,000
	初年度納入金総額	¥5,765,000
	入学時最低納入金	¥3,200,000
2年次以降の年額		¥5,153,000
6年間の総額		¥31,530,000

寄付金

学債や寄附金等の募集は、入学前・入学後とも一切行わない。

入試結果

			2023	2022	2021
一般前期	募集人員		約53	約53	約53
	志願者数		267	334	341
	受験者数	A	256	321	314
	正規合格者数	B	—	—	—
	正規合格倍率	A/B	—	—	—
	補欠候補者数		—	—	—
	繰上合格者数	C	—	—	—
	総合格者数	B+C	128	119	94
	合格実質倍率	A/(B+C)	2.0	2.7	3.3
	入学者数		53	45	36
	合格最高点		—	—	—
	合格最低点		—	—	—
一般後期	募集人員		約10	約10	約10
	志願者数		68	88	100
	受験者数	D	64	76	83
	正規合格者数	E	—	—	—
	正規合格倍率	D/E	—	—	—
	補欠候補者数		—	—	—
	繰上合格者数	F	—	—	—
	総合格者数	E+F	15	10	20
	合格実質倍率	D/(E+F)	4.3	7.6	4.2
	入学者数		8	4	12
	合格最高点		—	—	—
	合格最低点		—	—	—

			2023	2022	2021
共通テスト前期	募集人員		約20	約20	約20
	志願者数		115	173	128
	受験者数	G	106	161	118
	正規合格者数	H	—	—	—
	正規合格倍率	G/H	—	—	—
	補欠候補者数		—	—	—
	繰上合格者数	I	—	—	—
	総合格者数	H+I	28	47	36
	合格実質倍率	G/(H+I)	3.8	3.4	3.3
	入学者数		3	4	4
	合格最高点		—	—	—
	合格最低点		—	—	—
共通テスト後期	募集人員		約5	約5	約5
	志願者数		13	12	18
	受験者数	J	12	10	17
	正規合格者数	K	—	—	—
	正規合格倍率	J/K	—	—	—
	補欠候補者数		—	—	—
	繰上合格者数	L	—	—	—
	総合格者数	K+L	2	2	6
	合格実質倍率	J/(K+L)	6.0	5.0	2.8
	入学者数		2	0	1
	合格最高点		—	—	—
	合格最低点		—	—	—
推薦	募集人員		約40	約40	約40
	志願者数		66	77	77
	受験者数	M	66	77	77
	合格者数	N	64	75	67
	実質倍率	M/N	1.0	1.0	1.1
	入学者数		63	75	67

※ 推薦のデータには指定校を含む

2024年度　募集要項

日本歯科大学　生命歯学部生命歯学科

入試日程

試験区分	募集人員	出願期間	試験日	備考
推薦(指定校含む)	約40名	2023年11月6日(月)～11月15日(水)必着*1	11月18日(土)	*1 11月14日(火)・11月15日(水)に窓口申込あり *2 1月24日(水)・1月25日(木)に窓口申込あり *3 2月27日(火)に窓口申込あり *4 11月1日(月)～11月10日(水)に窓口申込あり 窓口受付時間*1～*4 9:00～16:00
一般前期	約53名	2024年1月5日(金)～1月24日(水)必着*2	2月1日(木)	
一般後期	約10名	2024年2月16日(金)～2月27日(火)必着*3	3月3日(日)	
共テ利用前期	約20名	2024年1月10日(水)～1月24日(水)必着*2	2月8日(木)	
共テ利用後期	約5名	2024年2月16日(金)～2月27日(火)必着*3	3月3日(日)	
編入学	若干名	2023年11月6日(月)～11月15日(水)必着*1	11月18日(土)	

試験時間・配点

試験区分	科目	試験時間	時間	配点	合計点	備考
一般前期 一般後期	英語	8:40～9:40	60分	—	—	*5 理科「物理基礎・物理」「化学基礎・化学」「生物基礎・生物」の3科目より1科目を選択
	国語・数学より1科目	10:10～11:10	60分	—		
	理科1科目*5	11:40～12:40	60分	—		
	面接	13:30～		—		

試験会場

試験区分	会場
推薦(指定校含む)	本学生命歯学部
一般前期・後期	本学生命歯学部
共テ利用前期・後期	本学生命歯学部

合格発表日

試験区分	合格発表	手続締切	辞退締切
推薦(指定校含む)	12月1日(金)	12月12日(火)	
一般前期	2月4日(日) 12:00	2月14日(水)	3月29日(金) 17:00
共テ利用前期	2月10日(土) 12:00	2月20日(火)	3月29日(金) 17:00
一般後期・共テ利用後期	3月5日(火) 10:00	3月15日(金)	3月29日(金) 17:00

合格発表方法

試験区分	発表方法
推薦(指定校含む)	郵便(全員)
一般前期	掲示・ネット照会・郵便(合格者)
共テ利用前期	掲示・ネット照会・郵便(合格者)
一般後期・共テ利用後期	掲示・ネット照会・郵便(合格者)

入試情報

過去3年間入学者現浪比

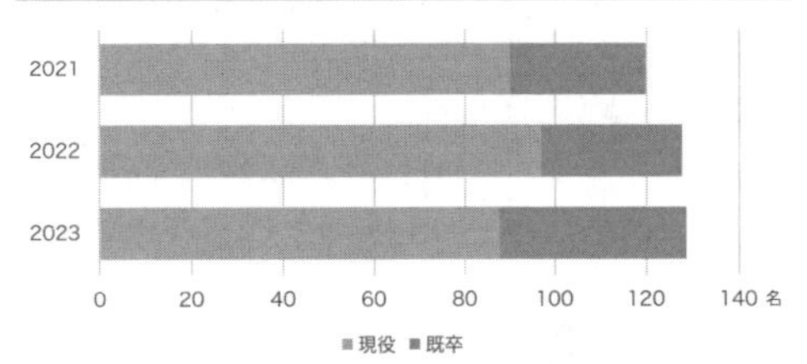

	2021	2022	2023
現役	90名(75.0%)	97名(75.8%)	88名(68.2%)
既卒	30名(25.0%)	31名(24.2%)	41名(31.8%)
入学者	120名	128名	129名

2023年度合格者現浪比

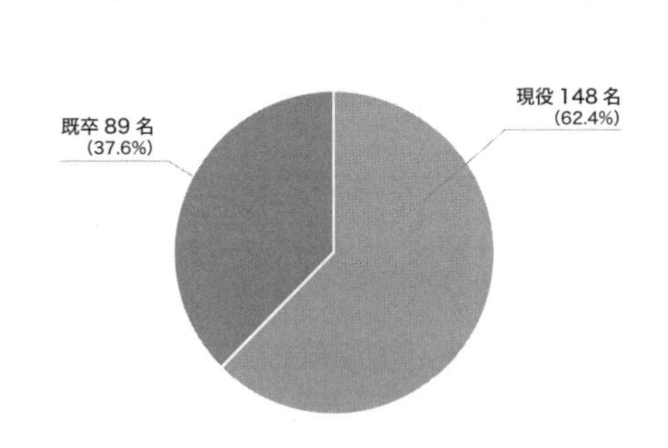

(総合格者 237名)

神奈川歯科大学　歯学部歯学科

学部所在地	〒238-8580　神奈川県横須賀市稲岡町82
交通手段	京浜急行横須賀中央駅より徒歩10分または JR横須賀駅より京浜急行バス大滝町下車徒歩5分
創設者	大久保 潜龍
学長	櫻井 孝
設立年度	［明治43年］東京女子歯科学校を設立

入試問い合わせ先

担当部署	教学部入試係
電話番号	046-822-9580

歯科医師国家試験状況

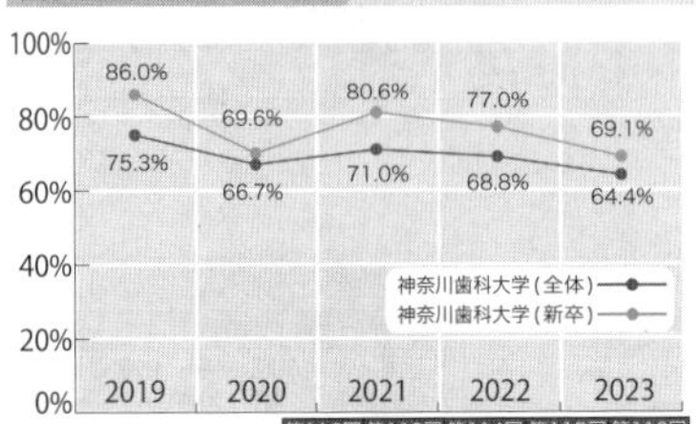

	第112回	第113回	第114回	第115回	第116回
神奈川歯科大学（全体）	75.3%	66.7%	71.0%	68.8%	64.4%
神奈川歯科大学（新卒）	86.0%	69.6%	80.6%	77.0%	69.1%

繰上げ合格

正規合格者より辞退があった場合、随時補欠上位者より順に繰上合格の通知（電話）を致します。

補欠順位

あり

設置学部

2023年度入学者

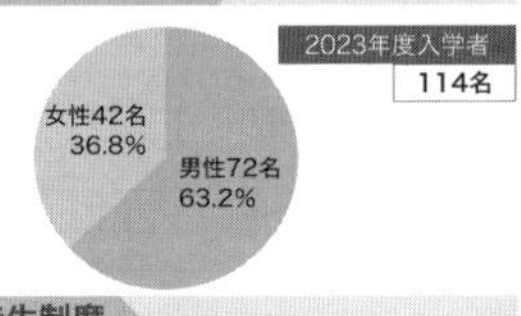

特待生制度

一般１期の成績上位者1位～3位までは初年次学納金（395万円）を全額免除、4位～8位までは初年度授業料200万円を免除、9位～25位までは初年度授業料100万円を免除。

成績開示

個別対応

主な附属病院

神奈川歯科大学附属病院

・その他関連施設
神奈川歯科大学附属横浜クリニック・横浜研修センター
羽田空港第3ターミナル歯科
羽田空港第1ターミナル歯科
歯科・健脳クリニック日本橋

2024年度学納金

1年次	入学金	¥600,000
	授業料	¥2,850,000
	施設設備費	¥500,000
	初年度納入金総額	¥3,950,000
	入学時最低納入金	¥2,275,000
2年次の年額		¥4,500,000
3年次の年額		¥4,750,000
4～6年次の年額		¥4,600,000
6年間の総額		¥27,000,000

寄付金

寄付金、学債等は一切徴収しません。

入試結果

			2023	2022	2021
一般1期	募集人員		30	30	約35
	志願者数		195	226	229
	受験者数	A	181	215	201
	正規合格者数	B	—	—	—
	正規合格倍率	A/B	—	—	—
	補欠候補者数		—	—	—
	繰上合格者数	C	—	—	—
	総合格者数	B+C	118	135	102
	合格実質倍率	A/(B+C)	1.5	1.6	2.0
	入学者数		35	40	32
	合格最高点		—	—	—
	合格最低点		—	—	—
一般2期	募集人員		8	8	約10
	志願者数		11	25	37
	受験者数	D	8	19	24
	正規合格者数	E	—	—	—
	正規合格倍率	D/E	—	—	—
	補欠候補者数		—	—	—
	繰上合格者数	F	—	—	—
	総合格者数	E+F	7	19	19
	合格実質倍率	D/(E+F)	1.1	1.0	1.3
	入学者数		4	6	10
	合格最高点		—	—	—
	合格最低点		—	—	—
一般3期	募集人員		6	4	約5
	志願者数		18	18	15
	受験者数	G	16	17	11
	正規合格者数	H	—	—	—
	正規合格倍率	G/H	—	—	—
	補欠候補者数		—	—	—
	繰上合格者数	I	—	—	—
	総合格者数	H+I	16	16	10
	合格実質倍率	G/(H+I)	1.0	1.1	1.1
	入学者数		12	12	8
	合格最高点		—	—	—
	合格最低点		—	—	—

			2023	2022	2021
特別	募集人員		2	2	約2
	志願者数		9	4	2
	受験者数	J	8	4	2
	正規合格者数	K	—	—	—
	正規合格倍率	J/K	—	—	—
	補欠候補者数		—	—	—
	繰上合格者数	L	—	—	—
	総合格者数	K+L	8	3	2
	合格実質倍率	J/(K+L)	1.0	1.3	1.0
	入学者数		7	2	1
	合格最高点		—	—	—
	合格最低点		—	—	—
共通テスト1期	募集人員		5	5	約5
	志願者数		42	57	49
	受験者数	M	40	54	47
	正規合格者数	N	—	—	—
	正規合格倍率	M/N	—	—	—
	補欠候補者数		—	—	—
	繰上合格者数	O	—	—	—
	総合格者数	N+O	32	45	31
	合格実質倍率	M/(N+O)	1.3	1.2	1.5
	入学者数		0	2	3
	合格最高点		—	—	—
	合格最低点		—	—	—
共通テスト2期	募集人員		2	2	約5
	志願者数		8	12	6
	受験者数	P	6	9	3
	正規合格者数	Q	—	—	—
	正規合格倍率	P/Q	—	—	—
	補欠候補者数		—	—	—
	繰上合格者数	R	—	—	—
	総合格者数	Q+R	6	8	3
	合格実質倍率	P/(Q+R)	1.0	1.1	1.0
	入学者数		3	0	0
	合格最高点		—	—	—
	合格最低点		—	—	—

			2023	2022	2021
共通テスト3期	募集人員		1	1	約5
	志願者数		1	3	5
	受験者数	S	1	3	4
	正規合格者数	T	—	—	—
	正規合格倍率	S/T	—	—	—
	補欠候補者数		—	—	—
	繰上合格者数	U	—	—	—
	総合格者数	T+U	1	3	4
	合格実質倍率	S/(T+U)	1.0	1.0	1.0
	入学者数		1	0	1
	合格最高点		—	—	—
	合格最低点		—	—	—
推薦	募集人員		30	30	20
	志願者数		28	15	19
	受験者数	V	28	15	19
	合格者数	W	25	15	18
	実質倍率	V/W	1.1	1.0	1.1
	入学者数		24	14	18
総合型	募集人員		10	10	約5
	志願者数		10	8	14
	受験者数	X	8	8	14
	合格者数	Y	8	7	12
	実質倍率	X/Y	1.0	1.1	1.2
	入学者数		8	7	11

※ 推薦は1期・2期を合わせた数（卒業生推薦1期～3期含む）
※ 総合型は1期・2期・3期を合わせた数

2024年度　募集要項

神奈川歯科大学 歯学部歯学科

入試日程

試験区分	募集人員	出願期間	試験日	備考
総合型1期	10名	2023年9月1日(金)～10月17日(火)必着	10月22日(日)	*1 両日受験可 *2 どちらか1日を選択
総合型2期		2023年11月1日(水)～11月14日(火)必着	11月19日(日)	
総合型3期		2023年11月15日(水)～12月12日(火)必着	12月17日(日)	
推薦1期(公募・指定校)	10名	2023年11月1日(水)～11月14日(火)必着	11月19日(日)	
推薦2期(公募・指定校)		2023年11月15日(水)～12月12日(火)必着	12月17日(日)	
一般1期	30名	2023年12月12日(火)～2024年1月19日(金)必着	1月27日(土)*1 1月28日(日)	
一般2期	8名	2024年1月20日(土)～2月6日(火)必着	2月12日(月・祝)	
一般3期	4名	2024年2月7日(水)～2月27日(火)必着	3月3日(日)	
特別	2名	2024年2月28日(水)～3月14日(木)必着	3月20日(水・祝)	
共テ利用1期	5名	2023年12月12日(火)～2024年1月19日(金)必着	1月27日(土)*2 1月28日(日)	
共テ利用2期	2名	2024年1月20日(土)～2月6日(火)必着	2月12日(月・祝)	
共テ利用3期	1名	2024年2月7日(水)～2月27日(火)必着	3月3日(日)	
編入学1期	3名	2023年11月1日(水)～11月14日(火)必着	11月19日(日)	
編入学2期		2023年11月15日(水)～12月12日(火)必着	12月17日(日)	
編入学3期		2024年2月28日(水)～3月14日(木)必着	3月20日(水・祝)	

試験時間・配点

試験区分	科目	試験時間	時間	配点	合計点	備考
一般1期 一般2期 一般3期 特別	英語・数学・理科・国語より2科目*3	9:20～11:00	100分	200点	250点	*3 理科は物理・化学・生物。理科2科目は選択できません
	小論文	11:40～12:30	50分	50点		
	面接	13:40～	約7分	—		

試験会場

試験区分	会場
推薦1期・2期(公募・指定校)	本学校舎
一般1期・2期・3期・特別	本学校舎
共テ1期・2期・3期	本学校舎

合格発表日

試験区分	合格発表	手続締切	辞退締切
推薦1期(公募・指定校)	12月1日(金)16:00	12月11日(月)	
推薦2期(公募・指定校)	12月20日(水)16:00	12月28日(木)	
一般1期	2月2日(金)16:00	2月16日(金)	3月29日(金)12:00
共テ1期	2月9日(金)16:00	2月22日(木)	3月29日(金)12:00
一般2期・共テ2期	2月16日(金)16:00	2月26日(月)	3月29日(金)12:00
一般3期・共テ3期	3月6日(水)16:00	3月15日(金)	3月29日(金)12:00
特別	3月22日(金)16:00	3月29日(金)	3月29日(金)12:00

合格発表方法

試験区分	発表方法
推薦1期(公募・指定校)	ネット照会・郵便(合格者)
推薦2期(公募・指定校)	ネット照会・郵便(合格者)
一般1期	ネット照会・郵便(合格者)
共テ1期	ネット照会・郵便(合格者)
一般2期・共テ2期	ネット照会・郵便(合格者)
一般3期・共テ3期	ネット照会・郵便(合格者)
特別	ネット照会・郵便(合格者)

入試情報

過去3年間入学者現浪比

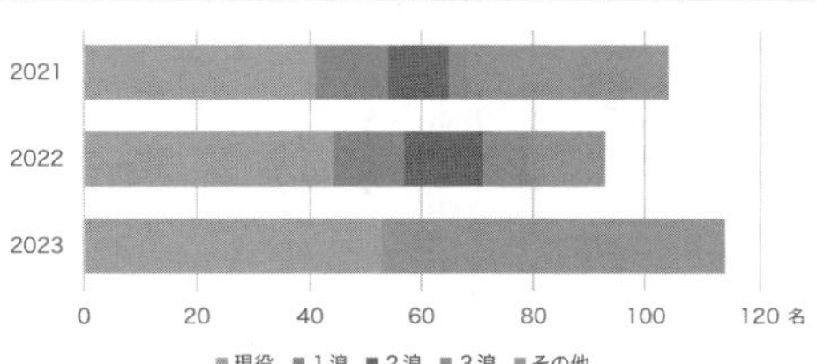

	2021	2022	2023
現役	41名(39.4%)	44名(47.3%)	53名(46.5%)
1浪	13名(12.5%)	13名(14.0%)	61名(53.5%)
2浪	11名(10.6%)	14名(15.1%)	
3浪	3名(2.9%)	8名(8.6%)	
その他	36名(34.6%)	14名(15.1%)	
入学者	104名	93名	114名

2023年度合格者現浪比

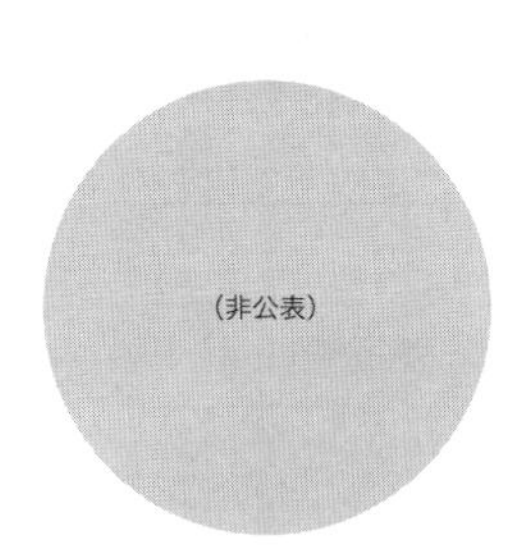

鶴見大学　歯学部歯学科

学部所在地　〒230-8501　神奈川県横浜市鶴見区鶴見2-1-3
交通手段　JR鶴見駅より徒歩5分
学長　中根　正賢
設立年度　[昭和45年] 鶴見女子大学歯学部を開設・附属病院開院

入試問い合わせ先
担当部署　入試センター事務部入試課
電話番号　045-580-8219・8220

歯科医師国家試験状況

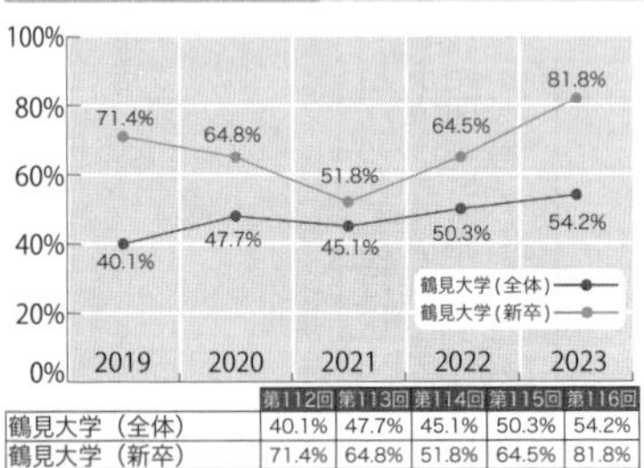

	第112回	第113回	第114回	第115回	第116回
鶴見大学（全体）	40.1%	47.7%	45.1%	50.3%	54.2%
鶴見大学（新卒）	71.4%	64.8%	51.8%	64.5%	81.8%

設置学部

文学部

主な附属病院

鶴見大学歯学部附属病院　内科・眼科併設

・その他関連施設
公共医科学研究センター／国際交流センター
鶴見大学短期大学部／鶴見大学附属中学校・高等学校

2023年度入学者

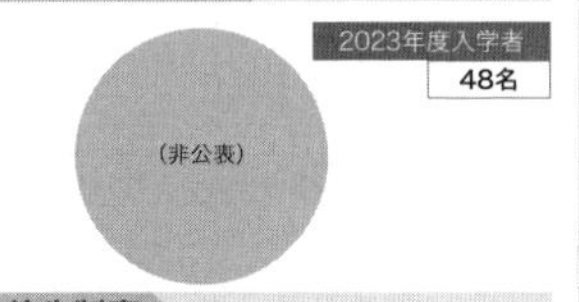

2023年度入学者 **48名**

2024年度学納金

1年次	入学金	¥500,000
	授業料	¥1,950,000
	施設設備費	¥800,000
	教育充実費	¥250,000
	初年度納入金総額	¥3,500,000
	入学時最低納入金	¥2,000,000
2年次以降の年額		¥4,550,000
6年間の総額		¥26,250,000
※その他の納付金(1年次)		¥74,000

繰上げ合格

補欠者には「補欠通知」を郵送し、合格者に欠員が生じた場合、本人へ通知する。

特待生制度

新入生特待奨学生選抜試験（一般1期）の成績により、1～3位までの者に初年度学納金350万円を全額免除、4～10位までの者に200万円減免、11～30位までの者に100万円を減免。

補欠順位

あり

成績開示

なし

寄付金

一切募集しない

入試結果

			2023	2022	2021
一般1期	募集人員		37	37	30
	志願者数		115	109	98
	受験者数	A	113	105	91
	正規合格者数	B	—	—	—
	正規合格倍率	A/B	—	—	—
	補欠候補者数		—	—	—
	繰上合格者数	C	—	—	—
	総合格者数	B+C	84	79	68
	合格実質倍率	A/(B+C)	1.3	1.3	1.3
	入学者数		12	18	11
	合格最高点		—	—	—
	合格最低点		—	—	—
一般2期	募集人員		10	6	5
	志願者数		18	19	25
	受験者数	D	11	11	22
	正規合格者数	E	—	—	—
	正規合格倍率	D/E	—	—	—
	補欠候補者数		—	—	—
	繰上合格者数	F	—	—	—
	総合格者数	E+F	9	8	16
	合格実質倍率	D/(E+F)	1.2	1.4	1.4
	入学者数		2	5	7
	合格最高点		—	—	—
	合格最低点		—	—	—
一般3期	募集人員		5	3	5
	志願者数		9	8	13
	受験者数	G	6	5	7
	正規合格者数	H	—	—	—
	正規合格倍率	G/H	—	—	—
	補欠候補者数		—	—	—
	繰上合格者数	I	—	—	—
	総合格者数	H+I	6	5	6
	合格実質倍率	G/(H+I)	1.0	1.0	1.2
	入学者数		4	3	3
	合格最高点		—	—	—
	合格最低点		—	—	—

			2023	2022	2021
共通1期	募集人員		5	10	15
	志願者数		36	26	46
	受験者数	J	36	24	41
	正規合格者数	K	—	—	—
	正規合格倍率	J/K	—	—	—
	補欠候補者数		—	—	—
	繰上合格者数	L	—	—	—
	総合格者数	K+L	30	21	27
	合格実質倍率	J/(K+L)	1.2	1.1	1.5
	入学者数		0	1	5
	合格最高点		—	—	—
	合格最低点		—	—	—
共通2期	募集人員		3	5	5
	志願者数		4	2	3
	受験者数	M	3	1	3
	正規合格者数	N	—	—	—
	正規合格倍率	M/N	—	—	—
	補欠候補者数		—	—	—
	繰上合格者数	O	—	—	—
	総合格者数	N+O	3	1	3
	合格実質倍率	M/(N+O)	1.0	1.0	1.0
	入学者数		1	0	2
	合格最高点		—	—	—
	合格最低点		—	—	—
共通3期	募集人員		3	3	3
	志願者数		2	4	4
	受験者数	P	0	2	2
	正規合格者数	Q	—	—	—
	正規合格倍率	P/Q	—	—	—
	補欠候補者数		—	—	—
	繰上合格者数	R	—	—	—
	総合格者数	Q+R	0	2	2
	合格実質倍率	P/(Q+R)	—	1.0	1.0
	入学者数		0	0	1
	合格最高点		—	—	—
	合格最低点		—	—	—

			2023	2022	2021
推薦	募集人員		18	26	28
	志願者数		6	6	5
	受験者数	S	6	6	5
	合格者数	T	6	6	5
	実質倍率	S/T	1.0	1.0	1.0
	入学者数		6	6	5
総合型1期	募集人員		10	7	10
	志願者数		12	11	14
	受験者数	U	12	11	14
	合格者数	V	11	11	14
	実質倍率	U/V	1.1	1.0	1.0
	入学者数		10	11	12
総合型2期	募集人員		8	3	若干
	志願者数		2	3	1
	受験者数	W	2	3	1
	合格者数	X	2	3	1
	実質倍率	W/X	1.0	1.0	1.0
	入学者数		2	3	0
総合型3期	募集人員		7	2	
	志願者数		3	4	
	受験者数	Y	3	4	
	合格者数	Z	3	3	
	実質倍率	Y/Z	1.0	1.3	
	入学者数		3	3	
総合型4期	募集人員		3		
	志願者数		3		
	受験者数	α	3		
	合格者数	β	3		
	実質倍率	α / β	1.0		
	入学者数		3		

2024年度　募集要項

鶴見大学 歯学部歯学科

入試日程

試験区分	募集人員	出願期間	試験日	備考
総合型1期	13名	2023年9月1日(金)～9月8日(金)17:00*1	9月18日(月)	*1 9月12日(火)郵送必着、9月12日(火)・13日(水)のみ窓口受付あり *2 10月20日(金)郵送必着、10月23日(月)・24日(火)のみ窓口受付あり *3 12月1日(金)郵送必着、12月4日(月)・5日(火)のみ窓口受付あり *4 3月6日(水)郵送必着、3月7日(木)・8日(金)のみ窓口受付あり *5 1月15日(月)郵送必着、1月16日(火)・17日(水)のみ窓口受付あり *6 2月14日(水)郵送必着、2月15日(木)・16日(金)のみ窓口受付あり *7 1月29日(月)郵送必着、1月29日(月)・30日(火)のみ窓口受付あり
総合型2期	8名	2023年9月25日(月)～10月18日(水)17:00*2	11月3日(金)	
総合型3期	8名	2023年11月3日(金)～11月29日(水)17:00*3	12月10日(日)	
総合型4期	5名	2024年2月21日(水)～3月5日(火)17:00*4	3月13日(水)	
一般1期	37名	2023年12月11日(月)～2024年1月11日(木)17:00*5	1月23日(火) 1月24日(水)	
一般2期	10名	2024年1月25日(木)～2月13日(火)17:00*6	2月22日(木) 2月23日(金)	
一般3期	5名	2024年2月21日(水)～3月5日(火)17:00*4	3月13日(水)	
共テ利用1期	8名	2023年12月11日(月)～2024年1月26日(金)17:00*7	2月9日(金)	
共テ利用2期	3名	2024年2月21日(水)～3月5日(火)17:00*4	3月13日(水)	
編入学1期(2年次)	若干名	2023年9月1日(金)～9月8日(金)17:00*1	9月18日(月)	
編入学2期(2年次)	若干名	2023年9月25日(月)～10月18日(水)17:00*2	11月3日(金)	
編入学3期(2年次)	若干名	2023年11月3日(金)～11月29日(水)17:00*3	12月10日(日)	
編入学4期(2年次)	若干名	2023年12月11日(月)～2024年1月11日(木)17:00*5	1月24日(水)	
編入学5期(2年次)	若干名	2024年1月25日(木)～2月13日(火)17:00*6	2月22日(木)	
編入学6期(2年次)	若干名	2024年2月21日(水)～3月5日(火)17:00*4	3月13日(水)	

試験時間・配点

試験区分	科目	試験時間	時間	配点	合計点	備考
一般1期 一般2期 一般3期	英語・数学より1教科	9:35～11:35	120分	100点	200点	
	理科1科目			100点		
	小論文	12:40～13:40	60分	—		
	面接	13:55～	—	—		

試験会場

試験区分	会場
一般1期	本学・【1月23日のみ】名古屋(名古屋会議室　プライムセントラルタワー店)・福岡(JR博多シティ会議室)
一般2期	本学
一般3期	本学

合格発表日

試験区分	合格発表	手続締切	辞退締切
一般1期	2月3日(土) 10:00	2月14日(水)	3月30日(土) 13:00
共テ1期	2月14日(水) 10:00	2月22日(木)	3月30日(土) 13:00
一般2期	2月29日(木) 10:00	3月7日(木)	3月30日(土) 13:00
一般3期・共テ2期	3月15日(金) 10:00	3月22日(金)	3月30日(土) 13:00

合格発表方法

試験区分	発表方法
推薦1期(公募・指定校)	ネット照会・郵便(合格者)
推薦2期(公募・指定校)	ネット照会・郵便(合格者)
一般1期	ネット照会・郵便(合格者)
共テ1期	ネット照会・郵便(合格者)
一般2期・共テ2期	ネット照会・郵便(合格者)
一般3期・共テ3期	ネット照会・郵便(合格者)

入試情報

過去3年間入学者現浪比

2021 (非公表)
2022 (非公表)
2023 (非公表)
0 10 20 30 40 50 60 名
■非公表

	2021	2022	2023
現役 浪人	非公表	非公表	非公表
入学者	48名	57名	48名

2023年度合格者現浪比

日本歯科大学　新潟生命歯学部生命歯学科

学部所在地　〒951-8580 新潟県新潟市中央区浜浦町1-8
交通手段　JR新潟駅よりバス25分
創設者　中原 市五郎
理事長　中原 泉
設立年度　[昭和47年] 日本歯科大学新潟歯学部を開設

入試問い合わせ先
担当部署　教務部・学生部（入試課）
電話番号　025-267-1500

歯科医師国家試験状況

	第112回	第113回	第114回	第115回	第116回
日本歯科大学（新潟生命歯）（全体）	81.1%	68.1%	84.6%	80.7%	75.8%
日本歯科大学（新潟生命歯）（新卒）	93.9%	73.2%	90.0%	88.9%	83.3%

設置学部

生命歯学部

主な附属病院

日本歯科大学新潟病院

・その他関連施設
在宅ケア新潟クリニック

2023年度入学者

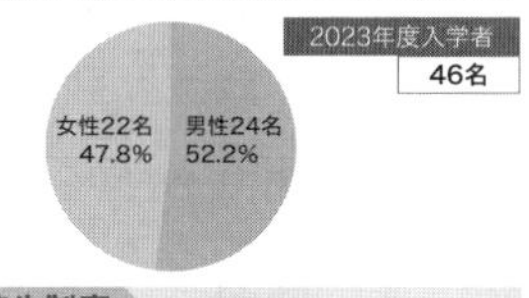

2024年度学納金

1年次	入学金	¥600,000
	授業料	¥2,400,000
	施設維持費	¥500,000
	教育充実費	¥500,000
	初年度納入金総額	¥4,000,000
	入学時最低納入金	¥2,800,000
2年次以降の年額		¥3,400,000
6年間の総額		¥21,000,000
※その他（1年次）		¥35,000

繰上げ合格

補欠合格者は同時発表しないが、入学予定者に欠員が生じた場合に、本人宛に「入学手続要項」を郵送する。

特待生制度

入学試験（一般選抜、共通テスト利用）において、成績上位者約15名（内校友枠、遠隔地居住者含む）は、入学金（入学時のみ）、授業料、教育充実費、施設維持費を6カ年毎年すべて減免される。（6年間の学納金の合計1,569万に減額）

補欠順位

なし

成績開示

あり

寄付金

なし

入試結果

			2023	2022	2021
一般前期	募集人員		約30	約30	約30
	志願者数		130	164	143
	受験者数	A	126	158	130
	正規合格者数	B	—	—	—
	正規合格倍率	A/B	—	—	—
	補欠候補者数		—	—	—
	繰上合格者数	C	—	—	—
	総合格者数	B+C	99	129	97
	合格実質倍率	A/(B+C)	1.3	1.2	1.3
	入学者数		17	36	22
	合格最高点		—	—	—
	合格最低点		—	—	—
一般後期	募集人員		若干	若干名	若干
	志願者数		23	32	38
	受験者数	D	20	26	29
	正規合格者数	E	—	—	—
	正規合格倍率	D/E	—	—	—
	補欠候補者数		—	—	—
	繰上合格者数	F	—	—	—
	総合格者数	E+F	15	16	19
	合格実質倍率	D/(E+F)	1.3	1.6	1.5
	入学者数		7	2	6
	合格最高点		—	—	—
	合格最低点		—	—	—
共通テスト前期	募集人員		約10	約10	約10
	志願者数		56	90	64
	受験者数	G	52	83	63
	正規合格者数	H	—	—	—
	正規合格倍率	G/H	—	—	—
	補欠候補者数		—	—	—
	繰上合格者数	I	—	—	—
	総合格者数	H+I	15	33	27
	合格実質倍率	G/(H+I)	3.5	2.5	2.3
	入学者数		1	4	6
	合格最高点		—	—	—
	合格最低点		—	—	—

			2023	2022	2021
共通テスト後期	募集人員		若干	若干名	若干
	志願者数		4	5	5
	受験者数	J	4	4	5
	正規合格者数	K	—	—	—
	正規合格倍率	J/K	—	—	—
	補欠候補者数		—	—	—
	繰上合格者数	L	—	—	—
	総合格者数	K+L	1	1	4
	合格実質倍率	J/(K+L)	4.0	4.0	1.3
	入学者数		0	0	1
	合格最高点		—	—	—
	合格最低点		—	—	—
推薦	募集人員		約10	約10	約10
	志願者数		9	10	11
	受験者数	M	9	10	11
	合格者数	N	9	10	10
	実質倍率	M/N	1.0	1.0	1.1
	入学者数		9	10	10
総合型Ⅰ	募集人員		約8	約8	約8
	志願者数		14	13	15
	受験者数	O	14	13	15
	合格者数	P	12	11	12
	実質倍率	O/P	1.2	1.2	1.3
	入学者数		10	11	11
総合型Ⅱ	募集人員		約8	約8	約8
	志願者数		3	5	2
	受験者数	Q	3	5	2
	合格者数	R	2	5	2
	実質倍率	Q/R	1.5	1.0	1.0
	入学者数		2	4	2

※1 推薦のデータには指定校を含む
※2 総合型Ⅰ期・Ⅱ期合わせて約16名を募集

2024年度　募集要項　日本歯科大学　新潟生命歯学部生命歯学科

入試日程

試験区分	募集人員	出願期間	試験日	備考
総合型Ⅰ期	約20名	2023年10月4日(水)～10月17日(火)必着	10月21日(土)	*1 1月24日(水)・1月25日(木)に窓口申込あり *2 2月27日(火)に窓口申込あり *3 3月8日(金)に窓口申込あり
総合型Ⅱ期		2023年12月1日(金)～12月13日(水)必着	12月17日(日)	
推薦(指定校含む)	約15名	2023年11月13日(月)～11月22日(水)必着	11月25日(土)	
一般前期	約30名	2024年1月5日(金)～1月24日(水) 必着*1	2月1日(木)	
一般後期	若干名	2024年2月16日(金)～2月27日(火) 必着*2	3月3日(日)	
共テ利用前期	約10名	2024年1月10日(水)～1月24日(水) 必着*1	2月8日(木)	
共テ利用後期	若干名	2024年2月16日(金)～2月27日(火) 必着*2	3月3日(日)	
編入学前期	若干名	2023年11月20日(月)～11月29日(水)必着	12月2日(土)	
編入学後期	若干名	2024年2月28日(水)～3月8日(金)必着*3	3月12日(火)	

試験時間・配点

試験区分	科目	試験時間	時間	配点	合計点	備考
一般前期 一般後期	英語	8:40～9:40	60分	100点	300点	
	国語・数学より1科目	10:10～11:10	60分	100点		
	理科1科目	11:40～12:40	60分	100点		
	面接	13:30～17:30(予定)		—		

試験会場

試験区分	会場
推薦(指定校含む)	本学新潟生命歯学部
一般前期・後期	本学生命歯学部(東京)
共テ利用前期・後期	本学生命歯学部(東京)

合格発表日

試験区分	合格発表	手続締切	辞退締切
推薦(指定校含む)	12月1日(金)	12月12日(火)	
一般前期	2月4日(日) 12:00	2月14日(水)	3月29日(金) 17:00必着
共テ利用前期	2月10日(土) 12:00	2月20日(火)	3月29日(金) 17:00必着
一般後期・共テ利用後期	3月5日(火) 10:00	3月15日(金)	3月29日(金) 17:00必着

合格発表方法

試験区分	発表方法
推薦(指定校含む)	郵便(全員)
一般前期	掲示・ネット照会・郵便(合格者)
共テ利用前期	掲示・ネット照会・郵便(合格者)
一般後期・共テ利用後期	掲示・ネット照会・郵便(合格者)

入試情報

過去3年間入学者現浪比

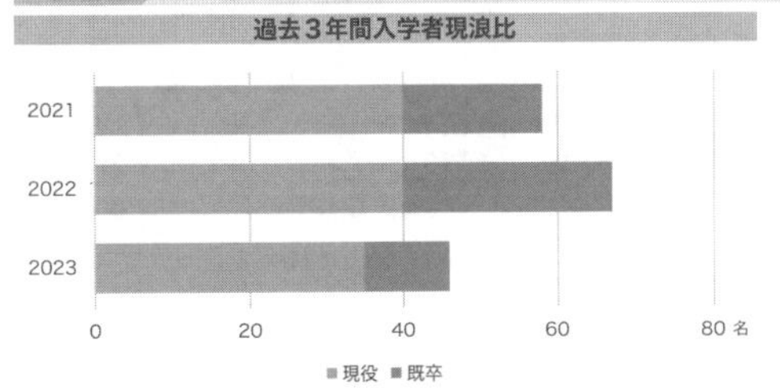

	2021	2022	2023
現役	40名 (69.0%)	40名 (59.7%)	35名 (76.1%)
既卒	18名 (31.0%)	27名 (40.3%)	11名 (23.9%)
入学者	58名	67名	46名

2023年度合格者現浪比

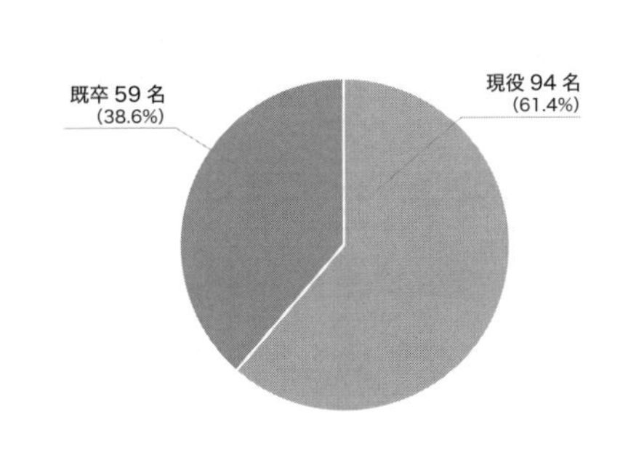

(総合格者 153名)

松本歯科大学　歯学部歯学科

学部所在地	〒399-0781 長野県塩尻市広丘郷原1780
交通手段	JR塩尻駅よりタクシー約5分
創設者	矢ヶ﨑 康
学長	川原 一祐
設立年度	［昭和47年］松本歯科大学開学・大学病院開院

入試問い合わせ先

担当部署	入試広報室
電話番号	0263-54-3210・51-2031

歯科医師国家試験状況

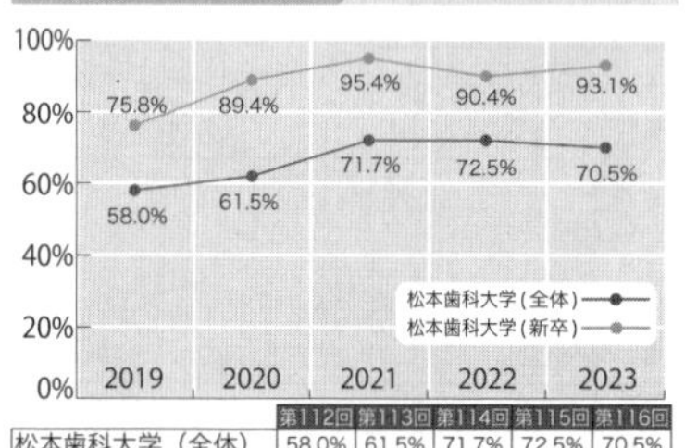

	第112回	第113回	第114回	第115回	第116回
松本歯科大学（全体）	58.0%	61.5%	71.7%	72.5%	70.5%
松本歯科大学（新卒）	75.8%	89.4%	95.4%	90.4%	93.1%

設置学部

主な附属病院

松本歯科大学病院

・その他関連施設
衛生学院／総合歯科医学研究所

2023年度入学者

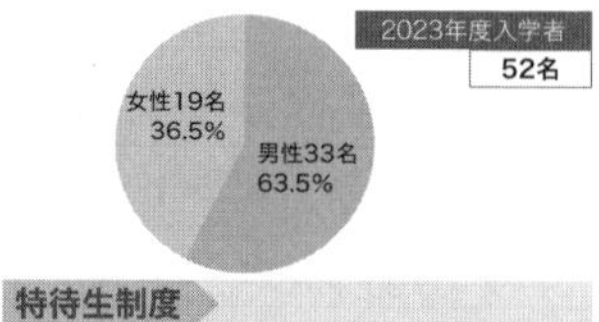

2024年度学納金

1年次	入学金	¥600,000
	授業料	¥3,680,000
	初年度納入金総額	¥4,280,000
	入学時最低納入金	¥2,440,000
2年次以降の年額		¥4,200,000
6年間の総額		¥25,280,000
※その他委託徴収金等(1年次)		¥380,000
(2~6年次)		¥340,000

繰上げ合格

補欠者については、合格発表と同時に学内掲示及び本人宛に文書で通知します。合格者の入学手続状況により欠員が生じた場合は順次繰り上げ合格の手続きをとります。

特待生制度

特待生として成績優秀かつ人物が優れた学生を特待生1種10名、2種20名、入学時特待生を10名募集する。選考試験の結果により、特待生1種は6年間で2048万円（授業料減免）、2種は6年間で1448万円（授業料減免）、入学時特待生は入学時に298万円（授業料減免）を支給。

補欠順位

なし

成績開示

なし

寄付金

なし

入試結果

			2023	2022	2021
一般I期	募集人員		10	10	10
	志願者数		41	50	40
	受験者数	A	36	41	38
	正規合格者数	B	—	—	—
	正規合格倍率	A/B	—	—	—
	補欠候補者数		—	—	—
	繰上合格者数	C	—	—	—
	総合格者数	B+C	27	30	28
	合格実質倍率	A/(B+C)	1.3	1.4	1.4
	入学者数		4	10	11
	合格最高点		—	—	—
	合格最低点		—	—	—
一般II期	募集人員		6	6	6
	志願者数		7	7	9
	受験者数	D	7	4	8
	正規合格者数	E	—	—	—
	正規合格倍率	D/E	—	—	—
	補欠候補者数		—	—	—
	繰上合格者数	F	—	—	—
	総合格者数	E+F	6	3	8
	合格実質倍率	D/(E+F)	1.2	1.3	1.0
	入学者数		1	3	3
	合格最高点		—	—	—
	合格最低点		—	—	—
一般III期	募集人員		3	4	4
	志願者数		8	5	9
	受験者数	G	7	2	8
	正規合格者数	H	—	—	—
	正規合格倍率	G/H	—	—	—
	補欠候補者数		—	—	—
	繰上合格者数	I	—	—	—
	総合格者数	H+I	7	2	8
	合格実質倍率	G/(H+I)	1.0	1.0	1.0
	入学者数		6	1	6
	合格最高点		—	—	—
	合格最低点		—	—	—

			2023	2022	2021
共通I期	募集人員		20	10	10
	志願者数		70	42	30
	受験者数	J	70	41	30
	正規合格者数	K	—	—	—
	正規合格倍率	J/K	—	—	—
	補欠候補者数		—	—	—
	繰上合格者数	L	—	—	—
	総合格者数	K+L	61	32	24
	合格実質倍率	J/(K+L)	1.1	1.3	1.3
	入学者数		23	3	5
	合格最高点		—	—	—
	合格最低点		—	—	—
共通II期	募集人員		10	5	5
	志願者数		9	1	3
	受験者数	M	9	1	3
	正規合格者数	N	—	—	—
	正規合格倍率	M/N	—	—	—
	補欠候補者数		—	—	—
	繰上合格者数	O	—	—	—
	総合格者数	N+O	9	0	3
	合格実質倍率	M/(N+O)	1.0	—	1.0
	入学者数		3	0	1
	合格最高点		—	—	—
	合格最低点		—	—	—
共通III期	募集人員		5	3	3
	志願者数		8	3	5
	受験者数	P	8	3	5
	正規合格者数	Q	—	—	—
	正規合格倍率	P/Q	—	—	—
	補欠候補者数		—	—	—
	繰上合格者数	R	—	—	—
	総合格者数	Q+R	8	2	4
	合格実質倍率	P/(Q+R)	1.0	1.5	1.3
	入学者数		1	0	2
	合格最高点		—	—	—
	合格最低点		—	—	—

			2023	2022	2021
推薦	募集人員		3	3	3
	志願者数		0(0)	1(1)	1(2)
	受験者数	S	0(0)	1(1)	1(2)
	合格者数	T	0(0)	1(1)	1(2)
	実質倍率	S/T	—	1.0(1.0)	1.0(1.0)
	入学者数		0(0)	1(1)	1(2)
総合型I期	募集人員		10	10	10
	志願者数		12	9	17
	受験者数	U	12	9	17
	合格者数	V	12	8	16
	実質倍率	U/V	1.0	1.1	1.1
	入学者数		12	7	16
総合型II期	募集人員		3	3	3
	志願者数		2	4	2
	受験者数	W	2	4	2
	合格者数	X	2	4	2
	実質倍率	W/X	1.0	1.0	1.0
	入学者数		1	3	2
総合型III期	募集人員			若干	若干
	志願者数			2	3
	受験者数	Y		2	3
	合格者数	Z		1	3
	実質倍率	Y/Z		2.0	1.0
	入学者数			1	3

※　推薦の(　)内は指定校のデータ

2024年度　募集要項

入試日程

試験区分	募集人員	出願期間	試験日	備考
総合型Ⅰ期	10名	2023年10月10日(火)～10月25日(水)必着	10月28日(土)	*両日受験可
総合型Ⅱ期	3名	2024年2月5日(月)～2月21日(水)必着	2月27日(火)	
推薦(指定校含む)	3名	2023年11月6日(月)～11月22日(水)必着	11月28日(火)	
一般Ⅰ期	10名	2024年1月5日(金)～1月29日(月) 必着	2月2日(金) 2月3日(土)	
一般Ⅱ期	6名	2024年2月5日(月)～2月21日(水)必着	2月27日(火)	
一般Ⅲ期	3名	2024年2月26日(月)～3月14日(木)必着	3月19日(火)	
共テ利用Ⅰ期	20名	2024年1月5日(金)～1月29日(月) 必着	共通テストのみ	
共テ利用Ⅱ期	10名	2024年2月5日(月)～2月21日(水)必着	共通テストのみ	
共テ利用Ⅲ期	5名	2024年2月26日(月)～3月14日(木)必着	共通テストのみ	
編入学Ⅰ期	若干名	2023年10月10日(火)～10月25日(水)必着	10月28日(土)	
編入学Ⅱ期	若干名	2024年2月5日(月)～2月21日(水)必着	2月27日(火)	

試験時間・配点

試験区分	科目	試験時間	時間	配点	合計点	備考
一般Ⅰ期 一般Ⅱ期	小論文	9:00～10:00	60分	100点	300点	
	外国語(英語)	10:15～11:15	60分	100点		
	数学・化学・生物より1科目	11:30～12:30	60分	100点		
	面接	12:45～	5～10分	—		
一般Ⅲ期	小論文	9:00～10:00	60分	100点	200点	
	英語・数学・化学・生物より1科目	10:15～11:15	60分	100点		
	面接	11:30～	5～10分	—		

試験会場

試験区分	会場
推薦(指定校含む)	本学
一般Ⅰ期	本学・東京(トラストシティカンファレンス・丸の内)・大阪(ブリーゼプラザ)・福岡(TKP博多駅筑紫口ビジネスセンター)
一般Ⅱ期・一般Ⅲ期	本学・東京(トラストシティカンファレンス・丸の内)・大阪(ブリーゼプラザ)

合格発表日

試験区分	合格発表	手続締切	辞退締切
推薦(指定校含む)	12月1日(金) 15:00	12月15日(金)	
一般Ⅰ期・共テⅠ期	2月6日(火) 15:00	2月22日(木)	3月29日(金) 17:00
一般Ⅱ期・共テⅡ期	2月29日(木) 15:00	3月14日(木)	3月29日(金) 17:00
一般Ⅲ期・共テⅢ期	3月22日(金) 15:00	3月29日(金)	3月29日(金) 17:00

合格発表方法

試験区分	発表方法
推薦(指定校含む)	ネット一覧・郵便(全員)
一般Ⅰ期・共テⅠ期	掲示・ネット一覧・郵便(合格者)
一般Ⅱ期・共テⅡ期	掲示・ネット一覧・郵便(合格者)
一般Ⅲ期・共テⅢ期	掲示・ネット一覧・郵便(合格者)

入試情報

過去3年間入学者現浪比

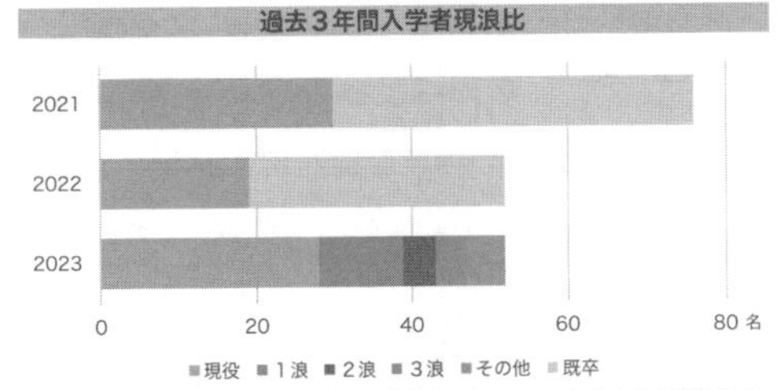

	2021	2022		2023
現役	30名(39.5%)	19名(36.5%)	現役	28名(53.8%)
既卒	46名(60.5%)	33名(63.5%)	1浪	11名(21.2%)
			2浪	4名(7.7%)
			3浪	4名(7.7%)
			4浪以上	5名(9.6%)
入学者	76名	52名		52名

2023年度合格者現浪比

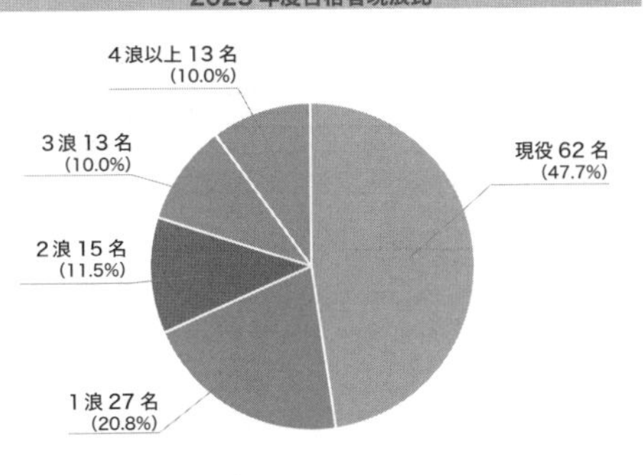

(総合格者 130名)

朝日大学　歯学部歯学科

学部所在地	〒501-0296 岐阜県瑞穂市穂積1851
交通手段	JR穂積駅よりスクールバス5分
創設者	宮田 慶三郎
学長	大友 克之
設立年度	[昭和46年] 岐阜歯科大学開学・附属病院開院

入試問い合わせ先

担当部署　入試広報課
電話番号　058-329-1088

歯科医師国家試験状況

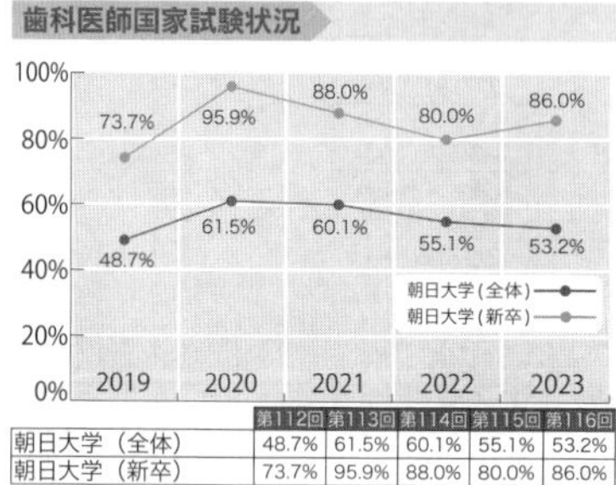

	第112回	第113回	第114回	第115回	第116回
朝日大学（全体）	48.7%	61.5%	60.1%	55.1%	53.2%
朝日大学（新卒）	73.7%	95.9%	88.0%	80.0%	86.0%

設置学部

法学部
経営学部
保健医療学部

主な附属病院

朝日大学医科歯科医療センター
朝日大学病院
PDI岐阜歯科診療所
・その他関連施設
口腔科学共同研究所／歯科衛生士専門学校

2023年度入学者

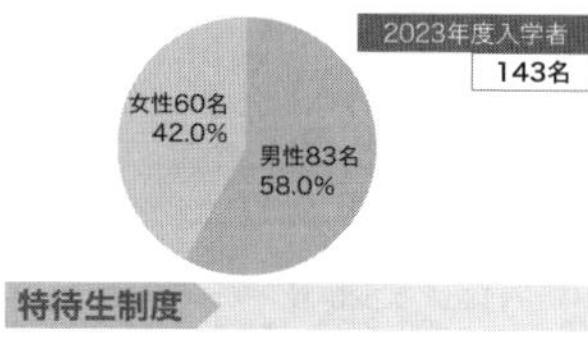

2024年度学納金

1年次	入学金	¥400,000
	授業料	¥950,000
	施設設備費	¥400,000
	教育充実費	¥780,000
	初年度納入金総額	¥2,530,000
	入学時最低納入金	¥1,465,000
2年次以降の年額		¥3,080,000
6年間の総額		¥17,930,000
※その他諸会費等　（1年次）		¥58,500
（2年次以降）		¥105,000

繰上げ合格

補欠対象者の発表はしない。辞退者が出た場合、随時繰上合格を認め、電話にて連絡する。

特待生制度

補欠順位

なし

成績開示

なし

寄付金

一切必要ありません。

入試結果

区分	項目	記号	2023	2022	2021
一般Ⅰ期	募集人員		55	55	55
	志願者数		228	239	249
	受験者数	A	213	217	244
	正規合格者数	B	—	—	—
	正規合格倍率	A/B	—	—	—
	補欠候補者数		—	—	—
	繰上合格者数	C	—	—	—
	総合格者数	B+C	117	128	107
	合格実質倍率	A/(B+C)	1.8	1.7	2.3
	入学者数		54	48	37
	合格最高点		—	—	—
	合格最低点		—	—	121/200
一般Ⅱ期	募集人員		8	8	8
	志願者数		27	19	39
	受験者数	D	25	16	37
	正規合格者数	E	—	—	—
	正規合格倍率	D/E	—	—	—
	補欠候補者数		—	—	—
	繰上合格者数	F	—	—	—
	総合格者数	E+F	8	12	19
	合格実質倍率	D/(E+F)	3.1	1.3	1.9
	入学者数		3	6	13
	合格最高点		—	—	—
	合格最低点		—	—	116/200
一般Ⅲ期	募集人員		4	4	4
	志願者数		26	11	16
	受験者数	G	20	9	13
	正規合格者数	H	—	—	—
	正規合格倍率	G/H	—	—	—
	補欠候補者数		—	—	—
	繰上合格者数	I	—	—	—
	総合格者数	H+I	1	7	9
	合格実質倍率	G/(H+I)	20.0	1.3	1.4
	入学者数		0	5	5
	合格最高点		—	—	—
	合格最低点		—	—	103/200
共通Ⅰ期	募集人員		8	8	8
	志願者数		58	44	52
	受験者数	J	55	41	52
	正規合格者数	K	—	—	—
	正規合格倍率	J/K	—	—	—
	補欠候補者数		—	—	—
	繰上合格者数	L	—	—	—
	総合格者数	K+L	23	19	18
	合格実質倍率	J/(K+L)	2.4	2.2	2.9
	入学者数		2	1	1
	合格最高点		—		
	合格最低点		—	—	211.5/300

区分	項目	記号	2023	2022	2021
共通Ⅱ期	募集人員		2	2	2
	志願者数		2	1	5
	受験者数	M	2	1	5
	正規合格者数	N	—	—	—
	正規合格倍率	M/N	—	—	—
	補欠候補者数		—	—	—
	繰上合格者数	O	—	—	—
	総合格者数	N+O	1	0	1
	合格実質倍率	M/(N+O)	2.0	—	5.0
	入学者数		1	0	0
	合格最高点		—	—	—
	合格最低点		—	—	203.5/300
共通Ⅲ期	募集人員		2	2	2
	志願者数		7	3	3
	受験者数	P	4	0	3
	正規合格者数	Q	—	—	—
	正規合格倍率	P/Q	—	—	—
	補欠候補者数		—	—	—
	繰上合格者数	R	—	—	—
	総合格者数	Q+R	1	0	1
	合格実質倍率	P/(Q+R)	4.0	—	3.0
	入学者数		1	0	1
	合格最高点		—	—	—
	合格最低点		—	—	225/300
共通プラスⅠ期	募集人員		2	2	2
	志願者数		56	60	58
	受験者数	S	55	55	57
	正規合格者数	T	—	—	—
	正規合格倍率	S/T	—	—	—
	補欠候補者数		—	—	—
	繰上合格者数	U	—	—	—
	総合格者数	T+U	8	10	9
	合格実質倍率	S/(T+U)	6.9	5.5	6.3
	入学者数		0	0	0
	合格最高点		—	—	—
	合格最低点		—	—	242/300
共通プラスⅡ期	募集人員		2	2	2
	志願者数		3	5	8
	受験者数	V	3	5	8
	正規合格者数	W	—	—	—
	正規合格倍率	V/X	—	—	—
	補欠候補者数		—	—	—
	繰上合格者数	X	—	—	—
	総合格者数	W+X	1	1	2
	合格実質倍率	V/(W+X)	3.0	5.0	4.0
	入学者数		0	0	0
	合格最高点		—	—	—
	合格最低点		—	—	221/300

区分	項目	記号	2023	2022	2021
共通プラスⅢ期	募集人員		2	2	2
	志願者数		5	4	5
	受験者数	Y	4	2	5
	正規合格者数	Z	—	—	—
	正規合格倍率	Y/Z	—	—	—
	補欠候補者数		—	—	—
	繰上合格者数	α	—	—	—
	総合格者数	Z+α	0	1	1
	合格実質倍率	Y/(Z+α)	—	2.0	5.0
	入学者数		0	0	0
	合格最高点		—	—	—
	合格最低点		—	—	217/300
推薦	募集人員		31	31	31
	志願者数		70	56	73
	受験者数	β	68	56	72
	合格者数	γ	68	52	61
	実質倍率	β/γ	1.0	1.1	1.2
	入学者数		50	36	48
信長Ⅰ期	募集人員		7	7	7
	志願者数		29	22	32
	受験者数	δ	29	22	32
	合格者数	ε	29	18	13
	実質倍率	δ/ε	1.0	1.2	2.5
	入学者数		27	17	12
信長Ⅱ期	募集人員		3	3	3
	志願者数		4	5	13
	受験者数	ζ	4	5	13
	合格者数	η	3	5	6
	実質倍率	ζ/η	1.3	1.0	2.2
	入学者数		3	5	6
信長Ⅲ期	募集人員		2	2	2
	志願者数		2	2	11
	受験者数	θ	2	2	10
	合格者数	ι	2	1	3
	実質倍率	θ/ι	1.0	2.0	3.3
	入学者数		2	1	3

※ 推薦には指定校のデータを含む
(注)合格最低点は総合格者を対象

入試日程

試験区分	募集人員	出願期間	試験日	備考
信長入試Ⅰ期	7名	2023年9月19日(火)～10月4日(水)	10月15日(日)	*1 一般Ⅰ期を複数日程受験した場合は、2科目の合計点が最も高い試験日の中で高得点の1科目と面接評価を使用 *2 共通テストの高得点2科目と同出願期間の一般入試の高得点1科目を利用 *3 出願期間を同じくする一般入試を受験
信長入試Ⅱ期	3名	2023年10月20日(金)～11月3日(金)	11月11日(土)	
信長入試Ⅲ期	2名	2023年11月20日(月)～ 12月3日(日)	12月9日(土)	
総合型Ⅰ期	若干名	2024年12月15日(金)～1月16日(火)	1月26日(金)	
総合型Ⅱ期		2024年1月30日(火)～ 2月14日(水)	2月22日(木)	
総合型Ⅲ期		2024年2月20日(火)～ 3月6日(水)	3月14日(木)	
総合型Ⅳ期		2024年3月7日(木)～3月17日(日)	3月22日(金)	
推薦(指定校含む)Ⅰ期	31名	2023年10月20日(金)～ 11月3日(金)	11月11日(土)	
推薦Ⅱ期		2023年11月20日(月)～12月3日(日)	12月9日(土)	
一般Ⅰ期*1	55名	2023年12月15日(金)～ 2024年1月16日(火)	【A日程】1月24日(水) 【B日程】1月25日(木) 【C日程】1月26日(金)	
一般Ⅱ期	8名	2024年1月30日(火)～ 2月14日(水)	2月22日(木)	
一般Ⅲ期	4名	2024年2月20日(火)～ 3月6日(水)	3月14日(木)	
共テプラスⅠ期*2	2名	2023年12月15日(金)～ 2024年1月16日(火)	*3	
共テプラスⅡ期*2	2名	2024年1月30日(火)～ 2月14日(水)	*3	
共テプラスⅢ期*2	2名	2024年2月20日(火)～ 3月6日(水)	*3	
共テ利用Ⅰ期	8名	2023年12月15日(金)～ 2024年1月16日(火)	1月24日(水)・1月25日(木)・1月26日(金)のいずれか	
共テ利用Ⅱ期	2名	2024年1月30日(火)～ 2月14日(水)	2月22日(木)	
共テ利用Ⅲ期	2名	2024年2月20日(火)～ 3月6日(水)	3月14日(木)	

試験時間・配点

試験区分	科目	試験時間	時間	配点	合計点	備考
一般Ⅰ期 一般Ⅱ期 一般Ⅲ期	英語	10:30～12:30	120分	100点×2	—	
	数学・理科より1科目					
	面接	13:30～	10分程度	—		

試験会場

試験区分	会場
推薦(指定校含む)	本学
一般Ⅰ期	【A日程】本学・大阪・福岡　【B日程・C日程】本学
一般Ⅱ期・Ⅲ期	本学・大阪

合格発表日

試験区分	合格発表	手続締切	辞退締切
推薦(指定校含む)Ⅰ期	12月1日(金)	12月12日(火)	3月30日(土)13:00
推薦Ⅱ期	12月15日(金)	12月25日(月)	3月30日(土)13:00
一般Ⅰ期	2月2日(金)	2月13日(火)	3月30日(土)13:00
共テⅠ期・共テプラスⅠ期	2月9日(金)	2月16日(金)	3月30日(土)13:00
一般Ⅱ期・共テⅡ期・共テプラスⅡ期	3月1日(金)	3月8日(金)	3月30日(土)13:00
一般Ⅲ期・共テⅢ期・共テプラスⅢ期	3月19日(火)	3月26日(火)	3月30日(土)13:00

※一般推薦B(他大学併願可)のみ辞退可

合格発表方法

試験区分	発表方法
推薦(指定校含む)Ⅰ期	ネット照会・郵便(合格者)
推薦Ⅱ期	ネット照会・郵便(合格者)
一般Ⅰ期	ネット照会・郵便(合格者)
共テⅠ期・共テプラスⅠ期	ネット照会・郵便(合格者)
一般Ⅱ期・共テⅡ期・共テプラスⅡ期	ネット照会・郵便(合格者)
一般Ⅲ期・共テⅢ期・共テプラスⅢ期	ネット照会・郵便(合格者)

入試情報

過去3年間入学者現浪比

2021
2022
2023
0　50　100　150 名
■現役 ■1浪 ■2浪 ■3浪 ■4浪以上 ■浪人

	2021	2022		2023
現役	85名 (66.4%)	80名 (66.7%)	現役	102名 (71.3%)
浪人	43名 (33.6%)	40名 (33.3%)	1浪	21名 (14.7%)
			2浪	9名 (6.3%)
			3浪	5名 (3.5%)
			4浪以上	6名 (4.2%)
入学者	128名	120名		143名

2023年度合格者現浪比

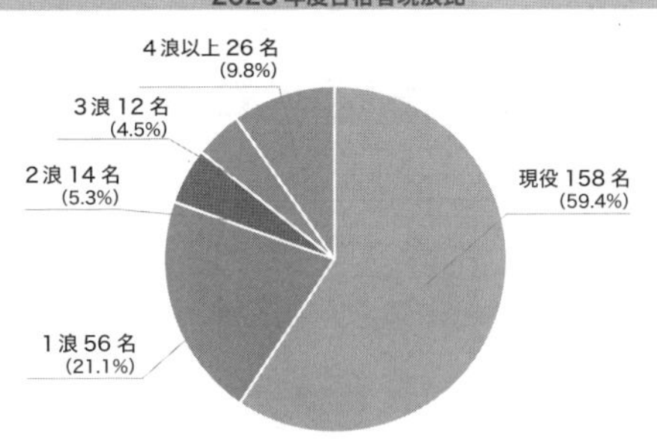

(総合格者 266名)

愛知学院大学　歯学部歯学科

学部所在地	〒464-8650 愛知県名古屋市千種区楠元町1 -100
交通手段	地下鉄東山線・名城線本山駅より徒歩5分
学長	引田　弘道
設立年度	[昭和36年] 愛知学院大学歯学部を開設・附属病院開院

入試問い合わせ先
担当部署　入試センター
電話番号　0561-73-1111

歯科医師国家試験状況

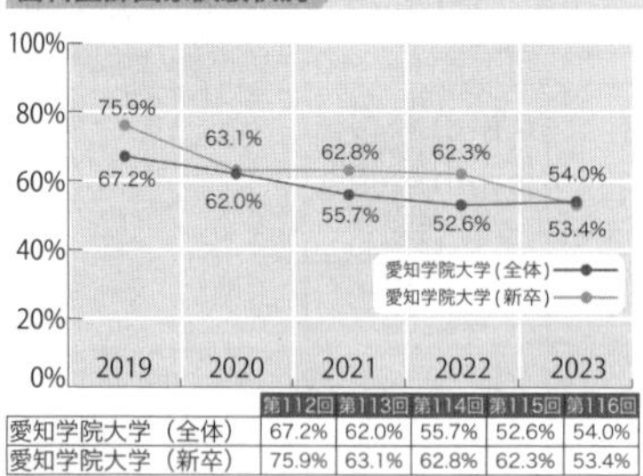

	第112回	第113回	第114回	第115回	第116回
愛知学院大学（全体）	67.2%	62.0%	55.7%	52.6%	54.0%
愛知学院大学（新卒）	75.9%	63.1%	62.8%	62.3%	53.4%

設置学部

文学部／心理学部／健康科学部／商学部／経営学部／経済学部／法学部／総合政策学部／薬学部

主な附属病院

愛知学院大学歯学部附属病院

・その他関連施設
未来口腔医療研究センター

2023年度入学者

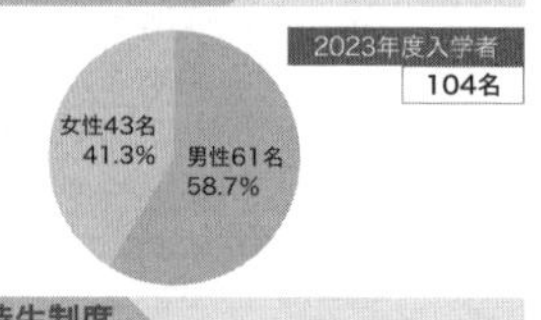

2024年度学納金

1年次	入学金	¥600,000
	授業料	¥3,700,000
	教育充実費・資金	¥1,300,000
	初年度納入金総額	¥5,641,000
	入学時最低納入金	¥3,131,000
2年次以降の年額		¥5,020,000 ～¥5,120,000
6年間の総額		¥31,141,000

繰上げ合格

繰上合格があった場合は、随時、電話にて通知する。

特待生制度

前期試験Aの成績最上位者に、くすのき奨学金（1,485万円 1名・560万円 6名）を給付。さらに前期試験Aと共通テストI期利用の成績上位者（合計十数名）は、学納金125万円以上を免除。２年時以降も成績上位者は特待生として年間30万を給付。

補欠順位

あり

成績開示

なし

寄付金

寄付金（金額任意）

入試結果

			2023	2022	2021
前期A	募集人員		50	50	50
	志願者数		145	119	134
	受験者数	A	140	112	122
	正規合格者数	B	—	—	—
	正規合格倍率	A/B	—	—	—
	補欠候補者数		—	—	—
	繰上合格者数	C	—	—	—
	総合格者数	B+C	112	99	80
	合格実質倍率	A/(B+C)	1.3	1.1	1.5
	入学者数		—	—	—
	合格最高点		—	—	—
	合格最低点		—	—	142/300
中期	募集人員		5	5	5
	志願者数		39	47	47
	受験者数	D	12	20	13
	正規合格者数	E	—	—	—
	正規合格倍率	D/E	—	—	—
	補欠候補者数		—	—	—
	繰上合格者数	F	—	—	—
	総合格者数	E+F	9	19	10
	合格実質倍率	D/(E+F)	1.3	1.1	1.3
	入学者数		—	—	—
	合格最高点		—	—	—
	合格最低点		—	—	117/300
後期	募集人員		3	3	3
	志願者数		30	26	27
	受験者数	G	20	16	16
	正規合格者数	H	—	—	—
	正規合格倍率	G/H	—	—	—
	補欠候補者数		—	—	—
	繰上合格者数	I	—	—	—
	総合格者数	H+I	16	15	13
	合格実質倍率	G/(H+I)	1.3	1.1	1.2
	入学者数		—	—	—
	合格最高点		—	—	—
	合格最低点		—	—	90/200

			2023	2022	2021
共通I期(3科目)	募集人員		5	5	5
	志願者数		36	38	40
	受験者数	J	36	36	40
	正規合格者数	K	—	—	—
	正規合格倍率	J/K	—	—	—
	補欠候補者数		—	—	—
	繰上合格者数	L	—	—	—
	総合格者数	K+L	32	32	28
	合格実質倍率	J/(K+L)	1.1	1.1	1.4
	入学者数		—	—	—
	合格最高点		—	—	—
	合格最低点		—	—	186/300
共通I期(4科目)	募集人員		3	3	3
	志願者数		15	20	21
	受験者数	M	15	18	21
	正規合格者数	N	—	—	—
	正規合格倍率	M/N	—	—	—
	補欠候補者数		—	—	—
	繰上合格者数	O	—	—	—
	総合格者数	N+O	13	15	18
	合格実質倍率	M/(N+O)	1.2	1.2	1.2
	入学者数		—	—	—
	合格最高点		—	—	—
	合格最低点		—	—	224/400
共通II期	募集人員		3	3	3
	志願者数		5	4	7
	受験者数	P	4	3	6
	正規合格者数	Q	—	—	—
	正規合格倍率	P/Q	—	—	—
	補欠候補者数		—	—	—
	繰上合格者数	R	—	—	—
	総合格者数	Q+R	4	3	5
	合格実質倍率	P/(Q+R)	1.0	1.0	1.2
	入学者数		—	—	—
	合格最高点		—	—	—
	合格最低点		—	—	125/200

			2023	2022	2021
共通プラス	募集人員		5	5	5
	志願者数		70	63	69
	受験者数	S	69	60	63
	正規合格者数	T	—	—	—
	正規合格倍率	S/T	—	—	—
	補欠候補者数		—	—	—
	繰上合格者数	U	—	—	—
	総合格者数	T+U	61	57	57
	合格実質倍率	S/(T+U)	1.1	1.1	1.1
	入学者数		—	—	—
	合格最高点		—	—	—
	合格最低点		—	—	127 /300
推薦A	募集人員		10	10	10
	志願者数		2	3	8
	受験者数	V	2	3	8
	合格者数	W	2	3	8
	実質倍率	V/W	1.0	1.0	1.0
	入学者数		—	—	—
	合格最低点		—	—	83.0 /130
推薦B	募集人員		15	15	15
	志願者数		36	41	42
	受験者数	X	36	41	42
	合格者数	Y	36	41	40
	実質倍率	X/Y	1.0	1.0	1.1
	入学者数		—	—	—
	合格最低点		—	—	72.4 /130
AO	募集人員		8	8	8
	志願者数		1	4	3
	受験者数	Z	1	3	3
	合格者数	α	1	3	3
	実質倍率	Z/ α	1.0	1.0	1.0
	入学者数		—	—	—

(注)合格最高点・最低点は総合格者を対象

2024年度　募集要項

愛知学院大学 歯学部歯学科

入試日程

試験区分	募集人員	出願期間*1	試験日	備考
AO	8名	第1次:9月25日(月)~10月2日(月)消印有効*2 第2次:10月16日(月)~10月19日(木)消印有効	10月22日(日)	*1 Net出願の出願登録は締切日の正午までです *2 10月3日(火)のみ窓口受付 *3 共通テストの2科目と前期Aの1科目の得点を利用する
公募制推薦A	10名	2023年10月27日(金)~11月2日(木)消印有効	11月11日(土)	
公募制推薦B	15名			
指定校制推薦	18名		11月12日(日)	
前期A	50名	2024年1月5日(金)~1月19日(金)消印有効	2月2日(金) 2月3日(土) (自由選択)	
中期	2名	2024年1月5日(金)~1月25日(木)消印有効	2月15日(木)	
後期	3名	2024年2月2日(金)~2月25日(日)消印有効	3月7日(木)	
共テプラス	5名	2024年1月5日(金)~1月19日(金)消印有効	*3	
共テⅠ期<3科目型>	5名	2024年1月5日(金)~1月25日(木)消印有効	2月3日(土)	
共テⅠ期<4科目型>	3名	2024年1月5日(金)~1月25日(木)消印有効	2月3日(土)	
共テⅡ期	3名	2024年1月26日(金)~2月25日(日)消印有効	3月1日(金)	

試験時間・配点

試験区分	科目	試験時間	時間	配点	合計点	備考
前期試験A中期試験	外国語(英語)	10:00~11:00	60分	100点	300点	
	数学・理科より2科目	12:00~14:00	120分	200点		
	面接	14:40~	10~15分	—	—	
後期試験	数学・理科より2科目	10:00~12:00	120分	200点	200点 —	
	面接	13:00~	10~15分	—		

試験会場

試験区分	会場
公募制推薦A・B	本学日進キャンパス・東京・大阪
前期試験A	本学日進キャンパス・東京・大阪・福岡
中期試験・後期試験	本学日進キャンパス・東京・大阪

合格発表日

試験区分	合格発表	手続締切	辞退締切
公募制推薦A	12月1日(金)	12月12日(火)	
公募制推薦B	12月1日(金)	12月12日(火)	3月31日(日) 12:00
前期試験A・ 共テプラス・ 共テⅠ期	2月11日(日)	2月22日(木)	3月31日(日) 12:00
中期試験	2月24日(土)	3月4日(月)	3月31日(日) 12:00
後期試験	3月16日(土)	3月25日(月)	3月31日(日) 12:00
共テⅡ期	3月7日(木)	3月14日(木)	3月31日(日) 12:00

合格発表方法

試験区分	発表方法
公募制推薦A	ネット照会・郵便(合格者)
公募制推薦B	ネット照会・郵便(合格者)
前期試験A・ 共テプラス・ 共テⅠ期	ネット照会・郵便(合格者)
中期試験	ネット照会・郵便(合格者)
後期試験	ネット照会・郵便(合格者)
共テⅡ期	ネット照会・郵便(合格者)

入試情報

過去3年間入学者現浪比

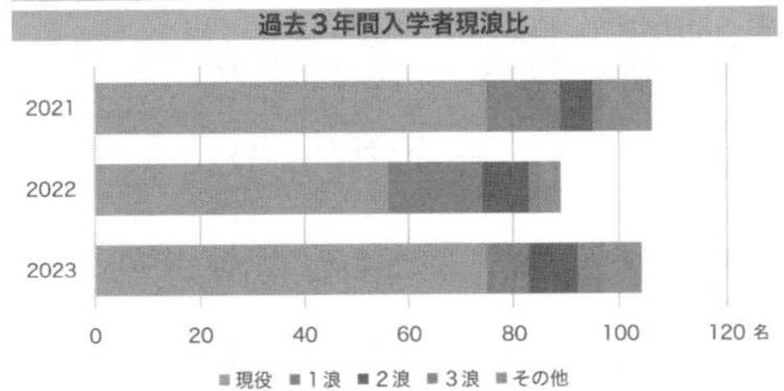

	2021	2022		2023
現役	75名 (70.8%)	56名 (62.9%)	現役	75名 (72.1%)
1浪	14名 (13.2%)	18名 (20.2%)	1浪	8名 (7.7%)
2浪	6名 (5.7%)	9名 (10.1%)	2浪	9名 (8.7%)
3浪	2名 (1.9%)	2名 (2.2%)	3浪	5名 (4.8%)
その他	9名 (8.5%)	4名 (4.5%)	4浪以上	7名 (6.7%)
入学者	106名	89名		104名

2023年度合格者現浪比

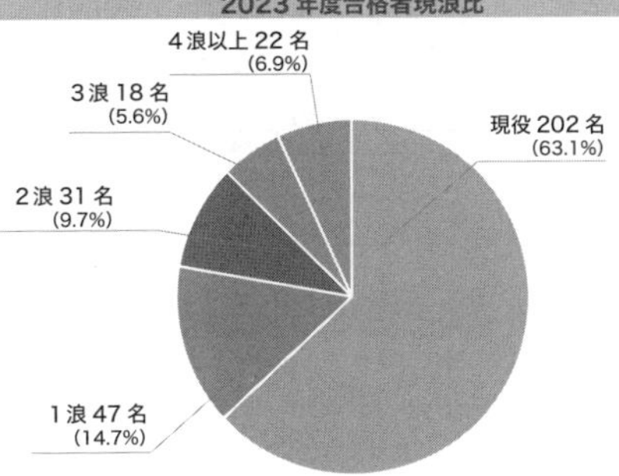

(総合格者 320名)

大阪歯科大学　歯学部歯学科

学部所在地	〒573-1121　大阪府枚方市楠葉花園町8-1
交通手段	京阪電鉄樟葉駅より徒歩5分
理事長・学長	川添 堯彬
設立年度	［明治44年］大阪歯科医学校を創設

入試問い合わせ先

担当部署	アドミッションセンター
電話番号	072-864-5511

歯科医師国家試験状況

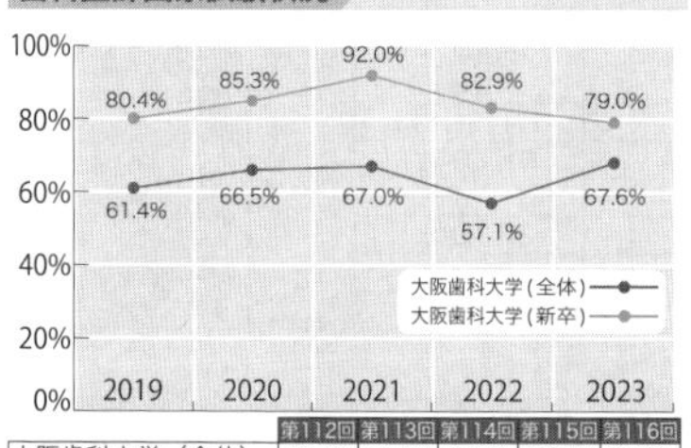

	第112回	第113回	第114回	第115回	第116回
大阪歯科大学（全体）	61.4%	66.5%	67.0%	57.1%	67.6%
大阪歯科大学（新卒）	80.4%	85.3%	92.0%	82.9%	79.0%

設置学部

医療保健学部
看護学部（2024年4月新設予定）

主な附属病院

大阪歯科大学附属病院

2023年度入学者

2024年度学納金

1年次	入学金	¥600,000
	授業料	¥3,800,000
	施設設備費	¥700,000
	教育充実費	¥650,000
	初年度納入金総額	¥5,750,000
	入学時最低納入金	¥3,175,000
2年次以降の年額		¥5,150,000
6年間の総額		¥31,500,000
※その他委託徴収金等(1年次)		¥640,000

繰上げ合格

合格発表と同時に補欠者には補欠通知を郵送する。合格者に欠員が生じた場合は、補欠合格者をとることがあり、補欠合格者には電話・文書で本人に通知する。

特待生制度

学校推薦型選抜（公募併願制）または一般選抜（前期）および大学入学共通テストにおいて、成績優秀な受験者に対し、学納金を免除する。6年間免除総額27,685,200円（3名）

補欠順位

なし

成績開示

なし

寄付金

なし

入試結果

区分	項目		2023	2022	2021
一般前期	募集人員		約60	約65	約65
	志願者数		247	320	320
	受験者数	A	227	288	288
	正規合格者数	B	—	65	65
	正規合格倍率	A/B	—	**4.4**	**4.4**
	補欠候補者数		—	—	—
	繰上合格者数	C	—	—	—
	総合格者数	B+C	**83**	—	—
	合格実質倍率	A/(B+C)	**2.7**	—	—
	入学者数		50	33	70
	合格最高点		—	—	—
	合格最低点		236.0/400	198/300	227/300
一般後期	募集人員		約8	約8	約8
	志願者数		85	90	64
	受験者数	D	82	83	56
	正規合格者数	E	—	8	4
	正規合格倍率	D/E	—	**10.4**	**14.0**
	補欠候補者数		—	—	—
	繰上合格者数	F	—	—	—
	総合格者数	E+F	**22**	—	—
	合格実質倍率	D/(E+F)	**3.7**	—	—
	入学者数		15	25	4
	合格最高点		—	—	—
	合格最低点		204.4/300	144/200	156/200
共通前期	募集人員		約15	約15	約15
	志願者数		99	145	128
	受験者数	G	99	144	128
	正規合格者数	H	—	8	7
	正規合格倍率	G/H	—	**18.0**	**18.3**
	補欠候補者数		—	—	—
	繰上合格者数	I	—	—	—
	総合格者数	H+I	**35**	**8**	**7**
	合格実質倍率	G/(H+I)	**2.8**	**18.0**	**18.3**
	入学者数		6	1	0
	合格最高点		—	—	—
	合格最低点		210.0/300	222/300	259/300

区分	項目		2023	2022	2021
共通前期・プラス1	募集人員		約15	約15	約15
	志願者数		83	136	107
	受験者数	J	80	125	100
	正規合格者数	K	—	2	10
	正規合格倍率	J/K	—	**62.5**	**10.0**
	補欠候補者数		—	—	—
	繰上合格者数	L	—	—	—
	総合格者数	K+L	**26**	**2**	**10**
	合格実質倍率	J/(K+L)	**3.1**	**62.5**	**10.0**
	入学者数		3	1	3
	合格最高点		—	—	—
	合格最低点		342.5/500	279/400	302/400
共通後期	募集人員		約15	約15	約15
	志願者数		30	28	27
	受験者数	M	30	27	27
	正規合格者数	N	—	6	4
	正規合格倍率	M/N	—	**4.5**	**6.8**
	補欠候補者数		—	—	—
	繰上合格者数	O	—	—	—
	総合格者数	N+O	**5**	**6**	**4**
	合格実質倍率	M/(N+O)	**6.0**	**4.5**	**6.8**
	入学者数		2	6	4
	合格最高点		—	—	—
	合格最低点		164.0/200	140/200	156/200
共通後期・プラス1	募集人員		約15	約15	約15
	志願者数		24	28	26
	受験者数	P	24	25	24
	正規合格者数	Q	—	5	0
	正規合格倍率	P/Q	—	**5.0**	—
	補欠候補者数		—	—	—
	繰上合格者数	R	—	—	—
	総合格者数	Q+R	**9**	**5**	—
	合格実質倍率	P/(Q+R)	**2.7**	**5.0**	—
	入学者数		1	4	0
	合格最高点		—	—	—
	合格最低点		289.5/400	196/300	—
推薦	募集人員		約45	約40	約40
	志願者数		109	87	51
	受験者数	S	108	87	51
	合格者数	T	62	57	42
	実質倍率	S/T	**1.7**	**1.5**	**1.2**
	入学者数		51	57	42

※1　共通前期・プラス１と共通後期・プラス1を合わせて募集人員約15名
※2　推薦のデータには指定校を含む
（注）合格最低点は総合格者を対象

2024 年度　募集要項　大阪歯科大学 歯学部歯学科

入試日程

試験区分	募集人員	出願期間	試験日	備考
推薦(指定校含む)	約45名	2023年11月1日(水)～ 11月20日(月)消印有効	11月26日(日)	窓口受付時間 9:00～17:00
一般前期(チョイス1・チョイス2を含む)	約60名	2023年12月4日(月)～ 2024年1月27日(土)消印有効	2月4日(日)	
一般後期(チョイス1・チョイス2を含む)	約10名	2024年2月12日(月・祝)～ 2月27日(火)消印有効	3月3日(日)	
共テ利用前期・プラス1前期	約13名	2023年12月4日(月)～ 2024年1月27日(土)消印有効	2月4日(日)	
共テ利用後期・プラス1後期		2024年2月12日(月・祝)～ 2月27日(火)消印有効	3月3日(日)	
編入学	若干名	2023年11月1日(水)～ 11月20日(月)消印有効	11月26日(日)	

試験時間・配点

試験区分	科目	試験時間	時間	配点	合計点	備考
一般前期 一般後期	英語	9:00～10:00	60分	100点	300点	*1 英語の各種資格・検定試験の結果について、一定の基準を満たしている場合は本学の外国語(英語)の学力試験について受験または免除のいずれかを選択できる。 *2 歯学部入学者選抜において、複数日程受験する場合、2回目以降の面接は免除とし、初回受験時の面接評価を合否判定に利用する
	数学	10:30～11:30	60分	100点		
	理科1科目	12:00～13:00	60分	100点		
	小論文	13:50～14:30	40分	段階評価		
	面接	15:10～		段階評価		

試験会場

試験区分	会場
推薦(指定校含む)	本学楠葉キャンパス
一般前期(チョイス1・チョイス2を含む)	本学楠葉キャンパス・東京(駿台予備学校お茶の水校1号館)・名古屋(代々木ゼミナール名古屋校)・広島(TKPガーデンシティ広島)・福岡(代々木ゼミナール福岡校)
一般後期 z(チョイス1・チョイス2を含む)	本学楠葉キャンパス・東京(駿台予備学校お茶の水校1号館)・福岡(代々木ゼミナール福岡校)
共テ利用前期・プラス1前期	対面形式(本学楠葉キャンパス)・オンライン形式(Zoom)
共テ利用後期・プラス1後期	対面形式(本学楠葉キャンパス)・オンライン形式(Zoom)

合格発表日

試験区分	合格発表	手続締切	辞退締切
推薦(指定校含む)	12月1日(金) 15:00	12月8日(金)	3月31日(日) 13:00
一般前期(チョイス1・チョイス2を含む)	2月14日(水) 15:00	2月21日(水)	3月31日(日) 13:00
一般後期(チョイス1・チョイス2を含む)	3月8日(金) 15:00	3月15日(金)	3月31日(日) 13:00
共テ利用前期・プラス1前期	2月14日(水) 15:00	2月21日(水)	3月31日(日) 13:00
共テ利用後期・プラス1後期	3月8日(金) 15:00	3月15日(金)	3月31日(日) 13:00

合格発表方法

試験区分	発表方法
推薦(指定校含む)	ネット照会・郵便(合格者)
一般前期(チョイス1・チョイス2を含む)	ネット照会・郵便(合格者)
一般後期(チョイス1・チョイス2を含む)	ネット照会・郵便(合格者)
共テ利用前期・プラス1前期	ネット照会・郵便(合格者)
共テ利用後期・プラス1後期	ネット照会・郵便(合格者)

入試情報

過去３年間入学者現浪比

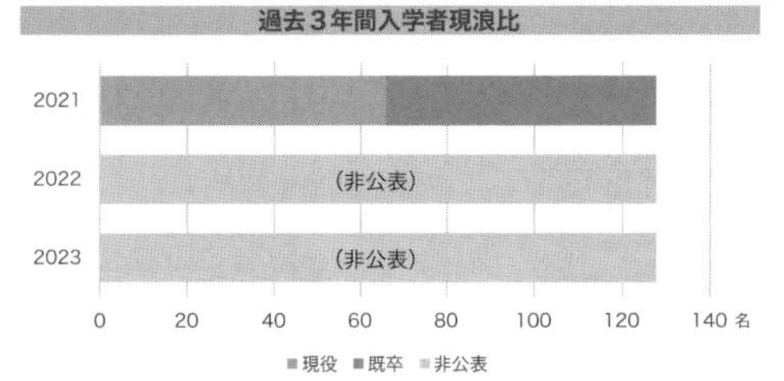

	2021	2022	2023
現役	66 名 (51.6%)	非公表	非公表
既卒	62 名 (48.4%)		
入学者	128 名	128 名	128 名

2023 年度合格者現浪比

福岡歯科大学　口腔歯学部口腔歯学科

学部所在地　〒814-0193　福岡県福岡市早良区田村2-15-1
交通手段　①博多駅より地下鉄七隈線25分　賀茂駅下車徒歩10分
②福岡空港駅より地下鉄空港線21分藤崎駅下車　藤崎駅よりバス約20分
学長　髙橋 裕
設立年度　［昭和48年］福岡歯科大学開学・附属病院開設

入試問い合わせ先
担当部署　学務課入試係
電話番号　092-801-1885

歯科医師国家試験状況

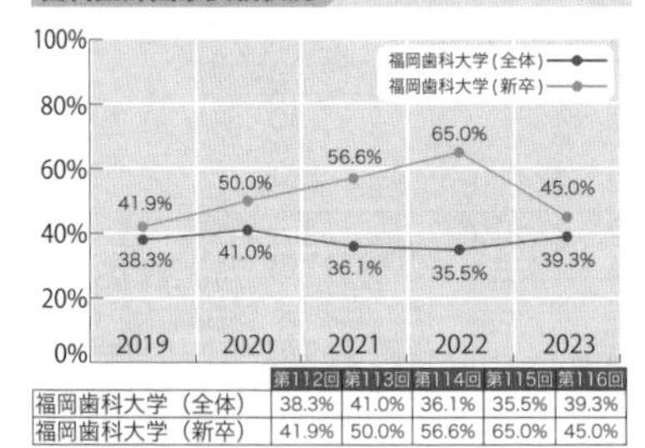

	第112回	第113回	第114回	第115回	第116回
福岡歯科大学（全体）	38.3%	41.0%	36.1%	35.5%	39.3%
福岡歯科大学（新卒）	41.9%	50.0%	56.6%	65.0%	45.0%

繰上げ合格

補欠対象者は、合格発表と同時にＨＰ上で発表し、補欠通知書を郵送。合格者の入学辞退により欠員が生じた場合、繰上合格を郵送で連絡。

設置学部

2023年度入学者

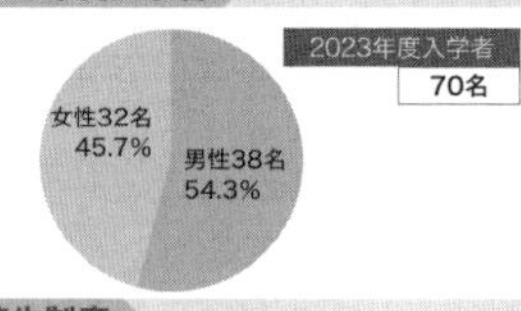

特待生制度

一般選抜Ａ・Ｂ日程の入学希望者および共通テスト利用選抜１・２・３期の入学希望者に６年間の学納金が1380万円（1250万円免除）になる専願Ｓ特待生制度を実施。但し、国公立大学歯学部歯学科に入学される限り、入学辞退を認める。

主な附属病院

福岡歯科大学医科歯科総合病院

・その他関連施設
福岡看護大学／福岡医療短期大学／ぺんぎん保育園
口腔医学研究センター／アニマルセンター
口腔医療センター／地域連携センター
介護老人保健施設「サンシャインシティ」
介護老人福祉施設「サンシャインプラザ」
介護老人福祉施設「サンシャインセンター」

2024年度学納金

1年次	入学金	¥500,000
	授業料	¥3,000,000
	施設維持費	¥600,000
	教育充実費	¥700,000
	初年度納入金総額	¥4,800,000
	入学時最低納入金	¥2,650,000
2年次以降の年額		¥4,300,000
6年間の総額		¥26,300,000
※その他の費用	（1年次）	¥700,000
	（2〜6年次以降）	¥50,000

補欠順位

あり

成績開示

なし

寄付金

なし

入試結果

区分	項目		2023	2022	2021
一般A日程	募集人員		約35	約30	約45
	志願者数		78	60	52
	受験者数	A	76	57	45
	正規合格者数	B	72	56	42
	正規合格倍率	A/B	1.1	1.0	1.1
	補欠候補者数		0	0	0
	繰上合格者数	C	—	—	—
	総合格者数	B+C	—	—	—
	合格実質倍率	A/(B+C)	—	—	—
	入学者数		28	26	22
	合格最高点		—	—	—
	合格最低点		—	—	—
一般B日程	募集人員		約10	約10	約10
	志願者数		24	16	23
	受験者数	D	23	14	21
	正規合格者数	E	23	14	21
	正規合格倍率	D/E	1.0	1.0	1.0
	補欠候補者数		0	0	0
	繰上合格者数	F	—	—	—
	総合格者数	E+F	—	—	—
	合格実質倍率	D/(E+F)	—	—	—
	入学者数		12	11	15
	合格最高点		—	—	—
	合格最低点		—	—	—
共通1期	募集人員		約5	約5	約5
	志願者数		39	23	23
	受験者数	G	37	23	21
	正規合格者数	H	26	18	9
	正規合格倍率	G/H	1.4	1.3	2.3
	補欠候補者数		0	0	0
	繰上合格者数	I	—	—	—
	総合格者数	H+I	—	—	—
	合格実質倍率	G/(H+I)	—	—	—
	入学者数		6	3	0
	合格最高点		—	—	—
	合格最低点		—	—	—

区分	項目		2023	2022	2021
共通2期	募集人員		約2	約2	約2
	志願者数		4	6	12
	受験者数	J	4	4	12
	正規合格者数	K	3	1	12
	正規合格倍率	J/K	1.3	4.0	1.0
	補欠候補者数		0	0	0
	繰上合格者数	L	—	—	—
	総合格者数	K+L	—	—	—
	合格実質倍率	J/(K+L)	—	—	—
	入学者数		1	0	1
	合格最高点		—	—	—
	合格最低点		—	—	—
共通3期	募集人員		約2	約2	約2
	志願者数		1	1	2
	受験者数	M	1	1	1
	正規合格者数	N	1	1	1
	正規合格倍率	M/N	1.0	1.0	2.0
	補欠候補者数		0	0	0
	繰上合格者数	O	—	—	—
	総合格者数	N+O	—	—	—
	合格実質倍率	M/(N+O)	—	—	—
	入学者数		0	1	0
	合格最高点		—	—	—
	合格最低点		—	—	—
推薦	募集人員		約15	約20	約10
	志願者数		4	9	11
	受験者数	P	4	9	11
	合格者数	Q	4	9	11
	実質倍率	P/Q	1.0	1.0	1.0
	入学者数		4	9	11
総合型1期	募集人員		約10	約10	約10
	志願者数		14	8	16
	受験者数	R	13	8	16
	合格者数	S	13	8	16
	実質倍率	R/S	1.0	1.0	1.0
	入学者数		13	8	15
総合型2期	募集人員		約15	約15	約12
	志願者数		6	14	13
	受験者数	T	6	14	13
	合格者数	U	6	14	12
	実質倍率	T/U	1.0	1.0	1.1
	入学者数		3	6	6

区分	項目		2023	2022	2021
総合型3期	募集人員		約2	約2	追加募集
	志願者数		4	3	1
	受験者数	V	3	3	1
	合格者数	W	3	3	1
	実質倍率	V/W	1.0	1.0	1.0
	入学者数		3	3	1

※　推薦のデータには指定校を含む

2024年度　募集要項　　福岡歯科大学　口腔歯学部口腔歯学科

入試日程

試験区分	募集人員	出願期間	試験日	備考
総合型1期	約5名	2023年11月1日(水)～11月22日(水)必着	11月25日(土)	
総合型2期	約5名	2024年1月4日(木)～1月17日(水)必着	1月21日(日)	
総合型3期	約3名	2024年3月4日(月)～3月18日(月)必着	3月20日(水・祝)	
推薦(指定校含む)	約10名	2023年11月1日(水)～11月22日(水)必着	11月25日(土)	
一般A日程	約40名	2024年1月4日(木)～1月31日(水)必着	2月3日(土)	
一般B日程	約20名	2024年2月5日(月)～2月28日(水)必着	3月2日(土)	
共テ利用1期	約5名	2024年1月4日(木)～1月31日(水)必着	2月3日(土)	
共テ利用2期	約5名	2024年2月5日(月)～2月28日(水)必着	3月2日(土)	
共テ利用3期	約3名	2024年3月4日(月)～3月18日(月)必着	3月20日(水・祝)	

試験時間・配点

試験区分	科目	試験時間	時間	配点	合計点	備考
一般A日程 一般B日程	理科1科目	9:30～10:30	60分	150点	450点	
	数学	11:00～12:00	60分	150点		
	外国語(英語)	13:10～14:10	60分	150点		
	個人面接	14:30～	10～15分	5段階評価		

試験会場

試験区分	会場
推薦(指定校含む)	本学
一般A日程・B日程	本学　【A日程のみ】東京(TKP品川カンファレンスセンターANNEX)・大阪(TKP新大阪ビジネスセンター)
共テ1期・2期・3期	本学　【1期のみ】東京(TKP品川カンファレンスセンターANNEX)・大阪(TKP新大阪ビジネスセンター)

合格発表日

試験区分	合格発表	手続締切	辞退締切
推薦(指定校含む)	12月1日(金)	12月11日(月)	
一般A日程・ 共テ1期	2月 6日(火) 17:00	2月16日(金)	3月29日(金) 17:00
一般B日程・ 共テ2期	3月 5日(火) 17:00	3月15日(金)	3月29日(金) 17:00
共テ3期	3月21日(木)	3月28日(木)	3月29日(金) 17:00

合格発表方法

試験区分	発表方法
推薦(指定校含む)	ネット照会・郵便(全員)
一般A日程・共テ1期	ネット照会・郵便(合格者)
一般B日程・共テ2期	ネット照会・郵便(合格者)
共テ3期	ネット照会・郵便(合格者)

入試情報

過去3年間入学者現浪比

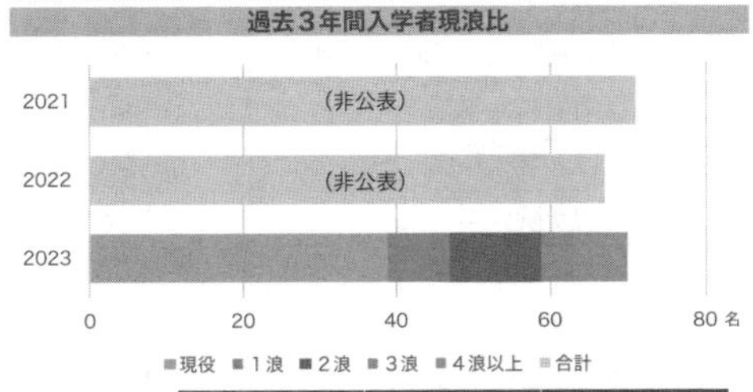

	2021	2022	2023
現役	非公表	非公表	39名 (55.7%)
1浪			8名 (11.4%)
2浪			12名 (17.1%)
3浪			4名 (5.7%)
4浪以上			7名 (10.0%)
入学者	71名	67名	70名

2023年度合格者現浪比

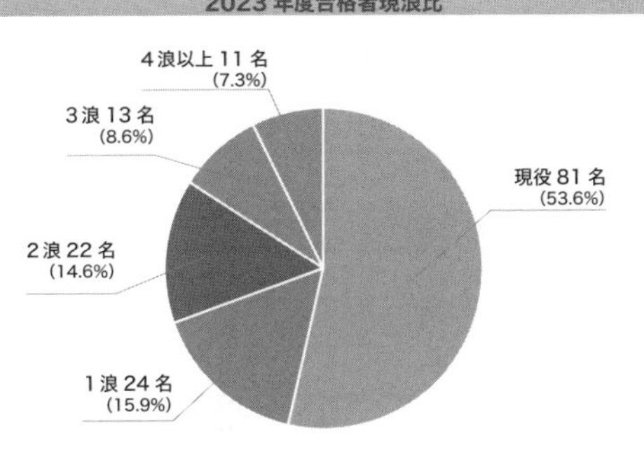

(総合格者 151名)

歯学部ランキング②

【初年度学納金ランキング】

順位	大学名	学納金(円)
1	明海大学	2,530,000
1	朝日大学	2,530,000
3	鶴見大学	3,500,000
4	神奈川歯科大学	3,950,000
5	奥羽大学	4,000,000
5	日本歯科大学(新潟生命歯)	4,000,000
7	北海道医療大学	4,100,000
8	松本歯科大学	4,280,000
9	昭和大学	4,500,000
10	福岡歯科大学	4,800,000
11	愛知学院大学	5,641,000
12	大阪歯科大学	5,750,000
13	日本歯科大学(生命歯)	5,765,000
14	岩手医科大学	6,100,000
15	日本大学(松戸歯)	6,900,000
15	日本大学(歯)	6,900,000
17	東京歯科大学	9,400,000

【6年間学納金ランキング】

順位	大学名	合格率(%)
1	明海大学	17,930,000
1	朝日大学	17,930,000
3	日本歯科大学(新潟生命歯)	21,000,000
4	奥羽大学	21,500,000
5	北海道医療大学	24,600,000
6	松本歯科大学	25,280,000
7	鶴見大学	26,250,000
8	福岡歯科大学	26,300,000
9	昭和大学	27,000,000
9	神奈川歯科大学	27,000,000
11	岩手医科大学	27,600,000
12	日本大学(松戸歯)	29,400,000
13	愛知学院大学	31,141,000
14	大阪歯科大学	31,500,000
15	日本歯科大学(生命歯)	31,530,000
16	日本大学(歯)	31,600,000
17	東京歯科大学	31,900,000

【入学者現役比率ランキング】

順位	大学名	現役率(%)
1	日本歯科大学(新潟生命歯)	76.1
2	愛知学院大学	72.1
3	朝日大学	71.3
4	日本歯科大学(生命歯)	68.2
5	日本大学(松戸歯)	61.7
6	昭和大学	60.4
7	福岡歯科大学	55.7
8	松本歯科大学	53.8
9	北海道医療大学	50.7
10	岩手医科大学	50.0
10	奥羽大学	50.0
10	明海大学	50.0
13	日本大学(歯)	47.7
14	神奈川歯科大学	46.5
	東京歯科大学	—
	鶴見大学	—
	大阪歯科大学	—

【入学者女子比率ランキング】

順位	大学名	女子率(%)
1	昭和大学	61.5
2	岩手医科大学	60.0
3	大阪歯科大学	56.3
4	日本歯科大学(生命歯)	55.0
5	日本大学(歯)	50.0
6	日本歯科大学(新潟生命歯)	47.8
7	福岡歯科大学	45.7
8	朝日大学	42.0
9	愛知学院大学	41.3
10	神奈川歯科大学	36.8
11	松本歯科大学	36.5
12	北海道医療大学	35.8
12	明海大学	35.8
14	日本大学(松戸歯)	35.2
15	奥羽大学	26.9
	東京歯科大学	—
	鶴見大学	—

【編者紹介】

TMPS医学館

http://ww12.tmps-1489.com/

HP用QRコード

公式アカウント用QRコード

※データ提供・メルリックス学院

国公私立大学医学部・歯学部合格完全ガイド　2024年度版

初版1刷発行●2024年1月31日

編者

TMPS医学館

発行者

薗部良徳

発行所

㈱産学社

〒101-0051 東京都千代田区神田神保町3-10　宝栄ビル

Tel.03(6272)9313　Fax.03(3515)3660

http://sangakusha.jp

印刷所

㈱ティーケー出版印刷

ISBN 978-4-7825-3590-5　C7037